# 今、聖書を問う。

国際聖書フォーラム 2006 講義録

編・日本聖書協会

今、聖書を問う。
国際聖書フォーラム 2006 講義録

ISBN 4-8202-9211-0

編：©日本聖書協会

2006年9月30日第1版第1刷発行

装　　　幀：三輪義也
印刷・製本：三省堂印刷株式会社
発　行　所：財団法人 日本聖書協会
　　　　　　104-0061 東京都中央区銀座四丁目 5-1 聖書館ビル TEL 03-3567-1987
　　　　　　http://www.bible.or.jp/

乱丁本・落丁本はお取り替えいたします

## 「国際聖書フォーラム 2006」
## 講義録出版に際して

総主事　渡部　信

　2006年5月3日から5日の3日間、ホテルニューオータニを会場として、日本聖書協会主催の「国際聖書フォーラム 2006」を、国内外の講師陣、参加者の協力を得て、29のセミナー、2つのイベント、そして3つの展示会を当初のプログラムに従い滞りなく行うことができた。まずこのことを神様に感謝したい。

　3日間で2000名余の参加者、総計29のセミナーには延べ5000名を超える出席者があり、多くの方々が聖書に対する熱い思いをもって学ばれていることを改めて知らされ、主催者側として時宜を得た企画だったと思っている。3日間で29のセミナーを開催するために、会場を3つに分け、同時進行でプログラムを進めたことで、当然、全部のセミナーに出席することは不可能であり、参加者は3分の1しか受講できなかったことになる。また海外講師のセミナーは英語で行われたので、日本語としての講義録出版が待たれることになった。その他に時間と距離という物理的な事情で参加できなかった方々にも、今回の講義録が聖書の学びの助けとなることを願っている。

　近年、聖書に関する話題は様々な形をとってマスコミを賑わせているが、このような状況の中、日本聖書協会では学問的に最も信憑性があり、世界の最先端にある聖書本文研究をご紹介する機会として、また聖書に対する関わり方や理解の仕方などの多様性について多くの方々にご紹介する機会として、今回の国際聖書フォーラムを企画した。そして開催まで半年間という短い準備期間であったにも関わらず、当協会の理事会（理事長　大宮溥）も積極的に応援してくださったこと、お願いした国内外の講師の方々も快く講義を引き受けてくださったこと、そして講義録の出版にもご協力くださったことによって、この講義録が発行されることをこの場を借りて心から感謝申し上げたい。

国際聖書フォーラム2006

# 講演者一覧
(掲載順)

### Emanuel Tov
Professor at the Hebrew University of Jerusalem, the Editor-in-Chief of the DSS Publication Project

### エマニュエル・トーヴ
ヘブライ大学教授、
死海文書刊行国際チーム総責任者

### Adrian Schenker
Professor Emeritus at University of Fribourg, President of the Editorial Committee of Biblia Hebraica Quinta

### アドリアン・シェンカー
フリブール大学名誉教授、ビブリア・ヘブライカ第5版［BHQ］刊行チーム総責任者

### 月本　昭男
立教大学教授、日本聖書学研究所

### Akio Tsukimoto
Professor at Rikkyo University, Member of Japanese Biblical Institute

### 鈴木　佳秀
新潟大学大学院教授、日本聖書学研究所

### Yoshihide Suzuki
Professor of Humanities at Niigata University, Member of Japanese Biblical Institute

### Klaus Wachtel
Research Associate at the Institute for New Testament Textual Research, University of Munster and Project manager of "Nestle-Aland 28th edition" (Digital Nestle-Aland)

### クラウス・ヴァハテル
新約聖書本文研究所主任研究員

### James M. Robinson
Professor Emeritus of Religion, Claremont Graduate University

### ジェイムズ・M・ロビンソン
クレアモント大学院大学名誉教授

### John Dominic Crossan
Professor Emeritus of Religious Studies, DePaul University

### ジョン・ドミニク・クロッサン
ドゥポール大学名誉教授

### 大貫　隆
東京大学教授、日本聖書学研究所
### Takashi Onuki
Professor at Tokyo University, Member of Japanese Biblical Institute

### 山内　眞
東京神学大学学長、日本聖書学研究所
### Makoto Yamauchi
President of Tokyo Union Theological Seminary, Member of Japanese Biblical Institute

### 橋本　滋男
同志社大学教授
### Shigeo Hashimoto
Professor at Doshisha Universtiy

### Lourens de Vries
Professor of Bible Translation, Free University of Amsterdam
### ローレンス・ド・フリス
アムステルダム・フリー大学教授

## Daud Soesilo
UBS Asia Pacific Area Translations Coordinator

### ダウッド・ソシロー
聖書協会世界連盟アジア太平洋翻訳コーディネーター

## Yu Suee Yan
UBS Translation Consultant, Asia Pacific Area

### ユー・スイヤン
シンガポール聖書協会翻訳コンサルタント

## Young Jin Min
General Secretary of Korean Bible Society

### ミン・ヨンジン
韓国聖書協会総主事

### 川島 第二郎
関東学院大学キリスト教文化研究所研究員

## Daijiro Kawashima
Visiting Researcher at Christianity and Cultures Research Institute, Kanto Gakuin University

鈴木　範久
立教大学名誉教授
## Norihisa Suzuki
Professor Emeritus at Rikkyo University

アレクセイ 松平 康博
日本ハリストス正教会教団札幌ハリストス正教会
長司祭
## Alexis Yasuhiro Matsudaira
Archpriest of Japanese Orthodox Church in Sapporo

加藤　常昭
神学者、説教塾主宰
## Tsuneaki Kato
Presidency of Sekkyo-Juku

晴佐久 昌英
カトリック東京教区高円寺教会主任司祭
## Masahide Haresaku
Parish Priest at Koenji Catholic Church

### 渡辺 和子
ノートルダム清心学園理事長
**Kazuko Watanabe**
Chairperson of the Board of Directors, Notre Dame Seishin School Corporation

### 栗林 輝夫
関西学院大学教授
**Teruo Kuribayashi**
Professor at Kwansei Gakuin University

### 町田 俊之
バイブル・アンド・アート ミニストリーズ代表
**Toshiyuki Machida**
Head of Bible & Art Ministries

# 国際聖書フォーラム 2006 プログラム

## 5/3（水）憲法記念日
開場 11:30

| 時間 | No. | 分野 | 講師 |
|---|---|---|---|
| 12:30–14:00 | 1 | 開会セレモニー／基調講演 旧約学（死海文書） | E.トーヴ |
| 14:30–16:00 | 2 | 新約学 | J.M.ロビンソン |
| 14:30–16:00 | 3 | 旧約学 | 月本昭男 |
| 14:30–16:00 | 4 | 正教会と聖書 | 松平康博 |
| 16:30–18:00 | 5 | 旧約学 本文研究 | A.ジェンカー |
| 16:30–18:00 | 6 | 新約学 本文研究 | K.ヴァハベル |
| 16:30–18:00 | 7 | 映画と聖書 | 栗林輝夫 |
| 19:00–20:00 | | レセプション（バイブルフレンズの集い） | |

## 5/4（木）国民の休日
開場 9:00

| 時間 | No. | 分野 | 講師 |
|---|---|---|---|
| 10:00–11:30 | 8 | 新約学 | J.M.ロビンソン |
| 10:00–11:30 | 9 | 和訳史 | 川島第二郎 |
| 10:00–11:30 | 10 | 聖書釈義 | 加藤常昭 |
| 12:30–14:00 | 11 | 聖書翻訳 | L.ドブリス |
| 12:30–14:00 | 12 | 聖書翻訳（アジア／韓国語） | D.ジンジョン |
| 12:30–14:00 | 13 | 聖書と教会 | 晴佐久昌英 |
| 12:30–14:00 | 14 | 初めてのヘブライ語聖書 | 宮崎修二 |
| 14:30–16:00 | 15 | 旧約学 本文研究 | A.ジェンカー |
| 14:30–16:00 | 16 | 新約学 | 山内眞 |
| 14:30–16:00 | 17 | 聖書と美術 | 町田俊之 |
| 16:30–18:00 | 18 | 聖書学 | J.D.クロッサン |
| 16:30–18:00 | 19 | 初めてのギリシア語聖書 | 橋本滋男 |
| 16:30–18:00 | 51 | ヴァイオリンコンサート | ジョン・チャス |

## 5/5（金）こどもの日
開場 9:00

| 時間 | No. | 分野 | 講師 |
|---|---|---|---|
| 10:00–11:30 | 20 | 聖書学 | J.D.クロッサン |
| 10:00–11:30 | 21 | 漢訳と翻訳 | 鈴木範久 |
| 10:00–11:30 | 22 | 聖書翻訳（中国語） | ユースイェン |
| 13:00–14:30 | 23 | 旧約学（死海文書） | E.トーヴ |
| 13:00–14:30 | 24 | 新約学 | 大貫隆 |
| 13:00–14:30 | 25 | 新約学 本文研究 | K.ヴァハベル |
| 15:00–16:30 | 26 | 聖書翻訳 | L.ドブリス |
| 15:00–16:30 | 27 | 聖書と私 | 渡辺和子 |
| 15:00–16:30 | 28 | 旧約学 | 鈴木佳秀 |
| 17:00–18:30 | 29 | シンポジウム／閉会セレモニー ■シンポジウム「原典から現代翻訳へ――聖書を現代にどう伝えるか」 | 52 聖書クイズ大会 司会：真夏旗 |

会場：ホテルニューオータニ ザ・メイン B1 おり鶴

本講義録は講義で話されたことを忠実に辿ったものではありません。講義の録音から起こしたものもありますが、海外講師は基本的にあらかじめ提出されていた講義原稿を収録しています。たとえば、E・トーブ、L・ド・フリス両氏の講義は二回に分けて行われましたが、当初の原稿に従って一つにまとめました。また、聴衆の参加を中心にして行ったヘブライ語の講座は収録していません。

# 目 次

序　　　　　　　　　　　　　　日本聖書協会総主事　渡部　信
本書の編集に当たって
講演者一覧、プログラム

## I. 聖書学

- 死海文書に関する近年の学問上の諸問題（基調講演、講義）
  　　　　　　　　　　　　　　　　　　　　エマニュエル・トーヴ　1
- ビブリア・ヘブライカ・クインタ（第一講義）　　　　　　　　30
- マソラ本文と七十人訳におけるソロモンと神顕現（第二講義）
  　　　　　　　　　　　　　　　　　　　　アドリアン・シェンカー　40
- 古典としての旧約聖書　　　　　　　　　　　月本昭男　58
- 神義論の書としてみた旧約聖書　　　　　　　鈴木佳秀　73
- ネストレ-アーラント最新版の歴史と方針（第一講義）　　　94
- ネストレ-アーラント第28版とデジタル版（第二講義）
  　　　　　　　　　　　　　　　　　　　　クラウス・ヴァハテル　109
- 著者としての福音書記者たち（第一講義）　　　　　　　　　121
- 「使徒信条」から「イエス自身の神への信頼」へ（第二講義）
  　　　　　　　　　　　　　　　　　　　　ジェイムズ・M・ロビンソン　136
- イエスと神の国（第一講義）　　　　　　　　　　　　　　　149
- パウロと平等の正義（第二講義）　ジョン・ドミニク・クロッサン　166
- イエスの「内側から」と「外側から」
  ── イエス研究の視座 ──　　　　　　　　　大貫　隆　184
- パウロ研究の最近の動向　　　　　　　　　　山内　眞　200
- はじめてのギリシア語新約聖書　　　　　　　橋本滋男　222

II. 翻訳
- 聖書翻訳と信仰共同体（第一講義、第二講義）
　　　　　　　　　　　　　　　　　ローレンス・ド・フリス 239
- アジアにおける聖書翻訳の歴史 —— 中国、韓国、日本を中心に ——
　　　　　　　　　　　　　　　　　ダウッド・ソシロー 291
- 中国語聖書翻訳の歴史の概観とその現代への影響　ユー・スイヤン 300
- 初期の韓国語聖書翻訳における中国語訳および日本語訳の影響
　　　　　　　　　　　　　　　　　ミン・ヨンジン 316
- 委員会訳『新約全書』の国際的背景と中国語聖書　川島第二郎 337
- 聖句のある風景　　　　　　　　　　　　　　　　鈴木範久 363
- 日本ハリストス正教会の聖書翻訳
　　　――ニコライ大主教と中井木菟麻呂――　　　松平康博 377

III. 教会・社会・文化
- 聖書の読み方 ——改めて問う——　　　　　　　　加藤常昭 387
- 聖書は、宣言する ——解説ではなく宣言する教会——　晴佐久昌英 409
- 聖書と私 ——良きしらせ——　　　　　　　　　　渡辺和子 430
- アメリカン・シネマの聖書の世界　　　　　　　　栗林輝夫 448
- 聖書と美術 ——信と美の回復をめざして——　　　町田俊之 463


- シンポジウム報告　　　　　　日本聖書協会翻訳部編 479

あとがき　　　　　　　　　　　　　　　　　　　　　　486

# I

# 聖書学

## 死海文書に関する近年の学問上の諸問題

エマニュエル・トーヴ

### 死海文書とは何か？

　死海文書が発見された時、それがこれほど研究者や一般の人々を夢中にさせるものになるとは誰にも想像できなかった。1950 年代以降、関心が非常に高まり、この文書に関して数百冊もの書籍、数千本の論文が書かれた。ジャーナリストは大々的に取りあげ、それにまつわるスキャンダルについて声高に語った。そうしたスキャンダルが今日でもなお尾を引いていると考えている研究者もいる。これまでに死海文書だけをテーマにした学会だけでも 50 回以上開催されており、死海文書に関する研究は今日でもなお盛んに行われ、ジャーナリストはしばしば事実に基づかないことも含めて、あれこれ書き続けている。あまりにも多くの仮説が提案されてきたので、一般に認められた事実など全くないかのようにさえ思われている有様である。この文書が古代のものであり、中世に書かれたものではないというのが死海文書に関する数少ない統一見解のうちのひとつと言えるかもしれない。発見された当初は中世に書かれたという主張もなされていた（特にツァイトリン）。この講演では 2006 年現在、未だに議論されている多くの問題に焦点を当てる。そうした議論について述べる前に、まず背景となる事柄を見ていくことにしよう。

　1947 年から 1956 年の間に、文字通り幾千という数のあらゆる大きさの巻物断片がエリコの南、死海の湖岸にあるワディ・クムラン近傍の 11 の洞穴で発見

された。これら巻物の断片は主にいわゆる第1、第4、第11洞穴で発見されたが、年代的には前250年から後68年のものとされる。こうした断片の中にはかなりまとまった分量のものもあり、稀に完全な巻物もあるが、大部分は中程度の大きさからごく小さなものであり、ヘブライ語やアラム語、ギリシア語で書かれたおおよそ930の文書であった。書かれている文字の種類はいくつかあり、ヘブライ語とアラム語を記した角文字や古ヘブライ文字、ギリシア文字、そしておそらくクムランの宗派内の文書に使用されたと考えられる3つの異なる様式の「暗号的な」(「秘密の」)文字が認められる。

「巻物」という言葉は普通に用いられている言葉ではあるが、「クムランの巻物」という場合には、完全な巻物という意味ではなく、巻物の残滓、時に非常に断片的なもののことを指している。完全な状態で残されていた巻物はほとんどないが、第1洞穴で発見され、イスラエル博物館の「書物の殿堂」に展示されているイザヤ書の巻物は完本の稀な例である。この巻物があまりに有名なため、他の文書も完全な形で保存されていたと多くの人が思い込んでいるが、大部分の巻物は非常に小さく、経札(テフィリン)やメズザー(戸口の柱につける儀礼的な箱)に入れる羊皮紙の細密なテクストや短いメモ書きのようなものである。第4洞穴で発見されたアラム語文書「偽りの預言者のリスト」はそのような「メモ書き」の1つである(4Q339)。聖書に出てくる偽預言者のリストが含まれているのでそのように呼ばれているが、この巻物の大きさは縦8.3cm、横5.0cmにすぎない[1]。このような断片も「巻物」と呼ばれているのである。

「死海写本」と呼ばれることがあるように、クムランの巻物には断片的なものが多いが、ヘブライ語聖書正典の写本が200ほど含まれる。しかし、「死海文書」という呼称はクムラン周辺だけでなく、より広範な地域で発見された巻物を網羅するものである。巻物の断片はクムラン南方のユダ砂漠、ナハル・ヘヴェル、ナハル・ツェエリム、ワディ・ムラバアト、ワディ・スディル、ナハル・ミシュマ

---

[1] 「4Q」はクムラン第4洞穴で発見された文書であることを示す〔あとに付されている数字は整理番号〕。このテクストはアラム語で書かれている。M. Broshi *et al.*, *Qumran Cave 4 XIX: Parabiblical Texts, Part 2* (DJD XIX, Oxford: Clarendon, 1995). 本稿の中で言及されているテクストはほとんどの近代語訳に訳されているが、中でも以下の翻訳集にはヘブライ語とアラム語原典をも収載している。D. W. Parry and E. Tov, *The Dead Sea Scrolls Reader*, I-VI (Leiden/Boston: E. J. Brill, 2004-5). また、以下のデータベースも参照されたい。E. Tov (ed.), *The Dead Sea Scrolls Electronic Library, Brigham Young University, Revised Edition 2006*, part of the Dead Sea Scrolls Electronic Reference Library of E. J. Brill Publishers (Leiden: E. J. Brill, 2006).

ル、マサダといった別の場所でも発見されている。マサダからのテクストはクムランと同時代であるが、その他の場所で見つかったテクストは少し後の時代に書かれたものであり、年代が遅いものでは後135年のものもある[2]。しかしながら、関心の多くはベドウィンや考古学者がクムラン洞穴で発見した文書に向けられてきた。それゆえ、「死海文書」という語が使われるとき、われわれはまずクムランの巻物のことを考えるのである。

　死海文書の内容は、それらの性格についての議論が進行中なので、適切に表現することが難しい。クムランで発見された巻物の断片はほとんどが文学的作品の一部分であるが、この事実はクムランという場所の性格を理解する際に重要な意味をもっている。クムランでは資料的文書、すなわち、物品の受け渡しの確認書、結婚契約書など、日常生活に関する様々な種類の証言を提供してくれるような資料はほとんど発見されていない。一方、ユダ砂漠の他の場所で見つかった断片の大部分はそうした「資料的文書」の類である。また、クムランで発見された文書群と死海近傍各所で発見された文書群の間にはさらに別の違いもある。クムラン文書はほとんどが羊皮紙に書かれているのに対して、他の場所で見つかったものは主としてパピルスに書かれていることである。

　クムランという場所の性格に関しては、前120年頃から後68年までの間エッセネ派の選り抜きの人々が住んでいたという仮説が最も広く受け容れられている。クムラン共同体（ヤハドと呼ばれている）の構成員は、以前は古代イスラエルの様々な場所に住んでいたが、ある時期に所有物をすべてもって砂漠の定住地クムランへ移り住んだ。そのとき、物質的財産であり、精神的財産でもある文書もすべて携えていた。ヒルベト・クムランと呼ばれているこの共同体の遺跡で発見された「陶片文書[3]」は共同体に個人の財産が持ち込まれたことを証言している[4]。

---

[2] ローマに対する第2次反乱の間にバル・コクバの自由のための戦士たちによって残されたもの（紀元後135年）。

[3] クロスとエシェルによって出版されている。S. Pfann, P. Alexander *et al.* (eds.), *Criptic Texts and Miscellanea,* Part 1, *Qumran Cave 4.XXVI:* (DJD XXXVI; Oxford: Clarendon, 2000).

[4] ホニという名の男が共同体に入会する時、どのように共同体に財産を持ち込んだかが記されている。しかしながら、この文書に記されている共同体に関する極めて肝心な語のうちの1つを巡る解釈をすべての研究者が受け入れているわけではない。

クムラン居住者は多くの巻物を持ち込んだが、クムランでも既存の巻物の写本を作成したり、新しい文書を書き記したりした。写本として作成された巻物の多くはヘブライ語聖書であり、そのうちの最古の写本が年代づけられる前250年から共同体が破壊される後68年までの間の聖書本文伝達の見事な記録となっている。この前250年という年代は最古の巻物がクムランへの定住以前に書き写されていたこと、それが定住者たちによって持ち込まれたことを意味している。
　クムランの巻物全体を見わたせば、クムラン共同体の文学的好みが見えてくる。好みの傾向は聖書外の巻物では宗派的文書が豊富にあること、聖書写本では申命記（28片）、イザヤ書（21片）、詩編（36片）が多くを占めていることに顕われているよう[5]。発見された時、巻物が洞穴の中でどのようにして置かれていたかは知られていないので、確実に言えることは共同体の成員がこれらの文書を所有していたということだけである。この前提にすら異を唱える研究者もいるが[6]。巻物には知恵文学、詩編、聖書解釈、黙示文学、暦法文書、祈り、聖書の書き直し、終末論、呪術文書といった様々な分野に亘る文学類型の作品が含まれており、クムラン共同体によって創作されたものもあれば、別の場所で書かれたものもある。クムランで発見された文書のほとんどすべてがそれぞれの文学類型に対するわれわれの理解を拡げてくれているといえよう。クムランの宗派的文書の中で代表的なものは『聖書注解』『感謝の讃歌（ホダヨート）』『宗規要覧』『戦いの書』である。
　クムランの巻物に聖書の写本が含まれていることは非常によく知られている。そのため、クムラン文書群はヘブライ語聖典の24書だけであると思っている人も多いが、これは正しくない。確かにヘブライ語聖書はクムラン文書群の主要な構成要素であるが（930の巻物の内200が聖書の写本）、聖書に基づいた多くの文書、例えば聖書を書き直した文書や注解書のような様々な作品も含まれているのである。クムラン共同体では彼らが権威を認めていた他の文書と並んで、聖書写本を収集することに特別な努力が払われていたことは疑いない。結果として、小さな書であるエステル記を唯一の例外として、すべての聖書正典がクムラン文書群に含まれることになった。わずか10章のエステル記などクムランの紙魚に

---

[5] これらの書物は初期のキリスト教徒と同様、クムラン共同体の成員の間で特に人気があったに違いない。クムラン宗団の成員は申命記を想起させる説教の文体で著作し、聖書詩編を基に讃歌を創作し、神学としてはイザヤの預言に大きな影響を受けていた。

[6] ヒルベト・クムランの居住者はエッセネ派であるという考えを受け容れていない学者もいる。殊に以下で分析するN・ゴルブ。

よって簡単に食い尽くされてしまったとも考えられるので、エステル記の欠落は単なる偶然かもしれない。しかし、ルツ記、哀歌、雅歌といった他の小さな書が残存しているので、この判断がすべての研究者によって同意されるはずもなく、エステル記はクムラン共同体では聖典として認めていなかったか、未だ書かれていなかったのだと主張する学者もいる。また、書物の大きさに基づく議論を受け容れるのであれば、歴代誌のように上下で 65 章もある大きな書が小さな断片でしか残されていないのだから、遥かに小さい書であるエステル記などは洞穴の中で朽ち果ててしまっていたとしてもおかしくないといえないこともないだろう。

　ヘブライ語聖書を理解しようとする時、ユダ砂漠で見つかった聖書の巻物に詳細な点で相互に多数の違いがあることに留意する必要がある。この新たに発見された写本は、ある意味でヘブライ語およびギリシア語聖書の本文研究に革命をもたらした。クムランの巻物は聖書本文伝達の様々な側面を説明する例として用いられており、聖書の文書としての最終段階を理解する上で重要な鍵を握っている。巻物の発見がこの分野に「革命をもたらした」という表現は専門家からすれば多少大袈裟に響くかもしれないが、クムランでの発見に関してはおそらく適切な表現と言える。ユダ砂漠のワディ・ムラバアト、ワディ・スディル（ナハル・ダヴィド）、ナハル・ヘヴェル、ナハル・ツェエリム、マサダで発見された聖書の写本は、マソラ本文に繋がる伝承の中にある中世のテクストを「単に」確認させるものに過ぎない、と主張する研究者もいる。しかし、まさしくこの理由においても、死海写本は刺激的なのである。ユダ砂漠で見つかったテクストが目新しかったのは、それが新しい事実を提供しているからというだけでなく、クムランでの発見以前に知られていた諸資料がよりよく理解できるようになったからだったのである。ここで言う既知の資料とは（１）いわゆる「マソラ本文」（ラビたちによって保存されたヘブライ語の伝統的な聖書本文で、今日のユダヤ教聖典の基礎となっているもの[7]）、（２）「サマリア五書」（ユダの北方でユダヤ人と敵対していたサマリア人によって保存されていた五書だけからなる本文）、（３）

---

[7] 紀元後 1 世紀の終わりまでに、この本文はユダヤ教聖典の唯一の受容されたテクストとなった。それは数世紀間に亘りユダヤ人の「聖書」として引用され、「伝統的テクスト」となり、それに対して一揃いの註解、いわゆる「マソラ」が付加された。それ故、「マソラ本文」と呼ばれる。これは過去においても、また今日に至るまで、伝統的なユダヤ人の観点からすれば唯一の「聖書本文」なのであり、かなり多くのキリスト教徒もまた、ヘブライ語聖書という彼らの概念としてこのテクストに固執している。それはキリスト教にとって肝心要であるので、近代のすべての翻訳はマソラ本文を基礎にしている。

「七十人訳聖書(セプトゥアギンタ)」(皮肉なことにキリスト教徒によって保持されたが、主としてユダヤ人によって訳されたギリシア語訳聖書)である。ヘブライ語聖書に関するこれら「主要な」文書はすべて中世の写本によって知られていたが、ユダ砂漠で発見された諸写本との類似性により、今やより理解を深められるようになったのである。

## 注目を集めた論争

### 発見当初の混乱

　死海文書の発見から公刊に至るまでの経緯は不運、災難、未熟、過ちといった負のイメージをもつ出来事にあふれている。発見された断片がベドウインによって手荒く扱われていたことも珍しくない。例えば、P・D・バルトレミー神父によれば、ナハル・ヘヴェルで見つかったギリシア語十二小預言書はベドウインの頭巾(ケフィヤ)の中に保管されていたとされる[8]。J・シュトラグネルによれば、クムラン文書のひとつ、第4洞穴で発見された「教訓」(4QInstr$^a$=4Q416)は「古物商カンドゥが警察の捜索で発見されないようにシャツの中に隠したため、汗を吸収していた」とされる[9]。同様に、第11洞穴の神殿巻物(11QT$^a$)は長い間ベツレヘムの古物商カンドゥが庭の靴箱の中に隠していたと言われる。現在この巻物は上端が欠損しているが、もっと良い条件で保管されていれば、この欠損は防げたであろう。

　死海文書がヨルダン領で発見されたという事情も困難な状況を生み出していた。例えば、死海文書と国際公刊委員会に責任をもっていたヨルダン当局がイスラエル人を含むユダヤ人に死海文書への直接の接触を30年から40年の間禁止していたことなどだが、この制限は現在エルサレムのイスラエル博物館にある「書物の殿堂」に展示されている第1洞穴からの7つの大きな巻物には当てはまらなかった。ある人がイスラエルのために1950年代の初めにアメリカに持ち出しておいたからであった。

---

[8] E. Tov, *The Greek Minor Prophets Scroll from Nahal Hever (8Her VIIgr) (The Seiyal Collection I)* (DJD VIII, Oxford: Clarendon) の序章を参照。改訂されて1995年に再版。

[9] J. Strugnell, in: J. Strugnell, D. J. Harrington, S. J., and T. Elgvin (eds.), *Qumran Cave 4.XXIV: 4QInstruction (Musar l' Mevin): 4Q415ff.* (DJD XXXIV, Oxford: Clarendon, 1999), 73.

経験不足のため、巻物をセロテープでつなぎ合わせるというようなことも起こった。セロテープで結合された箇所が20年後に重大な損傷を招くことになった。間違った処置がなされたために、現在でも学問的分析の妨げになっているものがある。例えば、発見された考古学的遺物のうち、古銭やガラス製品は1950年代から60年代にかけて理由も分からないまま散逸し、研究を完遂させることが不可能になっている。そうした遺物がヨーロッパで発見されることもある。巻物の断片のいくつかは1950年代にヨルダン当局の同意の下、あるいは同意なしに国外に持ち出され、現在、パリやハイデルベルクなどで保管されたり展示されたりしているものもあるが、大部分（巻物の94%ほど）はエルサレムにあり、5%がアンマン、1%がヨーロッパにある。

　死海文書の断片の出所は必ずしも常に明白なわけではない。現在「クムラン第1洞穴」「クムラン第4洞穴」として知られている洞窟で発見されたとされるすべての断片が、本当にそこで発見されたものなのかどうかは確証がない。例えば、「第4洞穴」という記号を付されている文書について依然として不確かな部分が残されており、そのうちのあるものはナハル・ヘヴェル、ナハル・ツェエリムで発見されたとも考えられるのである[10]。「セイヤル」（Seiyal）と名づけられた大部分の文書もまたナハル・ヘヴェルで見つかったと考えられている。ベドウィンたちは認めたがらないが、1950年代にイスラエルとの国境を越えてナハル・ヘヴェルに入り、そこから巻物を取ってきた可能性があるからである。当時、巻物をクムランで見つけたと主張すれば、より多くの報酬を得られたためである。

　なかでも最悪なのは文書がベドウィンたちによって乱雑に取引されたことである。文字通り数千の無秩序な巻物の断片がパレスチナ考古学博物館に売却されたので、研究者たちはそれを分類し、同定するのに5年の歳月を費やさねばならなかった。例えば、ある断片がイザヤ書の小さな部分を含んでいると確認された場合、その近辺で発見された他の断片が同じ巻物に属すと考えるのは理にかなったことだが[11]、その断片がどこで発見されたのかがわからないため、同定の作業

---

[10] A. Yardeni, in: H. M. Cotton & A. Yardeni (eds.), *Aramaic, Hebrew, and Greek Documentary Text from Nahal Hever and Other Sites, with an Appendix Containing Alleged Qumran Texts (The Seiyâl Collection II)* (DJD XXVII, Oxford: Clarendon, 1997), pp. 283-317 参照。

[11] 聖書テクストの場合、テクストが既知のものなので、少なくとも内容を特定するのは容易である。しかし、小さな断片の場合、それが聖書の巻物なのか聖書の書き直しテクストと称されるものの一部なのかを判断できないこともある。そして、クムランでの発見以前に

は1つ1つの小さな断片ごとに同じことを繰り返されなければならなかったのである。

同じ巻物に属すかどうかの判断は内容、筆跡、羊皮紙の色、断片の形状に基づいてなされた。このようなやり方には問題がないわけではない。第一に、筆跡については大部分が正式な書記法で書かれているので判断は主観的なものにならざるを得ないからである。例えば、F・M・クロスが単一の巻物と同定した3つの断片からなる第四洞穴エレミヤ書（4QJer$^b$）は、後に異なる筆跡や書記の特徴があるとされ、結果として3つの異なる巻物（4QJer$^{b,d,e}$）に分けられた。しかしながら、判断材料となる断片が小さいため、後者の見解もまた確固とした結論と考えられるようなものではない。これら2つの異なる見解が意味することは、この3つの断片はエレミヤ書の同じひとつの巻物に属すか、異なる3つの巻物に属すかのどちらかということでしかないのである。

## 公刊の遅延

公刊の準備はどの巻についても非常に時間がかかった。1950年代に組織された最初の翻訳チームがたった9人ではなく、20人か30人、あるいは50人の研究者で構成されていれば、公刊は比較的早く完了していただろう。公刊遅延の主な理由として、最初の翻訳チームが少人数であったこと、公刊手続きの組織が欠如していたこと、経験不足およびある種の先入観が挙げられる。1990年以降、公刊は迅速化され、2005年にはほぼ完了した。37巻が *The Discoveries in the Judaean Desert (of Jordan)* 『（ヨルダンの）ユダ砂漠における発見』 というシリーズでオックスフォード大学出版局から、3巻が *Judean Desert* 『ユダ砂漠』シリーズとして Israel Exploration Society から、その他個別の15巻が様々な出版社から刊行された。

死海文書公刊の遅延には多くの批判が出た[12]。しかし、別の文書、たとえばカイロ・ゲニザ写本の大部分の公刊が発見から1世紀以上経った今日でも待望されているという事実を指摘しておきたい。同様に、ヘレニズム・ローマ時代のギリ

---

は知られていなかった内容に関しては、断片が何に属すのかを判断することはさらに難しい。知られていない文章の断片を元の順番に並べ直す復元作業は完成図のないジグソー・パズルを組み立てるようなものである。

[12] この種の批判は1977年のゲザ・ベルメシュにまで遡る。「最大の…ヘブライ語…写本の発見が、20世紀における最大の学術的スキャンダルとなりかねない」と彼は述べた。

シア語オクシュリンコス・パピルスは発見から1世紀以上経過しているにもかかわらず公刊からは程遠く、英国学士院はこのプロジェクトのために二世紀目の支援を議決した。他の大きなプロジェクトは比較的迅速に進行したが、ユダ砂漠の様々な場所で発見された膨大な資料の公刊に半世紀を要したことは、それ程極端な遅滞であったとはいえないだろう。

## 写真の独占

　1950年代に撮映された死海文書の写真は、個々の文書が公刊されるまで公表されず、文書が公刊された時に初めて、その文書の写真も公開されるということになっていた。公刊の大幅な遅延に伴い、このやり方は多くの批判を浴びた。幾人かの研究者たちは公刊未公刊にかかわらず、すべての写真を参照したいと表明していた。1950年代に撮影された赤外線写真は現物よりもずっと鮮明で、主要な情報源になっていたからである。

　ようやく死海文書の写真すべてが利用できるようになったのは1991年と1993年の公刊以後のことである[13]。しかし、皮肉なことに、写真が利用できるようになっても、その写真集はほとんど役に立たなかった。専門家ですらその写真集を使いこなすには非常に訓練された眼識が必要とされたので、大部分の研究者にとって、これらの写真は未知の領域に残されることになった。ある特定の本文を探そうと、この写真という紛れもない迷路を迷い込んで、目当ての文章に辿り着くのはほとんど不可能なのである。つまり、個々の断片を撮影した写真の多くは図版の中にばらばらに置かれていたのである。結果として、死海文書の主要な情報源となったのは、まとめて公刊された写真集よりも校訂版に付加された写真の方であった。

## 「陰謀説」と文書の一部が燃やされた可能性

　いわゆる「陰謀説」は死海文書についてほとんど知らない人にも広く知られている。国際チームが十分な速さで死海文書を公刊しなかったために、この遅延に

---

[13] R. H. Eisenmann & J. M. Robinson, *A Facsimilie Edition of the Dead Sea Scrolls* (Washington, D.C.: Biblical Archaeology Society, 1991); E. Tov, *The Dead Sea Scrolls on Microfiche: A Comprehensive Facsimile Edition of the Texts from the Judean Desert, with a Comparion Volume* (Leiden: E. J. Brill and IDC, 1993, 1995).

は特別な理由があるに違いないという説が生まれた[14]。おそらく国際チームの中で他のメンバーに個人的に激しい不満を感じていたジョン・アレグロがこの噂を広めたのだろう。いずれにしても、アレグロは回顧録の中で当時の心情について書いている[15]。彼の語るところによれば、特定の巻物がバチカンの法王庁に隠され、そこで焼却処分されたという。なぜなら、巻物の中には後に新約聖書に含まれることになった要素が含まれており、もしその巻物が白日の下に晒されれば、イエスの考えは独創的なものではないということが知れ渡り、キリスト教に害となると危惧されたというのである。ジャーナリストたちはそれが本当のことであると一般の人たちの多くに信じ込ませることに成功したかも知れないが、死海文書の公刊に携わっていた研究者たちにとっては、そのような不法な行為に関わることはありえなかったので、こうした憶測は全く馬鹿馬鹿しいものであった。

**著作権は存在するか？**

　巻物断片の公刊には羊皮紙上の文字の解読、断片同士を適切な配置で結合させる復元作業、そして何より、羊皮紙の端や、腐食のために失われてしまった断片と断片の間にあったはずの文字や単語の復元作業がある。この復元作業によってテクスト編集は紛れもなく芸術作品となるが、すべての芸術作品がそうであるように、それは著しく主観的な創作である。版の復元を試みる研究者がそれぞれに異なる結論に至るのだから、復元作業にどれが正しく、どれが誤りかという判断は無意味である。学者が提唱するテクストの復元は聖書写本の復元も含めて、あくまでも仮説なのである。

　死海文書ないし復元されたテクストの著作権を誰かが要求するということはあり得ることなのだろうか。勿論、古代の文書には著作権は存在しないが、内容に関する復元は著作権で保護されている。しかし、すべての人がこの判断に同意しているわけではない。私はかつて、ある法律学の教授による死海文書の著作権についての講義を聞いたことがある。その教授は死海文書の復元で著作権が生じるとすれば、アメリカ市民の名をアルファベット順に並べた登録文書や、「破損

---

[14] この理論は以下の本、とくにそのドイツ語版によって知られるようになった。M. Baigent & R. Leigh, *The Dead Sea Scrolls Deception* (London, 1991); *Die Verschlussache Jesus: Die Qumranrollen und die Wahrheit, über das frühe Christentum* (Münster, 1991).

[15] J. A. Brown, *John Marco Allegro. The Maverick of the Dead Sea Scrolls* (Grand Rapids: Eerdmans, 2005).

してしまった古代の壺のかけらを糊でつなぎ合わせた陶器職人の仕事」にも著作権が与えられることになると喩えた[16]。つまり、死海文書の復元には如何なる著作権も存在しないということである。しかしながら、名前の登録文書や壺の復元の場合、答えは唯ひとつであるのに対して、死海文書の場合には、復元には無数の可能性が存在し、その1つ1つが個々の学者の頭脳の所産であり、すべての復元が等しく可能性を保持している。この問題は机上での可能性の話にとどまらず、ワシントンの一般向け考古学雑誌 Biblical Archaeology Review (『聖書考古学評論』) の編集責任者ハーシェル・シャンクス (Herschel Shanks) と、ベエルシェバのベングリオン大学教授エリシャ・キムロンとの間で争われた実際の訴訟問題にもなった。イスラエル高等裁判所はキムロン教授の権利を擁護し、彼を復元されたテキストの著作権者として認定した[17]。

## クムランからの発見物に関する一般的論争

さてここで、学術的な論争へと焦点を移すことにしよう。以下で紹介する仮説は大多数の学者によって支持されているが、関心ある読者は、死海文書に関わるほぼすべての問題に多種多様な意見があることを知ることになろう。

### 年　　代

死海文書の発見当初、年代特定のために採用されたのは、古文書学(手書き書体の研究)の基準であった。これは今日でも依然として主要な手段となっている。初期段階では炭素14年代測定法も年代を決める手段となったが、資料が少ないので、この年代測定法はあまり使用されていない。年代測定法の原理は、生きている動物(生物体)の獣皮に含まれていた炭素14同体原子が動物の死後壊変する様子を安定同位体との割合で表し、それを木の年輪中の炭素14の割合と比較

---

[16] C. A. Carson, The Application of American Copyright Law to the Dead Sea Scrolls Controversy, in: T. H. Lim et al. (eds.), On Scrolls, Artefacts and Intellectual Property (JSPSup. 38; Sheffield: Sheffield Academic Press, 2001), pp. 74-98 (79, 81).

[17] 該当テキストは以下の著書に見られる。E. Qimron & J. Strugnell, Qumran Cave 4.V: Miqsat Maase ha-Torah (DJD X, Oxford: Clarendon, 1994).〔参考：ハーシェル・シャンクス編「死海文書の研究」池田裕監修、高橋晶子・河合一充訳、ミルトス社、1997年。〕

するものである。これまでのところ、炭素 14 年代測定法と古文書学の年代はお互いに補完し合っていることが分かっている。

炭素 14 年代測定法によれば、クムラン第 1 洞穴イザヤ書完本（1QIs$^a$）は前 202–107 年（古文書学では前 125–100 年）、「神殿の巻物」（11QTemple$^a$）は前97 年から後 1 世紀の間（古文書学では前 1 世紀後半から後 1 世紀初期）に年代づけられている。しかし、古文書学の年代と炭素 14 年代測定法では、年代が重ならないテクストも若干存在する。また、G・ドゥドナは炭素 14 年代測定法という手法そのものを批判し、1950 年代に文字を鮮明にするために塗ったヒマシ油が炭素 14 年代測定法の検査結果に変化を生じさせたと主張した。ドゥドナによれば、すべての巻物は前 40 年よりも前に年代づけられるという[18]。

クムランへの入植時期は前 120 年ないし 150 年とされており、いくつかの文書は定住以前に年代づけられる。これはクムラン定住者たちが定住以前に書かれた巻物を持ち込んだということを意味している。同時に、発見された硬貨のいくつかは定住後のものである。おそらくローマ人がヒルベト・クムランに持ち込んだのであろう。しかしながら、硬貨そのものが散逸してしまったので再調査は不可能である。

古文書学によって特定された死海文書の年代はエリコで発見された文書が前 4 世紀から後 1 世紀、クムラン文書が前 250 年から後 68 年、マサダで発見された文書が前 150 年から後 70 年、ワディ・ムラバアト、ナハル・ヘヴェル、ナハル・ツェエリムで見つかった文書が前 75 年から後 135 年である。

## 発見場所——死海近辺のみか、古代イスラエル全域からか？

発見以来、巻物は「死海文書」あるいは「ユダ砂漠で発見された巻物」と呼ばれてきた。しかしながら、これらの巻物は本当に死海近辺に限られたものなのだろうか。また、「死海文書」などと呼ばれていることが、必ずしもこれらの巻物が発見され、筆写された場所を意味するわけではない。それにも拘らず、「修道僧」がクムランの写字室に籠もり、長机で巻物を筆写しているというようなロマンチックな描写がしばしば作り上げられてきた（映画「マサダ」など）。しかし、発見された土地で実際に筆写された巻物は全体の何割かに過ぎないということ

---

[18] G. Doudna, Dating the Scrolls on the Basis of Radiocarbon Analysis, in: P.W. Flint & J.C. VanderKam (eds.), *The Dead Sea Scrolls after Fifty Years: A Comprehensive Assessment* (Leiden/Boston/Cologne: E. J. Brill, 1999), pp. 430-65.

が次第に明らかになってきている。クムランに関しては、おそらく巻物の3分の1がそこで筆写されたとされ、他はイスラエルの他の場所からクムラン共同体の構成員によって持ち込まれたとされる。こうした見解はクムランで発見された巻物の中にはクムラン宗派の考えと合致していないことが書かれているものもあること、クムラン写字生の書体とクムランに持ちこまれたと考えられるテクストの書体に違いが見られることなどに基づいている[19]（次項参照）。

「死海文書」という名称は巻物の出所を限定しているかのような印象を与えるので、誤解を招きやすい。実際は、イスラエルの様々な場所で書かれた広範な文書を含んでおり、全体として見れば「古代イスラエル文書」とでも呼ぶべきものなのである。

### 巻物はクムランで執筆されたのか？

現在、ほとんどの研究者は巻物の内容分析に基づいて、クムランで発見された文書のうち、少なくともいくつか、あるいはその大多数、あるいはすべてがクムランで筆写されたという結論にそれぞれ達している。

ステーゲマンは発見された文書の大部分がクムランの地で執筆されたとする立場をとる[20]。彼によれば、クムラン共同体での主な仕事の1つは執筆と筆写のために羊皮紙を作製・準備し、書かれたテクストを大量生産することであった。さらにはそれらを外の世界に販売していたとも考えられている。ステーゲマンは共同体の建物の中のどこで巻物が作成され、貯蔵され、販売された場所であるかさえ細かく特定している。他方、ゴルブはクムラン文書にはクムランで書かれたものは1つもないと主張している（ユダ砂漠の他の場所で発見された文書に関しては何もいっていない）[21]。彼によれば、クムランの文書はすべてエルサレム神殿の図書館で作成されたものとされる。

---

[19] E. Tov, *Scribal Practices and Approaches Reflected in the Texts Found in the Judean Desert* (STDJ 54; Leiden/Boston: E. J. Brill, 2004), pp. 261-73 参照。

[20] H. Stegemann, *The Library of Qumran: On the Essenes, Qumran, John the Baptist, and Jesus* (Grand Rapids/Cambridge: Eerdmans/Leiden/New York/Cologne: Brill, 1998), pp. 51-55.

[21] N. Golb, *Who Wrote the Dead Sea Scrolls: The Search for the Secret of Qumran* (New York: Scribner, 1994).〔N・ゴルブ『死海文書は誰が書いたか？』前田啓子訳、翔泳社、1998年〕

クムラン文書が筆写された場所を1つに限定するか、あるいは複数地域を想定するかの統一見解は得られないが、大部分の研究者は量の多少はあれクムランで発見されたテクストがクムランで書かれたと考えており、保留すべきことがあることを心に留めつつ、それを「クムラン文書群」と呼ぶことはやはり正しいだろう。

　研究者の多くが巻物はクムランの所謂「30番の部屋」で書かれたとしている。その部屋では5メートルの長机、2つの小机、壁に固定されている複数の小さなベンチ、いくつかのインク壷が発見された。これらはこの部屋、あるいはこの部屋の上の2階に備え付けられていたものと考えられている。しかし、これらの出土物に関しては、机は筆写には低すぎるし（高さ70センチ）、この時期にはまだ筆写を机に向かって行うことはなかったのではないかという疑問もあげられている[22]。当時、書記たちはベンチに腰掛けるか床に座るかして、エジプトの書記が筆写する姿勢と似た格好で、膝の上の書写板に羊皮紙を広げて作業していたと考えられる。つまるところ、「写字工房」の存在は未だ実証されていないのである。

### クムラン共同体の特徴

　クムラン共同体の特徴に関しては様々な見解が提案されてきた。

（1）多数派の意見では、ヒルベト・クムランにはエッセネ派の集団が生活していたとされる。エッセネ派は当時のイスラエルにおける主要な宗派の1つであった。クムランのエッセネ派はイスラエル中から集まってきたエッセネ派の知的エリートからなっていた。砂漠へ移った時、このエリート集団は他のエッセネ派の人々から、またイスラエルの人すべてから自分たちを隔離した。また、エッセネ派の生活や考え方は巻物が発見される以前にもヨセフスやフィロンの著作から知られており、特にヨセフスはエッセネ派について詳細な知識を持っていた。ヨセフスとフィロンの記述は細かな点では相互に異なっているが、共同体の構成員の行動規範が書かれている『宗規要覧』と呼ばれる書物などから理解されるエッセネ派の様子とも異なっている。こういった問題があるにも拘らず、ヨセフスとフィロンが描写するエッセネ派の主な特徴は巻物にもよく反映されていると大多数の学者は考えており、クムランの巻物がエッセネ派の文献であることは確か

---

[22] B. M. Metzger, The Furniture of the Scriptorium at Qumran, *RevQ* 1 (1958), pp. 509-15.

なこととされている。これらの資料に描写の不一致が見られるのは、ヨセフスとフィロンが必要な情報をもっていなかったためとされる。つまり、エッセネ派は秘密主義の集団であり、その実態の詳細は広く知られていなかったというのである。あるいは、クムラン共同体が変化を遂げていたとも考えられる。クムラン共同体がエッセネ派であるとする考えは1950年代にドゥ・ヴォー、クロス、ミリクによって提案され、世代を経て「多数派の見解」とされるようになった。

クムラン共同体はしばしば修道院に喩えられる。高度に精神的な生活、共有財産、祈りによる神への献身、おそらくは独身主義であったことなど、実際に修道院と共通する生活様式が見られる。クムラン共同体の特徴に関する多数派の見解はヒベルト・クムランの建造物に関する解釈と密接に関係している。この解釈は当初ドゥ・ヴォーによって提言されたが、近年では年代の変更を加えてマグネスが確認したとされる[23]。クムラン遺跡と文書が発見された洞穴の内容物を結びつけているものとしては、クムランに特徴的と見なされている円筒形の「巻物の壺」が挙げられる。漆喰が張られた儀礼用の浴槽が多く出土していることも居住者たちが巻物やヨセフスに記されているように浄めに重きを置いていたことを示していると考えられる。

多数派の理解も以下の点では見解が分かれている。

a）ステーゲマンによれば、クムランは巻物用の羊皮紙を生産し、巻物を複製することを収入源としていたとしている〔注20参照〕。

b）宗派的な「ハラハー書簡」（「ミクツァト・マアセ・ハ・トーラー」 4QMMT）は、クムラン共同体の法規に関する詳細な点を「われわれの見解」として、ファリサイ派の見解と対比させている。興味深いことに、この書簡に引用されているクムラン居住者の思想は、ラビ文献がサドカイ派の思想としているものと合致する。したがって、クムラン共同体はサドカイ派と同一視される場合もある。シフマンによれば、クムラン共同体はエルサレムの祭司身分を放棄したサドカイ派の

---

[23] J. Magness, *The Archeology of Qumran and the Dead Sea Scroll* (Grand Rapids: Eerdmans, 2002).

祭司集団とされる[24]。同様に、R・エリオールも、クムラン共同体をエルサレム出身の祭司集団と理解している[25]。
ｃ）　S・タルモンは多数派の見解を受け入れながら、「エッセネ派」という言葉を用いず、クムラン居住者が自らを「契約更新した共同体」と表現していることから、いずれのユダヤ教の宗派との関連づけにも慎重な立場をとっている[26]。

　偏った考えをもつ「少数派」の見解には以下のようなものがある。
（２）ゴルブはクムラン文書をエッセネ派と結びつける多数派の意見に一貫して異を唱え、それはいまや広く知られるところとなっている。小規模なクムラン共同体がこれほど多くの巻物を作成することは不可能であり、ヒルベト・クムランにおいて筆写された証拠はなく、クムランにあった建物が共同体の建造物であったことも実証されていないとゴルブは主張する。ゴルブの説によれば、クムランの巻物はもともとエルサレム神殿の蔵書であり、保管のためにクムランに移されたとされる。少なくとも第４洞穴は位置的にクムラン共同体（ヒルベト・クムラン）と非常に近いけれども、クムランの巻物は神殿崩壊の直前にクムラン共同体には全く知られることなく、そこに移されたというのがゴルブの主張である。ゴルブはY・ヒルシュフェルト同様、クムランが軍事要塞であったとする立場をとっている。(4を参照)。
（３）　J・B・ウンベールによればヒルベト・クムランは元来ハスモン王家の別荘であり、共同体の住居跡ではないとされる[27]。そして、後に少数のエッセネ派の者たちがこの別荘を改修し、犠牲奉献のための拠点として用いたという。ロベール・ドンシール、ポーリン・ドンシールもハスモン家の別荘と考え、出土しているガラス器、木器、金属器、石器等が「修道院的」な共同体にしては贅沢過

---

[24] L. H. Schiffmann, The Temple Scroll and the Systems of Jewish Law of the Second Temple Period, in: G. J. Brooke (ed.), *Temple Scroll Studies* (Sheffield: Sheffield Academic Press, 1989), pp. 245-51.

[25] R. Elior, The Temple and Chariot, *Priests and Angels, Sanctuary and Heavenly Sanctuaries in Early Jewish Mysticism* (Jerusalem: Magnes, 2003).

[26] S. Talmon, The New Covenanters of Qumran, *Scientific American* 225.5 (1971), pp. 73-81; idem, *The World of Qumran from Within* (Leiden/Jerusalem: Brill/Magnes, 1989), pp. 11-52.

[27] J. B. Humbert, Espace sacré à Qumran – Propositions pour archéologie, *RB* 101 (1994), pp. 161-214.

ぎると指摘している[28]。「30 番の部屋」については、寝台を備えたローマ式の宴の間であると理解する。マグネスはヒルベト・クムランの建造物がユダヤ地方に見られる別荘の構造と異なることから、上述の見解は支持されないとしている[29]。
（4）　J・ヒルシュフェルトによれば、クムランの居住区はエン・ボケクやエン・フェシュハと同様、要塞化された荘園であったという説を唱えている[30]。ゴルブ同様、ヒルシュフェルトも巻物はエルサレムから移されたと考え、共通する書体の巻物がほとんどないことから、クムランにおいて巻物の大量生産が行われた可能性を否定する。さらにはクムランとエッセネ派の間に関連性がないことを強調するため、エッセネ派が用いたであろう「独居房」のような構造をもつ遺跡がユダ砂漠のエン・ゲディで見つかっていると指摘している[31]。

**クムランで発見された所蔵文書の特徴**

　クムラン研究の当初から、クムラン文書群全体あるいは第4洞穴で発見された文書は「図書館」の蔵書と表現されてきた。「図書館」という表現は、その第一版の刊行時から多大な影響を及ぼしているクロス著『クムランの古代図書館』に倣ったものであり、学術研究でもしばしば用いられる[32]。クムラン文書群、特に第4洞穴で発見された文書を「蔵書」と捉える前提に立って、数々の研究がなされてきた。K・G・ペドレーはこの前提をさらに進めて、他の古代図書館で用いられたような「クムラン図書館目録」の存在の可能性を論じた[33]。同様に、ボン大学図書館長のV・ブールは司書としての経験に基づいてクムラン文書の研究を

---

[28] R. Donceel, Reprise des travaux de publication des fouilles au Khirbet Qumran, *RB* 99 (1992), pp. 557-73; P. H. E. Donceel-Voûte, Coenaculum – La salle à l'étage du locus 30 à Khirbet Qumrân sur la mer morte, *Banquets d'Orient, Res Orientales* 4 (1993), pp. 61-84.

[29] J. Magness, A Villa at Khirbet Qumran? *RevR* 63 (1994), pp. 397-419.

[30] Y. Hirschfeld, *Qumran in Context, Reassessing the Archaeological Evidence* (Peabody: Hendrickson, 2004); idem., The Architectural Context of Qumran, in: L. H. Schiffmann et al. (eds.), *The Dead Sea Scrolls: Fifty Years After Their Discovery – Proceedings of the Jerusalem Congress, July 20-25, 1997* (Jerusalem: Israel Exploration Society/The Shrine of the Book, Israel Museum, 2000), pp. 673-83.

[31] Y. Hirschfeld, *Qumran in Context*, pp. 232-40.

[32] F. M. Cross, Jr., *The Ancient Library of Qumran* (Garden City: Doubleday, 1953, 3rd ed.; Sheffield: Scheffield Academic Press, 1995).

[33] K. G. Pedley, The Library at Qumran, *RevQ* 2 (1959), pp. 21-41.

行った[34]。しかし、「図書館」という表現は、現代における貸し出し可能な図書館を連想させ、議論を混乱させる原因となっている。図書館のような貸し出し機能はおくとして、学者たちは洞穴に収容されていた物を基にクムラン居住者の思想を分析しているが、「図書館」という語はその収容物に公的性格を付与してしまうことになる。

しかし、クムラン文書群の内容からも洞穴の外形上の特徴からも、第4洞穴が「図書館」であったとする説を支持する証拠を挙げることはできない。クムラン洞穴のいくつかは、共同体が所有した文書資料の保管場所であったに過ぎない。クムラン居住者はユダ砂漠へ移動する際に、古文書も含めた宗教上の所有物を持参したと考えられ、おそらくこれらの文書資料はいったん共同建造物に集められ、ローマ軍の接近に伴って徐々に洞穴へと移されていったのであろう[35]。また、経札(テフィリン)とメズザーが見つかっていることは洞穴が文書の保管場所であったとすることからしか説明できない。このような儀礼上の工芸品やアラム語「偽りの預言者のリスト」(4Q339)のような書記の「メモ書き」が「図書館」に置かれることはまずあり得ないからである。これらの発見物からすれば、文書資料はすべて単に洞穴に移されただけであるように思われる。第7洞穴からはギリシア語テクストしか見つかっていないが、それは少量の蔵書が運びこまれたというだけのことなのであろう。同様に、第11洞穴に宗派の文書のみが保管されていたことは、宗派の主要な資料群の一部がまとめてこの洞穴に移されたということであろう[36]。洞穴によっては一時的な居住場所となり、文書とともに生活用品も置き去りにされたという状況も考慮に入れなければならない（第3、5、7、8、9、10洞穴）。つまるところ、これらの洞穴が「図書館」として機能していたとは考え難いのである。

---

[34] V. Burr, Marginalien zur Bibliothek von Qumran, *Libri* 15 (1965), pp. 340-52.
[35] これらの巻物がどのような過程を経て洞穴へ移されたかに関しては Stegemann, *Die Essener*, pp. 89-93 参照。
[36] E. Tov, The Special Character of the Texts Found in Qumran Cave 11, in: E.G. Chazon *et al.* (eds.), *Things Revealed: Studies in Early Jewish and Christian Literature in Honor of Michael E. Stone* (JSJSup 39, Leiden/Boston: Brill, 2004), pp. 187-96 参照。

## クムラン共同体の規模

ヒルベト・クムランの人口は 50 人から 400 人で諸説があるが、集会の場所となったであろう空間の規模 (22×4.5 メートル) をもとに、一般には 150 人から 200 人程度と考えられている。M・ブロッシは現代の刑務所における密度を参考に、その集会部屋には 1 列 30 人で 4、5 列座れると想定して計算している[37]。建造物ではなく、野外のテントを居住場所としていたと理解する学者もいるが、ブロッシとエシェルは洞穴に住んでいたと考える[38]。しかし、J・パトリックは共同体地区に寝泊まりしていたとしても、せいぜい 50 人程度しか収容できなかっただろうとしている[39]。

クムラン居住期間を 8 世代とし、常時 150 人程度が住んでいたとすると、累積人口は 1200 人となる。この数字は墓の数（1100 基）とほぼ一致する。

## クムランにおける女性の存在

クムランにおける女性の存在に関しては、文献解釈と考古学的分析の両面から盛んに議論されている。文献資料の解釈ではヨセフスとフィロンによるエッセネ派の描写を根拠に、クムラン共同体を男性限定の「修道院的」な共同体とする理解が一般的である。実際、「宗規要覧」(その主たる写本は第 1 洞穴で発見された 1QS) などの宗派的テクストの大多数には女性は全く言及されていない。一方、ダマスコ文書は結婚と離婚に関する規定に加え、女性の浄めについての規定も述べている[40]。もっとも、これらの規定はパレスチナ全域にわたるエッセネ派居住地での規定と一般には考えられている。

---

[37] M. Broshi, The Archeology of Qumran -- A Reconsideration, in D. Dimnant & U. Rappaport (eds.), *The Dead Sea Scrolls: Forty Years of Research* (Leiden/New York/Cologne/Jerusalem: E.J. Brill, Magnes Press & Yad Izhak Ben-Zvi, 1992), pp. 103-15 (114).

[38] M. Broshi & H. Eshel, Residential Caves at Qumran, *DSD* 6 (1999), pp. 328-48.

[39] J. Patrich, Khirbet Qumran in Light of New Archaeological Explorations in the Qumran Caves, in M. Wise *et al.* (eds.), *Methods of Investigation of the Dead Sea Scrolls and the Khirbet Qumran Site* (Annals of the New York Academy of Sciences 722; New York, 1994), pp. 73-96.

[40] ダマスコ文書のほとんどは第四洞穴で発見された。同テクストはまたカイロ・ゲニザでも発見されている。

しかし、最近の研究では、E・シューラー[41]やS・ホワイト・クロフォード[42]が女性の存在を強調している。クロフォードは共同体の儀礼に女性の列席が許されていたと主張する。例えば、第1洞穴で発見された「会衆規定」は「人々が集まるときは、子供も女性も含めて全員が一堂に会し、契約に関するすべての規定を朗誦する」(1QSa, 1.4-5) と記している。しかし、この引用文はここでの議論と直接関連しないとも考えられる。なぜなら、この記述は来るべき世においての在り方に関するもので、クムラン共同体の日常生活について言及しているものではないからである。

クムラン共同体における女性の存在に関しては、考古学的資料の分析をもとにした議論もされている。クロフォードは4個のビーズ、鏡、紡錘車等の出土品から女性の存在を主張する。しかし、これらの遺物は男性が使用したとも考えられるので、決定的な証拠とはなり得ない。

男性の遺体が圧倒的に多い墓地の中で女性の骨格が6体見つかっていることは調査の最初期の段階から注目されていた。しかし、これらの女性骨格に関する解釈は発見当初から40年間にわたって変化してきた[43]。女性骨格の数も6体から2体へと下方修正された。考古学者ジョー・ジアスによると、墓から発見されたビーズはベドウィンのものと考えられることから4体は近代のものとされる[44]。

## クムラン文書の内容に関する論争

**暗号文字で書かれたテクスト**

クムランで発見された文書のヘブライ語はアラム語テクストと同様、角文字のヘブライ文字で書かれている。ヘブライ語のテクストによっては古ヘブライ文字

---

[41] E. Schuller, Women in the Dead Sea Scrolls, in Flint & VanderKam (eds.), *The Dead Sea Scrolls*, pp. I. 117-44

[42] S. White Crawford, Not According to Rule: Women, the Dead Sea Scrolls and Qumran, in S. M. Paul *et al.* (eds.), *Emanuel, Studies in Hebrew Bible, Septuagint, and Dead Sea Scrolls in Honor of Emanuel Tov* (VTSup, 94; Leiden/Boston: Brill, 2003), pp. 127-50.

[43] ドゥ・ヴォーによる第一回の発掘報告書に記されていたこれらの骨格の所在はしばらくのあいだ不明であったが、1990年代にパリとドイツにある研究所で発見された。

[44] J. Zias, The Cemeteries of Qumran and Celibacy: Confusion Laid to Rest? *DSD* 7 (2000), pp. 220-53. ジアスによれば、墓は東西方向を軸に造られており、他の墓のように南南西-北北東の方向に掘られていないとされる。また、第二神殿時代には墓にビーズや装飾品を入れる習慣がなかったとしている。

によるものもあり（ほとんどが聖書テクスト）、またギリシア語のテクストもある。また、発見当初は知られていなかったが、3パターンの暗号化された（秘密の）文字によって書かれたテクストも少数あり、それぞれの文字がすべて暗号文字に置き換えられている。これらの暗号文字は1950年代にJ・ミリクによって解読され、テクストはすでに翻訳、出版されている[45]。今でも多くの謎が残っているが、いくつかの暗号文字による宗派文書が共同体構成員へ向けて秘密の情報を提供していることは明らかである。暗号文字による文書「曙の子らへの賢者（マスキール）の言葉」（4Q298）では共同体における徳、すなわち公正、質素、誠実、謙虚、律法に関する教えがなされている。この文書は「暗号文字A」と呼ばれる文字で書かれているが、書名は羊皮紙の裏に普通の角文字で表記してあるので、巻物が巻き直されて、他の巻物と共に保管されていても、その所在は容易に判別できた。このような暗号化には新参者が霊的指導者（賢者）から秘密の指示を受けたという背景があると考える学者もいる[46]。したがって「曙の子ら」という表現は、新参者が闇夜から光へと明けてゆくことを示し、「光の子ら」になろうとしていることを暗示しているとも考えられる。

**聖書写本の重要性**

クムランで見つかった聖書写本の研究では当初から、前3世紀から後1世紀の間に使われていた聖書写本相互に差異があることが認識されていた。現在、表現の仕方は様々だが、クムランの聖書テクストとその他の聖書テクストであるマソラ本文（MT）、七十人訳聖書（LXX）、サマリア五書（SP）との間に不一致があることが認知されている。

ここでこれらの術語について特にマソラ本文という言葉を中心に、簡単に説明しておくことにしよう。マソラ本文とはわれわれの手許にあるヘブライ語聖書であり、英語であろうとフランス語であろうと、また他のどんな言語であろうと、その翻訳はマソラ本文を基にしている。そのテクストは後一世紀後半にユダヤ教における唯一の受容された聖典となったものであった。その時以来、ユダヤ人の聖書として何世紀にも亘って引用される「伝統的テクスト」となり、「マソラ」と称される欄外注釈が付されるようになった。それゆえ「マソラ本文」と呼ばれ

---

[45] これらのテクストはDJDXX, XXVIII, XXXV, XXXVI（主としてプファンが担当）。
[46] S. J. Pfann, *Qumran Cave 4 XV: Sapiential Texts, Part 1* (DJD XX, ed. T. Elgvin *et al.* Oxford: Clarendon, 1977), p. 17.

る。現代において正統ユダヤ教と大半のキリスト教諸派がこのテクストのことをヘブライ語聖書と理解している。したがって、手許にある聖書がどの言語での翻訳であろうと、それはマソラ本文とほぼ同じものなのである。

次に、「七十人訳聖書」として知られる七十人の訳者によるギリシア語訳聖書と、サマリア人の聖典であり、その起源が古代にまで遡る「サマリア五書」について述べてみよう。クムラン写本の大部分はマソラ本文に近いのだが、七十人訳聖書あるいはサマリア五書との一致を示す写本が少数ではあるが初めて発見されたことが目新しい点であった。また、これまで知られていたどの聖書テクストとも符合しない聖書写本も含まれている。ヘブライ語聖書の本文批評を専門とする学者が注目するのはこの種の相違である。

その相違には綴りの違いといった些細なものもあれば（「カラー」が英語ではcolour、米語では color とされるような）、内容がわずかに相違している場合もある。また、著しい内容の不一致を含むテクストもある。おそらくその最も顕著な例はエレミヤ書であろう。2 点の断片（4QJer$^{b,d}$）に見られる本文がマソラ本文よりも著しく短いのである。もっとも、この短いエレミヤ書の本文は七十人訳聖書のエレミヤ書とほぼ一致するが、個人名や肩書き等、多くの詳細な記述が省かれている。例えば〈断片 d〉の場合、エレミヤ43章6節は「ネブザルアダン」とだけ記すが、マソラ本文では「親衛隊長ネブザルアダン」となっており、「シャファンの孫でアヒカムの子ゲダルヤ」としているマソラ本文に対して〈断片 d〉は「アヒカムの子であるゲダルヤ」と短い。また、〈断片 b〉と七十人訳聖書はともにエレミヤ書10章6-8節と10節を欠いている点も重要であろう。この欠けた部分にはイスラエルの主を称えつつ、一方では不信仰の民の拝む偶像を蔑むという一貫した主題がある。クムラン写本の写字生と七十人訳聖書の翻訳者がともにこの主題を削除することにしていたとは考えがたい。むしろ、マソラ本文の写字生が偶像とイスラエルの神の違いを強調するために加筆したと考えるべきであろう。

また、第4洞穴申命記写本〈断片 q〉（4QDeut$^q$）と七十人訳聖書は申命記32章にある「モーセの歌」の最後の部分に、マソラ本文にはない表現を付加している。おそらくこの詩のみからなっていたと考えられる〈断片 q〉は七十人訳聖書と同じように、イスラエルの神以外の諸々の力を詳細に描写しているが、43 節に「彼の前にひれ伏せ、すべての神々よ」という句が加えられている。また、この43 節のマソラ本文はおそらく「国々（の民）よ、彼（主）の民を喜ばせよ」

ではなく、「国々（の民）よ、彼（主）の民よ、喜びの声をあげよ」と読むべきと思われるが、七十人訳聖書と〈断片 q〉はこのモーセの宣言を「天よ、彼とともに喜べ」としている。より長いテクストであるクムラン写本と七十人訳聖書の方が元来のものを反映していることは明白であろう。神々の万神殿(パンテオン)に関しては同様のことが聖書の他の箇所や、今日のシリアにある遺跡ウガリット出土の前1200年頃の楔形文字文書など西セム語の古い文献にも見える。したがって、マソラ学者が多神教的な信仰表現をテクストから削除したと考えるのが適切だろう[47]。

クムランの巻物に関しては異なる学問的説明があり、細部の記述に関しても異なる見解がある。また、クムランの巻物の全般的特徴に関しても異なる理解が示されている。しかし、以下の点に関しては大半の研究者の見解が一致している。(1) それまで知られていなかった内容の巻物を読むことは、多くの聖書テクストの細部に対する理解を深める手助けとなり、しばしば実質的な解明に繋がっている。(2) クムラン文書の中の多様な聖書テクストは第二神殿時代の聖書本文の状況全般を反映している。(3) 巻物は第二神殿時代における聖書テクストの転写に関する多くの技術的な情報を提供している。(4) クムラン写本によって、七十人訳聖書に代表される古代の翻訳への信頼度が高まった。聖書研究における重要なテクストの一つである七十人訳聖書はギリシア語で書かれているので、もとになるヘブライ語を復元しなければならないが、クムラン写本で見出されたヘブライ語表現との一致から、これらの細部の復元が適切であることが実証された。

**クムラン写本の宗派性**

大多数の研究者が、クムランに居住していたのはエッセネ派と呼ばれる集団であったと考えている。しかし、この見解を受け容れるか否かによって、聖書の巻物に関する理解が影響されることはない。大部分の研究者はクムラン写本の大多数がクムランにおいて筆写されたと考えているが、宗派的考えを反映する写本がある[48]とは考えられていない[49]。

---

[47] J. H. Tigay, *The JPS Commentary, Deuteronomy* (Philadelphia: Jewish Publication Society, 1996), pp. 314-15, 513-18 参照。

[48] 第一洞穴で見つかった「ハバクク書注解」に引用されている聖書本文には宗派性を反映する箇所が二、三見出されはするが、ここでの文脈とは無関係である。

[49] E. Ulrich, The Absence of "Sectarian Variants" in the Jewish Scriptural Scrolls Found at Qumran, in: E. D. Herbert & E. Tov (eds.), *The Bible as Book: The Hebrew Bible*

## クムラン共同体の暦

　クムランの宗派が古代イスラエルで一般に用いられていた太陰暦とは根本的に異なる太陽暦を用いていたことがクムランの暦法文書や共同体に関する文書から明らかになっている。太陽暦を採用することによって、クムランのエッセネ派共同体はイスラエル各地に居住する他のエッセネ派の人々とともに、他のユダヤ人からの独立性を強調することができた。しかし、「ハバクク書注解」が記すように（1QpHab XI.5）、対立するエルサレムの「悪の祭司」から「義の教師」と称されるクムラン共同体の指導者が大贖罪日に迫害を受けたのはこうした状況があったからであった。クムランのエッセネ派が大贖罪日の決まりを守っていた日は、エルサレムの人々には大贖罪日ではなかったということである。

　クムランの暦では 1 年は 364 日であり、それが 4 季に分けられ、1 季は 90 日からなるが、それぞれ 1 日の閏日があって 91 日（13 週）が 1 季となる。この固定的な暦では 4 つの主要な祝祭が必ず水曜日に祝われるようになっている。すなわち、「新年の始まり」が春の第 1 月の 1 日（1QS X.6）、除酵祭は同月の 15 日（11QT$^a$ XII.10–11）、秋の始まりの祭り（11QT$^a$ XXV.2–3 等）は第 7 月の 1 日（4Q320, 4Q321 等）、仮庵祭は同月の 15 日にあたる（11QT$^a$ XVII.10）。祭司による神殿奉仕の当番割り当てが共同体における暦の概念において中心的な役割を果たしていた[50]。

　また、第 4 洞穴で発見された「月の呼称」（4Q317）に見えるように、クムランでは太陰暦も知られていた。この文書では二つの暦法が対観されている（4Q320）。

## メシア待望

　クムラン共同体は他のユダヤ人とは異なり、2 人のメシアの出現を信じていた。ひとりは祭司なるメシアとしての「アロンとイスラエルのメシア」であり（「ダ

---

and the Judaean Desert Discoveries (London: British Library & Oak Knoll Press, in association with The Scriptorium: Center for Christian Antiquities, 2002), pp. 179-95 参照。しかし、プリコティルはイザヤ書完本第 1 洞穴イザヤ書 a を宗派的と理解する。P. Pulikottil, *Transmission of Biblical Texts in Qumran: The Case of the Large Isaiah Scroll 1QIsa$^a$* (JSOTSup 34; Sheffield, 2001).

[50] S. Talmon, J. Ben-Dov & U. Glessmer, *Qumran Cave 4.XVI; Calendrical Texts* (DJD XXI, Oxford: Clarendon, 2001) に関連するテクストが掲載されている。

マスコ文書」12.23 参照）、もうひとりは別のテクストに見える祭司ではないダビデ王家の王なるメシアである。

こうしたメシアについて、クムラン共同体の特定の人物との同定を試みる2つの仮説が近年提出されている。M・ワイズは「感謝の詩篇(ホダヨート)」のユダと呼ばれている人物にメシアの証拠を見出す。ワイズによれば、この詩篇は時系列的に配列されており、メシアの生涯の異なる段階が年代順に記されているとされる[51]。しかし、義の教師が自らメシアを名乗り、「感謝の詩篇」を執筆していたとすれば、他のテクストがそのことにほとんど言及していないのは驚くべきことであろう。

Y・クノールは他の人物をメシアと特定するが、とくに第4洞穴「自己讃美詩篇」にその証拠を見出している[52]。そこで用いられている言葉はイザヤ書53章「苦難の僕」と重なり、「神々（天使たち）のあいだに私のような者があろうか」という言葉を含む。クノールはこの詩の語り手をヨセフスがヘロデ王時代のユダヤに生きたエッセネ派の1人として紹介しているメナヘムという人物に特定する[53]。しかし、この詩篇の写本はすべて前51年から50年のものとされ、前75年にまで遡る可能性のある写本（4QH$^a$）もあることから、前4年に活動していたメシアとする仮説には問題がある。また、クノールの仮説は2人のメシアでなく、クムラン共同体においては異例なことと考えられる1人のメシアに焦点を置いている点も問題であろう。

## 第7洞穴ギリシア語テクスト群と新約聖書の関係

第七洞穴で発見されたギリシア語テクスト断片（7Q3–18）は当初「未特定の断片」として出版されたが、のちにJ・オハラガン[54]とC・P・ティエーデ[55]に

---

[51] M. Wise, *The First Messiah, Investigating the Savior before Christ* (San Francisco: Harper San Francisco, 1999).

[52] Y. Knohl, *The Messiah before Jesus: The Suffering Servant of the Dead Sea Scrolls* (Berkeley: University of California Press, 2000). このテクストは以下の異なる版に見出される。1QH(odayot)$^a$ XXV, 4QH$^a$, 4QH$^e$, 4Q471b, 4Q491c 断片 1.

[53] このメナヘムなる人物は王の友とされるが、第4洞穴文書430における「王の友」ヘロデの特別顧問を務めたメナヘムを指す。メナヘムは王の顧問とメシアという二重生活を送ったことになる。この人物はラビ文献においても言及されるが、そこでは神に敬意を示さないために最終的に排除される。

[54] J. O. O'Callaghan, Papiros neotestamentarios en la cueva 7 de Qumran? *Bib* 53 (1972), pp. 91-100 (W.L. Hollanday, *Supplement to JBL 91* (1972), pp. 2.1-14); O'Callaghan, *Los Papiros griegos de la cueva 7 de Qumran* (Biblioteca de Autores Cristianos, 353; Madrid, 1974).

よって、新約聖書の一部（マルコによる福音書、使徒言行録、テモテへの手紙一、ローマの信徒への手紙、ヤコブの手紙）を反映したものと判断された。実際にそこに新約聖書の一部が含まれているとすれば、当然のことながらそれはキリスト教界と研究者たちに画期的な、いやそれどころか衝撃的な出来事となる。しかし、この仮説を唱えているのは上記の2人のみである。また、これらの断片に含まれるとされる新約聖書の内容には後 68 年のクムラン共同体の崩壊以前にはまだ執筆されていなかったものもあることを考えれば、この仮説には年代的な無理がある。これらの文書断片の年代について、オハラガンは後 50–70 年とし、ある断片についてはクムラン崩壊後の後 100 年としているが（7Q4＝1 テモテ）、大多数の研究者はもっと古い時期に年代づけており、研究者によっては前 100 年頃とされることもある。そうなれば、もはや新約聖書の一部と主張することはできない。

書かれているテクストも非常に断片的であり、最大のものでも 3、4 文字が 5 列並んでいるだけのものにすぎない。そうした断片から新約聖書のテクストを再構築するには著しく豊かな想像力が求められる[56]。これらのテクストが断片的であることから他にも様々な仮説が立てられており、七十人訳聖書の出エジプト記とゼカリヤ書ではないかとする説もある[57]。七十人訳のテクスト断片が第 4 洞穴の羊皮紙やパピルス断片に見られることを考えれば、この仮説はそれほど異例のものではない。また、旧約偽典のエノク書とする仮説もある[58]。

---

[55] C. P. Thiede, *Die älteste Evangelien-Handschrift? Das Markus-Fragment von Qumran und die Anfänge der schriftlichen Überlieferung des Neuen Testaments* (Wuppertal, 1986); idem, *The Earliest Gospel Manuscript? The Qumran Fragment 7Q5 and Its Significance for New TEstament Studies* (London, 1992).

[56] ある文字は誤って解読されており、また新約聖書のテクストの方にも変更を加えなければ、両者の符合を確認することはできない。

[57] 詳細は、E. Tov, The Greek Biblical Texts from the Judean Desert, in: S. McKendrick & O. A. O'Sullivan (eds.), *The Bible as Book: The Transmission of the Greek Text* (London: British Library & Oak Knoll Press, in association with The Scriptorium: Center for Christian Antiquities, 2003), pp. 97-122 参照。

[58] E. A. Muro, Jr., The Greek Fragments of Enoch from Qumran Cave 7 (7Q4, 7Q8 & 7Q12 = 7QEn gre = Enoch 103.3-4, 7-9), *RevQ* 18 (1997), pp. 307-12; E. Puech, Sept fragments grecs de la Lettre d'Hénoch (1 Hén 100, 103 et 105) dans la grotte 7 de Qumrân (= 7QHéngr), *RevQ* 18 (1997), pp. 313-23.

## クムラン文書とキリスト教

　クムラン文書をキリスト教の文書、あるいはキリスト教と非常に関連の深い文書と考える学者は少数派ではあったが存在してきた。しかし、この見解も徐々に消え失せつつある。また、ドキュメンタリー番組などテレビ番組は未だにクムランの巻物をバチカンとグレゴリオ聖歌のイメージで表現しようとするが、大多数の学者はクムラン文書をユダヤ教の文書と認識している。

　クムランの巻物はイエスや洗礼者ヨハネなど、新約聖書と直接関連する人物には言及していない。しかし、クムランの巻物にそうした人物への言及があるという憶測がなされる理由は容易に理解できる。巻物が発見されるはるか以前の1863年、すでにE・ルナンがイエスはエッセネ派によって訓練を受けたとの仮説を立てている。また、1950年代にジャーナリストのエドマンド・ウィルソンはイエスがその幼少期をエッセネ派の人たちと過ごしたと述べている[59]。また、やはりよく知られているクムラン研究者J・アレグロの仮説によれば、初期キリスト教とは幻覚発現物質サイロシビン含有のシビレタケを用いた狂騒的豊饒祭儀であり、イエスは初期キリスト教徒たちがこの幻覚作用の中で創出した架空の存在であり、実在しなかったとされる[60]。

　B・E・ティーリンクはクムランの聖書註解(ペシャリーム)に基づいて、新約聖書の福音書の二層構造を明らかにする特殊な方法を提唱した[61]。彼女によれば、それは額面通りに受け取られるべきものではなく、そのテクストの行間に隠された意味を見出さなければならないとされる。彼女は、福音書を暗号化されたエッセネ派の文書

---

[59] E. Wilson, *The Scrolls from the Dead Sea* (New York: Oxford University Press, 1955); idem, *The Dead Sea Scrolls: 1947-69* (New York: Oxford University Press, 1969).

[60] J. Allegro, *The Sacred Mushroom and the Cross: A Study of the Nature and Origin of Christianity within the Fertility Cults of the Ancient Near East* (London: Hodder & Stoughton, 1970). この仮説は以下の著書においてより詳細に展開された。Allegro, *The Dead Sea Scrolls and the Christian Myth* (Newton Abbot, 1979).〔参考：ジョン・M・アレグロ 「死海の書」北沢義弘訳、みすず書房、1957年。〕

[61] B. E. Thiering, *Redating the Teacher of Righteousness* (Australian & New Zealand Studies in Theology and Religion 1; Sydney, 1979)〔B・スィーリング『イエスのミステリー--死海文書で謎を解く』高尾利数訳、NHK出版、1993年。〕; idem, *The Gospels of Qumran: A New Hypothesis* (Sydney, 1981); idem, Can the Hasmonean Dating of the Teacher of Righteousness be Sustained? in: Z. J. Kapera (ed.), *Mogilany 1989 – Papers on the Dead Sea Scrolls Offered in Memory of Jean Carmignac, II: The Teacher of Righteousness – Literary Studies* (Studia Moglianensia 3; Kraków, 1991), pp. 99-117; idem, *Jesus the Man* (London, 1993).

と理解し、洗礼者ヨハネを義の教師、イエスをその敵である悪の祭司と捉える。新約聖書に見える地名も暗号化されたメッセージを含んだものであり、イエスは十字架の上で死んだのでなく、助けられて逃亡し、ローマに至ったとされる。

同様に、R・アイゼンマンもイエスの兄弟ヤコブを義の教師、そのヤコブを処刑に追い込んだサドカイ派大祭司のアンナスを悪の祭司と理解する[62]。これらの仮説の問題点は、暗号解読の鍵となる多くのテクストがキリスト教発生以前に年代づけられることである。

こうした憶測は別としても、大多数の学者はクムランの巻物と新約聖書が単語、句、概念を共有しているという理解に立っている[63]。しかし、われわれがこの時期に関して知り得る情報は断片的なものでしかなく、クムランの巻物と新約聖書に共通に現れる語句が実は広範に用いられていた一般的な表現であった可能性もあり、ラビ文献などを比較分析の対象に加える必要が生じてくることにもなろう。新約聖書とクムランの巻物に共通する語句や概念であっても、必ずしも相互に関係しているとは限らない。例えば「バプテスマ」（4Q414＝第4洞穴「バプテスマ儀礼」）や二元論（1QS IV.1, 4QD$^a$ III.13）である。バプテスマに関しては、両集団においてそのあり方が相互に異なる（クムランでは個人が自らを浄めるのに対して、キリスト教では他の人から洗礼を授かる）。また、両集団はしばしば「新しい契約」（すなわち「新約」）等の相似た概念を展開している（「ダマスコ文書」6.19, 20.12参照。ともにエレミヤ書31章31節をもとにしている）。両宗教共同体が「母宗教」としての主流派ユダヤ教に対抗して、自分たちの正当性を立証するために、このような概念を展開させていたことは容易に想像できる[64]。同様に、クムランの聖書註解（ペシェル）の技法は新約聖書でのヘブライ語聖書解釈と共通し

---

[62] R. Eisenman, *Maccabees, Zadokites, Christians and Qumran: A New Hypothesis of Qumran Origins* (Studia Post-Biblica, 34; Leiden: Brill, 1983); idem, *James the Just in the Habakkuk Pesher* (Leiden: Brill, 1986).

[63] この立場に関しては J. A. Fitzmyer, The Qumran Scrolls and the New TEstament after Forty Years, *RevQ* 13 = *Mémorial Jean Carmignac* (1988), pp. 609-20; J. VanderKam, *The Dead Sea Scrolls Today* (Grand Rapids: Eerdmans, 1994), chp. 6 で要約されている。

[64] 同様に、ハバクク書2章4節「義なるものは誠実さを通して命を見いだす」（tsadik be-emunato yihyeh）は元来、神に対する誠実さを言っているが、第1洞穴「ハバクク書註解」では義の教師への誠実さに、またヘブライ人への手紙10章38-39節やローマの信徒への手紙1章17節ではキリスト教的な信仰と再解釈されている（1QpHab VII.17-VIII.5）。〔ジェームス・C・ヴァンダーカム『死海文書のすべて』秦剛平訳、青土社、1995年〕

ている。すなわち、クムランのユダヤ教も初期キリスト教も神の言葉が成就される唯一の正しい道を提示する思想を確立しようとしたのである。

クムラン文書のいくつかは初期キリスト教理解と特に関係している。いくつか例を挙げてみよう。

「メシア黙示」(4Q521) ではメシアに期待される特徴が列挙されている。これはイザヤ書35章5-6節およびルカによる福音書7章21-22節と共通する。死者の蘇りや傷ついた者の癒しなどイザヤ書には書かれていないことを詳述している点ではルカによる福音書と共通している。

「アラム語ダニエル黙示録」(「神の子文書」とも称される) には「彼は神の子と呼ばれる。人々は彼をいと高き方の子と呼ぶ」とある (4Q246 2.1)。ここに描かれている「彼」が人間 (アレクサンドロス・バラスのような王) なのかメシア的人物なのかは議論されている。後者とする場合は、ルカによる福音書1章32節との並行表現が特筆に値しよう。

「第4洞穴文書525」(4Q525) はマタイによる福音書5章1-12節とルカによる福音書6章20-23節に見られる至福説教に酷似した至福 (「幸いなるかな」) を列挙する。マタイによる福音書の九至福とは、その数もさることながら順番と内容においても一致する。

新約聖書とクムラン文書の比較研究における第一人者J・フィッツマイヤーはこの2つの文書群の並行関係に関して有益な視点を示してくれている——「エッセネ派ユダヤ教の教えと著しく異なるパウロのキリスト教基本教理に (新約聖書とクムラン文書の) 並行関係が影響を与えることはない。しかし、死海文書の発見から半世紀にわたって行われてきたパレスチナ地方のユダヤ人の言葉を修復する作業によって、偶発的にパウロ神学の研究は修正されてきたということは言えるだろう」[65]。

クムランで最初の巻物が発見されてからほぼ60年の歳月が過ぎた今でも、その研究は統一理解にいたるどころか、かつてないほどの意見の相違に悩まされている。

(ヘブライ大学教授、死海文書刊行国際チーム総責任者)

---

[65] J. Fitzmyer, Paul and the Dead Sea Scrolls, in: *The Dead Sea Scrolls after Fifty Years*, p. 619.

# ビブリア・ヘブライカ・クインタ
—— ヘブライ語聖書の新しい校訂本の主要な特徴 ——

アドリアン・シェンカー

## 20世紀ドイツにおけるこれまでのヘブライ語聖書の校訂本

　ヘブライ語聖書（＝旧約聖書）の編集の歴史は聖書そのものがもつ歴史と同じくらいに長い。聖書編集のおそらく最古の歴史的記述はエレミヤ書36章に伝えられている物語であろう。紀元前605年、エルサレムでヨヤキム王によって預言者エレミヤの託宣が書き記された巻物が破棄され、そのためエレミヤは最初のものとまったく同じ内容の二番目の巻物、それに加えて先に書き記された託宣を補完した新たな文書資料を作成したのである。それゆえ、これら二つの巻物はエレミヤの言葉集の二つの版ということになる。この時から聖書の個々の文書、聖書全書の編集版は今日に至るまで何世紀にもわたって公刊されてきた。

　ヘブライ語聖書の批判版もはるか昔にすでにつくられている。古代で最も知られている批判版は3世紀中頃、今日のテル・アヴィヴから北にほど遠く離れてはいないカイサリアで教会教父オリゲネスが編集した六欄対観聖書（ヘクサプラ）である。この学問的な批判版が必要とされたのには二つ理由があったと考えられている。その理由のひとつは、手書きで伝達されていくうちに多くの誤りが生じて聖書本文の真正な形態が損なわれてしまっていたことであった。もうひとつの理由は、ヘブライ語聖書とギリシア語聖書の本文の間にしばしば相違が見られることから、両者の形態の詳細な対照が必要とされたからであった。

それ以来、キリスト教徒もユダヤ教徒も聖書本文の真正性を検討し、不備や誤りをとり除く必要があると感じてきた。ここでは中世の学識あるユダヤ教聖書の管理者すなわち「マソラ学者」に言及すれば十分であろう。ヘブライ語聖書の本文伝達の質が著しく高いのは彼らマソラ学者のおかげなのである。

　1992 年、聖書協会世界連盟（ＵＢＳ）とドイツ聖書協会は聖書の新しい批判版を出す決定を下したが、その差し迫った理由は最も広範に使用されているヘブライ語聖書の小型批判版「ビブリア・ヘブライカ・シュトゥットガルテンシア」がその非常に高い質にもかかわらず、もはや今日における必要条件を満たしてはいないということであった。このよく知られている聖書は近代ドイツにおいて作成されたヘブライ語聖書の鎖を形作る第四番目の輪である。最初の輪はライプチヒ大学教授で旧約学者ルドルフ・キッテル（Rudolph Kittel 1853–1929）によって編集され、その地の出版社ヒンリクス（Hinrichs）から 1906 年に出版された聖書であり、1913 年にはシュトゥットガルトのヴュルテンベルグ特権聖書協会から若干修正された第二版が出された（第二の輪）。シュトゥットガルト聖書協会はヴュルテンベルグ特権聖書協会と緊密に連携した出版社で、エーバーハルト・ネストレ（Eberhard Nestle）が作成したギリシア語新約聖書（*Novum Testamentum Graece*）の学術版ですでに知られていた。

　その後、シュトゥットガルト聖書協会はヴュルテンベルグ特権聖書協会、後にはドイツ聖書協会に代わって次に述べるヘブライ語聖書を出版することになる。ヘブライ語聖書出版の鎖の第三の輪となったのが「キッテル第三版」〔ＢＨＫ³〕である。この版には 1929 年に死去したキッテルに加えてパウル・カーレ（Paul Kahle 1875–1964）の名が添えられている。実際のところ、この新しい版に重大な変更を取り入れたのはカーレであった。当初からキッテルは新約におけるネストレ版のような批判的本文を作り上げることを意図してはおらず、現存する本文、すなわち 1524/25 年にヴェネチアでアドニヤ・ベン・ハイーム（Adonijah Ben Hayyim）が作成した「第二ラビ聖書」（*The Second Rabbinic Bible*）を再現するつもりであった。この第二ラビ聖書はキッテルまでの何世紀にもわたってキリスト教世界における印刷版の基本本文となっていたが、ユダヤ教側での基本本文はシュロモ・ノルツィ（Shlomo Norzi 1560–1626）による編集版であった。ノルツィはマソラ本文を確立させ、「ミンハト・シャイ」（Minhat Shay）と呼ばれる独自の版が 1732–44 年にイタリアのマントヴァで出版されていた。

キッテルは批判的本文ないし折衷本文と時に呼ばれるようなものを確定するのは時期尚早と考えていた。このために彼は批判のための「欄外脚注」（apparatus）というものを思いつく。それは読む者自身がオリジナルにより近いと思われる本文を選択できるように、重要な異文をすべて集めておく倉庫のようなものである。キッテルはその欄外脚注で最良の文言の厳選に役立つように「この読みを選択せよ」「これは注解」「削除せよ」「有力な読み」などと速記の記号のような略号で注を施した。このようにして読む者が各自でオリジナルに最も近い本文を思い描くことができるようにしたのである。「キッテル第三版」におけるこの異文の収集は幅広く聖書注解者に利用され、20世紀をとおして聖書釈義の領域に強い影響を及ぼしてきた。

　ベン・ハイームが自分の版を作成するために利用した写本や初期の聖書印刷版つまり印行本（incunables）が何であるかわからなかったことから、カーレはその折衷本文を放棄し、マソラ本文全体を含んだ質の高い既存の写本に基づいた版を出すことをキッテルに提案した。カーレはその時、現在ロシア国立図書館にある「レニングラード写本」として知られているフルコヴィッチ写本を念頭に置いていた。この写本は1008年ないし1009年のもので、ティベリアのマソラ学者ベン・アシェル一族によって伝承されてきたものであった。これ以後、シュトゥットガルトで刊行されるヘブライ語聖書、すなわち、キッテル第三版、「ビブリア・ヘブライカ・シュトゥットガルテンシア」〔ＢＨＳ〕（1969–1977）、そして今回の新しい版である「ビブリア・ヘブライカ・クインタ」（*Biblia Hebraica Quinta* "クインタ"は「第五の」の意。以下ではＢＨＱ）はすべてこの写本に基づいている。カーレは欄外脚注の性格を変更することはなかったが、脇に「小マソラ」（Masora parva）を加え、また「大マソラ」（Masora magna）を追加する予定であった。しかしながら、この計画はＢＨＱで大小両マソラが簡単に利用できるように印刷され、さらに翻訳されるまでは実現することはなかった。

　新版であるＢＨＱの特徴を知るためには、こうした「ビブリア・ヘブライカ」の歴史を知っておくことも重要であろう。ビブリア・ヘブライカの第三版、すなわちキッテル–カーレ版聖書は若干の訂正と改善を加えられて何度も重版された。最も重要な変更はアルブレヒト・アルト（Albrecht Alt 1883–1956）とオットー・アイスフェルト（Otto Eissfeldt 1887–1973）がキッテル–カーレ版聖書の再刊作業を引き継ぎ、イザヤ書とハバクク書に第三の本文欄外脚注としてクムラン文書の資料を扱う欄が新設されたことであろう。この改訂版は1951年に第七刷と

して出版されたが、本来は「七版」を意味するドイツ語"siebente Auflage"と名付けられた。しかしながら、若干の誤植を訂正し、今述べたようなクムラン文書の資料を付加した単なるキッテル−カーレ版聖書にすぎないのであるから、この「第七版」という用語は混乱を引き起こしている。

　1950年代末頃、ヴュルテンベルグ聖書協会および学者たちの多くは、真の意味で正確な新しい批判版ヘブライ語聖書を編集する時がやってきたと感じていた。それまで知られていた中世の写本よりも千年以上も古い夥しい数のヘブライ語やアラム語、ギリシア語の聖書写本が死海周辺で発見され、それがヘブライ語聖書の本文史の状況を著しく変え始めていたからである。その新しい版はドイツ人ではない人も含むおよそ16名から構成されるチームによって1967年から1977年にかけて作成された。学術的な編集主幹はミュンスター大学のウィルヘルム・ルドルフ (Wilhelm Rudolph) とテュービンゲン大学のカール・エリンガー (Karl Ellinger) であった。フランス人のマソラ専門家、ナンシー大学のジェラール・ヴェイユ (Gérard Weil) も編集委員会の一員に迎えられた。ヴェイユは共同制作者のうちで唯一のユダヤ人であった。この聖書は新しく「ビブリア・ヘブライカ・シュトゥットガルテンシア」(*Biblia Hebraica Stuttgartensia*) と名付けられた。もっとも、この聖書は小型批判版として先のシュトゥットガルト聖書、つまりキッテル版聖書の仕様を継承した。そのため、表題ページにはキッテル、カーレ、アルト、アイスフェルトによって編集された聖書の全くの「改訂版」であると記されている。それゆえ、第一版は別として、ドイツでヴュルテンベルグ聖書協会とドイツ聖書協会によって出版されたヘブライ語聖書批判版の第四版と見なすこともできるだろう。当初は分冊で出され、その後に合本として公刊されている。これに続いて「シュトゥットガルト版」の修正版、実質的には同じものの重版作業がテュービンゲン大学のハンス＝ペーター・リューガー (Hans-Peter Rüger) に託され、欄外脚注が一新される。当時利用できたクムラン文書資料が各編集者の望む分量で欄外脚注に取り入れられたのである。

## ヘブライ語聖書プロジェクト (1969–1979)

　ＢＨＳの編集とほぼ同じ時期にあたる1969–1979年、聖書協会世界連盟は旧約聖書本文に関して別の新構想 (The Hebrew Old Testament Text Project〔ＨＯＴＴＰ〕) を始動させていた。それは当時聖書教会世界連盟で学術版聖書プロ

ジェクトの主幹であったユージン・A・ナイダ（Eugine A. Nida）の着想であった。それ以前にナイダは聖書翻訳者の必要を考え、ネストレ‒アーラント版新約聖書の編集者と緊密に協働し、新しい批判版新約聖書を成功裏に仕上げていたが、ヘブライ語聖書の翻訳者のためにも同様の本文上の助力が必要と考えたのである。ナイダは6名の旧約聖書本文批判の専門家を招集して、国際委員会を構成、指揮した。その任務は本文批判のための欄外脚注や本文を作成することではなく、聖書注解者や聖書本文編集者が難しい込み入った箇所にぶつかったときに有意義で頼りになる手引きを提供することにあった。委員会にはそうした箇所を注意深く研究し、最も見込みがあり最も信頼できる選択を提案することが求められた。それによって聖書翻訳者は本文の問題すべてについて満足のいく助言を受けられるようになり、本文選択の誤りや恣意的な選択が避けられるようになると考えられた。およそ五千もの本文上の問題が当時広範に利用されていた英語、フランス語そしてドイツ語訳聖書に準拠して選び出され、検討された。そうした箇所は解釈と翻訳の重要度に従って選び出されたものであった。

　この作業は十年で完遂し、その後に委員会と聖書協会世界連盟の双方を代表して委員の一人、スイスのフリブール大学教授ドミニク・バルテルミ（Dominique Barhtélemy 1921–2002）の名で出版された。これまでにこの本文批判注解書（*Critique textuelle de l'Ancien Testament*）は歴史書、預言書および詩編を扱う4巻がフランス語で出版され、第5巻の知恵文学も近々刊行されることになっている。

　この大規模な旧約聖書本文をめぐる選別的作業の終わりに際してプロジェクトのメンバーであるハンス・ペーター・リューガー、ジェイムズ・A・サンダース（James A. Sanders）、ドミニク・バルテルミ、学生としてこの聖書本文の批判的研究に取り組んできた数名にプロジェクトの選別的作業をさらに進め、委員会が採用していた原則に従って完全な本文の欄外脚注を作成することが提案された。特にリューガーはこの考えをドイツ聖書協会と聖書協会世界連盟に強く呼びかけ、両団体がこの企画を支援することになった。こうして「ビブリア・ヘブライカ・クインタ」（ＢＨＱ）のプロジェクトは誕生したのである。

## ＢＨＱの諸原則

　以下でＢＨＱの七つの主要な特徴を論述するにあたっては、先の「キッテル版」（第一版および第二版）、「キッテル–カーレ版」〔キッテル第三版〕、「シュトゥットガルト版」（ＢＨＳ）と比較して、ＢＨＱでは何が新しいのかということを特に強調するつもりである。それによって、他の進行中の編集プロジェクト、エルサレムのヘブライ大学版聖書（The Hebrew University Bible〔ＨＵＢ〕）とオックスフォード聖書（The Oxford Bible）とはどういった点で著しく異なるのかも明らかになるだろう。

　第一に、本文批判注解について。ギリシア語新約聖書と同様、欄外脚注の簡潔な見解だけでは十分に説明できないほど込み入った本文上の問題を解説する「姉妹編」が本文と同時に出版される。この注解には聖書各書の本文概説とともに欄外脚注を理解するために必要な情報、各書の編集責任者による本文評価が付されている。

　第二に、本文について。しばしば議論の対象となるのは、いわゆる「レニングラード写本」を本文として採用したことである。この点でキッテル–カーレ版聖書を継承しているわけだが、ヘブライ大学版聖書も今までのところではあるが、レニングラード写本とは別の現存する聖書写本を採用している。これに対して、オックスフォード聖書は批判的本文を再構成することを選んでいる。ＢＨＱの編集でこうした選択がされた理由は主として二つである。まず、古いギリシア語訳やラテン語訳には、もはやセム語の言葉そのものからは辿ることのできない古代ヘブライ語や古代アラム語本文の証拠を保持しているものがあり、到達可能な最古の聖書本文の形態は時にはヘブライ語ではなく、ギリシア語あるいはラテン語であるとする見解がある。折衷本文あるいは批判的本文の復元を目指すのであれば、場合によってはギリシア語あるいはラテン語を聖書本文のなかに取り込んでいかなければならないはずである。ギリシア語あるいはラテン語本文をヘブライ語やアラム語に訳し返すことは可能ではあるけれども、それは現存するセム語の証拠によって確認されるわけではないので、推測の域に留まらざるを得ない。

　もうひとつの理由も似たようなものである。母音もアクセント記号もない死海写本のヘブライ語やアラム語をどう扱うべきだろうか。死海写本の本文が採用された場合、ティベリアのマソラ本文のなかに母音もアクセント記号もないまま組み込んでよいだろうか。母音やアクセント記号の付いた語が母音もアクセント記号もない語に取って代わられるというような本文の混乱を避けるためにも、10

世紀のすばらしい写本が残されているティベリアのマソラ本文を選択したのは賢明なことであったと思われる。この種のティベリア式記号を付された聖書本文に先行するもの、あるいはティベリアのマソラ本文の古いものや、ずっとオリジナルに近い本文の形態と考えられるものについては、セム語やギリシア語、あるいはその他の言語や書体の場合と同じように、欄外脚注に書き記されることになろう。レニングラード写本を選択したことの主な強みは、それが完本であるということである。確かに、この写本があらゆる面で最良の本文というわけではない。しかし、質は良く、欠損部分もほとんどない。

　第三に、マソラ校註について。ＢＨＱの目的は現存するティベリア方式の写本をいわば古文書として、すなわちレニングラード写本というひとつの写本がもつ主要な特徴をすべて再現して出版することである。このために編集委員会はティベリア方式の聖書がもつ四つの局面、すなわち子音、母音、アクセント記号（te'amim）、小マソラおよび大マソラ、つまり欄外に記されたマソラ学者による全注記を再現することにした。さらに、各書の配列や出エジプト記15章や申命記32章などの詩文の配置、段落区分、そして小さい文字や大きな文字のような正字法上の特殊な文字や引用符（nuns）なども、写本にあるとおりに印刷されることになっている。レニングラード写本の大マソラは初めてそのままの形式で出版されることになろう。ＢＨＳの姉妹版であるヴェイユ版も両マソラを載せているが、大マソラは書き換えられ、小マソラは多くの場合、改変され修正されている。ＢＨＱでは大マソラ、小マソラの両方が提供する中世の言語的学識の宝庫への道が開かれることになる。本文批判注解ではその英訳が加えられる。

　第四に、欄外脚注における文の選択について。これまでに述べたとおり、ＢＨＱは先行する小型批判本文の諸版と足並みを揃えている。大型批判版（*editio critica maior*）である「ヘブライ大学版聖書」と比較すれば、ＢＨＱは載せられる分量が限られており、ある異文は除外し、ある異文は採用するという選択をせざるを得ない。その選択基準は主として、聖書本文の解釈と翻訳にとって当該の文が重要であるかどうかということである。それは一般読者や注解者、特に翻訳者が高い関心を示すと考えられる異文ということでもある。さらに、本文上の問題とはならない場合であっても、時には聖書解釈の歴史のなかで大いに検討されてきた読みも説明されることになろう。単なる正字法上の違いは別として、後１世紀までのヘブライ語やアラム語による聖書本文の異文はすべて収録される。異

文などの取捨選択の基準はある程度、主観的なものになるが、大体は聖書翻訳者の必要に適したものになっている。

　第五に、欄外脚注と見出し文字の構造について。ＢＨＱはＢＨＳのように欄外脚注（apparatus）が一つだけという点で「キッテル第三版」や「ヘブライ大学版」とは異なる。用いられている言語はラテン語ではなく、英語である。異読が参照される本文の個所は小さな文字や数字などでしるしを付けて示されるのではなく、対象となる個所がそのまま引用されて示され、その後に注が続く。そのレニングラード写本からの引用部分とそれと比較対照される異読には、それぞれを支持する本文上の証拠が並置され、よりオリジナルなものと判断された文がその後に明示される。当然もう一方の方が副次的なものということになる。相違を評価し、その相違が生じることになった理由も示される。そのように特徴づけられることによって編者が一方の読みをよりオリジナルに近いものとし、それと競合する異読を二次的なもの、つまり間違ったものと判断していることがその理由と共に示されるのである。この簡潔な説明方式は教育的理由から考え出された。それは欄外脚注を読む人に本文上の結論を押しつけることを目的としているわけではなく、異なる判断をする自由を十分に残しつつ、欄外脚注での本文に対する決断の背後にある理由を理解しやすくするためである。

　ＢＨＱでは異読がギリシア語やラテン語、アラム語、シリア語（あるいは稀にその他の古代語）の原典によって引用されることもあれば、本文上の相違がそのまま記述されることもある。これほどまで多くの古代語で本文を引用するという決断に至るまでには長期にわたる議論があった。学生や牧師・神父、聖書翻訳者の利用を想定する小型批判版の目標や性格にそれは見合うのだろうか。この危惧はおそらく当たっているだろう。それでは、他に満足のいく解決法はあるだろうか。それらの原典を翻訳することで解決できるだろうか。論議の末、原典を翻訳するという解決法は多くの不都合を生じさせるという理由から最終的には却下された。

　欄外脚注ではきわめて明確に規定された条件のもとでのみ推測が容認される。実際には本文上の根拠がないにもかかわらず、どの読みよりもオリジナルに近いと判断される場合のことだが、そうした推測は仮定的なものであって、現存する本文に基づいているにもかかわらず副次的なものと判断される読みに対して可能な説明をしているものであるに過ぎない。ＨＯＴＴＰは原則として本文上の問題の解決手段として推測は排除してきた。

第六に、本文の証拠について。これまでの批判版と違って、ＢＨＱはギリシア語、ラテン語、シリア語、アラム語における最近の質の高い聖書批判版を利用できるという有利な状況を享受している。すなわち、ヘブライ語聖書の主要な本文上の証拠である、それぞれの古代訳の確立された本文に容易に立ち戻ることができるということである。しかしながら、これはある本文についてＢＨＱの編者が、例えばギリシア語訳旧約聖書の編者ラールフス（Alfred Rahlfs）やアラム語訳旧約聖書（Targum）の編者スペルバー（Alexander Sperber）など、最近の古代訳編者が選定した本文よりもオリジナルに近いと見なしてはならないということを意味しているわけではない。最初期の最もオリジナルに近い本文形態に至るために、これらの古代訳のうちから異読を選別しなければならないこともある。これらの古代訳は長く、時には波乱に満ちた聖書本文の歴史そのものを背景にもっているからである。そうした選別が必要とされているので、編者は古代訳の本文についても良質な知識をもっていることが要求される。特に、旧約聖書本文の歴史にとって最も古く、最も重要な本文上の証拠であるギリシア語訳旧約聖書の本文史に関する知識は欠くべからざるものである。

編集される聖書各書について、10世紀から13世紀にかけて特に注意深く書き記された二つのマソラ本文がレニングラード写本と並置対照される。それ以降の18世紀末にイギリスのベンジャミン・ケニコット（Benjamin Kennicott）とイタリアのジョヴァンニ・バッティスタ・デ・ロッシ（Giovanni Battista De-Rossi）によって照合された多くの写本は通常、ＢＨＱには記されない。19世紀末にカイロ旧市街のユダヤ教会堂の文書放置所で発見された大半が断片である写本についても同様である。こうした決定がされたのはさまざまな質の膨大な数にのぼるこれらの聖書写本がマソラ本文の伝統に依存していると判断されるからである。

実際のところ、死海写本における相違を鑑みれば、こうしたヘブライ語本文の証言は「アラム・ツォヴァの冠」とも呼ばれるアレッポ写本やカイロのカライ派ユダヤ教会堂跡で発見された預言書写本など、最良のマソラ学者の手で書き記され注を付された模範的写本ともいえる最も信頼できる「原本」ですでに確立されている事柄に、何か新しい未知の価値ある情報を加えてくれることはない。大型批判版（*editio critica maior*）として利用可能なあるゆる異文を収録すること目的としている「ヘブライ大学版」と違って、ＢＨＱがこうした写本情報を除外していることも明確な特徴といえるであろう。

第七に、本文批判の専門家ではない人にも簡単に利用できるかという点について。この疑問はまさに、この聖書フォーラムの基調講演者エマニュエル・トーヴ教授によって提起されたものである。小型批判版は使いやすいものであるべきであり、ＢＨＱは聖書翻訳者や学生、牧師・神父、つまりヘブライ語聖書の本文批判の訓練を受けてはいない人たちの利用を想定している。とはいえ、欄外脚注の意味やその背後にある論拠を理解するにはＢＨＱ全体の序文や聖書各書についての総説を読み、本文批判上の注解に随時目を向けるようにすることが望まれよう。

　本文上の相違が単一の表現に限られず、部分全体が異なる順序に並べられ、異なった文体になっているようなことがエレミヤ書やエゼキエル書、ダニエル書、エズラ・ネヘミヤ記など多くの書で見られるが、そうした個所に関してはＢＨＱのレイアウトに不十分な面があることは否めない。このようにある部分全体が問題となるような場合には、ひとつひとつの問題点を切り離して脚注で述べるのでははっきりとした提示をすることはできない。両方の本文全体が概観できる配置がこの場合はよい。しかしながら、かつて３世紀にオリゲネスが経験していたことを忘れるべきではない。列王記、エレミヤ書、エゼキエル書、ダニエル書、エズラ・ネヘミヤ記で頻繁にみられるマソラ本文と七十人訳で章節や単元の順番が異なるという現象は対観式のレイアウトでも満足のいくような扱いはなかなかできないのである。こうした状況の真の複雑さは、マソラ本文、七十人訳ギリシア語聖書、古ラテン語聖書の間ではっきりと識別される文学的相違がある列王記下17章や出エジプト記35–39章のことを思い起こせばすぐにわかるであろう。

結　　論

　ＢＨＱはこれまでに二冊の分冊、「メギロート」〔「巻物」の意。ルツ記、雅歌、コヘレトの言葉、哀歌、エステル記の五つをまとめた総称〕と「エズラ・ネヘミヤ記」が制作されている。後者はちょうど印刷されたところである。次の分冊「申命記」は2006年秋に予定されている。2007年にはさらに二冊の分冊の刊行準備が整う。シリーズの刊行が迅速に進行することが望まれる。この企画全体が終了する日付を敢えて予言するようなことをしようとは思わない。それは神の導きに委ねられるべきことであり、この幸いなる出来事が近い将来に実現するようにという熱心なとりなしの祈りに託されるべきことであろう。

# マソラ本文と七十人訳におけるソロモンと神顕現
——旧約聖書の最初期の本文史——

アドリアン・シェンカー

「文体」か「版」か —— 聖書の本文批判における用語問題

　近年の聖書の本文批判および本文史の研究では、ある新しい考えがますます留意されるようになっている。それは「文体上の異文」(literary variants) という考えである。こうした異文は類似結尾による行の脱落、重複誤写、類似文字の混同、ある語句の僅かに異なる他の語句への同化、見慣れない本文形態をより新しく流暢な形態へと言語的に調整してしまうことなどといった書記による誤りのためではない。文体上の異文は、書き写している「底本」を正確に理解できていない筆記者が間違えた結果でも無分別な修正をしたためでもないのである。それは本文に他の側面ないし輪郭を与えて、底本で言われているものとは別のことを言わんとする取り組みの結果なのである。つまり、伝承されている本文とは別の形の本文を作ろうとしたということもできる。
　しかしながら、この再形成作業は同一本文を保つため、狭い範囲内で行われていたはずである。ほんの小さな変更のみにとどめ、本文の実質は保持されていなければない。例えば、歴代誌は同一の本文で表現されていないので、創世記やサムエル記、列王記の本文と比較されるべきではない。これらの書は同一の事柄を語ってはいるが、まったく別の文学作品なのである。しかし、詩編 18 編とサムエル記上 22 章の詩文なら、本文を批判的に分析して比較してもいいかもしれない。それぞれの本文は異なる編集ないし校訂を経ているようだが、同一の本文を

提供してくれているからである。両者の形態上の相違は書記による誤記にすぎないと説明するだけで終わらせることなどできないものである。その相違は、それを生じさせた訂正者による間違った判断を示すものとは考えられない文体や内容の訂正を反映しており、本文が聴く者や読む者に伝達するべきであったものとは別の嗜好ないし表現法あるいは着想を映し出している。この時、訂正者は本文の文学的特徴に手を加えているのであり、その訂正の総和がもたらしたものは「校訂版」(recension) あるいは「版」(edition) と呼ぶことができるだろう。現代の出版作業においては、書き改められたり訂正されたりした本は通常は第二版ないし改訂版と呼ばれる。この場合、作品の実質またはアイデンティティは保証されている。それは同じままに保たれ、別の本文とはされない。しかしながら、それは訂正され再構成された同一本文である。そのすでに存在しているが、その存在している本文が新しい形でありながら同じものと認識されるように作り直された本文と定義することができるかもしれない。それゆえ、古い版と共有している部分が変更された要素よりも量的に重要であるものが新しい版ということになろう。

　さて、ここで用いられている「版」という言葉は定義上、すでに存在している本文の形を変えるという編者の権威、つまり「著作権」といったものを含んでいるので、「校訂」(recension) よりも適当であろう。仮説としてではあるが、聖書という預言者的文書にそうした変更を加えるには権威を持つ者が必要とされたことは明らかに示すことができるのではないだろうか。というのも、それらの文書には預言者という人間の使者が神の名の下に伝達した神の言葉が含まれているからである。ある「公刊者」が預言者の使信、例えば、エレミヤの預言を知らせようとするに際して、神の名によって語られた預言者の言葉を記した本文を敢えて変更したということになれば、それ相応の強い動機が必要になるだろう。エレミヤ書は二つの版、すなわち二つの別の本文形態で現存する。最初の版をまったく改訂して第二版とする権威を有していると自認できた人などいたであろうか。

　「版」という言葉が聖書の本文批判にとって原理的に「文献」「文書」などに比べて有利なのは、そこに「版」同士を区別し取り違えてはならないというはっきりとした規範をそこに示せることである。偉大なる作曲家ヴェルディがパリのオペラ座のために五幕物としてフランス語で書いた「ドン・カルロス」の「最初の」形態を編集したいと思うなら、その後ヴェルディがそれをイタリアでのオペ

ラ公演のために作り変え、イタリア語で四幕物にした楽劇改訂版に見える変更を「最初の版」の中に決して取り入れてはならない。批判研究上の「版」を編集する場合には、本文の歴史を再現しなければならないとしても、それぞれの版の間は区別しなければならないのである。音楽作品であれ文芸作品であれ、二つ以上の版が明確に存在することになるや、「本文の歴史」は「版の歴史」を生じさせることになるのである。

旧約聖書の版には幾つかの書物が存在しているがゆえに多数の版が存在するというのが今日における聖書本文史の研究の多くがもっている論点である。以下は、列王記の中から二箇所を選んで、オリジナルの版と改訂版が存在していることを明らかにし、そこから幾つかの短い結論を引き出してみようと思う。

## 七十人訳における神顕現物語の意図

ヘブライ語マソラ本文の列王記上3章2-15節は七十人訳ギリシア語聖書〔旧約聖書のギリシア語訳〕と全く同一の言葉でソロモン王のギブオンへの巡礼と、そこでの神の顕現について語ってはいない。この相違は一見、些細なことのように思われるが、幾つかの重大な点について物語の外観と意味を変更しており、それを説明する必要がある。後で明らかにするように、まずギリシア語本文における相違点の分析から取りかかるのがよい。段階を踏むごとに次の二つの問いへの回答がもたらされることになろう。ひとつは、ギリシア語本文はヘブライ語の底本を明らかにするものなのかという問いであり、もうひとつは、それは何を意味するのかという問いである。七十人訳のギリシア語本文は大体においてバチカン写本である。しかしながら、どれが最もオリジナルに近いギリシア語本文なのかをその都度、問う必要がある。七十人訳の伝達過程において時に生じたはずの重大な本文の変更のことを考えれば、それを問うことは必須である。そうした変更の多くは、後にマソラ本文となったヘブライ語本文、いわゆる「原マソラ」本文の影響によってひき起こされたものである。したがって、ヘブライ語本文と七十人訳の本文を相互に比較することに意味があるのは、原則として原マソラ本文による影響をまだ受けていないオリジナルに近いギリシア語本文が存在していたということを前提としている。〔以下、ヘブライ語、ギリシア語の表記にあたっては、母音記号、アクセント記号などを省略した——編集註〕。

列王記上3章2節

πλην ο λαος ησαν θυμιωντες επι τοις υψηλοις, οτι ουκ ωκοδομητη οικος τω κυριω εως νυν.

しかし、民は高台で香をたいていた、なぜなら主のために建てられた家はなかったからである、今日まで

　この文は動詞を欠いた分詞構文であり、統語論的に説明するのが難しい。しかしながら、この文には基になっているヘブライ語底本にさかのぼることのできない要素はない。

　意味内容からすれば、主語が複数であることが暗に示されている。つまり、それは先行することから明らかになるはずである。先行する複数の語は、列王記上2章26節で述べられている二つの集団、すなわちユダとイスラエルである。高台で香を焚いていたのはこの二つの集団である。分詞形は香を焚くことが継続的な日常的行為であったことを示唆している。こうした描写は続く物語の場面を設定している。まさに、ユダもイスラエルも高台で香を焚いていたという脈絡においてこの語られている出来事の完全な意味がはっきりとする。それはたくさんの非合法な場所に対して一つの合法的な礼拝の場所という脈絡である。この問題は特に申命記12章5-7節、11-14節に明示されている申命記の主要な関心事と対応している。

　ここで特に難解なのは εως νυν (「今日まで」) という結尾の二語である。「なぜなら主のために建てられた家はなかったからである」という原因句は、語り手の時代には「家(神殿)」は建てられてからすでに長い時間が経っていたので、「今日まで」とは矛盾する。どうして語り手は「主のために建てられた家は今日までなかったからである」などといえるのだろうか。この「今日まで」という思いがけない表現を「なぜなら主のために建てられた家はなかったからである」という句とは関連させずに挿入句と理解し、先行する「彼ら(ユダとイスラエル)は高台で香を焚いていた」という部分と関連させるというのが最も簡単な説明であろう。これについては「今日まで」が類似した意味で使用されている列王記下13章23節と比較することもできるだろう。

　要約すれば、この個所はユダとイスラエルは通常、幾つかの高台で香を焚いていたことを表している。この慣習は主の家がなかったためであったということになる。しかしながら、列王記上22章44節、列王記下14章4節、15章5、35

節、17 章 11 節などに見られるように（王上 14 章 23 節、15 章 14 節も参照）、こうした慣習は神殿建設後も続いていた。それゆえ、「今日まで」という状況を示す副詞表現が付け加えられる理由はあったのである。

3 節の最初の部分「そしてソロモンは主を愛した／彼の父ダビデの掟に従って歩んだ／ただ、高台で」は当該のマソラ本文と一致する。両本文間の形態の相違はマソラ本文の最後の三語 הוא מזבח ומקטיר に関するものである。マソラ本文では二つの分詞 מזבח ומקטיר の前には人称代名詞 הוא が添えられている「彼（הוא）は生け贄をささげ、香を焚いていた」）。これに対して、七十人訳ギリシア語聖書はそのヘブライ語の分詞を未完了形で表している（εθυε και εθυμια）。実際、七十人訳ではヘブライ語の分詞に時折、未完了時制が当てられている（王上 1 章 1、4、7 節など）。未完了形は条件や恒常的に継続する状態を表す。七十人訳ではヘブライ語の分詞を未完了形で翻訳していたと考えられる（例えば、מהללים が και εχορευον〔王上 1：40〕、מבקשים が εζητουν〔王上 10：24〕と訳されている）。したがって、七十人訳が元にしていたヘブライ語写本の原型は、ここで見てきた三語と同様、マソラ本文の場合と同じく分詞であったと考えられる。

ここでの文脈における本節の意味は全く明らかである。ソロモンは誠実に主を愛したが、それにもかかわらず高台で主に生け贄をささげ、香を焚き続けていた。申命記 12 章 5-7 節、11-14 節の内容を知っていれば、ここでのソロモンの主に対する純粋な愛と不適切な祭儀行為との間にある矛盾がどう解決されるのかが知りたくなるだろう。これがこの物語の筋立てなのである。

列王記上 3 章 4 節 a

και ανεστη και επορευθη εις Γαβαον θυσαι εκει
彼は立って、ギブオンに行った／そこで生け贄をささげるために

マソラ本文と比較すれば、このギリシア語の句は基になったヘブライ語と対応していることが明らかになる（και ανεστη に関しては王上 1：50；2：19, 40 参照）。マソラ本文との顕著な相違は主語が明言されていないであることである（マソラ本文は「王は……」としている）。それゆえ、先行する 2 3 節の中に物語の主題提示、すなわち前提状況が述べられていることになる。

4節が物語の出発点である。いつもどおり高台での礼拝祭儀を続けつつ、ソロモンは改めてある高台へ出かけて行った。その時にはそこで生け贄をささげるという明白な意図があった。

列王記上3章4節b
οτι αυτη υψηλοτατη και μεγαλη
なぜなら、そこ（彼女）がよく、重要（な場所）であったから

人称代名詞 αυτη（「彼女」）はヘブライ語の女性名詞 במה（「高台」）を指す代名詞 היא（「彼女」）と対応する。また、七十人訳での最上級はヘブライ語では比較を表す前置詞 מן が用いられる構文にあてられる（創3:1; 34:19;アモ6:2など）。比較されるものが暗に示されているだけの最上級もある。例えば、υιος μου νεωτατος（「わたしの最後の子」。他の子と比較して。創49:22）、την αυλην την εσωτατην（החצר הפנימית「内庭」。外庭ないし他の外庭に対して。王上6:36）、τα κρατιστα（מיטב「最上の動物」。劣った他の動物と比較して。サム上15:15）など参照されたい。

こうした事例ではわかりきった比較がされており、正確に理解されないなどということはないので、比較される対象は暗に示されるだけなのであろう。4節bも同様なのである。ギブオンはエルサレムを除けば最も重要な主のための礼拝の場所であったのである。そこは他の高台とは比較にならないほど重要な場所だった。七十人訳の最上級はヘブライ語では単純な肯定の形に訳される。それゆえ、ここでの七十人訳の底本はマソラ本文と同じものと想定できるであろう。

列王記上3章4節c
χιλιαν ολοκαυτωσιν ανηνεγκε Σαλωμων επι το θυσιαστηριον εν Γαβαων.
ソロモンは一千頭の焼き尽くす献げ物をギブオンにある祭壇でささげた

この句は明瞭な境界となっている。接続詞が省略された句で始まり、場所を示す「ギブオンで」で終わっている。さらに、用いられている動詞は物語文で用いられるアオリスト形であり、ヘブライ語の完了態にたいてい当てられる。ヘブラ

イ語の完了態は物語文で動詞が統語上、節の内に置かれているものと同じものである。ここでは動詞の直接目的語で節が始まることで語勢が強められている。

それゆえ、4節の意味はこう言い換えることができるだろう――「そして、ソロモンは立って、そこで生け贄をささげるためにギブオンへ行った。なぜならギブオンは最も重要な（主のための礼拝）場所であったからである。一千頭もの焼き尽くす献げ物がギブオンの祭壇の上でささげられた」。この三つの文は単純なものである。後に語られる夜の神顕現の前日、ソロモンは最も重要なギブオンの高台にある祭壇の上で膨大な量の焼き尽くす献げ物を神にささげたというだけのことである。このギブオンでの生け贄は2-3節に符合する。

15節にはソロモンがギブオンでいけにえをささげ、夢をみた後のことが語られている。「そしてソロモンは目を覚まし、それが夢であったと知った」（15節a）はマソラ本文と七十人訳で一致している。

列王記上3章15節b

και ανεστη και παραγινεται εις Ιερουσαλημ, και εστη κατα προσωπον του θυσιαστεριου του κατα προσωπον κιβωτου διαθηκης κυριου εν Σιων
そして、彼は立って、エルサレムに戻った。そして、主の契約の箱の前にある祭壇の前に立った／シオンにある

この句が基となったヘブライ語本文を反映していることはあらゆる点に示されている。マソラ本文と七十人訳の基になったヘブライ語本文は同じものではないが、マソラ本文と比較することで、七十人訳ギリシア語聖書が基にしていたヘブライ語本文がはっきりと現れてくる。ここでの七十人訳にはマソラ本文に見られない表現が三つある。冒頭の「そして彼は立って」、次に「（主の契約の箱の前にある）祭壇の前に」という状況説明、そして最後の「シオンにある」という三つの表現である。如何なる形であったにせよ、これら三つの付加は七十人訳の訳者が基にしていたヘブライ語底本に対応したものであるのは明らかであろう。ギリシア語の現在時制（動詞 παραγινεται）はヘブライ語の（語り部分の）時制の訳にしばしば見られ（ευρισκουσιν、εισαγουσιν〔王上1:3〕、κοιμαται〔王上2:10〕など）、この部分の意味は「そしてソロモンは立ってエルサレムに行き、シオンで主の契約の箱の前にある祭壇の前に立った」となる。すなわち、祭壇は契約の箱の前にあり、列王記上8章1節（この節の七十人訳とマソラ本文は同内容）に

よれば、契約の箱もこの祭壇もソロモンがこのあと間もなく建設する神殿とその祭壇から少し離れた場所にあるシオンにあったということである。ここから二つのことがわかる。まず、ソロモンは和解の献げ物をささげたエルサレムに戻ってからは、もはや顕現を神に感謝してギブオンで生け贄をささげることはなかったということである。これは古代の読者には驚きであった。神顕現のあった場所には祭壇と生け贄が必要とされていたからである（創 12:7; 22:13; 26:24–25; 28:20–22 など。さらに出 3:12; 士 6:17–24; 13:15–20 など参照）。第二に、エルサレムには契約の箱の前に祭壇があったということである。これは神殿があったことを示すものであろう。なぜなら、契約の箱が野外に置かれていたとは考えられないからである。契約の箱は幕屋や家屋といった建造物で保護されていたはずである。サムエル記下 12 章 20 節は主の家（神殿）の存在を当然の前提としている。

15 節 c では七十人訳のヘブライ語原本に גדול לו があったことを想像させる ποτον μεγαν εαυτω を除いて、七十人訳とマソラ本文は一致している。人称代名詞 εαυτω （「彼自身のために」）は自分の家臣全員と宴会を行うソロモンのことを指している。これらの語については、マソラ本文において削除されたのか、七十人訳がヘブライ語底本に付加したのか、翻訳の段階で取り込んだのか、一見では決定し難い。しかしながら、聖書で「〜のために宴会の支度をする」という表現 יעש משתה ל を見ると、他の 7 つの事例には招いた主人が自分のために宴会の支度をするというものはない。「自分のために宴会を行う」という表現は他には見当たらないのである。主人は常に招待客のために宴会を行う。ここでの七十人訳の記述は例外的なものであり、それゆえマソラ本文の伝える表現よりもオリジナルに近いもののように思われる。その上、マソラ本文における יעש משתה לכל עבדיו （「彼は全家臣のために宴会を行った」）は創世記 40 章 20 節と全く一致する。しかし、この七十人訳の表現と一致する事例は聖書中にはない（最も近いのはエステル記 2 章 18 節 ויעש המלך משתה גדול לכל-שריו ועבדיו 「そして王は大臣と家臣全員のために大宴会を行った」であろう。この他に ויעש משתה 〔「宴会を行う」〕という句に形容詞 גדול 〔「大きい」〕と前置詞 ל 〔「〜のために」〕を伴う文はない。しかし、全体として見ればエステル記 2 章 18 節は七十人訳の列王記上 3 章 15 節とその底本であるヘブライ語とは幾つかの点で異なっている）。ここではマソラ本文は創世記 40 章 20 節での言い回しに合わせてしまったよう

である。つまるところ、15 節 c では七十人訳の方がマソラ本文よりも元来のものに近いと考えられる。

ソロモンが自分の家臣のために催した宴会はおそらく、神の知恵を与えられたのを機会として、献げ物の感謝を典礼上、完全なものとするための祝宴であったのであろう。

15 節の結論として、ソロモンは通常なされるように顕現の場所で主の顕現に感謝の献げ物をささげることはなかったと言わざるを得ないだろう。彼はそれをエルサレムの町のシオンと呼ばれた一画にあった契約の箱の前の祭壇で行ったのである。マソラ本文と七十人訳の列王記上 8 章 1 節では、シオンと呼ばれた場所はこの出来事の後に間もなくソロモンが建設する新しい祭壇と神殿の場所から少し離れた所にあったとされていることに注意すべきであろう。このあとでソロモンは自分自身と家臣のために宴会を行ったのである。

ここでの結論としては、七十人訳における列王記上 3 章 2–15 節の物語は、なぜソロモンが高台で、特にギブオンの高台で、生け贄をささげ、香を焚くことを止めてしまったのかを説明するものということになろう。ギブオンの高台で主から知恵を授けられるや（王上 3:5–14）、ソロモンは習慣を変えたのである。主がソロモンに授けた知恵が、この変化を生じさせたのである。その後、ソロモンはそれまで行っていたように、神の顕現の場所自体で感謝の献げ物をすることを止め、エルサレムのシオンと呼ばれる一画で感謝の献げ物をささげるようになったのである。語り手はソロモンが神の知恵を授けられた後に律法に反するものとして放棄した高台と対比において、シオンのその場所を律法に適ったものと考えたのであろう。この物語中には、契約の箱が置かれていたとされるシオンと、ソロモンが新たに竣工し（王上 8:1）、それから間もなく契約の箱が運ばれていくことになる将来の神殿の場所が別であることから生じる問題を示唆するものはない。それどころか、列王記上 8 章 1 節で契約の箱は荘厳な行列をつくってシオンから主の新しい神殿へ運び込まれたとされている。七十人訳の列王記上 3 章 2–15 節はエルサレムにおいて契約の箱が二つの場所、つまりシオンとシオンから少し離れて建設された新しい神殿に置かれたこと、そしてそれぞれに祭壇が設けられていたという問題を無視しているのである。

## マソラ本文における顕現物語の意図

　マソラ本文は七十人訳ギリシア語聖書よりもよく知られ、またしばしば注解されてきたので、ギブオンへのソロモンの巡礼に関する報告の解釈は簡潔に済ませられるだろう。マソラ本文では区分記号（Petuha）が 2 節と 3 節の間に置かれているので、2 節は 1 節と一区分になる。すなわち、「民」（העם）が 2 節の主語であり、「この時代まで」民は高台で生け贄をささげていたという文章になる。この表現はソロモンの神殿がまだ建設されていなかった時代のことを示す 1 節を受けている。意味は明らかであろう。その時まで、つまりその間、民は諸々の高台で生け贄をささげ、香を焚いていたということである。そして、その時以降はこうした生け贄は途絶えたことを暗に示しているのであろう。七十人訳との相違は、民が高台に上ったのはエルサレムにソロモン神殿がなかった間だけということである。

　すでに見たように、3 節についてはマソラ本文と七十人訳ギリシア語聖書は一致している。そこでは民と同様、高台で生け贄をささげ、香を焚いたことを除いて義人であったソロモン王が中心となっている。この叙述はソロモンが生け贄をささげる目的でギブオンに行ったという 4 節の前提となる。ギブオンは非常に重要な場所と言われている。4 節 b は全く別の句になっており、それは三点において示される。第一に、ヴァヴ接続法が用いられていないこと、第二に、別の主語ソロモン（「王」という称号は添えられてはいないが）によって節全体が支配されていること、第三に、4 節 a の「彼は行った」には歴史叙述の時制ではなく、単なる未完了態 יעלה が用いられていることである。また、マソラ本文では祭壇が「その祭壇」 המזבח と具体的に示されていることも注目される。マソラ本文では「ギブオンで」という状況設定が祭壇から分離され、5 節の最初の句「ギブオンで主はソロモンに顕れた」と結びつけられているのに対して、七十人訳ではその祭壇は「ギブオンの祭壇」と言い表されている。七十人訳と比較すると、マソラ本文の 4 節は指示代名詞の「あの」（ההוא）という本文上の強調を加えられて終わっている。また、マソラ本文では 4 節 b と 5 節 a が二つ続けて接続詞なしの句になっていることにも注意すべきである。こうした配列は異例である。七十人訳では接続詞がないのは 4 節 c だけである。

　マソラ本文の 4 節 b の意味するところは未完了態の動詞 יעלה の解釈、あるいは指示代名詞が何を指しているのかにかかっているだろう。動詞 יעלה に関していえば、その節の内で直接目的語の後に置かれていることから、すでに起きた

ことを意味していると理解してはならないだろう。つまり、「彼は生け贄をささげた」という過去の出来事として理解してはならないのである。列王記上でこの意味に用いられるときには、接続法未完了態で文頭に置かれるか（3:4節aないし1節a、1節b、1節cなど）、動詞が句のなかにあるなら完了態が用いられる（例えば、כי לא נבנה〔3:2〕、אתה המלכת〔3:7〕——6節bの各句の冒頭にある ותן と ותשמר を参照——אשר בחרת〔3:8〕、השכיבה〔3:20b〕など参照）。未完了態は7節のלא ארע（「私にはわかりません」）、8節のלא ימנה（「数えられません」）で用いられている。同じことは8節に見えるもうひとつの未完了態の解釈にも当てはまる。12節でのלא יקום の未完了は「将来においても並び立つ者はいないであろう」という意味である。ここでは将来という意味が「あなたの後に」という副詞句で明示されている。3章26節bでは未完了が仮定法で使用されている（「……しないよう」）。こうしたことからして5節の動詞 יעלה は未来を意味するものではない。そうした解釈を支持する副詞的表現もないのであるからなおさらである。仮定法とすることにも無理がある。それゆえ、7節、8節と同じように継続を意味しているにちがいない。つまり、「彼（ソロモン）は一千頭の焼き尽くす献げ物をささげることを常としていた」ということである。

ソロモンはこの行為を「あの祭壇の上で」行うことを常としていた。4節末尾の指示詞 ההוא はその祭壇が先行して述べられている祭壇であることを指している。2節に見える同じような指示詞 ההם がその直前、すなわち1節で述べられている時を指しているのと同じことである。しかし、ここまでギブオンの祭壇はここ以前には言及されていないので、この祭壇がギブオンの祭壇であるはずはない。列王記上でこの直前に述べられている祭壇は、アドニヤとアビアタルが危機から免れるためにすがったエルサレムかその近くにあった祭壇である（王上2:28; 1:50）。この祭壇は主の天幕の近くにあった。また、それは高台の祭壇ではなかった。高台の祭壇は避け所を求める人に保護を与えるとは言われていない。それは主の天幕の前にあったのであるから、エルサレムにある法に適った唯ひとつの祭壇であったにちがいない。

マソラ本文での指示代名詞つきの「あの祭壇」はそれゆえ、天幕の前にある律法に適った祭壇、すなわち主の契約の箱の前にある祭壇ということになるだろう。ソロモンはそこで一千頭の焼き尽くす献げ物をささげることを常としていたのである。

したがって、マソラ本文における4節の意味は以下のようになるだろう。ソロモンは高台で生け贄をささげ（3節）、ある日にはギブオンにある最も重要な高台に行ったこともあったが、普段はエルサレムの天幕と主の契約の箱の前にあるいつもの祭壇で一千頭の焼き尽くす献げ物をささげるのを常としていた。つまり、ソロモンは高台でだけ生け贄をささげていたのではなかった。エルサレムにある法に適った祭壇でも夥しい量の焼き尽くす献げ物をいつもささげていたのである。一方、ソロモンはかの夜に神の顕現によって嘉せられる前にギブオンで生け贄をささげてはいない。

15節bからはソロモンの四つの行為が見てとれる。第一は彼がエルサレムに戻ったことである。ソロモンは神の顕現の後には通常ささげられると考えられていた生け贄をギブオンの顕現の後にささげることはなかった。この点でマソラ本文は七十人訳と一致している。第二に、七十人訳では契約の箱の前にあった「その祭壇」の前に立ったとされているのに対して、マソラでは主の契約の箱の前に立ったとされる。15節bでの三番目の行為として焼き尽くす献げ物と和解の献げ物をささげたと続いて述べられているので、マソラ本文でその祭壇が言及されていないのはかなり驚くべきことである。焼き尽くす献げ物と和解の献げ物には祭壇が欠かせなかったはずである。確かに、契約の箱の「前」にあるその祭壇の「前」という表現の重なりが原因となって「その祭壇」という語を含んだ「行の脱落」が起こったと説明できるかもしれないが、この部分には幾つかの編集上の調整が認められるので、少なくとも書記による誤りではなく、編集上の調整と考えられるであろう。

七十人訳との比較においては、もう一点、「シオンで」という表現がマソラ本文には欠けているという点が挙げられる。七十人訳にこの二点が加わっていることはシオンにおいて契約の箱の前に祭壇があったと言おうとしていると考えられるだろう。列王記上8章1節によれば、シオンはエルサレムの一画にあるが、ソロモンが後に祭壇を伴う神殿を建設した場所からは離れていた。七十人訳と比較すれば、マソラ本文は明らかにシオンの契約の箱の前にある祭壇を無視しているのである。

にもかかわらず、15節cでソロモンは「焼き尽くす献げ物と和解の献げ物をささげた」のである。一体ソロモンはどこで生け贄をささげたのだろうか。マソラ本文では契約の箱の前の祭壇については語られていないので、他の祭壇のことを暗に示していることになる。つまり、ソロモンは神の顕現以前とは別の場所を

生け贄の祭儀のために選んでいたと思われる。かの夜、主に授けられた知恵がソロモンに別の祭儀の場所にあった別の祭壇を選ばせたのである。このことははっきりと述べられているわけではないが、暗に示されている。

契約の箱と幕屋（七十人訳によれば、シオンにあったとされる）から離れたエルサレムのどこかに今一つ祭壇があったとすれば、それはアラウナの麦打ち場の傍らにあった祭壇ということになろう。ダビデが人口調査という罪を犯した後、恵みと赦しのしるしとして築くようにと主に命じられた祭壇のことである（サム下 24:18-19）。これについては 24 章 21 節にはっきりと説明されている。ダビデはアラウナという人物からその土地を買い取り（24 節）、そこで王と民が神と和解するための焼き尽くす献げ物と和解の献げ物をささげたのである（25 節）。

律法の規定にある律法に適った唯ひとつの祭儀場所という観点に立って考えてみれば（申 12:5）、エルサレムにある他のあらゆる聖所にこの新たな場所が取って代わるというのが当然と考えられるが、そのようなことは起こらなかった。エルサレムの町にあるシオンの天幕と契約の箱の前の祭壇がこれまで通り、焼き尽くす献げ物と和解の献げ物をささげる場所としての役目を果たしていたのである。列王記上 3 章 4 節はまさにこの事実を示している。すでに見たとおり、ソロモンはそこで幾千頭もの焼き尽くす捧げ物を常にささげていたのである。

この 3 章 4 節の祭壇が幕屋と契約の箱の前にあった祭壇であることはどのようしてわかるのだろうか。これ以前に列王記上で述べられた祭壇は主の天幕と結びついている（王上 2：28）。そして、列王記上 3 章 4 節は指示代名詞つきで「あの祭壇」ということで今一度その祭壇に注意を向けさせようとしている。ソロモンが常日頃生け贄をささげていたのも「その祭壇」の上であった。出エジプト記 25-27 章によれば、それは契約の箱が安置される天幕の前に築かれるものとされている。その祭壇と契約の箱を伴う天幕はおそらく、ダビデが生まれて間もない自分の子を亡くした後、主を礼拝した「主の家」に相当するだろう（サム下 12:20）。列王記上 3 章 3 節で仄めかされているソロモンの過ちとは実際のところ、主がすでにアラウナの麦打ち場の傍らという別の聖所を定め、ダビデが献げ物によってその場所をイスラエルの新たに定められた祭壇としてささげていたにもかかわらず、ソロモンがエルサレム（七十人訳によれば、シオン）にある天幕の神殿を継続して使用していたことだったのである。ソロモンは主がシオンの天幕の神殿ではない、どこか別の場所をすでに選んでいることを理解していなければならな

かったのである。もっともマソラ本文によれば、ソロモンは決して異教の高台で生け贄をささげたりすることはなかったし、ギブオンで礼拝することもなかった。

ソロモンは神の顕現に接して何が祭儀上適切なことなのか学んだ。即座に彼は天幕と契約の箱の前で生け贄をささげることを止める。ソロモンは主の知恵を通してそう決断したのである。この知恵が示されることによって、ソロモンはイスラエルに与えられた神の知恵に他ならない律法が要求していることに十分気づくことができるようになった（申4:6）。ソロモンはしばしの間エルサレムの「二つ」の聖所を維持してきた。これが彼の過ちであった。ひとつはシオンにあって、主の契約の箱が置かれていた天幕の前に祭壇があった。もうひとつの祭壇はエルサレムの町の高所にある麦打ち場にあった。神の顕現を経たソロモン王は二つの並列した聖所のうちのシオンの祭壇を放棄した。彼はそこにあった契約の箱を崇敬していたにすぎず、生け贄をささげてはいなかった。列王記上3章4節と15節の間に見える相違は神顕現の前後でソロモンの行動に重大な差異が生じていることを暗に示しているのである。この4節と15節が神顕現の物語の枠組みをなしているといえるだろう。

## マソラ本文と七十人訳の比較

マソラ本文においても七十人訳ギリシア語聖書においても列王記上3章5-14節の神顕現が中心的役割を演じている。どちらの話もソロモン王の宗教上の方針を変える出来事とされているが、そのやり方は異なるものとして描かれている。七十人訳ではソロモンは主が彼に顕れる前日にギブオンの高台で一千頭の焼き尽くす献げ物をささげた。次の日以降、ソロモンが主にギブオンの高台での顕現に感謝することはなかった。彼はもはやその聖所で生け贄をささげることはなかったのである。この変化は主がソロモンに与えた知恵の結果であった。それとともにソロモンはギブオンにあった宮も放棄したのである。エルサレムに戻ったソロモンが町のなかのシオンにある天幕と契約の箱の前にある祭壇で生け贄をささげたことにその変化のしるしを見ることができる（王上3:15）。

一方、マソラ本文ではソロモンは決して「ギブオン」で焼き尽くす献げ物と和解の献げ物をささげることはなかったとされている。彼が夥しい量の生け贄をささげていたのは、もっぱら「エルサレム」にある祭壇であった。文脈から判断すると、この祭壇は契約の箱がおかれた幕屋の祭壇と思われる。しかし、かの夜

にギブオンで主と神の恵みである知恵に遭遇した後、ソロモンは即座にその祭壇へ上って行くことをやめる。列王記上3章15節では直接明言されてはいないが、このときソロモンは別の祭壇で焼き尽くす献げ物と和解の献げ物をささげたのである。その別の祭壇はギブオンにあったはずはなく、天幕と契約の箱の前の祭壇とは違って律法に適った祭壇であるはずなので、エルサレムにある正当な祭壇として可能性が残っているのはダビデが主の命令に従ってアラウナの麦打ち場に築いた祭壇以外にはない。

　ここでもやはり神の顕現がソロモンの祭儀習慣に変化をもたらしている。天幕の前にある祭壇は見捨てられ、後に神殿が建設される場所にあった祭壇に換えられたのであった。

　七十人訳とマソラ本文ではソロモン王の礼拝をめぐる過ちの内容に相違がみられる。七十人訳でのソロモンはエルサレム以外の地、すなわちベニヤミンのギブオンで生け贄をささげるために出かけていく。主に知恵を与えられたソロモンは習慣を変えるが、正しくない祭壇、つまりシオンの天幕の宮にある祭壇で生け贄をささげるのをやめなかった。主はすでに、自分のためのただ一つの神殿を建てる場所をイスラエルの中に新しく明確に選んでおり、そこに祭壇を築き、生け贄をささげるようにソロモンの父ダビデに命じていた (サム下 24:25)。つまり、ソロモンは神顕現の後もイスラエルにおける唯一の聖所にある唯一無比の祭壇で献げ物の祭儀を行わなければならないという根本規定に順応していなかったということである。

　マソラ本文におけるソロモンはこうした甚だしい礼拝上の過ちとはまったく無縁である。神顕現以前は天幕の宮にある最初の祭壇で生け贄をささげることを常とし、顕現後はアラウナの麦打ち場を唯一法に適った祭壇として、直ちに最初の祭壇を放棄した。七十人訳では後にエルサレム神殿が建てられるアラウナの麦打ち場が全く役割を果たしておらず、ソロモン自身がギブオンの高台で生け贄をささげていたことがあからさまに語られていることを考えると、イスラエルにおける唯一の礼拝場所という問題にはっきりと関心を寄せているマソラ本文の物語は七十人訳ギリシア語聖書の改訂ということになるであろう。つまり、よりオリジナルに近い本文の形態は七十人訳が基にしていたヘブライ語底本であったと考えられる。一方、マソラ本文が伝えているのはそのヘブライ語底本を改訂し、訂正されたものということになる。

## 筆記者か編集者か？

　これまでの分析が正しいとすれば、七十人訳とマソラ本文の記事内容はソロモン時代初期の礼拝に関する異なった状況、異なった神学上の関心を示していることになる。それにもかかわらず、それは二つの物語を表現している実質的には同一の文献なのである。明確に異なる神学的、文学的特長をもった同一の物語なのである。

　このような書き換えをするのは単なる筆記者ではないだろう。確かに外見上の違いはごく小さな変更でしかない。しかし、その相違が深いところで変化をもたらし、二つの物語形態の外観は著しく変貌している。神顕現の幻前後のソロモン王の祭儀慣習に対する意識も大きく違っている。このような相違を生じさせたのは単なる筆記者というような存在であろうはずはない。なぜなら、新しい形に変更したものを公刊しようという自分たち固有の意思を刻印した編集者ないし改訂者の姿が本文中のその相違のなかに現れているからである。

## エルサレムに唯一の神殿

　イスラエルあるいはエルサレムにおける聖所の唯一性に対して細心の関心が寄せられていることは、古代イスラエルの礼拝が行われる場所をめぐるユダヤ人とサマリア人の間の論争とうまく合致する。この対立において、ユダに一つの聖所しか存在しないことが示されれば、エルサレムのユダヤ教の立場はいっそう強固なものになる。ここで見てきた七十人訳ギリシア語聖書の記事では、この条件は二つの点で満たされていない。ひとつはソロモンがギブオンで生け贄をささげたことであり、もうひとつは、その後アラウナの麦打ち場の祭壇と同じ時期にやや離れたところにあったシオンで生け贄をささげたことである。つまり、ソロモンの治世初期においては三つの聖所が当時の礼拝との関連で登場しているということである。

　しかしながら、マソラ本文ではそうではない。そこではエルサレムには二つの聖所が並存していた。ひとつは天幕の聖所、もうひとつは後にソロモン神殿となった町の高い場所にあるダビデの祭壇である（サム下24:5）。しかし、神の顕現に接したソロモンはすぐに天幕の聖所で生け贄をささげることを止めた。その上、その天幕の聖所はイスラエルが荒野をさまよっていた時代にもちいていた、律法に適った移動聖所であった。この聖所は荒野の時代からほぼ五百年を経たソ

ロモンの時代に至るまでイスラエルの真正な聖所であったので（王上6:1）、やはりある程度尊重されていたのである。また、可動式であったので、特定の場所がその存在によって恒久的に聖別されることはなかった。それゆえ、この聖所での礼拝をソロモンが続けていたことは、イスラエルの真正な礼拝の伝統と全く関係のない別の聖所や、神に選ばれて聖なる場所とされたのではない場所で礼拝を行うことに比べれば、小さな過ちと見られるのである。

それゆえ、列王記上3章のこの部分、そしておそらくは列王記全体の新たな版は前2世紀に準備されて刊行されたと推測できないだろうか。これは列王記がギリシア語に訳されたと考えられている前3世紀末ないし2世紀とも合致する。

## 結論と展望

（1）列王記上3章1-15節はマソラ本文と七十人訳ギリシア語聖書でほんのわずかに違う同一の物語を述べている。しかしながら、相違はわずかではあるけれども、報告されている出来事の性格が変えられている。そうした物語上の変更は書写した者による発意というより編集者が介在したと説明されるべきことであろう。

（2）マソラ本文の記事内容は七十人訳ギリシア語聖書よりもイスラエルの唯一の神殿に関する律法（トーラー）の教えに適合したものになっている。七十人訳が改訂される前のヘブライ語の内容をギリシア語に訳したものとされ、マソラ本文には編集者による書き換えがあると考えられるのはこのためである。実際、主が律法において聖所は唯一つと定めたことに対して驚くほど無頓着な姿勢を示すソロモン王の方が敬虔な態度で臨んでいるソロモンよりも以前の姿と考えられるだろう。

（3）イスラエルにおける真正な聖所という問題は特に前2世紀に深刻なものとなった。列王記の改訂はおそらくこの時代のことであろう。

（4）一つの単元によって列王記という文学作品全体に下された結論が多くの他の事例によって確認されるべきことであるのはもちろんのことである。

（5）ここで講じた列王記上3章1-15節のギブオンでの神の顕現物語についての釈義は、並行する歴代誌下1章1-13節や、歴代誌上15章29節-16章4節、21章18節-22章1節によって確証される。

（6）こうしたことからすると、列王記上3章1-15節の本文のよりオリジナルに近い形態は、ヘブライ語本文そのものは失われてしまっているが、七十人訳が

底本としたヘブライ語に残されていると考えられる。一方、マソラ本文は列王記の改訂版ということになる。つまり、現在の列王記は改訂以前には別のものとして存在していたのである。

（7）列王記が前2世紀に書き換えられたとする仮説は、その新しい版をおそらく改訂し編集したと考えられるエルサレムの祭司たちが如何にして聖書への変更を正当なものとしたのかという問題を生じさせる。しかしながら、この問題についての考察は別の機会に譲るべきものであろう。

（フリブール大学名誉教授、
ビブリア・ヘブライカ第5版 [BHQ] 刊行チーム総責任者）

# 古典としての旧約聖書

月本昭男

　ご紹介いただきました月本昭男です。私は子供のころより聖書に親しみ、また、大学院時代からは少しく専門的に旧約聖書研究に取り組んでまいりました。そのなかで、日ごろ学んでおりますことの一端を「古典としての旧約聖書」と題して、お話させていただきます。

一

　旧約聖書は、周知のように、キリスト教成立以前のユダヤ教において成立した書物です。ですから、ユダヤ教徒が「聖書（ザ・バイブル）」という場合、旧約聖書のみを指します。旧約聖書とはいうまでもなくキリスト教側からの名称です。そこで、最近では「旧約聖書」ではなく「ヘブライ語聖書」という名称を用いるべし、との主張が一部にあります。その場合、新約聖書は「ギリシア語聖書」と呼ばれます。旧約聖書の「旧」という部分にユダヤ教を貶めかねないキリスト教側の価値観が含まれているというのがその理由です。あるいは、旧約聖書を第一契約書、新約聖書を第二契約書と呼んだらどうか、という意見もあります。ここでは、通称としてなじみ深く、すでに一般化している旧約聖書という名称を踏襲させていただきましょう。

　ここで旧約聖書と申しますのは、ヘブライ語で原典が伝えられてきた大小 39 の書物からなる聖書でありますが、この他に、主としてカトリック教会や東方教

会が伝え、今日、『旧約聖書続編』と呼ばれる十数点の書物も広い意味で旧約聖書に属します。日本聖書協会ではこの部分を含む聖書が「旧約聖書続編つき」ととして頒布されています。わたしはこの『旧約聖書続編』の存在意義を認めるに吝かではありませんし、とくにその成立と伝承の過程をユダヤ教と初期キリスト教の関わりのなかで考察することの重要性は充分に認識しているつもりでありますけれども、本日のお話では、さしあたり 39 の書からなる旧約聖書に限定させていただくことにいたします。

　さて、キリスト教会は、まずはユダヤ教で成立し、ユダヤ教において正典化された旧約聖書をそのまま受容し、これを自らの正典の一部といたしました。というより、新約聖書各書が編纂され、これが「カノン」として成立するまでは、初代キリスト教にあっても旧約聖書のみが聖書でありました。たとえば、テモテへの手紙二、3 章 16 節には「聖書はすべて神の霊の導きの下に書かれ、人を教え、戒め、誤りを正し、義に導く訓練をするうえに有益です」と記されておりますが、この場合の「聖書」が旧約聖書を意味していることは明らかです。ただし、新約聖書のギリシア語ではグラフェー「書物」とだけありまして、「聖なる」という形容詞をつけないのがふつうです。

　では、ユダヤ教から袂を分かったはずのキリスト教会がなぜ旧約聖書を正典として受容したのでしょうか。いうまでもなく、それはナザレのイエスの伝えた福音が、より正確にいえば、ナザレのイエスをキリスト（メシア）と信じる信仰が、旧約聖書の成就とみられたからでした。たとえば、パウロはローマの信徒への手紙の冒頭 1 章 2 節で「この福音は、神が既に聖書の中で預言者を通して約束されたもの」であると述べています。この場合、「聖書」という表現には例外的に「聖なる」という形容詞が付されています。あるいは、ルカによる福音書の末尾の部分をみますと、復活したイエスはエマオの途上で「モーセとすべての預言者からはじめて、聖書全体にわたり、ご自分について書かれていることを説明された」と記されています（ルカ 24:27）。またその直後には、「わたしについてモーセの律法と預言者の書と詩編に書いてある事柄は、必ずすべて実現する」（ルカ 24:44）と復活のイエスは弟子たちに語っています。「モーセの律法と預言者の書と詩編」は旧約聖書全体を指しています。そこに当時のユダヤ教における旧約聖書理解が反映していることは明らかです。といいますのも、よく知られているように、ユダヤ教では伝統的に旧約聖書を三つの部分に分けまして、トーラー「律法」とネビイーム「預言者」とケトゥビーム「諸書」と呼び慣わします。ルカによる福音

書でもこれが踏まえられているのですね。この場合、「諸書」はヘブライ語聖書でその最初に配列される「詩編」に代表させていると考えられましょう。

二

　キリスト教はユダヤ教という宗教的・精神的風土のなかで誕生しました。最初期のキリスト教はユダヤ教の一派と目されていました。たしかに、イエス自身も弟子たちも、そしてパウロももともとユダヤ教徒でした。しかし、キリスト教会は次第にユダヤ教から袂を分かち、独自の宗教として成長してゆきます。ところが、旧約聖書はそのまま受容したのです。それは、さきに見ましたように、イエス・キリストの福音が旧約聖書の成就であると受けとめられたからでした。そのために、キリスト教会において旧約聖書は、キリスト教信仰に照らして読まれ、かつ解釈されるようになりました。
　たとえば、イザヤ書7章14節の「インマヌエル」も、9章6節の「ひとりのみどりご」も、11章1節の「エッサイの株から萌え出る若枝」もメシアとしてのイエス・キリストの到来を告げる預言として理解されました。同じイザヤ書53章の「苦難の僕」の姿は十字架の死にいたるイエス・キリストの苦難の生涯と重ね合わされ、イエスの死の贖罪論的意味がそこから掴み取られてゆきました。なかでも、多くの詩篇がイエス・キリストと結びつけられました。たとえば詩篇第2篇は、元来、新しい王が油を注がれて即位する際の儀礼を背景にした古代イスラエル時代の儀礼文書ですけれども、そこに神ヤハウェの「子」として言及される王は、福音書におけるイエス受洗の記事その他にもみられますように、初代キリスト教会において、「神の子」イエス・キリストの予型として読まれました。そしてそこから「神の子」としてのキリスト像が造形されてゆくことになります。こうして十字架に処刑されたイエスをメシアとして信じる信仰自体が旧約聖書によって根拠づけられました。パウロのいわゆる信仰義認論（ロマ4:3、ガラ3:6他）も、ヘブライ書の大祭司キリスト論（4−10章）も、旧約聖書にその典拠が求められています。
　ところが、いったんキリスト教が確立しますと、旧約聖書を介してキリスト教信仰を理解するのではなく、旧約聖書のなかにキリスト教の思想を読み込むといった事態がおこってきます。それは創世記冒頭のエデンの園の物語にまで及んで

います。エデンの園の物語によれば、後にエバと呼ばれる人類最初の女性を蛇が誘惑して、神が食べることを禁じた「善悪を知る木」の実を食べさせてしまいますが、神ヤハウェはその蛇に向かって次のように告げました。創世記3章15節です。

　　お前と女、お前の子孫と女の子孫の間にわたしは敵意をおく。
　　彼はお前の頭を砕き、お前は彼のかかとを砕くであろう。

　蛇に対するこの神の言葉は、キリスト教の伝統のなかで、蛇がサタンと理解され、このサタンに対するキリストの勝利の予表として読まれることになります。この箇所のメシア論的解釈自体は初期ユダヤ教（たとえばパレスチナ・タルグーム）にもみられるのですけれど、それはユダヤ教の伝統とはなりませんでした。これを後代にまで伝えたのはキリスト教だったのです。この神の言葉にサタンに対するキリストの苦難と勝利をみる解釈は今日までキリスト教に連綿と伝えられています。たとえば、引照付き新共同訳聖書において、創世記3章15節に参照箇所としてローマの信徒への手紙16章20節が指示されていることにそれは示されています。パウロが「平和の源である神は間もなく、サタンをあなたがたの足の下で打ち砕かれるでしょう」と述べている箇所がそれです。さらに、福音派の諸教会でひろく用いられております新改訳聖書の引照および注解付きの版をみますと、「（イエスは）……悪魔をご自分の死によって滅ぼし」と記すヘブライ人への手紙2章14節などが引照箇所としてこれに加えられ、次のような注解が付されることになります。「15節は原福音と呼ばれるもの。ここにはキリストの福音が予表されている。特に女の子孫が単数であることが、キリストによるサタンへの勝利を表していると思われる。お前の頭を踏み砕きは、サタンとその力に対する完全な勝利を表わす」。ちなみに、この注解では「子孫」という語が単数形であることがことさら強調されておりますけれども、聖書ヘブライ語を学ばれた方はご存じのように、「子孫」と訳されるヘブライ語ゼラアは、通常、集合名詞的に単数で用いられるのでありまして、この箇所がことさら単数形になっているというわけではありません。いずれにしましても、旧約聖書にキリスト教信仰を読み込もうとする典型的な一例を、こうしたな解釈にみることができましょう。

わたしは、ここで、旧約聖書を新約聖書の思想との関わりで読むこと自体を否定しようとしているのではありません。旧約聖書のキリスト教的解釈を放棄せよ、と主張したいのでもありません。わたし自身、一人のキリスト者として旧約聖書に親しんでまいりましたし、実際、わたしが旧約聖書学を専攻するきっかけは子供のときから培われてきたキリスト教信仰と無関係ではありませんでした。しかし、旧約聖書を学ぶなかで、特定のキリスト教神学や信仰を旧約聖書に読み込むことは極力避けねばならないと考えるようになりました。なによりも、はじめに申しましたように、旧約聖書はキリスト教に少なくとも数世紀は先だって成立した書物でした。したがって、旧約聖書からキリスト教信仰を検証するということなら理解できますが、逆に、旧約聖書にキリスト教思想を読み込もうとするのは、今日的には、いかにも不自然です。たしかに初代キリスト教徒は、旧約聖書を介してその思想と信仰を形成させ、これを確立してゆきました。それはキリスト教が旧約聖書を、そして旧約聖書を聖書として伝えた初期ユダヤ教を、土壌として育ったことを示すのですけれども、そのことは旧約聖書がキリスト教の専有物であることを意味しません。実際、現行の邦訳旧約聖書の原典として用いられているヘブライ語聖書はユダヤ教徒たちが伝えてくれたものでありました。それならば、旧約聖書はユダヤ教とキリスト教の共有財産である、といえばよいでしょうか。

　これに対するわたしの答えは「否」であります。きっぱりと「否」であります。わたしは、むしろ、旧約聖書はユダヤ教やキリスト教をこえて、すべての人の古典である、と申したいのです。それが、かれこれ35年ほど旧約聖書と取り組むなかで、旧約聖書全体について得たわたしの結論でもあります。本日の演題を「古典としての旧約聖書」とした理由がここにあります。

　わたしはいま「古典」と申しました。古典とはそのまま字義を解するなら、「古い典籍」という意味でありましょう。この語が漢字語としてどこまで遡るのか、わたしは承知しておりませんが、ひろく使われるようになったのは、英語のクラシック (classic) などの訳語としてであろうと想像いたします。この西洋語はラテン語のクラシス (classis) なる語に由来し、元来は海軍の艦隊を意味したそうですが、そこから「艦隊の」という形容詞 (classicus) が生まれ、「優れた」という意味で用いられるようになり、それとの類比で精神世界における「古典」概念が誕生してきたらしいのです。いずれにしても「古典」が単なる古い書物という意味に留まらないことは、日本語の語感だけからも予想がつきます。「古典」

は単に古いだけでなく、長い間、人々に読み継がれなくてはなりません。長い間、人々に読み継がれるということは、その作品が実際に記された時代をこえ、民族をこえ、文化をこえて、後の時代にさまざまな仕方で人々を魅了し、人々を突き動かしてきたということを含みます。時代は変化しても、人々がそれぞれに大切な何かをそこに感じ取り、大切な何かをそこから学び取りうるような作品、すなわち書物という形をとった人類の精神的遺産、それを仮に「古典」と呼びますと、旧約聖書はまちがいなくそのような「古典」です。しかも、最も良質な部類の「古典」である。わたしはそう申したいのです。ただし、この場所で、旧約聖書を構成する 39 書をすべて扱うわけにはゆきません。そこで、以下、論点を三点にしぼって、いま申し上げた旧約聖書の「古典性」に触れてみたいと存じます。

三

　最初に触れてみたいのは預言者の精神についてであります。周知のように、旧約聖書には三つの大預言書（イザヤ書、エレミヤ書、エゼキエル書）と、ホセア書からマラキ書までの十二の小さな預言書が残されています。それらは、紀元前 8 世紀中頃の北イスラエル王国で活動したアモスにはじまり、バビロニア捕囚期を経て、捕囚帰還後 150 年ほどを経た前五世紀までの預言者たちの言葉を中心に編まれています。これらの預言者たちが活動した時代情況は同一ではありませんし、各預言者の出自も個性も様々ですから、彼らが同胞に告げた使信を一括りにすることはできないのですけれども、総じて言えますことは、彼らはイスラエルの伝統的なヤハウェ信仰に立って、それぞれの時代情況に批判的に対峙したということです。

　なかでも王国時代の預言者たちは、一部の支配層や富裕層が豊かさを享受する陰で社会的弱者が抑圧され、搾取される現実を座視することができなかった。正義と公正が欠如したそうした社会の現実をとらえ、安穏として奢侈に耽る富裕層に向かって「サマリアにいるバシャンの（肥えた）牝牛どもよ、弱者を抑圧し、貧者を搾取する者たちよ」と激烈な糾弾の声を浴びせかけたのは北王国のアモスでした（アモ 4:1）。神ヤハウェの預言者として登場したアモスの眼に、弱者を食い物にする祭司や貴族や商人たちは許し難く映ったのです。こうした社会批判は、南王国では、イザヤに、ミカに、そして王国末期のエレミヤに、捕囚時代初期の

エゼキエルにと、連綿と引き継がれてゆきました。それはさらに、捕囚帰還後の第二神殿時代の預言者マラキにまで及んでいます（マラ 3:5）。次に引用するのはイザヤの預言の一節です。

> お前の高官たちは頑迷で、盗人らの仲間、
> こぞって賄賂を好み、贈物を追い求める。
> 彼らは孤児のために裁きを行わない。
> 寡婦の訴えは彼らのもとに届かない。（イザ 1:23）

　こうした批判は、単語を少し入れ替えれば、役人天国といわれる戦後日本にさえもそのまま当てはまるではありませんか。もとより、古代西アジアにおいては、かのハンムラビ法典にもみられますように、社会の公正を守る責任を負ったのは王でありましたが、実際には、そうした理想からほど遠い現実がありました。しかし、その現実をこのように鋭く洞察し、これに厳しく迫った預言者のような人物群は、わたしの知るかぎり、イスラエルのほかには輩出いたしませんでした。預言者たちは、また、政治の領域にも果敢に踏み込みました。前9世紀以降、小国イスラエルとユダはしばしば強大国の脅威にさらされており、北からはまずアッシリアが、次いでバビロニアがシリア・パレスチナの小国に触手を伸ばしてきました。南には大国エジプトがひかえております。その狭間で、北イスラエルも南のユダも政治的に翻弄され続けることになります。こうした状況下で小国がとりうる政治手法といえば、これらの強大国の力関係を見きわめ、より優勢な勢力側につくことでありましょう。ところが、預言者たちはこうした外交姿勢を厳しく批判するのです。預言者ホセアは言います。

> エフライムは鳩のよう、愚かしく悟りがない。
> エジプトに呼び求め、アッシリアに赴いた。（ホセ 7:11）

　エフライムとは北イスラエルのことです。北イスラエルは一方でエジプトに助けを求め、もう一方でアッシリアに忠誠を示そうとする、このように節操を欠いた大国迎合政策がこの民に救いをもたらすことは断じてありえない。それが預言者の信仰的洞察に基づく確固たる信念でありました（ホセ 5:13−14、12:2）。事

実、北イスラエルを滅亡させた原因はこうした風見鶏的な政策にありました。その150年後、南のユダ王国ではイザヤが同様の主張を繰り返しました。

  災いだ、助けを求めてエジプトに下る者たち。
  彼らは馬に頼り、多いからといって、戦車に、
  はなはだ強いからといって、騎兵に信頼する。
  イスラエルの聖なる方には目を向けず、
  ヤハウェを尋ね求めることはなかった。（イザ31:1）

　イザヤは、一見、軍事力が最後に物を言うかにみえる国際情勢を見据えながら、アッシリアを恐れるな（イザ10:24他）、エジプトに頼るな（イザ30:7他）、と主張したのです。武力でも大国依存でもなく、神ヤハウェへの静かな信頼、それが国の礎であり、そこにこそ真の力がある。それがイザヤの確信でした（イザ30:15）。事実、当時の世界帝国アッシリアの支配もバビロニアの支配も、結局、長くは続かなかったことを歴史は教えてくれています。
　預言者の批判の鉾先は、また、宗教にも及びます。明確なヤハウェ信仰に立つ彼らが民の異教崇拝を厳しく糾弾したのはもちろんですが、彼らの批判は異教崇拝にとどまらなかった。彼らの透徹した眼差しは、祭儀中心のヤハウェ崇拝にも向けられました。正義を欠如させた祭儀は異教崇拝となんら変わらない。それがアモスやイザヤの視点でありました（アモ5:21-24、イザ1:11-17他）。エレミヤにいたっては「ヤハウェの都」エルサレムに聳える「ヤハウェの神殿」さえも空しい、と言い切りました（エレ7:4）。こうして、預言者たちは民の安易な宗教依存に警告を発し続けたのです（ミカ3:11他）。
　預言者たちは、もちろん、以上に述べたような批判だけに終止したのではありません。彼らの批判預言は同胞に対する神ヤハウェの審きの到来を伴っておりましたが、それによって同胞を威嚇することが彼らの狙いでもありませんでした。絶望的な情況に陥った同胞には希望を語ることも忘れなかった。ヤハウェが救いの神であるならば、必ずや、苦難のなかにある者たちが救われる時代が訪れる。ヤハウェが平和の神であるならば、必ずや、地上から戦いが止む時代が到来するであろう。それが多くの預言者たちのゆるぎない信念でもあり、はじめにふれたメシア預言がこれに連なります。しかし、なんと申しましても、預言者の本領は

その批判精神にありました。それは人類の精神史上に現れた画期的な出来事であったといってよいでしょう。

　かつて、哲学者のカール・ヤスパースはその著『歴史の起源と目標』（邦訳は理想社『ヤスパース選集』第9巻）で、人類史における「軸の時代」という概念を提唱しました。ヤスパースによれば、紀元前500年前後から紀元前後の時代までに、中国では孔子をはじめとする多くの思想家が輩出し、インドではウパニシャッド哲学や仏教をはじめとするさまざまな思索が試みられ、イランではゾロアスター教が誕生し、イスラエルでは預言者たちが輩出し、ギリシアでは本格的な哲学や文学が形をとることになる。そして、それらの思想はその後の人類史の歩みを決定的に方向づけることになった。ヤスパースはこのような時代を人類史における「軸の時代」と呼んで、さまざまな角度からこれに考察を加えました。彼自身は古代イスラエル預言者の思想を詳しく論じているわけではありませんが、彼自身の言葉で言えば「全人類に共通する何か」をそこに読み取ったのです。古代イスラエル預言者における「全人類に共通する何か」。それは、以上に申し上げたことを一言でつづめて、「虚偽の文明を見抜く批判的精神である」といってよいでしょうか。そこにこそ、人類の精神史における古代イスラエル預言者の意義がありました。

　人類が21世紀を迎えた今日においても、その文明が武力や財力に依存し続けるかぎり、虚偽の富による支配が続くかぎり、そしてなによりも文明という名の陰で弱く小さな存在が見棄てられ続けるかぎり、預言者の言葉は人類の古典として読み継がれてゆかねばならないのではないでしょうか。

四

　旧約聖書の「古典性」という意味で、次にとりあげてみたいのはその歴史理解の一側面です。
　旧約聖書の歴史観については、一般に、古代ギリシアの円環的もしくは循環的な歴史観と対比的に、直線的もしくは線分的であると指摘されてきました。たとえば、第二次大戦中、ナチス・ドイツを逃れて東北大学で教鞭をとったこともある哲学者カール・レーヴィットは、歴史を目標に向かう直線として理解する近代の歴史観の淵源を辿った論考において、そのような直線的歴史観の出発点に旧約

聖書の歴史観があったことを指摘しています（『世界史と救済史』神奈川大学人文学会 1978 年）。レーヴィットがなぜ近代の直線的な歴史観の問題をとりあげたのかといえば、ナチズムに典型的にみられるような、国家なり社会の目標を設定してそれに邁進する社会が、必然的に、そういう歴史の道筋を妨げるような存在を社会から抹殺してゆくことになる、そうした非人間的な側面が歴史を直線的にとらえる社会には必然的につきまとう、そのことをレーヴィットは見据えていたからではないかと思います。レーヴィットの著作の行間から、わたしはそのように読み取りました。いずれにせよ、旧約聖書にはじまる救済史的歴史観が世俗化するかたちで近代に引き継がれてゆく過程を考察したレーヴィット論考は、旧約聖書に取り組むわたしにとって避けては通れない大きな問題を投げかけることになりました。

この問題に関してわたしは、数年前、岩波書店から刊行されましたシリーズ『歴史を問う』第 2 巻 (2002 年) において、旧約聖書の歴史観に触れて少しく論じたことがあります。そこで得た結論のひとつは、旧約聖書の歴史観の特質は、過去の各時代が時間的な隔たりをこえてイスラエルの民の現在に凝縮するような歴史把握の仕方にある、というこであって、決して不可逆性を特質とする直線的なそれではないということでありました。わたしはこれを「歴史の現在化」と呼びましたが、本日、申し上げたい点は、旧約聖書の歴史観そのものではなく、旧約聖書がイスラエルの民の歴史伝承のなかでもことさら重視する出エジプト伝承の意味についてであります。

旧約聖書は、ご存知のように、創世記から列王記までの時間の流れにそって歴史物語とさまざまな出来事とを綴ってゆきますが、最も印象深く語られているのが出エジプトの物語です。エジプトで奴隷であったこの民が神ヤハウェの「驚くべきみ業」によってそこから解放された出来事こそは、じつに、旧約聖書の民の歴史の起点、信仰の原点でありました。歴史的にみますと、イスラエルと呼ばれたこの民は紀元前 1200 年頃、メソポタミアとエジプトとに代表される古代西アジア文明圏の辺境の地に新参者として登場した弱小の一民族に過ぎませんでした。しかし、彼らは眼に見えない神を信じ、自らをその神に選ばれた民として自覚いたしました。それによって苦難の歴史を生き抜いたのです。エジプトやアッシリア、バビロニアといった当時の強大国も、これらと比べましたらイスラエルと同じく小さな民族であったフェニキア人も、モアブ人もアンモン人も、すべて歴史から姿を消してゆきました。しかし、眼に見えない神を信じたイスラエルの

民だけはその民族的同一性を保持し続けました。その彼らが自らを神に選ばれた民とした根拠が、ほかでもない、出エジプトの出来事でありました。申命記7章6-8節に、その辺の消息が次のように記されています。新共同訳で引用します。

> あなたは、あなたの神、主の聖なる民である。あなたの神、主は地の面にいるすべての民の中からあなたを選び、ご自分の宝の民とされた。主が心引かれてあなたたちを選ばれたのは、あなたたちが他のどの民よりも数が多かったからではない。あなたたちは他のどの民よりも貧弱であった。ただ、あなたたち（新共同訳は「あなた」）に対する主の愛のゆえに、主は力ある御手をもってあなたたちを導き出し、エジプトの王、ファラオが支配する奴隷の家から救い出されたのである。

　この引用に明らかなように、イスラエルの「選民」思想は出エジプト伝承と切り離すことができません。旧約聖書中の歴史書においても、これ以降の記述のなかで繰り返し、神ヤハウェがイスラエルの民を「エジプトから導きだした神」であることを読者に想起させるのです（ヨシュ24:6、サム下7:6、王上8:16）。預言書においても同様です（アモ2:10、ホセ11:1、ミカ6:4他）。なかでもアモスは、神ヤハウェが地上の全諸族のなかからイスラエルを選んだがゆえに、神ヤハウェはその罪を罰せずにはおかないであろう、とまで語っています（アモ3:2）。この民の歴史を回顧する詩篇も少なくありませんが、そのような詩篇で最も多く、また最も詳しく詠われるのは、やはり、出エジプトの出来事でありました（詩78、81、105、106篇、ネヘ9章など）。

　バビロニア捕囚期には、捕囚期の預言に明示されますように、バビロニア捕囚からの解放のおとずれはしばしば「第二の出エジプト」もしくは「新しい出エジプト」として告げられました（エレ23:7-8、エゼ20:34、イザ43:16-20、48:20-21他）。なかでも第二イザヤと呼ばれる捕囚末期の預言者において、出エジプトにおける「海の奇蹟」の伝承は、混沌の諸勢力を撃破する神ヤハウェの勝利として、じつに宇宙論的なひろがりのなかで語り出されています（イザ51:9-11。詩74:13参照）。

　それだけではありません。後のユダヤ教で重視されることになる律法においても、出エジプト伝承は重要な役割を果たしています。旧約聖書において律法は、割礼などを例外としますと、そのすべてがモーセを介して、シナイ山で、さらに

はヨルダン川の東で「出エジプトの民」に授けられるのですが、律法のなかの律法といってよい十戒には、ヤハウェがこの民を「エジプトの国、奴隷の家から」解放した神である、とその前文に明記されました（出 20:2、申 5:6）。また、とりわけ社会的弱者保護を定める律法には、そのつど、社会的弱者が保護されねばならない理由として、「あなたたちはかつてエジプトの国で寄留者であった」と付記されています（出 22:20、レビ 19:33－36、申 24:18 他）。宗教祭儀の領域におきましても、出エジプトの伝承は重視されました。元来、牧羊民の春祭に起源をもつといわれる過越祭、逆に農耕生活を背景にしていると考えられる除酵祭、これら二つの祝祭がエジプト脱出を記念するための春の祝祭として統合されたのです（出 12:1 以下、13:3 以下）。これとは別に、秋のはじめに行われる仮庵祭もまた出エジプトを想起する祭として意味づけられました（レビ 23:42－43）。

　旧約聖書は、このように、出エジプト伝承がイスラエルの民の自己理解の基盤を提供したこと、またあらゆる生活領域を基礎づける歴史伝承であったことを示しています。さきに、出エジプト伝承をイスラエルの民の「歴史の起点」「信仰の原点」と呼んだ理由がここにあります。

　このようにみますと、旧約聖書はいかにもイスラエルと呼ばれた一種独特の民族伝承であるといわざるをえません。それゆえ、キリスト教の歴史においては、旧約聖書不要論が唱えられることも稀ではありませんでした。しかし、その一方で、たとえばアメリカの黒人奴隷たちがその奴隷解放への祈りと願いを旧約聖書の出エジプトの物語に託して歌っていたことをわたしたちは黒人霊歌を通して知っています。

　　　ゆけ、モーセ、パロに告げばや、
　　　わが民、去らせよと、と。

これは、わたしが高校生のころに口ずさんだこともある黒人霊歌の一節です。あるいはまた、奴隷制度は撤廃されているとしても、一見、自由にみえる社会が眼に見えない強制力をもって人々を抑圧する場合もないとはいえません。そうした社会において、出エジプトの物語はどのように読まれるのでしょうか。

　わたしは大学入学直後、はじめて出席した大学の聖書研究会において、偶々、出エジプト記 5 章が読まれたときのことを思い起こします。出エジプト記 5 章といえば、この民を解放して、荒野でヘブライ人の神ヤハウェのための祭をさせよ、

と迫るモーセとアロンに対して、ファラオが逆に労働強化をもって臨む箇所です。そして、その労働強化の結果が出ないとみるや、エジプトの役人たちはヘブライの民のなかで労働監督を任された者たちを打ち叩くのですね。そこで彼らはこれを直訴する。しかし、ファラオには「怠け者めが、お前たちは怠け者だ。だから、ヤハウェに犠牲をさせよ、などと言う。さあ、働け、働け」と一蹴されてしまう。そういう箇所です。聖書研究会では、この箇所が読まれた後、参加者それぞれが感想を語ることになりました。わたしはどのような感想を述べたか、もはや覚えておりませんが、最後に指導の先生がおよそ次のようなコメントをされた。

　今日の社会は諸君に、勉強せよ、勉強せよ、と迫るであろう。また、諸君がしばし自由になって、諸君自身にとってより大切なものを求めようとすれば、それは諸君が怠け者だからだ、と言われるかも知れない。しかし、勉強よりも大切なものが誰にも必ずあるものだ。それを見い出すために諸君はどうしても「荒野」に出てゆかねばならない。

　大学に入学したばかりのわたしは、少しばかりは聖書を知っていると自負していたのですが、聖書のこのような読み方があるのか、とほんとうに驚かされたことでした。

　もとより出エジプトの物語は、古代イスラエルの民族伝承として語り継がれたものであって、それ以外ではありえません。ところが、社会がそこに住む人々に対して、人格を踏みにじるような強制力をもって立ち現れるとき、この物語は時代をこえ、国や民族をこえて、不思議な光芒を放ち、人々を内から突き動かすのです。これを逆に申せば、そういう力を秘めているからこそ、この物語はイスラエル民族の「歴史の起点」となり、その「信仰の原点」となりえたのだ、ということができましょう。

　旧約聖書のもつこうした側面は、また、これに触れた人々に対して無言の問いを発せずにはおきません。わたしたちの生きている国では、そもそも、どのような出来事を最も大切な歴史の起点として受けとめ、それを次世代に伝えようとしているのか。そういう問いであります。歴史の時間意識は直線的で不可逆的なのか、循環的で可逆的なのか、それとも重層的であるのか、といった抽象的な議論ではありません。何を原点としてわたしたちの国はその歴史を刻もうとしているのか。そのような、ある意味で実践的な問いかけです。「国のかたち」や「国家の品格」ではなく、この国の、この社会の、基本的な道義と倫理観を基礎づける

ような〈出来事〉を歴史のなかにどのように見定めるのか、という問いであります。

　出エジプト伝承を探ってゆきますと、どうしてもこのような問いに突き当らざるを得ない。そして、こうした問いを秘めていることのなかに、わたしは旧約聖書の「古典性」のもうひとつの側面をみるのです。

五

　最後に指摘させていただきたい点は、旧約聖書のダイナミズムであります。旧約聖書は一面できわめて多様な書物です。歴史記述があり、預言書があり、詩歌があり、人生を考察する知恵文学があります。そこには、たとえば創世記 12 章からはじまる父祖たちの物語、あるいは人間の愛情と憎悪とが交錯するサムエル記の物語などには、じつに様々な人間と人間模様が描き出されてゆきます。詩篇からは、自分にはなんともし難い絶望のどん底（「深い淵」）から絞り出した痛ましい叫びが聞こえるかと思うと、神の祝福のなかで捧げられた感謝と讃美の明るい調べが響きわたります。あるいはまた、どうすれば人は幸いな人生を送ることができるのかと、人生の知恵を諭す箴言もあれば、逆にそうした知恵さえも空しいと述べて、世界と人生とを達観するかのような見方をとるコヘレト書のような作品も旧約聖書には含まれています。このような多様性、多面性こそは書物としての旧約聖書のもつ大きな魅力です。

　このような旧約聖書を読んで、周囲に眼をやれば、そこには兄弟を騙して逃避行するヤコブがいます。いったん手にした権力を渡すまいとするサウルがおり、ダビデとの友情に誠実に生きたヨナタンがおり、成功をおさめて最後に躓いたダビデがいます。ヤコブ、サムエル、ダビデと、子育ての失敗例はことかきません。旧約聖書は小説家の手本でもあるというのはあながち誇張ではありません。そこにはさまざまな人間が生き、多様な人生観が披瀝されています。そして、わたしたちはそこに自分の姿を見い出すのです。

　しかし、もう一方で、旧約聖書におけるそうした多様性、多面性には、その全体を貫く一本の柱があります。それは、いうまでもなく、唯一の神への信仰であります。この神は眼に見える姿で人々の前に登場することも、直接、人々に語りかけることもありますが、つねに人々の前面に躍り出るというわけではありませ

ん。ときには書物の背後に退いて、事柄の展開を静かに見守っているような場合があります。男女の愛を詠った雅歌などの作品がそれですね。この神は、エルサレム神殿を建立したソロモン王が「神は果たして地上にお住まいになるでしょうか、天も天の天もあなたをお納めすることなどできません」（王上 8:27）と言いましたように、世界を超越する、人間の眼には見えない、唯一絶対の神であります。しかし、それと同時に、怒りを発し、喜びを伝え、人間の悪には自ら後悔する、きわめて人間的な神でもあります。唯一絶対の超越神が人間的でもある、それは矛盾と言えば、矛盾です。しかし、それはつねにある意味で矛盾を抱えながら生きる人間の生きた信仰の証でもありましょう。そして、そのような神信仰が旧約聖書全体を貫き、多様な旧約聖書に統一性を与えています。

　このような多様性と統一性のダイナミズム、それが旧約聖書の魅力ある特徴でありましょう。そして、この魅力こそが古代イスラエルという時空をこえて、またユダヤ教、キリスト教という特定の宗教をこえて、旧約聖書を読む者の心をとらえるのです。じつは、人類は古代から現代まで、そのような神を様々な形で信じ、また様々な仕方で求めて来たのであります。わたしたちが自らの信仰の立場や思想の構えをいったん括弧にくくり、旧約聖書に触れるとき、そこにはじつに豊かな世界のひろがりがあることに気づかされます。わたしたちの生きている世界がそこには素朴な姿で、しかし見事に、映し出されていることに気づかされましょう。それが、人類の古典としての旧約聖書の意味であります。そして、それが古代西アジアという文明世界の辺境に歴史を刻んだ弱小の一民族によって伝えられたことに、わたしは不思議な感懐を抱くのであります。

　ご清聴、ありがとうございました。

（つきもと・あきお　立教大学教授）

# 神義論の書としてみた旧約聖書

鈴木佳秀

はじめに

　今回は、旧約聖書の一部を翻訳した経験から、率直に感じたことを土台にして、話しをさせていただきます。演題は、少し過激に聞こえるかもしれませんが、旧約聖書の読み方として、ひとつの提案を行なってみたいと思い立った次第です（拙稿「神義論の書としてみた旧約聖書」『創文』No. 483、2006 年 1・2 月合併号参照）。

　最初に、日本における聖書翻訳の歴史に触れて、今日の話を始めたいと思います。海老澤有道という高名な研究者がおられますが、海老澤氏には、『日本の聖書』（講談社学術文庫、1989 年）という優れた著作があります。この著書には副題が添えられていて、「聖書和訳の歴史」と銘打たれています。我が国の切支丹史研究の第一人者であられた先生によって、聖書和訳、即ち邦訳聖書の歴史が紹介されているのは、我々日本の読者にとっては大変に貴重で、その価値を思えば、我が国において誇るべき業績の一つであると思われます。切支丹到来の頃から始められた聖書邦訳の試みが辿られています。

　旧約聖書のお話をする際に、海老澤先生のご研究に触れたのは、私が国際基督教大学キリスト教と文化研究所で非常勤の助手を務めていた頃、先生のご講義に親しく接する機会が与えられたからです。また、英文学の碩学であられた故齋藤勇先生のお宅に伺った折りに、健在であられたその当時のことですが、齋藤先生が日本における聖書和訳について著述の準備をしておられるとうかがったこと

を思い出すからです。熱心に和訳聖書の歴史を執筆する必要について力説しておられた齋藤先生は、その志を達成することなく天に召されてしまいましたが、新潟に赴任した後、海老澤先生によるこの書物を手にした時に、熱いものがこみあげてくるのを禁じえなかった次第です。それは、聖書翻訳に関わるそうした個人的な出会いを思い出したからです。

　勿論、この度、聖書翻訳の話に触れた直接的な理由としては、個人的に携わることになった旧約聖書の翻訳作業を終えて、翻訳という作業の意義、文化的な責任などについて触れた経験があるからです。今回は、先人たちの功績を忍びつつ、旧約聖書とはどのような書物なのかについて、ご一緒に考えてみたいと思います。

## 一　逐語霊感説に向き合って

　翻訳のプロジェクトのことを岩波書店編集部の担当者から電話で依頼された折りに、すぐに思い浮かんだのは、テモテへの手紙二の３章16節にある聖書の言葉でありました。まずそれを、口語訳聖書で引用しておきたいと思います。

　　聖書は、すべて神の霊感を受けて書かれたものであって、人を教え、戒め、正しくし、義に導くのに有益である。

　この聖書の箇所が思い浮かんだのでありますが、それが長く慣れ親しんだ口語訳聖書であったのは決して偶然ではなく、ごく自然なことでした。高校二年の頃から、折に触れて読んでいたのが、他ならぬ口語訳聖書であったからです。

　何故テモテへの手紙二のこの箇所がふと思い浮かんだかについては、多少、説明が必要かもしれません。聖書を「神の霊感を受けて書かれた」書物であるという見方は、長い間、聖書本文の学問的考察や、歴史的研究そのものを阻んできた要因とみなされているからです。自由な立場で聖書本文を考察できるようになったのは、ほんの二百年から三百年前からのことで、それまでは、聖書の批判的研究など文字通り不可能なことでした。

　この「霊感を受けて書かれた」書物であるとする理解と、その聖書を翻訳することと、どのように関わりあうのか。それがここでの問題であります。

　宗教改革者ルターは、ラテン語の聖書をドイツ語に翻訳したことで称えられていますが、そのルターですら、聖書の注解書は書きましたが、聖書そのものの批

判的・歴史的研究を容認してはいませんでしたし、またスピノザが、匿名で『神学・政治論−聖書の批判と言論の自由』を刊行した結果、大問題になったという事情を顧みるだけで、充分であろうと思われます。

ところで、岩波文庫に収録されているスピノザの『神学・政治論』の翻訳者である畠中尚志氏によれば、本書は1670年に、著者はおろか、出版地や出版責任者を隠す形で刊行されたというのです。刊行された結果、ごうごうたる非難の合唱がまき起こり、その非難や罵声の中で耐えたスピノザが、その汚名を回復するのに、一体、何年を要したことでしょうか。筆者は、学生時代にこの文庫本を手にして一読し、心底、驚かされた経験があります。

旧約聖書の最初の五つの書をモーセ五書と呼ぶことは、今日よく知られています。これはタルムードの伝統で、モーセが著者であるという前提でその名称が付けられたものですが、長い間、ヨーロッパ世界でも、アメリカでも、モーセ五書はモーセが著者であると考えられていたわけです。ところが、スピノザが、大胆にも、この著作の中で、モーセ五書はモーセが書いたものではない、モーセは著者でないと断定しているのです。

スピノザがユダヤ教から破門され、その後、改宗したカトリック教会からも破門されたのは有名なエピソードでありますが、その原因は、聖書をめぐる、彼のこのような過激な論説に起因していると言われています。勿論、スピノザの波瀾万丈な生涯について驚かされたのは言うまでもないのですが、個人的には、スピノザの熱のこもった論議の方にむしろ心を奪われた次第です。それを懐かしく思い出すことができます。

「霊感を受けて書かれた」書物である聖書を翻訳することと、聖書を学問的に歴史的に考察することとどう関わるのか。現代の私たちから見れば、スピノザが論証している事柄は、いわば、ほぼ当たり前の認識に近いのです。私たちは、それだけ、先人たちが苦闘して築き上げた研究成果の上に依存し、自由に、聖書本文を読み解くことができる恩恵に与っているわけです。

スピノザが旧約聖書に寄せていた情熱は並々ならぬものがあったと思われます。それが、この書物の行間からも滲み出ているように思われます。研ぎ澄まされた感覚で聖書本文に取り組み、学問的に解釈しようとしていることに、まだ学生であった筆者は大きな感銘を受けた次第です。

他方で、正典を基盤とする宗教の教理からすれば、聖書本文は神聖にして犯すことのできないものというのが大前提となりうるでしょう。聖書は「霊感をもっ

て書かれた」ものという新約聖書の言葉だけでなく、それに加えて、ペトロの手紙二の1章21節にある預言について語っている言葉から、かの逐語霊感説が唱えられたことも有名な事実です。ペトロの手紙二の1章19－21節も口語訳で引いておきましょう。

　　こうして、預言の言葉は、わたしたちにいっそう確実なものになった。あなたがたも、夜が明け、明星がのぼって、あなたがたの心の中を照すまで、この預言の言葉を暗やみに輝くともしびとして、それに目をとめているがよい。聖書の預言はすべて、自分勝手に解釈すべきでないことを、まず第一に知るべきである。なぜなら、預言は決して人間の意志から出たものではなく、人々が聖霊に感じ、神によって語ったものだからである。

　逐語霊感説は、研究者の間では、好意をもって受け入れられている説ではありません。むしろ、そうした前提をもって聖書本文を解釈することは、学問的でないとして排除されてきたと言えます。近代の聖書学は、この逐語霊感説との戦いに終始してきた、とすら言えるからです。近代聖書学と逐語霊感説とは緊張した関係にありますが、聖書学と聖書翻訳とは連動していると言わざるをえません。聖書本文の研究や、私的な翻訳が自由に許されるような時代に私たちが生かされていることは、感慨無量です。時代が時代であれば、それは、決して当たり前のことではなかったからです。学問としてこの分野に携わる人が数多く排出してきた結果、聖書学は、組織神学やキリスト教哲学等の他の学問分野と並ぶほど、高い水準にまで引き上げられてきたと言えます。その学問的な出発が、聖書本文の翻訳にあったことは、ルターの例を挙げるまでもなく、周知のことです。原典に即した翻訳から、学問研究の芽が育ち、大木にまで成長したと言えなくはないでしょう。

　これまでの学問的経緯を考えれば考えるほど、聖書本文の翻訳が帯びている意義について、深く考えさせられます。逐語霊感説を排除しつつ、批判的・歴史的研究が行われてきた事実を否定するつもりはありません。ですが、実際に聖書本文に対峙する機会を与えられた時、不思議に、この「霊感」という言葉に引き寄せられてしまったのです。

　それは、決して逐語霊感説を認めるのか認めないのか、という次元の話しではありません。ごく個人的な問題として、そう感じたのです。これまで筆者は、し

ばしば旧約聖書に対する誤解や、いわば偏見に満ちた読み方をしているのに遭遇した場合、それを是正する形で話をする努力を怠らなかったのですが、そうした姿勢を、あたかも護教的であるかのような論調で、学会誌上で批判されたことがあります。

　ここでまた「霊感」などという言葉を使えば、同じように護教的であると言われ、批判されるかもしれません。しかしながら、問われるべきは、「霊感を受けて」という言葉が意味している地平です。旧約聖書は、古典の文献のひとつです。もしドグマ的に「霊感を受けて」という言葉を理解するとすれば、それは文字崇拝であり、神聖にして不可侵な書物とみることは、偶像崇拝の危険すらあります。このような理解であれば、翻訳などできないことになります。聖書の翻訳を依頼された時に、聖書の「霊感を受けて」という言葉に引きつけられたことは事実で、それには、ごく個人的な感情が絡んでいるということを、正直に告白しておきたいと思います。

　「霊感を受けて」という言葉にこだわるのは、聖書を聖なる書物であるとみなすことに起因する感情ではありません。特別な書物であるという先入観で読んでいるのでもありません。むしろ私は、聖書であろうと世俗の文献であろうと、古代社会と呼ばれている紀元前の時代空間に生きていた人々の、無数の、そしてほとんどは無名の人々の息づかいがにじみ出ていることに、等しく感銘を受けるからです。中世と呼ばれた時代の日本の古典である『平家物語』に、心を揺さぶられるような気持ちを抱くのも、同じ感情から出ていると言えるでしょう。

　では聖書の場合、何が筆者に「霊感」などという言葉を連想させるのか。聖書の場合には、そこに登場する人々が、前世の因果や自分の運命、定めと戦うという主題でなく、畏れとおののきをもって、神に向き合って生きていた、という点で強烈な印象があるからです。

　神あるいは神的な存在と向き合って生きるというドラマは、神話や古典にも多数登場します。しかし、私が中心的に学んできた旧約聖書の場合、他の世俗の古典や神話とは微妙に異なるものを感じるのです。微妙に異なるものとは、今日、お話しする、神義論という問題意識と連動しています。

　旧約聖書には様々な人物が登場してきます。例えばヨブのように神に向かって疑問を投げつけて生きた人物や、また神のメッセンジャーとして審判預言を語ると同時に、神に向かって必死に執り成しをした預言者たちの言動、族長と呼ばれるアブラハムなど、彼らの苦渋に満ちた生の現実や、その生きる姿が描かれてい

るのに遭遇します。そのような人物の行動軌跡や、彼らが語った言葉を辿っていくと、彼らの生きる苦しみや悲しみ、彼らの率直な怒りや喜びに触れることができるわけです。

　過酷な歴史的現実の只中ですら、神の言葉に仕えようとした預言者イザヤ、ホセア、エレミヤのような人物が存在していました。旧約聖書を学ぶことを通して、彼らとの出会いを経験させられたからに他ならないのです。それが今日の主題と結びつくというわけです。

　先に、個人的経験について触れましたが、彼ら預言者たちが語り伝えた「神の言葉」の鮮烈さに、しばしば心を動かされたという事実が根底にあります。彼らの闘いぶりをどのような表現で表せばよいのか、それに相応しい言葉はあるのか。

　「霊感を受けて」という概念は、新約聖書の時代の人々が受け止めた一つの可能性にすぎないですけれども、これを越えるような、それを上まわるような現代的な概念は果たしてあるのか。こうした感慨をもって聖書翻訳に取り組んだ次第です。

　逐語霊感説も、部分的には適合しないことが、実は、はっきりしているのです。例えば、預言者エレミヤが語ったすべての言葉が成就したわけではないからです。エレミヤ書29章10節の「七十年の時が満ちたなら」という預言は外れました。捕囚の民は50年後に帰還が許されました。では、エレミヤは偽預言者だというのでしょうか。申命記18章22節に従えば、エレミヤは死罪と言うことになってしまいます。

　「霊感を受けて」という言葉に魅せられるのは、霊感が働いて、人を無意識のまま、あるいは脱我状態のまま文字を書かしめた、という意味に受けとめていないからです。預言者エレミヤは、脱我状態の只中で語る者たちをしばしば偽預言者とみなしていることからもわかるように（エレ14:14、23:16、25－28、30－40など参照）、旧約聖書は夢占いや星占いによる運命論や宿命論、霊媒によるシャーマニズム的な託宣とは相容れません。

　旧約聖書の預言者は、機械仕掛けの霊感理解とは異質な世界を伝えているのです。強調されているのは、神の自由な働きです。それが、霊感が働いてという場合の大前提なのです。

　ですから、聖書本文の翻訳を依頼された時、モーセやヤハウェの預言者たちのような、旧約聖書に登場してくる人々の言葉と神ヤハウェの前にある彼らの心情

や訴えを、伝承という枠を踏まえながらも、どれだけ適切に日本語として伝えうるのか、ということを突きつけられた次第です。

## 二　旧約聖書は信仰の書か

　さて、ヘブライ語正典（*Biblia Hebraica Stuttgartensia*）は、我が国では「旧約聖書」という呼称で知られています。ユダヤ教はこの書を「旧約聖書」とは呼びません。「新約聖書」を認めないからです。

　北米カリフォルニア州にあるクレアモント大学院大学（Claremont Graduate University）で教鞭をとっている聖書学者で、ユダヤ教徒である筆者の友人は、敢えてこの書を *the First Testament*（第一契約の書）と呼び、*the Old Testament* とは言わない。新約聖書（*the New Testament*）を意識して、それを *the Second Testament*（第二契約の書）と考えているわけではないでしょうが、こだわっていることは事実です。ここでは、既に伝統的な呼び名として定着している、旧約聖書という呼称を用います。

　旧約聖書を信仰の書と呼ぶことに反対する人は少ないと思います。しかしながら、「信仰」という場合、誰の信仰のことを語っているのでしょうか。旧約聖書全体を一つの概念で言い表すのは容易ではありません。旧約聖書が扱っている歴史あるいはその伝承が、一千年を越える出来事を伝えているため、単一の伝統や信仰あるいは神学思想が、その出発から編纂事業の最後まで、揺るがないまま継承されたと想定するのは困難だからです。

　この書が証言する信仰について考える場合も、宗教史的な側面からみて単一でないし単純ではありません。一神教の経典として世に知られておりますが、その一神教ですら、宗教史的に言えば、多神教という環境の中で生まれたもので、紆余曲折を経てひとつの告白にまで煮詰められた、と申し上げなければなりません（拙著『ヘブライズム法思想の源流』創文社、2005 年参照）。

　またそれが、旧約聖書を代弁する唯一の宗教思想なのかどうか、この点については、多くの様々な意見があるでしょう。ただ、数多くの古代イスラエルの民が、出エジプトの神ヤハウェを棄て去り、他の神々を慕ってこれに仕え、神々の彫像にひれ伏したという多神教の歴史を、他ならぬこの旧約聖書が証言しているからです。

旧約聖書に「信仰の書」という表象をあてはめる場合、それを口にする人にとって、信仰の力点は、常に新約聖書の側にあると言わなければなりません。例えば、旧約聖書には、キリストを告白するために有益であるという前提で、「信仰の」という価値付けが与えられているからです。そうした場合、旧約聖書だけで魂の救済（宗教的な救い）が実現されると考えていないのは、自明のことと言えるでしょう。

　イエスの時代に読まれていた聖書は、旧約聖書でした。当時の人々が、この聖書（旧約聖書）を、唯一なる神を信仰し、キリストを救世主メシアとして告白するのに有益である（ルカ 24:44、ヨハ 5:39、使 18:28、28:23、1 コリ 15:3－4 など参照）と想定していたのは事実です（G・フォン・ラート『旧約聖書神学』第 3 部、荒井章三訳、日本基督教団出版局、1982 年参照）。その事実を否定するつもりはありません。

　ただ、キリスト教会が新約聖書を編纂する段階で、それまで読んでいた聖書を古い契約の書という意味で旧約聖書と呼んだわけです。ですから、新約聖書の成立と共に、キリスト教会では、旧約聖書の価値は、キリスト告白の上で第一義的でなくなったと言いうるのです。

　新約聖書にも、旧約聖書の伝承や物語を解釈し救いの歴史について語るという傾向があるのは事実です。例えば殉教したステパノの演説がそうです（使 7:2－50 参照）。

　そこで、皆さんに問いかけたいと思います。旧約聖書を読まれて、古代イスラエルの歴史は果たして救済で終わっているのか、どうか。どうでしょうか。旧約聖書の中から、メシア預言（イザ 9:1－6 など参照）を取りあげ、旧約聖書はそれを信仰において待望し、告白しているとして、先ほどの問いを閉じることは可能でしょうか。そうした傾向があることは事実です。

　いずれも、旧約聖書だけで、魂の救済が実現されるとは考えていない。常に中心は新約聖書の方にあると考えているからです。

　勿論、指摘しておかなければならないのは、旧約聖書は、救済が実現された祝福だけを証言しているわけではないという事実です。ご存じのように、宮廷内で歌われていた神賛美の詩編等の他に、箴言やコヘレトの言葉、いわゆる知恵の言葉の類が数多く収録されています。

知恵の言葉が神礼拝について積極的に語っているのは事実でありますが、他方で、苦境に沈んでいた貧しい人々の声や零落した民の信仰の叫び、といったものはほとんど収録されていないに等しいのです。
　従って、ある特定のテキストを優先的に取り上げて、旧約聖書全体を「信仰の書」と呼ぶには、切り捨てられている要素があまりに多い、ということを申し上げなければなりません。

## 三　旧約聖書は啓示の書か

　「信仰の書」という表現で全体をまとめるのに問題があるとすれば、他に何が考えられるでしょうか。冒頭で、聖書そのものを神の霊感を受けて書かれた書物であるとする信仰（2テモ3:16参照）について、個人的な経緯から触れました。他方で、旧約聖書だけでなく、聖書全体を啓示の書であるとする見方は、今も幅広い支持をえています。20世紀の偉大な組織神学者であったカール・バルトが、旧新約聖書の使信について積極的に、啓示された神の言葉という表象を用いて論じたことは記憶に新しいです（カール・バルト『教会教義学I/1　神の言葉』吉永正義訳、新教出版社、1995年、「書かれた言葉」「神の啓示された言葉」参照）。我が国では、戦後、こぞってバルトの著作が読まれましたし、今も多くの読者を持っております。
　個人的には、「神の霊感を受けて書かれた」という言葉にも引き付けられますが、「啓示の書」という見方についても、若い頃から疑問を感じることなく受けとめてきました。
　しかし、聖書を学問的に学ぶようになると、それでは包みきれないような、古代イスラエルの民の歴史や信仰、神学思想に触れる機会がありました。そうした中で、「啓示」という表象でひとくくりにすることにも、多少の躊躇を覚えるようになった次第です。
　私は、申命記研究で学位を取得し、岩波書店での訳も、申命記あるいは申命記史書を担当しました。前7世紀のユダの王ヨシヤの治世に活動した、申命記改革の担い手たち、あるいは申命記から列王記までの歴史書を編纂した申命記史家が、自国の歴史をどのように見ていたのか、そのことについて考える機会が与えられたからです。

イスラエルの歴史を顧みること、そこに神ヤハウェの「啓示」があったのか、それは旧約聖書の歴史書に反映しているのか、と問うことは極めて有益です（M・ノート『旧約聖書の歴史文学－伝承史的研究』山我哲雄訳、日本基督教団出版局、1988年、および前掲書『ヘブライズム法思想の源流』参照）。

　王国滅亡の歴史を証言している歴史書を読みますと、滅亡への歴史を顧みて、当時の歴史家やその時代の人々が、果たして神ヤハウェの主権が達成されたという意味で、啓示の成就に満ちた歴史と考えていたかどうかは、疑問だからです。

　即ち、神は王国の滅亡においてもその御旨を「啓示」されたのか、どうか。読者である私たちは、それをどう理解すべきなのでしょうか。申命記史家が語る古代イスラエル王国の歴史（申命記から列王記に至る歴史記述）は、滅亡に至る失敗と挫折の歴史であるからです。

　王国形成期の物語（サムエル記上16章から列王記上2章までとされる「ダビデの擡頭史」「ダビデ王位継承史」など）も、良く読んでみると、必ずしも祝福の歴史とは言い切れない。滅亡した歴史を証言している歴史書を読みますと、滅亡への歴史を顧みて、当時の歴史家やその時代の人々が、民が遭遇した悲劇をどう捉えていたのか、また果たして神ヤハウェの主権が達成されたという意味で、啓示の成就に満ちた歴史と考えていたかどうかは、極めて疑問です。悲惨な結末を迎えた王国の最後を、御旨が成就した歴史とみなすのは、容易ではありません。他方で、預言者アモスや預言者ホセアは、神の御旨としてサマリアの滅亡を預言しています（アモ 3:9－15、ホセ 14:1）。でも、エルサレムの場合は別だと、誰が言えるでしょうか。

　旧約聖書を「啓示の書」とみなす人は、預言者が語った見方で自分の意見を裏付けることはできます。確かに、そうした解釈は、旧約聖書の預言者が語っていることからみれば、それは可能です。例えばアモス書1章2節から2章16節にある諸国民への審判預言を参照してください。滅亡に至る歴史に、神ヤハウェの御旨が反映していると言えます。

　だが、私見によれば、預言書の場合も歴史書の場合も、問われているのは、イスラエルにおいて歴史が失敗した、という事実なのです。失敗したという場合、いったい誰がその責任を負うのか。告発されている王たちなのか、偶像にひれ伏したイスラエルの民なのか。恐らく、多くの方はそのように言われるでしょう。でもそれだけで、旧約聖書はすべての叙述を終えているのでしょうか。何か別のことを暗示してはいないでしょうか。

イスラエルの民をエジプトから救い出し、約束の地に導いて、その地を嗣業として与えたのは、彼らを選んだ神ご自身です。そこで、居住まいを正して問わなければなりません。私たちが失敗の歴史と呼ぶ、王国の滅亡と捕囚という事実を前に、神ご自身の責任は問われないままなのでしょうか、と。

　かつてドイツの旧約学者であったフォン・ラートは、旧約聖書は歴史の書であると、解釈学的に規定したことは有名です。すべては人間、特に古代イスラエルの民の罪の故であったと断言するのは可能です。それはその通りなのですが、他方で、どうしても、問わざるをえない、という思いを消すことができません。このようなことを考えれば考えるほど、次第に、旧約聖書は、神ヤハウェとイスラエルの民との関係がどうあるべきかを問うた書ではないか、と思うようになりました。旧約聖書の歴史をひもといて読み進むうちに、沸き上がってくる思いがあります。それは、神ヤハウェの責任と言いますか、救いのために追われる責務という事柄です。それは、神の義はこの世において貫徹されているのかどうか、という問いかけに集約されるのではないでしょうか。

　この問いかけは、神の摂理あるいは神の救いのご計画に向けた信仰の叫びに他ならないのではないでしょうか。それが、神義論の問題意識の根底にあるものです。

## 四　旧約聖書は神義論の書か

　試論として掲げたいのは、神義論という概念です。それは、神の義の貫徹に関わる、神の責任を問いかける論であります。

　神義論とは、神の正義（義）を論じる論でありますが、theodicy, Theodizie, théodicée などの表象は、ライプニッツが『弁神論』(*Essais de Théodicée sur de Bonté de Dieu*, 1710) で展開した論述からとられたものだと説明されております。

　この世に悪が存在する理由を問うということが、アウグスティヌスの時代から、ずっと神学研究の重要な主題であり続けました。神学の分野だけでなく、聖書学の分野では、ライプニッツの執筆意図（弁神論）とは違い、別の側面で、神義論は新たな問題提起としての役割を帯びるに至っております。

　単に神の正義を弁護するという弁神論でなく、人間の側からの問いかけとして、神の正義がこの世においてどのように貫徹されているのか、創造主たる神のその

責任、それは人を救う責任のことですが、それを問うという側面が、聖書にはあるからです。これは、単なる観念的な無神論の問いとは違います。
　旧約聖書の中にも、それを正面から問いかけているテキストがあります。一例として、エレミヤ書12章1節（関根清三訳）を引いておきましょう（『旧約聖書Ⅲ預言書』岩波書店、2005年）。引用は、岩波書店版の旧約聖書からです。

　　あなたは義しいです、ヤハウェよ、
　　たとえ私が、あなたに訴える時も。
　　それでも、裁きについて、私はあなたと語りたいのです。
　　なぜ、悪者どもの道が栄え、
　　裏切りを為す者どもが皆、安らかなのですか。

　かつて、私の恩師である故関根正雄先生は、「旧約聖書における神義論」と題した論文の中で、M・ウェーバーが『宗教社会学』（武藤一雄・薗田宗人・薗田坦訳、創文社）で展開した立論（第2部第5章第8節「神義論の問題」）に触れて、論じております。分かりやすい例なので、引いておきたいと思います。
　関根先生は、その論文では、独自に、預言者における審判思想に着目した上で、神義論の構造について論じております（『関根正雄著作集』第五巻、新地書房、1979年、209－207頁参照）。ひとつの問題提起としてご紹介する価値があると思います。関根正雄先生が重視した、アモス書3章2節と9章7節を拙訳で引いてみましょう（『旧約聖書 Ⅲ 預言書』岩波書店、2005年）。

　　わたしは、この地のすべての氏族の中で、
　　ただあなたがただけを知った。
　　それゆえわたしは、
　　あなたがたの罪を、あなたがたの上に報いる。　（3:2）

　　イスラエルの子らよ、あなたがたはわたしにとって、
　　クシュの子らのようではないか。
　　　　－〔これは〕ヤハウェの御告げ－
　　わたしはイスラエル〔人〕を、
　　エジプトの地から、

ペリシテ人をカフトルから、
アラム人をキルから導き上ったではないか。(9:7)

　関根正雄先生は、このアモス書３章２節と９章７節を大変重視されたのですが、両方のテキストを読み比べると、一見矛盾する表現があると思えなくはありません。しかし関根正雄先生は、矛盾すると見える二つのテキストが、かえって神ヤハウェの選びの思想を背景とする、アモスの審判思想の論理を示しているのだと言うのです。関根先生によれば、アモスはここでまさに神義論の論理を示しているのだ、と主張しておられます（同掲書215頁）。

　更に関根正雄先生は、『世界宗教の経済倫理・序論』（マックス・ヴェーバー『宗教社会学論選』大塚久雄・生松敬三訳、みすず書房、1972年）という著名な著作の中で、M・ウェーバーが、インドの宿業などを土台として神義論一般について論じておりますが、そうした立論を批判しておられます。

　ウェーバーは、『世界宗教の経済倫理・序論』の中で、幸福の神義論と災いの神義論という二つの対立する概念を使って、世界宗教の経済倫理を分析したのですが、関根正雄先生によれば、世界の唯一の支配者であり唯一の創造者なる神を想定せずに、人は神義論を考えうるであろうかと問うて、ウェーバーを批判したのです。そこには、旧約聖書学を専門とした関根先生の研究成果が込められております。

　関根正雄先生は、アモスが語った、イスラエル独自の選びの思想に着目します。災いの神義論とは、簡単に申しますと、何故、正しい人に、正しく信仰の道を歩んでいる人に災いが襲いかかるのか、信仰の報いとして祝福が与えられるはずなのに、何故なのか、という問いです。応報としての祝福が保証されているのではありません。

　この災いの神義論が、イスラエルにおいて論理的に成立した消息を、関根正雄先生は次のように論じております（同掲書213、216頁）。

　アモス以前、ことに民間の信仰において、神とイスラエルはきわめて親密に結ばれ、たがいに他に依存していた。この状態では、神がイスラエルを罰することは困難であった。アモスにいたって、神はイスラエルから自由になり、それによってイスラエルを選ぶことが出来るようになり、さらに、ここに始めて、イスラエルを罰することが出来るようになった。イスラエルが他の多くの国民の中の一つ、

すなわち論理的にいえば「特殊」となるとともに、イスラエルという民族の民族神が「普遍」としての神に変ったのである。それが審判思想の背後にある論理的構造であり、これがこの神につく者達の不幸とその罪に関して、神の自由を保証し、それによって「災いの神義論」への道を開くものなのである。

簡単に要約しますと、神ヤハウェはイスラエルの民を選ばれたが、その選びが排他的であればあるほど、イスラエルはイスラエルで神に祝福のみを期待し、神は神で、イスラエルに恩恵を施すことを余儀なくされる、という風に考えられやすい。

だが、旧約聖書の神、出エジプトの神は自由な方であり、人間の側の一方的な事情から、つまり自分たちは神に選ばれた民であるから神が祝福してくれるのは当然であるかのように、神の祝福を当たり前のこととして要求してしまう危険がある。ドグマ的に祝福の保証を要求することは、かえって神の自由を冒瀆するものである。

その論理を、預言者アモスは、選びを強調しつつも、民の罪に対して、神への反逆の罪に対して審判を下すという、神の自由なる決断を語ったのだということになるでしょう。神の自由は人間の思惑を越えたものである。それ故、神ご自身のご計画の中で、たとえ選ばれた民であれ、災いを下すことがありうるのだ、ということを預言者アモスは語ったというのです。応報の論理では語り尽くせないのが神義論です。神ご自身のご計画の中で、たとえ選ばれた民であれ、神に反逆し、平気で罪を犯す民に対し、審判を下すこと、災いをもたらすことがありうると、預言者アモスは語っています。

この点で、神義論という問いかけには、神ヤハウェの摂理に向けたまなざしとの関わりが出てまいります。神義論の問いかけは、信仰の叫びとして理解すべきではないか、と思われます。

他方、関根正雄先生が批判的に取り上げたM・ウェーバーですが、彼は『古代ユダヤ教』(内田芳明訳、全3巻、岩波文庫、1996年) という素晴らしい著作を残しております。個人的に申し上げますと、この書物との出会いがあったので、私はこの旧約聖書学という分野に足を踏み入れることになりました。

印象深い著作なのですが、ウェーバーはこの『古代ユダヤ教』の序論のところで、旧約聖書独自の神義論に触れて、次のように語っております。それを是非、引用しておきたいと思います。引用は岩波文庫の内田芳明訳です。

しかしながらキリスト教の救済論は……ほかならぬこのキリスト教の救済論のまさに中心部分において、パウロの伝道は、捕囚の民の宗教的経験に発するなかばうずもれてさえいた一つのユダヤ教の教説と、結びついたのであった。思うに、神の子の贖罪死というキリスト教の教義が、……その特異性において、発展をとげることができたということは、まさにあのイザヤ書40-55章の予言者的苦難の神義論（Theodizee des Leidens）を書き記した、捕囚期の無名の偉大な予言者の非常にユニークな約束があったればこそと思われるのであって、もしもこの神義論がなかったならば、ことに、教えをなし、罪なくして、しかもみずからの意志で罪の犠牲として悩みを負い、そして死んでいく、という「ヤハウェの僕」の教説がなかったならば、……そういう特異な発展はありえなかったと思われるからである。（邦訳、23頁。「予言者」は内田訳）

　神義論をめぐる論議がどのような地平を持っているのかが、ある程度はおわかりいただけたと思います。関根先生やウェーバーに学ぶことは多いのですが、私たちの当初の問いに戻りましょう。
　審判思想あるいは苦難の僕の教説だけで、果たして旧約聖書全体を代弁させて良いのかどうかです。こうした宗教思想だけで旧約聖書全体を総括するにも、やはりどこか無理があります。旧約聖書が内包している多様性を、ひとつの特定の概念で包括的に語るのは容易ではありません。ただ、それでは、私たちの問いかけを初めから断念することになってしまいます。そこで、改めて次のように考えたいのです。
　審判思想だけでなくメシア預言などの救済思想をも包摂した上で、神ヤハウェの義の貫徹を、創造主であり唯一神であるその責任、人類を救済するという摂理に向けて問いかけるという側面から、捉えることができるのではないでしょうか。そうした意味で、神義論という表象を用いたいのです。
　神義論は、ヨブ記だけの問題ではありません。しばしばヨブ記を取り上げるだけで、神義論について語り尽くした、という傾向がなくはないのです。ですが、コヘレトの言葉や詩編51編6節は言うまでもなく、創世記に記されているアブラハムに与えられた子孫や土地の約束、族長伝承（創世記22章のイサク奉献物語をめぐる神義論については、拙著『アブラハム―約束を背負わされた父と子』、

新潟日報事業社、2003 年参照)、出エジプト伝承やシナイ伝承ですら、先ほど述べました神義論という考え方に即してみれば、私たちの問いかけと深く関わりがあるのがわかります。

　旧約聖書全体を、神ヤハウェの義がどのように貫徹されているのか、あるいはどのように貫徹されるのか、を問うているものとして読めるはずです。旧約聖書を読んでいる方なら、例えば、モーセの十戒や律法は、神義論の主題に合致するのか、と問われるでしょう。例えば申命記に明記されているのは、祝福か呪いかであって、神の摂理にまで問いを及ぼす余地はないのではないか、というのが一般的な見方かもしれません。

　確かにそのように読めなくはありませんが、私なりの見方で、改めてモーセの律法や十戒を顧みて見ましょう。次のように言うことができるのではないでしょうか。モーセの律法、モーセが語った戒めや掟は、ヤハウェを棄てて戒めを犯し、審判を受けることのないように勧めるものでもあるが、神の声に聞き従うのかどうか、その応答のすべてを聞き手に委ねることで、本当に神ヤハウェの正義は貫徹されるのかという問題です。そうした観点で、律法を読むことは不可能ではないからです。

　実は、旧約聖書にも、東洋の仏教思想にあるような、自業自得に似ている思想があることが次第にわかってきております。誤解を避けるために自業自得とは呼ばずに、学問的には、行為帰趨連関と呼んでおります。先ほど触れたフォン・ラートの愛弟子であったK・コッホという人が提唱した考え方です。

　自業自得に似た発想で、行為帰趨連関を問うた例として個人的に着目したいのは、エゼキエル書 18 章です。それを参照しておきましょう。少し長くなりますが、新共同訳のエゼキエル書からの引用です。

　　　1:主の言葉がわたしに臨んだ。
　　　2:「お前たちがイスラエルの地で、このことわざを繰り返し口にしているのはどういうことか。『先祖が酢いぶどうを食べれば／子孫の歯が浮く』と。
　　　3:わたしは生きている、と主なる神は言われる。お前たちはイスラエルにおいて、このことわざを二度と口にすることはない。
　　　4:すべての命はわたしのものである。父の命も子の命も、同様にわたしのものである。罪を犯した者、その人が死ぬ。

5:もし、ある人が正しく、正義と恵みの業を行うなら、

6:すなわち、山の上で偶像の供え物を食べず、イスラエルの家の偶像を仰ぎ見ず、隣人の妻を犯さず、生理中の女性に近づかず、

7:人を抑圧せず、負債者の質物を返し、力ずくで奪わず、飢えた者に自分のパンを与え、裸の者に衣服を着せ、

8:利息を天引きして金を貸さず、高利を取らず、不正から手を引き、人と人との間を真実に裁き、

9:わたしの掟に従って歩み、わたしの裁きを忠実に守るなら、彼こそ正しい人で、彼は必ず生きる、と主なる神は言われる。

10:彼に生まれた息子が乱暴者で、これらの事の一つでも行う人の血を流し、

11:自分自身はこれらすべての事の一つですら行わず、かえって山の上で偶像の供え物を食べ、隣人の妻を犯し、

12:貧しい者、乏しい者を抑圧し、力ずくで奪い、質物を返さず、偶像を仰ぎ見て忌まわしいことを行い、

13:利息を天引きして金を貸し、高利を取るならば、彼は生きることができようか。彼は生きることはできない。彼はこれらの忌まわしいことをしたのだから、必ず死ぬ。その死の責任は彼にある。

14:ところで、その人にまた息子が生まれ、彼が父の行ったすべての過ちを見て省み、このような事を行わないなら、

15:すなわち、山の上で偶像の供え物を食べず、イスラエルの家の偶像を仰ぎ見ず、隣人の妻を犯さず、

16:人を抑圧せず、質物を取らず、力ずくで奪わず、飢えた者に自分のパンを与え、裸の者に衣服を着せ、

17:貧しい者の抑圧から手を引き、天引きの利息や高利を取らず、わたしの裁きを行い、わたしの掟に従って歩むなら、彼は父の罪のゆえに死ぬことはない。必ず生きる。

18:彼の父は搾取を行い、兄弟のものを力ずくで奪い、自分の民の中で善くない事をしたので、自分の罪のゆえに死んだのである。

19:それなのにお前たちは、『なぜ、子は父の罪を負わないのか』と言う。しかし、その子は正義と恵みの業を行い、わたしの掟をことごとく守り、行ったのだから、必ず生きる。

20:罪を犯した本人が死ぬのであって、子は父の罪を負わず、父もまた子の罪を負うことはない。正しい人の正しさはその人だけのものであり、悪人の悪もその人だけのものである。

21:悪人であっても、もし犯したすべての過ちから離れて、わたしの掟をことごとく守り、正義と恵みの業を行うなら、必ず生きる。死ぬことはない。

22:彼の行ったすべての背きは思い起こされることなく、行った正義のゆえに生きる。

23:わたしは悪人の死を喜ぶだろうか、と主なる神は言われる。彼がその道から立ち帰ることによって、生きることを喜ばないだろうか。

24:しかし、正しい人でも、その正しさから離れて不正を行い、悪人がするようなすべての忌まわしい事を行うなら、彼は生きることができようか。彼の行ったすべての正義は思い起こされることなく、彼の背信の行為と犯した過ちのゆえに彼は死ぬ。

25:それなのにお前たちは、『主の道は正しくない』と言う。聞け、イスラエルの家よ。わたしの道が正しくないのか。正しくないのは、お前たちの道ではないのか。

26:正しい人がその正しさから離れて不正を行い、そのゆえに死ぬなら、それは彼が行った不正のゆえに死ぬのである。

27:しかし、悪人が自分の行った悪から離れて正義と恵みの業を行うなら、彼は自分の命を救うことができる。

28:彼は悔い改めて、自分の行ったすべての背きから離れたのだから、必ず生きる。死ぬことはない。

29:それなのにイスラエルの家は、『主の道は正しくない』と言う。イスラエルの家よ、わたしの道が正しくないのか。正しくないのは、お前たちの道ではないのか。

30:それゆえ、イスラエルの家よ。わたしはお前たちひとりひとりをその道に従って裁く、と主なる神は言われる。悔い改めて、お前たちのすべての背きから立ち帰れ。罪がお前たちをつまずかせないようにせよ。

31:お前たちが犯したあらゆる背きを投げ捨てて、新しい心と新しい霊を造り出せ。イスラエルの家よ、どうしてお前たちは死んでよいだ

ろうか。
　32:わたしはだれの死をも喜ばない。お前たちは立ち帰って、生きよ」
　　と主なる神は言われる。

　自分が犯した行為の責めは、自分に帰ってくるという主旨の預言です。神ご自身が、確かに裁きを下されるのですが、その裁きの責任はあくまで罪を犯した本人にあり、同時に、もし彼が神ヤハウェのもとに立ち帰り、悔い改めて悪しき行為をやめるならば、彼は生きるというものです。
　自業自得のように、ひとつの法則性に則って、宿業が自動的に自分に降りかかり、運命がそれで完結するというような思想ではありませんが、人間の行為は、必ずその人の頭に帰ってくる、その帰結が本人に振り向けられると言う論理です。日本では悪人正機説が有名ですが、この聖書の箇所も大いに読まれるべきでしょう。
　旧約聖書の場合、悪人正機説と違うのは、そこに創造主としての神ヤハウェが介在しておられるということです。しかも、裁きを下すのも神であり、赦しを与えて生きるように語りかけるのも神です。憐れみの神が語られております。
　神義論を考える場合、このエゼキエル書18章のテキストは大変重要です。何故なら、預言者エゼキエルによると、神は人の行為を顧みて下さる方で、一度の罪でその人を断罪し、その裁きを撤回しないという、ドグマ的な姿勢はどこにも語られていないからです。
　悔い改める者に対し、神ヤハウェはその御旨を変え給うのです。神が、裁きの摂理を変え給うというのです。それ故、摂理は、永劫に固定された運命や定めではないのです。そこが自業自得とは異なります。
　従って、神義論に関わる問いかけは、神の摂理に向けた問いかけであり、憐れみに富み給う、神の御旨を求める信仰の叫びとなるのです。
　このように、神義論は、神の摂理に関わる問いかけに他ならないと考えたいのです。そこを誤解しないでいただきたい。単に神の関任をどこまでも追及する観念的な理論だと思わないで下さい。この問いかけは、まさに信仰に関わる問いかけなのです。無神論的な問いとは次元が違います。
　イスラエルの選びにおける挫折やイスラエルの歴史の失敗は、そのような意味において、神義論の主題となります。旧約聖書は、この問いの前に置かれていると言えるのではないでしょうか。

ねじれた、錯綜した人間と神との関係を証言している旧約聖書の多様な伝承が、常に神ヤハウェへの告白であり、叫びであり、賛美であり、そのすべてが神の摂理に向けた神義論的な問いかけであるという特徴を帯びていること、そこに着目したいのであります。
　このような主題で、もし旧約聖書全体を見ることができるならば、そこに神ヤハウェの摂理に向けられた、古代社会に生きた、無名のまた無数の人々の信仰の叫びが読み取れるのではないでしょうか。誤解を恐れずに言えば、それはまさしく「霊感を受けて」、霊感に導かれた人々の告白と言えるのではないでしょうか。

## おわりに

　最初に、聖書翻訳の問題と絡めて、「神の霊感を受けて書かれた」書物ということで話を始めましたが、どうしてこのような問いかけを持ち続けてきたのかについて、最後に触れて、今日の講演を締め括りたいと思います。
　筆者がそもそも聖書に引きつけられたのは、被爆者であった牧師に出会ったことによります（拙稿「召命としての学問・伝道」『旧約聖書と現代』教文館、2000年参照）。ご家族を広島で失われた故木村文太郎牧師が、聖書をひもといて、説教の中で神の愛を語っておられた。そのことが、不思議でならなかった。彼こそが、何もわからなかった高校生の私に、神義論的な問いかけを残した牧師であったわけです。
　疑問だらけの気持で、何ひとつ問題を解決できていない段階で、キリスト教徒になるため洗礼を受ける決断をしたのは、この牧師との出会いがきっかけでした。ですが、本質的には、新約聖書の福音書の末尾に書かれている、十字架にかけられた主なるイエスの、最後の絶叫の言葉に引き付けられたからです。
　それを口語訳聖書から引用しておきたいと思います。マタイによる福音書 27 章 46 節です。

　　そして三時ごろに、イエスは大声で叫んで、「エリ、エリ、レマ、サバクタニ」と言われた。それは「わが神、わが神、どうしてわたしをお見捨てになったのですか」という意味である。

これこそ、神義論の叫びでなくて何でしょう。旧約聖書全体を、もし神義論的な問いかけで包括することができるとすれば、そのすべては、このイエスの最後の絶叫に凝縮していると思われるのです。それが旧約聖書学を担当してきた私の、極めて個人的な理解であります。

　数年前のことですが、申命記までの聖書翻訳の仕事を終えて、40数年ぶりに福岡にある教会の礼拝堂を訪れ、いつも座っていた場所に、独り静かに座ってみました。すでに木村牧師は天に召されて、地上にはおられません。ですが、涙が溢れて、こらえることができなかった次第です。もし、被爆者であったこの木村牧師との出会いがなければ、その後の人生もなかったでしょうし、聖書翻訳という仕事に携わることもなかったと思われます。まさにその出会いが、またその牧師が読んでいた聖書との出会いが、私にとっては、霊感の始まりであった。

　この原体験が、旧約聖書そのものを、神義論の書として読むべく促しております。そのように告白することができます。

（すずき・よしひで　新潟大学大学院教授）

# ネストレ-アーラント最新版の歴史と方針

クラウス・ヴァハテル

　ネストレ-アーラントとして今日知られている『ギリシア語新約聖書』(*Novum Testamentum Graece*) は100年以上の歴史を持つ。1998年に100周年が祝われたとき、ヨベル版として印刷されたのが第27版であった。この講義では、第1版と第27版とを比較することから始めたい。次に本文と欄外脚注の歴史における画期的な業績について述べよう。最後に、ネストレ-アーラント版と大型批評版 (*Editio Critica Maior*) との将来的な接点について触れてみたい。

## 1. ネストレ第1版とネストレ-アーラント第27版の比較

　1898年に出版されたネストレ第1版は、一見すると現在のネストレ-アーラント第27版とそれほど違うようには思われない（図版1）。上方にはギリシア語本文と欄外余白に聖書の引照個所、下方に異文（異読）の脚注が見える。しかし、そこには重要な違いがある。

　ネストレ-アーラント第27版 (NA27) は、直接最古の資料に基づいて復元された。従って、その脚注は原資料からの証拠を提示している。原資料とは、ギリシア語とラテン語の写本、古代語訳、及び教父の引用である。これに対し、ネストレ第1版において、エーベルハルト・ネストレは、以下のような当時の主要な3つ、むしろ4つの批評版から本文を編集した。

・1895年のティッシェンドルフの小型版 (*Editio Minor*)。これは1869/72年の有名な第8大型批評版 (*Editio Octava Critica Maior*) に基づき、シナイ写本

(א, 4世紀) を優先させたもので、当時の最古の証拠に従って復元された本文である。写本は、ティッシェンドルフがシナイ山の聖カタリーナ修道院で発見した。
・1881 年のウェストコット/ホートの『ギリシア語原文新約聖書』(*New Testament in the Original Greek*)。ティッシェンドルフの欄外脚注に基づいているが、本文はバチカン写本 (B, 4世紀) を優先させている。
・1892 年のウェイマスの『合成ギリシア語新約本文』(*Resultant Greek Testament*)。
・ベルンハルト・ヴァイス の注解書付き『新約聖書』(*Neues Testament*)。1900年に完成され、1901年の第3版からウェイマスに代わるものとして、ネストレが採用した。

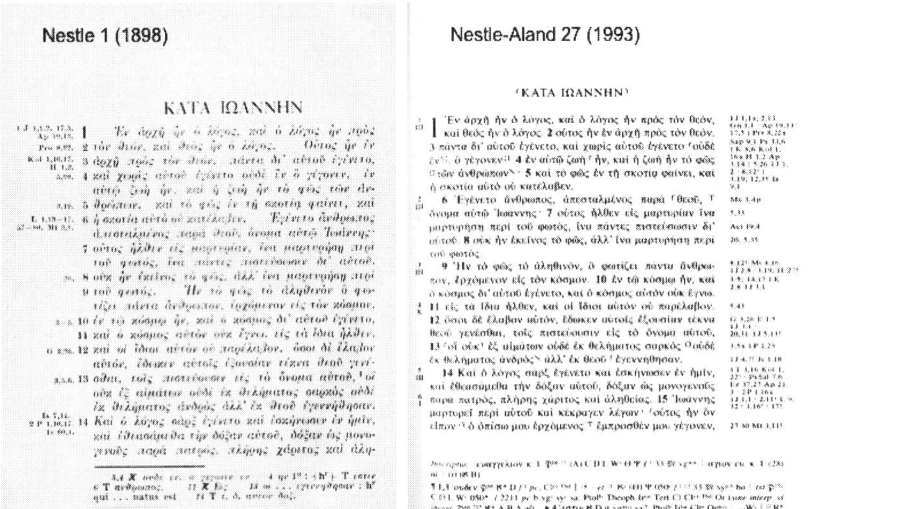

図版1：ネストレ第1版- ネストレ・アーラント第27版

　ウェストコット/ホートとティッシェンドルフの読みが異なるとき、ネストレ第1版はウェイマスが選択した方に従ったが、脚注に違った読み方を記した。例えばネストレ第1版脚注において記号 H で示されたヨハネ1章3,4節における読み方は、ホートの本文（ウェストコット/ホートを表す）に見られるもので、記号 T と h で示された4節の読み方は、ティッシェンドルフの本文とホートの欄外余白に見られる。ネストレ第27版の脚注においては、ベザ・カンタブリギ

エンシス写本（*Codex Bezae Cantabrigiensis*）によって認められた様々な異文とティッシェンドルフの第8版で引用された他の写本が列挙されている。

クルトとバーバラ・アーラントは『新約聖書本文』において以下のように述べている。「実際、多数派本文という単に機械的なシステムが19世紀の本文研究の成果を要約している。それは、ティッシェンドルフ（シナイ写本ℵへの偏重）、とウェストコット/ホートの極端な傾向（バチカン写本Bへの偏向）を排除した…本文を生み出し、それは70年間持続しただけでなく、真にその時代の知的状況を代表した本文であった」[1]。更に、ネストレは新約聖書研究における公認本文（Textus Receptus）の優越性を打開した。しかし19世末においても公認本文は優勢を占め、広く使われた英国内外聖書協会のギリシア語新約聖書の本文には公認本文が印刷され続けた。ネストレ版をヴュルテンブルク聖書協会に推薦した文献において、エーベルハルト・ネストレはこの状況を次のように説明した。

「きれいに印刷された英国内外聖書協会の安価な版は品質が悪く、他の良質できれいに印刷された版は安くはない」[2]。

## 2．ネストレ版の歴史における画期的なこと

ネストレの『ギリシア語新約聖書』は大成功だった。1912年までに9版が必要に応じて印刷されたばかりでなく、1904年には英国聖書協会はもはや公認本文の代わりにネストレの本文を採用した。

第3版（1901）から引用された読み方の写本が下部の欄外に載せられた。エーベルハルト・ネストレの息子エルヴィン（1883-1972）によって実現した第13版改訂版（1927）から、一つの欄外脚注に異文とその証拠が表示された。但し、本文の読み方の原則は依然として残り、写本と古代訳と教父の証拠は一緒に引用され続けた。これらの脚注の出所は、印刷された版、特にフォン・ゾーデンの1913年版であった。しかし、ネストレ版の脚注は、本文伝達について初期の情報を集めるための継続的な努力の始まりであった。更にスペースの関係上、異文を関連個所と連係させるための参照記号が導入された。このシステムは今日も使用されている。第13版は原文の復元における独自な作業の出発点となった。大

---

[1] Kurt Aland/Barbara Aland: *The Text of the New Testament*, Grand Rapids: Eerdmans 1987, p.20.

[2] Nestle-Aland, *Novum Testamentum Graece*, Jubilee Edition, 1998, XIV.

多数の出版された用例に反してオリジナルであると見なされた読み方は、菱形の記号で記され脚注に残された。後に、菱形記号は感嘆符に置き換えられた。

　クルト・アーラントは 1950 年頃にネストレ版に参画するようになった。彼の名前は第 22 版（1956 年）で初めて扉に現れる。最初の頃の彼の仕事は、ネストレ版の脚注に採用された諸版における矛盾をチェックすることであった。彼は、正しい読みを証明するために一次資料および教父のテキストを調べた。「ネストレ第 21 版から第 23 版において参照の基準は次第に拡張され・・・付加的証拠のための第 2 次資料に頼らないで、第 1 次資料のみ（マイクロフィルムや写真による）が用いられた。このことは当時、欄外脚注に特に頻繁に引用され始めたパピルスに言えることであった」[3]。

　このように、参照に用いられた出版資料と基礎資料の範囲は絶えず拡張され、改善されたが、ネストレ版の特徴は第 13 版から第 25 版（1963）まで基本的には変わらなかった。ところで第 25 版以降の印刷はトレードマークとして表紙に『ネストレ-アーラント』が記された。

　第 26 版（1979 年）はネストレ-アーラント版のコンセプトと脚注のデザインに根本的な変更をもたらした。本文は、広範囲の初期の写本、古代訳、教父の引用に基づいて独自に復元された。すなわち 20 世紀初頭以来の新約聖書本文批評における進歩を取り入れ、ギリシア語本文は以前のネストレ版から約 700 個所で違っていた。新しい本文は国際的な学術チームによって確立された。現在の常識からするとこれは適切と思われる。なぜなら、進歩が、協力関係と十分に組織化されたチームワークにかかっていることを学者たちは学んできたからである。しかし 70 年代後半当時には、新しいネストレ-アーラント版の本文が 1 人の学者によって復元されなかったということは深刻な非難の的であった。

　事実は更に複雑であった。ネストレ-アーラント第 26 版の先駆けは、聖書協会世界連盟が出版したギリシア語新約聖書（UK 版）であった。米国聖書協会、スコットランド聖書協会及びヴュルテンベルク聖書協会の主導権の下に、国際的で超教派の編集委員会が既に 1955 年にその作業に着手していた。目的は翻訳者の特別な必要にあわせて、欄外脚注付きの簡潔で信頼できる版を提供することであった。委員会のメンバーは、クルト・アーラント、マシュー・ブラック、ブルース・メッガー、アラン・ウィクグレン、アーサー・ヴェブス、後にカルロ・

---

[3] Aland/Aland, *Text of the New Testament*, p. 22.

マーティニ、バーバラ・アーラント、ヨハネス・カラヴィドプーロスが加わった。聖書協会版ギリシア語新約聖書の初版（1966年）は、ウェストコット/ホートの本文が修正されたものであった。第2版では本文にごくわずかの変更がなされた。しかし第3版の本文（1975年）はクルト・アーラント、マシュー・メツガー、カルロ・マーティニ、ブルース・メツガーとアラン・ウィクグレンによって、かなりの変更がなされた。その過程は序文において次のように述べられている。

> 一連の会合において委員会は・・・新約聖書研究の専門家から出された多くの提案だけでなく、第1版の本文に関わった者として、メンバーの経験による推薦を注意深く考慮し、第1版の本文の徹底的な再検討に着手した。
> 
> 更なる修正のための提案の大部分は、クルト・アーラントから提出された。彼はネストレ-アーラント第26版の本文のために提案された変更の詳細な分析をしていた。これら多数の本文の変更は、第1版の作業において委員会によって議論されなかったものであった。委員会の議論の結果500を超える変更がこの第3版に導入された。
> 
> 委員会は・・・このようにして第3版ギリシア語新約聖書とネストレ-アーラント第26版のために本文を確立することができた[4]。

聖書協会版ギリシア語新約聖書第3版からネストレ-アーラント第26版(1979年)が出版されるまでに4年以上もかかった。この理由の一つは、脚注に引用される異文箇所の多さである。その目的は、本文の歴史にとって最も重要な意味があった証拠によって全ての異文を引用することであった。全ての異文の記載は原資料との照合に基づいた。もしくは古代訳と教父の引用のためには最新版から照合された。

本文研究と新約聖書の普及という両方の目的のために、ネストレ-アーラント第26版がいかに重要な役割を果たしたかは実証ずみである。それは世界中に毎年供給される何千もの増刷だけでなく、聖書協会世界連盟とローマ教皇庁・キリスト教一致推進評議会が、ネストレ-アーラント第26版（NA26）と聖書協会版ギリシア語新約聖書第3版（UBS/GNT3）の本文が全ての翻訳のために用い

---

[4] *The Greek New Testament*, ed. Kurt Aland, Matthew Black, Carlo M.Martin, Bruce Metzger, and Allen Wikgren, Third Edition. United Bible Societies, 1966, viii.

られるべきであることに同意したという事実にもよっている。現在のネストレ-アーラント第27版はその重要性においては前の版に優るものではない。前出の多くのネストレ版のように第27版は脚注の維持と更新の役割を果たしたが、第27版の本文は第26版と変わらなかった。しかしながら、欄外脚注は更に信頼でき、読者が親しみやすいようかなり改められた。ミュンスター新約聖書本文研究所で数十年間に渡り照合されてきた広範囲の試用個所に基づいて、写本の選択は更に改善された。パピルスと羊皮紙大文字写本、つまり最古のギリシア語写本に関する全ての注釈は、徹底的にチェックされて完成された。欄外脚注の中にカッコで引用されているマイナーな異文を示す付録が付加された。初期の古代訳と教父の引用は注意深く再検討された。最後に、初心者のために実用的で明瞭な参照の手引きともなる序文が書き直された。

第27版の本文は第26版と変わらなかったと前述したが、これには一つの重要な例外がある。ローマの信徒への手紙16章7節で、パウロはアンドロニコスとユニアに挨拶を送っている。彼らはパウロと一緒に捕われの身となったことがあり、使徒たちの間で目立った存在であった。第27版の第5修正刷り(1998)、つまりヨベル版から、ユニア Ἰουνία という名前は学術的な議論の結果、女性形としてアクセントをつけるようになった[5]。男性形のユニアス Ἰουνιᾶς はラテン語の Iunianus の短縮形と考えられていた。しかし、今までのいかなる文献にもこの短縮形の用法は発見されていない。一方ユニア Ἰουνία は十分に立証された女性名で、アクセントがついた全ての写本では女性形で伝承されている。つまり、パウロの時代にユニアという女性の使徒がいたことを受け入れなければならない。男性形のアクセントがついた写本が何一つ発見されていないにもかかわらず、第13版(1927年)以来、ネストレ版とネストレ-アーラント版の編集者は女性名を男性形で印刷してきた。このことは学問的研究が先入観に縛られる一つの例である。

ネストレ-アーラント版の歴史的概観を要約するために、特定個所の異文に集中して、前述のような写本の発展の諸段階を見てみよう。このために私はルカによる福音書24章51節以降を選んだ。その個所は「西方型の無加筆」と呼ばれている。バチカン写本を含むアレクサンドリア型のより長い読み方よりも、西方型本文におけるより短い読み方がオリジナルに近いと支持したホートがこの用

---

[5] その証拠の詳細な説明に関しては、Eldon J. Epp, *Junia – The First Woman Apostle*, Minneapolis: Fortress Press 2005. を見よ。

語を造った。その呼び名はアレクサンドリア型本文に対する彼の敬意の表れで、アレクサンドリア型の加筆という言い方を避けている。なぜなら西方型の短い読み方がオリジナルであるこの個所でも、より長い読み方が考慮されるべきだからである。

ルカによる福音書の最後の単元は、復活したイエスと弟子たちの最後の出会いと別れを物語っている。その最後の別れは24章51節以降に述べられている。

> $^{51}$ καὶ ἐγένετο ἐν τῷ εὐλογεῖν αὐτὸν αὐτοὺς διέστη ἀπ' αὐτῶν καὶ ἀνεφέρετο εἰς τὸν οὐρανόν. $^{52}$ καὶ αὐτοὶ προσκυνήσαντες αὐτὸν ὑπέστρεψαν εἰς Ἰερουσαλὴμ μετὰ χαρᾶς μεγάλης
>
> 51 And it came to pass, while he blessed them, he parted from them, and was carried up into heaven. 52 And they worshipped him, and returned to Jerusalem with great joy. (ＡＳＶ)
>
> 24:51 そして、祝福しながら彼らを離れ、天に上げられた。
> 24:52 彼らはイエスを伏し拝んだ後、大喜びでエルサレムに帰り（新共同訳）

太文字で示された問題の個所を除くいてしまうと、ルカによる福音書の最後の単元は「昇天物語」と呼ぶことはできなくなる。この個所はいかに異文が重要であるかを示している。

ネストレ第１版は一重の角括弧の中にこれらの句を収め、真正性について疑義を表現している。更にウェストコット／ホートにおける読みを提示するために脚注では二重の角括弧が用いられる。Ｒ－Ｔは、ウェイマスの『合成ギリシア語新約本文』にその句が現存していることを意味している。他方、ティッシェンドルフはこれらの句を排除し、印刷していない。

ベルンハルト・ヴァイスの福音書版が出版された後に（1990年）、ネストレは第３の典拠としてウェイマスの代わりにヴァイスを参照した。但し、ウェイマス版のための Ｒは引用され続けたのではあるが。ヴァイスは、ホートとティッシェンドルフに従い、ルカによる福音書24章51節以降では、より短い本文を選び、非西方型の読み方を下部の余白に追加として印刷した。それらの句はネストレ第９版（1912）では二重の角括弧で本文に残された。

残された句は、多数決原理によって最終的には第 13 版の本文から取り除かれた 。また、第 13 版の脚注のデザインがいかに変わったかを見ることができる。ウェイマスはもはや引用されない。他方 S はフォン・ゾーデンの本文を示す。更に、現在見るように脚注欄は一つになり、読み方を支持するために引用された写本と古代訳のリストを見ることができる。ウェイマスやフォン・ゾーデンの版は、本文のために決定的ではあるが、本文と異なっている個所でのみ目立たぬように現れることになった。

　第 25 版（1962 年）において、西方無加筆の評価がどのように変わっていったかを新しい証拠を通して見ることができる。本文はまだネストレの多数決原理によって確立されている。しかし、より長い読み方が編集者によってオリジナルと判断された個所は、感嘆符記号によって示されている。また約 300 年頃のパピルス写本 P75 が、両者を支持して引用されている。

　ネストレ第 26 版と第 27 版において、より長い読みは上の本文に無条件で戻された。クルト・アーラントは、 パピルス写本 P75 の発見によって西方無加筆のホートの理論に終止符が打たれたという彼の確固たる信念を繰り返して表した。なぜなら、全ての関連個所において、注意深く写されたこの初期のパピルスの写本がより長い読みを支持するからである。近年、この議論はパーソンズ、エールマン、及び他の学者たちによって再開された。彼らは、ルカによる福音書 24 章 51 節以降と他の個所、つまりホートが西方無加筆と見た個所が改悪され、それが公に認められたままになっているのではないかと議論する[6]。他方、アーリエ・ツヴィープはより長い本文を重視した。いずれにせよネストレ第 26 版と第 27 版では、新約聖書の本文のオリジナル性についての議論は終わっていない。むしろアーラントは『新約聖書本文』の中で第 26 版について次のように言う。

　　勿論、新しい本文は全く静的なものではない。編集委員会のメンバーは、その版に責任がある他の全ての人々と同様に、その刊行が暫定的であることに同意している。その中の全ての変更は、異議に対して開かれている。ただし変更案に対する議論に説得力がある場合のみではあるが[7]。

---

[6] Arie W. Zwiep, "The Text of the Ascension Narratives (Luke 25:50-3; Acts 1:1-2, 9-11)," NTS 42, 1996, 219-244.

[7] Nestle-Aland, *Novum Testamentum Graece*, 26 edition, 1979, 35.

## 3．将来のネストレ-アーラント第28版

ネストレ-アーラント第28版はデジタル時代に入るであろう。このプロジェクトの最も重要な局面は別の講義に譲る。ここでは私は、第28版の文献学的及び編集上の特徴を取り扱いたい。

### A．組織的な整備：脚注における異文と証拠の提示方法の改善

1．第一次テキストと第二次テキストの区別は多くの場合困難である。第27版では、二次的証拠は、大多数のギリシア語写本（記号åによって表される）と一致する場合、古い本文形態を残す大文字写本には引用されない。現在新しい基盤の上に植字を置いているため、もはや古いページ区切りによって規定されることはない。従ってこれらの重要な証拠の表示をもっと明瞭にすることができるであろう。

2．使用頻度の低い写本の場合、括弧内の読み方や少数派の異文は削除されることになる。できる限り多くの情報が読者の役に立つために与えられてきたが、多量の情報は結局逆効果になるため、小型批評版の長所は不要な情報を制限することにある。

3．et（そして）またはsed（しかし）による異文の連結はしばしば混乱を引き起こすので廃止される。その代りに、参照すべき脚注の記載がすぐ後続しないならば cf.（confer 参照せよ）が用いられる。

4．ラテン語の説明は削減される。小規模のラテン語表記が一覧表となり、英語やドイツ語に翻訳される。（将来のデジタル版において、これらの翻訳は、カーソルで指すと、そのラテン語の上に現れる小さなウィンドウの中で示される。）

5．引用される写本の組織的なチェックと修正は、デジタル化されたデータに基づいて実行されることになる。

### B．大型批評版に基づくネストレ-アーラントの発展

今日まで、全てのギリシア語写本、教父の引用、古代訳の伝承に基づいた新約聖書の批評版というものは存在しなかった。ミュンスター新約聖書本文研究所はそのような版を編集するために設立された。この中心的なプロジェクトは、1997年にヤコブの手紙を含む最初の分冊の出版段階に入った。以降、全公同書簡は大型批評版（ECM）で入手可能となった。2005年に刊行された第4分冊は、将来のネストレ-アーラント小型批評版のために新しい基盤を提供することになる。

しかし大型批評版から次のネストレ-アーラント版への移行の意味を説明する前に、大型批評版の概要を述べよう。

Jak 2,3 　　27

σὺ κάθου ὧδε καλῶς, καὶ τῷ πτωχῷ εἴπητε· σὺ στῆθι •ἢ κάθου ἐκεῖ• ὑπὸ τὸ ὑποπόδιόν μου,
24 26 28 30 32 34 36 38 40 42 44 46 48 50 52 54 56

24b x

26-30 b καθου καλως ωδε
c ωδε καθου καλως
df καθου ωδε λαμπρως

32-34 b και
c τω δε

40 b x

44-48 •b εκει η καθου
c εκει και καθου
d εκει η καθου ωδε
e εκει και καθου ωδε
ff εκει
g ωδε η καθου εκει

50-56 b επι το υποποδιον μου
c επι το υποποδιον
d παρα το υποποδιον μου
e υπο το υποποδιον αυτου
f υπο το υποποδιον των ποδων μου
g επι το υποποδιον των ποδων μου
h υπο τους ποδας μου

2492. 2541. 2805. **Byz** [1390*V. 2186f2. 2243*]. Antioch. PsOec. **L**:FV. **S**:H

b την λαμπραν εσθητα 18. 35. 206. 400. 429. 522. 614. 630. 720. 876. 1292. 1367. 1390C. 1448. 1490. 1505. 1611. 1765. 1799. 1831. 1832. 1890. 2080. 2138. 2147. 2200. 2243C. 2412. 2494. 2495. 2523. 2652. L1440

c την λαμπραν 94. 453

? **K**:$S^{ms}$

↔ a/b **K**:$S^{mss}$B. **S**:P

– P20. P23. P54. P74. 048. 0166. 0173. 0246. 1066. 1846. L60. L156. L170. L1126. L1442

23 a om. P74V. 01. 02. 03. 04. 044. 33. 81. 206. 218. 254. 429. 436. 468. 522. 614. 621. 630. 643C. 1067. 1175. 1243. 1292. 1359. 1409. 1448. 1505. 1524. 1563. 1611. 1718. 1735. 1751. 1799. 1842. 1852. 1890. 2138. 2200. 2344. 2374. 2412. 2464. 2495. 2541. 2805. **L**:SFV. **K**:$B^{mss}$. **S**:H

b αυτω 025. 5. 69. 88. 322. 323. 398. 400. 623. 629. 631. 808. 915. 918. 945. 996. 1127. 1241. 1270. 1297. 1490. 1598. 1609. 1661. 1678. 1739. 1831. 2147. 2298. 2492. 2523. 2652. **Byz** [643*V]. Antioch. PsOec. **L**:T. **K**:SB. **S**:P. **Sl**:ChDMSi

– P20. P23. P54. 048. 0166. 0173. 0246. 1066. 1846. L60. L156. L170. L1126. L1442

24-38↓ a συ καθου ωδε καλως και τω πτωχω ειπητε ... 2412f

24↑ a συ ... Antioch. PsOec. **L**:FV. **K**:$S^{mss}$BA. **S**:PH. **Ä**

b om. L593. **K**:$S^{ms}$

– P20. P23. P54. 048. 0166. 0173. 0246. 1066. 1846. L60. L156. L170. L1126. L1442

26-30↑ a καθου ωδε καλως ... Antioch. PsOec. **L**:V. **S**:H

40 a συ ... Antioch. PsOec. **L**:FV. **K**:$S^{mss}$B. **S**:PH

b om. 206. 321. 630. 1729. 1799. **K**:$S^{ms}B^{ms}$. **A**

– P20. P23. P54. P74. 048. 0166. 0173. 0246. 1066. 1846. L60. L156. L170. L1126. L1442

44-48 a η καθου εκει 03. 945. 1175. 1241. 1243. 1739. 1852. 2298. 2492. **L**:F. **K**:$S^{mss}$

b εκει η καθου 02. 044. 33. 81. 206. 218. 429. 522. 614. 630. 996. 1292. 1359. 1448T. 1505. 1611. 1661. 1718. 1799. 1890. 2138. 2200. 2412. 2495. Cyr. **L**:V. **K**:$S^{ms}$. **S**:H. **Ä**

c εκει και καθου 04*

d εκει η καθου ωδε 01. 025. 5. 69f2. 88. 322. 323. 398. 400. 436. 621. 623. 629. 631. 808. 915. 918. 1067. 1127. 1270. 1297. 1409. 1448Z. 1490. 1524. 1598. 1609. 1678. 1735. 1751. 1831. 1842. 2147. 2344. 2374. 2464. 2523. 2541. 2652. 2805. **Byz** [252(*f1)]. PsOec. **K**:B. **S**:P. **G**:G-D. **Sl**:ChDMSi

e εκει και καθου ωδε 04C2. **K**:$S^{ms}$

ff εκει 1563

g ωδε η καθου εκει 365

↔ d/e P74

– P20. P23. P54. P74. 048. 0166. 0173. 0246. 1066. 1846. L60. L156. L170. L1126. L1442

50-56 a υπο το υποποδιον μου 01. 03T. 04. 5. 69. 81. 88. 400f4. 436. 623. 629. 631. 915. 918. 996. 1067. 1241. 1243. 1270. 1297. 1359. 1409. 1490. 1524(*f2). 1598. 1609. 1661. 1678. 1735. 1751. 1831. 1842. 2147. 2298. 2344. 2464f2. 2492. 2541. 2652. **Byz** [61(*f1). L422f1. L884f3]. Cyr. PsOec. **L**:F

b επι το υποποδιον μου 03Z. 025. 206. 218. 322. 323. 429. 442. 522. 614. 621. 630. 642. 808. 945. 999. 1127. 1175. 1292. 1448. 1505. 1563. 1611. 1718.

図版２：大型批評判見本（部分）

大型批評版の構造と要素は見本のページを見ながら説明しよう。ここでは 27 ページのヤコブへの手紙２章３節の後半部分を選んだ。

一番上の行は、写本以前の原文を推定して復元したものである。各単語の下には偶数が印刷されていて、奇数の番号は単語と単語の間の空白に用いられている。従って各単語や節、また単語間の空白も数字により的確に示すことができる。

この節は人を尊敬すること（προσωπολη(μ)ψία）の説明である。

「もしあなたが、立派な身なりの人に特別に目を留めて、『あなたは、こちらの席にお掛けください』と言うならば、そして貧しい人には、『あなたは、そこに立っているか、わたしの足もとに座るかしていなさい』、「自分たちの中で差別をし、誤った考えに基づいて判断を下したことになるのではありませんか。」(σὺ κάθου ὧδε καλῶς καὶ τῷ πτωχῷ εἴπητε· σὺ στῆθι ἐκεῖ ἢ κάθου ὑπὸ τὸ ὑποπόδιόν μου)

　原文の復元はどの個所でも同程度の確かさを持って確定できるものではない。一番上の行の太字のドットは、欄外脚注の異読と比較してわずかに優勢な読み方であることを示す。ここでは 44-48 番がそのような太字のドットにより示されている。これは第 27 版のテキストと異なる読み方を編集委員会が選んだ個所である。この決定の理由を説明する前に「一貫した系統的方法」(Coherence-Based Genealogical Method) について述べよう。

・一番上の行に関する異読を一瞥することで、読者は本文の証拠を検討することができる。異読の各個所に番号がふられ、各読み方に一つの文字が当てられているため欄外脚注の該当個所を探しやすくなっている。

　欄外脚注は、入手可能なギリシア語写本の異読の全てを含んでいる。この写本の選択には二つの基本的な原則がある。ビザンチンテキストの伝統、すなわち主流の写本からから幾つか代表を選び、更に 10%以上主流の読み方から異なる写本を全て選んでいる。

　証拠の提示には二つの形式、肯定的欄外脚注と消極的欄外脚注と呼ばれるものがある。ビザンチンテキストとほぼ一致する写本を除いて、全ての証拠は肯定的欄外脚注に引用されている。主にビザンチンの写本と考えられるものは、Byz という記号が付されている。一番上の行と 15 以上の写本が異なる場合は、肯定的欄外脚注になる。それほど相違がないものはスペース節約のために消極的欄外脚注に組んだ。その場合、基本のテキストを支持するギリシア語の写本は三つのドットにより示されている。例えば 24 番には、聖句集とコプト語写本の証拠しかないためテキストが省かれている。各異読の個所が空白や解読不可能なため引用できない写本についてはドットにより、どの写本が省かれているかを知ることができる。Byz という略記がある肯定的欄外脚注付きの写本においても同様のことが言える。

教父達の引用や初期の版に関してはここでは詳細には述べない。教父達に関しては、ダマスコのヨハネまで見直されたと述べるだけで十分であろう。つまり、ジェラール「クラウィス　パトルム　グラエコルム」(Geerard, *Clavis Patrum Graecorum*) に記されている教父達全てとフォティウス (Photius) とカイサリアのアレサス (Arethas) によって収集されたもの全てである。初期の版はギリシア語のテキストから証拠として翻訳されて引用されている。存在するラテン語、コプト語、シリア語の翻訳は全ての個所において引用されている。

・プリント版は大型批評版の一つの姿に過ぎない。技術的に重要な特徴は、保管、検討、表示にいたるプロセスのためにデータベース化されているということである。すなわち異読の完全な欄外脚注が、一つの欄外脚注に対応する一連のデータベースとして存在する。これは方法論的な新しい可能性を開くものである。

　長い目で見れば本文の歴史の再構築において、更に新約聖書全てに関連する全証拠に基づいた本文を確立することにおいて、大型批評版は学問的研究に必要な全範囲の資料を提供するであろう。1959 年にミュンスター研究所が設立されて以来、関連する全ての資料が集められ評価されてきた。今日マイクロフィルムや写真で利用可能な全てのギリシア語写本が収集されている。連続する本文がある全ての写本約 3,000 は、新約聖書全書における 1,400 以上の個所と分析比較された。(日課書のために全てのプログラムを実行する必要はない。なぜなら、それらが標準の後期ビザンチン型本文を含むか否かをチェックする必要のある個所はわずかだからである。)

　本文の編集作業とは、その本文がどのように伝達されて来たかという証拠を出版することだけでなく、最初の原文を復元することでもある。クルト・アーラントは第 26 版の序文において編集委員会に引き継がれた手順について述べている。

> 　一つの写本系統図(stemma)を想定して進むことは不可能であり、また、写本の伝承においてさまざまに入り組んだ系図の枝の中でその相互関係を十分に分析した上で、他のギリシア語本文を取り扱うというような具合に、改訂作業 (*recensio*) に取りかかることも不可能である。決定は、一つ一つ事例に応じて新たに下さねばならない。…ある節において提供されているさまざまな読み方とそれらの解釈の可能性を注意深く確認した後に、これらの読み方…のどれが原初のものであり、それから他の読み方が派生したと見なされるかを、外的基準と内的基準に基づいて常に

新たに決定しなければならない。現在の知識状況において、この『局地的系統的方法』(local-genealogical method) は新約聖書本文伝承の要求に適合する唯一のものである。(43頁)

写本の伝承が始まったときの原型にできるだけ接近する大型写本の本文復元作業のために、私たちは大型批評版の編集者の一人であるゲルト・ミンクによって開発された「一貫した系統的方法」を適用した[8]。

クルト・アーラントが、ギリシア語新約聖書のために写本の系統を組み立てることはできないと言ったのは確かに正しかった。この理由の一つは、豊富な写本があるにもかかわらず、これらの大多数が失われてしまっているということである。従って、写本同士の混成のために、最古の写本とより最近の写本との間の関係性を理解することは大変困難である。しかし、写本の中に保存されている本文の関連性を検証するために、データベース技術を利用することが現実的に可能になってきた。

「一貫した系統的方法」の基本方針は、全ての異読個所の系統学的評価から、ある本文の系統図を推察することである。例えば、x の読みは y の読みの源であると言うならば、この判断はその読み方を含む本文の関係性について示唆していることになる。ある写本本文の全ての異文を、その読み方の局地的系統方法の評価に従って要約し、それらの本文の系図に矢印をつけて表すことができる。このことにより、異文個所の全調査結果として外的な評価基準について新しい基盤を持ち得るであろう。

このグラフ図版3では、「一貫した系統的方法」に従って、ヤコブの手紙における原初のアレクサンドリア型本文と直接的な関係もつ写本本文、及び緊密な関係にあるテキストを一目瞭然にすることができる。例えば、小文字写本1739では、異文の大部分の個所が、直接、原初の本文から派生していると思われる。第2番目に近い先祖的本文は、エフライム写本04である。小文字写本945、1241、及び2298の本文は、第一義的に小文字本文1739から来ていると言える。

ここでは詳細を述べないが、それぞれの異文構成単位を別々に評価することをしなくても、他の例から結論を下すことができる。

---

[8] For an introduction into the CBGM and a bibliography see http://www.uni-muenster.de/INTF/Genealogical_method.html. Nestle-Aland, *Novum Testamentum Graece*, XXVI Edition, 1998, XIV, 43.

明白な事例から始めて、テキスト間の予想される関係図を引き出し、多くの問題のある異読の個所にこれらを適用することができる。しかしながら「一貫した系統的方法」は自動的に本文を確立する道具ではない。それはある個所の異読を

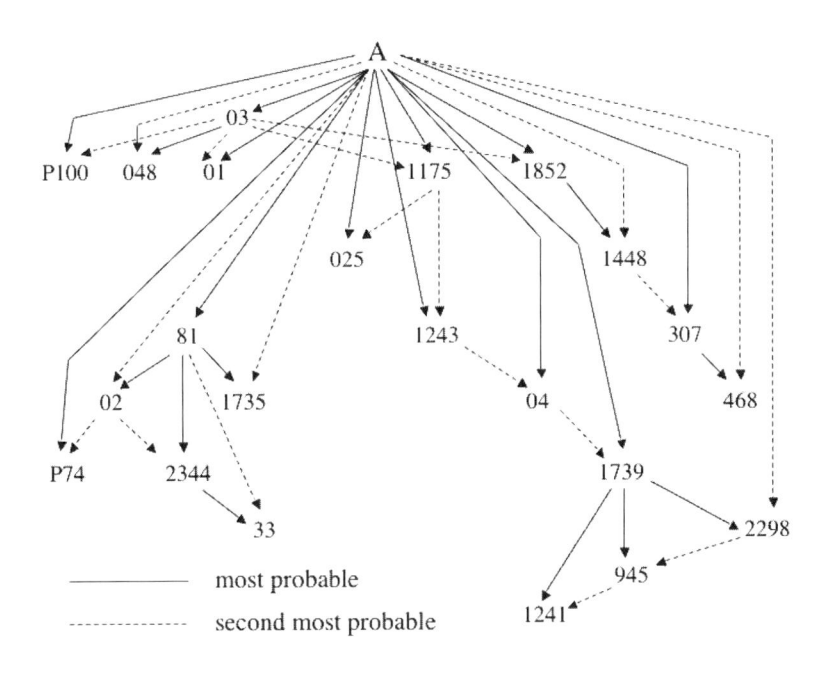

```
                              A
        ┌──────┬─────┬──┬──────┬─────┬────┐
       P100  048   03  01   1175  1852
                              │     │
                             025   1448
                              │     │
                              81  1243    307
                             ┌┴┐    │      │
                            02 1735 04   468
                             │  │    │
                            P74 2344 1739
                                 │    ├──┬──┐
                                 33  945 2298
                                      │
                                     1241
```

――――――――― most probable
- - - - - - - - second most probable

（図版3：ヤコブの手紙のテキスト上、重要な写本と最も妥当性のあるもの）

評価する全ての伝統的な方法を統合し、補足として、ある個所に生じた異読の結果を判断するための根拠を与えるものである。このように、より識別化された外的評価基準を得る。例えばdという読みの源がa、b、cのどれであるかを文献学的な根拠で決定できないとき、その証拠間でより近い関係を持つ読みを選択するのが適切である。更に、このようなグラフにおいて描かれた証拠の関係性は、先祖や子孫についても適切な推測を与えるであろう。
　さて、前出のヤコブ2章3節の例に戻ろう（図版2）。第一義的にあるいは第二義的に確かな先祖は、原初の本文を復元したアレクサンドリア型本文であるが、その写本本文を示す図表の中で、その個所のaという読み方の証拠を探すと、この読み方がオリジナルであることを認める理由がわかる。5つの証拠 03、1175、

1243、1739、1852 はアレクサンドリア型本文に依存していると思われる。但し、残りのものはこれらのうちの一つに依存している。他方、b の読み方をするほとんどの証拠は 1852 に依存している。但し、b の証拠においては、図表の第 1 列からの写本は 81 ただ一つである。それゆえ 81 の読み方が二次的であると判断するのは適切である。ここでの説明が詳細すぎたかもしれないが、大型批評版における公同書簡の本文は第 26/27 版のそれと 23 個所で異なっている。第 28 版の本文はこれらの個所で訂正されるであろう。更に、証拠の選択と引用された異文は、大型批評版の十全な脚注に基づいて改善されるであろう。ビザンチン型本文は、大型批評版の脚注のより正確な定義、すなわち 7 つのほぼ純粋なビザンチン型写本の一致によって提示されることになる。従って記号 𝔐 は、公同書簡において Byz と書き換えられるであろう。

ネストレ-アーラント第 26 版 (NA26) と聖書協会版ギリシア語新約聖書第 3 版 (UBS/GNT3) における本文の復元は、大型批評版出現以前には不可能であった諸データによる評価を実際には必要としていた。しかし、70 年代当時に利用可能であった広範囲にわたるパピルス写本の新しい証拠に基づいて本文を復元したことは正しいことであった。ネストレ-アーラント版は、本文研究と翻訳のために最も広く使用された新約聖書版である。その本文と欄外脚注を、新しいというよりは、十分に利用可能となった証拠に基づいて改定することをためらってはならないのである。

（新約聖書本文研究所主任研究員）

# ネストレ-アーラント第 28 版とデジタル版

クラウス・ヴァハテル

## 1. 紙の版からデジタル版へ

　この講義の主題はデジタル・ネストレ-アーラント第 28 版（NA28）だが、大型批評版（*Editio Critica Maior*）を私の講義の出発点とする。なぜなら、ミュンスター研究所の中心プロジェクトである大型批評版の延長線上に、第 28 版の作業を推進する文献学的な理由があったからである。ギリシア語写本、古代訳、そして、古代のキリスト教文学におけるすべての引用を集大成することで、大型批評版は新約聖書の本文の歴史に最初の黄金期を築いた。この版の準備は 60 年代前半にクルト・アーラントと彼のチームがマイクロフィルム上にギリシア語新約聖書写本を収集し始めたとき既に始まっていた。大型批評版の具体的な実現は他の重要なプロジェクト、すなわちネストレ-アーラント第 26 版と聖書協会版ギリシア語新約聖書第 3 版によって延期された。膨大な量の新証拠を考えれば、簡約版大型批評版完成のために大型批評版のプロジェクトを延期するのは確かに正しかったが、今では大型批評版は刊行の段階に入った。ヤコブの手紙を含む最初の分冊は 1997 年に出版され、4 回の刊行で残りの 3 つの公同書簡と共に 2005

年に出版された[1]。かくして次のネストレ-アーラント出版のための新しい基盤ができたのである。

大型批評版は編集技術における過渡的な成果の一つである。最初に出版された2つの分冊の欄外脚注は、紙の上に鉛筆で書かれた転写（transcript）に基づいていた。脚注も紙上に下書きされていたが、今やデータベースになり、コンピュータ・プログラムによって評価、修正された。それらのデータはレイアウト・プログラムの中に転送され、フォトコピー方式によって再生された。明白な証拠付きの完全脚注は、データベースの中に存在するだけであるから、大型批評版の「中身」はデジタルだと言える。ただ、大型批評版は今まで印刷版だけで公刊されてきたために、デジタル版と呼べないだけである。

大型批評版の過去2つの分冊では、ギリシア語写本からの証拠を収集、照合するために、コレート（COLLATE）というソフトウエアを使用した。脚注の草稿もこのプログラムによって生み出された。その草稿は私たちのデータベースに転入され、以前のように編集された。このように編集過程の構成基準をデジタル化してきたが、その結果はまだ印刷版である。

さて、スキャンされたページをウエブサイトで公刊することができるであろうか。答えは否である。スキャンされたものは印刷版のデジタル化されたイメージに過ぎず、印刷がなお主要なメディアとなる。

もしコンピュータで版を起こし公刊してもデジタル版と言えるであろうが、印刷版から徹底的に区別された新しい媒体ではありえない。ページをただ読んでめくる以上のことがデジタル版には期待されている。すなわち対話である。例えば、ページをめくるといった一方通行のものではなく、こちらの必要に応じて質問するだけで表示画面下でデータが整理され、画面上の内容が変更されたり、修正されたりする能力である。これに関してネストレ-アーラントは再び大型批評版より進んでいる。なぜなら、ネストレ-アーラント第28版を完全デジタル化し、の双方向性を持たせた初のギリシア語新約聖書の批評版の公刊が近づいているからである。

ネストレ-アーラントのデジタル化と、大型批評版の本文と脚注の改訂は、これらの版が一緒に成長していることを示している。同じ転写が両者の作業に用い

---

[1] *Novum Testamentum Graecum – Editio Critica Maior*, Vol. IV Catholic Letters, ed. by B. Aland, K. Aland†, G. Mink, K. Wachtel. Stuttgart: German Bible Society 1997-2005 (4 installments).

られ、結果として、大型批評版の多数の転写がネストレ-アーラントの読者のためにオンラインで利用可能になるであろう。最終的に、大型批評版によって提供された豊富な全情報が両者の編纂に用いられることになる。例えば、ネストレ-アーラント第 28 版と大型批評版の脚注に引用された教父の詳細な文献を作ることは比較的簡単になるであろう。更に、教父文書の引用をそれぞれの文脈の中で読むことが可能になるであろう。

## 2. ネストレ-アーラント・デジタル版

4 年ほど前からネストレ-アーラント・デジタル版の作業が始まっているが、まだ作業の基本構造を組み立てることに集中している。この講義ではデジタル版のヨハネ一の手紙を見せながら、構造の概観を示したい。この試験的デジタル版は、バーミンガムにあるピーター・ロビンソン社の学術デジタル版とミュンスター新約聖書本文研究所の協力により、ドイツ聖書協会とドイツ研究財団（Deutsche Forschungsgemeinschaft）から資金提供を受けていることを付け加えておく。

試験的プロジェクトは、ここ数年間でオンライン化されてきた[2]。それは今も発展し続けており、ここに見るのは進行中の作業のデモンストレーションである。最終的に機能的なネストレ-アーラント第28版のデジタル版に到達するまでには、恐らくあと 2 年かかるであろう。

既に手元にある情報から始めるため、ネストレ-アーラント第 27 版を使ってこのプロジェクトは着手された。その第一歩は、第 27 版の本文と脚注を機械で読むことができる形式に変換することである。プロジェクトは全てＸＭＬ（Extensible Markup Language）を使用している。ネストレ-アーラント第 28 版のための文献学的改訂や大型批評版に従った第 27 版の修正は、特別なエディタの助けによって変換された第 27 版から始められるであろう。

### 二つの表示画面（ビュー）：ページと節

ネストレ-アーラント・デジタル版の本文と脚注は二つの表示画面（ビュー）、すなわちページと節によって表示される。後者は初期設定(デフォルト)であるが、大型批評版のページをめくるようにデジタル版を用いることができる。例えば、

---

[2] http://nestlealand.uni-muenster.de

ヨハネの手紙一5章6節の書名、章、節を打ち込み、ナビゲーション・バーのメニューから「印刷版ビュー」を選ぶと、第27版の623ページに対応した画面にたどり着く。それは印刷されたページとほぼ同じ画面である。まだ幾つかの文字

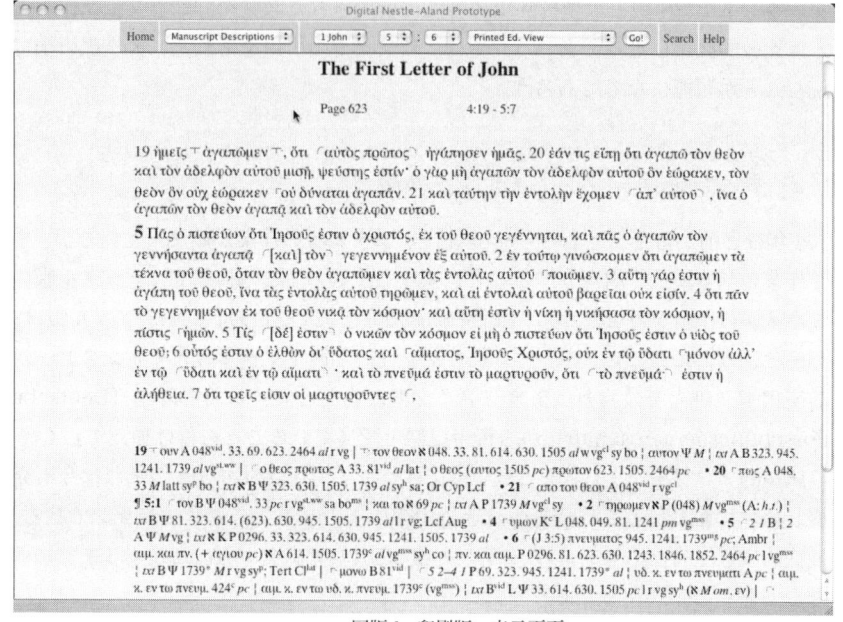

図版1：印刷版の表示画面

が同じユニコードで得られないこと、平行箇所の欄外参照がない、などの違いはあるが、それも今準備中である。ここに見られるのは印刷されたページに対応したデジタル表示である。印刷用にただデジタル処理されているのではなく、デジタルとして公刊されるという目的を持ったものである。カーソルで脚注の項目を指し示した時に分かるように、画面は相互性を目指してその基礎が据えられた。カーソルで文字を指し示すと手のアイコンが現れ、その単語の背後に詳しい情報があることが分かる。すなわちXMLエンティティ（データの実体）であり、より詳しい情報へとリンクが貼られているのである。

　デジタル版の素晴らしい特性の一つは既に実現したと言える。ネストレ版の脚注にはいつも弱点があった。それは脚注で参照記号を探し、見つけたと思って読み始めると、しばらくして関連性のない項目であったことに気づくという煩わしさである。しかしデジタル版では、脚注の異文にカーソルを置くだけで、本文に平行して関連箇所が表示されることになったのである。

112

さて、ナビゲーション・バーを使って、節ごとの表示画面（ビュー）を見ていこう。ヨハネの手紙一5章6節で、メニューから"Word By Word"を選ぶ。現在のところ第27版のままのネストレ-アーラント本文と節の脚注は、画面上部に表示される。画面下部には、ネストレ-アーラントの常用証拠の全てを含んだ新し

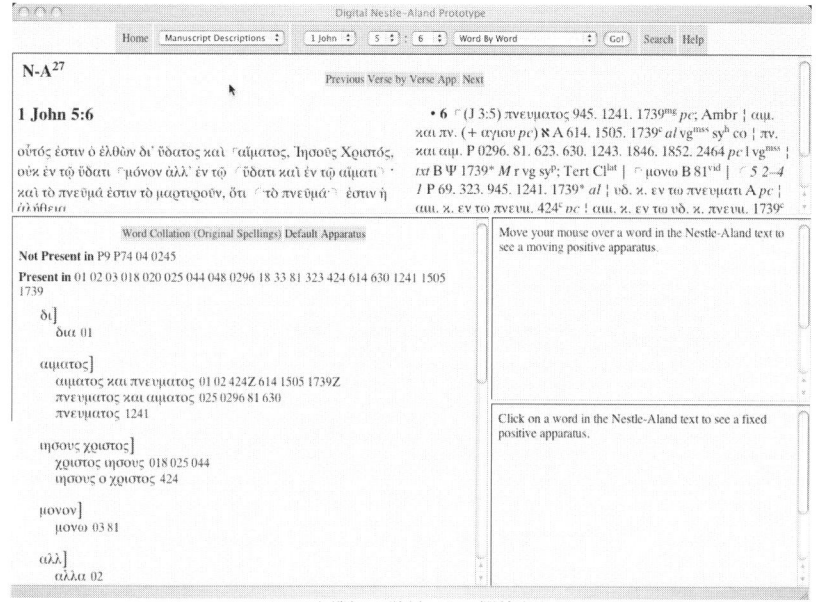

図版2：単語による欄外脚注

い脚注が表示される。ヨハネの手紙一では23の写本が重要な証拠群である。印刷版の脚注に全ての異文を記録することは紙幅の制限によりできないが、デジタル版ではギリシア語の字数はもはや問題ではない。すなわち、集められた全ての写本の異文が提示できることになる。画面の左下部に、いわゆる消極的な脚注に証拠付きの異文と証拠なしの見出し語が表示され、その概観を容易に見て取ることができる。脚注内の見出し語をカーソルで指すと、二つの特性が活性化する。つまり、見出し語の読みの全証拠が右側のフレームの一つに現れる。同時に見出し（受け入れられたもの）に該当する言葉が上部の本文中に強調表示される。見出し語をクリックすると、異文の関連箇所が右側の二番目のフレームに現れ、読者は他の箇所を左側の消極的な脚注かあるいは右側の移動脚注の両方に見ることができる。

## 完全な転写に基づく完全な脚注

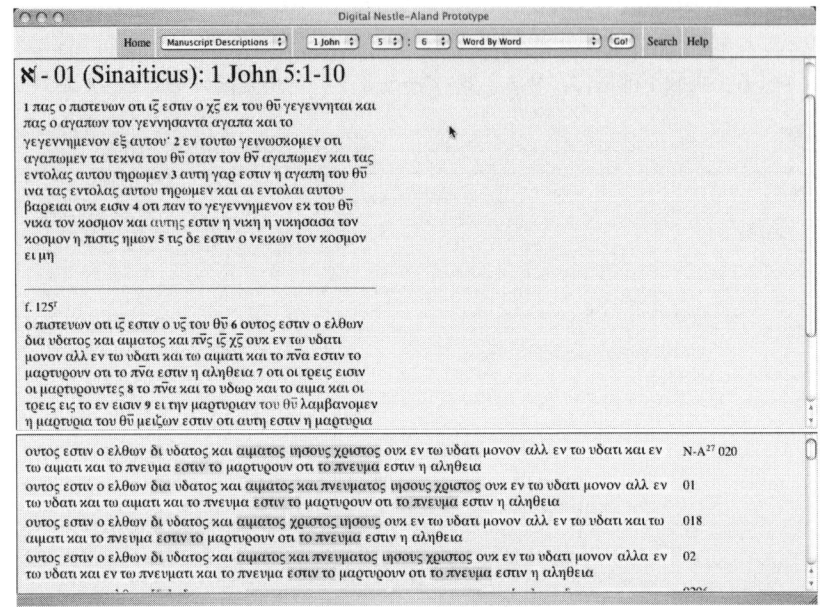

図版3：シナイ写本の転写

　脚注に引用される写本に興味のある読者は、その番号をクリックすればよい。例えば、シナイ写本(01)では、第1写筆者による本文の転写を見ることができる。緑色の文字はその文が後代の写筆者によって置き換えられてきたことを示している。例えば、5章9節の του θεου των ανθρωπων などである。緑色の部分をカーソルで指すと別のウインドウが開き、第一写筆者と後の写筆者の異読部分とシナイ写本における二つの証拠に基づく付加的な情報を提示する。また、節番号をクリックすると、その転写の下のフレームに証拠付きの関連する読みが現れる。同じことが他の全ての単語においてもできる。カーソルを5章6節の単語の一つに置くと、その単語や節の異文の概観を見ることができる。或る単語をクリックすると、異読の概観とそれぞれの証拠付きの読みが分離して下のフレームに表示されるのである。

　転写は章ごととページごとの二つの表示画面で見ることができる。後者は原文に配置されたとおりの本文を示す。例えばシナイ写本では4列である。

　両方の表示画面において、ある節番号をクリックすると、節ごとの脚注がその転写の下のフレームに現れる。上部の枠線をドラッグすることによりフレームは

114

拡大される。同じ箇所に関する異文は同じ色で表されるが、同じ箇所におびただしい数の異文があることが多い。語句ごとの表示画面における脚注の異文箇所をカーソルで指すと、節ごとの表示画面の関連箇所が付加的なフレームで現れる。また、その節数字をクリックし、脚注に引用された全ての写本の転写を参照することもできる。

**異文の特別な表示方式：証拠の選択**

或る写本の本文を研究するために、同時に複数の脚注画面を表示して平行箇所を参照できることが理解されたであろう。更に単語の照合においては、好みの写本を照合の基礎本文にすることが容易である。第27版基礎本文と、近い将来では第28版のそれぞれの初期設定(デフォルト)において、メニューにある写本を全て見ることができるようになる。例えば、ビザンチン型写本18を選ぶと、18に一致する第27版の該当箇所が全て現れるということである。

写本の特別な選択に焦点を当てることも可能である。写本18に対して、バチカン写本(03)、アレクサンドリア写本(02)、ビザンチン型大文字写本(020)、小文字写本(1739)を照合してみよう。写本の選択は容易に変更できる。選択機能（Select Witnesses）を再び押して、興味のある本文にしるしをつければよい。

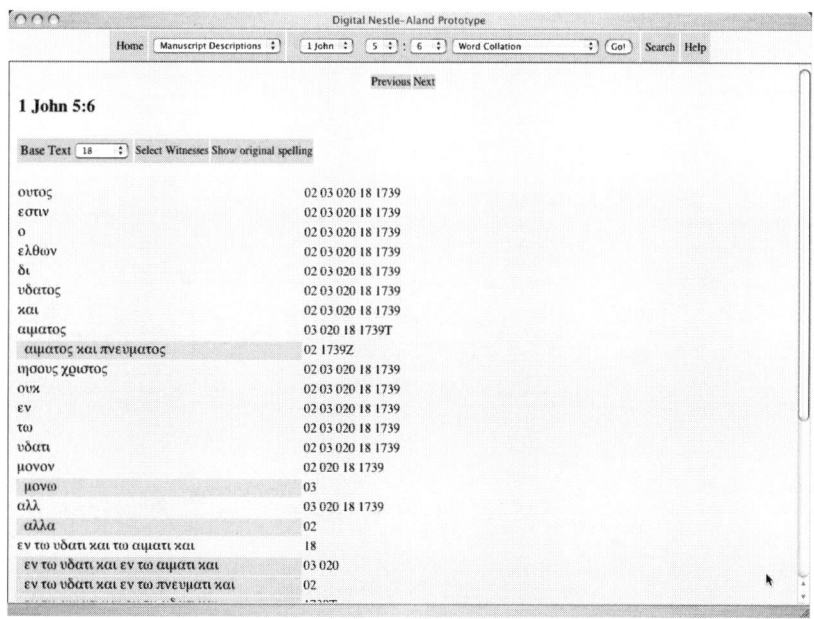

図版4：証拠の選択

二つの写本本文を一緒に表示することもできる。例えば、バチカン写本(03)とアレクサンドリア写本(02)の関係を詳細に見たいとき、比較（Compare）をナビゲーション・バーから選べばよい。そうすれば、二つの本文が便利なことにハイライトされる。

基本的な検索機能については、興味のあるギリシア語の単語をクリックするか、ベータ・コード（ローマ字でギリシア語を表す方法）を利用して入力すればよい。例えば、ハイマ（血）を検索すると、独立した単語として、あるいはある文脈における部分として、全該当箇所を見ることができる。クリック一つで選択された該当箇所を一目瞭然にすることができる。

## 3. NT Transcripts 新約聖書の転写

ネストレ-アーラント第28版の試験的プロジェクトではヨハネの手紙一と二だけが紹介されている。ネストレ-アーラントの本文と異文資料欄の改訂、さらにプログラム化の作業が終わるや否や、ネストレ-アーラント第28版が印刷版とデジタル版で刊行されるであろう。新約聖書の本文改訂作業と出版の準備をすると

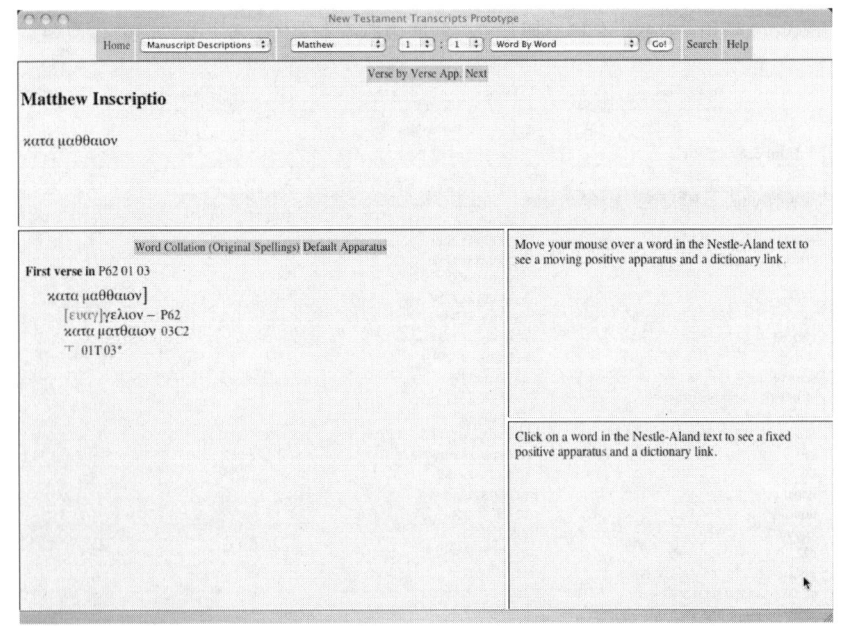

図版5：NT Transcripts

同時に、転写の語彙集と新しい異文資料欄も着々と整えられつつある。それらは、NT Transcripts と呼ばれるウェブサイトにおいて無料でアクセスできるはずである。これもまた現在の試験的プロジェクトである。この機能を試すとき、プロジェクトの諸機能にまだ誤りと不備が多いことを発見するだろうが、その基本構造は実動しており、しかも転写と新しい異文資料欄は本文批評にすでに有用なのである。

　研究所のウェブサイトから NT Transcripts にアクセスして、最初にたどり着く画面を紹介しよう[3]。ネストレ-アーラント本文と異文資料欄を除いては、前述のようにネストレ-アーラント・デジタル版の全てにアクセスできる。ナビゲーション・バーの *Manuscripts Descriptions* をクリックすれば、新しい異文資料欄にこれまで転写され、含まれてきた写本すべてが分かる。表示と本文を選ぶメニュー（但し初期設定では語句ごとにセットする）をクリックすれば、選択した書に有用な転写のリストを得られる。3つの最も重要な大文字写本、バチカン写本(03)、シナイ写本(01)、アレクサンドリア写本(02)が、新約聖書の至る所で得ることができる。書物のメニューをクリックすれば新約聖書全 27 巻から選ぶことができ、ほとんどのパピルスにもアクセスできるが、現在、より多くの転写を準備している。それぞれの写本の独立した転写を少なくとも2つ作り、それらを照合し、相互に異なっているところを訂正した上で最終的な転写と既存の脚注を統合し、完全本文を公刊することになる。

　或る転写、特にパピルスの転写を取り上げるとき、明白な欠如部分に気づくことと思われる。原本画像が入るべき箇所は空白だけがある。それでも私たちはインターネット上で得られる画像にリンクを貼ることを始めた。例えば、ミシガン大学の P46 断片にリンクできるが、これはほぼすべてのパウロ書簡を含む 200 年頃のパピルスである。さしあたり写本の記述の下にリンクを見つけることができるであろう。このことは、デジタル版の開発がまだ端緒にあることを示している。例えば、使用者が画像や転写を同時にスクロールすることを既に可能にしているデジタル版を紹介しよう。好例として学究的デジタル版の別のプロジェクトである「大英図書館のカクストン」が挙げられる[4]。そこでは 15 世紀の印刷業者カクストンによるチョーサー著『カンタベリー物語』の二つの版の画像を比較す

---

[3] http://nttranscripts.uni-muenster.de/ にアクセスして "Prototype"をクリックすること。
[4] Scholarly Digital Editions, "The British Library Caxtons"
　　http://www.cts.dmu.ac.uk/Caxtons/

ることができる。このような機能を近い将来、新約聖書の写本においても完成させたいものである。

　ネストレ-アーラント第28版・デジタル版の中核が完成した後で、他に加えられるべき特性としては以下のことが考えられる。ネストレ-アーラント版の欄外脚注への補完として、それぞれの文脈における教父の引用がある。更にラテン語、シリア語、コプト語などの古代語翻訳、辞書、古代文字の記録、本文学的注解書も補完として考慮されるべきであろう。

　ところでNT Transcriptsからペルセウス・デジタル図書館（Perseus Digital Library）によってオンライン化された、リデル・スコット・ジョーンズによるギリシア語辞典増補版にアクセスすることができる。また、バークレー・ニューマンによる新約聖書辞典特別版がネストレ-アーラント・デジタル版に提供されている。ここにネストレ-アーラント・デジタル版における次段階のインターフェースを一見することができる。

　デジタル版のインターフェースは更に順応性が高くなるであろう。見たいフレームを選ぶことや、フレームのサイズも拡大縮小も自在になる。編集された本文の単語にカーソルを当てることで辞書の情報が一つのフレームに表示される。すべての記号としるしを備えたネストレ-アーラント版の欄外脚注は、自明のものとなるであろう。すなわち欄外脚注のそれぞれの見出し語にカーソルを当てることによって、長い序文と付録にある情報は表示画面の右下フレームに簡単に現れるであろう。

　本文研究学者が夢見る、あらゆるデータを利用可能とするツールと保管場所を提供するデジタル時代の驚くべき進歩に、編集者は目をくらまされるかもしれない。現存するすべての写本の転写だけではなく、オリジナルの画像にもアクセスできるウェブサイトを立ち上げることが可能になったのである。著作権と資金の問題を脇に置いて「みんながオリジナルなものを読むことができるバーチャル写本室を、なぜすぐに目指さないのか」という問いがある。あるいはその問いを過激に取り上げるなら、「ギリシア語新約聖書批評版をまだ必要としているのか」ということになる。

　私の答えは断然イエスである。然り、オンライン化される、あるいはされるであろう全てのデータを組み立て、そのデータを用いて、どの写本にも保存されていない言葉遣い、すなわち伝達が始まる前の最初の状態の言葉を復元するために批評版は必要である。

バーチャル写本室のゲストは、ミュンスター研究所の訪問者と比較することができる。研究所では、大多数の写本のマイクロフィルムあるいは写真を実際に見ることができる。毎年、写本伝承の状況を研究するために数人の訪問客がやって来る。彼らはもちろんよく準備しており、概して批評版を研究した後で、自分たちが探しているものを熟知している。恐らく大多数の新約聖書の読者、学生、釈義家にとり、全ての本文の証拠にアクセスすることは無用の長物であろう。特定の関心に関連がある限り、当該本文と異文を研究することを多くの読者は求めている。彼らはミュンスター研究所にある膨大な量のデータを処理する手段としての批評版を必要としている。この手段を提供すると同時に、諸資料への新しい道を開く仕事がミュンスター研究所の仕事なのである。研究所は写本のデジタル化を、図書館や博物館あるいはオリジナルを保持している諸個人に任せなければならないが、研究所のウェブサイトは、既にウェブ上にある画像あるいはオクシリンクス・パピルスのように公刊され続ける画像への入り口として役立つであろう。

　だがこれは、他の人々が仕事を進めるのを待っているだけという意味ではない。研究所は「バーチャル写本室」という仮タイトルのプロジェクトを立ち上げ、オリジナルの資料をデジタル化する作業を進めている。研究所の役割は、新約聖書写本について収集した全ての情報をオンライン化することである。更に、オリジナルのデジタル化が可能でない場合は、所有団体の許可を得て、マイクロフィルムをデジタル化して公刊することである。研究所が行っていることは、約2000年の時を経た新約聖書の伝達過程における全ての資料の公刊である。伝達の過程を理解し、ほぼオリジナルに近い本文を復元するためには、協力と情報交換が必須であることに、この分野で作業する多くの学者たちは一致している。まさにこの精神で、大型批評版のヨハネによる福音書編集の際、バーミンガム大学のデヴィッド・パーカーが監督する編集チームと研究所は協力を始めた。一人の著者の本文を復元し、批評版に全責任を持つ一人の編集者がいるべきであるという19世紀の考え方は全く時代遅れになってしまった。

　この方向の次の段階としては写本の転写、記述、研究といった権利の共有であろう。これは新しいメディアおいては容易なことである。例えば、聖書協会版ギリシア語新約聖第3版やネストレ-アーラント第26版の編集委員会がバーチャル討議室で出会うようなものである。また、増え続けるオンライン本文研究注解書のために本文批評注釈を書くことができる専門家の会議をバーチャルに持つ可

能性も考えられる。同様なことが、写本の注釈と研究では恐らくより容易になされ得るであろう。

　『ギリシア語新約聖書』という書物は、デジタル化の作業によって時代遅れになるものではない。書物の形態は明白な利点により不可欠であり続ける。印刷された簡約版は真に独立した基盤である。少なくとも私の考えでは、印刷版は読んで学ぶために、より便利でよりふさわしいインターフェースである。当該箇所における第一次と第二次の伝承の完全な概観を与えると同時に特別な重要性をもつ異文に焦点を当てることができる。印刷版を補完するものとして、新しいメディアは大容量の情報を蓄え、その情報をある特別な文脈において、必要で正確なデータの検索を可能にするために用いることができる。しかし、将来においても印刷された本は、ウェブサイト上のデジタル版と常に共存し続けるであろう。

（新約聖書本文研究所主任研究員）

# 著者としての福音書記者たち

ジェイムズ・M・ロビンソン

　第一回目の講演では、イエスについて語るのではなく、その半世紀後に生きた福音書記者たちが何を目的として執筆したのか、それに関する現在の学術的な理解を述べる。第二回目の講演では、福音書が書かれる半世紀も前にイエスが何を語り、何をしたかが主な主題となる。

　この講演の目的は、私たちが通常福音書の中に探し求めることとは違うものとなる。福音書それ自体、すなわち著者としての福音者記者たちに焦点を当てることになる。彼らが後 70－100 年の間に福音書を書いたとき、何を成し遂げようとしたのか。彼らの執筆にはどのような歴史的必然性があったのだろうか。

## 「言葉福音書（the Saying Gospel）Q」

　2000 年に出版された『批判版 Q』は、イエスが語ったとされる言葉集である[1]。「言葉福音書 Q」は新約聖書の中に含まれている文書ではなく、新約聖書の表面下に隠されている。そのため、それは再構成されなければならない。それは次のようになされる。マタイとルカが書き記したイエスの言葉の中に共通するものがあり、それがマルコによる福音書に含まれていないならば、その言葉はマタイと

---

[1] *The Critical Edition of Q : a Synopsis Including the Gospels of Matthew and Luke, Mark and Thomas with English, German, and French Translations of Q and Thomas,* edited by James M. Robinson, Paul Hoffmann, John S. Kloppenborg. Leuven : Uitgeverij Peeters Leuven, 2000.

ルカが使用した別の資料から得たと考えられる。100年前に学者たちはこの別の資料に、Qというニックネームを付けた。「資料」を意味する"Quelle"(クヴェレ)というドイツ語の最初の文字から取られたものである。今日それは新約聖書の四つの「物語福音書」と区別するために「言葉福音書Q」と呼ばれている。つまりマタイとルカは「言葉福音書Q」の写しを持っており、彼らが自分の福音書を執筆する際、それをマルコによる福音書と共に用いたと考えられるのである。

　Q福音書自体には章や節の番号がないので、Q福音書を引用する際は、ルカによる福音書の章節番号を用いる。ルカの方がマタイよりもQ福音書の順序に、より忠実に従っているからである。Q福音書には誕生物語がないので、Q福音書は洗礼者ヨハネから、すなわちルカ3章から始まる。そこでQ福音書の最初の章はQ福音書3章（Q3）と呼ばれる。Q福音書の素材はマタイとルカの福音書のほぼ全体にわたっていて、受難物語の直前、つまりルカ22章で終わっている。そこでQ福音書の最後の章はQ22と呼ばれる。

　『批判版Q』によってQ福音書本文を容易に入手できるようになるまでは、Q福音書は通常、イエスが語ったとされる言葉を集めた単なる「資料」でしかなかった。すなわち、同じ言葉がマタイとルカのどの節に出てくるかが示され、その背後にはマタイとルカが編集したであろうQ福音書の言葉があったと主張されるに留まった。しかし、その言葉が実際Q福音書の中でどのように読まれたのかについては知られていなかった。そこでQ福音書自体が一つのテキストとして扱われることはめったになく、ましてや一つの福音書として扱われることは皆無に等しかった。しかしQ福音書のテキストの再構成がなされた現在、他の福音書と同様にQを福音書として見、研究できるようになった。このことを今回の講義では特に強調しよう。

　私は第二の講義でイエスについて知りうることは何かについて焦点をあて、主にQ福音書について語るので、ここではQ福音書の個々の言葉に注意を向けることはしない。「言葉福音書Q」の内容は、イエスの弟子たちによって集められた資料の内、現存する最古の層である。それゆえ、ハイデルベルク大学のゲルト・タイセンの言葉を引用すれば「Qは確かにイエスの教えを再構成するための最も重要な資料」なのである。

　しかし、今この講演において私が注目したいのは、イエスの生涯の出来事を順序だてて描こうとするために「言葉福音書Q」が既に踏み出していた最初のス

テップである。Q福音書の最初の三分の一は、新約聖書の「物語福音書」へと発展してゆく一種の伝記の始まりを示している。

「言葉福音書 Q」は、基本的には互いに無関係な言葉の寄せ集めであるため、Q福音書の最初の三分の一が「物語福音書」に似た物語としての連続性を持っているように見えることは注目すべきである。ここではQ福音書の最初の三分の一にあたる部分に焦点をあてる。

Q3:16において、洗礼者ヨハネは「来るべき方」について預言している。この「来るべき方」という言葉は、もちろんヘブライ語聖書（旧約聖書）が到来すると預言した人物を指す。洗礼者ヨハネの念頭にあったのは、裁きの日に来られる神である。しかしイエスの弟子たちにとって、「来るべき方」とは、公生涯に向かうイエスを意味した。この解釈を証明するために、イエスの弟子たちはかなりの労力を払う必要があった。その理由は、洗礼者ヨハネによる黙示文学的な裁きの言葉は、イエスの徹底した赦しの言葉とかみ合わないからであった。両者を適合させるために、Q福音書はヨハネに関する一つの場面を描く（Q7:18-23）。そこではヨハネは自分の弟子の中から代表者をイエスの下に送り、イエスが「来るべき方」なのかどうかを問わせている。イエスこそが「来るべき方」であるというイエスの返答を得るために、Q福音書はイザヤ書の癒しの預言を使う。これとほぼ同じリストが当時すでに入手可能であった。というのは、同様なリストがQ福音書よりも古い、死海写本からの断片にあるからである（4Q521）。しかしQ福音書のリストは、ヘブライ語のイザヤ書ではなく、七十人訳聖書のギリシア語のイザヤ書に基づいている。イザヤは次のように預言した。

　　主の霊がわたしの上にある。主がわたしに油を注がれ、貧しい人に良い
　　知らせを伝えさせ、心打ち砕かれた者を癒し、捕らわれ人には解放を告
　　げ、目の見えない人には視力の回復を告げるために遣わし私を遣わした
　　からである。（イザ61:1、七十人訳）

イエスはこの預言を発展させてヨハネからの使者に答えた。

　　行って、見聞きしたことをヨハネに伝えなさい。目の見えない人は見え、
　　足の不自由な人は歩き、重い皮膚病を患っている人は清くなり、耳の聞

こえない人は聞こえ、死者は生き返り、貧しい人は福音を聞かされている。(Q7:22)

　さらに、ヨハネが「来るべき方」の預言をしたQ福音書3章と、イエスをその成就者とするQ福音書7章の間には、Q福音書の中で様々な資料が配置され、イエスの主張がヨハネにとってはもちろん、さらにQ福音書の読者にとっても信憑性のあるものとなっている。例えば、ヨハネがイエスに洗礼を授けた時、主の霊がイエスの上に来た。またイエスはすぐに貧しい人々に福音を告げ始めた。Q福音書は、イエスの公生涯の初期の言葉を早い段階で集めたものと見なされる（Q6:20－49）。それが有名な「山上の説教」である。山上の説教は貧しい者を祝福する「至福の教え」で始まっており、イエスが貧しい者に福音を告げるという預言をみごとに実現させた。しかし、イエスがヨハネの弟子たちに列挙した癒しの業は、Q福音書にとって問題となった。それは、Q福音書が「癒し」物語を集めたものではなく、「言葉」を集めたものだからである。確かにQ共同体はイエスの言葉の力を信頼するローマ軍の百人隊長の話を入手していた。百人隊長は、イエスの言葉だけで自分の僕の病いが癒されると考えるほどの信仰の持ち主だった。そこでQ福音書は、この癒しの物語をヨハネからの使者の到着直前に置く。それによって直前の「宣教開始の説教」(Inaugural Sermon)の権威を強調すると共に、この物語の直後に来るヨハネの使者の話しのために、イザヤ書の預言に対応するイエスの癒しの行為の一例を提供したのである。

　ヨハネの使者は納得しただろうか。Q福音書にはヨハネの使者の反応は記されていないが、Q福音書の読者である私たちは、ヨハネの弟子たちが直ぐにイエスの弟子となったと推測する。しかしながら、それはQ福音書の中に記されていないので、洗礼者ヨハネに対するQ福音書の目的が実際どれほど達成したのか分からない。

　ルカはこの物語をQ福音書から伝えているが、イエスの主張の信憑性をこれ以上に高め得ると考えた。例えば、癒しのリストは「死者は生き返り」という言葉を含んでいたが、Q福音書のどこにもそのような記事はない。そこでルカはヨハネの使者が到着する物語の直前に、息子を死から復活させてもらうナインのやもめの物語を置いた（ルカ7:11－17）。ヨハネの使者に対するイエスの返答には複数の癒しが挙げられ、ルカは、使者が到着した時にはイエスは多くの癒しを行なっている最中であったと説明する。それらの癒しの業は、イザヤ書の預言の最

初にあった癒し、すなわち目の見えない人が見えるようになるという癒しにおいて頂点に達するのである（ルカ 7:21）。

> そのとき、イエスは病気や苦しみや悪霊に悩んでいる多くの人々をいやし、大勢の盲人を見えるようにしておられた。（ルカ 7:21）

このようにルカは、ヨハネの使者の場面を Q 福音書よりも説得力のある仕方で提示している。しかしマタイはそれを徹底して行った。

## マタイによる福音書

イエスが洗礼者ヨハネの弟子たちに告げた癒しの業を、彼らの到着以前に全て語ってしまおうとマタイはしたのである。マタイは、使者たちが到着する前の二章、つまりマタイ 8、9 章の二章全体に、イエスが挙げた癒しの業の例を一つ一つ挿入する。しかしこれを可能にするために、マタイは必要な話を見つけようと Q 福音書とマルコによる福音書のあらゆるところを探さなければならなかった。そしてついに以下のリストを制作したのである。「目の見えない人が見えるようになる」（マタ 9:27-31）は、マルコ 10 章 46-52 節に由来している。「足の不自由な人は歩く」（マタ 9:1-8）はマルコ 2 章 1-12 節に由来し、「重い皮膚病を患う人は清められる」（マタ 8:1-14）はマルコ 1 章 40-45 節からの話である。さらに「耳の聞こえない人は聞こえる」（マタ 9:32-34）は Q11:14-15 に由来し、「死者は生き返る」（マタ 9:18-26）はマルコ 5 章 22-43 節からの話である。「貧しい人は福音を聞かされている」（マタ 5-7 章）は Q6:20-49 の宣教開始の説教に由来し、「山上の説教」へと拡大されている。当初は洗礼者ヨハネのグループのために書かれたと思われるマタイによる福音書の第一部は（マタ 3-11 章）、Q 福音書の言葉で締めくくられている。Q 福音書の引用により、マタイはイエスのみが神について真の知識を与える方であることを強調している。

> 天地の主である父よ。あなたをほめたたえます。これらのことを知恵ある者や賢い者に隠して、幼子のような者にお示しになりました。そうです。父よ、これは御心に適うことでした。すべてのことは、父からわたしに任せられています。父のほかに子を知る者はなく、子と子が示そ

と思う者のほかには、父を知る者はいません。(Q10:21－22; マタ 11:25－27)

そしてマタイでは、ヨハネの弟子たちに対するイエスの最後の呼びかけがこれに続いている。

疲れた者、重荷を負う者は、だれでもわたしのもとに来なさい。休ませてあげよう。私のくびきを負い、私に学びなさい。私のくびきは負いやすく、私の荷は軽いからである。(マタ 11:28－30)

マタイによる福音書の結論部（マタ 28 章）にある異邦人伝道のための「大宣教命令」と比較すると、マタイ 11 章 28－30 節は、ユダヤ人伝道の使命にぴったりと合う締めくくりなのである。

わたしは天と地の一切の権能を授かっている。だから、あなたがたは行って、すべての民をわたしの弟子にしなさい。彼らに父と子と聖霊の名によって洗礼を授け、あなたがたに命じておいたことをすべて守るように教えなさい。わたしは世の終わりまで、いつもあなたがたと共にいる。(マタ 28:18－20)

このようにしてマタイは、ユダヤ人キリスト教会の福音書であった「言葉福音書Q」の第一部を（マタ 3－11 章）、ユダヤ人たちの中でもまず相通じる仲間、すなわち洗礼者ヨハネとその弟子たちに向けたのである。そして次に、マタイは自分の福音書の残りの部分において異邦人キリスト教会の「物語福音書」であったマルコによる福音書に従ったのである。実際マタイは自分の福音書を完成させるため、マタイ 12－28 章ではほとんど逐語的にマルコを写して行く。従って、マタイは単なるユダヤ人キリスト教会の福音書ではない。明らかにユダヤ人キリスト教的性格を優先させながらではあるが、Q 福音書とマルコによる福音書を組み合わせて Q 福音書を乗り越え、エキュメニカルな福音書を作り出していったのである。

## マルコによる福音書

　Q福音書がユダヤ人キリスト教会の福音書であったように、マルコによる福音書は異邦人キリスト教会の福音書であった。しかしマルコは、「イエスが異邦人キリスト者らしくなかった」という厄介な事実に直面する。それはQ福音書においてはちょうど良く機能したけれども、マルコにとっては逆に働いたのである。その結果、マルコは当時知られていた一つのテクニックを用いた。すなわち、物語であれ言葉であれ、その隠された意味を明らかにするための二段構えの解釈の方法である。イエスはユダヤ人キリスト者のように見えるかもしれないが、彼が本当に意図していたのは異邦人キリスト教的なメッセージだった、という方法である。その結果マルコは、イエスが語らなければならなかった事を謎、あるいはたとえとして扱った。イエスの本来の弟子たちはイエスのメッセージのうち、ユダヤ人キリスト教的な表面的な意味だけを理解したのだけれども、我々異邦人キリスト者たちはそれを超え、イエスが本当に意図していた、より深い、より高い真実な意味に達したのだ、と考えたのである。

　古代世界の人々にとって、謎やたとえを解くことは一般的なことだった。一つの謎やたとえは暗号化された言語である。「あなたは一つのことについて語っているが、あなたが本当に意味していることはもう一つのことである」。「あなたはAと言うが、本当に意味しているのはBである」。マルコがたとえを理解したのはこのような仕方であった。マルコによると、イエスはユダヤ教的な譬え話を語るが、その隠された意味は異邦人キリスト教的なのだというのである。

　　イエスがひとりになられたとき、十二人と一緒にイエスの周りにいた人たちとがたとえについて尋ねた。そこで、イエスは言われた。「あなたがたには神の国の秘密が打ち明けられているが、外の人々には、すべてがたとえで示される。それは、『彼らが見るには見るが、認めず、聞くには聞くが、理解できず、こうして、立ち帰って赦されることがない』ようになるためである」。（マコ4:10－12）

そこでイエスはたとえの要点を弟子たちに「説明」する。

> イエスは、人々の聞く力に応じて、このように多くのたとえで御言葉を
> 語られた。たとえを用いずに語ることはなかったが、御自分の弟子たち
> にはひそかにすべてを説明された。（マコ 4:33,34）

　マルコは、弟子たちにたとえを使う理由を「種をまく人のたとえ」（マコ 4:1-9）のようなたとえを用いて説明した。このたとえ話しに続いて、マルコは要点ごとに説明を加えて行く（マコ 4:13-20）。しかし、マルコはたとえと解き明かしという方法をさらに広く用いて行く。
　もちろん、たとえの意味を部外者からおおい隠すことは、イエスがたとえ話しを用いた本当の理由ではない。むしろ反対で、イエスは意味が理解されるようにたとえを用いた、と私は確信している。イエスが語った相手は、複雑な神学は理解しないが、物語は理解できた普通の庶民であったからである。しかしマルコはたとえ話しの場合だけではなく、イエスが異邦人キリスト者のようには語らない理由を理解させるために、この「謎解き」というよく知られた技法を用いたのである。マルコによる福音書の前半部分のイエスは、異邦人キリスト者らしい言葉ではなく、むしろ、マルコの異邦人教会がすでに脱却したユダヤ教の言葉を用いる。ところがマルコによる福音書の後半部分では、異邦人キリスト者のように説教するイエスが示される。この変化を示すためにマルコは、「イエスがキリストである」（マルコ 8:29）というペトロの信仰告白の直ぐ後で、たとえの解き明かしの時に使った文言と同じものを用いた。すなわち、イエスがこれまであいまいに語って来たことを、今やはっきりと語るということである（マルコ 8:31,32）。

> それからイエスは、人の子は必ず多くの苦しみを受け、長老、祭司長、
> 律法学者たちから排斥されて殺され、三日の後に復活することになって
> いる、と弟子たちに教え始められた。しかも、そのことをはっきりとお
> 話になった。（マコ 8:31,32）

　たとえを使って語り、後に「はっきりと」語ってそのたとえの意味を解くという方法は、ユダヤ教や初期キリスト教世界においてよく知られた方法であった。それは、すでに死海写本に現われている。実際写本のいくつかは、ヘブライ語で「解釈」を意味するペシャリーム（Pesharim）と呼ばれている。これらの文書において引用されたヘブライ語聖書個所がペシャリームを執筆した分派におい

て、当時成就していたことになる。これと同じ解釈法は、新約聖書以外のキリスト教のテキストにも現われる。たとえば、『十二使徒の教訓』(ディダケー)である。この初期キリスト教文書の書名は、ギリシャ語で「教え」を意味する。この書は、神を愛し、隣人を愛せよ、というイエスの教えの引用で始まり、イエスの語ったことの「教え」、あるいは「意味」を伝えると述べている。そして、神と人への愛をディダケーの読者である共同体に適用することによって解き明かしていく。キリスト教のグノーシス主義者も同じ方法を用いた。そこでは旧約聖書がたとえとして引用され、その後でその本当の「意味」はグノーシス主義的神話なのだ、と主張するのである。ヨハネによる福音書におけるイエスの告別説教においてもこれと同じ方法が用いられた。

> 「わたしはこれらのことを、たとえを用いて話してきた。もはやたとえによらず、はっきり父について知らせる時が来る」。…弟子たちは言った。「今は、はっきりとお話になり、少しもたとえを用いられません」。
> (ヨハ 16:25,29)

従ってマルコ福音書の後半部分では、イエスはイエスのようにではなく、福音記者マルコ自身であるかのように語っている。そこでは受難予告を繰り返し(マコ 8:31;9:31;10:33,34)、それはついにはマルコの受難物語に至るのである(マコ 15 章)。このようにして異邦人教会の福音書であるマルコによる福音書は、マルコや異邦人教会が語るような仕方でイエスに語らせたのである。

## ルカによる福音書

ルカは、イエスの公生涯を一種の理想化された時代として描く。すなわち、イエスの公生涯以前の時と全く異なるのみならず、イエスの公生涯以降の時とも全く異なる期間なのである。

ルカが初期の教会を過去の素晴らしい時代として理想化するのを私たちはよく知っている。使徒言行録における初期のエルサレム教会は、すべての持ち物を自発的に共有するという、一種のキリスト教的共産主義のようなものとして描かれている。しかしながら、これはルカ自身の時代にはもはや実践されていなかった。それは、ルカが賞賛と懐かしさをもって回顧する初期のことにすぎず、今も

従うべき生き方ではなかった。それは模倣すべき時代ではないのである。実際それはルカのライフスタイルでもなかった。

ルカは、イエスの公生涯を同様な仕方で描く。つまり現在には適用されることのない過去の理想として描くのである。荒野の誘惑で悪魔が敗北すると、「時が来るまで」悪魔はイエスを離れた、とルカは告げる（ルカ 4:13）。その後悪魔は、受難物語の直前にその「時」を見出す。すなわち、サタンはイスカリオテのユダに入り（ルカ 22:3）、ペトロを試みるために、再び姿を現す（ルカ 22:31）。悪魔の不在の期間はイエスの公生涯の期間に一致する。その期間はルカにとって素晴らしい時であり、ちょうどキリスト教会の理想化された初期のように一種のパラダイスであり、繰り返されることのない時であった。

悪魔から解放された、この理想化された時代は、ルカによる福音書におけるQ福音書の範囲とほぼ一致する。すなわちQ福音書は、洗礼者ヨハネで始まり（ルカ 3:2）、それに誘惑物語が続き、その後、受難物語の直前まで進む（ルカ 22:30）。この素晴らしい期間は、Q福音書が終わると、その次の節で終わる（ルカ 22:31）。ルカはQ福音書の結論を引用し、その直後には、イエスを裏切るようペトロを試みるサタンの再出現を描くのである。

Q福音書に基づくイエスの公生涯の理想的な期間が終わったところで、ルカはQ福音書の伝道命令をはっきりと破棄してしまう（ルカ 22:35-38）。このQ福音書の伝道命令は、次のようなものである。

　　　財布も袋も履物も持って行くな。途中でだれにも挨拶をするな。
　　　(Q10:4)

ルカはこの伝道命令を次のように語り直し、マルコの受難物語への備えをしていく。

　　それから、イエスは使徒たちに言われた。「財布も袋も履物も持たせずにあなたがたを遣わしたとき、何か不足したものがあったか」。彼らが、「いいえ、何もありませんでした」と言うと、イエスは言われた。「しかし今は、財布のある者は、それを持って行きなさい。袋も同じようにしなさい。剣のない者は、服を売ってそれを買いなさい。言っておくが、『その人は犯罪人の一人に数えられた』と書かれていることは、わたし

の身に必ず実現する。わたしにかかわることは実現するからである」。そこで彼らが「主よ、剣なら、このとおりここに二振りあります」と言うと、イエスは、「それでよい」と言われた。（ルカ 22:35－38）

ルカは、このような仕方でマルコによる受難物語に転ずるための障害を取り除くのである。マルコにおける次の出来事に耳を傾けてみよう。

人々は、イエスに手をかけて捕らえた。居合わせた人々のうちのある者が、剣を抜いて大祭司の手下に打ってかかり、片方の耳を切り落とした。（マコ 14:46,47）

このようにルカは弟子たちを再武装させることによって、Q福音書の素晴らしい時代を閉ざし、暴力的な「現実」へと再び入って行く。ルカはQ福音書を自分の背後に退けることで、マルコの受難物語へと進んでいけるのである。そこからさらに、ヘレニズム世界のあちらこちらを普通に動き回る使徒言行録のパウロ像の中に例示されているような、異邦人教会の伝道実践の中へと、ルカは進んでいった。

Q福音書の伝道命令は今や時代遅れのものになり、イエス自身によって形式的には廃棄されているけれども、ルカは、歴史を理想的な過去と現実的な現在とに区分することによってその命令を省かなかった。むしろルカはそれを最も古い形式で保存している（ルカ 10:1－16）。ルカは、マタイのように現状に合わせて変更する必要はなかった。時間の経過に伴って求められる修正を加えなければならなかったのは、古い手順に長く固執していたマタイだった。最も顕著なのは、マタイがイエスの命令に訴えることによってユダヤ人に限定された伝道を正当化したことである。それは、異邦人とサマリア人を排除したところで行なわれるユダヤ人伝道で、恐らくマタイ自身の時代まで行なわれていたことと思われる（マタ 10:5b,6,23）。

異邦人の道に行ってはならない。また、サマリア人の町に入ってはならない。むしろ、イスラエルの家の失われた羊のところへ行きなさい。（マタ 10:5b,6）

> 一つの町で迫害されたときは、他の町へ逃げて行きなさい。はっきり言っておく。あなたがたがイスラエルの町を回り終わらないうちに、人の子は来る。（マタ 10:23）

　もしルカがその「伝道命令」を提示し、その後異邦人のキリスト教会のためにそれを破棄したのだとすれば、マタイはそれをさらに先鋭化し、ユダヤ人キリスト教的な言葉遣いで強調していったのである。もちろん最終的には、それを捨ててイエスの大宣教命令によって異邦人キリスト教会に加わっていくのであるが。

### ヨハネによる福音書

　最後にヨハネによる福音書に注目したい。ヨハネによる福音書は、イエスに関する歴史的な記述というよりも、むしろイエス伝承を用いて提示したヨハネ自身の神学である、と長い間認められてきた。すでに三世紀にアレクサンドリアのクレメンスがヨハネによる福音書を「霊的な福音書」と呼んで、高く評価した。それは、福音書の中で最も高度なキリスト論を持っており、イエスは父のもとから来て、父のもとへ帰っていく方であり（ヨハ 16:28）、実に「イエスと父とは一つである」という独特なメッセージを持っていたからである（ヨハ 10:30）。しかしそれは、ヨハネがイエスの公生涯の出来事を高い霊的な水準にまで高める傾向を持っていたことも意味する。

　霊的なものにするこの傾向をはっきり示している最初の個所は、百人隊長（王の役人）の息子の癒しの個所で、同じ物語は「言葉福音書Ｑ」にも見出される（Q7:1－10）。ヨハネにおけるこの物語は全く単刀直入である。

> この人〔百人隊長、王の役人〕は、イエスがユダヤからガリラヤに来られたと聞き、イエスのもとに行き、カファルナウムまで下って来て息子をいやしてくださるように頼んだ。息子が死にかかっていたからである。…役人は「主よ、子供が死なないうちに、おいでください」と言った。イエスは言われた。「帰りなさい。あなたの息子は生きる」。その人は、イエスの言われた言葉を信じて帰って行った。（ヨハ 4:46,47,49,50）

しかしさらに、物語の真ん中においてヨハネは息子の父親を非難するイエスの姿を描く。

> イエスは役人に「あなたがたは、しるしや不思議な業を見なければ、決して信じない」。（ヨハ 4:48）

イエスの癒しの伝承は常に、イエスを「信仰による癒し手」(faith healer) として描いてきた（マタ 9:22/マコ 5:34/ルカ 8:48、マタ 9:29/マコ 10:52/ルカ 18:42、ルカ 17:19）。そこでは「神が実際に癒して下さる」という信仰を持って、癒されたいと願う者たちをイエスは賞賛している。しかしこの種の信仰はあまりに物質主義的であり、十分に霊的ではない、とヨハネには思われたのである。

大勢の群衆に食べ物を与える物語のヨハネ版にも同様に、霊的なものにする傾向が見出される（ヨハ 6:1−15）。共観福音書とほぼ同じ物語が語られた後（マコ 6:32−44;8:1−10）、ヨハネは群衆を非難する。

> はっきり言っておく。あなたがたがわたしを捜しているのは、しるしを見たからではなく、パンを食べて満腹したからだ。朽ちる食べ物のためではなく、いつまでもなくならないで、永遠の命に至る食べ物のために働きなさい…わたしが命のパンである。…これは天から降って来たパンであり、これを食べる者は死なない。（ヨハ 6:26,27,48,50）

ヨハネによる福音書における給食の物語は、空腹な者たちを食べさせるイエスに関するものではなく、むしろ聖餐の制定に関するものになったのである。

> イエスは言われた。「はっきり言っておく。人の子の肉を食べ、その血を飲まなければ、あなたがたの内に命はない。わたしの肉を食べ、わたしの血を飲む者は、永遠の命を得、わたしはその人を終わりの日に復活させる。（ヨハ 6：53,54）

キリスト者の現実的な経験を霊的なものにするヨハネの修正は、疑うトマスの物語において頂点に達する。

トマスは言った。「あの方の手に釘の跡を見、この指を釘跡に入れてみなければ、また、この手をそのわき腹に入れてみなければ、わたしは決して信じない」。…それから〔イエスは〕トマスに言われた。「あなたの指をここに当てて、わたしの手を見なさい。また、あなたの手を伸ばし、わたしのわき腹に入れなさい。信じない者ではなく、信じる者になりなさい」。（ヨハ 20:25,27）

イエスがトマスに現れ、トマスが実際にこのような物質的な証拠を目にするや否や、彼は次のように告白する。

わたしの主、わたしの神よ。（ヨハ 20:28）

しかしそこでイエスは全く思いがけず次のように答える。

わたしを見たから信じたのか。見ないで信じる人は、幸いである。（ヨハ 20:29）

ヨハネによる福音書の視点からすると、イエスの公生涯を自分の目で目撃しなかった方がよいということになる。というのも、見ることによって、霊的な癒しよりも肉体的な癒しに信仰を置いてしまう危険があるからである。ヨハネによる福音書が書かれた時代には、もはや目撃者は残っていなかったので、この視点は人々に安心感を与えたであろう。自分の目で見なかった者たちへの祝福は、ヨハネの時代のすべてのキリスト者への祝福となるのである。彼らが知り、そして信ずべきことのすべては、イエスが御父より来られ、御父のもとへ帰り、キリスト者が天において彼と共にいるようになるということなのである。

ヨハネは、私たちが共観福音書において見てきた出来事をはるかに超えて、イエスの諸伝承を霊的なものにした。従ってヨハネによる福音書は、何世紀にもわたって四福音書の中で最も重要なものとして見なされた。その時代は、教義を詳細に構築していく時代であり、そのために主にヨハネによる福音書が用いられたからである。当時はまだ史的イエスの探求は存在していなかった。

二つの講演の第一回目「著者としての福音書記者たち」を締めくくるに当たり、四福音書の中で神学的著者性が最も高いのはヨハネによる福音書であることを

指摘したい。ヨハネによる福音書は、共観福音書よりも一歩現実から離れているが、神学的には一段高い点に達している。それは「言葉は神であった」(ヨハ 1:1)、「私と父とはひとつである」(ヨハ 10:30)、「私を見た者は、父を見たのである」(ヨハ 14:9) などの言葉に表されているとおりである。しかし私たちは、どうしても史的イエスも探求したいと願う。このことは第二回目の講義で論じよう。

(クレアモント大学院大学名誉教授)

# 「使徒信条」から「イエス自身の神への信頼」へ

ジェイムズ・M・ロビンソン

多くの人々は「教会」の福音が何であるか、つまりキリスト教会がその中心的メッセージとしているものが何であるかを知っていることだろう。それは、「イエスは私たちの罪のために死に、三日目に死者の中から復活した」というものである。しかし「イエスの福音」については実はほとんど知られていないのではないだろうか。イエスのメッセージは、「彼が私たちの罪のために死に、三日目に死者の中から復活した」というものではなかった。では彼のメッセージは何だったのか？

## 「使徒信条」

イエスに関する私たちの知識がいかに不足しているかは、多くのキリスト者が暗記している「使徒信条」を見ると明らかである。「使徒信条」は、「聖霊によりて宿り、おとめマリアから生まれ」とあるように、イエスのためになされた出来事で始まる。けれどもその後、「ポンテオ・ピラトのもとで苦しみを受け、十字架につけられ、死にて葬られ」とあるように、イエスに敵対してなされた出来事へと一気に飛んでしまう。その間で省略されている出来事はイエスによってなされた出来事であるが、まるでイエスについて信ずべき内容に含めるほど重要ではないかのごとく扱われている。イエスは、ベツレヘムとゴルゴタの間には、信じる価値のあることを何も行なわず、語りもしなかったのであろうか？否。確かにイエスは行い、語った。それが、この講演において私が展開したい内容、すなわち、「イエスの福音」である。

## 伝道命令

「イエスの福音」を明らかにする最善の方法は、「伝道命令」と呼ばれる部分から始めることであろう。それはイエスが弟子たちを派遣する際に与えた命令で、伝承の中でも古い断片に属し、二つの独立した草稿で保存されている。その一つはマルコによる福音書、もう一つはＱ福音書、すなわちマタイとルカの中に挿入されたイエスの言葉集である。マルコによる福音書は、異邦人教会の福音書であった。それ故、広大な異邦人世界での伝道に合うようにいくつかの譲歩がなされている。例えば、サンダルを履くこと、保護のために杖を持つことを許している点である。この部分は、Ｑ福音書の並行記事にはない。なぜならＱ福音書がガリラヤの村々において伝道を継続していたユダヤ人教会の福音書だったからである。それ故、Ｑ福音書における「伝道命令」が、ガリラヤでイエス自身が実践した事柄の最古の記録である、という判断は公平と言えるだろう。

もちろん、イエスが使徒たちの前に立ってこのようなスピーチをしたと推測することはできない。むしろ「伝道命令」は、ガリラヤでの公の宣教活動においてイエスと弟子たちが実践した内容を伝える信頼できる記録だと思われる。そういう訳で私たちはそこから始めるのである。

> そして彼らに言われた。「収穫は多いが、働き手が少ない。だから、収穫のために働き手を送ってくださるように、収穫の主に願いなさい。行きなさい。わたしはあなたがたを遣わす。それは、狼の群れに小羊を送り込むようなものだ。財布も袋も履物も持って行くな。途中でだれにも挨拶をするな。どこかの家に入ったら、まず、『この家に平和があるように』と言いなさい。平和の子がそこにいるなら、あなたがたの願う平和はその人にとどまる。もし、いなければ、その平和はあなたがたに戻ってくる。その家に泊まって、そこで出される物を食べ、また飲みなさい。働く者が報酬を受けるのは当然だからである。家から家へと渡り歩くな。どこかの町に入り、迎え入れられたら、出される物を食べ、その町の病人をいやし、また『神の国はあなたがたに近づいた』と言いなさい（Q10:2−9）。

ここには、イエスの公の宣教活動全体の鍵となるに言葉がある。それは私たちが「神の国」と訳すことに慣れているもので、より正確には「神の支配」「支配される神」として理解すべきものである。これは、イエスのすべての言葉の中で、

神学用語として見なしうる唯一の用語である。そこでこの用語が「伝道命令」の中でどのように機能しているのか、に先ず注目しよう。どこかの家の扉をたたき、平和を告げ、そこに平和の子がいて弟子たちを一宿一飯の客として受け入れるなら、弟子たちは家の主人が提供するものを食べ、そこに病人がいればその病を癒す。それをイエスはその家における神の支配として解釈している。「神の国はあなたがたに近づいた」（Q10:9b）。

イエスの公の宣教活動の始めにおけるカファルナウムの物語はこれを具体化したものである。

> すぐに、一行は会堂を出て、シモンとアンデレの家に行った。ヤコブもヨハネも一緒であった。シモンのしゅうとめが熱を出して寝ていたので、人々は早速、彼女のことをイエスに話した。イエスがそばに行き、手を取って起こされると、熱は去り、彼女は一行をもてなした。（マコ 1:29－31）

イエス、あるいは弟子たちが癒しを行い、その代わりに「一宿一飯」が提供されるということを私たちはここに見ることができる。

## 信仰による癒し（Faith Healing）

まず始めに、神の支配は病人の癒しという形で表れたことに注目したい。イエスは実際今日で言う「信仰による治療者」（a faith healer）であった。というのは、数多くの治癒物語においてイエスは癒される人たちの信仰を強調したからである。百人隊長の息子の癒しの物語は、イエスによる実際の癒しにさかのぼると思われる。それはQ福音書における唯一の癒しであり（Q7:1－10）、しかも独立してヨハネによる福音書の中でも語られている（ヨハネ 4:46b－54）。ここで百人隊長の信仰がはっきりと賞賛されている。「言っておくが、イスラエルの中でさえ、わたしはこれほどの信仰を見たことがない」（Q7:9b）。他の四つの治癒物語においてもイエスは次のように述べる。「あなたの信仰があなたを救った」（マコ 5:34/マタ 9:22/ルカ 8:48、マコ 10:52/ルカ 18:42、ルカ 7:50、ルカ 17:19）。信仰が癒しの条件として見なされている例がさらにいくつもある。

「おできになるなら、わたしどもを憐れんでお助けください」。イエスは言われた。「『できれば』と言うか。信じる者には何でもできる」。その子の父親はすぐに叫んだ。「信じます。信仰のないわたしをお助けください」。（マコ9:22b－24）

　このような信仰と癒しの結びつきを示す例が数多くあるので、イエスを「信仰による治療者」として描くことは正しいと言えるだろう。
　では「信仰による治療者」の意味を明らかにしなければならない。治療者が信仰を持っているという意味ではない。むしろ信仰を持つべきなのは、癒されたいと願う人の方である。イエスは病人たちに、彼らを癒すのは彼らの信仰であり、「治療者」の腕前ではないことを告げる。イエスは信仰による癒しをイエス自身の業として示したのではない。神に信頼する者たちを支配する神の業として示したのである。実際イエス以外の者を通してさえも神の支配は起こったのである。

わたしがベルゼブルの力で悪霊を追い出すのなら、あなたたちの仲間は何の力で追い出すのか。だから、彼ら自身があなたたちを裁く者となる。しかし、わたしが神の指で悪霊を追い出しているのであれば、神の国はあなたたちのところに来ているのだ。（Q11:19－20）

## 悪霊が取りつく

　悪霊憑きとして見なされた病を見ていこう。ペトロのしゅうとめのように、衰弱し、歩き回ることができなくなり、床に伏すといった普通の病気があった。しかし中には通常の範囲を越えた場合もあった。たとえば、極端に歩き回るといった正反対の症状を見せる病があったのである。

この子は霊に取りつかれて、ものが言えません。霊がこの子に取りつくと、所かまわず地面に引き倒すのである。すると、この子は口から泡を出し、歯ぎしりして体をこわばらせてしまいます。…人々は息子をイエスのところに連れて来た。霊は、イエスを見ると、すぐにその子を引きつけさせた。その子は地面に倒れ、転び回って泡を吹いた。イエスは父親に「このようになったのは、いつごろからか」とお尋ねになった。父親は言った。

「幼い時からである。霊は息子を殺そうとして、もう何度も火の中や水の中に投げ込みました。…すると、霊は叫び声をあげ、ひどく引きつけさせて出て行った。その子は死んだようになった（マコ 9:17b－18a,20－22,26）。

「てんかんの発作」と呼ばれるものを、当時の人々はどう説明してよいか分からなかった。マタイはこの発作を表すのに「月に打たれた」という意味の言葉を使った（マタ 4:24; 17:15 参照）。マタイの世界では、てんかんを月に打たれる病として説明したのである。

マルコは同じ物語を語る際、そのような発作を表すために、より一般的な用語を用いた。「ものも言わせず、耳もきこえさせない霊」というものである（マコ 9:17）。「霊」を意味するギリシャ語の「プネウマ」は、「風」あるいは「そよ風」という意味をも持つ。ハリケーン、大吹雪、暴風雨、大風、竜巻のような「悪い風」を私たちは知っている。個人レベルにおける「悪い風」を、彼らは悪霊と呼ぶのである。この物語の気の毒なてんかんの少年は、悪霊によって話すことができないようにされているのだというのである。

悪霊の類義語として悪魔がある。この語はもともと「低級な神」を意味していたが、単なる悪霊に格下げされてしまったのである。それは人の中に入り込み、その人の心と体を支配してしまう。それ故、その人が話す時、それは悪魔が語っていることとなる。ケイレンといった体の状態は、彼を苦しめる悪魔の仕業と考えられた。

イエスがこのような悪魔に立ち向かうとそのてんかん患者は発作から回復し、まるで死んだように地面に倒れた。見ていた人たちにとって、イエス自身の超人的な力をこれ以上ドラマティックに証明するものはなかったであろう。しかしイエスはこれを自分の特別な力によるものではなく、支配している神の業としたのである。

> しかし、わたしが神の指で悪霊を追い出しているのであれば、神の国はあなたたちのところに来ているのだ。（Q11:20）

癒しに関連して、神の支配について語る非常に古い二つの言葉がある。一つは、イエスが「一宿一飯」の客として迎えられ、そこにいる病人を癒す時の言葉であ

り、もう一つは、てんかん患者を発作から回復させる時の言葉である。これら二つの言葉は、通常イエス自身にさかのぼると見なされる。イエスが語った「神の国」という唯一の神学用語の意味を、非常に明確に定義している。

　神の国は地理上の王国とその民を暗示し、結果として、破壊的な政治的影響を与えてきた。しかし、イエスはそのようなことを念頭に置いてはいなかった。十字軍は「異教徒」から聖地を奪回し、そこに「神の国」を建てようと考えた。近代では、キリスト教国が「神の国」と考えられてきた。日の沈むことのない大英帝国、ドイツ皇帝をローマ皇帝に擬したドイツ帝国、北米大陸の西部をアメリカ合衆国とした「自明の運命」（Manifest Destiny の理念）がその例である。これらすべての帝国建設は「神の国」の名においてなされたが、イエスが伝えようとしたことに真っ向から反するものである。しかもこれらの破壊行為は教会の祝福を受けて行われてきた。そこで、私たちは、地理的な空間を支配するような「神の国」について語ることをやめ、もし私たちがイエスを本当に理解したいならば、その代わりに「神の支配」に焦点を絞るべきなのである。

## 食　物

　イエスの言葉によれば、「神の支配」にはもう一つの側面がある。「平和の子」と呼ばれるに価する人によって家に迎え入れられ、食事と宿が提供される時、イエスが「神の支配」と説明する二つの事が起こった。彼は夕食を取り、病人を癒した。夕食よりも病人の癒しにおいて神が支配していると考える方が分かりやすいと思うであろう。しかしそれは、現代人が、生活必需品はいつでも手に入ると思っているからである。もし、今度はいつ食べられるか分からないという状況の中にいる人に食事が与えられたとすれば、その食物が何であれ神に感謝するであろう。

　イエスは旅に出る際、生活必需品を持たず、それを入れる袋も持たず、しかもそれを買うための財布も持たなかった。食物のために祈ることだけがイエスの方法だったのである。私たちはみなイエスの祈り「主の祈り」に親しんでいるが、それがどれほど食物のための祈りなのかという事を認識していないと思われる。「御国を来たらせたまえ」と私たちが唱える祈りは「あなたの支配を来たらせてください」という意味である。しかしマタイの教会は、この点において本来その祈りの中にはなかった一つの祈りを導入する。それは祈り自体の流れをさえぎっ

ている。それは「御心の天になるごとく、地にもなさせたまえ」というものである。このマタイの祈りはルカ版の「主の祈り」にはない。ここでルカはQ福音書に近く、従ってイエスに近いのである。であるから、イエスの祈りの中の「あなたの支配を来たらせてください」という祈りは、直接「日用の糧を今日も与えたまえ」という祈りにつながっている。食物は、今ここで起こっている神の支配を現す、最初で、しかも主要な手段なのである。

　イエスと弟子たちが食事と宿のために家に招き入れられ、そこで食物を与えられるのと引き換えに彼らが癒しを行なう時、神が支配している。「神の国があなたがたに近づいた」とイエスが家の中で告げる時（Q10:9b）、訪問者を食物で助けるようにとの神の呼びかけに家の主人が応答したと同時に、家人たちが必要としている癒しを神から受けとったことを意味している。神は私たちを助けるようにと他者を動かされると同時に、他者を助けるようにと私たちを動かすのである。神の支配はそのように両方に関わるものなのである。

　神は弟子たちに確実に食物を与えてくださる、とイエスは弟子たちに告げて彼らを励ました。弟子たちは、ただ神を呼び求め、祈りに答える神を信頼することが求められたのである。

> そこで、わたしは言っておく。求めなさい。そうすれば、与えられる。探しなさい。そうすれば、見つかる。門をたたきなさい。そうすれば、開かれる。だれでも、求める者は受け、探す者は見つけ、門をたたく者には開かれる。あなたがたのだれが、パンを欲しがる自分の子供に、石を与えるだろうか。魚を欲しがるのに、蛇を与えるだろうか。このように、あなたがたは悪い者でありながらも、自分の子供には良い物を与えることを知っている。まして天の父は求める者に良い物をくださるにちがいない。
> （Q11:9−13）

　しかしイエスは、パンと魚がまるで天からマナのように降ってくると言っているのではない。そうではなく、むしろ弟子たちがドアを叩く時、「平和の子」に神が働いて食事と宿のために弟子を招き入れるようにする、と語っている。

　次の食事がどこで得られるかと心配するよりも、空の鳥のように、食物を与えてくださる神を信頼すべきなのである。

鳥のことを考えてみなさい。種も蒔かず、刈り入れもせず、倉に納めもしない。だが、神は彼らを養ってくださる。あなたがたは、鳥よりも価値あるものではないか（Q12:24）。

これはイエスの「至福の教え」に要約されている。

あなたがた飢えている人たちは幸いである。あなたがたは満たされるであろう。（Q6:21a）

衣　服

衣服のような最低限の生活必需品の場合も同様である。

野の花を注意して見なさい。働きもせず、紡ぎもしない。しかし、言っておく。栄華を極めたソロモンでさえ、この花の一つほどにも着飾っていなかった。今日は生えていて、明日は炉に投げ込まれる野の草でさえ、神はこのように装ってくださる。まして、あなたがたにはなおさらのことではないか、信仰の薄い者たちよ（Q12:27-28）。

ここでの「信仰」が意味しているのは、基本的生活必需品に関する神への信頼であり、『使徒信条』のような一連の教理ではない。

だから、言っておく。命のことで何を食べようか、体のことで何を着ようかと思い悩むな。…だから、『何を食べようか』『何を飲もうか』『何を着ようか』と言って、思い悩むな。それはみな、異邦人が切に求めているものだ。あなたがたの父は、これらのものがあなたがたに必要なことをご存じである。（Q12:22b,29-30）

これもまた神の支配のことである。

ただ御国を求めなさい。そうすれば、これらのものは加えて与えられる。（Q12:31）

これはイエスの「至福の教え」に要約されている。

　貧しい人々は幸いである、神の国はあなたがたのものである。(Q6:20b)

## イエスの倫理

　神が誰かを動かして、私たちに基本的な生活必需品を与える、という神への信頼。それは、神が誰かの必要のために私たちを動かすという事と同時に進行しているのある。

　求める者には与えなさい。あなたから借りようとする者から取り返そうとしてはならない。(Q6:30)

　しかし、「社会のくず」と見なされる人々は、このような愛情のこもったやさしい配慮を受けるに価するのであろうか。彼らは一体私たちのために何をしてくれるのか。彼らは私たちを利用できるだけ利用して、次の人へと鞍替えして行く。
　私たちは自分の隣人を愛することができる（マコ 12:31a）。私たちの隣人が私たちを愛してくれており、必要とあれば助けてくれることをも知っている。しかしこれらの路上生活者たちはどうなのであろうか。
　「自分の隣人を愛せよ」という聞き慣れた聖書の命令は、あまりにも安易に自分自身の階級、部族、民族、宗教、近隣の人たちに限定されてしまうものである。しかしそのような隣人愛の命令を繰り返すことをイエスは意図していない。イエスが意味していることはそんなことではない。

　自分を愛してくれる人を愛したところで、あなたがたにどんな恵みがあろうか。徴税人でさえ同じことをしているではないか。返してもらうことを当てにして貸したところで、どんな恵みがあろうか。異邦人でさえ、同じことをしているではないか。(Q6:32,34)

　イエスは「よきサマリア人」のたとえを使って説明しなければならなかった（ルカ 10:29－37）。というのは、サマリア人たちは何世紀にもわたってユダヤ人た

ちの「敵」だったからである。一人のユダヤ人が強盗に襲われ、半殺しにされたまま道端に残されたとき、彼を助けに来たのは仲間のユダヤ人ではなく、軽蔑されたサマリア人であった。このサマリア人は、困窮の中にある敵でさえも愛したのである。

これが、イエスにとって「あなたの隣人を愛せよ」という事の意味なのである。

> 敵を愛し、自分を迫害する者のために祈りなさい。あなたがたの父の子となるためである。父は悪人にも善人にも太陽を昇らせ、正しい者にも正しくない者にも雨を降らせてくださるからである。(Q6:27−28,35c−d)

これはまったく新しい神の啓示である。「目には目を、歯には歯を」という教えによって報復することを求める神を超越している。マタイはそれをはっきりと示している。

> しかし、わたしは言っておく。悪人に手向かってはならない。だれかがあなたの右の頬を打つなら、左の頬をも向けなさい。あなたを訴えて下着を取ろうとする者には、上着をも取らせなさい。だれかが、一ミリオン行くように強いるなら、一緒に二ミリオン行きなさい。求める者には与えなさい。あなたから借りようとする者に、背を向けてはならない(マタ 5:38−42)。

イエスは弟子たちに、すべてを赦される神による新しい啓示を選び、正義の報復という古い法的な伝統を捨てることを求めた。

> 天地の主である父よ、あなたをほめたたえます。これらのことを知恵ある者や賢い者には隠して、幼子のような者にお示しになりました。そうである、父よ、これは御心に適うことでした。すべてのことは、父からわたしに任されています。…父がどのような方であるかを知る者は、子と、子が示そうと思う者のほかには、だれもいません。(Q10:21−22)

## 復活の信仰

　四福音書にあるが、「言葉福音書 Q」から欠落しているものの中で最も顕著なのは、生誕物語、そして復活によって頂点に達する受難物語である。しかし、現代のクリスマスとイースターの世俗化と商業化が明らかにしているように、大切なのはクリスマスプレゼントのような付属品ではなく、その本質である。そのクリスマスやイースターの本質が、生誕を祝う天使たちの合唱や、イエスの墓の石を動かす天使たち以上のものであるとすれば、Q福音書は復活信仰の本質を保持していたと思われる。Q福音書によれば、生誕と復活の本質とは次のようなものである。すなわち、現状が全く正反対に見えたとしても、神は今ここにいて、私たちのために行動し、私たちの世話をし、他者の世話のために私たちを遣わし、それによって私たちの人生に究極的な意味を与えようとしている、ということである。

　イエスが十字架にかけられた時、冷血な占領軍の兵士たちが誰も近づいたり、助けたりできないよう警護する中、イエスの弟子たちは、愛するイエスが何時間にもわたって耐え難い痛みの中いる様子を見つめていた。それは彼らにとって恐ろしい経験であったに違いない。もし弟子たちが何らかの常識を持っていたとすれば、「これまでのイエスとの経験は、現実とは何の関係もない単なる夢でしかなかったのだ」という思いがすさまじい勢いで彼らを襲ったに違いない。弟子たちは人間を漁ろうとする事をあきらめ、ガリラヤに戻って漁師の仕事を再開するしか選択の余地がなかったのである。

　しかし、イエスの死ですべてが終わったのではなかった。「言葉福音書 Q」はその点を明確に伝えている。慈愛に満ちた天の父を信頼するというイエスの言葉のすべてを、弟子たちがQ福音書において述べ、集め、記録したのは、イエスの十字架の後であった。その言葉は新約聖書のマタイによる福音書とルカによる福音書において最終的に私たちにまで届いたのである。しかも、本当だったらよかったのにという悲しい思い出として語られたのではない。

　事情は全く正反対であった。イエスの弟子たちは、信仰を揺るがすような最悪のことは一切起こらなかったかのように、イエスのメッセージを再び述べ伝え始めたのである。イエスの信仰は、洗礼者ヨハネの斬首刑により消えることなく、イエスの弟子たちの信仰はイエスの十字架刑によって消え去ることがなかった。彼らの耳には次のように語るイエスの言葉が聞こえていた。

わたしが暗闇であなたがたに言うことを、明るみで言いなさい。耳打ちされたことを、屋根の上で言い広めなさい。体を殺しても、魂を殺すことのできない者どもを恐れるな。（マタ10:27－28a）

　ここで重要なことは、外的な状況でも、ましてや寿命でもなく、誠実さなのである。イエスの弟子たちは、最も絶望的な状況においてすら、イエスが語ったことがなお真実であることに気付いたのである。
　復活の信仰を創造したのは、空っぽの墓でも復活の顕現でもない。むしろ全く正反対である。これは多少意外と思われるだろう。そこで、私たちが子供たちと過ごす現代のクリスマスとイースターの経験を例として説明しよう。
　クリスマス・ツリーやサンタクロースがクリスマスを創造したのではなく、むしろ反対であること、つまりイエスの誕生がそれらを創造したという事を、私たちは子供たちに説明する。同様に、もしイエスが死者の中から復活しなかったとしたら、イースター・ラビットもイースター・エッグもなかったのである。それゆえ、クリスマスやイースター商品の広告が洪水のように溢れる中でも、子供たちだけではなく、私たちも、イエスの誕生と復活を見失ってはならないのである。
　ちょうど私たちが子供たちに、クリスマスやイースターの付属品ではなく、本質について考えなさいと言うように、私たち大人もまた深く考えなければならない。イースターを造り出したのは復活物語ではなく、むしろ反対で、復活が復活物語を創造したのである。復活の物語を造り出したのは、死んだ後もなお現実的な福音として働いているイエスを経験していた弟子たちである。であるから、それが今日唯一有効なキリスト教信仰の形なのである。復活の信仰とは、イエスの言葉をそのまま信じることである。イエスの言葉とは神が私たちの天の父で、本当に私たちの世話をし、日々生活する私たちのために、私たちを通して支配してくださる方であるというものである。復活は、「死んで復活する神」に関する新宗教の誕生ではない。そのような宗教は、古代世界にすでにたくさんあったのである。イースターというものは、弟子たちがイエスを新たに経験したことに基づく。神が私たちのために、私たちを通して他者のために、臨在し続けている、とイエスがもう一度語った言葉に依拠する。これこそがまさに良い知らせ（福音）、すなわち死者の中から復活したイエスの福音なのである。

結　論

　私たちは「使徒信条」から始め、イエスのためになされた出来事とイエスに敵対してなされた出来事との間に存在するギャップを、イエスによって語られ、またなされた事に注目することによって埋めようとしてきた。その結果行き着いたのは、すべてを赦される新しい種類の神に関するイエスの啓示であった。この神にこそ私たちはまったき信頼を置くべきなのである。だから、イエスの弟子が何を信じるべきかに関して、私たちは、「使徒信条」を超えて、「イエス自身の神への信頼」にまで進んでいったのである。

（クレアモント大学院大学名誉教授）

# イエスと神の国

ジョン・ドミニク・クロッサン

〈序論〉　終末と黙示

　終末論と黙示思想ほど神秘のベールに包まれ、また誤解されている言葉はないだろう。黙示文学的終末論という組み合わせはなおさらである。だが実際にはこの二つの言葉が持つ意味は単純であるだけではなく、ある基本的な信仰を持つときに不可避的に生じてくるものなのである。「終末論」（エスカトロジー）という言葉はギリシア語の「エスカトン」と「ロゴス」を組み合わせたもので、「終わり」について語るものである。しかし、それはいったい何の終わりであろうか。「黙示」はギリシア語の「アポカリュプシス」から来ており、ある特別な啓示を指すが、それはいったい何についての啓示なのだろうか。

　ここで一つの例を挙げよう。あなたが属する信仰共同体が、世界を支配している正義の神を信じているとする。しかしその共同体が実際に体験していることは、国内では王による不正と抑圧であり、外部からは帝国主義的な支配を受けているとする。そこにあるのは信仰と現実の大きな隔たりである。では、これほどはっきりした隔たりがあるのに、信仰と現実の両者をどのように受け入れることができるのか。申命記学派のように、そのような苦しみは罪に対する神の正しい罰なのだと主張する人もいるであろう。しかし、そのような神学を保てない状況が続いたらどうなるだろう。答えは明らかである。創造主たる神は悪と不正に満ちた世界を、正義と平和に満ちた世界に変えてくれる、いや変えないはずがないという信仰が生まれる。信仰が単なる願望でないとき、そのような信仰は神がいつか

必ず勝利することを要求する。神がいつかこの世界を清めて新しくする、と信じられなければならないのである。しかし次に話を進める前にある誤解を解いておかなければならない。それは神が最終的に世界を刷新することに関する二つの誤解である。

第一に、古代ユダヤ教、あるいは古代キリスト教の終末論は、世界の終わりに関するものではなく、また、目に見える地球を神が破壊すると述べるものではないという点である。欽定訳英語聖書のマタイによる福音書には「世の終わり」という言葉が繰り返し出てくる（マタ 13:39,49;24:3,20）。しかし、「世」と訳されたギリシア語は「アイオーン」であり、時、期間、時代を意味する。つまり終わりになるのは、悪と不正、苦しみと抑圧に満ちた今の「時代」である。

私たちの問題は、地球の破滅を簡単に想像できることだ。水素爆弾、生化学兵器、人口爆発、環境破壊などによって、人間が自分の手で地球を破壊できる。しかし、古代のユダヤ人やキリスト教徒にとって、地球を破壊できるのは神だけであった。ところが、神は絶対にそうしないと彼らは信じていた。なぜなのか。創世記 1 章には創造の御業が記されているが、その記事の中で神は造られたものを「良い」と 6 回宣言し、創造し終わったとき「神はお造りになったすべてのものを御覧になった。見よ、それは極めて良かった」と告げている（創 1:31）。それゆえ神はご自分が造った良きものを決して破壊することはない。神は破壊するのではなく、世界を変革する。いつの日にか神は確かに変革する――と考えられたのである。

第二の誤解は上記の理解に基づくものだが、そのような変革はここ、つまり地上で起こるという点である。その変革は、暴力を平和に変貌させて、地上で起こるという理解である。いわば、地上から天への動きではなく、天から地上への動きである。例として主の祈りをあげてみよう。神の国は御心が「天で行われるように地でも行われる」ことだった。建築事務所の模型のように、神が地上の世界を支配するという御国の原型は天にあり、それが実際に建設されるのは地上なのである。

〈第 1 部〉　イエスのメッセージ

洗礼者ヨハネは黙示文学的終末論者であって、復讐する神が今にも到来しようとしていると宣言した。今日にも神が来て、汚れと不正にまみれてしまったこの世界

を清め正すのだと告げた。ヨハネにとってローマ帝政による圧制はイスラエルの罪に対する罰であり、その罪が約束された神の到来を遅らせているのであった。必要なのは、大いなる告解（悔い改め）の秘蹟であった。古代イスラエルの民が砂漠から来て、ヨルダン川を渡り、約束の地に入るという、周知の出来事の再現であった。体が洗われることに象徴されるような、ヨルダン川に浸かって「バプテスマ」を受けることは、道徳的な清めを受けて罪を悔い改めることなのである。

　悔い改めて約束の地を再び受け継ぐ人の数が増えれば、世界の刷新という御業のための備えができるし、その業を早めることができるであろう。もちろんその間に、理論的にどれほど非暴力であったとしても、ヨハネは終末論的な期待感という時限爆弾をユダヤ人の国全体にばらまいて、スイッチを押してしまった。だからこそアンティパスがヨハネを処刑したのである。処刑という行為には非常に重要な面がある。もしアンティパスがヨハネを暴力的だと考えていたならば、ヨハネの追随者をできるだけ多く逮捕したことだろう。ヨハネだけを処刑することで、アンティパスは武力によらずにローマの支配体制に反抗する人物に対処しようとしたのである。

　イエスについて確実に分かることの一つは、洗礼者ヨハネによって洗礼を受けたということだ。なぜ確かなのかと言えば、マルコに始まり、マタイとルカを通ってヨハネに目を移していく時、ヨハネによるイエスの洗礼という事実によって緊張感が高まっていくからである。福音書間の違いによって明らかに強調されているのは、ヨハネがイエスに洗礼を授けたことであり、それゆえ少なくとも当初、イエスは復讐の神の切迫した到来というヨハネの黙示的なメッセージを受け入れていたということである。

　しかし、まさにヨハネの身に起こったことゆえに、イエスは「神の切迫した到来」という理解から「神の臨在」という神学へと移行した。ヨハネは神の到来を待ち望んだのに、実際に来たのはアンティパスの騎兵であった。ヨハネは殺されたが、復讐する神はまだやって来ない。神は復讐するような方ではないために、そのように行動しないのではないか、とイエスは考えたのであろう。そこで、イエス自身は、神の国が間もなく到来するのではなく、今すでにこの地上にあると宣言された。神の国が完成するのは将来である。しかし、神の国は単に切迫した将来の現実ではなく、今ここにある現実なのだとイエスは主張した。さらには、世界が義とされ変貌されるのは、ヨハネにとっては「正義に基づいて復讐する神」

イエスと神の国（クロッサン）　151

(God of retributive justice)によってなされるとしたが、イエスにとっては「正義を地上に広める神」(God of distributive justice)によってなされるのである。

イエスがこのような大胆な主張をすることができたのは、直ちに別の主張をつけ足したからである。神の国が切迫した未来に到来するということをいつまでも論じることができるが、その到来の正確な時間を告げるといった軽率なことをしない限り、その論者の是非を証明することはできない。私たちは神が行動するのを待っているだけであり、それを信じて待ち望み、祈ること以外にできることはない。神が行動しさえすれば、神の国はあらゆる意味で時間と空間を超越した稲光のように到来するだろう。しかしながら、神の国はすでにここにあると主張する場合には、何らかの証拠が必要になる。イエスが語ることのできた唯一のことは私たちが神を待っているのではなく、神が私たちを待っているということであった。今ここにある御国とは、人間の世界と神の世界が「協働する終末」である。神による世界の清めと刷新は、今に始まり将来完成するプロセスであり、それは神と人が相互に関わりあうプロセスなのである。そのような終末は神なしで起こりうるのか。 否である。信ずる者なくして起こりうるのか。 否である。今ここにある神の国を見たいなら、来て私たちの生き方を見よ、そしてそのように生きよとイエスは語ったのである。

「天の国」という表現がキリスト教用語となったことは、不幸なことであった。新約聖書では30回以上使われているが、それはすべてマタイによるものである。ところが「神の国」はその2倍以上の頻度で、マルコ、ルカ、ヨハネ、使徒言行録、パウロ書簡で使われ、マタイも5回ほど使っている。「天の国」(ギリシア語では「諸天の国」であるが)は未来に到来する御国、来世の御国、死後の御国と解釈されてきた。しかし、マタイにとって「天」は単に「神」を指す婉曲表現である。それは「大統領が発表した」ことを「ホワイトハウスが発表した」と表現するように、住居によってその住人を指しているのである。つまり「天の国」は「神の国」とまったく同じなのである。では、それは何なのか。

「神の国」とは、今まで私が語ってきた「世界の清めと刷新」を表す言葉である。それは、神がカエサルの王座に座り、あるいはアンティパスの王宮に住む時に、世界がどうなるかを示している。またそれは、すでに述べたように、マタイによる福音書6章10節の主の祈りで「御国が来ますように。御心が行われますように、天におけるように地の上に」と言う部分で非常に明確に表されている。神の国とは、こ

の地上に御心が行われることなのだ。この世界を聖なるものへと変貌させることであり、この世界を天に避難させることではないのである。

　ここまで洗礼者ヨハネとイエスの違いを見てきた。それは、地上での神の国が、間もなく来るのか、すでにあるのか、また、神の国は最終的な復讐としての神の裁きなのか、それとも私たちが所有していないが使用しているところの被造世界の豊かさを公平に分配することなのか、という点であった。しかし、実はもう一つ大きな違いがある。それは第一の違いに必然的に付随するもので、私に言わせれば「ヨハネは独占企業、イエスはフランチャイズ式」ということである。ヨハネは「洗礼者」と呼ばれたが、それはフラウィウス・ヨセフスと新約聖書が彼に付けた仇名であった。「洗礼が行われる場所はヨルダン川に多数あって、個々人が自分の近くにある洗礼の場に行った」ということではなかった。ただヨハネ一人のところに行ったのである。それゆえヨハネの運動を止めるためには、アンティパスはヨハネさえ処刑すればよかった。ヨハネの思い出は、悲しみの内にしばらく残って、一、二世代語り継がれるかもしれないが、ヨハネの運動はヨハネ一人にかかっていたので、彼の死と共に終わりを告げた。このことについてもイエスは観察し、学んでいたのではないかと私は思う。それゆえ、ヨハネと違った戦略を打ち出したのである。

　先ず思い起こさなければならないのは、イエスと彼の仲間がすでに受け入れ、すでに入り、すでにそれによって生きている神の国を見るようにとイエスがすべての人に呼びかけ、神の国が今ここにあることを告げた点である。神の国を体験するには、来て、私たちの生き方を見て、私たちのように生きよ、と主張した。つまりそれは単独ではなく共同体による行動計画なのである。イエスには目標や理論があっただけではなく、実践を伴う運動だった。その運動はイエスのためだけのものではなく、他の人々のためでもあった。ではその運動とは何だったのか。

　その運動とは基本的に、「病人を癒し、癒された人と共に食事をし、そのように互いに仕えあうことの内に神の国があると宣言する」ことだった。そのような共同体としての運動が機能していたことはマルコによる福音書6章7-13節とルカの福音書9章1-6節、あるいはマタイによる福音書10章5-14節とルカによる福音書10章1-11節に見ることができる。これらの個所には異例な点がいくつかあることに注目したい。まず、イエスはナザレやカファルナウムに拠点を置いた上で仲間を派遣し、神の国を独占するイエスの下に人々を連れてこようとしたのではない。第二に、イエスは仲間に対し自分が行っているのとまったく同じことをする

ように命じた。それは病人を癒し、癒された人と食事をし、今ここにある神の国を宣言するということであった。第三に、イエスは仲間に向かってイエスの名によって癒せと命じなかっただけでなく、癒す前に祈れとさえ告げなかったことである。イエス自身も癒す前に祈ることはなかった。それは実に特異なことであり、神の国が今ここにあり、彼らが御国に入れられているということがなければ説明できないのである。つまり、すでにここにある神の国にいるのであれば、神と一つとなっており、そのように行動できるということなのである。

　霊的な力の基本としての癒し、ならびに物理的な力の基本としての食事とを、自由に、そして公然と互いに分かち合う。これがイエスによる神の国運動の原理であった。その過程で、「分かち合う」共同体が草の根的に作り上げられて行くのであり、それはアンティパスによって上から押し付けられたローマ帝国の「貪欲な」共同体に替わるものだったのである。

〈癒しに関する注〉
　イエスが偉大な癒し主であることは明らかだが、実際にその能力があり、また癒しが確かに起こったであろうことは説明することができる。アーサー・クラインマンは、有名な著書『臨床人類学——文化のなかの病者と治療者』(弘文堂、1992年)の中で次のように強調している。

> 医療人類学の基本原則は、病気を疾病 disease と病い illness の両面から見る二分法である。〈疾病〉とは生物学的プロセスと心理学的なプロセスの両方あるいは一方の機能不全をさす。それに対し、〈病い〉とは、知覚された疾病の心理社会的な体験のされ方や意味づけをさす。したがって、病いには、個人の生理的状態ないしは心理的状況（または両方）の一次的機能不全（すなわち疾病）に対する、二次的な個人的・社会的反応が含まれる。…こうした視点からみると、病いとは疾病を行動や体験へと具体化することにほかならない。病いを作り上げているのは、疾病に対する個人的・社会的・文化的応答である。（邦訳79頁）

　治癒は「疾病」と、癒しは「病い」と対になっている。疾病は治癒できるかもしれないが、最善のあり方は疾病に関わる病を癒すことである。それは特に古代にお

ける治療に言えることだが、今日においても特に慢性疾患から来る痛みや末期の痛み（終末痛）に言えることである。

　ドゥポール大学で学部生に「疾病を治療すること」と「病を癒すこと」の違いを説明しようとすると、彼らはたいてい、疾病と病の違いを体と心のレベルの違いと考え、癒しというものを心のレベルの現象と捉えていた。私が社会的肉体的複合と呼んでいるものを彼らが理解できるようになったのは、1993年の映画『フィラデルフィア』を見た後であった。その映画でトム・ハンクス演ずるゲイの弁護士アンドリュー・ベケットは、同性愛のためにエイズとなり、法律事務所から解雇されてしまう。学生たちは皆、ベケットの「疾病」が治療できないものと理解できた。しかし物語が進むにつれて、彼のパートナーや家族の支えにより、また彼の弁護士が不当な差別をした法律事務所に勝訴したことによって、彼の「病い」が次第に癒されていくことにも気がついたのである。治療は不可能でも、癒しは可能なのである。もちろんそれですべてが解決できるわけではないが、全く無意味なわけではないのである。

　クラインマンの別の本からもう一つの例を見てみよう（『病の語り──慢性の病いをめぐる臨床人類学』誠信書房1988年）。「ルノア・ライトは、二十九歳の熱心な内科医である。彼女は、上層中流階級(アッパーミドル・クラス)の黒人の家庭の出身で、スラム街の診療所で働いている」。彼女は次のように語る。「私は根本的な社会変革が必要だと思うようになりました。死亡率や罹患率やうつ状態の社会的な原因との革命的な出会いでした。現実を見れば見るほど、自分が、疾病の社会的、経済的、政治的な原因に樹を配らないで、なんと無知だったのだろうとぞっとするのです」。以下は彼女が挙げる例である。

> 今日、私は子供が六人いる肥満した高血圧の女性を診ました。夫はいません。家族の支えはありません。仕事はありません。何もないのです。人間性を失わせるような暴力と貧困と麻薬(ドラッグ)と十代の妊娠と、そして──麻痺させるような危機的なことが次から次へと重なっているような世界です。私に何ができるでしょう？　減塩食を勧めたり、血圧のコントロールについて忠告したりして、何の役に立ちますか？　その患者は現実の外圧(アウター・プレッシャー)の下にいるのです。体内の血圧(インナー・プレッシャー)が何の問題でしょう？　彼女の命を奪おうとしているのは、彼女のまわりの世界であって、彼女のからだではないのです。つまり、彼女のからだは、彼女を取り巻く世界が作り出したものなのです。その女性はすごく

太り過ぎで、不格好で大きな図体をしたひとです。苦しい境遇で、頼るあてもなく、そして、もっと消費を増やしてもっと豊かな暮らしをという、自分の住む世界の限界に怒りを覚えずには聞けないような残酷なメッセージを受けながら、生き延びてきた人です。ええ、彼女に必要なのは医療ではなくて社会の変革ですよ。（邦訳287-8頁）

　「必要なのは予防策であって、私が毎日やっているような、内部の深い傷にバンドエイドを貼りつけるようなことではありません」（287頁）と彼女が言うのはもっともなことだ。癒しというものは、心を配り、助け合い、支え合う共同体の中で起こるのであり、それは単に個人の心身の問題ではなく、社会的肉体的現実なのである。

　イエスとその仲間が行った病いの癒しは、ライトの言う予防的な社会革命という枠組みの中で、またさらに根源的なイエスの言葉を使えば、神の国による世界の清めと刷新という枠組みの中で理解されなければならないものなのである。イエスやギリシア神話のアスクレピオスのようなよく知られた偉大な治癒者が、死人をよみがえらせた、すなわち、力強く、死から命をもたらしたと聞いても驚いてはならない。弟子たちがそのように宣伝しても驚くに値しない。しかし、それが彼らの患者たちの証言であるなら、それは驚くべきことなのだ。

## 〈第2部〉　イエスの死

　洗礼者ヨハネが処刑されると、イエスは自分にも命の危険が迫っていると悟ったことであろう。しかし実際のところ、アンティパスは43年間も領主であり続けた抜け目ない指導者なので、民衆が洗礼者の処刑を快く思わなかったと考えて、直ちにイエスを対処するのはためらったとも思われる。こうしてイエスはガリラヤではヨハネの死によって守られたのである。しかし、ユダヤの総督ピラトはどうであっただろうか。

### きわめて公然とした二重の抗議行動

　イエスがエルサレムでの巡礼祭に毎年行っていたのか、それとも一回きりのことであったのかははっきりわからない。しかし、いずれにしても同じ疑問が生じる。もし何度も行っていたとすれば、この時に何が起こったのだろうか。　もし一回きり

だったとすれば、何故この時にそれは起こったのだろうか。しかし、確かなことは、イエスはその時、非常に公然とした形で二重の行動をしたということである。彼は殺されるために、あるいは殉教者になるためにエルサレムへ行ったのではない。なぜなら、殉教者になるには殺害する者が必要になるので、死ぬために行くというのは病的なことだからである。マルコによれば、10章33-34節を読めばわかるようにイエスは何が起こるか細部に至るまで知っていたという。しかし、それはマルコらしい方法で、すべては神とイエスによって受け入れられていたと主張しているだけのことである。イエスの死は受け入れられていたということに注意すべきだろう。それは望んだことでもなければ、求められていたことでも、必要とされたことでもなかったのである。

一度きりであったのか、何度も行っていたのかは別として、その時イエスがエルサレムに行ったのはエルサレムが、宗教と暴力、つまり大祭司と帝国の抑圧が密かに共謀している都だったからである。例えば、イエスと同時代のカイアファの神理解と、その次の世代のヨセフスの神理解を比較してみるのも良いだろう。ヨセフスは「諸国を巡回し、順番に帝国の圧制を与えてきた神は今イタリアに留まっておられる」と書いている（『ユダヤ戦記』5.367）。つまりローマが世界を支配すること、そしてユダヤ人がそれに協力して神の代理者に逆らわないようにすべきであること、これは神の御心だと言うのである。

イエスは、帝国による不正な抑圧とそれに宗教者が協力しているということの両方に対して意図的な二重の抗議行動を起こそうとした。イエスがエルサレムに行ったのは、エルサレムがその行動を起こさなければならない場所だったからである。この二重の抗議行動は当時のユダヤ教、当時のエルサレム、当時の神殿、当時の大祭司職に対するものではなかった。これは明言しておく必要がある。古代の、そして相変わらず存在するキリスト教における反ユダヤ的思考を考慮すればこう明言しておくことは特に重要である。この抗議行動はローマ帝国の支配にユダヤ教が協力していることに対して、ユダヤ教の律法の視点から、預言者的な本質からの抗議だったのである。そのような抗議行動は、少なくともイエスに従うキリスト者にとって、場所や時代を問わず、その国の宗教的権威とその国を支配する帝国の暴力が結託する場合には、妥当な行動である。結託の中心地である首都に対する妥当な抗議行動なのである。

最初の抗議行動は、エルサレムへの勝利の入城である。勝利の入城というのは間違って名付けられたもので、実際には反勝利の入城であった。それは、帝国の常識

を覆そうとする計算された行動であり、前4世紀にゼカリヤ書に付加された託宣にまでさかのぼる預言者の言葉に従うことによってなそうとしたものであった。当時の常識は、マケドニアの王アレキサンドロスがティルスやガザといった都市を包囲して荒廃させた後に入城した方法に表されている。特にエルサレムの場合は、アレキサンドロス大王に抵抗しないで降伏し、門を広く開けて迎えた。そのような方法と預言者の言葉は、意図的な対照をなしている。

エルサレムも、古代のどの都市とも同様、征服者はよくて開かれた城門から入り、最悪の場合は城壁を破壊して入ってくることを知っていた。どちらにしても征服者は戦車か軍馬に乗ってやって来た。ところがザカリヤは、将来やってくるメシアはロバに乗って入ってくると言う。戦いの勝利とは無縁の入城、つまり反勝利の入城を描いているのである（9.9-10）。

> 娘シオンよ、大いに踊れ。娘エルサレムよ、歓呼の声をあげよ。
> 見よ、あなたの王が来る。
> 彼は神に従い、勝利を与えられた者。
> 高ぶることなく、ろばに乗って来る。
> 雌ろばの子であるろばに乗って。
> わたしはエフライムから戦車を
> エルサレムから軍馬を絶つ。
> 戦いの弓は絶たれ
> 諸国の民に平和が告げられる。
> 彼の支配は海から海へ
> 大河から地の果てにまで及ぶ。

イエスはこの個所に従って行動した。マルコにおいては暗黙のうちに、マタイにおいてははっきりとした形で行動した（マタ21:4-5）。マルコにおいて、この預言者的抗議行動が意図的なもので予め計画されていたことに注目したい（マコ11:1-6）。弟子たちは村に行ってろばを連れて来るように言われるが、「主がお入用なのです」というのがその理由だった。ろばの持ち主は、自分のろばがイエスの計画どおりに使われることを待っていた。

二番目の抗議行動は宮清めである。これも間違った呼び方であろう。実際は象徴的に神殿を破壊したのであり、これもやはり前7世紀末のエレミヤ書にまでさ

かのぼる預言の言葉を背景としている。エレミヤ書7章と26章では、エレミヤは神に命じられ、神殿で礼拝をささげている者たちに対して警告した。その警告は「礼拝を守ることは、正義を行わないことの言い訳にはならない」というものであった。「もしお前たちの道と行いを正し、もしお互いの間に正義を行い、もし寄留の外国人、孤児、寡婦を虐げず、無実の人の血を流さないならば」、神はこの神殿で「お前たち」と共に住み続ける（エレ 7:5-6）。さもなければ、「わたしの名によって呼ばれ、お前たちが依り頼んでいるこの神殿に、そしてお前たちと先祖に与えたこの所に対して、わたしはシロにしたようにする」（エレ 7:14）。つまり、ユダヤの偉大な神殿が、サマリア山地にあった古い聖所のように破壊されるというのである。神の正義を行わずに神を礼拝することで、神殿は隠れ蓑となり、「強盗の巣窟」となっていた（エレ 7:11）。ところで、巣窟とは強盗が盗みをする所ではなく、他で奪ってきた強奪品を持って逃げ帰る場であることに注意していただきたい。

　その時イエスがしたことは、ちょうど前日にゼカリヤの預言を成就したように、エレミヤの預言を成就することであった。当時まったく合法的だった、神殿の財政上、祭儀上、管理上の業務を、イエスは預言者がするように象徴的に停止させたのである。

> それから、一行はエルサレムに来た。イエスは神殿の境内に入り、そこで売り買いしていた人々を追い出し始め、両替人の台や鳩を売る者の腰掛けをひっくり返された。また、境内を通って物を運ぶこともお許しにならなかった。そして、人々に教えて言われた。「こう書いてあるではないか。『わたしの家は、すべての国の人の祈りの家と呼ばれるべきである』[イザ 56:7]。ところが、あなたたちはそれを強盗の巣にしてしまった」[エレ 7:11]。（マコ 11:15-17）

　エレミヤは自分の言葉のために危うく命を落としそうになったが、イエスは二重の抗議行動のために命を落とすことになる。この二つ目の抗議行動もやはり意図的に計画されたものであることに注目していただきたい。イエスはマルコによる福音書11章11節で神殿に入ったが、11章15-17節の抗議行動のために翌朝まで待ったのである。

　この二つの抗議行動は一つの非暴力的抵抗の二つの面であり、マルコの物語では、すべてのことが、この二つの抗議行動に焦点を当てるために用いられている。

イエスと神の国（クロッサン）　159

それぞれの抗議行動はいわゆる最後の週の日曜と月曜にそれぞれ行われた。二つの行動には暗黙のうちにであれ、明白にであれ、預言者の言葉が伴い、その預言の成就として行われた。両方とも意図的なものであった。ともに入口、すなわち都の入口と、神殿の入口で起こった。いずれも神の名において、宗教指導者と帝国の圧制が共謀したことに抗議するものであった。だがイエスは、このすべてを処刑されるために行ったのであろうか。殉教者として死ぬために、イザヤ書52-53章のような預言の言葉を成就するために行ったのだろうか。

**群衆による保護**

　キリスト者が棕櫚の日曜日と呼ぶ日に、イエスは反帝国主義の抗議行動を行った。その時、エルサレムの群衆は明らかにイエスの味方であった。

> 多くの人が自分の服を道に敷き、また、ほかの人々は野原から葉の付いた枝を切って来て道に敷いた。そして、前を行く者も後に従う者も叫んだ。「ホサナ。主の名によって来られる方に、祝福があるように。我らの父ダビデの来るべき国に、祝福があるように。いと高きところにホサナ。(マコ 11:8-10)

　マルコの物語が日曜日から水曜日へと進展するにつれて明らかになって行ったのは、群衆の支持と、その支持によってイエスが保護されていたことの重要性である。
　月曜日には神殿での抗議行動の後、「祭司長たちや律法学者たちはこれを聞いて、イエスをどのようにして殺そうかと謀った。群衆が皆その教えに打たれていたので、彼らはイエスを恐れたからである」と述べられている（マコ 11:8）。ここでユダヤの指導者層と民衆の間には、イエスへの姿勢に関してはっきりとした違いがあり、それが対比されている。
　火曜日にはイエスと宗教指導者との間で一連の論議があったが、そのうちの幾つかは、イエスとイエスを支持する民衆の間にくさびを打ち込もうとするものだった。例えば、カエサルに税を納めるべきか否かといった、裏の意図のある質問である。もしイエスが納めるべきと言えば、群衆はイエスを捨て去ることになり、納めるべきではないと言うなら、ローマがイエスを捕らえることになるだろう。しかしマルコは、群衆がイエスの味方であったことをその火曜日の間に3度も述べて強調している。

第一は、洗礼者ヨハネとの関連である。宗教指導者たちはヨハネに敵対していたように現在イエスに敵対している。それゆえ今、民衆にも敵対しているのだ、とイエスは示す。「彼ら（祭司長、律法学者、長老たち）は群衆が怖かった。皆が、ヨハネは本当に預言者だと思っていたからである」（マコ 11:27、32）。第二は、ぶどう畑を任された悪い農夫のたとえをイエスが語ると、「（宗教指導者たちは）イエスが自分たちに当てつけてこのたとえを話されたと気づいたので、イエスを捕らえようとしたが、群衆を恐れた。それで、イエスをその場に残して立ち去った」と記されている（マコ 12:12）。最後は、イエスが詩編 110 編 1 節を示して、メシアは単なるダビデの子孫ではなく、ダビデの主であると述べた後、「大勢の群衆は、イエスの教えに喜んで耳を傾けた」と書かれている（マコ 12:37）。このようにマルコは、イエスへの群集の支持と保護を 3 回にわたって述べ、物語はその翌日のクライマックスへと向かっていく。

　水曜日の朝、宗教指導者たちは最終決断を下す——「さて、過越祭と除酵祭の二日前になった。祭司長たちや律法学者たちは、なんとか計略を用いてイエスを捕らえて殺そうと考えていた。彼らは、『民衆が騒ぎだすといけないから、祭りの間はやめておこう』と言っていた」（マコ 14:1-2）。実際、宗教指導者たちは祭りの間はあきらめたが、祭りが終わればイエスは都を離れると考えていた。祭りの間にイエスを逮捕すれば暴動に発展するのは避けられなかった。イエスへの支持は、イエスを逮捕できないほど大きかったのである。マルコの物語における論理では、この時点でイエスは安全であった。イエスは自ら考えていたように、二重の抗議行動をやり果せて逃げ切るはずであった。ユダヤ人であるイエスを支持するユダヤ人の群衆によってユダヤの宗教権威者たちは押し止められることになっていたのである。

　ユダは、まさにこのユダヤ当局の行き詰まりを解消したのである。「十二人の一人イスカリオテのユダは、イエスを引き渡そうとして、祭司長たちのところへ出かけて行った。彼らはそれを聞いて喜び、金を与える約束をした。そこでユダは、どうすれば折よくイエスを引き渡せるかとねらっていた」（マコ 14:10-11）。夜になるとイエスは群衆から離れた場所にいた。ユダはその場所を密告することになっていた。宗教指導者たちは群衆が気付く前にイエスを処刑し終えると考えていたに違いない。裏切りを口火に、内密かつ迅速に事を運ぶことが今や肝心であった——それがマルコの物語における論理である。果たしてそのようになる。

## バラバの釈放

　日曜日から木曜日にかけての出来事はすべて明白だが、金曜日の午後にイエスの処刑を求めた「群衆」についてはどう考えたらよいだろうか。ここではマルコによる福音書15章6-9節での出来事の流れを注意深く追っていくことにする。やはりこの場合も史実性の問題はとりあえず傍に置き、物語の論理に関心を向けよう。

> [6]ところで、祭りの度ごとに、ピラトは人々が願い出る囚人を一人釈放していた。[7]さて、暴動のとき人殺しをして投獄されていた暴徒たちの中に、バラバという男がいた。[8]群衆が押しかけて来て、いつものようにしてほしいと要求し始めた。[9]そこで、ピラトは、「あのユダヤ人の王を釈放してほしいのか」と言った。（マコ 15:6-9）

　この4節における物語の論理は非常に明確である。過越祭の恩赦は誰であれ、群衆の選ぶ人物に与えられていた。群衆はバラバを釈放させるためにやって来たのだった。ピラトは人殺しのバラバよりも非暴力のイエスの方がはるかに危険が少ないと考え、バラバではなくイエスを解放しようとしていた。しかし群衆はバラバの解放を要求し、イエスを退ける。この物語には、群衆がイエスを知っており、気遣っていたことを示すものはなく、イエスはバラバ釈放の妨げでしかない。ところで、この「群衆」が10人前後の選別された小集団であったと考えて間違いないように思われる。過越祭という暴動の起きやすい環境や、ピラトの激しやすい性格、そして群衆が乱暴に要求したことを考慮すると、それ以上の人数だと自分たちを追い込むことになる。

　ここで注目すべきことは、マルコに始まり、マタイとルカを経て、ヨハネに至る間に、この「群衆」の人数と目的が大きく変化していることである。しかしそのようにマルコの物語が次第に拡大して行くのは、それがオリジナルであることを強調しているに過ぎない。つまり、用心して少人数としたグループが、過越祭の恩赦に自分たちの英雄バラバの釈放を求めてピラトのところに来た、というものが元々の物語なのである。

## 犠牲、身代わり、苦難

　史実性はもちろん、物語の展開をも別にして、ここにはより深い問題がある。それは当時の、また現在のキリスト教徒がイエスの処刑の意味をどう理解するか

という神学の問題である。無数のキリスト教徒にとって、それは身代りの贖い、代理贖罪という神学である。神は人間の罪に怒っており、人間は神の怒りをなだめることはできない。そこで神は憐れみゆえに、ひとり子を地上に送り、人間の身代わりとして苦しませ、死なせた、という神学である。

この神学では、神は裁判官である。人間の裁判官でさえ法廷に入って告訴されている人すべてを赦すことはできない。ましてや神は裁判官として人をただ赦すことはできない。しかし、神は伝統的に裁判官というより父親に喩えられている。また、人間の法廷では父親が自分の子供を自ら裁くことのないようにと願うものである。つまり、裁判官であると同時に親であることはできないと私たちは考える。

しかし、ここで私が問題にしたいのは、神が親であるか裁判官であるかという超越論的な対立ではなく、この神理解における犠牲、身代わり、苦難が混乱しているということである。また新約聖書がイエスの犠牲を語るときにはいつでも身代わりと苦難という他の二つの面が伴っているという誤った思い込みである。古代世界ではほとんどの人にとって動物の血の献げ物は当然のことであったし、信仰の最上の表現でさえあった。だからといって犠牲と苦難、あるいは犠牲と身代わりが混同されることはなかった。

犠牲——人類は、人間が互いに関係を築き、保ち、あるいは回復する基本的な方法が二つあると考えてきた。それは贈り物と食事である。贈り物を差し出し、食事を共にするのは、内なる思いを外に表明することである。両方とも、繊細な礼儀作法があって、誰が、誰に、何を、いつ、何故するのかをその所作の過程で明らかにされていく。もちろん、祭りの食事には肉料理がつきものであり、肉料理には動物を殺して処理することが前提である。

贈り物や食事に関わるこうした要素は、動物の犠牲において一つとなる。人間と神との良い関係を築き、保ち、回復するにはどうしたらよいだろうか。目に見えない存在に対して、目に見えるいかなる行為がなされうるのであろうか。「贈り物」では犠牲となる動物は、少なくとも贈る側にとっては完全に燃やされてしまう。その時、天に昇っていく煙と香りによって、贈り物が地上から天へ、人から神へと贈られたことが表されたのである。「食事」の場合は、動物はその血が祭壇に注がれることによって神のものとなり、動物の肉は、神と食す聖なる食べ物として、捧げた人間に戻された。つまり、捧げた人が神を食事に招いたというよりも、神が人を食事に招いたということになる。

犠牲をこのように理解することで、犠牲を意味する sacrifice という英語の語源が明らかになる。それは *sacrum facere*（サクルム・ファケレ）というラテン語、つまり「神聖なもの」（サクルム）に「する」（ファケレ）という言葉に由来する。犠牲の動物は「聖なるものにされ」、聖なる贈り物として神に捧げられ、あるいは聖なる食事として捧げた人に戻された。犠牲のこの意味は、苦難、あるいは身代わりと混同されてはならないのである。

　苦難——犠牲を捧げる者は、動物を苦しませることに犠牲の意味があるとは決して考えなかった。あるいは、捧げられる動物がひどく、かつ長く苦しむことで犠牲が価値あるものになるとも考えなかった。人間の食事のためであるにせよ、神との聖なる食事のためであるにせよ、動物はすばやく効率的に屠られなければならなかった。古代の祭司たちは腕のいい屠殺業者でもあったのである。

　身代わり——犠牲を捧げる者は、捧げられる動物が自分の代わりに死んでいくとは決して考えなかったし、自分が罪に対する罰として殺されてしかるべき者であるとも考えなかった。血の犠牲は、身代わりの苦難はいうまでもなく、苦難や身代わりと混同してはならない。古代の血の犠牲は、好むと好まざるとに関わらず、風刺したり中傷したりしてはならないのである。

　余談だが、犠牲という言葉がどのように日常生活で使われているか考えてみよう。建物が火事になって、子供が２階に取り残されてしまった。消防士がその子を救うために火の中へ飛び込んで行き、無事その子を救出用ネットで救出するが、その時屋根が崩れ落ちて、その消防士は死んでしまう。翌日の地元の新聞には「消防士、自らを犠牲にして子どもを救う」といった見出しが載るだろう。私たちは古代人でなく、現代人だが、この表現は全く問題なく受け入れられる。一つには、人間の生と死はすべからく聖なるものであるからだが、その一方で、この消防士は他の人の命を救うために自分の命をささげることによって、自らの死を特別に、力強く「聖なるもの」としたのである。ここまでは特に問題はない。では、犠牲と苦難を混同して、消防士は一瞬のうちに死んだのであり、耐え難い苦しみの末に死んだのではないから、消防士が払った犠牲は犠牲とはいえないと考える人がいたらどうであろうか。あるいは、犠牲を身代わりと混同している人が、神はその日誰かが死ぬことを望んでいて、子供の身代わりとして消防士の命を受け入れたのだと言ったとしたらどうであろう。最悪なのは、犠牲、苦難、身代わりを全部混ぜ合わせて、消防士は子供の親の罪を贖うために、苦しみながら死ななけれ

ばならなかったのだと主張する場合である。そのような神理解は神に対する犯罪と言うべきであろう。

　イエスの死、また実際どのような殉教者の死であっても、それを犠牲と呼ぶことは確かに正しいのだが、苦しみと身代わりは犠牲の要点ではない。自爆テロが実践面では悪いイスラム神学であるのと同様、代理贖罪も理論面では悪いキリスト教神学なのである。イエスは私たちの罪のゆえに、あるいは私たちの罪が原因で死んだのだが、それを私たちの罪のために死んだのだと誤解してはならないのである。イエスの犠牲の死はイエスが私たちの身代わりとなったので救いをもたらすのではなく、私たちがイエスと同じ生き方をするから救いをもたらすのである。神の根源的なあり方はイエスにあって受肉し、文明の常識（私たちの罪あるいはこの世の罪）がイエスを処刑した。人類の進化の中で不正が生まれ、暴力によって保たれてきた。正義は暴力によって抑圧され、踏みにじられてきた。この真理に直面せよというのがイエスの処刑が与える警告なのである。その警告に耳を傾けるならば、それが救いとなるのである。

（ドゥポール大学名誉教授）

## パウロと平等の正義

ジョン・ドミニク・クロッサン

## 序——神の国とキリストの復活

　パウロの生涯と死、その宣教とメッセージは基本的にイエスの延長上にあった。しかし、パウロが用いた神理解の言葉は、イエスのヴィジョンを広大なローマ世界全域に伝え広めるためのものであったため、必然的にイエスの言葉とは非常に異なるものとなった。彼はローマ世界への宣教のためにキリスト教に特有な用語を新しく作ったのではなく、ローマ帝国で一般的に使われていた言葉を使いながら、その意味内容をキリスト教の神理解のために違うものにしていった。イエスが語る以前に、いや、たとえイエスが語らなかったとしても、また、パウロが書く以前に、いや、たとえパウロが何も書かなかったとしても、また、キリスト教がローマ世界に到来する以前に、いや、たとえキリスト教が到来しなかったとしても、神、神の子、神の神、贖い主、解放者、主、そして世の救い主という言葉がすでにカエサル、すなわちローマ皇帝の称号であった。そのような称号がアウグストゥス帝にではなく、イエス・キリストに使われたことは下世話な風刺か、反逆罪のどちらかであった。ローマ人が腹を抱えて笑い転げなかったことは、彼らが反逆罪と捉えていたことを示している。

　神の国は、悪と不正と暴力に満ちてしまったこの世界を終末において刷新するものである。そしてその神の国は、単に間もなく来るというだけでなく、今ここにあるともイエスは宣言した。神の国はイエスの生涯と共に始まっていた。世界の刷新という出来事の初めに起こるはずの義人の復活は、間もなく起こるだけで

はなく、今ここに起こっている、とイエスの使徒であるパウロは宣言した。義人の復活はイエスの復活によって始まっていたのである。それゆえ、すべての信徒は今、ここで、この世界で、イエスの言葉によれば神の国のうちに、パウロの言葉によれば復活のうちに生きるよう召されている。この点でイエスとパウロは一致していることになる。

## 一　復活は始まった

　旧約聖書において律法の威厳、預言者の告発、詩編の輝き、賢人の知恵を形作った人々の間には、最後まで死後の世界への信仰は見られない。もちろん、古代のユダヤ人であるイスラエルの民が不死や来世を知らなかったわけではない。エジプトを隣国とするイスラエルでそのようなことはあり得なかっただろう。しかし古代イスラエルの人々はいかなる種類の死後の世界も、その可能性すら論じることをしなかった。それゆえ、彼らは死後の世界といものを神だけが持つ権利と特権を侵害する異教の教えであるとした、と推論される。(もっとも推論でしかあり得ないのだが)。つまり、死後の世界を信じないという信仰の行為なのだ。では、このような長い伝統がその後、どのように変化して行ったのだろうか。

　前160年代にアンティオコス四世エピファネスはエルサレムとユダヤ人の国を自分のシリア帝国に政治的、経済的に併合しようとし、それに反対するユダヤ人を宗教的に迫害するという政策を採り始めた。併合計画への反対運動がユダヤ人の信仰に基づいており、それによってユダヤ人たちが力を得ていると知ったアンティオコスは、ユダヤ教に対して迫害を始めた。ユダヤ教の信仰を棄てる者は赦すが、神に逆らって豚肉を食べ、律法を無効にしない者は拷問にかけて殺すという法令を定めたのである。これに対してマカバイ家が軍事的な抵抗運動を起こし、アンティオコスを破ってハスモン王朝が成立することになった。しかし多くのユダヤ人の頭からは抵抗運動に殉じた者たちのことが離れなかった。

　殉教者たちが虐待され、拷問を受け、殺されていった時に、神の正義はどこにあったのか。この問いに対して次のように答える者がいた。「世界が裁かれ、正義が全地に確立し、すべての死者が体を持って復活する日が来る。その時、肉体において苦しみを受けて死んだ者たちは彼らが殉じた正義の神によって、公然と人々の目の前で正式に報いられる」。つまり、肉体の復活は人間が生き残るということよりも、神の正義に関わる事柄なのである。

マカバイの殉教者たちのことを考えた結果、この世界の変革の中で最初に起こるのは体の復活であるという考えが生まれた。過去の不正を清算しないような神の正義を受け容れることなどできようはずもない。神による大いなる刷新は過去の不当な行為の処理に着手することから始まるのだ。殉教は生身の体に起こったことであり、霊にだけ起こったのではなかった。それゆえ、この世の終りにおける変革で最初に神がなすことは体の復活でなければならないということになる。

　例えば、マカバイ記二7章にはある母親と7人の息子たちが殉教死する記事がある。ここで彼らは、将来神が正義を行い、拷問を受けた自分たちの体を戻してくださると語っている。また、「ラジスというエルサレムの長老」は迫り来る迫害の前に自ら剣の上に身を倒し、ローマの小カトーさながらの壮絶な死を遂げる。「血を流し尽くした彼は、はらわたをつかみ出し、両手に握り、これを群衆目がけて投げつけ、命と霊とを支配しているお方に、これらを再び戻してくださるように、と祈りつつ息絶えた」(2マカ14:46)。生物学的に見れば生々しいが、明確な神理解がここには表現されている。

　それゆえ、後1世紀に一般的であったファリサイ的ユダヤ教において、神の公正と正義が備わった世界がその時すでにあると考えられたならば、その発端には体の復活が必要であり、その際には義人、特に殉教者が報われ、悪人、特に迫害者が罰せられるとされたであろう。世界の変革はもちろん必要とされたが、その時には体の復活も必要だったのである。そして、その復活は神の世界が刷新され始める時にまず起こるのだ。それは神の正義を巡る問題であった。

　イエスやパウロが生まれる前に、自由主義者のファリサイ人が保守的なサドカイ人と復活について論議したとしたら、何が論点とであったのか。神が不正と暴虐に満ちたこの世界を正義と平和に満ちた場に変える時に最初に起こるのは、体の復活か否か、というものであったろう。なぜなら、神が過去における不当な行為を無視したまま、この世界に正義を確立するなどということはあり得ないからである。正義のために生き、不当のゆえに死んだ者という未処理の問題はどうなるか。

　それゆえ、イエスの復活を宣言した者たちは単にイエスが神の右の座に上ったことを宣言したのではなかった。もちろん、メシア、神の子、主としてのイエスが迎えたその運命は詩編110編などに基づいた、十分に素晴らしいクライマックスであったろう。しかし、その宣言はそれ以上のこと、すなわち、すべての死者の肉体の復活がイエスの復活によってすでに始まっているということを宣言し

ていたのである。もちろん、それはイエスに起こったことを表現するのになぜ「復活」という言葉が唯一ふさわしいものであるかを明示した。被昇天でもなく、高挙でもなく、まさに復活という言葉が使われた。つまり、イエスの復活はイエス個人に特権として与えられたものではなく、共同体の歩みの一過程だったのである。過去、現在、未来、と共同体が歩んでいく過程のなかで、イエスの復活がその過程の中心にある。同様に、人々の復活も将来瞬時に起こることではなく、過去に始まり、現在において進行し、将来完成するものなのである。もちろん、当時の人々はその完成をある程度切迫したものと考えていた。しかし、彼らが待ち望んでいたのは切迫した始まりではなく、切迫した終わりであった。その切迫した世の終わりは2000年以上も先延ばしのままになっているのだが。

　現在という時は、キリスト教徒が復活したイエスと共にあり、イエスにおいて、そしてイエスを通して復活の命に招かれている中間の時代である。この中間の時代にあって復活の命に生きることこそが当時も今もキリスト教徒の目標である。では、どのようにそれはなされるべきなのか。

　パウロにとってそのような生活はキリストの体あるいはキリストの霊の内に生きることによってのみ可能なことであった。これらの表現はできるだけ有機的に、共同体の視点で理解しなければならない。パウロはガラテヤの信徒への手紙6章15節で「大切なのは、新しく創造されること」といい、コリントの信徒への手紙二5章17節では「キリストと結ばれる人はだれでも、新しく創造された者なのです。古いものは過ぎ去り、新しいものが生じた」と述べている。また、コリントの信徒への手紙二3章17–18節では「ここでいう主とは、"霊"のことですが、主の霊のおられるところに自由があります。わたしたちは皆、顔の覆いを除かれて、鏡のように主の栄光を映し出しながら、栄光から栄光へと、主と同じ姿に造りかえられていきます。これは主の霊の働きによることです」とも主張している。パウロの神学を理解するには、こうした言葉を修辞的な誇張としてではなく、正確な描写として捉えなければならない。しかし、具体的にはパウロが言うところのキリスト教徒にとって、その復活の命とはどのように生きることだったのか。

## 二　復活の命としてのキリスト教徒の人生

　前おきとして二つのことを述べておきたい。第一は、新約聖書は 27 巻あるということである。そのうちの 13 巻がパウロの作とされている手紙である。また、ルカが書いた使徒言行録の半分は、パウロのことを描いている。つまり、パウロは新約聖書の半分を占めていることになるのである。しかし、真正なパウロ書簡はそのうちの 7 つの書簡、すなわちローマの信徒への手紙、コリントの信徒への手紙一、二、ガラテヤの信徒への手紙、フィリピの信徒への手紙、テサロニケの信徒への手紙一、フィレモンへの手紙である、とほとんどの学者は考えている。残る 6 書簡のうち、一般的にテサロニケの信徒への手紙二はパウロの作でない可能性もあり、コロサイの信徒への手紙とエフェソの信徒への手紙は恐らくパウロの作ではないであろう。テモテへの手紙一、二とテトスへの手紙については、文体、論調、語彙、また内容が他の 7 書簡と異なることから、間違いなくパウロの作ではないという意見で一致している。この 6 つの「パウロ後」の書簡は後代の伝統に従い、パウロの名を冠して書かれたものとされるが、ここで問題としたいのは、これらの「パウロ後」の書簡では奴隷制や家父長制などの議論においてどの程度「反パウロ的」かという点である。

　前おきとして述べておきたいもう一つの点は、平等を人間の絶対的な権利であると考えたのは私たち現代人が最初ではないということである。私たちはイエスとパウロの時代における正義としての平等について語るために、現代の民主主義思想を過去に読み込んだわけではない。例を二つも挙げれば十分であろう。パウロと同時代のユダヤ人であるアレクサンドリアの哲学者フィロンは著書『律法詳論』の中で「平等は正義の母」「正義は平等の子」と書いている (42.231, 238)。同時代のユダヤ教文書『シビルの託宣』第 2 巻には、地上に確立される神の正義を次のように思い描いている。

> すべての土地は万人に平等に属するようになり、もはや壁や囲いで分けられることがない。実りはより豊かに苦もなくもたらされるようになり、人々は共に生活し、富は分かち合われる。貧しい者も富める者もない。暴君も奴隷もいない。偉大な者も取るに足らない者もない。王も指導者もいない。すべて人は同等なのだ。

しかし、地上の神の国を平等なものと理解し、神の国がすでに今ここにあると考えた人がいたとすれば、イエスやパウロの立場をとるのはほぼ不可避なことであった。
　さて、この地上に現存する神の国における正義としての平等、あるいは平等としての正義に関して、パウロの思想を見ていくことにする。洗礼式文と見なされているガラテヤの信徒への手紙3章27-29節の一般的な綱領文から始めよう。キリストという言葉によって文章全体を分けたことに特に注目していただきたい。

　　　洗礼を受けてキリストに結ばれたあなたがたは皆、
　　　キリストを着ているからです。
　　　　　　そこではもはや、ユダヤ人もギリシア人もなく、
　　　　　　奴隷も自由な身分の者もなく、
　　　　　　男も女もありません。
　　　あなたがたは皆、キリスト・イエスにおいて一つだからです。
　　　あなたがたは、もしキリストのものだとするなら（ガラ3:27-29）

真ん中に3つの否定文を挟んで「キリストに」「キリストを」「キリストにおいて」「キリストのもの」という表現がある。パウロを理解するには、この中心部分とキリスト表現を切り離して読んではならない。パウロはすでにキリスト教徒となっている人々に向かって、ユダヤ人であってもギリシア人であっても、奴隷であっても自由民であっても、男であっても女であっても、どのような背景を持っていたとしても新しい共同体の中ではすべての人が平等なのだと語っている。キリスト教徒の間では人種、階級、性別による優劣はあり得ない。すべてがキリストにあって平等なのである。

## 奴隷制

　この平等観はすばらしい思想であるように思われる。現代の標準からいっても偏見や差別のないものだが、古代の慣習の中ではどのような意味を持っていたのだろうか。具体例としてフィレモンへの手紙に出てくるフィレモンの奴隷オネシモのケースに当たってみよう。この手紙は25節しかない短いもので、パウロの真正な手紙のうちでは唯一個人宛のものである。

〈パウロの状況〉

　パウロはこの手紙を牢獄から書いている。おそらくエフェソの牢獄からであっただろう。地下牢に一人、飢えとネズミの中に捨て置かれるような当時の獄中生活にパウロが置かれていなかったことは明らかだが、かといって自宅軟禁のように優遇されていたわけではなかった。パウロはこの中間の扱いを受けていた。衛兵所で鎖につながれていたので、看守の品位や賄賂の多少によって待遇が左右した。パウロは友人らの支援に助けられていたが、エフェソはローマ帝国アジア州の州都であり、その地方総督の監獄に収監されていたので、事前通達なしに処刑される可能性があった。ただ、支援を受けていたことは確かである。さもなければ口述筆記で手紙を送ることはできなかっただろう。

〈オネシモの逃亡〉

　オネシモは自分の主人であるフィレモンから逃げてパウロの許に身を寄せていた。ローマ法では奴隷の逃亡には二種類あるとされ、それを分けるのは逃亡の意図だけであった。

　奴隷逃亡のひとつの形は永久逃亡である。つまり、戻るつもりがない逃亡であり、ローマ帝国のどこかの大都市に身を隠すような場合である。それに対する罰は帝国の恐怖政治が考案した最も過酷なもの——体に焼印を押されたり、容貌が変わるほどに痛めつけられたりすることもあれば、鉱山労働に送られることもあり、また、火あぶり、闘技場での惨殺、十字架への磔など公衆の面前で処刑されるといったものであった。しかし、オネシモの逃亡が永久逃亡であったとすれば、ローマ帝国の監獄は考えられる限りで最も危険な逃亡先であり、帝国の囚人パウロは、頼りにするには最も危険な人物であった。オネシモの意図が永久逃亡であったなら、パウロの許に身を寄せることで自らを死の危険に晒し、パウロの処刑をも確実にしたであろう。

　もうひとつの逃亡の形は恒久的なものではなく、一時的な逃亡である。それはローマ法においては許容されるものであったとされる。極度に厳しい罰を課せられたり、罰として死を命じられたりした奴隷が神殿などに保護を求めて駆け込んだり、主人の友人などに仲裁を求めて身を寄せたりすることは許されていた。神殿や友人のところに滞在している間に主人の激昂した気持ちを落ち着かせ、奴隷が無事に戻れるようにしたのであろう。

友人の許へ一時的に身を寄せた例としては、ウェディウス・ポリオー主従とアウグストゥス帝の話が知られている。セネカがその事件を後 40 年代後半に書いた『怒りについて』という随筆に記録している（3.40.2–4）。

　　召使いの一人がクリスタルのカップを割ってしまった。ウェディウスはその召使いを捕らえ、異例の方法で死刑するように命じた。巨大なヤツメウナギを飼っている池の中に投げ入れよ、というのである（ウェディウスは道楽で飼っていたのではなく、自らの残虐さを満足させるために飼っていた）。召使いの少年はやっとの思いで逃げ出して、カエサルの下に身を寄せ、食べられてしまうのではない別の方法での死を、と願った。前代未聞の残酷さに驚いたカエサルは少年を解放し、クリスタルの食器をすべて少年の前で壊し、その池を埋めてしまうよう命じた。

　この友人の許への逃亡がポリオーからカエサルという上位の人の許への逃亡であることに注目したい。オネシモの場合も確かにそうだった。主人フィレモンとの間に大きな問題が起こしたオネシモは、助けと執り成しを求めてパウロの許に逃げたのである。
　ここで別の問題が起きた。オネシモと共にいる間に、パウロがオネシモをキリスト教に改宗させたことで、非常に明確な問題がフィレモンとオネシモの間に生じることになったのである。つまり、キリスト教徒はキリスト教徒を奴隷とすることができるのかという問いである。ここでは異教の奴隷制全体を云々しようというのではなく、ガラテヤの信徒への手紙 3 章 28 節の 2 番目の否定文「奴隷も自由な身分の者もなく」が厳密にはどう適用されるのかという問題である。キリスト教徒の主人フィレモンはキリスト教徒の奴隷オネシモを所有できるのだろうか。

〈偽パウロ書簡における解決〉
　コロサイの信徒への手紙 3 章 22 節–4 章 1 節とエフェソの信徒への手紙 6 章 5–9 節にはキリスト教徒の奴隷とキリスト教徒の主人に関するパウロの意見が明確に書かれている。どちらの個所でもまず奴隷について細心の注意を払って語り、次に主人にあまり注意を払わずに語っている。量的にも奴隷 4 に対し主人 1 の節数となっている。両個所ともに「奴隷たち、…肉による主人に従いなさい」

という文で始まり、一方は「奴隷を正しく、公平に扱いなさい」、他方は「奴隷を…脅すのはやめなさい」という主人への命令で終っている。両個所ともに、奴隷にも主人にも「同じ主人が天におられる」ことがその理由として挙げられている。テトスへの手紙2章9-10節では、奴隷への命令はあるが、主人に対しては何も言われていない――「奴隷には、あらゆる点で自分の主人に服従して、喜ばれるようにし、反抗したり、盗んだりせず、常に忠実で善良であることを示すように勧めなさい。そうすれば、わたしたちの救い主である神の教えを、あらゆる点で輝かすことになります」。

パウロがこれら3通の手紙を書いたのだとすれば、オネシモには家に帰って主人フィレモンに従うように告げ、フィレモンにはオネシモを赦すようにという手紙を書いただろう。ところが、オネシモに持たせたフィレモンへの手紙には全く違うことが書かれていた。

〈真正パウロ書簡による解決〉

フィレモンへの手紙はパウロ書簡の中で最も短いものだが、そこにはパウロ神学の二つの根本的側面がきわめてはっきりと見て取れる。

この手紙に述べられているパウロ神学の第一の側面は、ここで見てきたようなキリスト教徒の共同体における平等を強調していることである。パウロの率直な反応は以下のようなものであろう――「フィレモンよ、オネシモを解放しなさい。キリスト教徒はキリスト教徒の奴隷を持つことは出来ないからだ。人はキリストにあって平等であると同時に、不平等であるということはあってはならないのだ。以上」。

フィレモンへの手紙で強調されているパウロ神学の第二の側面は、更に基本的なものである。パウロは行いのない信仰はありえず、信仰のない行いはあってはならないと信じていた。実際、「行い」とは信仰に基づかない宗教的な行いを指してパウロが使う言葉である。この第二の強調点をなしにすれば、この手紙は「親愛なるフィレモンへ。オネシモを解放してください。パウロ」といった三文で十分なのだ。しかし、パウロが望んでいたのは、フィレモンがパウロに命じられたからという理由で奴隷を解放することではなかった。それでは心からの同意によるのではなく、外側からの圧力による信仰なき行いになってしまう。

果たして手紙が三文以上のものになったのは、パウロが手練手管の言葉を弄してフィレモンにオネシモを無償で解放するよう命じなければならなかったから

である。それはフィレモンの信仰から生じた行為でなければならず、パウロの命令による行為であってはならなかった。キリスト教徒が互いに平等であると同時に不平等であるということはありえなかったので、フィレモンは直ちにオネシモを解放しなければならなかったが、「それは、あなたのせっかくの善い行いが、強いられたかたちでなく、自発的になされるようにと思うからです」(14節) とあるように、フィレモンは喜んでオネシモを解放しなければならなかった。信仰なしの行いでなく、行いを通して働く信仰なのである。以下に挙げるのは、パウロがこの魅力的な手紙で使っている説得の工夫である。(ある意味でその説得の方法は人を操縦してしまうほどにきわどいものであったのかもしれない)。

第一に、この手紙はフィレモンだけに送られた個人的なものではなく、「わたしたちの愛する協力者フィレモン、姉妹アフィア、わたしたちの戦友アルキポ、ならびにあなたの家にある教会へ」書かれたものであり (1, 2節)、「キリスト・イエスのゆえにわたしと共に捕らわれている、エパフラスがよろしくと言っています。わたしの協力者たち、マルコ、アリスタルコ、デマス、ルカからもよろしくとのことです」という言葉で閉じられている (23-24節)。つまり、「フィレモン、みんな見ているのだよ」と言おうとしているのである。

第二に、パウロは自分が囚人という境遇にあることを4回も繰り返して強調している。自らを「キリスト・イエスの囚人」と二回呼び (1, 9節)、また自分が監禁中(ギリシア語では「鎖につながれて」)であることを二回述べている (10, 13節)。また自らを「年老いて」いるとも言っている (9節)。パウロは愚痴っているのではなく、フィレモンを断りにくくしようとしているのである。

第三に、「わたしは、あなたのなすべきことを、キリストの名によって遠慮なく命じてもよいのですが、むしろ愛に訴えてお願いします」という一文には驚かされる (8-9節)。オネシモを解放することはキリスト教徒としての責務であるが、フィレモンはそれを外側の義務としてでなく内側の愛を動機として行わなければならない。21節ではパウロは単刀直入に「あなたが聞き入れてくれると信じて、この手紙を書いています。わたしが言う以上のことさえもしてくれるでしょう」と語っている。

第四に、パウロはオネシモのことを「わたしの子」「わたしの心」と呼び (10-11節)、オネシモが「監禁されている間、あなたの代わりに仕え」てくれたと言っている (13節)。これは微妙な言い方であろう。言葉を換えれば、「フィレモン、その間あなたはどこにいたのか」ということである。

第五に、「恐らく彼がしばらくあなたのもとから引き離されていたのは、あなたが彼をいつまでも自分のもとに置くためであったかもしれません。その場合、もはや奴隷としてではなく、奴隷以上の者、つまり愛する兄弟としてです。オネシモは特にわたしにとってそうですが、あなたにとってはなおさらのこと、肉においても、主においても、愛する兄弟であるはずです」という個所は決定的であろう（15-16節）。フィレモンがオネシモを奴隷のままにしておかず、主にある兄弟として受け入れることをパウロは願っている。オネシモを「肉においても」兄弟としなければならないのだ。内面の霊的な平等では不十分なのであり、外面の目に見える世界でも平等でなければならない。

　パウロにおける信仰と行いに関する第二の側面への補足になるが、パウロがフィリピの信徒たちへ手紙を書いたのもエフェソにある同じ牢獄からであった。パウロはそこでこう語っている──「恐れおののきつつ自分の救いを行うように努めなさい。あなたがたの内に働いて、御心のままに望ませ、行わせておられるのは神であるからです」（フィリ 2:12b-13）〔英語原文に合わせて、新共同訳を多少変更した──訳者註〕。しかし、もし神が私たちの内に働いて、私たちに望ませ行わせるのであれば、なぜ恐れおののかなければならないのだろうか。上手くできなければ神が罰するからではなく、上手くできたときにはこの世が罰するからである。

　最後になるが、パウロはキリスト教徒の共同体の外にある奴隷制一般について語っているのではない。異教徒の奴隷を持つ異教徒のことを言っているのでもないし、異教徒の奴隷を持つキリスト教徒でもなく、キリスト教徒の奴隷を持つ異教徒のことを言っているのでもない。しかし、この最後のキリスト教徒の奴隷を持つ異教徒の場合についてはコリントの信徒への手紙一7章21節で、キリスト教徒の奴隷はもし近々自由になるのであれば、その新たに得た自由をキリストのために使いなさいと勧めている。パウロの焦点はキリスト教徒の主人とキリスト教徒の奴隷ではあるのだが、パウロはすべての人がキリスト教徒になるべきとしていたのだから、当然のこととしてすべての人が自由で平等でなければならないと考えていたはずである。

## 家父長制

　パウロが書いた七つの書簡とパウロの名を冠した六書簡があることについてはすでに述べた。また、このパウロの名を冠した書簡は時代的にパウロよりも後の時代に属すだけでなく、少なくともキリスト教徒共同体の中の平等に関してパウロと対立する考えを示しているのではなかろうかということもすでに指摘しておいた。キリスト教徒の奴隷をもつキリスト教徒に関する教えにおいて、コロサイの信徒への手紙3章22節-4章1節およびエフェソの信徒への手紙6章5-9節とフィレモンへの手紙の間に矛盾があることを見てきたが、ここでは家父長制についても同様で、より複雑な状況があることを見ていくことにする。奴隷制であれ庇護関係であれ家父長制であれ、そのすべてにおいてローマの常識というものが、キリスト教内部の平等の理想を反対方向へ引っ張っていこうとする力として働いていたことが明らかになるだろう。急進的な考えを持っていたパウロがみるみるうちに進歩的とでも言えばよいような考えに後退し、ついには保守的、いや保守反動的な考えになって行く様子にここでは注目したい。

〈急進的パウロ〉

　パウロがキリスト教内部での男女平等に関してどのような考えを持っていたのかを知るためにはローマの信徒への手紙16章1-15節の名前の一覧を見るのが最もよいであろう。東方の諸州全体から人々が集まる巨大都市ローマへの手紙で、パウロはローマ在住の27人のキリスト教徒に挨拶を送っている。その中には個人的に知っている人もいれば、名前だけしか知らない人物もいた。その名簿に挙げられている人物のうち、誰が女性で誰が男性なのかをはっきりさせていくと、性別に関して以下のような違いを見ることができる。

　第一に、パウロの手紙をコリントの東の港からローマのキリスト教徒に届けたのが女性であったことを挙げておかなければならない。「ケンクレアイの教会の奉仕者でもある、わたしたちの姉妹フェベを紹介します。どうか、聖なる者たちにふさわしく、また、主に結ばれている者らしく彼女を迎え入れ、あなたがたの助けを必要とするなら、どんなことでも助けてあげてください。彼女は多くの人々の援助者、特にわたしの援助者です」(ロマ 16:1-2)。パウロの手紙を運んだこの女性は、ローマ市内のキリスト教徒共同体を訪ねて回り、その手紙を朗読し、解説するという役も負っていたであろう。

第二に、結婚していたと思われる二組のカップルが異例とも言えるような賞賛を受けている。「キリスト・イエスに結ばれてわたしの協力者となっている、プリスカとアキラによろしく。命がけでわたしの命を守ってくれたこの人たちに、わたしだけでなく、異邦人のすべての教会が感謝しています」（ロマ 16:3-4）、「わたしの同胞で、一緒に捕らわれの身となったことのある、アンドロニコとユニアによろしく。この二人は使徒たちの中で目立っており、わたしより前にキリストを信じる者になりました」（ロマ 16:7）〔新共同訳ではユニアスであるが、英語原文に合わせてユニアとする〕。プリスカ（プリシラ）という女性が最初に挙げられていることに注目すべきであろう。ところで、パウロにとってプリスカとアキラはおそらく異邦人キリスト教徒の宣教師夫婦の筆頭であり、アンドロニコとユニアはユダヤ人キリスト教徒の宣教師夫婦の筆頭であったと思われる。

　第三に、パウロが挙げる合計 27 人のキリスト教徒のうち、10 人が女性であり（フェベ、プリスカ、マリア、ユニア、トリファイナ、トリフォサ、ペルシス、無名の母、ユリア、無名の姉あるいは妹）、残る 17 人が男性である（アキラ、エパイネト、アンドロニコ、アンプリアト、ウルバノ、スタキス、アペレ、ヘロディオン、ルフォス、アシンクリト、フレゴン、ヘルメス、パトロバ、ヘルマス、フィロロゴ、ネレウス、オリンパ）。一方、特に賞賛されている人の数は女性が 5 名（マリア、トリファイナ、トリフォサ、ペルシス、無名の母）、男性が 6 名（エパイネト、アンプリアト、ウルバノ、スタキス、アペレ、ルフォス）と比率からすると逆転する。

　第四に、パウロは「懸命に働く」などと訳されるコピアオーという言葉を、使徒としての献身的な働きを表すのに使い、自分自身にも 2 度用いているが（ガラ 4:11、1 コリ 15:10）、ローマの信徒への手紙では四度、しかもすべて女性に対して使っている点が指摘される（マリア、トリファイナ、トリフォサ、ペルシス）。

　第五に、16 章 7 節のユニアの話に戻るが、これは悲劇的とは言わないまでも、奇妙で馬鹿げたケースと言えるだろう。キリスト教の歴史の最初の 1200 年間、注解者たちはユニアが女性で、ちょうどアキラの妻プリスカのように、アンドロニコの妻であることに何の問題も感じていなかった。ところが、その後、ユニアは大した根拠もなく男性名ユニアヌスの短縮形で、ユニアは男性とされるようになった。ところが古代の資料にはユニアという女性が 250 回以上も現れているが、ユニアヌスの省略形と認められるものは発見されていない。問題とされていたのはもちろん、パウロが 2 組の夫婦に最高の賛辞を与えている中で、女性であるユ

ニアが特に賞賛されていることであった。ユニアを男性名の省略形と無理にでも理解しようとした唯一の理由は、活躍した使徒が女性であったとは認めたくなかったからである。無論パウロにとってそれは問題ではなかった。パウロにとって女性は男性と同様、キリストの使徒として神に召され得る存在であり、平等は、共同体の中だけでなく使徒職にも適用されるものだったのである。

〈進歩的パウロ〉

夫婦で営む家庭の規範あるいは家族の価値について書かれているコロサイの信徒への手紙3章18-19節とエフェソの信徒への手紙5章22-33節では、パウロが示したキリスト教徒の平等観がその急進性を削がれ、ローマの家父長的な上下関係に逆戻りし始めたことを表わしている。しかし、公正さと正確さを期していえば、そのようなローマの常識に全く降伏してしまったわけではない。それはキリスト教的な妥協であり、ローマの規範から見れば明らかに前進している。私が「進歩的」と呼ぶのはそのためである。本来の急進的パウロほどではないが、保守反動のパウロにはまだ至っていない。

例えばローマの家長は、進歩的パウロによる妻への命令は受け入れられても、夫への命令は（それがキリスト教において言われたことでなくても）受け入れられなかったであろう。しかしもちろん、進歩的なパウロによる命令はキリスト教のための言葉として書かれたものであり、特にキリスト教徒の夫婦を対象にした命令である。

| コロサイ 3:18-19 | エフェソ 5:22-33 |
| --- | --- |
| 妻たちよ、主を信じる者にふさわしく、夫に仕えなさい。 | 妻たちよ、主に仕えるように、自分の夫に仕えなさい。キリストが教会の頭であり、自らその体の救い主であるように、夫は妻の頭だからです。また、教会がキリストに仕えるように、妻もすべての面で夫に仕えるべきです。 |
| 夫たちよ、妻を愛しなさい。つらく当たってはならない。 | 夫たちよ、キリストが教会を愛し、教会のために御自分をお与えになったように、妻を愛しなさい。キリストがそうなさったのは、言葉を伴う水の洗いによって、教会を清めて聖なるものとし、しみやしわやそのたぐいのものは何一つない、聖なる、汚れのない、栄光に輝く教会を御自分の前に立たせるためでした。そのように夫も、自分の体のように妻を愛さなくてはなりません。妻を愛する人は、自分 |

> 自身を愛しているのです。わが身を憎んだ者は一人もおらず、かえって、キリストが教会になさったように、わが身を養い、いたわるものです。わたしたちは、キリストの体の一部なのです。「それゆえ、人は父と母を離れてその妻と結ばれ、二人は一体となる。」この神秘は偉大です。わたしは、キリストと教会について述べているのです。いずれにせよ、あなたがたも、それぞれ、妻を自分のように愛しなさい。妻は夫を敬いなさい。

　コロサイの信徒への手紙では夫と妻への命令はそれぞれ1節ずつだが、エフェソの信徒への手紙では妻に対してが3節、夫に対してが9節となっている。エフェソの信徒への手紙では、妻よりも夫のことを気にかけているようである。そして、夫の方にはるかに重い責任を負わせている。妻が夫に対し教会がキリストに従うように従うのは、夫が妻のためにキリストが教会のためにしたように犠牲を払うのに比べれば、はるかに容易である。では、この夫への命令は実際には何を意味しているのだろうか。

　この命令の中で最も注目に値することは、急進的パウロの平等観に比べて保守的になっているとはいえ、夫婦の相互性と相互依存関係であろう。ここでは夫婦双方の義務が述べられているのだが、今日に至るまでキリスト教徒は夫の自己犠牲よりも妻の従順に時間をかけて細かく論議してきたように思われる。キリスト教の伝統では、妻の服従ばかりが要求され、しかも夫に要求されるべき自己犠牲がむしろ妻に転嫁されてきた。それは非常に悲しむべき皮肉な状況と言わざるを得ない。

〈保守的パウロ〉

　次に扱う偽パウロ書簡におけるパウロは確かに保守的ではあるが、むしろ反動的な性格をもっていると言った方が正確であろう。テモテとテトスはそれぞれエフェソとクレタでの伝道を任されたとされている。キリスト教会の女性指導者の問題はパウロの時代よりも後に書かれたテモテへの手紙一で論じられているが、パウロによるコリントの信徒への手紙一の中にも挿入されている。

　テモテへの手紙一2章8-15節では女性指導者は完全に禁じられている。女性は男性を教えることも指導することも許されていないとされる。

婦人が教えたり、男の上に立ったりするのを、わたしは許しません。むしろ、静かにしているべきです。なぜならば、アダムが最初に造られ、それからエバが造られたからです。しかも、アダムはだまされませんでしたが、女はだまされて、罪を犯してしまいました。しかし婦人は、信仰と愛と清さを保ち続け、貞淑であるならば、子を産むことによって救われます。

実際に起こらなかったことが禁じられるわけはない。つまり、禁じられているということは共同体の教理教育と礼拝において女性が祈り、教えていたということである。ところがこの個所は女性をそうした役割から退け、家庭に入り、黙って子育てをするという役割に追いやっている。

コリントの信徒への手紙一14章33b–36節の問題は、テモテへの手紙一、二やテトスへの手紙といった偽パウロ書簡での教えに関するものではなく、パウロの真正の手紙の中に後の時代の教えが挿入されていることである。新標準改訂訳（NRSV）ではこの段落が括弧でくくられている。

（聖なる者たちのすべての教会でそうであるように、婦人たちは、教会では黙っていなさい。婦人たちには語ることが許されていません。律法も言っているように、婦人たちは従う者でありなさい。何か知りたいことがあったら、家で自分の夫に聞きなさい。婦人にとって教会の中で発言するのは、恥ずべきことです。それとも、神の言葉はあなたがたから出て来たのでしょうか。あるいは、あなたがたにだけ来たのでしょうか。）
〔新共同訳には括弧はない〕。

この部分を詳細に見ていくと、本文の最初期における伝承過程において生じていた写本上の問題が目立っている。第一に、34–35節はある写本では現在の位置ではなく、章の最後に置かれている。第二に、この個所はどのギリシア語写本でも独立した段落となっている。第三に、かなり初期の段階で、この34–35節には問題があると見なされている。つまりそれは、34–35節が後にパウロの文章に挿入されたことを強く示唆しているのである。恐らく、テモテへの手紙一2章8–15節に強く賛同した写字生がまずこの部分をコリントの信徒への手紙一14章の欄外に書き加え、後に別の写字生がそれを本文の中に挿入したのであろう。

## 結　語——愛としての正義

　私は前の講義も含めて、(復讐としての正義ではなく) 公正な分配をする正義について語ってきた。しかし神は正義ではなく、愛ではないかとおっしゃる方もおられるだろう。ヨハネの手紙一4章8節の「愛することのない者は神を知りません。神は愛だからです」、あるいは4章16節の「神は愛です。愛にとどまる人は、神の内にとどまり、神もその人の内にとどまってくださいます」といった章句が引き合いに出されるかもしれない。パウロの手紙で言えば、彼自身、コリントの信徒への手紙一13章1–3節で以下のように宣言している。

> たとえ、人々の異言、天使たちの異言を語ろうとも、愛がなければ、わたしは騒がしいどら、やかましいシンバル。たとえ、預言する賜物を持ち、あらゆる神秘とあらゆる知識に通じていようとも、たとえ、山を動かすほどの完全な信仰を持っていようとも、愛がなければ、無に等しい。全財産を貧しい人々のために使い尽くそうとも、誇ろうとしてわが身を死に引き渡そうとも、愛がなければ、わたしに何の益もない。

　また、この部分の終わりにあたる13章13節では「それゆえ、信仰と、希望と、愛、この三つは、いつまでも残る。その中で最も大いなるものは、愛である」という有名な言葉を残している。それでは、聖書、そして特にパウロ書簡では、どのように正義と愛を両立させているのだろうか。
　パウロのような人物にとって、この二つの言葉は、「キリストにあって神と歩む人生」という一つの現実を示している。それは、私たちではなく神が所有する世界を公平かつ公正に分かち合う人生である。実際のところ、パウロの著作の中の「愛する」という言葉は「分かち合う」に置き換えることができ、しかもそれはユダヤ教の律法、預言書、詩編における「公正と正義」と全く同じ意味を持っていることが分かるであろう。一方、公正な分配をする正義を確立しようとした個人や集団、国家や教会、イスラム寺院、神殿は往々にして、暴力と虐殺に——特に自分たちの計画に反対する者に対して——陥ってしまう。そして、愛というこの世で最も素晴らしい言葉は、お気に入りの菓子を好きと言うときにも使われ

れば、人生の伴侶に対しても使われる。どうして一つの言葉が非常に重要であると同時に、非常に空虚ということがあり得るのだろうか。

　私は正義と愛が弁証法的関係にあるのではないかと考える。つまり、正義と愛を硬貨の裏と表のように、区別されるが分離できないものとして考える。人間は肉と霊あるいは体と精神で出来ているとされる。その結合が失われ、分離されれば、人は肉体的に死ぬ。分配の正義と互いの愛に関しても同じことが言える。正義は愛の体であり、愛は正義の精神である。正義と愛が分離されれば、人は倫理的に死ぬのである。愛のない正義は残虐さを生み、正義のない愛は陳腐な言葉でしかないのだ。

（ドゥポール大学名誉教授）

## イエスの「内側から」と「外側から」
―― イエス研究の視座 ――

大貫　隆

「神の国」のイメージ・ネットワーク

　私は前著『イエスという経験』(岩波書店 2003 年)で、イエスが「神の国」について編み上げていた独特なイメージのネットワークを可能な限り再構成して提示した。ここではそれをまず図表化して示せば、図表1のようになる。
　イエスは一人の古代人として、天上(B)と地上(C、H、G)と地下(I)の三層から成る古代的宇宙像を前提している。すでにサタンはその天上世界から

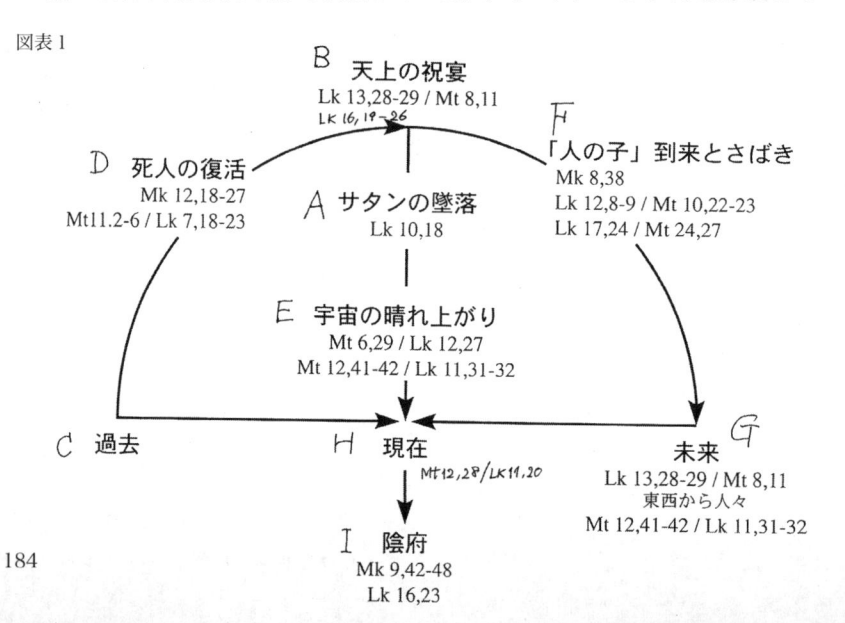

図表1

B　天上の祝宴
Lk 13,28-29 / Mt 8,11
Lk 16,19-26

F　「人の子」到来とさばき
Mk 8,38
Lk 12,8-9 / Mt 10,22-23
Lk 17,24 / Mt 24,27

D　死人の復活
Mk 12,18-27
Mt11.2-6 / Lk 7,18-23

A　サタンの墜落
Lk 10,18

E　宇宙の晴れ上がり
Mt 6,29 / Lk 12,27
Mt 12,41-42 / Lk 11,31-32

C　過去

H　現在
Mt12,28/Lk11,20

G　未来
Lk 13,28-29 / Mt 8,11
東西から人々
Mt 12,41-42 / Lk 11,31-32

I　陰府
Mk 9,42-48
Lk 16,23

追放されて地上に墜落し（A）、天上では「神の国」の祝宴が始まっている（B）。アブラハム、イサク、ヤコブを初めとする過去（C）の死者たちがすでに死から復活して（D）、天上の祝宴の席に着いている（B）。それとともに、洗礼者ヨハネにも影を落としていた黙示思想的な陰鬱な世界像は変貌し、今やイエスの目には被造世界全体が晴朗な姿で見えている（E）。もちろん、地上では落下してきたサタンが、配下の悪霊たちを使って、最後の足搔（あが）きを執拗に続けている。しかし、イエスは「神の国」の宣教の途上、悪霊憑きやその他の病気や障害をいやしてゆく。その一挙手一投足とともに、天上ですでに始まっている「神の国」が地上にも拡大してゆく（H）。もちろん、その完成はなお近未来（G）に待望されている。それは「人の子」、すなわちすでに天上の祝宴の席についている者たちが、「天使たち」と共に到来する時である。それは同時に、「さばき」の時でもある（F）。今、イエスの宣教を拒む者たちは、その「神の国」から自分を閉め出すことになる。反対に、東から西からの多くの者たちがやってきて、アブラハム、イサク、ヤコブと共にその祝宴の席に着く。アブラハム、イサク、ヤコブは過去の人物であるにもかかわらず、すでに復活して、天使のようになり、未来へ先回りして、今現に地上でイエスのメッセージを聞いて受け入れる者たちがやがて祝宴の席に加わるためにやってくるのを待っている。この意味で、イエスの「今」において、過去と未来が一つに成っている。それは言わば「全時的今」である。

## イエスのイメージ・ネットワークの構成要素と独自性

イエスの「神の国」のイメージ・ネットワークにおいては、天上のアブラハムの存在とサタンの地上への墜落が中核的な役割を果たしている。では、この組み合わせは、イエスの独創なのか、それともすでに同時代のユダヤ教の内外に類似の表象があったのか。

その類例はあったというのが解答である。すなわち、『十二族長の遺訓』に代表される遺訓文学、あるいはそれと多かれ少なかれ類縁関係にあるユダヤ教文書においては、サタン論がアブラハム、イサク、ヤコブとイメージ的に明瞭に結びついて現れる。そのイメージの結合の文脈には、終末論と創造論の二通りがある。

## アブラハムとサタンの終末論的組み合わせ ――ユダヤ教の類例――

まず、『十二族長の遺訓』では、アブラハム、イサク、ヤコブとサタン（悪魔）論が終末論の文脈で結びついている。重要な箇所は次の通りである。

『ユダの遺訓』25,1－4
<u>¹これらのあとでアブラハム、イサク、ヤコブがよみがえり、わたし（ユダ）</u>と兄弟たちはイスラエルで部族の長となる。（中略）³そしてお前たちは主の民となり、ひとつのことば（を話す）。そこには<u>ベリアルの迷いの霊</u>はない。永遠に火の中に投げ入れられるからである。⁴悲しんで死んだ者は喜びによみがえり、主のゆえに貧しい者は富ませられ、主のために死んだ者は生命に目覚める。

『ベニヤミンの遺訓』10,5－6
というのも彼ら（アブラハム、イサク、ヤコブ）は「主がその救いを全異邦人にあらわすまで、神の誡命を守れ」と言って、これらすべてを遺産としてわれわれにくれたからである。その時、エノク、セツ、<u>アブラハム、イサク、ヤコブが（神の）右に喜んで立っているのを見るだろう</u>。

『レビの遺訓』18,1－2、12－14
¹そして主が彼らの罪を罰したあとで、祭司職は終わる。²<u>その時主は新しい祭司をたてる。主のすべてのことばは彼に明かされ、彼はこの地で長く真実の裁きをする</u>。（中略）
¹²そして<u>ベリアル</u>は彼にしばられ、<u>彼は彼の子らに悪霊を踏みつぶす力を与える</u>。¹³主は御自分の子らを喜び、御自分の愛する者たちに永遠に満足する。¹⁴<u>その時、アブラハム、イサク、ヤコブは歓喜し、わたし（レビ）も喜び、聖者はすべて喜びの衣をつける</u>。

『十二族長の遺訓』とは別文書であるが、同じ文学ジャンルを名乗る『ソロモンの遺訓』という文書がある。この文書は神が終末に向けて何を計画しているのかをめぐる問答の文脈において、次のように語る。

¹⁴私（ソロモン）は彼（悪霊オルニアス Ornias）に言った、『どうしておまえは悪霊なのに、天に昇ることができるというのか、言ってみろ』（大貫：この問いは直前で悪霊たちが未来に関する神の決定を聞くために、天

に昇ると語ったことを受ける）。[15]すると彼はこう答えた、『天で実現していることは何でも、地でもおなじように実現するのです。(空中を) 飛び回っているもろもろの君たちと権威と諸力たちは、天に入る資格があると看做されています。[16]しかし、私たち悪霊たちは、そこへと昇って行って休むべき居場所がないので、疲労困憊しているのです。そのため私たちは、ちょうど樹から葉が落ちるように、(地上へ) 落ちるのです。そして、人間たちは天を眺めて、星々が天から落ちるかのように思い込むのです。[17]でも王よ、それは本当ではないのです。むしろ、私たちは自分たちの弱さのゆえに落ちるのです。また、掴むものが何もないので、私たちは稲妻のように地に落ちるのです。私たちはもろもろの都市を炎上させ、畑を消尽させます。しかし、天の星々は天の蒼穹に確固たる足場を持っているのです。』」（二 20,14-17）

### 創造論の文脈でのサタンの墜落・追放

　アブラハム、イサク、ヤコブのイメージとサタン論を創造論の文脈で結びつける文書としては、何よりも『アダムとエヴァの生涯』を挙げるべきである。この文書は紀元前1世紀末から紀元後1世紀前半にかけて書かれたものと推定されている。内容について言えば、創世記3-5章で楽園追放された後のアダムとエヴァが、その後死にいたるまで、どのような生涯を送ったかを物語る文書である。その12節、15-16節を読んでみよう。

　　俺 [悪魔] が、天で、天使たちの真中で (以前) 持っていた自分の栄光から追い出され、遠ざけられたのは、きさま (アダム) のためなのだ。また、地に投げ (落とさ) れたのもきさまのせいなのだ。(中略) [アダム] あなたはどうしてわたしたちを迫害なさるのですか。（12節）
　　俺のもとにいる他の天使たちもそれを聞いて、これ (神の似像として創造されたアダム) を拝しようとはしなかった。するとミカエルが、「神の似像を礼拝しなさい。あなたが拝しないなら、主なる神はあなたに対してお怒りになるであろう」と言った。そこで俺は言ってやった。「神が」わたしに対してお怒りになるなら、俺は自分の座を天の星よりも上のほうに置き、いと高きかたと似たものになってやる」と。すると主なる神は俺に対してお怒りになり、俺は俺の天使たちとともに、俺たちの栄光の外へ (追

い）やられた。（こういうわけで）俺たちはきさまが原因で自分たちの住居からこの世に追い出され、地に投げ（落とさ）れたのだ。(15-16節)

次に注目に値するのは、『スラブ語エノク書』である。この文書は、写本の伝承が複雑な上に、原本の成立年代についても、紀元前から紀元後の中世時代までの提案があって、確定が不可能である。いわゆる「長写本」（J）と呼ばれる写本の29章4-5節には、次のようにある。

[4]しかし、天使長たちの内の一人が、彼の支配の下にある群とともに離反した。彼は、地を覆う雲よりも高いところに自分の玉座を置いて、私（神）と同じような力ある者になりたいという不可能な考えを抱いたのである（イザ 14:12-15）。[5]そこで私は彼を天の高みから、彼に従う天使たちとともに投げ落とした。それ以来、彼は底なしの深淵の上の空中を飛び回っていて、絶えることがない。こうして、私はすべての天を創造した。

## まとめ

以上の初期ユダヤ教の類例に照らすとき、天上のアブラハムの存在とサタンの墜落という、イエスの「神の国」のイメージ・ネットワークの二つの中核的イメージが、イエスによる「無からの創造」でないことは明らかである。イエスのイメージ・ネットワークにもっとも近い類例は『十二族長の遺訓』である。そこでは、二つのイメージが終末論の文脈で組み合わされている。

ここには、イエスが「神の国」のイメージ・ネットワークを編み上げるに当たって採用した個々のイメージはどこから来ているのか、という重要な問題が現れている。イエスの「神の国」のイメージ・ネットワークを根底で支えているのは、もちろん個々のイメージではない。それは「天上の祝宴」としての神の国と「アッバ父」なる神という二つのルート・メタファーである。この二つのルート・メタファーは、イエスの実経験に深く根ざしていると考えるべきである。前者はイエスがさまざまな人々、とりわけ、貧しい者たちと繰り返した会食の実経験に根ざしているに違いない。「アッバ父」なる神のルート・メタファーも——イエスの父親経験が実際のところどうであったのかはもちろん分からないが——何らかの形で彼の実経験に根ざしていると考えて間違いはないであろう。

しかし、それ以外の個々のイメージもすべて彼の具体的な実経験に発している必要はない。どのような社会も一定量のイメージを共有する言わば「イメージ共同体」なのであり、イエスもそのようなものとして当時のユダヤ社会で生まれ育ったのである。彼が多くの神の国の譬え話で引き合いに出すイメージの大半は、まさに彼が聴衆と共有しているイメージなのである。そうでなければ、コミュニケーションの媒体にはなり得なかったことであろう。イエスの独創性はそれらのイメージそのものを創造したことにあるのではない。むしろ、既存のイメージを二つのルート・メタファーを中心にネットワーク化すると同時に、逆にそのネットワークの中で個々のイメージに新しい役割と意味を与えたことにある。それは時として、既存の常識では憚られるような用語法にもつながった。イエスの「新しい言論の自由」（『イエスという経験』110頁）と私が呼んだのはそのことである。

　では、イエスの「神の国」のイメージ・ネットワークの中で、アブラハムのイメージはどのような新しさを獲得しているだろうか。『十二族長の遺訓』(特に『レビの遺訓』18:1-2、12-14) では、なお終末論的未来のこととして語られていること、すなわち、ベリアル（サタン）の権能の失墜、配下の悪霊たちの敗北、アブラハム、イサク、ヤコブと聖者たちの死からの復活と歓喜が、イエスにおいてはすでに現在となっている。このことはすでに前述した通りである。

　イエスにおけるアブラハムのイメージには、その点を超えて、さらに決定的な新しさがもう一つある。それはアブラハムが着席している「神の国」の祝宴には、ユダヤ教徒ではない「異邦人」も招かれているということである！これこそ、「私はあなたがたに言っておく。やがて東から西から大勢の人がやってきて、天（神）の国でアブラハム、イサク、ヤコブと共に宴会の席に横たわるだろう」（マタ8:11／ルカ13:29）というイエスの言葉に含まれた革命的な新しさである。

　確かに、イエスにおいて、アブラハム契約は生きている。ただし、それは根源的に新しく造り直されている。もしアブラハムと共に「天上の祝宴」の席に着くべき者たちを「アブラハムの子孫」と呼ぶとすれば、この「アブラハムの子孫」とは、「新しい創造」としての「アブラハムの子孫」という外はない。すでに洗礼者ヨハネがイエス以前に「神はこれらの石ころからでも、アブラハムの子らを起こすことができるのだ」（マタ3:9／ルカ3:8）と宣言していた。ヨハネのこの断言の意味するところは、全く神の審判にのみ尽きるとは言えない。確かに、伝統的な救済史の意味での「アブラハムの子ら」は根源から棄却された。しかし、

ヨハネがそれに代わって、新しい「アブラハムの子ら」が「石ころ」から創造されること、つまり全くの「無」からの創造として「起こされる」ことに望みをつないでいた可能性はないだろうか。イエスは師ヨハネが示唆して行ったこの可能性に、「神の国」のイメージ・ネットワークの中で新しい発展と表現を与えたのだと思われる。

そう考えるとき、前節で確かめたように、イエスに相前後する時代のユダヤ教の中に、サタンの権能の失墜を終末論の文脈で語る表象と創造論の文脈で語る表象の二つがあった事実も新しい意味を帯びてくる。つまり、終末論の文脈で「新しい創造」が待望される限り、両者は決して無関係なままではあり得ないのである。イエスにとって、サタンの墜落（ルカ 10:18）と共に、被造世界全体が変貌し、「宇宙の晴れ上がり」の下に現れているのであった。それはとりもなおさず、「新しい創造」の始まりに外ならない。これを時間論の構造の問題として言い直せば、イエスにおいては、救済史的な時間理解から、終末論と創造論が一つになった時間論へ、線状的なクロノスから、「全時的な今」への転換が起きているのである。

## イメージ・ネットワークの方法論的有効性

以上、われわれは、イエスが「神の国」について紡ぎ出したイメージ・ネットワークの中身、その構成要素を問題にしてきた。しかし、それらの要素はお互いにどのようなネットワークを構成しているのか。この意味でのイメージ・ネットワークを再構成するという私の試みは、イエス研究の方法論としても、重大な意味を持っていると私は自負している。

共観福音書伝承に対するR・ブルトマンの様式史的研究以降、E・ケーゼマンを筆頭とする彼の弟子たちがリードしてきた史的イエス研究においては、いわゆる「独一性の原則」が圧倒的な承認を得て、実際に適用もされてきた。その原則とは、同時代のユダヤ社会あるいはその周辺世界に類例が見つかるような言葉は、たとえそれが現在の共観福音書において、イエスの発言とされていても、実際に生前のイエスにまでさかのぼるものではないというものである。これを逆に言い直せば、周辺世界に類例のない独一のものこそ、歴史的に生前のイエスの真正な発言と看做し得るという原則である。周辺世界に類例の見つかるものは、原則と

して、イエスの死後の原始教会が採用して、事後的にイエスの口に入れたものだと説明される。

そのもっとも見やすい事例が、様式史的研究の術語で「主の言葉」と呼ばれる一群の言葉である。それには、当時の庶民が生活経験を踏まえながら蓄積してきた一種の諺ではないかと思われるものが少なくない。これらは様式史的研究以降のイエス研究では、当然ながら、生前のイエスではなく、原始教会に帰された。原始教会が自分たちの宣教経験をこれらのことばに託して表現し、それをイエスの口に入れたのだというのである。

その結果、ブルトマン学派の研究において提示されるイエス像は、骨と皮ばかりにやせ細り、おまけに脱色されたイエス像になってしまった。なぜなら、真正性、すなわち生前のイエスの発言であることが認められた数少ない言葉についても、それらが相互にどのような意味のネットワークを構成するかを明らかにすることが容易でなかったからである。そうすることがとりわけむつかしい言葉は、まさにこのむつかしさを理由にして、原始教会の産物として説明されるか、仮にそこまでは行かないまでも、扱いをスキップされてきた。そのような隙間だらけのイエス像が「史的イエス」と呼ばれて、あくまで「学問的再構成の枠内での概念」などと説明されてきたのは、決して偶然ではない。私も長い間、そのような隙間だらけのイエス像のために格闘していた。

私にとって大きな転換となったのは、他でもない、これまでの研究においてスキップされ、言わばブラックホール化していた言葉あるいは記事のほとんどが、一つのイメージのネットワークに収斂することを発見したことであった。すなわち、次のものが私の言うイエスのイメージ・ネットワークにとっては中核的なテクスト（記事）となった。

「死人の復活についての問答」（マコ 12:18−27）
「神の国での祝宴」（マタ 8:11／ルカ 13:28−29）
「洗礼者ヨハネに対するイエスの回答」（マタ 11:5−6／ルカ 7:22−23）
「天（神）の国を激しく襲う者たち」（マタ 11:12／ルカ 16:16）
「天から墜落するサタン」（ルカ 10:18）
「金持ちとラザロ」（ルカ 16:19−26）。

そして、イエスの言葉をネットワークで読もうという私のコンセプトは、意識してそうしたわけでは決してないが、ブルトマン学派以後のごく最近のイエス研究の提案とも合致している。特にＥ・Ｐ・マイヤーの浩瀚な研究『ある周縁ユダ

ヤ人 ―― 史的イエス再考』（New York、1991–2001 年）は、「つながり（coherence）の基準」を強調している。G・タイセン『イエス研究における判定基準の問題』（1997 年）はそれに加えて、「さもありなん（Plausibilität）の基準」を提案している。それによれば、周辺世界に類例がある言葉でも、それが生前のイエスによって語られたことを妨げるものは何もない。重要なのは、イエスがそれを採用して、自分の言葉として語ったことが「さもありなん」と思われるような歴史的コンテクストを明らかにできるかどうかなのである。タイセンは、従来の「独一性の基準」、すなわち、イエスの差異化にこだわる基準を、今後は「さもありなんの基準」で置き換えることを提案している。私はこれに賛成する。前掲の言葉の一つ、「死人たちは彼らの仲間の死人たちに葬らせなさい」（ルカ 9:60／マタ 8:22）にもう一度注意していただきたい。仮にこれが元来は、死者の埋葬はその遺族、すなわち「生ける屍」たちに任せておきなさいという意味の諺（佐藤研）であったとしよう。ところが、イエスは今やそれを彼のイメージ・ネットワークの中で、全く新しい意味で使っているのである。「ここでの『死人たち』は比喩的ではなく、どこまでも現実の死人たちである。イエスがなぜこんなことを言えたのか。その理由は明らかであろう、すでに見たように、彼はすでに死人が甦って『神の国』の祝宴に着いているのを見、また、間もなく他の死人も甦るのを信じていたからである」（『イエスという経験』113 頁）。

　イエスの言葉を「神の国」についてのイメージ・ネットワークの中で読むことのもう一つの方法論的意味は、『イエスという経験』（16–17 頁）で述べたことの繰り返しになるが、イエスの言動の内的な動機づけのプロセスを解明できるという点にある。ここで「内的動機づけのプロセスを解明する」とは、M・ウェーバーの理解社会学の意味でのことである。私はこの内的動機づけのプロセスの解明が、従来のイエス研究において等閑に付されてきたことを指摘した。

## イエスの「内側」と「外側」、キリスト教信仰の「内側」と「外側」

### 「謎の死」と「覚悟の死」

　私は前著『イエスという経験』で、イエスの十字架上の最期の絶叫を、文字通りの神への懸命な問いだと解した。その絶叫は、イエスがそれまで「神の国」について編み上げ、それによって自分のすべての言動を意味づけてきたイメージ・ネットワークが破裂した叫びに外ならない。「イエスは遠藤周作が言うような予

定の死を死んだのではない。覚悟の死を死んだのでもない。自分自身にとって意味不明の死を死んだのである。否、謎の殺害を受けたのである」(215頁)。

このとき私がイエスの「内側から」問いを立てていることに注意していただきたい。私の解答は、より一般的に言えば、イエス自身が最期に臨んで、自分の死に何らかの意味を、また、どのような意味を結びつけたのかという問題に答えているのである。イエスの「内側から」と「外側から」という研究者の視点の問題がここに浮上しているのである。

私と同じように、十字架上の最期の絶叫の意味をイエスの「内側から」問うた研究者は、もちろん他にもいる。まず、E・ユンゲルがそうである。

　　イエス自身が自分の死に対してとった態度について、私たちはほとんど何も知らない。イエスは死人の復活について、多くのユダヤの同時代の人々と同様に、それを信じていた。しかし彼は、それとの関連において自分自身の死を語ることはしなかったし、あるいは自分自身の死との関連においてそのことを語ることもしなかった。（中略）いずれにしてもイエスは、絶叫しつつ死んだのである。イエスが絶望に満ちて死んだということを排除することはできない。（『死　その謎と秘義』邦訳1972年、177－178頁）

青野太潮氏はユンゲルのこの見方を受け取って、「最後にイエスは十字架上で絶望の叫びをあげた。それはとりもなおさず神の不在をそこにみることであっただろう。イエスの十字架の最期を史的に語るとするならば、それがすべてであったのだと思う」と述べている（『「十字架の神学」の成立』259頁）。

しかし、研究者の間では、これとは対照的に、そして、むしろ遠藤周作と同じように、イエスの十字架上の刑死を「覚悟の死」と解する者が少なくない。いや、そう解することが、もともと欧米の研究者の間では、実は伝統的に優勢なのである。もっとも最近のところでは、U・ルツがこの立場である。彼はルカによる福音書13章32節「行って、あの狐（＝ヘロデ・アンティパス）に言うがよい、『見よ、私は今日も明日も、悪霊どもを追い出し、癒しを行い、三日目に全うされる（死ぬ）』と、マルコによる福音書8章34節「私に従いたいと思う者は、自分を捨て、自分の十字架を背負って、私に従いなさい」から、生前のイエスが来るべきエルサレムでの死をあらかじめ意識的に受け入れていたことを読み取る。それ

だけではない。最期の晩餐の席でイエスが一つの杯を弟子たち全員に回して飲ませた事実（マコ 14:23、ルカ 22:17）は、ルツによれば、イエスが自分の死を「弟子たちのため、あるいはイスラエルのために命を捨てる」行為と解釈していたことを示していると言う。そして、イエスのこのような最期は、彼の死後の原始教会の復活信仰に向けて、「道備え」をするものであったとも言う（『マタイのイエス』2005 年、47 頁）。

　ここではイエスの死は彼の自覚的な生の一様式となり、イエスの生の内部に収まっている。G・アガンベンの最近の著作『残りの時　パウロ講義』（邦訳 2006 年）の表現を借りれば、「死ぬことができる死」であったと解されている。それと引き換えに、十字架上の絶叫の意味をイエスの「内側から」問う問いはルツには不在である。

　いつか来るべき自分の死が、「死ぬことができる死」、つまり「決意の死」の尊厳を備えたものであってもらいたいと願うのは、おそらく人間というものがほとんど本能的に抱いている潜在的な欲求であろう。この欲求がどれほど強いものであるかは、アガンベンがハイデガーの倫理学全体について鋭く指摘している。アガンベンはまずハイデガーの『存在と時間』において「死」に与えられてる「特別な役割」について、次のように言う。

　　　死は決意の体験であり、「死に向かう存在」の名のもとに、おそらくはハイデガーの倫理学の究極の意図を体現している。（中略）死に向かう存在のうちで、この不可能性とこの空虚を根本から体験するものである決意は、いかなる不決断からも解放され、はじめて完全にみずからの非本来性を自分本来のものとする。いいかえれば、実存の果てしない不可能性を体験することは、人間が世人の世界に踏み迷うことから解放されて、自分自身に自分本来の事実的な実存を可能にしてやる方法なのである（98 頁）。

　アガンベンは続けて、ところがアウシュヴィッツで殺害されたユダヤ人たちの死は、それでは何であったのかと問う。それはおよそ「死ぬことができる死」ではなかった。それはハイデガーの言う「本来的な決意の可能性そのものをあやうくするような」、「かくてはハイデガーの倫理学の土台そのものを揺るがすような」死、決意の死にとっては「死のおとしめ」に外ならないような死の形であった。

前著『イエスという経験』の読者と論評者の中には、イエスの最期の絶叫についての前述のような私の見方に躓きを覚えた人が少なくない。彼らは何に躓くのだろうか。彼らは決して新約聖書の歴史的・批判的研究に通じない人々ばかりではない。だから、研究の方法に躓くのではない。彼らの躓きの原因は、むしろ、イエスは究極的には自分の「死を死ぬ」存在でなければならないという確信にあるのだと私には思われる。彼らにとって、イエスは意味不明のまま、凄惨な十字架刑をもって殺害される存在であってはならないのである。「神の国」の切迫性は妄想に憑かれた男の思い込みであったのではならず、イエスのエルサレム上京は自らの神話的物語に憑かれた男の暴挙になってしまってはならないのである。そうでなければ、イエスの十字架の死の叫びも自業自得、もはや共感できるものにならないからである。

　私にはこの困惑がよく理解できる。しかし、注意していただきたいのだが、それはすでにキリスト教信仰の枠内からの困惑なのである。「キリスト教は嫌いだが、キリストはすばらしい」式の世の知識人たちの困惑でもあるかも知れない。忘れてはならないが、イエスは、キリスト教信仰の外側からは、紛れもなく一人の「妄想に憑かれた男」として処刑されたのである。それは、マルコによる福音書15章29-31節の「おやおや、神殿を打ち倒し、三日で建てる者、十字架から降りて自分を救ってみろ。他人は救ったのに、自分は救えない」という嘲りがよく伝えている通りである。権力の側から見れば、イエスは政治と宗教を混同した妄想家という点で、彼の時代に前後して相次いだ政治主義的メシア運動のリーダーたちと何ら選ぶところがなかったのである。当時の権力ならずとも、現代のわれわれも含めて第三者の視点から、つまり「外側から」客観的に眺める時、当時のユダヤ社会でイエスのような言動を貫けば、非業の最期は必然的な帰結であることが容易に了解される。

　ところが、その同じ「妄想家」の処刑に至る生涯全体の中に、隠された神の働きを認める者たちが出現する。それが原始キリスト教の成立した瞬間であった。前掲のマルコによる福音書15章29-31節の最後の文章「他人は救ったのに、自分は救えない」は、キリスト教信仰の外側からイエスを妄想家と嘲るだけの言葉ではない。そのまま同時に、だからこそイエスは「真に神の子」（マコ 15:39参照）だというキリスト教信仰の内側からの告白なのである。

　「妄想家」と見るのであれ、「真に神の子」と言い表すのであれ、そのいずれも十字架上に絶叫して息を引き取るイエス自身から見れば「外側から」の見方で

ある。しかし、もう一度繰り返すが、イエスは「自分自身にとって意味不明の謎の死を死んだのである。否、謎の殺害を受けたのである」（前著215頁）と私が言う時、私はイエスの「内側から」見ているのである。この「内側から」の見方を先の「外側から」の見方と混同しないことが大切である。イエス自身が自分を「神の子」と考えていたはずがない以上に、自分の最期を一人の妄想家の最期とみていたはずはない。それはちょうど、同じように処刑された政治主義的なメシア運動の指導者たちが自分を妄想家と考えていたはずがないのと同じである。もちろん、「内側から」の見方は、直接イエス本人にインタビューはできないから、私のような研究者の解釈であることに違いはない。しかし、解釈の視点としては明瞭に異なる。二つの視点を取り違えるのは初歩的な誤りである。

こうして、今やわれわれは二組の「内側」と「外側」の交点にさしかかった。一つは歴史上の存在としてのイエスを軸にして、その「内側」と「外側」、もう一つはキリスト教信仰を軸にして、その「内側」と「外側」である。前者を横軸、後者を縦軸として交差させれば、図表2のような4象限の図が得られる。

縦軸の右側はキリスト教の成立した後であるから、キリスト教信仰の「内側」とも言うことができる。「後・内」としてあるのはそのためである。左側はイエスがまだ生きていたときであるから、キリスト教の成立以前である。それもキリスト教信仰の「外側」と呼ぶことができる。「前・外」とあるのはその意味である。右側のキリスト教信仰の「内側から」見ると、イエスは「神の子」であり、「主」であり、「人の子」である。今や信仰の対象なのである。そのような信仰告白の発言は図の第4象限からの発言

**図表 2**

| | | キリスト教信仰 | |
|---|---|---|---|
| | | 前・外 | 後・内 |
| イエス | 内 | ①<br>・預言者<br>・アバ、父よ<br>　　　　（Mk 14,36)<br>沈黙と謎の死(大貫) | ③<br>・Mk 15,34（エロイ、〜）<br>・Lk 23,46（父よ、私の霊を〜）<br>・Jh 19,30（完成） |
| | 外 | ②<br>・悪霊の頭(Mk 12,24)<br>・妄想家<br>　　（Mk 15,29-32）<br>・大食漢（Mk 11,19）<br>・預言者<br>・メシア（Mk 12,23） | ④<br>・キリスト論<br>・他人を救ったが、自分を救えない(Mk 15,30)<br>・Mk 15,39 |

196

である。キリスト教信仰の「内側から」見れば、イエスの十字架の死は必然の出来事である。そのことを福音書の物語の主人公イエス自身の「内側から」の発言の形で言い表すのが、第３象限の視点である。

　縦軸の一番下の部分が右に折れて、左側の「前・外」のスペース（第２象限）がそのまま右へつながっている。それは、当然ながら、キリスト教が成立した後にも、キリスト教信徒ではない者が存在していることを表わしている。

　イエスは絶叫しながら自分自身にとって「謎の死」を死んだのだという私の発言を、この図の中でもう一度見直せば、それが第１象限に視点を定めた上での判断であることは明らかであろう。私の見方では、イエスは妄想家になってしまうのではないかという困惑は、自らを象限３に置きながら、象限１を象限２あるいは３と混同しているのである。

　第１象限において見れば、彼の最期の絶叫は、文字通り、神への懸命な問いであったのだ。懸命な問いとは何か。それは絶望と信頼のギリギリの境界線上の問い、言わば「ヨブの問い」である。しかし、十字架の最期に至るまでのイエスの「神の国」の宣教活動全体を同じ第１象限で見れば、イエスは創造論的普遍救済主義であり、従ってこの世界に破局的な断絶が来るとはもはや考えていなかったのではないのか（『イエスという経験』74 頁）。しかし他方では、三日後に神殿の倒壊なり世界の秩序の逆転があると自ら予言し、それを心底信じていた。だからこそ、それがそうならないまま十字架上の最期に臨んだとき、イエスは「謎」の意味を求めて、「ヨブの問い」を神に投げ返して絶命したことになる。しかし、そのような切迫した破局の予告は、果たして前者の創造論的普遍救済主義と、あるいは私が言う「全時的今」というイエスの時間理解と矛盾なく結びつくのだろうか。これは前著『イエスという経験』に対する論評の中では、とりわけ並木浩一氏によって提出された問いかけである。

## 再びイエスの沈黙と絶叫について　——非神話化への臨界——

　提起されたこの問いは重要である。前著においてこの点が十分考え抜かれていなかったことを私は認めざるを得ない。指摘される通り、私の見方では、「神の国」の最終的な実現を黙示文学的に表象することが、イエスにおいて、「全時的今」の時間理解にもかかわらず、なお残っていることになる。もちろん、「全時的今」はイエス自身の用語ではない。私がイエスの「今」の理解を非神話化して現代へ移すために採用した表現である。しかし、用語とは別に、「全時的今」の

事態そのものは、間違いなくイエスにおいて働いていると思う。すると問題はこうなる。すなわち、「神の国」の最終的な実現——特にそれに先立つ宇宙的な破局——についての神話的な表象を、イエス自身は一体どこまで非神話化できていたのか。

この点で私に一つの示唆を与えてくれるのが、職場の同僚でもある湯浅博雄氏（フランス文学・現代思想）の著作『聖なるものと〈永遠回帰〉』（2004 年）である。氏によれば、「聖なるもの」とは、「私にとってまったく異なる他者」であるがゆえに、それとの「関係を無限に再開始してやまない」ものである。それは主体の知、日常的な時間（クロノス）の中へと現前化し切らず、そのような現前性を超え出た「非知の領域」あるいは「余白」を含んでいる。それに直面すると人間の主体性は「宙吊り」になる。それは「反復的・永劫回帰的にのみ生きられるもの」であり、「私がそれへと到達できないまま、その切迫のうちにとどまり、いつまでも経験し続けるほかない出来事」である。その対極は、もともと〈起源の出来事〉（オリジン）が過去に現前していたと考えて、それをどこまでも同一なものとして繰り返すこと、すなわち、〈同一なるものの反復〉というイリュージョンである。

湯浅氏はこの「聖なるもの」を「死」の経験と類比させているが、内容的にはむしろ「いのち」に類比させるべきだと私は考える。そして、生前のイエスが「神の国」として告知したものは実はそのことに他ならなかった。イエスの「神の国」は文字通り、「私がそれへと到達できないまま、その切迫のうちにとどまり、いつまでも経験し続けるほかない出来事」、人間の主体を宙吊りにする「非知」なるもの、「純粋な贈与」と言い換えることができる。

しかし、忘れてはならないのは、これがすでに一つの非神話化の言説だという点である。確かにイエスは自分が宣べ伝えている「神の国」を繰り返し「いのち」と言い換えていた。その最も鮮やかな例はマルコによる福音書9章43－47節である。

> [43]もし片方の手があなたをつまずかせるなら、切り捨ててしまいなさい。両手がそろったまま地獄の消えない火の中に落ちるよりは、片手になっても<u>生命に与る方</u>がよい。[45]もし片方の足があなたをつまずかせるなら、切り捨ててしまいなさい。両足がそろったままで地獄に投げ込まれるよりは、片足になっても<u>生命に与る方</u>がよい。[47]もし片方の目があなたをつまずか

せるなら、えぐり出しなさい。両方の目がそろったまま地獄に投げ込まれるよりは、一つの目になっても神の国に入る方がよい。

　この言い換えは、ほとんど非神話化の言説である。生前のイエスはこの点で、非神話化への臨界点に到達していたと言える。しかし、それでもなお、彼は古代人として、われわれの言う非神話化の側へ飛び越えてくることはなかった。その手前に留まったのである。生前のイエスを現代の哲学者や神学者にしてはならない。哲学や非神話化の言説の範囲に留まっているかぎり、人は処刑されることはない。反対に、イエスが処刑されたのは、彼の「聖なるもの」すなわち「神の国」が、現実に地上に現前化する――もちろん彼自身の力ではなく、どこまでも神の力によって（マコ9:1）――と確信して、それに殉じたからだと私は思う。それは客観的にイエスの「外側から」見れば、現代人ならぬ古代人イエスの「誤算」であったと言うことができる。私たちは、イエスにそのような誤算とそのための揺らぎ認めることにやぶさかであってはならない。その必要もない。イエスもまた、パウロの言葉を使えば、「土の器」（2コリ4:7）であったはずだからだ。ここでは、イエスは一切の誤謬ましてや夢想から解放された存在であってもらいたいという弁証的思考に陥らないように注意が必要である。

　イエスの「全時的今」の時間理解は、彼が「神の国」にかかわる神話的表象の非神話化まであと一歩のところに到達していたことを意味している。もちろん、このことは歴史的個体としてのイエス自身がそれを「非神話化」の歩みとして意識していたということではない。あくまで、現代のわれわれという「外側から」見るとき、「非神話化」と呼び得る事態がそこに始まっているという意味である。二回の裁判を貫いて変わることがなかったイエスの深い沈黙も、同じ意味で、言わば非神話化の闘いであり、十字架上の最期の絶叫は非神話化への臨界線上での叫びであった。

　　　　　　　　　　　　　　　　（おおぬき・たかし　東京大学教授）

## パウロ研究の最近の動向

山内　眞

　日本聖書協会の今回の企画は、聖書の研究者だけでなく、広く一般にも開かれたフォーラムですので、レクチャーは専門的・学術的であると同時に、当然ながら、多少ともポピュラーな性格を持ち合わせていることが求められていると受けとめております。

　そこで、こうしたフォーラムの特長に即して、「パウロ研究の最近の動向（その 2）」と言うテーマを選ばせていただきました。もっとも、私は、同じ主題で数年前に小論文を発表しておりまして、そこで取り上げていない項目も今日のレクチャーには盛り込まれています。部分的にはそのペーパーに重なるところがあることを最初におことわりしておきたく存じます。

　　　　　　　　　　　＊　　　　　　　　＊
　はじめに
　（1）E・ケーゼマン
　（2）K・ステンダール
　（3）E・P・サンダーズ
　（4）G・タイセン、W・A・ミークス（社会学的アプローチ）
　（5）H・D・ベッツ（修辞学的批評）
　（6）P・A・ホロウェイ（書簡類型論）
　むすび

## はじめに

　戦後、1950年代から60年代にかけて、R・ブルトマンの『新約聖書神学』とかれの一連の論考が、パウロ研究全般に多大な影響を及ぼしたことは、改めて言うまでもない[1]。
　ブルトマンの新約聖書神学についての理解は、要約すれば以下のごとくとなる。
　ブルトマンは、新約の救いについての叙述はすぐれて〈神話論的〉であるゆえ、これは、（信仰的）自己理解の表現・客観化と言う神話の本質に即して、宇宙論的にではなく人間学的に、むしろ実存論的に解釈されることを欲している、との基本理解に立ち、そこから、新約聖書神学の課題は、新約の神話論的表象を〈非神話化〉すること、すなわちそれを実存論的に解釈することにより、その〈本質内容〉（＝わたしの救いにとっての有意義性＝実存史的な有意義性）を明確にするところにある、と捉えた。

　　よって、それに応じて、ブルトマンはパウロ神学を、ヨハネ神学同様、専ら個人の実存に方向づけられたものとして、これを徹底して人間学的・実存論的に解釈して叙述した。こうしたブルトマンの解釈の独自性は、例えば、ブルトマンが説明するパウロの義認論には、〈信仰の決断〉というアスペクトが強く打ち出されたすぐれて実存論的な信仰義認・人間論的救済論としての性格が鮮明である、という事情だけをみても否み難く分明である（後述も参照）。概括すれば、ブルトマンによって描き出されたパウロ像には、神の前における〈人間実存の深み〉に光明を投じる神学者としての特徴が鮮やかであり、それは読者に、アウグスティーヌス、ルター、パスカル、あるいはキェルケゴールなどによって培われた西欧神学の豊かな伝統のいわば父としてのイメージを強烈に印象づけるものであると言えよう[2]。

　ブルトマンのパウロ研究に対する反論は、ブルトマン学派の内と外の双方から持ち上がったが、60年代から70年代はじめの頃にかけて最初に挑戦を試みたの

---

[1] 『ブルトマン著作集』川端純四郎訳、新教出版社、3-5巻、1980年。『ブルトマン』熊沢義宣著、日本基督教団出版部、1965年、334頁以下。
[2] 『新版　総説新約聖書』大貫隆、山内眞監修、日本基督教団出版局、2003年、37頁。

はブルトマンの弟子の一人であるE・ケーゼマンであった（文献は後述を参照）。ケーゼマンは、要約して言えば、黙示思想・宇宙論の〈キリスト論的解釈〉に立脚して（後述を参照）、実存論的に解釈されたブルトマンによるパウロの人間論と義認論に強い批判を浴びせた。

同時代にブルトマンに加えられた反駁としては、K・ステンダールの論説がある（文献は後述を参照）。ステンダールのブルトマン批判の論点は、パウロの使信は、義認論ではなく、とりわけローマの信徒への手紙9－11章に明瞭な〈啓示の救済史的概念〉を回転軸としている、と言うところにある。

70年代後半に入り、ブルトマンのルター的パウロ解釈はE・P・サンダーズにより新たな視点から批判されることとなった（文献は後述を参照）。サンダーズは、1世紀のパレスティナのユダヤ教文献の検討に基づいて、当時のユダヤ教においては律法への従順は義の獲得の手段と考えられていたのではなく、それはすでに神の恵みによって与えられた契約関係を維持するものと解されていたと言う所説を提示し、その見地に立ってルター、ブルトマンとは全く異なった新しいパウロ解釈を試みた。

サンダーズ以後のパウロ研究には、大まかにいえば、サンダーズによって提示された〈新しい視点〉を積極的に受容して探求を進めるグループと、他方、概ねこれまでのルター的な義認論の解釈に沿って研究を続ける者が認められ、二分化の傾向を呈している[3]。

しかし、それらとは別に、G・タイセン、W・A・ミークスなどによる〈社会学的視点〉からするパウロ研究が実績をあげつつあり、また70年代中頃から始まった修辞学的批評・書簡類型論と言う新しい方法論的展開もあり、これらもまた最近のパウロ書簡の研究動向の一環として刮目に値する。

以下の本論においては、上で言及した研究者の論考、および新しいアプローチを取り上げ、相互の論点の絡みにもできるだけ留意しつつ、それぞれについて概読することとする。

---

[3] 例えば以下を参照。ジェイムズ・D・G・ダン、『新約学の新しい視点』山田耕太訳、すぐ書房、1986年。

## （1）E・ケーゼマン

　ブルトマンによるパウロ神学の〈実存論的解釈〉に対するケーゼマンの批判は、大ざっぱに言えば〈人間論〉と〈義認論〉の二点に収斂すると捉えうる。

### 〈人間論〉について

　最初に、ケーゼマンが問題視するブルトマンによるパウロの人間理解を確認しておきたい。

　ブルトマンは、よく知られているように、パウロの人間理解を、非本来的な〈信仰の外なる人間〉（本来的実存を失った人間）と、本来的な〈信仰における人間〉と言う観点から捉えて叙述した。その論点は、以下のごとくまとめうる。

　〈信仰の外なる人間〉とは、この世に頽落した人間（人間の非本来性。グノーシスも同じ理解）を意味する。頽落の責任は人間の罪にあり、自分以外のもののせいではない（グノーシスの場合には、物質的肉体の呪縛がもたらす宿命と考えられている）。本来的実存を喪失した人間は、肉＝見える処理可能なものに保証を求め、そこに人間が依存する諸力が生じ、それが神話的表象によって表される。

　他方、本来的な〈信仰における人間〉の生活は、見える処理可能なものへの依存を放棄することによって自由にされた者の生活のことであり、これは、神の恵みへの信仰によって、聖霊により、人間にとって可能となる。この本来的人間の実存は、〈いまだ〉（命令法が当てはまる状態）と〈すでに〉（直接法が当てはまる状態）との間にあっていつも新たに〈信仰の決断〉を迫られている〈終末論的な実存〉である（黙示文学的・グノーシス的終末論の非神話化・決断的二元論）。

　要するにブルトマンはパウロの人間論（＝パウロの神学）を徹底して個人の実存に方向づけられたものとして解釈した。これに対するケーゼマンの批判は、ケーゼマンの学位論文、『からだとキリスのからだ』（*Leib und Leib Christi*, 1933）に最初に認められる。その後も、しかし、かれの人間存在の〈からだ牲〉についての主張は変わっていない[4]。

　ケーゼマンの論点をまとめれば、以下のごとくとなる。

---

[4] 例えば、以下を参照。E・ケーゼマン、『ローマ人への手紙』岩本修一訳、日本基督教団出版局、1980年。E・ケーゼマン、『パウロ神学の核心』、佐竹明、梅本直人訳、ヨルダン社、1980年。E・ケーゼマン、『新約神学の起源』渡辺英俊訳、日本基督教団出版局、1973年、234頁以下。

ブルトマンによるパウロの人間論の解釈は、グノーシス的二元論的人間理解を退けているが、意志と行為の主体である〈本来的自己〉（〈本来的わたし〉＝「内なる人」、ロマ 7:23）とその自己の客体である〈からだ〉を区別することによって、実際には、〈自然〉（外なる人・からだ）と〈霊〉（内なる人・精神）を区別する二元論的人間論に陥っている。そのためにブルトマンのパウロ解釈においては、救いの対象は〈本来的自己〉に限られ、自己の意志と行為の客体である〈からだ〉は、世の存在から取り出されている信仰者には本質的な意味を持たないものとなり、結局、そこでは信仰者の世界から、また歴史からの断絶、すなわち、福音の宇宙的次元と歴史的地平が失われると言う事態が生起している。

　パウロによれば、しかし、人間は本来〈からだ〉として自然と社会と歴史に属している存在であり、その〈からだ牲〉を超越して彼岸に生きることは可能なことではない。信仰者の存在は、〈世から取り出された終末論的実存〉（ブルトマン）ではなく、むしろ、新しい世界である〈キリストのからだ〉の肢体として、しかしまだ肉の世界から取り出されていない〈世界内的存在〉として捉えられねばならない（〈からだ〉的実存としての人間）。

　この世界は、しかし、パウロによれば古い世の中に福音を通して新しい世が突入したことにより、〈支配勢力〉の終末論的抗争の領域となっているのであって、すなわち、世界を支配する諸力が個々の人間を自分の地上における代表者として獲得すべく争っている抗争の場となっているのであって、黙示文学に見るように古い世と新しい世は年代順に、また空間的に分離されたものとして在るわけではない。

　よって、パウロは〈世界は誰に属するか〉との世界の運命についての黙示文学的・宇宙論的問いを、支配概念を中心として〈われわれは誰に属するか〉との実存的問いによって深化・展開しつつ肉・律法・アダムの〈支配〉と神・霊・キリストの〈支配〉の問題を叙述しているのであり、パウロ神学はこの地平からこそ理解されなければならない。

〈義認論〉について

　ブルトマンはパウロにおける神の義を〈賜物〉と捉え、義の賜物の受領を〈決断〉による人間の本来性（＝終末論的実存）の獲得と解釈した（人間論的救済論的解釈・実存論的信仰義認論）。

これを批判してケーゼマンは、パウロの理解によれば、（十字架と復活の出来事をとおして）神はキリストをわれわれの罪のために引き渡した（賜物としての義）が、同時に、しかし、それに劣らずキリストはわれわれのキュリオス（主）となったのであるから（支配力としての義）、パウロの義認論の趣意・含蓄は、当然、その基本理解に応じて捉えられなければならないとして、神の義の〈賜物〉としての性格だけでなくそれに伴って〈支配力〉としての性格をも打ち出し、力点を明確に後者におく解釈を提示した。要するに、論点は、パウロにおける救いとは、ブルトマンが理解したごとく〈賜物〉としての神の義を〈信仰の決断〉によって自己のものにすることではなく、罪の支配下からキリストの支配下への転換であり（人間を支配する主人・支配者の交替）、神の支配がキリストの支配を適して個々の実存において確立されることである、と言うところに収斂する（キリストはきたるべき宇宙的支配者となったが、しかし、すでに地上のからだ、すなわち教会をとおして支配を行使している）[5]。

　以上をまとめて言えば、ケーゼマンは、ブルトマンがパウロ神学を専ら〈人間論的・実存論的〉に解釈をしたのを問題視し、その点を突いて逆に〈黙示文学的・宇宙論的解釈〉を打ち出し、これを徹底化（キリスト論的再解釈）することによりブルトマンに対する反論を試みた、となろう。批判をもたらした要因は、パウロは、黙示思想・神話論を非神話化したのではなく、むしろこれをキリスト論的に解釈して受容したと言うケーゼマンの基本的判断・理解にあると目しうる。従って、当然ながら、ケーゼマンのパウロ解釈は〈キリスト論〉を基軸・回転軸に持つものとして特徴化されることとなる。

（2）K・ステンダール

　K・ステンダールは、アウグスティヌスに端を発し、宗教改革を経てブルトマンの実存論的解釈につながるパウロ解釈は、ユダヤ教の律法理解に対するパウロの闘いを、従って、それに由来する義認論を、内面へと向かうヨーロッパの目で捉えてそれをパウロ神学の中心に据えたものであると判断し、この伝統的解釈を退けた[6]。ステンダールの論点は、要するに、西洋のキリスト教の罪および良心についての見方が、ユダヤ主義に対するパウロの防衛を過大評価し、それに伴いパ

---

[5] 義認論については、例えば、『新約聖書の起源』247頁以下を参照。
[6] K・ステンダール、「使徒パウロと西洋の内省的良心」*Harvard Theological Review*, 1963。

ウロ神学の重点は〈救済史〉から義認の問題へと取り換えられた、と言うところにある。

　義認論をパウロ神学の〈副噴火口〉ととる考え方は、W・ヴレーデ、A・シュヴァイツアーにも認められ、同じような意見はさらに遡ってすでに F・バウルに看取される。また、比較的最近においては、J・ムンクとO・クルマンがパウロの救済史的解釈を打ち出している。こうした事情は、ステンダールの解釈は必ずしも孤立したものではなく、パウロ解釈史における一つの潮流に乗ったものであることを示しており、それだけにパウロ研究の動向を問うに際しては、見逃し得ない。
　ステンダールの論考の骨子は、以下のごとく要約される。
　パウロの信仰義認論は、ユダヤ主義的キリスト教徒の律法要請から異邦人キリスト教徒を守り、かれらの律法なしの生活を正当化するために唱えられた教理であり、従って、信仰義認論とはパウロ神学の中心的教理ではなく、むしろこれはパウロの教会の、律法・割礼からの自由を確保すべく、ユダヤ主義的キリスト教徒の議論に抗してパウロが主張したすぐれて〈弁証的〉な教理である。
　パウロ自身は、回心以前も回心後においても、後のパウロ解釈者たちがパウロに帰した罪意識をもっていたわけではない。むしろパウロ神学は、ローマの信徒への手紙9-11章に明瞭であるごとく、〈啓示の救済史的概念〉を基軸としている。
　従って、ルター的パウロ解釈はパウロの義認論のヨーロッパ的誤解であり、パウロにおいて二次的に過ぎなかった教説に中心的位置を与え、ローマの信徒への手紙 9-11 章に展開されている神の救いの計画におけるイスラエルの位置と言う、パウロ神学のクライマックスを成す〈救済史〉の問題を周辺に押しやった。
　ステンダールの所説を正面から受け止めて、論駁を試みたのがケーゼマンの「ローマ人への手紙における義認と救済史」であり、この批判論文の要点を一二摘出すれば、以下のごとくとなる[7]。
　パウロ神学に救済史的地平があると言うことは、否定されるべきではない。しかし、例えばローマの信徒への手紙5章12節以下を検討すれば、パウロが歴史を連続的発展の過程としてではなく、アダムとキリストの二つの領域の対立とし

---

[7] E・ケーゼマン、『パウロ神学の核心』、佐竹明、梅本直人訳、ヨルダン社、1980年、98頁以下。

て捉えていること(死と生、罪と赦し、律法と福音の対立関係にパラレル)、従って、そこでは〈かつて〉と〈今〉の〈弁証法〉が問題となっているのが明らかである。

またローマの信徒への手紙 8 章 36 節によると、人間的規準で量れば、救いは根本的にはわざわいの中に隠されている(ロマ 4:12 以下、9:6 以下も参照)。それゆえパウロの救済史的宣教は、最も深い〈逆説〉として解されねばならない。

加えて、〈義認論〉は闘争理論であるが、それは今日では時代遅れの代物といわれなければならないほど時代に制約されてはいない。

> われわれが問わなければならないことは、パウロが批判したユダヤ教の律法主義は誰を代表するものであるかと言うことである。…それは、神の約束を自分たちの特権に変え、神の命令を自己聖化の手段にしている、敬虔なあの交わりなのだ、と[8]。

〈義認論〉は決して個人を志向しているものでもない(この点に関しては、ケーゼマンはステンダールの抗議に同意している)。パウロの〈義認論〉は個々人に向けられた神の賜物にかかわる教説ではない。〈義認論〉はイエスの十字架から獲得されたキリスト論なのである。別言すれば、義認とはこの世的実存に、十字架のキリストによって焼き印を押されることであり、神はこの世に向かって、われわれにおいて、われわれを通して手を差し延べる。

> 神が単に信仰者個々人の主あるいは祭儀の神ではなく、キリストのしるしにおいて宇宙の支配者になると言うこと、これがパウロの義認論の意味である[9]。

よって、パウロは、

> キリストにおいて啓示された終末論的な法則に従って、つまり最初の者が最後になり最後の者が最初の者になると言う、この世の価値の転倒に従って、9-11 章を描く。…救済史は義認論の完成ではない。…むしろそ

---

[8] 前掲書、14 頁。
[9] 前掲書、120 頁。

れは義認論の歴史的な深み、つまり義認論の一局面なのである。…キリストによって教会が規定されるのであるように、救済史は義認論より上位に位置づけられてはならない[10]。

**コメント**
　（1）パウロはキリスト論から契約と律法を軸としたユダヤ教の義認論を捉えなおし、同じくキリスト論から旧約・ユダヤ教の救済史思想を捉えなおした。これは、伝統を（特殊）啓示の直下に立って解釈・修正した（corrective に関与した）と言うことに外ならない。義認論か救済史かのあれかこれかではなく、パウロ神学の通奏低音・回転軸とは、キリスト論でありこれを基底に多様な旋律が構成され、これを軸にその神学思想の外延が展開している、と捉えたい。
　（2）ステンダールに代表される救済史的解釈に向けられたケーゼマンの批判は相当に強力であり、〈救済史〉がはらむ〈弁証法・逆説性〉の問題の指摘、〈キリスト論的地平〉への〈義認論〉の展開などはケーゼマンの持論に基づく反論・展開であり、研究者の間に共感を覚える者は少なくなかったであろう。もっとも、ケーゼマン自身は、ステンダールの論考はテクストの分析と言う点で弱いと批判しているが、実は、ケーゼマンの論文にも同じ批判が当てはまる。
　以上の動向とは別に、パウロの義認論のルター・ドイツ的解釈は、70年代後半に入って一世紀のパレスティナ・ユダヤ教の律法理解についての考察に基づいた〈新しい視点〉から改めて強い批判を浴びることとなった。

**（3）E・P・サンダーズ**

　P・ビラベクは、パウロの時代のユダヤ教について次のように記している。「古いユダヤ教は、最も完成した自己救済の宗教である。そこには、世の罪のために死ぬ救済者・救い主のための余地はない」[11]。こうしたユダヤ教についての見方に立脚したパウロ解釈が宗教改革以来のドイツ神学の基調であったことは、周知のとおりである。この立場は、しかし、70年代後半に至り、ステンダール等と

---

[10] 前掲書、120−121頁。
[11] E. P. Sanders, *Paul and Palestinian Judaism: A Comparison of Patterns of Religion*, Philadelphia : Fortress Press, 1977, 43 に引用がある。

は異なった観点から、サンダーズにより強烈な揺さ振りをかけられることとなった[12]。

サンダーズは、1世紀のパレスティナユダヤ教においては、律法への従順は、神の選びにより、すでに恵みによって与えられた契約関係を維持するが、選ばれて契約に入る手段、すなわち神の恵みそれ自体を獲得する手段とは考えられていない、と言う事情を当時のユダヤ教文献の詳細な検討によって裏づけ、1世紀のパレスティナユダヤ教を〈契約遵法主義〉(Covenantal nomism) と特徴づけた。そこからサンダーズは、1世紀のユダヤ教とパウロの宗教の思考様式 (pattern of religion) の解明と双方の比較へと考察を展開している。

サンダーズの主張の要点だけを取り出せば以下のごとくとなる。
〈契約遵法主義〉について
〈契約遵法主義〉の組成は以下のごとく要約される。
(1) 神はイスラエルを選び、(2) 律法を与えた。律法は (3)(律法を遵守するならば) 選びを維持すると言う神の約束と、(4) 服従の要請との双方を含意する。(5) 神は服従に報い、違反を罰する。(6) 律法は贖罪の手段を提供し、贖罪は (7) 契約関係の維持、あるいは回復をもたらす。(8) 服従と贖罪と神のあわれみによって契約関係を持続する者は、すべて将来救いに与る。

以上から、明らかなごとく、〈契約遵法主義〉の特徴は、(1) 選びと (2) 最後の救いは人間の功績によってではなく、専ら、神のあわれみ・恵みによると解されている点にある。これを律法に即して換言すれば、律法への従脈・服従は契約に入り、これを獲得する手段ではなく、恵みによって与えられていた契約関係を持続・維持する手段である、と言うこととなる。以上に鑑み、おそらくは〈契約遵法主義〉は、恵みと律法の行為に関する限り、半ペラギウス主義的傾向を有していると見なし得る。

パウロが、回心後、契約遵法主義をどのように捉えたかと言う点についての研究者の意見は分かれている。

---

[12] 前掲書参照。

例えば、J・D・ダンは、律法をイスラエル民族のしるしとしての割礼、食物規定、安息日の掟に限定した上で、パウロは契約遵法主義にともなう民族主義的主張にのみ反対したととる。しかし、ユダヤ人の民族主義や人種問題にのみパウロの関心が集中していると見るのは行き過ぎである。むしろ、パウロの捉え方の特徴は、おそらくは、社会・文化的パースペクティヴと律法についての神学的洞察が重なっているところにある、と見るべきであろう。

その他、例えば、H・ヒュブナーは、パウロをルター以来の古典的なパウロ理解に沿って捉えているし、H・レーゼナンは、パウロは当時のユダヤ教を誤り伝え、歪曲しているととる。

**パウロの〈信仰義認論〉について**

〈信仰義認論〉をパウロ神学の中心主題とみるルター的解釈に対するサンダーズの批判は、以下の諸点に収斂する。

（1）信仰義認論は、それが最初に主張されているガラテヤの信徒への手紙においては、〈エン・クリストー〉（キリストにある）と言う概念につながる他のよりよく定着した諸概念に助けられて論述されている。（2）信仰義認論は、律法問題が取り上げられなければならない箇所にでるに止まる。（3）パウロは、キリスト教徒の倫理の問題への論及に際しても、洗礼および主の晩餐に言い及ぶに場合にも信仰義認の概念に依存していない。

以上の確認を踏まえて、サンダーズはパウロの生と思想を規定している中心的概念として、（1）人は信仰によりキリストと一人となり（キリストへの参与 [participation in Christ]）、（2）キリストにある生を破壊するものと交わることなく、「純真で責められることのない」者として止まることにより主の再来時に救いに与る、と言う二点を指摘し[13]、そこから、パウロの宗教とユダヤ教の〈類型〉（パターン）の相違についての議論へと進み、最終的には、パウロは、律法を受け入れ、その遵守を重んじる〈契約遵法主義〉を否定したとの結論に辿り着いている。

一世紀のパレスティナユダヤ教を〈契約遵法主義〉と捉えるサンダーズの所説がパウロ研究全般に与えた影響は非常に大きく、その後のパウロ研究の一つの大

---

[13] サンダーズはこのパウロの宗教を〈参与者的終末論〉[participationist eschatology] と称している。

きな流れはこれに端を発している。G・キッテルの『新約聖書神学辞典』、H・シュトラック―、P・ビラベクの『タルムードとミドラーシュによる新約聖書注解』、E・シューラーの『イエス・キリストの時代のユダヤ民族史』(1886-90年) なども、いずれサンダーズの研究を反映させなければ、そのままではアウト・オブ・デイトなものとなるであろう。

　もっとも、サンダーズの論考に難点・弱点がないわけではない。たとえば、サンダーズは、パウロ神学においては〈キリストへの参与〉と言う考え方が顕著であると捉え、この関連において〈キリストにある〉と言う定型表現を取り上げるが、この〈参与〉概念や定型表現自体についての解説には掘り下げが著しく不足している。また、パウロの宗教の類型の由来・起源についての検討が皆無である点に不満を抱くものも少なくないであろう。さらに、サンダーズの場合には、パウロとユダヤ教の断絶が一方的に強調されるが、実際には事情はより込み入っているとの反論も充分ありうる。これらの残された諸問題は、しかし、J・D・ダンなどサンダーズに続く研究者たちによって、おそらくは徐々に解明・解決されていくと予想される。

### (4) G・タイセン、W・A・ミークス（社会学的アプローチ）

　新約聖書の〈社会学的考察〉は 19 世紀の終りの頃から 20 世紀にかけて、例えば原始教団の生活の解明を試みた E・V・ドプシュッツ、キリスト教の伝道活動の社会的側面を探求した A・V・ハルナック、パレスチナ社会に関心を寄せた E・シューラー、原始キリスト教の社会思想を取り上げた E・トレルチ、碑銘学やパピルス学を援用して下層階級の生活の把握を試みた A・ダイスマンなどによって、また少し遅れてシカゴ学派の影響の下にキリスト教の社会的起顔を問った J・ケイス、小アジアにおけるキリスト教の伝播にとって経済的・社会的要因が持つ意義を論述した S・デイッキーなどによってもかなりの程度まで押し進められ当時すでに、新約聖書学にとっての社会学的問題設定の重要性は広く認識されるに至っていた。これには、アメリカのソーシャル・ゴスペル（社会的福音）、ドイツ語圏での宗教的社会主義などの影響も関係していることは、周知のとおりである。しかし、この方面の研究は、当時、相前後して台頭した弁証法神学およびテクストの実存論的解釈に凌駕され、その後は期待された展開を示していない。

現代の社会学的研究成果を積極的に導入した社会学的アプローチからする新約・原始キリスト教研究が活発化したのは70年代の半ば以降であり、その探求の本格化に大きく寄与したのがわが国でもよく知られているG・タイセンである。

社会学的・社会史的アプローチからするパウロ研究は、タイセンによるもの以外にも、これまでに幾つか注目すべき成果が公にされているが、以下においてはこの方面を代表するタイセンとW・A・ミークスの論考を瞥見するに止めざるをえない[14]。

G・タイセンは、『原始キリスト教の社会学』の第3章において、コリント教会の状況を取り上げてパウロのキリスト教の社会学的分析を実施し、それによって教会の〈状況分析〉(主にパウロの敵対者の問題)と〈伝承分析〉(原始教団の伝承とパウロの伝承の受容の問題)に集中した従来のパウロ研究が取り残した諸問題の解明を試みている[15]。タイセンがそこで提示しているテーゼをまとめて記せば、以下のごとくとなる。

(一) 地域教会が直面した内部的問題(例えば、偶像に供えた肉の問題、1コリ8)はメンバーの属する階層に制約された問題であり、原始キリスト教の〈愛の家父長制〉(love‐patriarchalism)のもとでの解決、すなわち階層間の和解を目標としている。

補足説明
従来は、この問題は社会学的に、すなわち社会階層に起因する問題として、社会学的生活の座との関連で解釈されることはなく、もっぱら神学的に、キリストに対する罪と言う観点から捉えられた。

社会層についての補足説明
タイセンと荒井献氏によると、コリント教会は、貧しい者(下層階級に属する)と富める者(上層階級の知識人。思想的にはグノーシス的)からなり、教会設立当初は前者が主なメンバーであったが、コリント前書が書かれている時点では、後者が影響力を持つようになっていた(タイセンはこの社会学的変動を意識していない)。荒井によれば、後者は知恵のことば(イエスの言葉伝承)を受容して、

---

[14] *Anchor Bible Dictionary* VI. 98f. 参照。
[15] G. Theissen, *Studien zur Soziologie des Urchristentums*, Tübingen : Mohr, 1979. G・タイセン、『原始キリスト教の社会学』渡辺康麿訳、[ヨルダン社、1991年] は第1部の邦訳。

これをかれらの二元論的人間理解に即して解釈し、救済の現在性を主張した。その結果、特に貧しい者たちの間に霊的熱狂主義を引き起こした、とされる[16]。

（二）パウロと、競合する伝道者たちとの間に生じた緊張関係には、競合者たちの神学的主張とは無関係に、社会学的視点から説明可能な側面がある（例えば、パウロの被扶養権の放棄の問題）。すなわち、原始キリスト教における伝道者には、ヘレニズムの諸地域において〈教会設立者兼組織者〉としての役割を担った者（ローマ的な愛の家父長制に適応し、これを助長する者）と、既存教会に経済的に依存して生活する〈巡回霊能者の役割を果した者〉（パレスティナ教会の無家族的エートスからでた者）があり、両者は競合関係にあった。

補足説明
パレスティナ出自の巡回霊能者は、イエスの弟子派遣命令に押して、生活費を各個教会に頼り、被扶養権を使徒であることの資格証明とした。パウロはこれを放棄したために使徒権を疑われた。ここには、パレスティナとヘレニズム世界における社会学的要因の変化に起因する問題が介在している。
パウロは手職人であったから権利を放棄した。ヘレニズム世界に教会を創設しこれを組織化する際して、ローマ的な愛の家父良制に適応しこれを助長する機能を果たす方がベターと考えた。パウロ自身の言葉としては、以下を挙げ得る。「キリストの福音の妨げにならないようにと、すべてのことを忍んでいる」、宣教活動は自分の利益のためではない（1 コリ 9:12, 18）、「すべての人に対して自由であるため」（1 コリ 9:19）。

パウロ研究2 b
W・A・ミークスは、パウロ書簡を手がかりに初期キリスト教の社会史、すなわち当時の普通のキリスト教徒の生活の一般的・典型的形態を実証的に解明をすると言う課題に取り組んだ[17]。方法論としては、ウェーバーのカリスマ理論、デュルケムやダグラスの儀礼理論、あるいはバーガー、ルックマンの社会的現実理論

---

[16] 「コリント人への第一の手紙におけるパウロの論敵の思想とグノーシス主義の問題」荒井献、『新約聖書とグノーシス主義』岩波書店、1986 年、171 頁以下。NTS 19,1973, pp. 430-437.
[17] ウェイン・A・ミークス、『古代都市のキリスト教——パウロ伝道圏の社会学的研究——』加山久夫監訳、ヨルダン社、1989 年。

などが折衷的に通用されているが、ミークス自身はかれの立場を〈中道的機能主義者〉(moderate functionalist) と称している。

　取り上げられている問題は、(第一章) パウロ的キリスト教の都市的環境、(第二章) パウロの教会のメンバーの社会層、(第三章) 教会の形成、(第四章) 統治、(第五章) 祭儀、(第六章) 信仰形態と生活形態と網羅的であり、コリント教会の問題に集中したタイセンとはその点において相違が著しい。個々の議論の解説はできないが、ミークスの探求は、全体として程よくバランスのとれた論調によるパウロのキリスト教の本格的な社会学的研究と言い得る。それには、おそらくは、さまざまの方法を折衷的に、しかし、慎重に適用するミークスの〈中道的機能主義者〉としての判断・見方が関係しているであろう。

　新約聖書の社会学・社会史的探求は、おそらくは、ここでは取り上げていないイエス運動の社会史的研究を軸として今後ますます盛んになるであろう。80年代に現れたいわゆる〈第三の探求〉も、見方によれば類似の観点からする探求の一環と目される[18]。この社会学・社会史的研究の参照・受容に際しては、しかし、少なくとも以下の三点に留意することが求められる。

　(1) 社会学的分析においては、いずれにしても、地中海世界全般あるいはパウロ的キリスト教と言った相当広範に及ぶ地域の事情が一括して論じられる場合が少なくなく、そこでは均一化・平均化・抽象化の傾向が著しい[19]。よって、探求の評価・判断・受容に際しては、その点を弁えておくことが求められる。

　(2) 社会学的理論には、宗教現象の意図を非宗教的な要因に還元するいわゆる〈還元主義〉の問題が伴っているゆえ (例えば、マルクス主義的解釈、シカゴ学派の研究)、その都度その点を見極めることが求められる。

　(3) テクストの主題は社会学的問題ではなく神学的なことがらにかかわっているゆえ、社会学的把握をもってテクストの〈トータルな理解〉とするわけにはいかない。テクストそのものが願っている解釈へと突き進むためにはテクストとの歴史 (社会)・神学的な取り組み、〈統合の解釈〉が不可欠となる。

---

[18] これについては、『イエス研究史──古代から現代まで──』大貫隆、佐藤研編、日本キリスト教団出版局、1998年に所収の拙論「現代英語圏のイエス研究」を参照。

[19] 例えば、Ekkehard W. Stegemann / Wolfgang Stegemann, *Urchristliche Sozialgeschichte*, Stuttgart : W. Kohlhammer, 1995 も例外ではない。

## （5）H・D・ベッツ（修辞学的批評）

　パウロ書簡は、いずれも、挨拶のことばではじめられ、続いて感謝のことばが述べられ、手紙の末尾に結びのことばが記されると言うかたちで全体が構成されている。この全体構成が当時のギリシャ・ローマでの書簡の定型に一致することは、前世紀初頭以来広く認められてきた（A. Deissmann）。しかし、最近は、手紙の全体構成だけでなく、ギリシャ・ローマでの修辞法・修辞理論の影響が新約諸文書の本論の部分に、相当程度、観察される点が研究者たちの注目を集め、古代の修辞学からする新約テクストの説明、およびテクストとヘレニズム文献の類似点の確認作業がかなりの勢いで進められ、修辞学批評（Rhetorical Criticism）として、方法論の上での新しい傾向となっている。

　これにほぼ平行して、ヘレニズムでの書簡理論や書簡類型（Epistolography）からする新約の書簡の検討にも盛んな展開が認められる（初期ユダヤ教の書簡との比較も試みられている－例えば、I. Taatz）。

　修辞学的批評の台頭は、なんと言っても、H・D・ベッツの「ガラテヤ書」（注解書、1979 年）によるところが大きい。ベッツは、ガラテヤ書の類型を古代ヘレニズムでの「弁明書簡」とした上で、それを証拠だてるべく同書簡を古代の法廷弁明の修辞法の観点から分析して全体構成を以下のごとく捉えた（この分類の影響は極めて大きい）。（1）前書き（epistolary prescript 1:1－5）、（2）序文（1:6－11〔exordium〕）、（3）事実陳述（1:12－2:14〔narratio〕）、（4）発議（2:15－21〔propositio〕）、（5）証明（3:1－4:31〔probatio〕）、（6）勧告（5:1－6:10〔exhortatio〕）、（7）結び（6:1－18〔conclusio〕）。

　しかし、ベッツが注解書でみせた修辞学的分析と、書簡論についての論考には、主な点のみ指摘すれば、以下のような難点がある。

（1）弁明書簡のひな型はヘレニズム文献には、今のところ、確認されていない（ベッツが挙げているプラトン他の文献は、実際には書簡ではない）。
（2）書簡類型論と修辞学的分析が、一体化し過ぎている。後者は前者にとって代わることはできない。
（3）法廷弁明の修辞理論に含まれていないもの（ユダヤ教の釈義的な修辞的習慣、勧告）も、無理に法廷弁明の修辞理論の枠に入れられている。

しかし、全体構成のうえで、この手紙には、法廷弁明での修辞法の特長がある程度認められることははっきりしている。従って、パウロは、ヘレニズムの修辞理論について、さらには書簡類型についてある程度の素養があった、と言うことは首肯しうる。そのことは、しかし、パウロが法廷弁明での修辞理論にエキスパートとして精通し、自覚的にそれに則って手紙を書いた、あるいは意図的に規範としてその理論を取込んだと言う結論につながるわけではない。

さらに、修辞理論についての議論は、ヘレニズムでの類似を発掘するのに忙しいためか、修辞学的批評がテクスト解釈にとって、他の仕方でははっきりしない何を明確にするか、その点が内容に沿って議論されるところにまでは行き着いていないケースが少なくなく、その辺りにどうしても物足りなさが残る。

いずれにしても、テクストのトータルな理解と解釈のためには、それが新約学の究極目標である限り、修辞学的批評も書簡類型論も一定の役割・機能を果たすことに間違いはないが、やはり、考察は、従来積み重ねられてきた、歴史・文献学的考察を基軸としつつ総合的に進められなければならないであろう。

学界の潮流は、しかし、目下のところ、修辞学的批評をさらに大々的に展開する方向と、それをある程度抑制しつつ通用する二手に分かれていると言うのが現状である[20]。

## P・A・ホロウェイ（書簡類型論）

書簡類型の研究者も、ガラテヤ書を「非難・依頼書簡」とみるR・N・ロンゲネッカーをはじめ、フィリピの信徒への手紙を「慰めの書簡」と捉えるホロウェイ（P. A. Holloway）など、修辞学的批評からする研究同様相当の数に上る。

ロンゲネッカーの所説は、他の箇所でも批判的に取り上げているので、ここではホロウェイの論考をごく大ざっぱに紹介し、最後に、修辞学的批評および書簡類型論について、問題点をまとめておくこととしたい[21]。

---

[20] 前者の例は、D. F. Watson, "A Rhetorical Analysis of Philippians and Its Implications for the Unity Question" *NovT*. 1988, 57ff. 後者の例は、M. Bockmuehl, *A Commentary on The Epistle to the Philippians*, London : A. & C. Black, 1997.

[21] Paul A. Holloway, *Consolation in Philippians, Philosophical Sources and Rhetorical Strategy*, Cambridge : Cambridge University Press, 2001.

ホロウェイによるとフィリピの信徒への手紙の執筆事情は、およそ以下のごとく捉えられている。

　　パウロは、自身に降りかかった災難・緊急事態（controlling exigence）のために悲しんでいるフィリピの教会の人々に対して、単に同情をよせるのではなく、正しい知識によって事態を吟味して正確に捉えなおすならば、悲しみは喜びに変えられると言うこと教え諭すべくこの手紙を執筆した[22]。

　ホロウェイによると災難とは、パウロの捕縛とそれにともなう諸問題の発生であり、具体的には、教会を襲った失望感と悲しみ、福音の前進が阻まれること、失望が原因で教会内に生じた不和などが含まれている（Rhetorical situation　修辞的状況）。
　ホロウェイは、この修辞的状況から起ったさらなる問題を修辞的問題（Rhetorical problem）と呼び、それに含まれるものとして、（１）物質的なものを過大評価することなく、フィリピ教会からの贈り物に対する謝意をどのように表出するかと言う問題、および（２）パウロの捕縛によって動揺しているフィリピの人々をどのように諭し、叱責するかと言う問題を取り上げている。
　次に、ホロウェイは、古代ヘレニズムにおける慰め論（ancient consolation theory）について考察を進め[23]、資料問題からはじめ[24]、ストアを中心に古代における慰め論についての諸見解を概観し、共通のトポイとしてアディアフォラと[25]、喜びを取り上げている[26]。また、この関連においてホロウェイは、古代の慰め論について以下の諸点を確認・指摘している。
　（１）古代の慰め論においては、一般に災難と考えられている事態に直面した場合、人間が悲しむのは、ディアフェロンタ「重要なこと」であることとそうでないことを正しく判断し得ないためであり、正しく判断すれば重要ではないこと

---

[22] 前掲書参照。
[23] Cicero による５類型の指摘。*Tusc.* 3.31.76.
[24] 例えば、エウリピデス、プラトン、テオフラストス、エピクロス、クラントス、パナエティウス、キケロ、セネカ、プリニウス、テュアナのアポロニオス等。
[25] 〔アディアフォラ〕adiaphora, matters of indifference (adj: morally indifferent)、善くも悪くもなく、従って「重要でないこと」(things that do not matter)「どうでもよいこと」。
[26] 「重要でないこと」には「重要なこと」diapheronta（ディアフェロンタ）、things that matter（フィリ 1:10a）が対応する。アディアフォラ「重要でないこと」はパウロには出てこない。

（第一のトポス）であるのに、それを（世間一般の捉え方に従って）不幸な出来事として受け止めるところに原因がある、と考えられている。

（2）慰め論の目的は、事態を誤って取り違えている者に、正しい知識に基づいて重要なこととそうでないことを判別することにより、悲しみから開放されるべきことを教えかつ諭すところにある。

（3）ストアにおいては、注意をアディアフォラ「重要でないこと」から真に善いこと（virtue）へと向けなおすならばそこに喜び（第二のトポス）が生じる、と言う点も強調されている。

以上を踏まえた上で、ホロウェイは、結局、フィリピの信徒への手紙は、ヘレニズムでの慰め論に基づく慰めの書簡と同一の書簡類型に属するとの結論に至っている。

多少とも内容に沿っていえば、ホロウェイによると、フィリピの信徒への手紙では、パウロの捕縛（パウロが処刑される可能性も含む）等がアディアフォラに（悲しみの原因）、福音の前進、パウロ自身の救い、キリストを知る知識等がディアフェロンタ（喜びにつながる）に相当し、パウロは、判断を誤って重要でないことのゆえに悲しんでいるフィリピ教会の人々に向けて、「知る力と見抜く力とを身に着けて、…本当に重要なことを見分ける」（フィリ1:9－10a）べく、この手紙を書いた、と言うこととなる。

ホロウェイの論考には多々問題があるが、主な点のみ簡潔に列挙しておく。

（1）修辞的状況（Rhetorical situation）、修辞的問題（Rhetorical problem）の捉え方が包括的でない。具体的に言えば、論敵問題が執筆事情を考える上で充分勘案されていない。このことは、3章を独立した手紙と捉えないで、フィリピの信徒への手紙の統一性を認める主張につながっている。統一性の問題については、3章1節aの解釈も重要な論点となるが、これについての議論も、問題なしとしない。

（2）フィリピ人への手紙をヘレニズムの慰めの書簡と同類型とみるホロウェイの主張にとっては、ディアフェロンタ「重要なこと」とアディアフォラ「重要でないこと」を識別するドキマゼインがフィリピの信徒への手紙1章10節にでることが重要な一根拠となっているが、この述語は、直接には、ホロウェイが主張するようにヘレニズム・道徳哲学からではなく、ヘレニズムユダヤ教からの導入と判断される（ロマ2:18参照）。ドキマゼインはヘレニズムユダヤ教において、

すでに神の意志を知るとの意味で、ユダヤ教化されて定着していた可能性が大きい。

（3）フィリピ人への手紙1章10節aにはディアフェロンタがでるが、これもヘレニズム・道徳哲学や慰め論・慰めの書簡からの直接の導入ではなく、ヘレニズムユダヤ教において定着していたと想定される（ロマ2:18参照）。

（4）慰め論にとって重要トポスであるアディアフォラ「重要でないこと」はフィリピ人への手紙は欠落しているし、他のパウロ書簡にもでない[27]。また、フィリピ人への手紙では、フォーカスはディアフェロンタ「重要なこと」に集中している（フィリ1:10）。

結局、ホロウェイの論考の場合、修辞的状況や修辞的問題を限定した上で、それに都合よくマッチするヘレニズムでの慰めの書簡、慰め論を引き合いにだし、それをひな型としてフィリピの信徒への手紙の書簡の類型をかなり強引に決定した、との印象を免れない。

なお、フィリピの信徒への手紙の書簡類型については、ホロウェイによる慰めの書簡の他、友情の書簡が、比較的に、注解者たちの注目を集めている[28]。

さらにフィリピの信徒への手紙に限っていえば、ヘレニズムの修辞法や書簡類型からする解読に並んで、当時のギリシャ・ローマの社会的習わし（Graeco-Roman social conventions）に着目し、そこからフィリピの信徒への手紙の特長を探る研究も進められており（社会学的アプローチの一環と捉えうる）、相互扶助の習わし（mutual benefaction: P. Marshall, 1987; L. M. White, 1990）であるとか、パトロン・クライエント関係（L. Bormann, 1995）他がパラダイム・モデルとして指摘されている。

こうしたアプローチは、いわゆるイタリア権（jus italicum）を与えられていたフィリピに住む信徒たちの社会的コンテクストの解明には有効であり、またパウロもその影響をある程度は受けていたであろうから、歓迎されてしかるべきであり、その点には疑問はない。

最後に、ヘレニズムの修辞法や書簡類型からするパウロ書簡の考察に際して、留意されるべき事項を、これも主な点のみまとめておきたい。

---

[27] モチーフについては、フィリ3:7－8；ガラ2:6；1コリ1:26－29参照。
[28] W. Schenk, 1987; P. Marshall, 1987; S. Stowers, 1986, 1991; L. M. White, 1990 その他。L. Alexander, 1989; J. T. Fitzgerald 1996 は Familienbrief の類型とする。

（1）いずれにしても、ヘレニズムの背景からする解説は、ユダヤ教の背景からするアプローチ同様、パウロ神学と書簡研究にとって不可欠である。しかし、探求は、あくまでも、汎修辞主義（Pan‐rhetoricism）に陥らないように進められなければならない。

（2）パウロ書簡は、ローマの信徒への手紙は多少ともことなるが、総じて教会の具体的な事情に対処すべく書かれている点において、元来、ad hoc 的な性格を温厚に持っている。よって、そこに修辞法の影響がある程度観察されるとしても、もともと内容的にも修辞的にも推敲を重ねた上で公にされたフォーマルなスピーチでも論文でもない。この点で、例えば、セネカやキケロなどによる文書と性格を異にしている。従って、文献学的考察に際して、書簡理論や修辞法をどこまで引き合いにだせるのか、それらをどこまで厳密に適用しうるのか、注意を要する。

（3）パウロのごとくその背景が、例えば、社会的・文化的・宗教的・言語的にみて単一でない場合、その全体像を明確にするためには、考察は、当然、可能な限り多角的になされることが期待されている。テキストそのものの理解についても、トータルな理解成立のためには、手続きの上で、同じことか求められる。

## むすび

以上、ブルトマン以後におけるパウロ研究の動向を探るべく、幾人かの代表的研究者の論考を概観したが、これら以外にも、パウロ研究全体の傾向を表すとまでは言い難いとしても、注目を集めている研究は少なくない。

その中には、例えば、パウロの年代学に関する複数の本格的探求があり[29]、またパウロの回心とかれの神学の密接な関係を重視し、パウロの使信の黙示的アスペクトの重要性を再強調して研究者の関心を幾分か集めたものも認められる[30]。

---

[29] A. Suhl, *Paulus und seine Briefe*, Gütersloh : Gütersloher Verlagshaus Mohn, 1975; R. Jewett, *Dating Paul's Life*, London : SCM, 1979; G. Lüdemann, *Pauls, der Heidenapostel Band1: Studien zur Chronologie*, Göttingen : Vandenhoeck und Ruprecht, 1980. なお、リューデマンは、*Paulus, der Heidenapostel, Band 2: Antipaulinismus in frühen Christentum*, 1985. においてパウロの論敵、および新約以後における反パウロ主義についての包括的研究を元に、パウロの論敵は、おそらくはアンテオケの衝突時の、エルサレム教会のユダヤ主義的キリスト教徒にルーツを持つと言うテーゼを公にしてもいる。

[30] 例えば、J. C. Beker, *Paul the Apostle,* Philadelphia : Fortress Press, 1980 参照。

ガラテヤ書執筆後ローマの信徒への手紙を著すまでのパウロの神学思想の発展の経緯を取り扱った興味深いモノグラフも刊行されているし[31]、緒論問題をめぐる議論も活発になされている[32]。

　しかし、なんと言っても、すでに述べたごとく、修辞学的批評および書簡類型論への関心の度合いが高く、近年、わが国でもこの類いの研究が相次いで発表されている[33]。おそらくは、この傾向は今後も暫くは続くと予測されよう。

　また、聖書翻訳の方面では、「パウロ書簡」（青野太潮訳、岩波書店、1996年）が、新共同訳後の邦訳として看過ごされ得ない。

　これらとは別に、A. C. Wire は、議論は説得の機能のためと言う公理に立つ、いわゆる新修辞学を方法論として採用し、また一部社会学的アプローチをも援用して、コリント教会の女性預言者たちの全体像の復元を試み、かなり注目を浴びた[34]。

　なお、従来は〈パウロの神学〉と題して、例えば律法理解、キリスト論と言った主要テーマについて、パウロの手紙を一括して取り上げて論述するのが標準的スタイルであったが、最近は各書簡の神学が個別に解説される傾向にある[35]。これの研究が細部にまで及んできていることによるであろう。しかし、そうした一連の研究を押さえた上で、なお統一的に捉えられた〈パウロ神学の全体像〉が提示されるのを期待したい。

（やまうち・まこと　東京神学大学学長）

---

[31] J. W. Drane, *Paul: Libertine or Legalist?* London : S.P.C.K., 1975.
[32] 例えば以下を参照。K. P. Donfried, ed., *The Romans Debate,* Minneapolis : Augsburg Pub. House, 1977; G. Howard *Paul:Crisis in Galatia,* Cambridge ; New York : Cambridge University Press, 1979.
[33] 例えば、山田耕太『パウロ書簡における書簡理論的・修辞学的研究』、敬和学園大学、2001年、原口尚彰『ガラテヤ人への手紙』、新教出版、2004年。
[34] *The Corinthian Women Prophets,* Minneapolis : Fortress Press, 1990.『パウロとコリントの女性預言者たち』、絹川久子訳、日本基督教団出版局、2001年。
[35] 例えば以下を参照。「叢書　新約聖書神学」、1998－［日本語監修、山内一郎、山内真］、H. Hübner, *Biblishe Theologie des Neuen Testaments,* Bd.2., 1993. を参照。

# はじめてのギリシア語新約聖書

橋本滋男

## はじめに

　ご紹介を頂いた橋本でございます。本日は「はじめてのギリシア語新約聖書」という題で、しばらく楽しく聖書を学んで見たいと思います。どういう方がここにいらっしゃるのか、ギリシア語についてある程度の知識や勉強の経験をお持ちの方なのか、よく分からないままにこの講演の準備をしてきましたので、皆様のご期待にどの程度そえるか、心配しております。日本聖書協会から一番はじめに受け取ったこのフォーラムの案内チラシには、「はじめての方でもギリシア語聖書を声に出して読むことができます」とあります。これは正直な話、誇大広告のようなもので、このキャッチコピーで来られた方があれば、それはとても無理な相談でありまして、お赦し下さい。長年、ギリシア語のクラスを担当しておりますが、学生がすらすらとギリシア語を読めるようになるには1か月ほどはかかります。そこで今日は別の角度から聖書になじむ、聖書に触れるときのわくわくする感じを味わっていただければいいのではないかと思います。
　これまでもギリシア語を勉強したことがあるとか、失礼ですが途中で挫折した経験をお持ちの方もあるかもしれません。それでもギリシア語で聖書に触れたいという熱意をお持ちの方に心から敬意を表したく存じます。聖書語学としては新約聖書中に旧約聖書が引用されていますので、ヘブライ語、さらにイエスの語った言語であるアラム語、また本文批評の領域ではラテン語やシリア語などがあり、そんなところでわたしも何度か挫折を繰り返し、再起して励んだことがあります。

その経験の中から楽しくギリシア語を学ぶ道を探してきました。わたしの話がお役に立てば幸いです。

　おそらくわたしが講師に招かれた理由は、昨年出版した『ちんぷんかんぷん、It's Greek.』という本のおかげだろうと思います。そのなかで、たとえばルカによる福音書19章3節に「イエスがどんな人か見ようとしたが、背が低かったので群衆に遮られて見ることができなかった」（新共同訳）とあるのですが、この文で背が低かったのはザアカイでしょうか、それともイエスでしょうか。"καὶ ἐζήτει ἰδεῖν τὸν Ἰησοῦν τίς ἐστιν καὶ οὐκ ἠδύνατο ἀπὸ τοῦ ὄχλου, ὅτι τῇ ἡλικίᾳ μικρὸς ἦν."の最後の語"ἦν"が動詞で、これを受ける主語を探すと、ギリシア語では背が低かったのはイエスだと解釈できるのです。これはギリシア語で読むときの面白さと、翻訳の難しさを示しています。しかし今日はこんな裏話ばかりでなく、正攻法で考えていきましょう。

## なぜギリシア語聖書が大切なのか

　今日わたしたちには多くの日本語訳聖書が提供されています。それにも関わらずギリシア語に遡って学んでみたいと思うのは、なぜでしょうか。これまでの翻訳聖書にはどこか不十分なところがあるのでしょうか。そうであれば、聖書は教会での説教や自分の信仰についての基準ですので、不安が生じかねません。また出版されている翻訳聖書はそれぞれ個性のある作品であり、それらを比較するだけでも非常に多くのことを学ぶことができます。手に入れやすいものとして、①口語訳（1955年）、②共同訳（1978年）、③新共同訳（1987年）、④フランシスコ会訳（1984年）、⑤新改訳第3版（2004年）、⑥岩波版（2004年）などをあげることができます。個人訳でとくに取り上げるべきものでは、山浦玄嗣氏による宮城県のケセン語での4福音書の翻訳があります。これは文化論的にも注目すべきもので、自分の生活環境の中でイエスのメッセージを聴く試みであります。これらを見ると聖書は様々な解釈を踏まえながら読むことのできる書であることが分かります。それだけに原典に戻る必要が当然に出てきます。

　ギリシア語で聖書を学ぶときには、キリスト教をきちんと理解したいとかイエスについてもっと詳しく知りたいとか、それぞれに多くの動機があるでしょう。そのためにはいわゆる解説書とか研究書を踏まえるのも大事ですし、必要かつ便利でありますが、しかし1次資料としての聖書に直接にアタックして見たいとい

う熱意は大切であります。研究者も聖書を理解した上で著述するのですから、彼らの研究対象であるテキストにわたしたちも直接触れて見たいという気持ちは尊重すべきものであります。これはリンゴの味は自分で齧ってみるまでは分からない、解説書とか栄養分析書とか人の味わったものを受け取るのでなく、まず自分の口に入れてみよう、ということであります。そこでギリシア語聖書の重要性について、こう考えられます。

1. 新約聖書の 27 書の原文はすべてギリシア語で書かれた。したがって聖書を詳細に理解するにはギリシア語の文と表現に遡って考察する必要がある。さらにその背後にはヘブライ語聖書のもつ重要性もある。

さて新約聖書を読み通してみると、文体は様々であります。分かりにくいが美しいと言えるのがエフェソの信徒への手紙、あまり上手ではないが迫力のあるのはマルコによる福音書、他に用例のない語が次々に出てきて困るのがヨハネの黙示録、などであります。

また著者と読者の間柄について触れると、最初の状況では著者と読者の間には共通の文化があったはずです。したがって私たちにはもう分からないことも彼らにはすんなりと分かる事項であったでしょう。たとえば比喩とか当てこすりです。そこでもとの読者の立場に身を置くことが必要になります。文法が分かって原文が読めるというだけでは、そのような深みには至りません。さらに福音書の状況を思えば、まず語る人と聞く人の間に共通の地盤があったはずで、共通の状況に立って物語が語り継がれていく、その場合、たとえば語調とか身振りとか、話を補うものがいろいろあったのであります。私たちはそのような状況が分からないままに、書き残されたものを遥か後の時代に読むのですから、随分不利なところに追い込まれています。最初のイエスの発言の段階、それを聞いた人がのちに別の人に語る伝承の段階、これを記述する段階、さらに書き写す段階、そして翻訳する段階、という具合です。状況はこうしてどんどん変わるですから、もとの状況の持っていた伝達力にわたしたちは与ることができません。わたしたちは共通状況の外にいますので、ギリシア語を学ぶことの大切さとともにその限界も感じるのです。それを補う方法としてわたしたちは状況を想像することができるでしょう。たとえばルカによる福音書 10 章 38 節以下に、イエスとその一行を迎えた 2 人の女性の物語があります。マルタはイエスをもてなそうとして忙しく働

くのですが、もう一人のマリアはイエスの話を聞こうとするだけで働かないので、2人の間の空気が険しくなるという物語です。この様子について想像をめぐらせると、彼女たちが迎えたのはイエス一人ではありませんでした。弟子たちが大勢いたのですから、お世話する相手は何十人にもなったことでしょう。そうすると食材の入手や寝る場所の確保が心配になるし、隣近所にもあわてて助けを求めるとか、ほんとに大忙しになります。聖書を読む際にはいわゆる字面だけでなく、そうした状況についての想像力が必要だと思います。別の例をあげると、マタイによる福音書5章45節に「父は悪人にも善人にも太陽を昇らせ」というイエスの驚くべき発言があります。これでは神からの報いは悪人にも善人にも同じということになり、非常に不公平だと思われますが、この言葉の思想的な内容は今はさておき、「太陽」のイメージを考えてみましょう。緑豊かな日本では、太陽は木々を育て茂らせるという恵みのイメージですが、ある時、エルサレム郊外の砂漠で寝転んで聖句を考えていたとき、それだけではない、この太陽は植物を枯らしてしまう厳しい裁きのイメージを持つのではないかとふと思いました。イエスのたとえ話の中にも、ある農夫の撒いた種の芽が太陽に焼かれて枯れてしまう、というのがあります（マコ4:6）。このように日本という文化状況の中で聖書を読むと、理解が偏ることもあるだろうと思います。私たちに与えられた材料は日本語あるいはギリシア語の聖書ですが、それを読むときに解釈上の不利な条件とか制限を受けており、もとはどういう意味であったかをしっかり考える必要があります。

　さらにイエスの発言やその記述の背後にはヘブライ語やアラム語があります。それが翻訳されているのですから、わたしたちは翻訳の翻訳を手にしていることになります。つまりアラム語の世界からギリシア語に翻訳され、さらに日本語に翻訳されているのであります。

　　2．キリスト教において神はわたしたちに直接に語りかけるのではない。
　　　神の救いの働きはイエスの行動、発言、その生と死を通して示される。
　　　それはわたしたちには文書を通して与えられる。文書のもつこのよう
　　　な宗教的重要性は旧約聖書の時代にも認められる。

　つまりわたしたちは神の心を知るには文書しかない、神が直接に私たちに語りかけてくれることはない、のであります。プロテスタントの中には霊感を強調す

はじめてのギリシア語新約聖書（橋本）　225

る派もありますが、しかしその派でも、だからと言って聖書を軽視することはありません。キリスト教においてこのように文書や言葉が権威を持つのですが、その思想は旧約聖書にも見られます。神が律法を与える時にちゃんと律法を文書にして、岩の板に書き付けて渡します（出 32:15－16）。モーセがそれを割ってしまうと、神はもう一度十戒を書いて渡すのです（34章）。もう一つ例をあげると、前621年のことと推定されていますが、エルサレム神殿を改修した時に非常に重要な文書が発見されます。これを基本にしてヨシア王によって政治と宗教の改革が実施されるのですが、これは律法の書が見つかった事件であって、おそらく申命記の基になる文書であったと言われています。このように旧約の時代から文書の大切さが強調されています。

　3．わたしたちの信仰を吟味し、教会の教えを確認するには聖書が大きな役割を担っている。とくにプロテスタント教会は Sola Scriptura （聖書を通してのみ）の原則に立つので、聖書のもつ意義は大きい。

　4．聖書を日本語に翻訳する努力は宣教の目的のためにも絶えず続けられている。それはいつの時代にも必要なものである。同時に、唯一の正しい翻訳聖書があるのではないという認識も必要である。

　時代が変わり言語の様相が変化すると、当然新しい翻訳が必要になります。日本語の変化の速さと大きさは驚くべきものであります。たとえば聖書には出てきませんが、かつてサングラスを「色眼鏡」と言っていました。懐かしい語です。しかし今は「色眼鏡」は偏見の意味でしか使いません。そして現物のサングラスについてはカタカナ表記が一般的になっています。同様に、言葉のもつ意味やニュアンスはどんどん変わるので、聖書を正しく理解してもらうには常に新しい翻訳が必要になります。そのためにはギリシア語に常に触れていなければなりません。

　先ほど翻訳の新約聖書をいくつかあげてみました。これらの諸翻訳を見比べると、小見出しの提示（③④⑥）、並行箇所の提示（③④⑥）、欄外注（④⑤⑥）、カトリックとプロテスタントの共同作業（②③）、巻末の語彙解説の有無など、工夫を施して読者に提供しています。

## 聖書ギリシア語（コイネー）の特色

1. まずアルファベットになじんでみよう。文字と記号を学び、音読してみたい。

アルファベットの大文字と小文字の他にアクセント記号が3種類あります。これで抑揚を付けて読むのであります。また気息記号が2種類あります。これらは単語のはじめの母音に付けます。これは日本のかな文字で「ハ」に濁点をつけて「バ」、半濁点で「パ」にするのと似た工夫です。また句読点があり、その他の記号が若干あります。

2. 動詞は基本的に①法（直説法、接続法、希求法、命令法、不定詞、分詞）、②時制（現在、未来、現在完了、未完了、アオリスト、過去完了）、③態（能動、受動、中動）、④数（単数、複数）、⑤人称（1、2、3人称）に応じて活用する。

これらを簡単に説明します。まず①の法について述べると、直説法は通常の叙述する文章に用います。通常の疑問文もこれに含まれます。接続法は、仮定とか希望など、まだ現実になっていない事態を表わす場合に用います。希求法は願望を表わす形です。命令は指図を表します。不定詞と分詞は英語におけるそれらの機能や用法とほぼ同様にお考え下さい。こうして動詞一つの中に豊かな表現方法が与えられています。続いて②の時制については、6つの時制があります。アオリストは過去における単純な動作を表わし、他方、未完了は過去の習慣や継続を表わすものです。③の態については、能動態は動作が相手に及ぶもの、受動態は相手の動作がこちらに及ぶいわゆる受身の場合、中動態は自分の動作が自分に帰ってくる場合を表わします（自分の体を洗う、など）。④の数では単数と複数です。古典ギリシア語では「両者」を意味する「双数」というのがありましたが、この形はコイネーギリシア語ではなくなりました。⑤は3通りの人称です。以上の諸点に応じて動詞が活用していきます。そこで活用変化をしっかり理解することが非常に大事です。動詞一つで誰が、何を、どんなふうに、いつやったか、が表現されるのがギリシア語の特色です。

3．動詞はまた様々なアスペクトを表す（動作のみを述べる場合、継続・反復を述べる場合、意図を述べる場合、完了的現在を述べる場合、歴史的現在、など）。

　初めはこれがとても厄介です。たとえば動詞の現在形が必ずしも現在の動作を述べるとは限らず、現在進行形に相当する場合もあり、過去のことも現在形で言えることもあります。過去のことを現在形で述べるのは日本語でもありまして、たとえば野球で「金本、ホームランを放った」ではなく「ホームランを放つ」と言って、生き生きとした情景を描写することがあります。次に

　4．同時に日本語の特色と限界も把握してみたい。

　講演資料には、ギリシア語との比較における日本語の特色をいくつかあげてみました。
　（ア）単数・複数の区別はない。
　「古池や　蛙とびこむ　水の音」。この句で、蛙は何匹飛び込んだのでしょうか。普通、日本人の理解では１匹の蛙が静かな池に飛び込み、水の面に波紋が広がっていくという情景を思い浮かべます。これを日本語を学習し始めた外国人に尋ねると、別な答えがあるようです。山の中で池に近づいたところ、人の気配に気づいた蛙が何匹も次々に飛び込んだと、騒々しい場面を想像する人もいるそうです。そこでは解釈と文化の関係が問題になります。言語はそれが使用される場所の文化に規制されており、また言語はそれを用いる人の感性を規制すると言えます。わたしが以前に大変困った例として、"He had a sister."を考えてみましょう。これは「彼には一人の姉妹がいた」でいいのでしょうか。単数で"a sister"とあれば、姉か妹のどちらかではないでしょうか。「一人の姉妹」とは日本語として間違いではないでしょうか。
　（イ）主語を省略することが多い。
　「行こうと言ったんだけど、いやだと言ったもんだから、怒っちゃって、帰ってきたんだ」には何人いるか――この文で「A君が行こうと言ったんだけど、B君はいやだと言ったもんだから、C君は怒っちゃって、ぼくは帰ってきたんだ」と読めば、登場人物は最大で４人になりますが、しかしもっと少なく理解することもできます。文章だけなら、何人登場するか分からない。これは日本語の文章

が話者と相手の間の共通状況に強く依存して意味を伝達するという極端な例であります。場面に補われながら文が役割を果たしているのです。

　（ウ）明確な未来形がない。

　未来は不確定のこととして推量の語（だろう、でしょう）で代用する。したがって「僕は明日、仙台に行く」と言えます。「行く」だけで十分に未来を意味しており、「行くでしょう」では意味が変わってしまいます。「でしょう」には「かもしれない」の意味が入ってしまいます。これに多少似た例をギリシア語文に探すと、マルコによる福音書9章31節で現在形が未来を意味するのがあります。これは上述の動詞のアスペクトの一例と言えます。「それは弟子たちに、「人の子は、人々の手に引き渡され…」と言っておられたからである」"ἐδίδασκεν γὰρ τοὺς μαθητὰς αὐτοῦ καὶ ἔλεγεν αὐτοῖς ὅτι ὁ υἱὸς τοῦ ἀνθρώπου παραδίδοται εἰς χεῖρας ἀνθρώπων,"この文で動詞の時制は現在形ですが、確実な未来を表わしています。人の子としてのイエスの受難は未来の推定事項ではなく、確実に起こることなのです。

　（エ）命令形はあるが、一般には使えない。誘いやお願いで表す。

　日本語にも「来なさい」というような命令形がありますが、しかし英語の命令形などとはかなり違ったニュアンスになります。というのは、日本語の命令形にはかなり感情がこもってしまいます。普通は「来て下さい」「いらっしゃい」などの誘い、お願いで表わします。これは日本語では身分の上下関係の意識や敬語の用法と関係があり、話者と相手の立場の差を常に意識しながらしゃべるという言語の文化的背景が作用しています。それから

　（オ）ギリシア語の呼格に相当する形がなく、呼びかけの用法は限定的であり、目下の者には使えない。また呼びかける人の立場が移る。

　呼格は相手への呼びかけです。ヨハネによる福音書2章4節でイエスが母マリアに「婦人よ」と呼びかけますが、これはちゃんとした翻訳になっていないと批判されることがあります。あるいは放蕩息子が帰ってきたとき、兄息子の方が父親に文句を言います。兄をなだめる場面でお父さんは「子よ」と呼びかけるのですが（ルカ 15:31）、普通の家庭で自分の息子に「子よ」と呼びかけることはないでしょう。しかしそういう単語がギリシア語原文にあるので、訳さざるを得ないということになります。と言って、これでいいのかはなお問題のように思います。それから上記の「呼びかける人の立場が移る」というのは、たとえばわたしが家内に声をかけるとき、よく「お母さん」と呼ぶのですが、実はわたしの母は

もう亡くなっています。つまり「お母さん」という呼び方は自分を子の立場に置いて、母でもない人に母と呼びかけるわけです。発言者の立場が相手との関係において次々に変わるのはおかしなことですが、実際はこれが多くの場面で普通になっています。

　（カ）受動態には特別の用法がある。自動詞が受動態をもち、一般に被害を表す。

　これも面白い用法です。通常は受動態は他動詞で作られます。「猫がねずみを捕まえる」の文は、主語と目的語を逆にして「ねずみは猫に捕まえられる」の受動態を作り得ますが、日本語では自動詞でも受動態ができるのあり、その場合は被害を表わすことが多いのです。英語で「雨が降る」(It rains.) は受動文になりませんが、日本語では「雨に降られた」と言えます。あるいは「妻に死なれた」もあり得ます。さらに能動態が受動態を意味することもあります。「踏んだり蹴ったりの目に遭った」は「踏まれたり蹴られたり」の意味で、なぜこのような表現が可能なのでしょうか。「舌切り雀」は「舌切られ雀」のはずでしょう。それから

　（キ）ギリシア語の文と日本語の文では、文化的背景が異なるので、適正な訳語が必ずあるとは限らない。"θεός" は「神」と訳してよいのだろうか。

　翻訳は異なる言語世界、文化圏の間において必要となりますが、しかし一方の言語で表現できる概念が必ず別の言語でもそれに適切に相当する概念や語があるとは限りません。たとえば、今では「ボランティア」という語は普通に使われていますが、なぜ日本語ではカタカナ表記のままなのでしょうか。それは日本の文化がこれに相当する概念を生み出しえなかったということではないでしょうか。あえて翻訳すれば、自発的勤労者とでもなり、かえってぎこちない言葉になります。そのような問題の一例として、"θεός" は「神」と訳してよいのだろうか、ということも考えられます。"θεός" はたいていの聖書で「神」と訳してあり、それで不都合だろうかと思われるかもしれませんが、これは大きな問題をはらんでいます。柳父章氏や鈴木範久氏がこれについて優れた論考を発表しておられます。それは聖書の語る「神」にぴったり相当する語が日本になかったということでしょう。聖書の翻訳において「神」という語を採用したために、得をしたのは日本の神道でありましょう。その一方で日本のキリスト教は損をしたように思います。そうしたことが天皇制の形成や歴史にも多少とも関わると思います。中国の聖書翻訳においてこの訳語をめぐってイギリス系の宣教師たちとアメリカ系の

宣教師たちが激しい議論を重ね、結局共同の聖書翻訳作業が行き詰るという経緯がありましたが、日本ではわりに簡単に「神」と訳してしまいました。そう言えば、ギュッツラフの聖書ではヨハネによる福音書で「ハジマリニ　カシコイモノゴザル」となっていますが、「神」に当たる語を「ゴクラク」としています。それは彼の日本語能力が乏しかったということでなく、その時点で彼は文化的な差に戸惑ったのでしょう。

　さてギリシア語に戻って、先ほど動詞の活用とアスペクトを概観し、未来形を「だろう」と訳してはまずいと言いましたが、マタイによる福音書7章7節に、「求めなさい。そうすれば、与えられる」、"Αἰτεῖτε καὶ δοθήσεται ὑμῖν" とあります。この箇所での動詞「与えられる」"δοθήσεται"は未来形の受動態です。未来だからと言って「与えられるだろう」としてはいけないと思います。まず誰が与えるのかと言えば、神が与えるのです。神の名をなるべく表に出さないというユダヤ教の文化を背景にして、神という語を避けるために受動態にしています。したがって分かりやく言えば「求めなさい、そうすれば神が与えてくださる」という意味です。このような受動態の用法を理解しておくことが大切です。「与えられる」の未来形について、ではいつ与えられるのかと言えば、神の約束として終末までの流れが視野に入っているのでしょう。同様の例ではマタイによる福音書5章4節、「悲しむ人々は幸いである。その人たちは慰められる」"μακάριοι οἱ πενθοῦντες, ὅτι αὐτοὶ παρακληθήσονται." も、神が慰めてくださる、という約束が意味されています。

　そろそろ時間に追われてきましたので、ギリシア語写本について急いで述べてみます。

## ギリシア語本文の確立を目指して

1. 27書のどれについても原著者の自筆原本は現存していない。わたしたちにはずっと後代の写本が残されているのみである。しかも数多くの写本には数多くの相異（異読 variant reading）が見出される。どれが本来の読みなのか。

　新約聖書の原本はすべて、皆が回し読みしているうちにぼろぼろになり、なくなってしまいました。今日残っているのは原本ではなく、その写し、それも写本

の写本…というような何代か書き重ねられた後の写本でしかありません。当然書き写す時に間違いが生じます。多くの写本を比較して見ると、本文にかなりの相違が見出されます。そこでどれが本来の文（読み）なのかが問題となります。これを確定しなければ、ギリシア語本文を読むことができません。聖書を翻訳する場合、翻訳の底本としてギリシア語本文が必要であり、そのためには写本を比較検討しながら本文を復元させ、なぜ読み方の違いが生じているのかを考えます。そうした作業を重ねて、ようやく原著者はこう書いたであろうと判断する段階に至るのです。書き間違いやずれは聖書の至るところにあります。うっかりした書き間違いならともあれ、聖書を意図的に書き換える人もいました。たとえばイエスの権威を高めるために、そういうことをやるのです。例として、新生児イエスと一緒にエルサレム神殿に登ったという物語ですが、ルカによる福音書 2 章 33 節「父と母は幼子について」"καὶ ἦν ὁ πατὴρ αὐτοῦ καὶ ἡ μήτηρ"を書き写しながら、「父と母」という記述に疑問をもつ写字生がいて、「ヨセフと母は」に変更する例があります（ビザンティン系の多数の写本で）。ここでは教会で確立している処女降誕の信仰に基づいて、正確な転写よりも自分の神学的な考えを優先させています。おそらく彼は手本が間違っていると思ったのでしょう。あるいは「イエス」を「イエス・キリスト」とか「主イエス」に書き換えたり、自分の慣れ親しんだ文に換える例は数多くあります。ヨハネによる福音書 4 章 22 節で「救いはユダヤ人から来る」"ἡ σωτηρία ἐκ τῶν Ἰουδαίων ἐστίν."を「救いはユダヤから来る」に変更するのは（シリア語訳、ラテン語訳の写本で）、反セミティズムが反映していると思われます。こうしてどれが正しい聖書本文なのか、常に問題となります。そのためには写本をできるだけ多く収集し、比較検討し、本文を校合していく作業が必要です。

　写本の例として、大文字写本のシナイ写本をあげてみました（図版 1：4 世紀の価値の高い写本のひとつ、C. von Tischendorfがシナイ山の聖カタリナ修道院で 1859 年に発見。ロンドン大英博物館所蔵、ヨハネによる福音書の最後のページ。各ページ 4 欄立て、各欄 48 行。原寸は 38.1×34.5cm。気息記号やアクセントマークはなく、語の間にスペースを置かない）。章、節の数字もありません。非常にきれいな出来栄えです。単語の間に区切りがないので、ギリシア語にかなり習熟しなければ、読むのは難しいです。コピーでは見難いのですが、よく見ると行の間に後の人が書き加えた文が添えてありますが、これを手本にして次に転

写する時、このような付加部分にも注意を払って、これも本文と同様に書き足していくことになるでしょう。こうして本文は拡大されていきます。

ついでに小文字写本の例を見ましょう。Gregory-Aland 23 というものです（図版2：14世紀の小文字写本、ミシガン大学所蔵、ローマの信徒への手紙14章22－23節、25－27節、15章1－2節、各ページ1欄、22－23行。原寸は28.2×21.3cm。伝統的に頌栄はローマの信徒への手紙16章25－27節にあるが、この写本では14章23節の後にある）。これを見ると、わたしたちが今日教科書などで見るギリシア語の活字体とはだいぶ異なる字体で、やや戸惑います。14世紀の作ですので、グーテンベルクが印刷機を発明する少し前の時代です。この写本の特色は通常はローマの信徒への手紙の最後にある頌栄の位置で、これでは14章の終わりに記載されています。そこで頌栄は最初からパウロが書いたのか、あるいは後からの書き加えなのか、という問題にまで広がります。

ギリシア語の原文を確認していく作業は、当然どこまでが聖書なのかという問題につながります。つまり正典論と関係します。分かりやすい例で言えば、マルコによる福音書の終わりは16章8節ですが、その後の9節以後はマルコが書いたのではないので、そこは聖書といえるのか。すると何が聖書の条件、資格なのか、の問題になります。ヨハネによる福音書7章53節－8章11節の、姦淫の現場で捕らえられた女性の危機をイエスが救う物語は、新共同訳では前後にカッコが付されていて、ヨハネが書いた文ではなく、写本上は十分に根拠がないことを示しています。伝統的にはヨハネによる福音書に含めて印刷されていますが、学問的には異論があり、礼拝説教でこの箇所を用いていいのか、問題は残っていると言えます。

一つだけ方法論の話に入りますと、写本を比較して本文を決める時に、写本の数によって多数決で決めることはできません。こういう文になっている写本が多数あるからと言って、その読みを採択することはできません。つまり支持する写本が沢山あるから、その読みが正しいのだとは言えないのです。書き写していくうちに間違いは累積していくし、古い写本ほどなくなっていき、間違いを多く含む後代の写本ほど残存する可能性が大きいのです。したがってどれが正しいのか簡単には決めることができません。本文回復のための資料と方法論について、多くの議論が重ねられています。

次に写本の数ですが、現在のところわたしの得た文献では、皮紙に書いた大文字写本が307残っているそうです。小文字写本は2846、しかしその多くは聖書

1冊が丸々あるのでなく、ほんの小さな断片が多いのです。写本をばらばらにして骨董品のように売るということもあり、あちこちの修道院や図書館に別々に保存されていても、元は同じ一つの聖書写本であったということもあります。したがって実数はこれとは異なるでしょう。ともあれ現存する皮紙の写本の数であります。聖書写本ではありませんが、皮紙の実物を持ってきましたので、後ほどご覧下さい。その他に、パピルスに書いたものもあります。ナイル川に生育するパピルス草から作る古代の紙です。それに書いたものが、98 残っています。ほかに教会や修道院で毎日聖書を読むための聖務日課があり、大文字写本で247、小文字写本で2090 あります。これを単純に合計すると5589 となります。これは実に膨大であって、そのすべてを読み比べ評価するのは大変な作業です。しかし写本の多くはかけらであり（断簡）、聖書全体を含む作品は少ないのです。とくに少ないのはヨハネの黙示録で、それはヨハネの黙示録の正典性が教会で必ずしも広く評価されていなかったことを示しています。ともあれこういう写本群を資料にしてギリシア語本文を復元確定し、その成果が Nestle-Aland 版になっています。

9. Nestle-Aland 27 版（1993）の本文に施された本文批評上の記号とその意味。

Nestle-Aland の本文に付けられた種々の記号について、解説する時間はなくなりました。その版の序文に詳しい解説があり、これを津村春英先生と一緒に翻訳して日本聖書協会から出版したことがあります。

日本語聖書での比較検討

1. 翻訳には必然的に翻訳者の解釈が介入するのであって、解釈抜きの翻訳はありえない。

一つの箇所だけ、マタイによる福音書5章3節を取り上げて見ます。ギリシア語の

Μακάριοι οἱ πτωχοὶ τῷ πνεύματι, ὅτι αὐτῶν ἐστιν ἡ βασιλεία τῶν οὐρανῶν.

は以下のように訳されています。

　①口語訳「こころの貧しい人たちは、さいわいである。天国は彼らのものである。」
　②共同訳「ただ神により頼む人々は幸いだ。天の国はその人たちのものだから。」
　③新共同訳「心の貧しい人々は、幸いである、天の国はその人たちのものである。」これは共同訳よりも口語訳に戻っているように思います。
　④フランシスコ会訳「自分の貧しさを知る人は幸いである。天の国はその人のものだからである。」
　⑤新改訳「心の貧しい者は幸いです。天の御国はその人たちのものだから。」
　⑥岩波版「幸いだ、乞食の心を持つ者たち、天の王国は、その彼らのものであるから。」

　これらの訳のうち、岩波版が注目されるでしょう。「乞食の心を持つ者たち」は呼びかけとして呼格に訳されています。他の訳では「…の人たちは」として主格に解し、主語の扱いになっています。どれが正しいのでしょうか。ついでながら、「乞食の心を持つ者」がなぜ幸いなのか、わたしには分かりにくいところがあります。他方、②の共同訳の「ただ神により頼む人々」が注目されます。と言うのは「心の貧しい人」というのは、訳としていい日本語とは言えないからです。日本は経済的には豊かになったが、心は貧しい、というような言い方が普通にあり、「心の貧しさ」は貪欲とか人を愛する心のなさを意味しますので、翻訳においてもっと工夫が必要でしょう。共同訳では、自分独りの力ですべて解決できるという傲慢さをすてて、謙虚になって神にのみより頼むというのです。しかし「心の貧しい者」と訳する一種の必然性として、ルカによる福音書の並行箇所との関係があります。ルカによる福音書6章20節には「貧しい人々は幸いである、神の国はあなたがたのものである」(新共同訳) "Μακάριοι οἱ πτωχοί, ὅτι ὑμετέρα ἐστὶν ἡ βασιλεία τοῦ θεοῦ."とあり、ほぼ共通しているので、並行文からあまり離れた訳は採用し難いということもあるでしょう。ルカによる福音書では経済的

な貧しさが語られており、それに対してマタイによる福音書ではより宗教性をこめた「霊において貧しい人」となっています。どちらがイエスの考えをより正しく表現しているか、面白いテーマであります。ありがとうございました。

(はしもと・しげお　同志社大学教授)

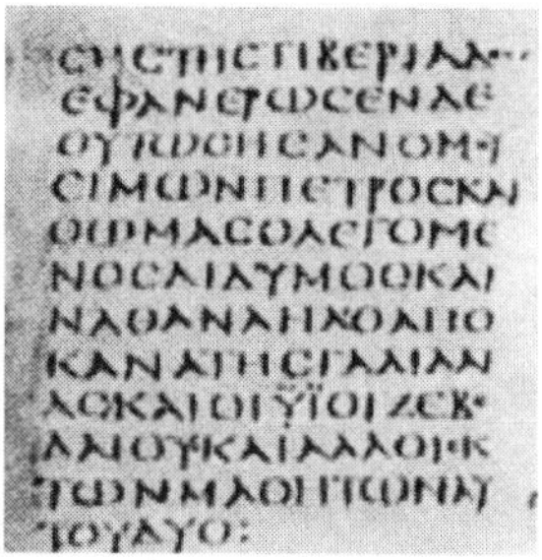

図版1　「シナイ写本」部分

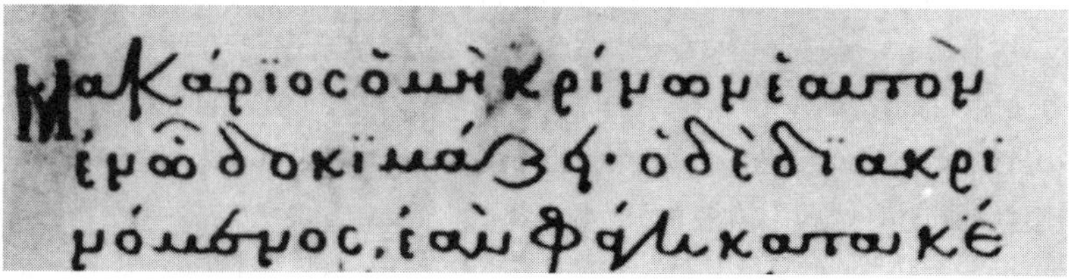

図版2　「小文字写本」部分

# II

# 翻 訳

# 聖書翻訳と信仰共同体
―― 歴史的、機能的な視点から ――

ローレンス・ド・フリス

## 第一講義

### 序

　聖書翻訳におけるスコポス（機能、目標）は翻訳された聖書が用いられる特定の目的、あるいは対象とする聴衆と深く関わっている。そうした目的、対象として、スタディ・バイブルのための翻訳、大衆語への翻訳、典礼で用いるための翻訳、子供向け聖書、イスラム教徒のための聖書などが挙げられる。聖書翻訳のスコポスはこのような機能上の要素を含んでいるが、ある共同体にとって「聖書」が何であるのかを規定し、その共同体固有の霊性から生じてくる神学的、解釈学的要素が聖書翻訳のスコポスの中核を形作っている。こうした複雑で、時には部分的に隠されているような「聖書」の概念（「聖書観」）によって、新しく聖書が翻訳されるときの目的あるいは目標、すなわちスコポスが規定される。
　聖書翻訳の歴史の中でユダヤ教、キリスト教の様々な共同体が自分たちの聖書を生み出して来た。翻訳という創造的な歴史の中で、本文伝承が選択され、どの書を含めるかが決められ、人間の著者と著者である神がどのように関わっているのかを判断し、また、伝統（あるいは教会）、信者、聖書翻訳者という三者の間

で、誰がどのように聖書を解釈するかという重要な問いに対して様々な答えが出されてきた。

聖書に関するこのような基本前提が、それぞれの共同体における聖書の機能を決定し、「スタディ・バイブル」や「教会用聖書」など特定の聖書に対する考え方を規定する判断基準を形作っている。「聖書」あるいは「聖なる書物」という概念が（まだ）なく、聖書の翻訳を特に求めていないような共同体を対象とする宣教のための聖書翻訳の場合、スコポスはまず宣教師とその宣教団体によって決定される。

使用目的を特化した聖書翻訳の是非を巡る議論というものは、「聖書」に関する神学的概念、解釈学的概念に従って反対や賛成を論じているが、往々にして翻訳学や文献学、言語学の用語を駆使して行われるものである。たとえば、「逐語的な翻訳」や「ダイナミックな翻訳」といった言葉は本来、翻訳学の用語だが、基本的に解釈学的な議論でも頻繁に使われているし、聖書解釈を担うのは教会、信者個人、聖書翻訳者のうちの誰なのかという神学的問題とも関わっている言葉である。「逐語訳」であれ「自由訳」であれ、聖書の異なる翻訳を相互に比較すれば、「逐語訳」あるいは「自由訳」と一括りにされている訳それぞれにも様々なあり方があることがすぐ理解できるだろう。また、「逐語的」「ダイナミック」といった翻訳のタイプの違いが神学的で解釈学的なスコポス（目的）に関係していることも理解できるだろう。

私は今回の二つの講義で、次のような内容に触れていく予定である。まず、「選択性」と「未決定性」の問題に関わるスコポスの概念から始め、次に、共同体の神学や霊性が聖書翻訳のスコポスを示している例を見て行く。第三に、聖書翻訳におけるスコポスとパラテクスト〔表紙など聖書本文以外の部分を意味する―訳注〕の関係を論じる。第四に、スコポスと聖書翻訳の文体の関連について、第五に、スコポスと聖書解釈の担い手について述べる。

第二の講義では前半でスコポスと文化間の架け橋について、後半でスコポスと翻訳戦略について論じ、最後に二つの講義をまとめて終わる予定である。

## 選択性、「未決定性」、翻訳のスコポス

たいていの翻訳者は「一つの翻訳では原語がもつすべての面を伝えることは決してできない」と決まって口にする。「控えめに言ってもほとんどの場合、原語

がもつすべての面を同時に表現することは不可能である」[1]。翻訳者というものは選択しなければならないものなのであり、そのプロセスの中で原語がもつ意味の幾つかの面は不可避に失われてしまう。さらに言えば、原語に基づいて間違った訳を排除できることもあるかもしれないが、原語自体が様々な読みを許容していて、正しい訳がいくつかある場合、非常に多くのことを選択しなければならないという状況は同じである。特に聖書のような古代文書の場合、原文をどれほど鮮やかに分析したとしても、複数の解釈と翻訳の可能性を残したまま、決定できない状態に置かれてしまうことがある。

　翻訳する者はこの選択性と「未決定性」という翻訳に内在する問題を乗り越えるために、原文以外のところに判断基準を求めることになる。翻訳者が自覚しているかどうかは別にしても、それが唯一の方法なのだ。こうした外側からの基準は異なる種類の複合的な要素のまとまりから生じてくる。これが翻訳学でスコポスと呼ばれているものであり、対象とする共同体における翻訳の機能といったことを意味している。マルコによる福音書 1 章 37 節「パンテス（すべてが）・ゼートゥシン（探す）・セ（あなたを）」という単純なギリシア語の文を例に考えてみよう。オランダ語の「改革派改訂版聖書」(*Nieuwe Vertaling*) では「Allen (すべて) zoeken (探す) u (あなたを)」（皆が探す、あなたを）と訳されている。この訳は原語のある一面、つまりギリシア語の文章構造をよく表している。しかし、オランダ語ではギリシア語がもつ継続相は表していない。翻訳者が継続相を訳そうとするなら、オランダ語にはいくつかの可能性があり、どれもが等しく原文によって支持される。たとえば、オランダ語の「グッド・ニューズ・バイブル」(*Goed Nieuws Bijbel*) では Iedereen loopt u te zoeken（「皆があなたを探しているところです」）と訳され、継続を表す助動詞 lopen（歩く）が使われているが、「新訳聖書版」(*Nieuwe Bijbel Vertaling*) では別の構文が使われ、「皆があなたを探しています」となっている (Iedereen is naar u op zoek. 字義どおりには「皆があなたの方を見ています」。英語の be 動詞にあたる zijn の変化形が用いられている)。しかし、継続相を表現した訳ではギリシア語の構文を同時に表すこと

---

[1] Ortega y Gasset, J., 'The Misery and Splendor of Translation', in: L. Venuti (ed), *The Translation Studies Reader*, London: Routledge, 2000, 62 [Translated by Esther Allen]. 原著は 1937 年。

はできない。継続相とギリシア語の構文を一つのオランダ語訳で伝えるのは不可能としかいいようがないのだ。翻訳者は原文のどの面を優先的に伝えるべきかを決めなければならない。これが選択性である。

また同時に、この例は未決定性の問題も示している。「皆があなたを探す」「皆があなたを探しているところです」「皆があなたを探しています」といったオランダ語の訳はどれもギリシア語の本文からの正しい訳なのである。翻訳者は絶えずこのような複数の正しい訳と、どれが「最善」の訳であるかを示すことのない原文と対峙している。原文が沈黙しているということになれば、翻訳者は原語から離れ、他に答えを見出さざるを得なくなり、答えを翻訳の目的ないし目標〔すなわち、スコポス〕に求める。つまり、どのような翻訳を生み出そうとしているのか、それは誰のための翻訳であるのか、そして訳された聖書で人々は何をしたいのかと問うことになるのである。

スコポスという言葉を翻訳学の分野に取り入れたのはハンス・フェルメールであった[2]。彼は翻訳を一つの行為と見なし、そのスコポスの概念をここで言っているように選択性と「未決定性」に根ざすとするのではなく、目的達成という人間の行為すべてに内在する性質に根ざすものとしている。クリスチアーネ・ノルトにおいては「翻訳とは、翻訳文が意図する機能、あるいは翻訳文に要求されている機能（翻訳のスコポス）に従って特化された原文との関係を保ちつつ、機能的な翻訳文を産み出すこと」とされる[3]。さて、翻訳における選択性と「未決定性」を前提にするとして、オランダ語への翻訳ではマルコによる福音書1章37節の「皆が探す、あなたを」（改革派改訂版聖書）、「皆があなたを探しているところです」（グッド・ニューズ・バイブル）、「皆があなたを探しています」（新訳聖書）のうちのどれを訳文と決定すべきということになるだろうか。等価理論からの考察はここでは役立たない。この三つの訳文はともに原文のもつ何かしらの面と等価であり、原文を基にすればどれも除外できないからである。そこでスコ

---

[2] Vermeer, Hans J., 'Skopos and commission in translational action.', in: L.Venuti (ed), *The Translation Studies Reader*, London: Routledge, 2000, 221 [Translated by Andrew Chesterman].

[3] Nord, C., *Text Analysis in Translation: Theory, Methodology, and Didactic Application of a Model for Translation-oriented Text Analysis*, Amsterdam: Rodopi, 1991, 28.

ポスを考慮しなければならなくなる。この訳文の違いは実はスコポスの違いから生じている。たとえば、「グッド・ニューズ・バイブル」はいわゆる大衆語への翻訳をスコポスとしている。つまり、主として教会外の人々に向けた翻訳ということである（外的機能）。従って、「皆があなたを探しているところです」という訳は一般的なオランダ語で意味することを伝えているのであって、ギリシア語の構文は表していない。一方、1951年刊の「改革派改訂版聖書」は教会内部での使用をスコポスとしており、聖書の霊感は原語の言語形態まで及んでいるという霊感論をもつ教会共同体での機能を目的としていたので、この箇所ではギリシア語の構文に近く、オランダ語としても十分に通用する "Allen zoeke u"（皆が探す、あなたを）と訳された。

原文がたとえば「ある人々は探す、あなたを」（Sommigen zoeken u）といった訳を除外しているということも重要である。これは些細なことではない。スコポスという視点からのアプローチは、原文の重要性を軽視して極端な相対主義に陥ることではない。私はノルトに従って、人と人との間の忠実さと組み合されたスコポスのアプローチを取っている[4]（忠実さを伴う機能）。それは聴衆や翻訳委員会への忠実さ、また原文を書いた著者に対する忠実さである。ギリシア語の原文「パンテス・ゼートゥシン・セ」を「ある人々はあなたを探す」「誰もあなたを探していない」と訳すことは、著者が伝えようとした明白な意図を踏みにじるものである。明白な意図とは、聖書ギリシア語を読める人々の間で今に至るまで合意の見られる意図や意味のことである。スコポスの要素が訳の決定過程で必要とされるのは、原文が複数の解釈と訳を許容する場合（「未決定性」）、あるいは、原文のもつ二つの面が訳される言語において一つの文章では表せないような場合である（選択性）。

翻訳にあたってその委託者と翻訳者が複数のスコポス、すなわち機能上の目的（意図された翻訳の機能）をもっている場合がある。ある宣教師がある地域で教会を開拓するために翻訳する場合を例に考えてみよう。翻訳というものは一度世に出れば、独自の機能をもつようになり、時間が経つにつれて違った機能をもつ

---

[4] Nord, C., 'Skopos, Loyalty and Translational Conventions', *Target* 3 (1), 1991: 91-109; idem., *Translating As a Purposeful Activity. Functionalist Approaches Explained*, Manchester: St. Jerome, 1997, 123.

ようになることもある（獲得される機能）。たとえば、いわゆる大衆語訳の聖書は教会外の現代の聴衆に聖書のメッセージを届けるという外的機能をもつ（意図された機能）。しかし、教会の礼拝で古い逐語的な聖書を使っている古い会員も家庭などで個人的には大衆語版を使っていることも多く、大衆語版が礼拝でも使われている教会もある（獲得される機能）。また、共同体によっては翻訳聖書にかけている期待というものがあることもあろう。翻訳された聖書によって何か特定のことをしようとしているような場合である（期待されている機能）。カトリック、ペンテコステ派、正教会といったように様々なキリスト教共同体が異なる聖書神学、本質的に異なる聖書観をもっている場合には、この期待されている機能というのは非常に重要な要素となる。新しい訳が様々な共同体に受け入れられるためには、この意図された機能と期待されている機能が十分に重なり合っていることが極めて重大である。共同体によっては、翻訳は神の超越的他者性を反映したものでなければならず、聖書が儀式で称えられ、聖書朗読が聖なる儀式としての役割を果たしており、聖書の言葉を伝えることが目的とされていない場合もある。また、聖書は人類に対する神のメッセージであり、そのメッセージはできるだけ明瞭に伝えられなければならないとしている共同体もあろう。

フランスの文芸批評家ジェラール・ジェネットはパラテクストという新しい言葉を作った[5]。それは注、前書き、書名、献辞といった本文に追加される部分を指す。ジェネットはこの言葉を著者の意図が反映される追加に限って用いた。パラテクストは翻訳においては見落とされがちであるが、決定的な側面をもつ。ピムによれば、翻訳というものはパラテクストの部分が翻訳者と原著者を何かしらの形で区別しているジャンルとまで言い得るとされる[6]。聖書翻訳ではどの種類の文章にも況してパラテクストが重要な役割を果たしている。翻訳された聖書の多くは本文が章節、単元に分けられ、章や単元ごとに表題がつけられており、また、何種類もの注がつけられている。序文や地図、用語解説などがつく場合もある。聖書の各書には書名がつき、特定の順序で並べられている。聖書を含む古代

---

[5] Genette, G., *Psalimpsestes: la littérature au second degré*, Paris: Éditions du Seuil, 1981; idem., *Paratexts. Thresholds of Interpretation*, Cambridge: Cambridge University Press, 1997.

[6] Pym, A., *Method in Translation History*, Manchester: St. Jerome Publishing, 1998.

に書かれた書物にはパラテクストの要素が全く欠如しているわけではないが、現代の翻訳された聖書に比べれば、ほとんどないに等しい。パラテクストの要素は聖書翻訳における機能がもつ明確な意味をしばしば示していると言える[7]。それは序文などによって示されるだけでなく、どのように単元を構成するかといった点にも現れてくる。たとえば、教会内で使用する機能をもった翻訳では、ある箇所が一年のうちのある時期に朗読されるといった礼拝での儀式的な用途に従って単元が分けられる。一方、翻訳がもたらされる文化の中で文学的な機能をもち、聖書の文学構造を表現しようとするような現代の翻訳では、本文の文学的、修辞的な構造へと読む者を導くといったような、非常に異なる単元の分け方がなされる。

　ある共同体における「聖書」の概念を定義する神学的、解釈学的要素はその共同体がもつ特定の霊性から生まれてくる。そうした要素から聖書翻訳におけるスコポスの中核は形成される。そのように複雑で時には隠されているような聖書観が新たに聖書を翻訳する時の目標を定めるのである。そのような聖書観ならびに翻訳された聖書が結果的にもつ機能を「文化限定的な」翻訳機能と呼ぶのは語弊があるだろう。もちろん、それぞれの翻訳においてスコポスを構成している要素は世界規模の宗教的伝統と互いに作用し合っているのではあるが、聖書観ならびに翻訳された聖書が結果的にもつ機能は、正教会や福音派といった世界規模の宗教的伝統から生まれてきたものである。聖書翻訳の歴史の中でユダヤ教、キリスト教の様々な共同体が自分たちの聖書を生み出して来た。翻訳という創造的な歴史の中で、本文伝承が選択され、どの書を含めるかが決められ、人間の著者と著者である神がどのように関わっているのかを判断し、また、伝統（あるいは教会）、信者、聖書翻訳者という三者の間で、誰がどのように聖書を解釈するかという重要な問いに対して様々な答えが出されてきたのである。

---

[7] De Vries, L., 'Paratext and the Skopos of Bible Translations', in: W.F. Smelik, A. den Hollander, U. B. Schmidt (eds), *Paratext and Megatext as Channels of Jewish and Christian traditions*, 176-193, Leiden, Boston: Brill Publishers, 2003.

## 共同体を基にした聖書観
——1637年刊「国定聖書」翻訳のスコポスを例に——

オランダにおいて最もよく知られ、最も大きな影響をもつ聖書翻訳は歴史の浅い共和国の最高決定機関であるオランダ連邦共和国連邦議会から委託された翻訳で、改革派教会のドルトレヒト全国教会会議 (1618-1619) による決定に従って翻訳された「国定聖書」(*Statenvertaling*) である[8]。改革派教会は国教会ではなかったが、共和国の最高議会によって認知された唯一の教会であり、他の教会や宗教は目立たない存在である限りにおいて許容されていたに過ぎない。この国定聖書が機能するように意図された共同体はカルヴァン主義の改革派教会であったが、若い共和国の聖書として、広く国家の聖書として機能することも期待されていた。国定聖書は1561年以来低地地方の改革派の人々によって使われてきた中心的なオランダ語聖書「ドゥザーズ聖書」(*Deux-Aes Bible*) に代わるものとなるべく計画された。ドゥザーズ聖書は旧約聖書の部分が比較的自由なドイツ語訳であったルター訳をオランダ語へ重訳したものであったが、新約聖書の部分はいわゆる「カルヴァンの聖書」からの影響が明らかな、はるかに字義通りの訳であるという点で一貫性が欠いていた[9]。

ドゥザーズ聖書がドイツ語聖書からの重訳であるということは、台頭してきたオランダ人の国民意識と衝突し、またあまりにも自由な訳の旧約聖書はオランダ改革派教会の霊性と衝突した。改革派教会は神の言葉を聖霊によって霊感されたものとし、逐語的な翻訳のみが適切と理解していた[10]。国定聖書のスコポスがもつ国家的な要素と教会の要素はパラテクストに如実に現れている。1637年の初版本における書名が書かれた内扉のページの中央には最も大きな活字で「オランダ連邦共和国連邦議会」と書かれ、ページの下部には国の紋章である獅子の絵が描かれていた。また、「連邦議会」の真下には「全国教会会議」と書かれている。また、内扉には本文に関して「原語より我らのオランダ語へ忠実に訳された」と

---

[8] この部分については以下の書に多く依拠している。C. C. de Bruin and F. G. M. Broeyer, *De Statenbijbel en zijn voorgangers,* Haarlem 1993.
[9] de Bruin and Broeyer, *De Statenbijbel,* 179.
[10] de Bruin and Broeyer, *De Statenbijbel,* 204.

し、パラテクストに関しては「不明瞭な箇所に関する新しい説明、平行箇所への引照、旧新約聖書の新しい目次付き」と記している。

　デ・ブラユンとブロイヤーによれば、国定聖書では、改革派の霊感論のゆえに翻訳者はヘブライ語、アラム語、ギリシア語の本文を聖霊の言葉と捉え、またその霊感論においては、聖書の言葉が完全に聖霊を「吸収」するほどまでに、聖霊が強く聖書と結びついていると言う[11]。たとえば、ヘブライ語の「モレ」という言葉がヨエル書2章23節で二回使われていることについて、翻訳者は「聖霊が最初のモレの意味を二番目のモレから区別したかったのであろう」と述べている[12]。逐語訳への強い傾向の背後に明白な機械的霊感説の存在を見るというのは正確ではないだろう。明確で合理的な「機械霊感説」あるいは「有機霊感説」が発達したのは、歴史批判に対する応答としてであり、現代主義が台頭するはるか後の19世紀のことであった[13]。国定聖書の背後にある解釈学上の中心思想は、主権者である人格神が神の言葉を通して選びの民を召したというものであり、それが神の言葉を前にしたときの従順、畏れ、謙遜を導き出したのである。

　神は聖書を通して語っているだけでなく（神の霊感）、聖書の中で明確に語っている（明瞭さ）。たとえ不明瞭な部分を含んでいるとしても、神の言葉は選びの民のために救いの言葉を本質的には明瞭に宣言しているとされた。「（聖書における）真理の明瞭さ」（klaarheid der waarheid）という言葉は聖書の明瞭さを指してオランダ改革派が好んで用いる言葉である。この明瞭さは、聖書のみという改革派神学の重要な神学理解という文脈の中で理解されるべきものである。聖霊の導きの下に「聖書と聖書を比較する」という解釈学的方法を適用させることで信徒すべてが聖職者階級や伝統といった仲介なしに直接聖なる書物における救いの知識に至ることができるというのが、改革派神学の聖書のみという神学理解なのである。この点で信徒の神学は欠くべからざるものであり、聖書の翻訳は信徒神学者の共同体で用いられるよう出来うる限り明瞭なものとすべきであった。

---

[11] de Bruin and Broeyer, *De Statenbijbel*, 271.
[12] de Bruin and Broeyer, *De Statenbijbel*, 271.
[13] W. Balke, *Reformatie: Mythe en werkelijkheid*, Amsterdam 2002, 15 参照。

ルターは聖霊の霊感のもとに自らに啓示された聖書の明確な意味を翻訳によって伝えようとした。シュワルツの言葉を借りれば、「ルターの究極的な意図は聖書本文についての自分の神学的解釈、すなわち、霊感に基づく解釈を明瞭にすることであった[14]」。翻訳におけるこの霊感論がルターの翻訳の基礎だったのであり、文字以前の段階での翻訳上のコミュニケーション理論を基礎としていたわけではなかった[15]。国定聖書の翻訳者たちは、聖霊を通して神の子らに啓示されたものとして聖書の意味の明瞭さを見るという点でルターの同じ考えであったが、さらに進んで、欄外注などのパラテクストに助けられながら神の聖なる言葉から「救いに至る知識」を導き出すことが信徒の共同体による務めと理解された。翻訳におけるルターの霊感論では、聖霊の導きの下に聖書の明瞭な意味を翻訳で伝える霊感を受けた翻訳者に強調点が置かれていたが、オランダにおけるカルヴァン主義者たちはヘブライ語、アラム語、ギリシア語聖書における聖霊の働きを強調する一方で、聖書を読む神の子らの心に対する聖霊の働きも強調したのである。彼らは霊感論を翻訳者にまで拡大して適用することはなかった。

　国定聖書において宗教に関するスコポスを決定したのは聖書の明瞭性と神の霊感という二つの動因であった。バウダルティウスとボーゲルマンという二人の翻訳者は「ヘブライ語とアラム語本文における神の元々の言葉」に出来るだけ忠実でありたいとして、自分たちの霊感論とその翻訳におけるスコポスの繋がりを明確にしている。聖書を通して神が語っているという聖書本文の聖なる面とその明瞭さという二つの動因を国定聖書が意図したスコポスのうちで理解することは重要である。その聖書翻訳は聖なる霊感と明瞭性の両方を反映させたものでなければならなかったのである。霊感は原文の形態にまで及ぶので、名詞は名詞、動詞は動詞として翻訳し、ヘブライ語とギリシア語の語順もできるだけ保つようにするものとされた。このように形態を優先することで聖書の意味とメッセージの伝達に支障を来し、明瞭性という原則に反することになるであろうことは翻訳者や翻訳委託者にも分かっていた。ヘブライ語本文に精通していたカルヴァン主義者のゼーラント州書記官デ・ブラユンは1644年に「新しい翻訳者たちはヘブ

---

[14] W. Schwartz, *Principles and Problems of Biblical Translation. Some Reformation Controversies and their Background*, Cambridge 1955, 208.
[15] Schwartz, *Biblical Translation*, 207-209.

ライ語本文を実に正確かつ綿密に表現し、語順や言葉の位置までヘブライ語本文に従っていることもたびたびであった。そのため、意味がすべて明瞭かつ滑らかに表現されているということにはなっていない」と記している[16]。

　ドルトレヒト教会会議はこのジレンマを解消するため、パラテクストと本文を組み合わせることで神の霊感と明瞭性という本文の重要な宗教的機能をともに十分に発揮させることを決定する。逐語訳によってオランダ語が不明瞭になる場合にはより自由な訳を選んでもよいが、傍注に逐語訳を載せるようにするという決定である。その例は「神の聖い腕」と訳されたイザヤ書54章10節で、「ヘブライ語では『彼の聖性の腕』。神が御民を救うことによって証明された御自身の全能性を示す」と注が付されている[17]。同様に、イザヤ書52章1節の「イール・ハコデシュ」を語順にとらわれず「聖なる都」と明瞭に訳しているが、霊感をうけた語順である「あなたの都、聖性の」を「注3」として載せている。一方、より難解で逐語的な訳を本文に置き、より明瞭で自由な訳を傍注に載せるのがもうひとつの方法であったが、ほとんどの場合、こちらの方が取られている[18]。傍注が明瞭性と霊感論のバランスを取るために必須であったことは明らかである。またこの翻訳聖書にオランダの改革派教会の指導者たちと共同体が求めていた宗教的機能が本文とパラテクストをともに用いることで確保されたのもまた明らかである。

　パラテクストを使ってこのジレンマを解決するもうひとつの方法は、翻訳において言葉を加えることであった。意味を明瞭にするための言葉が追加されたが、それを括弧でくくり、別の活字で印刷することにより、それが聖なる本文に人間が追加したものであることを示した。括弧の使用と原語の語順によって生じる極端な障害を示す例はコリントの信徒への手紙一12章3節（「聖霊によらなければ、だれも『イエスは主である』とは言えないのです」）に見える。国定聖書はギリシア語の「ウーデイス・デュナタイ・エイペイン・キュリオス・イエスース」をその語順に従って訳し、最後に〔英語のbe動詞にあたる〕te zijn を括弧に入れて付

---

[16] de Bruin and Broeyer, *De Statenbijbel*, 308.
[17] この例は以下から取られている。de Bruin and Broeyer, *De Statenbijbel*, 273.
[18] de Bruin and Broeyer, *De Statenbijbel*, 274.

加している。このようにして一語ごとに置き換えて訳すことによって損なわれる明瞭性の問題を改善しようとしたのである。

真理の明瞭性を損ねる国定聖書のこのようなヘブライ語至上主義とギリシア語至上主義は、聖霊に満たされてヘブライ語、アラム語、ギリシア語で書かれた神の言葉を忠実に翻訳するときの否定的な副作用と考えられ、パラテクストはこの否定的作用を和らげるためのものであった。

こうした状況は東方正教会における翻訳伝統とは非常に異なっている。正教会にも聖なる霊感という考え方があるが、宗教改革の思想である「明瞭性」によってバランスが取られることはない[19]。スラブ系言語への翻訳に見られる七十人訳至上主義とギリシア語至上主義、そしてその結果として生じる本文の奇妙さと他者性は肯定的に評価され、歓迎されている。「正教会の伝統では言語はその本質において聖なる方を理解するには不適切な方法であり、それゆえイコンが視覚的に果たしている象徴的役割と同じような役割を言葉で果たすものと理解されるからである。イコンが物語の場面や出来事を写真のような——本質的には絵画的な——描写であることを要求されておらず、それが証する、時間を越えた現実を見せてくれる窓であり、その現実を礼拝者に取り次ぐ神秘的な方法であるべきとされているように、聖書の言葉もただ一つの意図される意味をもった一連の論理的な主張ではあり得ないのである。… 聖書翻訳にとってこの言語理解がもつ意味は極めて大きい。言語は聖書に描かれている現実に複雑で神秘的な過程を経て関係すると見られており、そのため正教会では（現代の）読者と（古代の）本文の間にある距離感を保ち、また古代の本文が本来的に備えている奇妙さと他者性をある意味強調することによって、もう一つの世界への窓という本文の位置づけを維持しようとする傾向がある[20]」。

東方正教会の共同体にとっての聖書翻訳のスコポスは17世紀のオランダ改革派に聖書が果たした機能とは異なっている。つまり、正教会にとって聖書は主に儀式において、クリスプが示したような意味でのイコンとして機能している。聖

---

[19] S. Crisp, 'Icon of the Ineffable? An Orthodox View of Language and its Implications for Bible Translation', Paper for the Triennial Translation Workshop of the United Bible Societies, Malaga 2000 参照。

[20] Crisp, 'Icon of the Ineffable?', 6, 7.

書理解の釈義的、解釈的な方向を定めているのは教会教父の伝統であり、聖なる書をどのように理解するかは翻訳によって伝えられるのではなく、教会の教えによって伝えられるのである。個々の信徒が聖書の明白な真理、すなわち「真理の明瞭さ」に接するという点において、国定聖書のパラテクスト要素は正教会の聖書とは異なる宗教的機能を如実に表している。国定聖書が傍注によって解説を加えるということは「ヘブライ語とギリシア語の原文は全体として原理的に明瞭であるが、翻訳されることによってそれが不明瞭で奇妙なものになってしまった」という改革派の前提に基礎をもつ。この奇妙さ、不明瞭さ、他者性は聖書の言語がもつ聖なる性質に本来的に備わっているものとは見なされていないのである。
　東方教会の翻訳聖書とオランダ国定聖書の本文だけを単純に比べてみれば、そのともに逐語的な翻訳が聖なる儀式で用いられることを機能としている点で同様であり、同じような言語に関する神学に基づいていることがわかるだろう。しかし、オランダ国定聖書において本文とパラテクストが組み合わされていることが考慮されるや、両者の翻訳の間に非常に大きな違いがあり、それぞれ非常に異なった宗教的機能を果たしていることが見えてくる。
　国定聖書のスコポスにおいて、霊感の原則と明瞭さの原則がともに重要な要素であるなら、この二つの原則のうち、どちらに重きが置かれるのかという問題が極めて重大となる。総じて霊感の原則の方が明瞭さの原則よりも重要であった。これは本文とパラテクストそれぞれに注がれた労力を比較することによって推測される。「ヘブライ語とアラム語で書かれた神による元来の言葉」に従って逐語的だが不明瞭に訳された訳文と、神によるヘブライ語の言葉に正確には従っていないが明瞭な訳文のどちらかを選ばなければならなくなると、ほとんどの場合、明瞭な訳が傍注に置かれているのである。また、すぐに出版された注なしの廉価版に翻訳者たちが全く抵抗を示さなかったことにもそれは顕れているだろう[21]。そして、何世紀もの時が経つうち、明瞭性は次第に重要ではなくなっていった。今日でもドルトレヒトで活躍した指導者たちの霊を嗣ぐ者たちがまだオランダ国内の小さな正統改革派の諸教団におり、国定聖書はそのような諸教団では計り知れない権威をもつようになっているが、そこの会員たちが教会に携えていくも

---

[21] de Bruin and Broeyer, *De Statenbijbel*, 280.

のは、傍注だけでなく、もともとの版にあった他のパラテクスト要素をほとんど取り去った国定聖書である。第二正典はもはや含まれていない。また、オランダ語も17世紀から劇的な変化を遂げている。つまり、現代において国定聖書が獲得した機能は聖なる儀式のための聖書ということであり、ほとんどの人々にとって理解困難な翻訳となったということである。それは明瞭さを目指してもいた当初の意図されたスコポスとは異なるスコポスである。興味深いことに、国定聖書を左欄に置き、明瞭さを目指した現代訳を右欄に並べている対照聖書が上記の諸教団の中に急速に浸透し始めている。国定聖書の左欄がいわば「霊感版」で、右欄がわかりやすく書き換えられた「明瞭版」というわけである。右欄はまさに、古き国定聖書のパラテクスト機能を引き継いだものになっているのである。また、現代において国定聖書は文学的機能という別の機能をもつようになっている。この版がもつ独特の文体と古風な趣は高く評価されている。

　改革派における聖霊による霊感という考え方は正典の問題にも関わっている。ドルトレヒト教会会議では翻訳聖書における第二正典〔外典あるいは続編〕の位置づけに関して合意に至らなかった。すでに1561年にはオランダはフランスの「信仰の告白」(Confession de Foy) を受け容れていたが、それに際してオランダ改革派は「私たちがこれらの書を正典として受け入れるのは、教会がそのように受け入れたからというよりも、それらの書が神からのものであると聖霊が私たちの心に証しされたからである」と表明している (Belydenisse des Geloofs 第五項)。教会会議ではゴマルスのようなより急進的な考えをもつ者たちは外典を翻訳聖書に入れることに反対していた。しかし、人々は第二正典を含んでいるドゥザーズ聖書に慣れ親しんでいたので、教会会議の目標と一般の人々の期待の間にずれが生じた。そこで教会会議は第二正典を異なる活字で印刷し、そこに別のページ番号をふり、正典の後（つまり新約聖書の後）に置くと決定する[22]。つまり、教会会議は意図されたスコポスと、期待されていたスコポスの間のギャップを埋めるために、パラテクストを用いたのである。第二正典の最初のページにはそれが

---

[22] 「国定聖書」には外典の部に第三マカバイ書、第三、第四エズラ記、マナセの祈りが収められているが、オランダ信仰告白第六項は第三マカバイ書には言及していない。デ・ブラユンとブロイヤーによれば、単にドゥザーズ聖書に従ったのであろうとされる。de Bruin and Broeyer, *De Statenbijbel*, 236.

人間に由来すること（つまり霊感されていないこと）がはっきりと述べられ、第二正典の序文では第二正典に異端思想が含まれていると読者に警告を与えている。

　以上のことをまとめると、国定聖書のスコポスは様々に異なる要素が複雑に絡み合ったものと言えるだろう。まず第一に、霊感論と明瞭性があり、信徒神学と、聖書と聖書を比較するという改革派の解釈学が強調されていることである。17世紀のオランダ改革派の信仰生活における翻訳聖書の位置づけと機能は、このような要素によって決定されていたのである。霊感論は原文と読者（聴衆）である信徒における聖霊の業を強調していたので、翻訳は神が聖書で何を意味したかではなく、何を語ったかを焦点としていなければならなかった。神が何を語り、どのように語ったかを神の子らが注意深く、勤勉に学ぶならば、神が聖書において伝えようとした意味を聖霊が明らかするということである。国定聖書のパラテクストにおける広範な助けは、神が伝えようとした意味を明確にしようとして人間がとる手段であって、誤りを免れない。神の言葉と違って、パラテクストの説明は常に議論の対象となった。神がその言葉において語ったことは永遠に変わらないが、神が伝えようとした意味に関する人間の考えは時間とともに変化する。あれほどの見識をもったカルヴァンやルターでさえも誤りを犯す人間であり、解釈学上の二人の地位は原則として、神の聖なる言葉に聴従する他の信徒と何の違いもないのである。

　国定聖書のスコポスにはこのような「神学的」要素だけではなく、政治的要素もあった。若い共和国であったオランダはドイツ語やフランス語からの重訳ではなく、ヘブライ語とギリシア語から訳した自分たちのオランダ語聖書が欲しかったのである。最終的に国定聖書の機能と位置づけを決定したのは、その時に至るまでオランダにおいて「聖書」という概念（聖書観）と聖書に対して期待することを形成してきたドゥザーズ聖書であった。国定聖書は主に教会のための聖書であったが、その豊かなパラテクストのお陰で、個人が読むためにも聖書研究にも適したものとなった。ここでオランダ改革派の霊感論がヘブライ語聖書とギリシア語聖書における聖霊の役割と、神の言葉を聞き学ぶ信徒一人一人の心と知性に働く聖霊の役割を強調していることを心に留めておく必要がある。究極的には教会の伝統や教職者が聖書の意味を信徒に伝えるのではなく、聖霊が聖書を通して信徒の心に働くのである。それゆえ、国定聖書は教会の礼拝のためにも、個人の用途にも使えるよう作られていたことになるのであり、また、そのパラテクスト

がもつ特性によって聖書研究用にも個人のデボーションにも適するよう機能したのである。

オランダ改革派の聖書観がもつ最も重要な側面は、おそらく聖霊と神の言葉の関係であり、神の言葉は聖霊から来ていると人々が主張するすべての事柄を評価するための鍵であるとしている点であろう。その霊感論において聖霊は神の言葉と非常に緊密な関係にある。聖霊によって導かれていると主張する者は、自身の言ったことが神の言葉と一致しているかどうかを試される。霊感を受けた翻訳者というものは、自分は聖霊によって導かれているので、聖書で神が何を言わんとしているか知っていると主張し、翻訳を通してその意味を伝えたいと願う。それは人間の意見や解釈に対して何に依存することもなく判断を下すという神の言葉の役割を脅かす存在であった。オランダ改革派の会衆が聖書に求めた役割、すなわち、誤りを免れない人間の思想や解釈によって汚されていない無謬の神の言葉という聖書の役割はルターのドイツ語聖書をオランダ語に訳したものでは果たせなかった。

クリスプは聖書翻訳においては本文の単一で明瞭な意味を伝達しなければならないという前提をもつ動的等価理論（dynamic equivalence approach）と、「そのままの本文を直接読むこと」、すなわち仲介なしに聖書の意味を理解できることを前提とする改革派の明瞭性に関する論理的解釈を関連づけている[23]。オランダ改革派の共同体における聖書の解釈学的位置と機能に関してすでに見てきた特徴からすれば、霊感論と明瞭性の思想がどのように組み合わされるのかに関して、様々なプロテスタント共同体の間に大きな違いがあることは明らかであろう。ドルトレヒト会議の指導者たちはまさに神の言葉が教会における唯一の権威であるがゆえに、本文の分かりやすい意味を伝えようとする翻訳を退けたのである！ 神の言葉は確かに明瞭であったが、それは霊感された原典においてであり、選ばれた者たちの心と知性においてであった。選ばれた者たちが神の言葉を出来れば原語で、不可能なら可能な限り人間の介入を排した翻訳で注意深く学んでいるかぎりにおいて、聖霊が彼らを導くと考えられた。国定聖書の本文とパラ

---

[23] Crisp, S., 'Icon of the Ineffable? An Orthodox View of Language and its Implications for Bible Translation'. Paper for the Triennial Translation Workshop of the United Bible Societies, Malaga 2000.

テクストの間の相互作用によって翻訳過程で生じた明瞭性の問題は改善された。つまり、奇妙で曖昧なオランダ語の本文は大いなる他者である神が語っていることのしるしではなく、翻訳過程の否定的な副産物と見なされたのである。オランダ人は誇り高き民族だが、神が聖書原典でオランダ語を話したのではなく、ヘブライ語、アラム語、ギリシア語を話したこと、そして神はその大いなる他者性を表すためにヘブライ語、アラム語あるいはギリシア語を奇妙で曖昧な形で語ったのではないことを認めていた。

　動的等価理論が聖書に関して明瞭性の原則といった暗黙の解釈学的前提をもっているとするなら、その前提はルター派の思想に近いのではないだろうか。ルター派の伝統では明瞭性と翻訳の霊感論を次のように組み合わせている。〈前提A〉聖書には一貫性があり、基本的には神からの明確なメッセージが記されている。〈前提B〉聖書翻訳者の目標はその明確なメッセージを新しい聴衆に伝達することである。ドルトレヒトのオランダ改革派の指導者たちが〈前提A〉に同意するであろうが、真の神の子らだけがそのような神からの明確なメッセージを理解することができるという点は強調するだろう。しかし、〈前提B〉には賛同しない。それは〈前提B〉においては聖書で神が何を語ったかではなく、神が何を意味したかを翻訳者が解釈してそれを翻訳するという「霊感を受けた翻訳者」の存在が前提となっているからである。つまり、聖霊の助けによって神と神の民の間でなされる直接的なコミュニケーションが妨げられることになるからである。

　聖書翻訳の動的等価理論を理解するためには、20世紀中盤の大宣教運動という制度的で社会的な背景を考慮しなければならない。この運動では聖書翻訳は世界宣教の中心的な手段と考えられていた。宣教地の文化が聖書の世界を全く知らず、また聖書翻訳が現地文化の西欧的キリスト教化ではなく、教会開拓のための主要な道具として機能するような場合は、メッセージに焦点が当てられ、目標をはっきりさせた形のコミュニケーション中心の聖書翻訳が役に立つ。多くの西洋の宣教師たちが第三世界の何百という宣教地の言葉で福音を伝達し始めた時、この宣教方法に合致した翻訳理論が必要とされた。ちょうど17世紀のカルヴァン主義者が自分たちの信仰理解や自分たちの共同体における聖書の使用法に合致した聖書翻訳を欲したように、宣教師たちも自分たちの霊的な宣教活動を遂行できるような聖書を必要としたのである。そのようなスコポスによって、彼らが欲し、必要とする翻訳の種類が決定されたのである。ナイダらの学者による戦後の

出版物はこのような背景から出てきたものであり、上述のような宣教活動の目標と状況の下ですでに行われていた翻訳のあり方に理論的基盤を与えたのである。

聖書観を定義する基本的な前提が世俗的な場合もある。たとえばオランダでは「文学的」聖書に対する市場が拡大している。聖書を文学書と見る読者のための聖書、聖書を文学として楽しみ、分析できるような訳が求められているということである。これはプリケットがグッド・ニューズ・バイブルで用いられている言葉に関する文学批評で「聖書は見たとおりの、明瞭で、単純で、はっきりしたことについて語っているのではない」と述べているのと比較すべきことであろう[24]。このプリケットの発言や「神が聖書の著者」といった発言は、それが「神学的」なものであれ、「哲学的」あるいは「文学的」なものであれ、聖書の霊感、明瞭性、聖書の統一性などに対する見解であり、そうしたものはすべて聖書の社会的、文化的認知の領域、それぞれの共同体が聖書を生み出した前提の領域に属すのであって、聖書の学問的、学術的な研究の範疇に属すのではない。聖書翻訳の学問的研究はユダヤ教、キリスト教の共同体における翻訳の歴史において展開されてきた聖書形成の過程を解明し、その過程を通して翻訳聖書の本文とパラテクスト要素がいかにして生まれて来たかを示すことを目的としている。

国定聖書の場合、教会会議が欲した聖書の種類と、改革派教会が期待した聖書の種類がほとんどの面で一致していた。期待されているスコポスと意図されたスコポスの間に溝がある場合には、話し合いによってその溝が埋められた。第二正典の位置づけをめぐる議論はその一例である。改革派教会は第二正典がついている聖書に慣れていて、ゴマルスら会議のメンバーの一部が示した第二正典を排除する急進的な考え方は定着していなかった。会議ではこの点が十分に論議され、こうした聖書観に関する違いを調停する決定が下された。第二正典は聖書に含まれることになったが、パラテクスト要素によってゴマルスのような人々の考えを明確に表現したのである。

19世紀になると各国の聖書協会が教会会議の役目を益々果たすようになっていった。信教の自由が定着し、様々なキリスト教（またユダヤ教）の教派が誕生し、教派間の信条の違いも目立ってくると、聖書協会はこのような諸教派やグ

---

[24] Stephen Prickett, *Words and The Word: Language, Poetics and Biblical Interpretation*, Cambridge University Press, 1986, 10. Crisp, S., 'Icon of the Ineffable? からの引用。

ループすべての必要に答えなければならなくなり、特定の聖書観を支持するわけにはいかなくなっていった。オランダ語の国定聖書のような広範なパラテクスト要素をもつ翻訳版が豊かな伝統をもつことは、この神学的中立性を明らかに脅かすものであった。パラテクスト要素が非常に豊かであった17世紀と18世紀の聖書に代わって、「注や解説のない」安全な聖書が好まれるようになったのはこのためである。オランダのように社会の中の利害の対立を交渉と妥協で解決する伝統のある国では、関係団体すべてが聖書翻訳事業に関わるように聖書協会が配慮している。カトリック、プロテスタント、そしてユダヤ教の共同体での使用を念頭に翻訳された「新訳聖書」(*Nieuwe Bijbelvertaling*) のように広いスコポスをもった聖書は、できあがった聖書がしっかりとした共通の土台に立てることを確保するために複雑で、高度に制度的なスコポスの交渉を経た上で作られるものである。翻訳事業に参与した諸教会や諸団体は、自分たちの要求がすべて叶うわけではなく、妥協は不可避であり名誉なのだということを事前に納得している。教理的、教義的な面は交渉段階では周辺に置かれ、中心的な議論は解釈学的、神学的な聖書観に関わるものとなる。この翻訳は自分たちの共同体の中で「聖書」として機能できるものなのか、自分たちが伝統的に聖書を使ってきたことをこの聖書でもできるのか——聖書協会にとってこのような問いを理解するのは非常に重要である。たとえば、ある共同体がより「逐語的な」聖書を欲する場合、翻訳者、教会、個人の読者の間での解釈作業の分担に関して、読者と教会、あるいはその一方がその作業の多くを担当すべきではないかということが話し合われるだろう。あるいは、聖書というものは教会や注解書に頼ることなく普通に読んで理解できるものであるべきとする人々ができるだけ意味の明瞭な聖書を求めている場合、本文にもパラテクストの部分にもかなりの解説や説明が必要となる。このような問いを理解するには様々な共同体の歴史と伝統を十分に知っていることが必須となる。

## 聖書翻訳のパラテクストの特徴とスコポス

　国定聖書のスコポスは様々な異質要素が複雑に組み合わさったものであることを見てきた。その要素の中には、信徒の神学ならびに聖書と聖書の比較という改革派解釈学の強調を含んだ聖書の霊感論と明瞭性の教理といった神学的、霊的な要素があり、国家的な要素があり、またすでに権威をもっていた以前の聖書

（特にドゥザーズ聖書）との関係という要素があった。では、このスコポスはどのようにパラテクスト要素に反映されているだろうか。明瞭性と霊感論のバランスをとるために傍注が導入され、傍注と本文の相互作用によってバランスがとられた。神の言葉であることは第二正典を最後に置き、別のページ番号を割り当て、その冒頭には改めて序を書くことによって表現された。正典本文のなかでは、オランダ語文法に合わせるために付け加えられた語を括弧に入れて小さな文字で印刷することで、その語が霊感された神の言葉への人間による追加であることを示した。スコポスの国家的、政治的要素は表題ページに文章で表現され、国章である獅子が付された。伝統的な聖書単元は各章の上に節番号とともに単元の表題を記して示すだけとされた。単元の境を示すために行を空けることはせず、単元の表題は各部分の上部に置かれた。

**インドネシア語セハリ・ハリ版聖書のスコポスとパラテクスト**

　ポルトガルとオランダによる貿易と植民地政策の下、キリスト教がインドネシアに到来した。1629 年、アルベルト・コルネリス・ロイル〔Albert Cornelisz Ruyl〕というオランダの商人がマタイによる福音書をバタビアでマレー語に訳す。このマレー語訳は聖書がキリスト教化のために非ヨーロッパ言語で翻訳され出版された初めてのケースであったため、インドネシアは聖書翻訳の歴史で意義深い位置を占めるようになった。ルールによるマタイ福音書の後、メルヒオル・ライデカー〔Melchior Leydecker〕によって 1668 年にはマレー語新約聖書、1733 年には全聖書が出版された。

　初期マレー訳の興味深い点は、様々なマレー語で出版されたことである。たとえば、クリンケルト〔Klinkert〕はいわゆるセマラン低地マレー方言に訳し、その後、1879 年に全聖書を高地マレー語で出版した。1938 年にはヴェルナー・ボーデ〔Werner Bode〕が東インドネシアのマレー語に訳している。1950 年、インドネシア共和国の国連加盟が認められると、著名なキリスト教の指導者が集まり、トドゥン・スータン・グヌン・ムリア博士を初代会長とするインドネシア聖書協会を創設した。共和国の国語であるバハサ・インドネシアは急速に標準的なマレー語として発展していったが、インドネシア語による新しい訳を待つ間、インドネシア聖書協会は 1958 年にいわゆる緊急版聖書を刊行する。それはクリンケルト訳の旧約聖書と 1938 年のボーデ訳の新約聖書を合わせたものであった。1974 年、ついに新しいインドネシア語聖書テルジェマハン・バル版(Terjemahan

Baru）が公刊され、1985 年には大衆語訳バハサ・インドネシア・セハリ-ハリ（Bahasa Indonesia Sehari-hari〔以下、「セハリ-ハリ版」〕）がそれに続いた。1974 年の新訳と 1985 年の大衆語訳は互いに相補的なスコポスをもっており、テルジェマハン・バル版が教会向け、セハリ-ハリ版が教会外の一般の人々向けであった。選択性という点では、セハリ-ハリ版は本文の形態よりも意味の伝達を優先している。キリスト教の信仰をもっていない聴衆ならびにテルジェマハン・バル版では言語レベルが高すぎる信徒に聖書のメッセージを伝えるのがセハリ-ハリ版におけるスコポスの中心要素だった。米国聖書協会によるグッド・ニューズ・バイブル（1966 年刊、再版 1972 年）と Contemporary English Version〔現代英語訳版。以下、ＣＥＶ〕は世界中に影響を与え、同様の大衆語訳聖書が生み出されたが、セハリ-ハリ版もアメリカにおける大衆語版の精神を受け継いで翻訳された聖書の一つである。

　テルジェマハン・バル版がもつ伝統的な教会用聖書としての機能とセハリ-ハリ版の大衆語としての機能の違いは両者の本文の中に非常に明確に表れている。ローマの信徒への手紙 1 章 17 節の「ディカイオシュネー・テウー」を例に取ってみよう。テルジェマハン・バル版では「なぜなら、その内に顕された、神の真理が」（Sebab dalamnya nyata kebenaran Allah）と訳されている。セハリ-ハリ版は直訳すれば「なぜなら、神は、良い知らせによって神と人との関係がもう一度よくなる方法を示された」（Sebab dengan Kabar Baik itu Allah menunjukkan bagaimana caranya hubungan manusia dengan Allah menjadi baik kembali）となっている。テルジェマハン・バル版は「ディカイオシュネー」に伝統的な教会用語である kebenaran（真理）をあて、そのスコポスに合わせて連体修飾語の属格というギリシア語の構文に従って「神の真理」としているが、セハリ-ハリ版では伝統的な教会用語を避け、ギリシア語の構文から離れ、意味を解釈した訳「神と人との関係がもう一度よくなる方法」となっている。

　セハリ-ハリ版本文のメッセージ優先の姿勢は本文の意味を読者が理解できるようにすることを目的としたパラテクスト要素でも一貫している。聖書の各書に序文がつけられ、そこでは各書の内容と構造が要約されている。巻末には、他の訳、写本の異読、聖書に登場する様々な物や習慣の解説等が載っている。最後には「カムス・アルキタブ」と呼ばれる聖書用語集がつけられており、これも理解を進めることを目的としている。また、地図や年表もあり、聖書に書かれていることを地理的、歴史的文脈に置くことで理解を深められるようになっている。

聖書単元とその表題に関しては、セハリ−ハリ版はＣＥＶやグッド・ニューズ・バイブルなどの英語版に従っている。大衆語版聖書における単元の区切り方と表題は教会の儀式や伝統よりも内容を反映したものになる傾向がある。単元は原典の構造を反映したものであるべきであり、表題は単元の主題を訳文中から取られた言葉を用いてつけられるという考え方である。セハリ−ハリ版のような大衆語訳では聖書単元は本文の構造と主題の一貫性を示して読者の理解を助ける重要なパラテクストである。教会向けの聖書の単元はこれとは異なり、ある聖書の箇所が儀式でどのように使われるかを反映するものであり、表題は教会の伝統の中で聖書の物語がどのようにして知られるようになったかを示し、また聖書に慣れ親しんだ読者がその箇所を見つけやすくするためのものとされる。

## スコポスと聖書翻訳の文体

聖書翻訳者は絶えず文体上の選択、すなわち言葉の選択（言語使用域の高低など）、文法の選択（受動態か能動態か、動名詞か主動詞かなど）、文章全体の構造における選択（長い一つの文にするか、二、三の短い文にするか）、談話を組織立てるための選択（登場人物をどのように登場させ、追って行くのか、何を強調し、何を物語の背景の材料として読者に示すのか）などに決定を下している。聖書翻訳者の文体の選択は、詩編の並行法など聖書の中の文学ジャンルの文体的特徴と、翻訳対象の共同体がもつ文学ジャンルの文体的特徴によって決められる。聖書翻訳は原語がもつジャンルと翻訳言語がもつジャンルの間を常に仲介しており、原語の文体的要素を翻訳言語の文体的要素と常に組み合わせながら行われる。そして、スコポスによってその仲介の仕方が決定されるのである。たとえば、雅歌の翻訳ではイスラエルの恋愛歌がもつ文体的特徴と翻訳言語の恋愛歌がもつ文体的特徴の両方が反映された翻訳が行われることになる。

ここでルカによる福音書１章1−4節を例に、いくつかの英語版聖書における文体の選択を比べてみよう。

1 Ἐπειδήπερ τολλοὶ ἐπεχείρησαν ἀνατάξασθαι διήγησιν περὶ τῶν πεπληροφορημένων ἐν ἡμῖν πραγμάτων, 2 καθὼς παρέδοσαν ἡμῖν οἱ ἀπ' ἀρχῆσσ αὐτόπται καὶ ὑπηρέται γενόμενοι τοῦ λόγου, 3 ἔδοξε κἀμοὶ παρηκολουθηκότι ἄνωθεν πᾶσιν ἀκριβῶς καθεξῆς σοι γράψαι, κράτιστε Θεόφιλε, 4 ἵνα ἐπιγνῷς περὶ ὧν κατηχήθης λόγων τὴν ἀσφάλειαν.

T E V（Todays English Version）
Dear Theophilus:
1. Many people have done their best to write a report of the things that have taken place among us.
2. They wrote what we have been told by those who saw these things from the beginning and who proclaimed the message.
3. And so, Your Excellency, because I have carefully studied all these matters from their beginning, I thought it would be good to write an orderly account for you.
4. I do this so that you will know the full truth about everything which you have been taught.

N I V（New International Version）
1 Many have undertaken to draw up an account of the things that have been fulfilled among us,
2 just as they were handed down to us by those who from the first were eyewitnesses and servants of the word.
3 Therefore, since I myself have carefully investigated everything from the beginning, it seemed good also to me to write an orderly account for you, most excellent Theophilus,
4 so that you may know the certainty of the things you have been taught.

改訂標準訳（Revised Standard Version）
1 Inasmuch as many have undertaken to compile a narrative of the things which have been accomplished among us,
2 just as they were delivered to us by those who from the beginning were eyewitnesses and ministers of the word,
3 it seemed good to me also, having followed all things closely for some time past, to write an orderly account for you, most excellent Theophilus,
4 that you may know the truth concerning the things of which you have been informed.

　文体、文章構造、言語使用域（単語の選択）を二種類に限定するとして、やや形式的で文学的な使用域をもつ ἀνατάξασθαι διήγησιν は改訂標準訳（ＲＳＶ）では"compile a narrative"（「談話を編纂する」）、ＮＩＶでは"draw up an account"（「説明を作成する」）、ＴＥＶでは"write a report"（「報告を書く」）と訳されている。改訂標準訳の言語使用域は高く、ＮＩＶが中間、ＴＥＶはＮＩＶよりも多少低い。このような単語の選択はそれぞれの版のスコポスを表わしている。ＴＥＶは大衆語訳で教会外機能をもち、改訂標準訳は伝統的な教会の会衆のため

の聖書の代表的存在であり、ＮＩＶはその中間の機能を目指している。つまり、ＮＩＶはＴＥＶのような明瞭性を求めつつ、アメリカ福音派の聴衆が期待する文体からあまり離れすぎないようにしているのである。この三つの翻訳の機能上の違いは、文と文をどのように繋げるかという選択にも表れている。改訂標準訳はギリシア語と同様に長い一文、ＮＩＶが二文、ＴＥＶは四文である。ここでもＮＩＶは教会のための伝統的な訳（改訂標準訳の一行）と教会外に向けた大衆語訳（ＴＥＶの四行）の中間（二行）をとっている。

　ルカによる福音書１章１−４節におけるテオフィロへの献辞がギリシア語においては特殊な文体で書かれていることは明らかである。それは重要な書物の序文のための文学的で慎重な文体であり、著者は自分が使った資料と方法を述べ、高い地位にある人物にその書物を捧げる旨を記している。聖書翻訳ではスコポスが訳の文体を決定する。ＴＥＶは複雑な文章を読み慣れておらず、教会に来ることもない人が理解できるような文体をとっている。明瞭な文体で日常的によく使われる言葉を使い（「報告を書く」）、あまり使われない言葉や言い回しを避け（「談話を編纂する」）、短い単純な文章を用いて、登場人物を最初にはっきりと示し（"Dear Theophilus"「テオフィロ様」）、文と文の関係を明確にしている（"*Because* I have carefully studied…"「詳しく調べているので」）。一方、改訂標準訳は原文の文体になるべく従おうとしている。たとえば、長いこの文を分けることなく、接続詞"inasmuch"（「であるが」）や"minister of the word"（「御言葉の僕」）といった言葉を選んでいる。言語使用域と構文の複雑度は非常に高く、ギリシア語原典がもつ厳かで博学な文体をある程度表現している。ＮＩＶは明瞭さと同時に、原典がもつ荘厳さと文学性をも目指した文体をとっている。ＮＩＶは教会の聴衆のための訳なので、その聴衆にとっての明瞭さを目指しており、教会外の人々にも明瞭であることは目指していない。そのため、ＮＩＶの文体の選択肢は広く、"fulfill"（「成就する」）といった伝統的な教会用語や、"investigate"（「調査する」）、"undertake"（「着手する」）などの使用域が比較的高い語彙を選んでいる。ここでもＮＩＶは改訂標準訳とＴＥＶの中間を目指していることが分かる。ＮＩＶが大成功を収めた理由はここにもあるのである。つまり、伝統的な教会向け聖書よりもずっと分かりやすいものが求められる一方で、文体面では教会向け聖書と充分な継続性を保った、教会でも使える聖書が必要とされていたということである。

## スコポスと解釈作業の分担

　紙幅の都合上、翻訳のスコポス（機能）と文脈による暗示を説明することの関係にここでの議論を限定することにする。文脈が暗示する内容は、発話の（言語的、状況的、文化史的）文脈だけを基にその言語の使用者によって推測される。「雨が降った猫と犬と私はずぶ濡れだ」と私が言えば、それを聞いた人は私がずぶ濡れになったのは雨が降ったからだと推測するだろう。しかしながら、この推測される原因は発話内容自体にはどこにも表現されていない。それは文脈から推測されることであり、推論された因果関係である。

　語られた言葉と意味される内容のギャップは通常の言葉によるコミュニケーションにおいて絶えず生じている。聞き手（読み手）が通常推測するであろうすべての情報を詳細に説明しながら話したり書いたりすれば、単純なことを伝えるために、非常に多くの、つまらない、不必要な言葉を使わなければならなくなる。このような量の問題だけでなく、ギャップが生み出されるには質的な理由もある。神を「私の岩」と呼ぶとき、その意味は実に広いものとなる。その意味の境界をはっきりさせるのは難しく、そのように制限のない性質をもつがゆえに喩えは使われるのである。発話というものは人が伝達したいと思うことを表現しているのではなく、実のところ発話者と聞き手が共有している文脈の中で発話者の意図を仲介することなのだ。

　「雨が降った猫と犬と私はずぶ濡れだ」という例で推測される因果関係は、より限定的に意味論という点で考えたときには、この文章が示す意味の中に含まれていない。グライスは意味と文脈が含んでいる意味を区別し、それが意味論の中で決定的な役割を果たすものと考えた[25]。コムリーは発話の意味と（文脈が暗示する）解釈を区別することが言語学者にとっていかに難しく、それと同時に必須のことであるかを時制の分析によって示した[26]。グットはグライスによる区別が翻訳理論にもたらした影響を系統立てて説明している[27]。

---

[25] Grice, H. P., Logic and Conversation, in: Cole, P. and Morgan, J. (eds), *Syntax and Semantics*, vol. 3, New York: Academic Press, 1975, 41-58.

[26] Comrie, B., *Tense*, Cambrigde: C.U.P., 1985.

[27] Gutt, Ernst August, *Translation and Relevance: Cognition and Context*, Oxford: Blackwell, 1991. グライスによる区別がもたらした帰結は以下の書で詳しく述べられている。Sperber,

文脈が含んでいる意味には翻訳者にとってやっかいな二つの性質がある。第一に、翻訳者が原語での元々の発話の文脈（一次文脈）に直接触れられない場合、その発話の文脈が何を意味していたのか確実に言うことは難しいという点である。聖書のような古代の文章では、一次文脈を理解するのは極めて難しい。さらには、文脈に含まれている意味は強く暗示されている場合もあれば、弱い場合もあり、すべてが同じレベルにあるわけではない。実際、文脈による暗示が余りにも弱いので、話し手あるいは書き手が意図した暗示なのかどうか確信できない場合もある。聖書における発話の文脈によって暗示されていることを再構築するという釈義の過程において、翻訳者自身の歴史的、神学的、文化的文脈がその解釈に干渉することは避けられないのである。
　もうひとつの困難は、翻訳者が文脈によって暗示されている内容とその強弱を確証したとしても、その内容を説明し始めるや否や、情報を説明する過程で、その情報が本質的に変化するという新たな問題が生じる点である。今やそれは新たな文脈によって暗示されるものを含むところの主張されたものとなる。そしてこの明示によって、メッセージの焦点と強調が変化してしまうのである。
　あらゆる翻訳において、文脈による暗示という領域での変化は不可避である。暗示されていたものが翻訳では明示されるようになり、原語でははっきりと述べられていた要素が翻訳では文脈によって暗示されるものになることもある。翻訳においては、言語間の構造上の違いによって、そのような変化が無数に起こる。たとえば、インドネシア語には単数と複数の区別がないが、ギリシア語にはあり、原語では明確に示される数（単数／複数）の感覚が翻訳では文脈から判断するしかなくなるという例が挙げられる。その聖書翻訳がいかなる機能をもつものであれ、そのような変化は避けらないのである。そして、原語の文脈によって暗示されていることを翻訳において明示するのかしないのか、するのであればどの程度明示するのかといったことは翻訳者に一任される場合も多い。
　ごく普通に語られた発話において言葉と意味の間に差があるということと、意図的に複数の解釈をもたせた発話というものを混同してはならない。「雨が降ったので、私は濡れている」と言うとき、私は聞き手が正しく因果関係を理解して

---

Dan and Deirdre Wilson, *Relevance. Communication and Cognition*, Oxford: Blackwell, 1986 も参照。

くれるものと思い、他の解釈の余地をもたせてはいない。意図的に複数の解釈を可能とさせる時には詩文など特定の言語形態のようなジャンルによって表現されることが多い。

　表現内容と意図した内容のギャップを翻訳でどのように扱うかという問いには、別の問い、すなわち、誰が何のためにその翻訳文を使うのかという問いに対する答えに基づいて答えるべきであろう。どの言語であろうと、特定の語彙や形態的統語的方法などを選んで用いることによって、話し手あるいは書き手は自分の発話の明示と暗示のレベルを管理、調整できる。新約聖書の連体修飾語の属格は明示性が低いことで知られている。連体修飾語の属格は修飾される名詞と修飾する（代）名詞の間に何らかの意味ある関係があることをただ述べているだけである。その関係の性質は聞き手が発話の文脈の中で行う推測に委ねられている。新約聖書ギリシア語の著者たちが明示性を高めようと思っていたのであれば、より特化した形態的統語的手段を使ったと考えられるだろう。たとえば、ローマの信徒への手紙1章17節の「ディカイオシュネー・テウー」（「神の義」）に比べて、出所を表す前置詞「エク」が用いられているフィリピの信徒への手紙3章9節aの「テン・エク・テウー・ディカイオシュネン」（「神からの義」）の方が明示性が高いといえるだろう。

　ヤコブの手紙3章13節の「エン・プラウテティ・ソフィアス」（直訳すると「知恵の謙遜さをもって」）という句はどうであろうか。属格の「ソフィア」（「知恵の」）は知恵が何かしらの形で謙遜さを修飾していると言っているにすぎず、どのように修飾しているかに関しては読者の推測に任されている。この句をオランダ語に訳す場合、明示と暗示のバランスという点では様々な選択肢がある（分かりやすく解説するために、ここでは単元や書といった広い文脈を考えず、切り離された句として扱うことにする）。

　　（ a ）met wijze zachtmoedigheid/nederigheid
　　　　（知恵ある謙遜さをもって）
　　（ b ）met zachtmoedigheid/nederigheid die uit wijsheid voortkomt
　　　　（知恵から来る謙遜さをもって）

　（ a ）は大体ギリシア語と同じレベルの明示度をもつオランダ語の構造を選んでいるが、（ b ）では明示度がやや大きく変えられている。さて、（ a ）と（ b ）

では解釈する労力の配分、つまり誰が解釈するのかという割当てが大いに違う。（a）では知恵がどのように謙遜さを修飾するのかという判断は読者に任されているが、（b）では知恵を謙遜さの源として、両者の関係が明示されている。

ここでの例のように、原語において文脈がおそらく暗示していることを翻訳において情報として表現するとき、すなわち、原語においておそらく意味されていることを翻訳ではっきりと断言するとき、情報の性質は本質的に変化する。ここでのギリシア語における知恵と謙遜さの関係は翻訳において原語よりも一層強調されることになるのである。また、その際に翻訳者は原文では文脈で暗示されていただけの関係を断定的な情報として提示する責任を負うことになる。

言語というものはすべからくその言語の使用者が明示のレベルを管理できるような構造上の幅をもっているが、言語間の表面的で形式上の類似性を基に、類似した構造が同じ内容を表していると考えるのは危険であろう。たとえば、ギリシア語の連体修飾語の属格とオランダ語の連体修飾語 van を用いた構文を同一視することは危険である。確かに機能上の重なりはあるが、オランダ語では表現できない連体修飾語属格の用法が新約ギリシア語にはある。たとえば、「ヒュイオス・テス・アノミアス」（直訳すると「不法の子」）のように修飾される名詞の質を表現する（セム語的な）属格の用法はオランダ語にはない。それゆえ、原語における明示レベルとの比較から翻訳言語の形態を選ぶことは、逐語訳や原語の語順などの形態に出来るだけ沿った翻訳とは全く違うものなのである。

新約聖書の属格を翻訳学的に分析することで明らかになるもうひとつの危険性は、連体修飾語属格構文がもつ言語学的意味と、原理的には無限にある文脈から推測される解釈を区別しなくなるという点である。連体修飾語属格構文は広く総合的な構文である。そのためその構文が示す意味は、修飾される名詞Ａと修飾する属格の名詞Ｂの間には何らかの意味ある関係があるというだけであり、聞き手は文脈からその関係を判断するように期待されているのである。翻訳者は、その構文の意味がもつ、ありとあらゆる文脈上可能な解釈に思いを巡らせることになる。そしてそれらの意味を表現するときに、その翻訳に与えられている機能を忘れ、また、原著者がその極めて一般的な構造を選んだ理由を熟考することなく、一つの解釈を明示してしまうこともあるのである。そうすることでその翻訳者は翻訳事業の機能に従って適切な明示レベルを選ぶという方法論上の準備段階を飛ばしてしまうことになる。

ヤコブの手紙3章13節の「エン・プラウテティ・ソフィアス」を（a）で「知恵ある謙遜さをもって」と訳すときの要点は（b）の「知恵から来る謙遜さをもって」よりも原語の形態に近いという点ではない。（a）も（b）もギリシア語の形態的統語的な形式からは逸脱している。形式上等価になるオランダ語の訳は前置詞 van が属格を表している以下の（c）である。

　（c）met zachtmoedigheid van wijsheid
　　　　(知恵の謙遜さをもって)

　（c）ではギリシア語の名詞がオランダ語の名詞に訳され、語順もそのまま保たれている。（c）を形態優先の訳、（b）を解釈優先の訳、（a）を意味優先の訳と呼ぶことができるだろう。ここでは先に概要を述べたグライスによるが用いた意味において[28]、意味と解釈を区別していることに注意していただきたい。
　原語の形態保持に専念している（c）型の翻訳と、原語の意味を表現することに焦点を当てている（a）型の翻訳は解釈中心の翻訳に比べれば、ともにギリシア語から離れないようにしている点で同じである。自由訳と逐語訳という二分法でのみ考えるのであれば、（a）と（c）をともに「逐語訳」に分類することは造作ないことである。しかし、これでは両者の間にある本質的な相違を正しく取り扱ったことにはならない。（a）は原語の形態に近づこうとしているのではなく、原語が表現した意味に近くあろうとしているのであり、文脈に含まれている意味への判断は読者の推測に委ねられている。形態優先の訳では、どの言語に訳そうが、名詞は名詞、動詞は動詞に訳して語の品詞を変えないようにするが、それは決して（a）型が目指すものではないのである。また、文脈から決定される意味とは無関係に原語の言葉をただ語彙上の形態に従って常に同じ訳語で訳すのも（a）型が目指すことではない。そのような一貫性は（c）のような形態優先の訳が目指す典型的なことである。
　読む者あるいは聴く者に多くの解釈の労を負わせる意味優先の訳（a）がより理解しにくく、近寄りがたいものであることは明らかであろう。だが、翻訳者が

---

[28] Grice, H. P., Logic and Conversation, in: Cole, P. and Morgan, J. (eds), *Syntax and Semantics*, vol. 3, New York: Academic Press, 1975, 41-58.

もつ神学的文化的文脈による妨害を受けにくい面もある。古代の複雑な文章がもつ文脈を十分に理解できないにもかかわらず、その文脈が含んでいる意味を明示する解釈中心主義においては、この妨害は避けられない。形態優先の訳が最も難解ということになるが、それは読む者に解釈の作業を多く負わせるからというだけではなく、原語がもたらす語彙的、形態的、統語的な妨害によって理解が困難になるからである。

　現在、宣教というスコポスの下で訳された現地語の聖書しかない共同体では、近い将来、読む者に解釈の余地を多く残した翻訳が求められるようになっていくだろう。そのような需要は健全な印である。翻訳というものは常に原語がもつある特定の面を際立たせ、他の面を犠牲にしてしまう。また、一種類の翻訳では人々が望む聖書の様々な使用法に十分に対応できない。一種類の翻訳による独占状態は一時的なものであるべきなのだ。ところが現実には、一つ一つの少数集団に複数の翻訳聖書を作製することは事実上不可能である。しかしながらこの問題も、民族言語的に小規模な多くの少数民族集団の間で二言語使用が益々広まっていることで解決されるだろう。国の標準語の聖書とその土地の言葉による聖書がそのような共同体の生活においてそれぞれの地位を占めるようになる。ちょうど二言語の切り替えが人々にとって通常のことであるように、聖書の切り替えも普通のこととなり、儀式での使用においても同じになる。

　特定の聴衆と機能を考慮しつつ、原語の文脈が暗示していることを翻訳によって明示するのは、ヤコブの手紙3章13節における謙遜さと知恵のような複雑な原文の中に見える諸要素の関係を分析しようとする現代の読者を助けるためと考えられる（ＮＩＶの「知恵から来る謙遜さ」とギリシア語原文を比較されたい）。

　文脈が暗示する情報を明示するときのもうひとつの動機は、誤解を防いで原語が示す正しい意味に読む者を導くことである。「ホイ・イウダイオイ」（「ユダヤ人」）という言葉を例に考えてみよう。ユダヤ人という言葉が反ユダヤ主義的に聞こえてしまう現代の状況下では「ユダヤ教の指導者たち」というような言葉を使うことによって意味の範囲を狭める場合もある。ここでもやはり、その翻訳聖書を用いる共同体における機能すなわちスコポスが翻訳上の判断の基盤にならなければならないことが示される。大衆語訳では「ホイ・イウダイオイ」という言葉が本来指し示している範囲を明確にすることによって、情報の限られている読者が原語の意図していない反ユダヤ主義をそこから読みとってしまうことを防ぐことになるのである。教会用の翻訳では「ユダヤ人」という翻訳が望ましい

だろう。ほとんどの教会では上に述べたような解釈の作業を行うことができるし、それは望まれていることでもあるからである。繰り返しになるが、文脈が暗示していることを明示することは情報の性質を本質的に変化させてしまうことに注意していただきたい。「ユダヤ教の指導者たち」と訳すことによって、(おそらく初代教会とユダヤ教会堂の確執を反映している)「ホイ・イウダイオイ」という言葉がもつ総合的な含みが失われ[29]、ユダヤ教の指導者たちがしたのであって、他のユダヤ人はしていないということを翻訳聖書が断言することにもなるのである。


## 第二講義

### 序

　翻訳されたテクストというものは、翻訳聖書を含めて、その翻訳文書を使う共同体によって特定される役割、機能をもっている。伝統や共同体がもつ「聖書観」に根差す聖書翻訳の場合、そうした機能(スコポス)が翻訳の形態と種類を決定する。第一の講義では信仰共同体のための翻訳聖書がもつ宗教的な役割と、そうした機能が翻訳された聖書の本文、正典、文体、パラテクスト(本文以外の部分)などの特徴にどう反映されているかについて論じた。この第二講義では、翻訳聖書の宗教的役割が逐語訳か自由訳か、文脈重視か語彙重視かといった翻訳戦略をどのように決定づけているのか、また翻訳者は異文化間の仲介者としてどのように自分の役割を遂行しているのかについて論じる。

---

[29] Ellingworth, Paul, 'Translating the Language of Leadership', Technical Papers for the Bible translator, vol. 49, January 1998, 128.

# 聖書翻訳におけるスコポス(機能)と異文化間の仲介

## まえおき：言語と文化の概念

　最近の人類言語学においては、「文化」という言葉がほとんど使用されていない。なぜなら、文化というものが、固く結束し、他とはっきりと区別された、統一された領域である、という誤解を与えやすいからである。また下部構造（サブ・システム）をもつひとつの構造（システム）であるという誤解も与えることになる。たとえば「アメリカ文化」や「オランダ文化」の中で生活するために知らなければならないことを、一つのまとまった認知システム（構造、体系）と考えるのと同様である。翻訳と異文化間の関係というここでのテーマに最も関連していることは、人間の共同体がもつ浸透性と相互関連性が強調されるという点であろう。植民地化以前の最も孤立したパプア・ニューギニアの諸部族でさえ、内的には同質ではなく、外との関係においても、他の共同体やひとまとまりの閉鎖的社会システムと複雑で継続的な相互関係をもっていた。フォーリーは以下のように述べている[30]。

> 親密な人間関係は物理的に限定された範囲、すなわち、村、近隣、縄張りなどを核として作られやすい。そうした土地との結びつきがその地域の社会システムを生じさせる。その地域の社会システムは次々により大きな社会システムの中に組み込まれ、より広く、より希薄な社会相互作用のネットワークの一部となっていく。このような関連は上位の地域システム、民族国家といった単位、そして最終的には、地球そのものにまで広がる。……（中略）……文化的な習慣というものは、社会構造の連結という進行中の歴史を形作り継続させる意味深い行為であるので、そうしたことに関する知識は同質的に広まっていくものではなく、それぞれに密度の違う社会的相互作用を反映させながら広まっていく。それゆえ、個々の社会システム内における文化的な習慣にばらつきが見られるのは意外なことではないのである。

　それゆえ、翻訳者が異文化間の仲介者であることを考えるとき、最初にしなければならないことは、翻訳者が「文化」と呼ばれる、固く結束し他とはっきり区

---

[30] Foley, W. A., *Anthropological Linguistics. An introduction*, Oxford: Blackwell, 1997, 23.

別された閉鎖的な領域の間に立ち、「認知システム」であれ「象徴システム」であれ、なんとかして二つの「システム」の間のギャップを埋めようとしているひとりの人間であるという図式をぬぐい去ることである。翻訳学、特に機能主義的な翻訳学の世界では、認知システムとしての文化というグッデノーの概念[31]が今に至るまで非常に影響力をもっている[32]（ノルトは境界をもつ閉ざされた認知システムという文化の概念を危険なものと指摘している）[33]。原語がもつ文化と翻訳言語がもつ文化をそれぞれ閉ざされた統一的な文化として二分法的に理解することは間違いであり、共同体の間にある多くの複雑な繋がりを理解するための助けにはならない。その繋がりは共同体の間の相互作用、移住や離散、共有される宗教やイデオロギー、国際結婚、海外旅行、世界中がテレビでコメディ番組『フレンズ』やオリンピックを見ることなどの歴史的な過程によって形成されてきたからである。以下で見ていくように、翻訳自体が異文化の交わる空間を生み出すこともある。それは私が「擬態の伝統」と呼んでいるもの、すなわち、ある言葉を用いる共同体が他の言葉を用いる共同体の言語生活の民族史を摸倣するという現象が生じることもあるからである。

　「文化」がもはや固く結束し、閉鎖され、統一されたものと見なされず、質的に異なり、しばしば一貫性を欠いた一連の文化的習慣に分解されるように、「言語」も人類言語学では文化的な習慣に深く埋め込まれ、それを反映し形作る言語的習慣と考えられている。言語学者たちが言語の規則正しさを強調しすぎると述べるフォーリーは「言語的習慣」（linguistic practices）という用語を好んで用いる[34]。「言語的習慣」という言葉は言語の規則正しさをあまり意味せず、閉じられた個別的なシステムを暗に示し、具体性を指向する「言語」という言葉に比べて、他の文化的習慣との境をきっちりと引かず、言語が他の文化的習慣と相互に影響

---

[31] Goodenough, W. H., 'Cultural anthropology and linguistics', in: Dell Hymes (ed), *Language in Culture and Society: a Reader in Linguistics and Anthropology*, New York: Harper & Row, 1964, 36-40.

[32] Nord, C., *Einführung in das funktionale Übersetzen. Am Beispiel von Titeln und Überschriften*, Tübingen: Francke, 1993, 22; Vermeer, H. J., *Voraussetzungen für eine Translationstheorie, einige Kapitel Kultur- und Sprachtheorie*, Heidelberg: Selbstverlag, 1986, 178.

[33] Nord, C., *Translating as a Purposeful Activity. Functionalist Approaches Explained*, Manchester: St. Jerome, 1997, 24.

[34] Foley, *Anthropological Linguistics*, 27.

しあうものであることを示しているとされる。ここでの論議との関係で言えば、「文化が異なれば、似たような社会状況における言語の用法や形態にもかなり異なる慣習がしばしば要求される」という認識が注目される[35]。西アフリカのウォロフ族の挨拶とオーストラリアの挨拶を比べてみると、たとえ見た目には似たような社会状況で、同じような社会的機能をもっているように見えても、それは全く異なる言語的な出来事なのである。「挨拶は単に挨拶なのではない。挨拶はオーストラリアではお互いに対等であるという文化的イデオロギーを、西アフリカではお互いが対等ではないという文化的イデオロギーを言語的習慣によって成立させている公開討論の場なのである[36]」。ウォロフ族はセネガルの階級差のあるイスラム社会であり、そこでの挨拶は対話者同士がそれぞれの社会的地位を交渉する儀礼とされる[37]。

　フォーリーは、コミュニケーションにおける相対主義によって、より広い文化的習慣と信仰が言語的習慣をどの程度規定しているかが示されると述べている[38]。また、そのようなコミュニケーション相対主義は、様々な言語共同体においてグライス学派の会話の「格率」（Maxim of Conversation）が重要な変異にどのように屈するかにも影響を与えている。この種の現象は人類言語学においては言語生活の民族史として、また翻訳学では異文化間語用論（cultural pragmatics）として知られている。言語生活の民族史において研究されている主題としては、挨拶やグライス学派の「格率」における異文化間の変異以外では、他の礼儀、社会的直示性（social deixis）、風俗、人間の言語構造などである。以下で見るように、人類言語学が翻訳者のもつ異文化間での役割を解明できるとすれば、この言語生活の民族史の領域においてではないかと考えられる。

　人類言語学における相対主義的傾向は、共同体間の違いを同一尺度で測ることができないという問題、つまり翻訳の基礎となる共同体がもつ概念体系はどの程度比較できるのかという論議や、概念体系の違いのゆえに翻訳が未決定になると

---

[35] Foley, *Anthropological Linguistics*, 249.
[36] Foley, *Anthropological Linguistics*, 259.
[37] Irvine 1974.
[38] Foley, *Anthropological Linguistics*, 259.

いう議論などに影響を与えている[39]。翻訳というものは言葉と言葉、文章と文章の意味を合わせようとする作業ではない。むしろ、言葉が属している概念体系を合わせることであり、この作業は空間上の方向の捉え方の違い[40]や人間観の違い（後述する社会中心、個人中心の違い）など、非常に現実的な違いによって複雑なものになる。たとえば、メキシコで話されているツェルタル語のように、絶対的な方向の捉え方しかない言語もあることを考慮しなければならない。ロスは以下のように記している[41]。

> たとえば、エゼキエル書の「それぞれの生き物は、四つの異なる顔をもっていた。前に人間の顔、右にはライオンの顔、左には牛の顔、そして、後ろには鷲の顔があった」（エゼ1:10［ＴＥＶ］）という生き物の幻の描写を考えてみよう。この箇所は「北に人間の顔があり、東にライオンの顔、西に牛の顔、南に鷲の顔があった」とも訳せる。しかし、エゼキエルのテクストには四つの生き物が向いていた方位について何も記されていない。

この場合「それぞれが頭に四つの顔がついていた。一方には人間の顔、他の側はライオンの顔であった」などといった「簡略化した」訳がおそらく最善であろうとロスは結論している。

### ルツ記における社会中心主義 ── スコポスと異文化間の仲介

ここまでで、翻訳学におけるドイツ機能主義からスコポスの概念やフェルメール、ノルトの研究と人類言語学におけるフォーリーの洞察を混ぜ合せた、ある種の理論的な枠組みをつくられたように思われる。これ以降はこの理論的枠組みを実際の翻訳における様々な判断や、翻訳者が異文化間で果たす役割に適用してみることにする。例として取り上げるのは、ヘブライ語聖書のルツ記である。ここ

---

[39] Foley, *Anthropological Linguistics*, 170-171.
[40] Foley, *Anthropological Linguistics*, 215-229; Ross, L. R., 'Advances in Linguistic Theory and their Relevance to Translation', in: T. Wilt (ed) *Bible Translation. Frames of Reference*, Manchester: St. Jerome Publishing, 2003, 118.
[41] Ross, 'Advances in Linguistic', 118.

ではルツ記のヘブライ語本文の中の個人を翻訳者がどのように扱ってきたのかに焦点をあて、人間個人の文化的習慣を反映している言語的習慣の領域において、共同体の機能、すなわちスコポスがいかに聖書の翻訳を決定しているかを示していく。

文化人類学ではそれぞれの土地がもつ個人に対する考え方は個人中心か社会中心かという見地から研究されてきた[42]。社会中心主義の共同体においては、個人とはそれぞれの人がもつ社会的な地位のことと理解されている。すなわち、その人がもつ社会的役割と関係のネットワークの総和ということである。ここでまず二つの誤解を解かなければならない。ひとつは、社会中心の共同体といっても様々であり、社会中心についての理解や思想も様々であるということであり[43]、もうひとつは、社会中心の個人観は人の個別性を十分に認めている場合も生じることがあるということである。たとえば、コロワイ人などニューギニアの平等主義的共同体の個人観は社会中心のものだが、共同体の中で権威をもつためには、個人の肉体的な強さと雄弁さが必須であることが強調されている[44]。

ギアツは個人中心の人間観を次のように定義している――「西洋における個人とは、他との境がはっきりとあり、独特で、基本的に一つの動機によって行動する認知領域であり、意識、感情、判断、行動が一つの独特な総合体に組織され、他の総合体やそれがもつ社会的背景や環境的背景とは対照的なものとしておかれる[45]」。オランダ社会においては、個人とその人のもつ社会的地位は明確に区別されることが不可欠と考えられている。ある人を社会的役割や地位のまとまりに「格下げ」することは個人の基本的な価値に反することとされる。それゆえ、人々は出来る限り早く相手の名前を聞き出し、社会的な地位や位置による呼び名をしないようにする。

旧約聖書は非常に社会中心的な共同体で書かれた文書の集成である。個人は社会的な役割と関係、またそれに付随する特権と義務という視点で見られていたと

---

[42] Geertz, C., *Local Knowledge*, New York: Basic Books, 1983.
[43] Rosaldo1984
[44] Lourens de Vries and Gerrit J. van Enk, *The Korowai of Irian Jaya. Their Language in its Cultural Context*, Oxford/New York: Oxford University Press, 1997.
[45] Geertz, C., *Local Knowledge*, 59.

される。血族関係と血統は個人の社会的役割と地位の決定に重要な要素であり、登場人物の出身氏族や部族あるいは国が聖書では絶えず言及されている。家系の他にも、出生地、職業、政治的な所属などの社会的地位が言及される。ルツ記の登場人物ボアズ、ルツ、ナオミは社会中心の人間観の好例であろう。ルツ記には彼らの血族関係、出身民族、社会的地位、それにともなう義務や特権が繰り返し述べられている。たとえば、ボアズの畑から帰ってきたルツがナオミと会話を交わす2章19–23節を例に取り上げてみよう。この時点でナオミとルツが姑嫁の関係にあることは十分に理解されているにもかかわらず、この5節の間に、二人の関係は固有名詞に血族関係を示す言葉が組み合わされる形で 5 回も言及されている。

では、三つの主要なオランダ語訳聖書では、このテクストの社会中心的な面がどのように取り扱われているかを見てみよう。特にルツがモアブ出身であることをさす「モアブの女ルツ」「嫁」「姑」といった社会中心的な表現に焦点をあてることにする。比較されるオランダ語訳は「国定聖書」(1637 年刊)、「グッド・ニューズ・バイブル」(1996 年刊)、「新訳聖書」(*Nieuwe Vertaling* 2004 年刊) の三つである。

国定聖書において宗教に関するスコポスを決定したのは聖書の明瞭性と神の霊感という二つの動因であった。その聖書翻訳は聖なる霊感と明瞭性の両方を反映させたものでなければならなかった。こうした宗教的機能をもつため、ルツ記のあらゆる社会中心的な面も「ヘブライ語とアラム語本文における神の言葉」にできるだけ近いものであり続けるためにすべて逐語的に訳された。社会中心的な表現は明瞭性の問題を起こすことはなかったので、逐語訳によって霊感と明瞭性という両方の要求が満たされていたのである。

国定聖書が当時のオランダの社会、文学、そして言語に与えた衝撃はあまりに大きく、〈カナンの言語〉(Tale Kanaäns) と呼ばれる新しいオランダ語が生まれた。このオランダ語はある種の社会方言であったが、今でもオランダの一部の教派では説教、集会などの文書などで用いられている。〈カナンの言語〉においては、社会中心主義などの言語生活の民族史を含めて、国定聖書で用いられていたヘブライ語の言語パターンがオランダ語でなぞられた。これがオランダの言語共同体に見える「擬態の伝統」と私が呼んでいることの基礎的な部分である。「擬態の伝統」とは、ある言語の元々の形式から、他の見知らぬ言語生活の民族史に属すものを表現していると聞き手に認識されるような別の言語形式に切り替え

ることを可能にさせるような伝統のことである。〈カナンの言語〉は「文化」の間の通り抜けることのできる壁、共同体間の接触が生み出した異文化間の重なり合いのほんの一例でしかない。

以下に国定聖書におけるルツ記2章19-22節の訳を記す。社会中心的な部分に傍点を附した〔便宜的に新共同訳を引用するが、傍点を付すべき箇所は全く同じである —— 訳者〕。

[19]しゅうとめがルツに「今日は一体どこで落ち穂を拾い集めたのですか。どこで働いてきたのですか。あなたに目をかけてくださった方に祝福がありますように」と言うと、ルツは、誰のところで働いたかをしゅうとめに報告して言った。「今日働かせてくださった方は名をボアズと言っておられました。」[20]ナオミは嫁に言った。「どうか、生きている人にも死んだ人にも慈しみを惜しまれない主が、その人を祝福してくださるように。」ナオミは更に続けた。「その人はわたしたちと縁続きの人です。わたしたちの家を絶やさないようにする責任のある人の一人です。」[21]モアブの女ルツは言った。「その方はわたしに、『うちの刈り入れが全部済むまで、うちの若者から決して離れないでいなさい』と言ってくださいました。」[22]ナオミは嫁ルツに答えた。「わたしの娘よ、すばらしいことです。あそこで働く女たちと一緒に畑に行けるとは。よその畑で、だれかからひどい目に遭わされることもないし」

ここで、ヘブライ語原文と同様、「嫁」「しゅうとめ」という血族を表す言葉がこれら4節の中に4回現れ、21節ではルツが「モアブの女」として言及されていることに注目したい。一方、1996年刊のオランダ語版グッド・ニューズ・バイブルでは社会中心的な側面は後退し、登場人物への言及はすべてすべて個人中心主義的な用語に変更されている。ここでは同じスコポスで訳されているContemporary English Version（ＣＥＶ）から引用する。

[19]ナオミは言った。「どこで働いていたんですか。それはだれの畑でしたか。あなたにとってもよくして下さった人を神が祝福してくださるように！」そこでルツはボアズという名前の男の人の畑で働いていたことを彼女に話した。[20]「主がボアズを祝福してくださるように！」ナオミは答えた。「主

は生きている人と死んだ人に今も約束を果たしてくださる方であることを示してくださいました。ボアズは近い親戚のもので私たちの面倒を見るはずの人の一人です」。[21] ルツは彼女に言った。「ボアズはすべての穂を畑で皆が集め終わるまで、その畑に留まっていてもよいとさえ言ってくださいました」。[22] ナオミは答えた。「わが娘よ。彼の畑で女たちと一緒に穂を拾い集めることができるのはすばらしいことです。誰か他の人の畑だったら、あなたにどんなことが起こったか分かりませんよ！」

ＣＥＶはルツ記全体で10回のうち8回、「しゅうとめ」という言葉を省いている。部族や氏族、家族関係など人への社会中心的な言及はオランダの「言語生活の民族史」の視点からすれば、全く余分で「不自然な」ものであり、グッド・ニューズ・バイブルではナオミとルツの血族関係を示す言葉は2章18節と23節では用いられているが、2章19-22節の4回はすべて省かれている。ルツがモアブ出身であることはヘブライ語の本文では21節に言及されているが、やはり省かれている。こうしたことの末に20世紀後半のオランダ人の個人中心的言語生活の民族史に合致したテクストが現れてくるのである。

　グッド・ニューズ・バイブルの翻訳者たちは国定聖書の翻訳者たちとは正反対のやり方で異文化間の仲介者としての役割を演じていたが、その方針はやはり宗教的スコポスに基づいている。グッド・ニューズ・バイブルはいわゆる「大衆語」訳聖書であり、対象となる読者は〈カナンの言語〉のような教会用語や、聖書の文化的習慣など知らない人たちである。大衆語訳聖書はメッセージ中心の翻訳であり、そうした翻訳を委託するのは、聖書のメッセージを人々の心に届けようとする人たちである。このような翻訳は外的機能、すなわち聖書のメッセージを教会の外にいる人たちに届けるための道具という機能をもつ。グッド・ニューズ・バイブルの序文にはそのことが明瞭に述べられている――「特に教会での説教や教えにほとんど親しみをもたない人にとって、今までの伝統的な翻訳聖書では聖書のメッセージを理解するのが困難である。そのため、グッド・ニューズ・バイブルではオランダのすべての成人が理解し、受け入れることができる言語形態が選ばれた」。国定聖書の訳者もグッド・ニューズ・バイブルの訳者も共同体において特定の宗教的機能を発揮できるような翻訳を目指していた。その機能こそ、原文の共同体と翻訳言語の共同体がそれぞれにもつ文化的、言語的習慣の間を翻訳者たちがいかにして仲介すべきかを決めるスコポスであったのである。

さて、もう一つの比較対象として、2004 年に出版された「新訳聖書」(*Nieuwe Bijbelvertaling*) に目を向けてみよう。ルツ 2 章 19-22 節は次のようになっている。

'Toen Noömi zag hoeveel ze verzameld had, en toen Ruth haar ook nog gaf wat ze van het middagmaal had overgehouden, [19] riep ze uit: 'Waar heb jij vandaag aren gelezen, waar heb je gewerkt? Gezegend zij de man die jou zoveel aandacht heeft geschonken!' Ruth vertelde haar <u>schoonmoeder</u> dat de man bij wie ze die dag gewerkt had Boaz heette. [20] Toen zei Noömi tegen haar <u>schoondochter</u>: 'Moge de HEER hem zegenen, want deze man heeft trouw bewezen aan de levenden en aan de doden.' En ze vervolgde: 'Hij is een naaste verwant van ons; hij kan de familieverplichtingen op zich nemen.' [21] En Ruth, <u>de Moabitische</u>, zei: 'Hij heeft ook nog tegen me gezegd dat ik bij zijn maaiers moest blijven totdat zijn hele oogst is binnengehaald.' [22] 'Het is goed dat je optrekt met de vrouwen op zijn land, <u>mijn dochter</u>,' zei Noömi tegen Ruth, 'want dan zal niemand je op een ander veld lastig kunnen vallen.'

ヘブライ語本文においてはナオミとルツの会話に「しゅうとめ」「嫁」という言葉は四回出てくるが、「新訳聖書」ではそのうちの二つが省略されている。また、グッド・ニューズ・バイブルではルツがモアブ人であることへの言及は訳されなかったが、ここでは訳出されている。

これらの翻訳聖書をもっと現実に沿って比較しようとするのであれば、ルツ記 2 章 19-22 節という短い部分に限定して論じるべきではもちろんない。下記の表は、ルツ記において「しゅうとめ」「嫁」という社会中心的な表現が用いられる頻度をまとめたものである。

表 1 「しゅうとめ」「嫁」の使用頻度

|  |  |
| --- | --- |
| 国定聖書 | 17 回 |
| グッド・ニューズ・バイブル | 11 回 |
| 新訳聖書 | 12 回 |

グッド・ニューズ・バイブルと新訳聖書は「しゅうとめ」「嫁」という言葉を
ほぼ同数省略しており、その点では両者とも個人中心的である。しかし、「モア
ブ人」という社会中心的な表現に関しては、グッド・ニューズ・バイブルと新訳
聖書とでは考え方が異なる。新訳聖書ではこの社会中心的な表現を全部残してい
る。1章12節、2章2節、21節、4章5節、10節には「ルツ、モアブ人」と並
列的に並べられているのが四ヶ所、「モアブから」という表現が一ヶ所だが、グッ
ド・ニューズ・バイブルでは二回翻訳せずに省いている (2:2, 21)。
　新訳聖書のスコポスを考えると、翻訳者がどのようにこの側面を仲介したのか
が理解できる。新訳聖書はオランダと（ベルギー西部・フランス北部を含む）フ
ランダース地方のキリスト教およびユダヤ教の共同体のためというエキュメニ
カルで広く対象を設定した自然なオランダ語の翻訳を目指していた。自然な文体
を目指したことは重要だが、グッド・ニューズ・バイブルのような大衆語訳となっ
たわけではない。確かに、新訳聖書もグッド・ニューズ・バイブルも自然な文体
を目指しているが、新訳聖書はグッド・ニューズ・バイブルが語彙を大衆語に限
定したのに対して、オランダ語で用い得るすべての語彙と文体を翻訳に用いた。
また、グッド・ニューズ・バイブルのように難解な語彙や長い文章などを避ける
こともない。新訳聖書のもう一つの重要な目的は、ジャンルや文体など原典の文
学的な要素を訳に反映させることであった。新訳聖書は教会が使う聖書としての
機能だけではなく、聖書を文学として読む人のための聖書を作ろうとしたのであ
る。
　自然な文体と文学的性格という新訳聖書の二つの目標がグッド・ニューズ・バ
イブルとの相違を明らかにするのである。ともに「しゅうとめ」「嫁」といった
語が訳されずに省略されたことは両訳の自然な文体という目標の表れであり、
「モアブ人ルツ」という表現が新訳聖書で一貫して残されたのは文学的機能のゆ
えであった。グッド・ニューズ・バイブルの二ヶ所において省かれているのは文
学をスコポスとしておらず、繰り返しを避ける方針があったからである。ルツ記
の文学的な分析において、ルツがモアブ出身であるということは物語の構造上、
非常に重要な役割をもつ（イスラエルとモアブの対立がルツ記のライトモチー
フ）。つまり、社会中心的にではなく、文学的な側面から新訳聖書では「モアブ
人ルツ」という表現が残されたのである。新訳聖書におけるルツ記の社会中心的
な面は「逐語的」か「自由訳」かの選択に従って扱われたのでもなければ、原語
世界における言語的習慣と文化的習慣に合わせるのか、翻訳言語の世界のそれに

合わせるのかという選択に従ったものでもなかったのである。翻訳には目的、目標があり、その目的、目標には優先順位があって、翻訳における選択の基準となる。それが文学的な翻訳という目標から「モアブの女ルツ」というような逐語的な訳を選択させることもあれば、それほど逐語的でない言葉に訳されることもあるだろう。

## スコポスと聖書翻訳の戦略 ── オランダ共同訳の場合 ──

　ここまで、いかなる翻訳も選択性を不可避にはらんでいるということについて見てきた。すべての翻訳はフィルターなのである。翻訳の機能すなわちスコポスがそのフィルターの性格を決定する。新しく聖書翻訳を始める場合には、その翻訳が意図する機能とそれを実現するためのフィルターがまず明確にされるべきであり、それに関して翻訳委員会、翻訳者、そしてその聖書の使用を希望している共同体の代表者が合意していなければならない。その上で、その基本的決定事項に基づいて翻訳方針や手順が決まっていく。

　2004 年に刊行されて以来、大きな成功を収めているオランダ語共同訳聖書 (The Dutch Interconfessional New Bible Translation)〔以下、「共同訳」〕を例に、この機能とフィルターについて論じることにする。まずフィルターについてであるが、「共同訳」はどのような選択基準をもっていたのであろうか。聖書の原文のどの側面が選択され、翻訳する言語のどの側面が選択されたのだろうか。ここでは、この聖書翻訳のフィルターがもつ三つの側面に絞って論ずることとする。

文脈による訳語の変化 ── 聖書原文の文脈における意味を抽出し、訳語の統一性よりも文脈にあった意味に従う。
ジャンル ── 聖書原文の文学ジャンルを選択し、それを優先させる。
大衆語聖書ではない ── 標準オランダ語がもつ語彙、文法、文体すべてを用いる。原文のジャンルに従って語彙、文体、言語使用域などを選択していく。

　「文脈による訳語の変化」という方針は次のような英文を例に説明される。

　　　　The boy runs.　　　「男の子が走る」
　　　　The machine runs.　「機械が走る」（機械が動く）

| The tights run. | 「タイツが走る」（タイツが伝線する） |
| The paint runs. | 「ペンキが走る」（絵の具が滲む） |

　これらの英文をオランダ語であれ日本語であれ、他の言語に訳すとき、"run" に常に同じ訳語を使ったなら、かなり高い確率でひどい翻訳になるだろう。たとえば、オランダ語では「ペンキが走る」という文は、ペンキに動物のように足が生えていて、すばやく走るということ以外を意味しない。原語が同じであれば必ず同じ訳語をあてる方法は訳語統一型の訳、語彙調和型の訳と呼ばれている。先ほどの例で言えば、「ペンキは走る」と訳すことが訳語統一型の訳である。「絵の具が滲む」とするのが文脈によって変化する訳ということになる。翻訳者は文脈に応じて異なる訳語をあてるので、原語と訳語の関係は常に一対一ということにはならないのである。言語には言語ごとにそれぞれの語彙や文法のパターンをもっているので、機械的に訳語を統一させれば、原語の言語形式を翻訳言語に無理やりに押し付けることになり、結果として著しい混乱やコミュニケーションの断絶を引き起こす。ところが、原典が同じ単語を意図的に繰り返している場合などでは、訳語統一型がよい効果を生み出すこともある。つまり同じ単語を使って、全体に関わるテーマを示したり、広い文脈のなかで同じ言葉に同じ意味をもたせている場合である。ここでいくつか例を挙げてみる。

・一つの区分（単元）の最初と最後に同じ言葉が繰り返されるインクルージオになっている場合。例えば、1ペトロの手紙一2章11–25節の「プシュケー」（魂）。
・大きな単元において全体に関わるテーマあるいは聖書の中心的なテーマが強調される場合。ローマの信徒への手紙における「ディカイオシュネー」（義）、「ノモス」（律法）、「ピスティス」（信仰）など。
・対比を明確にするための語彙。ローマの信徒への手紙8章における「肉」と「霊」の対比など。

　このような修辞学的、文学的繰り返し、あるいは聖書・神学的な繰り返しがはらんでいる問題は、そのような繰り返しが原著者によって意図になされたものなのか、それとも現代の読み手あるいは釈義者の神学的あるいは文学的想像から生み出された解釈なのかが常に明瞭であるわけではないという点である。たとえ

ば、ペトロの手紙一2章11-25節で繰り返されている「プシュケー」がインクルージオと確信できるのかという問題である。こうした釈義上の問題は別としても、訳語統一型の訳は原著者や翻訳者が意図しない、文体上あるいは意味上の副作用を生じさせやすい。

しかし、文脈指向の翻訳方針にも問題はある。文脈に応じて訳語を変える翻訳は、文脈が意味を生み出すという役割の価値を十分に認めているわけだが、それによって代償も払っている。原語の単語や文章が特定の文脈の中でどのような意味になるかについて釈義者の間で一致が見られないことを無視しているのである。聖書翻訳は文脈変動型、訳語統一型のどちらか一方であるということはない。むしろ、その翻訳がもつ機能すなわちスコポスに合わせて、この二つを混ぜ合わせた方針をとる傾向にある。

ここでギリシア語の「サルクス」(肉)が文脈変動型の「共同訳」と訳語統一型の「改革派改訂版聖書」(1951年刊)でどのように訳が違っているか比較してみよう。

ヨハ 1:14
　言葉は肉となった（改訂版聖書）
　言葉は人間となった（共同訳）

ロマ 9:8
　肉の子供が神の子供ではない（改訂版聖書）
　彼らは神の自然な子孫の子供ではないので（共同訳）

コロ 3:22
　奴隷たちよ。すべてのことにおいて、肉によるあなたの主人に従いなさい。
　　　　　　　　　　　　　　　　　　　　　　　　　　　（改訂版聖書）
　奴隷たちよ。すべてのことにおいて、地上の主人に従いなさい。（共同訳）

「共同訳」では訳語の統一は以下のような限られた場合にのみ行われる。

・原文に明確な文学的、修辞的な性格が見られるとき。
　（小単元や各書といった）比較的小さな本文の単位においてのみ行う。旧約全体、新約全体、あるいは聖書全体で統一することはしない。
・自然なオランダ語の文体から逸脱しない範囲でのみ行われる。

- 原文が同じ語彙を繰り返している場合、その繰り返しと同じ機能を他の形で翻訳できるなら繰り返しを行わなくてもよい。
- しかし、ある言葉が複数の箇所で同じ文脈上の意味で用いられている場合、オランダ語では箇所によって異なる訳語の方が自然であっても、訳語は統一する（オランダ語などゲルマン系の言語では同じ語彙を繰り返し使う文は退屈で悪い文として避ける傾向が非常に強い）。

　このような聖書翻訳の方針は、共同訳翻訳の作業要綱では「限定的な訳語の調和」「限定的な訳語の統一」と呼ばれている。この方針を取り入れることで共同訳はリスクを負った。なぜなら、主要なオランダ語聖書は典礼など教会での機能をもち、どれも共同訳よりは訳語統一型の姿勢をとっており、読み手もヨハネ1章14節の「言葉は肉となった」といった訳に慣れ親しんでいたからである。「限定的な訳語統一」の方針をとることにはもう一つのリスクがあった。訳語変動型で大衆語訳の『グレート・ニューズ・バイブル』（Groot Nieuws Bijbel 1986年刊。以下、ＧＮＢ）と似たものになってしまうというリスクである。新しい翻訳が既存のものとあまりに似通ったものであれば、果たしてこの新しい聖書が本当に必要なのかという疑問が生じるようになるからである。

　共同訳が「限定的な訳語統一」と「文脈による訳語変動」という方針を選択したのは広いスコポス（機能）を求めたからであった。共同訳はオランダの諸教会で用いられる聖書という機能だけでなく、自然なオランダ語で翻訳された新しい標準聖書としてオランダ社会全体に受け入れられることを目的としていた。訳語統一型の聖書では「サルクス」（肉）のような聖書の言葉が個々の文脈においてもっている意味やニュアンスを伝えることができず、「共同訳」に比べて理解するのが遥かに困難だったのである。

　そういうわけで、共同訳は文脈上の意味を伝えることにおいては大衆語訳聖書と同じ方針をとったわけだが、スコポスという機能面の観点においては三つの点で大きな違いをもっていた。

1. 共同訳の文学的な機能
2. ＧＮＢの教会外機能と大衆語のみ使用という制限
3. 共同訳のエキュメニカルな機能

共同訳は聖書を文学として捉える読者のための翻訳である。この文学的機能のゆえに、原文のジャンルが決められた。すなわち、原典本文における文体の違い（詩、手紙、預言的な黙示、法律条文）をそのまま翻訳において伝達しようとしたのである。原文の文学的な面を伝えるために、共同訳では必要であれば、構造の複雑な文章、使用頻度の低い言葉、言語使用域の高い言葉など、オランダ語で可能なありとあらゆる表現を用いてよいことになっていた。一方、ＧＮＢは複雑な文章や使用頻度の低い単語を避け、原典の文学的特徴が失われるとしても、大衆語と呼ばれる語彙のみが用いられた。ＧＮＢと共同訳の第三の相違点はオランダの大衆語訳聖書のもつ教会外機能である。読者は伝統的な教会用語をよく知らず、教会に行っていない人たちである。一方、共同訳は教会内機能をもち、しかもユダヤ教、カトリック、そしてプロテスタントの教派で用いられるというエキュメニカルな機能をもっている。

　共同訳がもつ文学的でエキュメニカルな教会向け機能と文脈変動型という翻訳方針は緊張関係にある。ローマの信徒への手紙8章3–9節で説明してみよう。ギリシア語本文につづいて、まず、訳語統一型の「改革派改訂版聖書」（*Nieuwe Vertaling*, 1951）、次に文脈変動型である「共同訳」を見ていくことにする。この箇所は「サルクス」（肉）と「プネウマ」（霊）が対比されている部分である。

3 τὸ γὰρ ἀδύνατον τοῦ νόμου ἐν ᾧ ἠσθένει διὰ τῆς σαρκός, ὁ θεὸς τὸν ἑαυτοῦ υἱὸν πέμψας ἐν ὁμοιώματι σαρκὸς ἁμαρτίας καὶ περὶ ἁμαρτίας κατέκρινεν τὴν ἁμαρτίαν ἐν τῇ σαρκί, 4 ἵνα τὸ δικαίωμα τοῦ νόμου πληρωθῇ ἐν ἡμῖν τοῖς μὴ κατὰ σάρκα περιπατοῦσιν ἀλλὰ κατὰ πνεῦμα. 5 οἱ γὰρ κατὰ σάρκα ὄντες τὰ τῆς σαρκὸς φρονοῦσιν, οἱ δὲ κατὰ πνεῦμα τὰ τοῦ πνεύματος. 6 τὸ γὰρ φρόνημα τῆς σαρκὸς θάνατος, τὸ δὲ φρόνημα τοῦ πνεύματος ζωὴ καὶ εἰρήνη· 7 διότι τὸ φρόνημα τῆς σαρκὸς ἔχθρα εἰς θεόν, τῷ γὰρ νόμῳ τοῦ θεοῦ οὐχ ὑποτάσσεται, οὐδὲ γὰρ δύναται· 8 οἱ δὲ ἐν σαρκὶ ὄντες θεῷ ἀρέσαι οὐ δύνανται. 9 ὑμεῖς δὲ οὐκ ἐστὲ ἐν σαρκὶ ἀλλὰ ἐν πνεύματι, εἴπερ πνεῦμα θεοῦ οἰκεῖ ἐν ὑμῖν. εἰ δέ τις πνεῦμα Χριστοῦ οὐκ ἔχει, οὗτος οὐκ ἔστιν αὐτοῦ.

「改革派改訂版聖書」

3 Want wat de wet niet vermocht, omdat zij zwak was door het vlees – God heeft, door zijn eigen Zoon te zenden in een vlees, aan dat der zonde gelijk, en wel om de zonde, de zonde veroordeeld in het vlees, 4 opdat de eis der wet vervuld zou worden in ons, die niet naar het vlees wandelen, doch naar de Geest. 5 Want zij, die naar het vlees zijn, hebben de gezindheid van het vlees, en zij, die naar de Geest zijn, hebben de gezindheid van de Geest. 6 Want de gezindheid van het vlees is de dood, maar de gezindheid van de Geest is leven en vrede. 7 Daarom dat de gezindheid van het vlees vijandschap is tegen God; want het onderwerpt zich niet aan de wet Gods; trouwens, het kan dat ook niet: 8 zij, die in het vlees zijn, kunnen Gode niet behagen. 9 Gij daarentegen zijt niet in het vlees, maar in de Geest, althans, indien de Geest Gods in u woont.

改革派改訂版聖書は英語の訳語統一型の訳である改訂標準訳（ＲＳＶ）に非常に似ている〔ここでは便宜的に口語訳聖書を用いる ── 訳者注〕。

³律法が肉により無力になっているためになし得なかった事を、神はなし遂げて下さった。すなわち、御子を、罪の肉の様で罪のためにつかわし、肉において罪を罰せられたのである。⁴これは律法の要求が、肉によらず霊によって歩くわたしたちにおいて、満たされるためである。⁵なぜなら、肉に従う者は肉のことを思い、霊に従う者は霊のことを思うからである。⁶肉の思いは死であるが、霊の思いは、いのちと平安とである。⁷なぜなら、肉の思いは神に敵するからである。すなわち、それは神の律法に従わず、否、従い得ないのである。⁸また、肉にある者は、神を喜ばせることができない。⁹しかし、神の御霊があなたがたの内に宿っているなら、あなたがたは肉におるのではなく、霊におるのである。もし、キリストの霊をもたない人がいるなら、その人はキリストのものではない。

共同訳

3 Waartoe de wet niet in staat was, machteloos als hij was <u>door de menselijke natuur</u>, dat heeft God tot stand gebracht. Vanwege de zonde heeft hij zijn eigen Zoon <u>als mens in dit</u> zondige <u>bestaan</u> gestuurd; zo heeft hij <u>in dit bestaan</u> met de zonde afgerekend, 4 opdat in ons wordt volbracht wat de wet van ons eist. Ons leven wordt immers niet langer beheerst door <u>onze eigen natuur</u>, maar door de Geest. 5 Wie zich <u>door zijn eigen natuur</u> laat leiden is gericht op <u>wat hij zelf wil</u>, maar wie zich laat leiden door de Geest is gericht op wat de Geest wil. 6 Wat <u>onze eigen natuur</u> wil brengt de dood, maar wat de Geest wil brengt leven en vrede. 7 <u>Onze eigen wil</u> staat vijandig tegenover God, want hij onderwerpt zich niet aan zijn wet en is daar ook niet toe in staat. 8 Wie zich <u>door zijn eigen wil</u> laat leiden, kan God niet behagen. 9 Maar u leeft niet zo. U laat u leiden door de Geest, want de Geest van God woont in u. Iemand die zich niet laat leiden door de Geest van Christus behoort Christus ook niet toe.

共同訳ではサルクスが文脈によって五つの異なる訳語があてられ、3節では「人間の性格」「この存在する人間として」「存在において」、4節では「私たち自身の性格」、5節では「彼自身の性格によって」「彼自身が願っていることがら」、6節では「私たち自身の性格」、7節では「私たち自身の意思」、9節では「彼自身の意思」となっている。

サルクスを翻訳するときの二つの方針、すなわち共同訳の訳語変動型とＧＮＢの訳語統一型を比較してみよう。訳語変動型の共同訳はその場その場の文脈におけるサルクスの意味とニュアンスに焦点をあてているので、これまで訳語統一型の訳では理解できないでいたような人にも意味を伝達することに成功しているといえるだろう。繰り返し述べられている「肉」が何を意味しているのかを多くの人が理解するようになっている。だが、この章で強調されている修辞学的な要素は共同訳では失われている。ギリシア語の本文は、神学的テーマであるサルクスとプネウマという言葉の対比を繰り返すことによって構成されているからである。また、文学として翻訳するという意図を考えれば、これは明らかに望ましくない。それはこの章全体がもっている修辞的、「神学的」関連ではなく、文脈

がもつ意味を優先させたことの対価であった。文脈変動型のもう一つの不利な点は、その文脈におけるニュアンスを明瞭に表現するために、特定の釈義に従わなければならなくなるという点である。それ自体悪いことではないが、問題は非常に多くの場合、複数の解釈があり、そのそれぞれが支持し得るものであり、それが伝統的な読み方と対立することもあるということである。文脈を重視する方針が共同訳の文学的な機能と教会における機能との緊張関係を生み出していることがここからわかる。訳語の統一重視の方針では、翻訳がサルクス（肉）の釈義上のニュアンスや意味を伝えてくれないので、読み手が自分自身でそれを補い、理解するようにしなければならない。もちろん牧師、司祭、注解書等などの助けがなければ、伝統的な教会で育った人であってもそれは容易なことではない。

　文脈による訳語変動の方針をとる場合、高い技術をもった経験豊かな翻訳者が必要となる。なぜなら、文脈における意味やニュアンスを訳し過ぎてしまうことなく、かつまた訳し足りないということもない、ちょうどよい中間を見つけなければならないからである。もっとも、たいていの場合、中庸を行くのは難しく、訳し過ぎるか、訳し足らないということにならざるを得ない。

　ヨハネによる福音書1章14節のよく知られた章句「カイ・ホ・ロゴス・サルクス・エゲネト」の「サルクス」を例にとろう。なぜ著者はここでサルクスという語を選んだのだろうか。「ここでは人間存在の弱さを強く生々しく強調するためにサルクスという語が使われている」と指摘する学者もいれば、言葉が肉と血をもつ人間になったという真の人間の素性を強調していると言う学者もいるだろう。文脈重視の翻訳では、これらの意味合いすべてを翻訳の中に取り込もうとして、訳し過ぎてしまう。たとえば、ここのサルクスを「肉と血をもった弱い人間」などと訳せば、まさに訳し過ぎということになる。そこで文脈重視の翻訳ではほとんどの場合、原文の意味が一部失われることになるとわかっていても、訳し足りない状態のままにする方が選ばれる。たとえば、共同訳はここでサルクスを「人間」と訳せば、サルクスがもつ生々しい語調は失われる。もっとも、1章14節については今日に至るまで、訳し過ぎと訳し足たりない状態の中間をいくような訳は提案されていない。このような場合、経験豊かな翻訳者は訳し足りない状態のままにすることを選択するのが普通である。共同訳のように広い機能をもつ聖書翻訳では、ヨハネによる福音書あるいは新約聖書全体で、サルクスの訳語を統一するという選択肢はない。なぜなら、オランダ語の「肉」という言葉は大多数のオランダ人にとって、食物としての「肉」でしかなく、もはや教会用語

としての「肉」は馴染みのない言葉になっている。教会に通っている人でも「肉」という言葉の解釈を奇妙で異様なものと感じている場合がほとんどであり、しかもその言葉が様々な文脈の中でそれぞれ何を伝えようとしているのか、ほとんどの人がはっきりとは分かっていない。

　実用化の必要があるということが七十人訳聖書以来、ユダヤ教、キリスト教双方における聖書翻訳の原動力であった。文脈重視の翻訳は新しい世代、新しい状況、新しい文脈に合わせて聖書を再び意味のあるものにしたいという願いと常に結びついている。つまり、訳語変動型の翻訳方針は、原典を読んでいた人々が死んでしまってから長い時間を経た後の時代を生きている人々にとっての宗教的機能を満たすことを目的としているということである。こうした実用化への願いは共同訳でも他の現代オランダ語訳聖書でも共有されている。共同訳が他の翻訳と違うのは文学的な機能であり、それぞれの文章が聖書の中でもつジャンルを伝えるために大衆語の範囲を越えたなければならなかったという点である。

　共同訳は教会向けの機能と文学的な機能をもっていたので、オランダ聖書教会はさまざまな出版社と協力して、二つの版を市場に出すことを決めた。本文は同じであったが、パラテクストの特徴が非常に違っている。「教会版」は従来の聖書と同様に教会関係の出版社と販売経路を通じて出版、頒布された。一方、「文学版」は章節の番号を入れず、ヨセフスなどの古典の翻訳と似た装丁で、一般文学書の出版会社から出版され、オランダやヨーロッパで文学書を販売している書店で販売された。

## 結　論

　ユダヤ教とキリスト教の様々な共同体が聖書翻訳の歴史の中で自分たちの聖書を生み出して来た。そのような創造的な歴史の中で、聖書本文が選択され、どの書を含めるかが決められ、聖書において人間の著者と著者である神がどのように関わっているのかが判断され、また、教会（伝統）、信者、そして聖書翻訳者、という三者の間で聖書解釈の作業がどのように分担されるべきかという重要な問題に対して様々な答えが出されてきた。それぞれの共同体はこうしたものを基盤として聖書の概念、「聖書観」をもつようになる。ある共同体が確固とした「聖書観」を持つようになると、それに従って新しい翻訳聖書が自分たちの共同体に

とっての「聖書」として受け入れられるものかどうかが判断されるようになるのである。

聖書翻訳というものを、翻訳の「科学」と聖書学に基礎を置く学術的、学問的な活動と見るとき、上述のような共同体を基盤とする聖書観は聖書翻訳者の作業を脅かすものになると考えられがちである。しかし、共同体を基盤とする「聖書」観ならびに翻訳のプロセスにおける共同体の役割を肯定的に見ることもできる。すなわち、翻訳における選択性と「未決定性」という問題を解決するためには、共同体における聖書観が解釈学上、不可欠とも考えられるのである。確かに、原文を学問的に分析することによって悪い翻訳を排除することは可能である。しかし、それでも非常に重大な問題が残る。すなわち、原典のデータによればどれも正しいとされる複数の訳がある場合に、その中からどうやって一つを選択するかという問題である。原文が何も示唆を与えない場合は、共同体のために聖書翻訳がもつ機能がその答えを出すのである。聖書翻訳のスコポスの中心となるものは、聖書についての基本的な前提である。その前提は宗教とは無関係なものであることもあるし、宗教的なものであることもある。今回の第一講義で、私はオランダ国定聖書のスコポス（機能）における基本的な前提について説明した。その翻訳を主導したドルドレヒト教会会議はルターの訳したメッセージ中心の聖書とは異なる翻訳を目指した。なぜなら、ルター訳では霊感の教理が翻訳者にまで拡大されており、翻訳者は聖書において神が何を意味したのかを「知っていて」、その知識を翻訳によって伝えるとしていたからであった。教会会議はこの前提を受け入れることができなかった。聖書が何を意味しているかではなくて、神が聖書の中で何を語ったのかということに重きを置いて訳されたその聖書は原典よりも理解が難しいとさえ言えるようなものとなった。このことは、神はヘブライ語、アラム語、ギリシア語などの原語においては明瞭に語ったという聖書のもう一つの基本的な前提、すなわち明瞭性と対立することになった。国定聖書ではさまざまなパラテクスト要素がこの霊感と明瞭さの間のジレンマを解決するために用いられた。

聖書の霊感と明瞭性、また教会、翻訳者、個人の中で誰がどこまで聖書解釈の役割を担うのかに関して、カルヴァン派、ルター派、正教会はそれぞれに異なる考えをもっている。もちろんこうした教派それぞれの伝統の内部でも、相当の違いがあり、継続的に再解釈されている。たとえば、20世紀後半において改革派はもはやヘブライ語やギリシア語の語順や文法までもが霊感されているとは考

えていない。しかし、神の意図を理解できるとする「霊感された翻訳者」に対する前近代以来の不信感はポスト・モダンと言われる今日にも根強く残っている。

　共同体が霊感や明瞭性、メッセージ、意味についてどのように考えるかは翻訳理論の研究者が判断するようなことではない。それは翻訳理論の研究とは全く関係のないものである。翻訳理論というものは、決められた聖書翻訳のスコポスを説明したり分析したりすることはあっても、自らスコポスを指図して決定したりはしないということを認識しておくのは非常に重要である。共同体には培われて来た霊性、あるいは解釈や神学の伝統というものがあるので、自分たちの共同体の中で聖書をどのように使うのかに関しては、翻訳理論やコミュニケーション理論が判断を下すようなものではないのである。そのような理論が科学的な分析、翻訳の一般的原理などを装って翻訳聖書のスコポス（機能）を規定するようになると、暗黙のうちに釈義学的、神学的な前提がもち込まれるようになり、スコポス形成のプロセス自体に加わることになる。そのような翻訳「理論」は、霊的で神学的な動機によって書かれる内部向け文書という翻訳聖書の真の性質を覆い隠すイデオロギーに退化する。そして、聖書翻訳は本質的に学問的な活動であるが、教会、神学、出版社の意向といった非科学的な社会的圧力によって絶えずに「脅かされている」もの、というような誤った印象を与えてしまう。このような社会的力が脅威となるのは、原文によって明らかに排除されるような訳文を挿入せよといった、原文を侵害するような圧力があった場合のみなのである。

　　　　　　　　　　　　　　　　　（アムステルダム・フリー大学教授）

# アジアにおける聖書翻訳の歴史
—— 中国、韓国、日本を中心に ——

ダウッド・ソシロー

## 序

　アジアにおける聖書翻訳の歴史は福音書がシリア語に翻訳された2世紀半ばあたりにまでさかのぼることができる。古代シリア語訳聖書「ペシッタ」(古代シリア語で「単純な」という意味)は4世紀後半か5世紀初頭にはシリア教会の公認聖書であった。6世紀には伝道者たちによってセイロン(現スリランカ)や中国に伝えられていた。

　西安で見つかったある碑文(781年)に聖書の章句がいくつか見られた。これは7世紀に中国に行ったペルシャのネストリウス派のキリスト教徒(景教徒)が聖書翻訳にかかわっていたことの証拠とも考えられているが、彼らが何をしたのかはほとんど知られていない。

　アジアにおける初期の翻訳については他にも記録はあるが、そうした作業を検証できるような資料は存在しない。法王ベネディクト12世が1335年にモンゴル語の聖書に言及しているが、おそらく1306年にフビライ・ハンの宮廷にいたフランシスコ会の修道士が礼拝のために訳した新約聖書と詩篇のことであろう。しかし、その訳された本文は残っていない。

　16世紀初頭にイエズス会士によって中国語訳がされたとも言われているが、その翻訳も残っていない。1613年に京都のイエズス会の宣教師たちが新約聖書を日本語に訳したと伝えられているが、やはりその聖書も残っていない。

証明しうるアジア言語への最古の翻訳は、1629年に印刷されたA・C・ロイル〔Albert Cornelisz Ruyl〕によるマレー語訳マタイ福音書ということになる。また、このロイル訳は聖書の一部分が伝道を目的としてヨーロッパ系の言語以外に訳され印刷された最も古いものという重要な意味も持っている。

## 中国語聖書翻訳史の概要

　中国語の聖書翻訳は日本語と韓国語の聖書翻訳に重大な影響を与えた。そこで先ず中国語の聖書翻訳の歴史を見てみることにしよう[1]。

| | |
|---|---|
| モリソン・ミルン訳 | 新約 1814（広東）<br>旧・新約 1823（マラッカ） |
| マーシュマン・ラサール訳 | 新約 1816（セランポール／インド）<br>旧約 1822（セランポール） |
| メドハースト・ギュツラフ・ブリッジマン・モリソン訳<br>（Four People Small-Group Version） | 新約 1837（バダヴィア）<br>旧約 1838（シンガポール？） |
| カール・ギュツラフ訳（Saving-World Lord Jesus New Testament Book）<br>（メドハーストの改訂訳） | 新約 1840（シンガポール？） |
| 代表委員会訳本（文理）訳者：メドハースト、ストロウナク、ミルン、ブリッジマン | 新約 1852（上海 英国聖書協会・ロンドン宣教協会）<br>旧約 1854（上海 英国聖書協会？） |
| ゴダード訳 | 新約 1853（寧波＝ニンポー 米国聖書協会） |
| 南京中国語訳<br>（代表委員会訳の南京語版）<br>訳者：メドハースト、ストロウナク | 新約 1857（上海 英国聖書協会） |
| ブリッジマン訳　訳者：ブリッジマン、カルバートソン | 新約: 1859（寧波）<br>旧約: 1863（上海） |

---

[1] 以下の一覧表の作製にあたってはサイモン・ウォン氏に多くを負っている。

| | |
|---|---|
| 北京官話（北京翻訳委員会）訳　訳者：W・マーティン、J・エドキンス、S・シェルシェウスキー、J・バードン、H・ブロジェット | 新約: 1872（北京　英国聖書協会） |
| グリフィス・ジョン訳（浅文理） | 新約: 1885（漢口　スコットランド聖書協会） |
| シェルシェウスキー訳（二本指訳としても有名）（浅文理） | 新約: 1898（東京　集英社）<br>旧約-新約: 1902（上海　米国聖書協会） |
| 浅文理和合訳　訳者：J・バードン、H・ブロジェット | 新約: 1904（上海　米国聖書協会） |
| 文理和合訳本　訳者: J・チェンバーズ、J・エドキンス、J・フェリー他 | 新約: 1905（上海　英国、スコットランド、米国聖書協会）<br>旧約: 1919（浅文理と合冊） |
| 国語（標準語）和合訳<br>訳者：C・マティア、J・ネヴィウス、H・ブロジェット | 新約: 1907（英国聖書協会）<br>旧約-新約: 1919（英国聖書協会） |
| 王宣忱訳 | 新約: 1934 |
| サイデンストリッカー訳 | 新約: 1929（南京、南京神学校） |
| 呂振中訳 | 新約: 1952（香港　Bible Book & Tract Depot Ltd.）<br>旧約-新約: 1970（香港聖書協会） |
| **蕭鐵笛**（セオドア・E・シャオ）訳（新訳－全新約聖書） | 新約: 1967（香港、Spiritual Food 出版社） |
| フランシスコ会聖書研究所訳 | 新約/旧約: 1968（香港、フランシスコ会聖書研究所） |
| 『現代中文譯本』（Today's Chinese Version）<br>訳者：M. Hsü、I-Jin Loh, Z.Lianhua 他 | 新約: 1975（香港　聖書協会世界連盟）<br>旧約: 1979（香港　聖書協会世界連盟） |

| 『新標點和合本』(Chinese Union New Punctuation) | 新約/旧約:（香港　聖書協会世界連盟） |
|---|---|
| 『新譯本』(New Chinese Version) | 新約: 1976（香港　環球聖經公会會）<br>旧約-新約: 1992（香港　環球聖經公会會、WorldWide Bible Society） |
| 『現代中文譯本（修正版）』(Revised Today's Chinese Version) | 新約/旧約: 1995（香港　聖書協会世界連盟） |
| 『和合本修正版』 | 新約: 2006（香港　香港聖書協会） |

## 韓国語聖書翻訳の系統

韓国語の聖書には以下の5種類の主要な翻訳がある。

1　韓国語改訳聖書（Korean Revised Version）(1961)
2　新韓国語改訳聖書（New Korean Revised Version）(1998)
3　改訂新韓国語訳聖書（Revised New Korean Revised Version）(1999)
4　改訂共通翻訳聖書（Revised Common Translation）(2001)
5　カトリック新翻訳聖書（Catholic New Translation）(2005)


## 中国語における「神」

　世界中のほとんどの地域で聖書翻訳の過程において聖書の「神」にどういう名詞をあてるかという議論が生じている。アジアの言語への翻訳ではこの「神」の訳語のほか重要な神学用語に関して、翻訳事業の間中、議論が絶えることがない。中国語での翻訳はその一例である。

　1807年、ロンドン伝道会のロバート・モリソンが中国への最初のプロテスタント宣教師として広東に到着した。モリソンは東インド会社の公式の翻訳官として新約聖書を1813年に、旧約聖書を含めた翻訳を1819年に完了させていたが、出版されたのは1823年のことであった。その間にマーシュマンとラサールがインドのセランプールで中国語訳を進め、1822年には出版されたが、あいにく広く用いられることはなかった。

これら初期の訳本は「文理」（Wenli）として知られる古典の文体がとられており、後には「浅文理」（Easy Wenli）としてより現代的な文体になったが、19世紀末までに一般の読者には理解が難しいものになっており、ついには改訂が必要とされるようになった。この改訂作業から生み出されたものが「和合訳」として知られている。その目指すところは高尚な「文理訳」、やや平易な「浅文理訳」、そして標準語訳（マンダリン）の三つを出版することであったが、結果的には標準語訳の「和合本」が広く受け入れられた。

　中国語聖書翻訳の歴史を通じて、聖書の「神」にどういう訳語をあてるかで一致した意見に到達できていないことは常に悩みの種であった。しかし、協調への努力がなされるときにはかえって大きな論争が引き起こされる。和合訳の際にもこれは重要な問題となった。ある歴史家はこれを「近代におけるキリスト教宣教運動の中で最も奇妙でありながら最も真剣な論争の一つ」と呼んでいる。

　キリスト教の神には〈神（シェン）〉と〈上帝（シャンディ）〉という二つの語が訳語として用いられている。〈神（シェン）〉支持派は中国には一神教信仰がなかったために歴史的に〈神（シェン）〉が聖書の「神」と同じような意味をもつことはなかったが、この言葉こそ聖書的な神のための唯一正しい訳語であると主張する。この語はギリシア語の「テオス」（Theos）やラテン語の「デウス」（deus）に匹敵するものであり、〈上帝〉を含む中国の神々の中で、最も偉大な神をあらわす総称的な用語であり、複数形で用いることも可能であった。〈神（シェン）〉はこうしてキリスト教の神の意味に最もよく適応する語であると主張されてきている。一方、〈上帝〉は総称的に「神」を示すというよりは固有名と理解される。複数形として使用することはできない。また、中国皇帝（ファンディ）の意味でも用いられるため、「神」を意味するものと理解されない可能性もある。

　〈上帝〉派はキリスト教の神が古代中国、周王朝時代（前1122頃-255年）にご自身を現されたと主張する。また、〈上帝〉への信仰は〈上帝〉を至高神として記している儒教の古典文学においてすでに示されているという。〈上帝〉は中国の神話の中では〈神（シェン）〉を含めたすべてのものの創造主とされる。〈神（シェン）〉はたいていの場合、精霊を意味し、「神」を意味するのは非常に稀であり、それも偽りの神々という意味で使われる。〈神（シェン）〉は神の意味では用いられず、三位一体の一つの位格である聖霊として用いられる。この点が問題を非常に複雑なものとした。〈神（シェン）〉支持派は聖霊に「リン」（ling）という語をあてることを決定しているので、妥協案を見つけることがさらに困難になっている。

〈神〉への支持を論ずる人たちは、これまで中国人はキリスト教の神を知らなかったのだから、「神」をあらわす同義のことばは存在しないと確信していた。しかし、〈神〉がやがてキリスト教の唯一神をあらわすのにふさわしい語彙に変わっていくと信じてきているのである。

　〈上帝〉擁護の人々は、神はすでに中国においてもご自身を啓示されており、ある程度中国の歴史の中で知られているという旧約聖書の解釈を信仰の中に表現している。この人たちは〈神〉派が全く新しい概念を導入しなければならないのに対して、〈上帝〉であれば中国人にキリスト教の知識を「再び思い出させる」だけでいいと考えている。

　この衝突は国対国の争いにも発展することがあった。大まかに言って、〈上帝〉派のイギリス、ドイツ、〈神〉派のアメリカで線引きされた。ポール・バーテル Paul Bartel は学位論文の中で「帝国主義的な思考が当然のことであるかのように、そのような考え方と関係している〈上帝〉ということばに傾かせ、民主的なアメリカ人が帝国的な響きのない、あるいは、支配者という意味を内包していないことばに好意的であるなどということがいえるだろうか」と問うている。

　英国聖書協会（ＢＦＢＳ）は 1848 年 11 月に〈神〉を用いることに反対する決断を下し、米国聖書協会（ＡＢＳ）は最終的には〈神〉の採用を決定した小委員会を 1850 年 11 月に結成した。

　〈神〉と〈上帝〉の他にも「神」をあらわすことばが提案されている。1850 年 1 月、英国の代表のうちで〈上帝〉という訳を非常に強く擁護した人たちはネストリウス派の石碑〔「大秦景教流行中国石碑」。7 世紀のものとされる〕にヘブライ語の「エロヒーム」を「阿羅訶」と翻字してあるという内容の手紙を中国にいる宣教師すべてに送り、それを妥協案として問題解決をはかろうとしている。結局この訳が実際にプロテスタントが翻訳した聖書で使われることはなかった。カトリックとロシア正教会の聖書では「天主」「聖神」「上主」「善神」などの語が用いられた。「天主」は 1909 年に米国聖書協会から出版された有名なシェルシェウスキー訳で採用され、「上主」は今でも現代語訳（Today's Chinese Version）で用いられている。1872 年刊の北京官話訳が「神」にあたる語をそれぞれ「天主」「神」「善神」「上帝」「上主」と訳した 5 つの異なる版で出版したのも興味深い。

　プロテスタントの聖書のうち、「標準語訳和合本」の後に出版されたものではほとんどが「神」に〈上帝〉を用いているが、バプテストによる聖書および中国本土のほとんどの聖書は〈神〉を使っている。今やある程度定着した感のある両語

の対立を現代において分析してみると、二つの語が用いられていることに肯定的な面もあるようである。この見方においては、〈神〉(シェン)は神の遍在を示し、〈上帝〉は超越性を表しているとされる。

　韓国における聖書翻訳も同じような問題に直面してきた。1890年代以来、ギリシア語の「テオス」(神)との関係から「神」をどう訳すかが重大な問題であった。スコットランドから来たジョン・ロスJohn Rossが聖書を韓国語に翻訳した最初の人であった。ジョン・マッキンタイヤーJohn McIntyreや韓国信徒らの助力の下、新約聖書は1887年に翻訳された。その後、翻訳委員会による聖書全体の訳が1911年に完成している。ロスは伝統的な韓国語で「天の主人」を意味する「ハナニム」という言葉を「神」の訳語として用いた。一方、日本に住む韓国人イ・スジョンは接尾辞付き漢韓新約聖書で「神」に〈神〉(シェン)を採用した。また、アメリカ人宣教師アンダーウッドL. H. Underwoodは1893年当初、「神」を「至高の存在」という意味の「サンジェ」(Sangje)と訳したが、後に翻訳委員会の正式なメンバーになってからは、元に戻って「ハナニム」を使うようになった。

　別のアメリカ人宣教師アッペンゼラーAppenzellerはロス訳に影響を受けて、当初から「ハナニム」を使っていた。しかし、プロテスタント諸教派よりも100年も前に韓国にやってきたカトリック教会は「天主」(チョンジュ)(Chonju)という語を用いてきた。英国聖書協会がこの語を選択したため、韓国の聖書は1804年から1904年までの間、「天主版」と「ハナニム版」の二つが出版されていた。1904年の新約聖書出版のとき、「神」には「ハナニム」をあてることが最終的に確定した。

(聖書協会世界連盟アジア太平洋翻訳コーディネーター)

Bartel, Paul H., *The Chinese Bible, being a historical survey of its translation*, University of Chicago: M.A. Thesis, 1946.

Broomhall, Marshall, *The Bible in China*, London: Religious Tract Society, 1934.

Clark, Charles Allen, *Shamanism: Religion of Old Korea*, 1929 Seoul: reprinted Christian Literature Society of Korea, 1961.

Gifford, Daniel Lyman, *Every-day Life in Korea*, Chicago: Fleming H. Revell, 1898.

Hulbert, Homer B., *The Passing of Korea*, New York: Doubleday, Page & Company, 1909.

Loh, I-Jin, Translations (Asiatic Languages), in *The Oxford Companion to the Bible*, edited by Bruce M. Metzger and Michael D Coogan, Oxford: Oxford University Press, 1993, pp. 773-75.

Lupas, Liana, and Errol F. Rhodes, eds., *Scriptures of the World*, Reading: United Bible Societies, 1995.

Ogden, Graham, Bible Translation, in *A Dictionary of Asian Christianity*, edited by Scott W. Sunquist, Grand Rapids, MI/Cambridge: William B. Eerdmans Publishing Company, 2001, pp. 79-88.

Ogden, Graham, Translations of the Bible in Asia, in *Discover the Bible: A Manual for Biblical Studies*, edited by Roger Omanson, United Bible Societies, 2001, pp. 538-548.

Ross, John, History of Corea, Ancient and Modern with description of manners, customs, language, and geography, London: Elliot Stock 1879, 1891.

Rutt, Richard, *A Biography of James Scarth Gale and a New Edition of his History of the Korean People*, Seoul: Royal Asiatic Society, Korea Branch with Taewon Publishing Co., 1972.

Soesilo, Daud H., *Mengenal Alkitab Anda. ed. ke-4*, Jakarta: Lembaga Alkitab Indonesia, 2001.

Spillett, Hubert W. (compiler), A Catalogue of Scriptures in the Languages of China and the Republic of China, London: BFBS, 1975.

Swellengrebel, J. L., In Leijdeckers Voetspoor. Anderhalve Eeuw Bijbelvertaling En Taalkunde in De Indonesische Talen. Deel I & II, Haarlem: Nederlands Bijbelgenootschap, 1974-78.

Underwood, Horace Grant, *The Call of Korea*, New York: Fleming H. Revell, 1908.

Underwood, Horace Grant, *The Religions of Eastern Asia*, New York: Macmillan Company, 1910.

Underwood, Lillias H., *Underwood of Korea*, New York: Fleming H. Revell, 1918.

Vinton, C. C., Literary Department, *The Korea Repository* (September 1896).

Woodard, Roger D., *The Cambridge Encyclopedia of the World's Ancient Languages,* Cambridge: Cambridge University Press, 2004.

Zetzsche, Jost Oliver, *The Bible in China: The History of the* Union Version *or the Culmination of Protestant Missionary Bible Translation in China* (Monumenta Serica Monograph Series 45), Sankt Augustin: Monumenta Serica Institute, 1999.

# 中国語聖書翻訳の歴史の概観とその現代への影響

ユー・スイヤン

## 序

　この講演は聖書の中国語への翻訳の歴史を概観する。聖書を中国語に初めて訳したのはネストリウス派で、カトリックとプロテスタントがそれに続いた。カトリックによる聖書翻訳で重要なものはフランシスコ会聖書研究所が訳し 1968 年に出版となった中国語訳聖書である。しかしプロテスタントは、より広範囲な翻訳事業を行い、文理訳、浅文理訳、標準語訳聖書を世に出し、ついに1919年に中国語和合訳本の出版に至った。2006年の中国語和合訳新約聖書改訂訳は、もう一つの画期的な出来事だった。最後に現代の聖書翻訳の取り組みに与えた影響をまとめてみたい。

　全世界にある中国の教会は宣教師ロバート・モリソンの中国着任 200 年祭を 2007 年に祝う。このことを記念して種々の会合が計画されている。ロバート・モリソンは中国におけるプロテスタント宣教の父とされている。モリソンはウィリアム・ミルンと共に働き、聖書全巻を中国語に翻訳し、中国の教会に重要な遺産を残した。

　中国語聖書翻訳の長い歴史の中で、モリソンとミルンが果たした役割は重要であった。現地の中国人たちも含め、様々な国の献身的な人々が、崇高な目的のために、時間と労力を注いだ。この小論文では、これらの個々人や、聖書翻訳委員会の業績について、特に標準中国語への聖書翻訳に焦点について考える。従って、ここでは中国の少数民族の言語による聖書翻訳については扱わない。便宜上、ネストリウス派、カトリック、そして、プロテスタントによって行われた聖書翻訳の活動に焦点を当てる。

## ネストリウス派の聖書翻訳

　中国語聖書翻訳についての最も早い言及は、景教の石碑にある。1625年頃、中国の古代の首都、西安の近くで、家の土台を掘っていたある中国人が、黒い大理石の石碑を偶然発見した。石碑の一番上には、中国語でこう彫られていた。「大秦景教流行中国碑」(中国におけるローマ帝国からの明快な宗教の普及を記念とする石碑)[1]。この石碑は781年に建てられたもので、635年のネストリウス派宣教師アロペンの中国赴任を記録している。またこの宗教を支持した中国の皇帝たちの名前が挙げられ、一人の主教、28人の長老、他の38人(おそらく修道士)を含むキリスト教の指導者たちの名前が刻まれている。また、旧新約聖書の正典性が述べられ、中国語への聖書翻訳に言及している。残念なことに、翻訳された聖書は、発見されていない。ネストリウス派の教会によれば、1907-08年にネストリウス派教会の正典『尊經』が、敦煌で発見されている。この『尊經』では、創世記、出エジプト記、詩篇、ホセア書、ゼカリヤ書、そして、新約聖書のほとんどが、中国語に翻訳されていた[2]。

　ネストリウス派のキリスト教は、唐朝時代 (635−845) の200年間中国で景教として繁栄した。残念ながらこの宣教活動は、皇帝が仏教をこの国から消し去ろうとしたときに共に消滅した。これで中国における最初の宣教の試みは終わり、中国語に翻訳された聖書も失われたのである。

　ネストリウス派は、400年後に、中国での二回目の宣教を試み、元朝時代 (1279-1368) に再び中国入りする。この時、彼らは聖書の一部をモンゴル語に翻訳し、その部分訳が発見されている。

## ローマ・カトリック訳

　元朝時代に、ローマ・カトリックの宣教師たちは中国に入った。モンテコルビノ (1246-1328) は、1294年に北京に到着した。モンテコルビノは、詩篇と新約聖書全巻をモンゴル語に翻訳した[3]。残念ながら、これらは一つも発見されていない。

---

[1] この石碑は西安にある「石碑博物館」で保管されている。類似する6つほどの石碑が世界各国に存在する。

[2] Chiu Wai Boon, *Tracing Bible Translation – A History of the Translation of Five Modern Chinese Versions of the Bible* (Hong Kong: China Graduate School of Theology, 1993), 9-10.

[3] しかしながら、『カトリック大辞典』はその翻訳は中国語へのものであったとする。http://www.newadvent.org/cathen/08474a.htm. 参照。

16世紀に、マテオ・リッチと、P・M・ルジェーリが、十戒と聖書の一部を中国語に翻訳した。イエズス会宣教師ギュリオ・アレーニ（1582-1649）は、1635年から37年の間に、福音書の調和を含む「キリストの生涯」八巻を書き上げている。初期の中国へのプロテスタントの宣教師たちは、しばしば、この書を参考にしている[4]。1642年イエズス会宣教師マヌエル・ディアス（1574-1659）は、日曜福音朗読（朗読聖書）についての14巻の注解書を発行したが、それには中国語の福音書とその注解書が含まれている[5]。当時の宣教師たちは、キリスト教文書を積極的に中国語に翻訳出版したが、ローマ・カトリックの権威者たちは、聖書を組織的に翻訳していくことを奨励しなかった。

パリからのカトリックの司祭、ジャン・バセ（1662-1707）は、新約聖書を中国語に翻訳した。バセの翻訳は、ウルガタ・ラテン語聖書を底本としている。残念ながら、この新約聖書は、出版されなかった。その原稿の写しが廣州でジョン・ホジソンによって発見され、ロンドンに持ち帰られ大英博物館に保管された。スローン写本としても有名である。ロバート・モリソンは大英博物館でこの写本を研究し、翻訳の土台とした。プロテスタントの初期の聖書翻訳は、この写本にかなり負うところが大きい[6]。

18世紀になると、イエズス会士ルイ・デ・ポワロ（1735-1814）が旧約聖書と新約聖書の大部分を中国語に翻訳したが、出版されなかった。この翻訳は、ウルガタ・ラテン語聖書を底本としている。原本が北京の北堂図書館に保管されていたが、1949年、図書館は破壊された。幸い写本が数冊他の所に保存されている[7]。

19、20世紀にも、聖書翻訳活動は続けられた。1892年デジャン神父によって四福音書が出版された。また、1897年ローレンス・リー・ウェニュ（李問漁）神父により、新約聖書が出版される。1919年リャオ・ジンシャン（蕭靜山）神父は、四福音書を、続いて1922年新約聖書を出版し、その改訂版が1948年に出版された。1949年、ウー・ヒョンジャン（呉經熊）氏によって新約聖書が出版された。また、同年、新約聖書も、ジョージ・リトルバニティ神父が導く4人のチームによって翻訳され、出版された[8]。

その時代の最も偉大な功績は、1945年に始められたフランシスコ会聖書研究所による聖書翻訳である。新約聖書は、1961年に発行され、聖書全巻（第二正典も含む）は、1968

---

[4] *Bible 2000 Exhibition* (Hong Kong: Studium Biblicum Hong Kong and Hong Kong Bible Society, 2000), 39.
[5] 前掲書40。
[6] 前掲書42。
[7] Jost Oliver Zetzsche, *The Bible in China: the history of the Union Version or the culmination of protestant missionary Bible translation in China*, trans. Daniel K. T. Choi (Hong Kong: International Bible Society, 2002), 16.
[8] I-Jin Loh,"Chinese Translations of the Bible,"Chan Sin-wai and David E. Pollard, eds., *An Encyclopedia of Translation* (Hong Kong: The Chinese University Press, 1995, 2001), 59, 64.

年に完成した。この聖書は、ヘブライ語、アラム語、ギリシア語の原語本文を底本にして翻訳されたカトリック唯一の中国語聖書である。中国語を話すローマ・カトリックの教会間で、現在も最も普及している訳である。

上海のジン・クキサン（金魯賢）司教により、1986年に四福音書が出版され、1994年には、新約聖書（注釈付）が出版された。この翻訳は、新エルサレム聖書のフランス語訳を底本になされた。旧約聖書は、現在も翻訳中である。

## プロテスタントによる聖書翻訳

プロテスタントによる中国語聖書翻訳の歴史は、ロバート・モリソンの中国着任に関係している。モリソンに続いて、他の宣教師たちも中国語聖書翻訳に時間を捧げた。プロテスタントの宣教師たちは、聖書翻訳を非常に重要視したので、数多くの訳が出版された。私たちの論点を明確にするために、これらの訳された聖書を文理訳（文語訳）、浅文理訳、そして中国語和合訳に分類する。

### 文理訳

初期の中国語の聖書翻訳には、文語が使用された。これは、教育を受けた中国人が文書に用いた言語である。

### ジョシュア・マーシュマン（1768-1837）とヨハネス・ラサール

マーシュマンは、新約聖書をギリシア語の本文を底本にして翻訳したが、ラサールは、英語の欽定訳（KJV）を底本に初訳をしている。この人たちは、インドのシェランポールで翻訳の働きをした。新約聖書は1811年に完成し、1816年に出版された。そして彼らは、1822年に中国語の最初の旧新約聖書を出版するという光栄に浴した[9]。しかし、この聖書は、続く中国語聖書翻訳にあまり大きな影響を与えることはなかった。

### ロバート・モリソン（1782-1834）とウィリアム・ミルン（1785-1822）

しばしば、ロバート・モリソンは、中国におけるプロテスタント宣教の父と呼ばれている。1807年モリソンは広東に到着し、1813年にウィリアム・ミルンとチームを結成する。ミルンは、やがてマラッカに落ち着く[10]。二人は、ギリシア語とヘブライ語を底本に翻訳した。しかし、英語欽定訳に深く依存し、また中国語に関してはローマ・カトリッ

---

[9] Chiu Wai Boon, *Tracing Bible Translation*, 17-18.
[10] Kenneth Scott Latourette, *A History of The Expansion of Christianity* (Grand Rapids: Zondervan, 1974), 6:297-299.

クのバセ訳聖書を参考にしている[11]。新約聖書は、1814年に出版され、1823年にマラッカにおいて聖書全巻が出版された。

　初期の宣教師たちは、非常に困難な状況に中国で遭遇した。宣教師が聖書を中国語に翻訳するのを妨害するために、北京政府は外国人に中国語を教えることを禁止したのである。そして、これに背いた者には、死刑を課した。モリソンの中国語教師は、必要ならばいつでも自殺できるように毒薬を所持していた。後に政府は、中国でキリスト教の文書を作ったり、配布したりした外国人を処刑するという布告をした[12]。このような困難な状況を考慮して、ある宣教師たちは、東南アジアの国々に活動の拠点を移した。

　マーシュマンとラサールは、インドで中国語の聖書翻訳を行ったが、モリソンとミルンは、中国という文脈の中で彼らの翻訳をしたので、モリソンたちの翻訳の方が、より質が高いものとなった。モリソンとミルンの働きは、聖書協会の支持を得た。これによって彼らの翻訳は影響力を持つようになり、後続の聖書翻訳事業の土台となった。マーシュマンとモリソンの翻訳では、神は、「神」と訳され、聖霊は、「聖風」と訳された。バプテスマは、モリソンの翻訳においては、「洗」、マーシュマンの翻訳では、本人がバプテストであったので、「蘸」（浸）と訳された[13]。

## メドハースト―ギュツラフ―ブリッジマン―モリソン訳

　モリソン―ミルン訳は、一時的には、中国における宣教活動の必要に応えた。しかし、さらに多くの宣教師たちが中国に派遣されるにつれて、中国語の聖書の需要が増え、聖書の改訂が必要となってきた。1834年のモリソンの死から間もない頃、モリソンの息子であるジョン・ロバート・モリソン、ウォルター・ヘンリー・メドハースト（1796-1857）、カール・フリードリッヒ・ギュツラフ（1803-1851）、そして、エライジャ・ブリッジマン（1801-1861）が、モリソン―ミルン訳聖書の改訂チームを結成した。このチームによって改訂された新約聖書は、1837年にバタヴィアで印刷され、1840年に改訂聖書が出版された。ギュツラフが、旧約聖書のほとんどを改訂した[14]。

　カール・フリードリッヒ・ギュツラフは、カリスマ性とビジョンを持った指導者であった。彼こそが、中国における聖書翻訳の働きへの重荷を宣教師たちの内に燃やし、どのように彼らが中国で働いていったら良いのか、想像力をかりたてたのである。彼は、中国福音宣教交友会設立のために奔走した。ハドソン・テーラーは、当初、この交友会の

---

[11] Loh, "Chinese Translations of the Bible," 55.
[12] Eugene Nida, *The Book of A Thousand Tongues* (London: United Bible Societies, 1972), 71.
[13] Loh, "Chinese Translations of the Bible," 55.
[14] 前掲書56。

後援の元に中国にやって来た[15]。ギュツラフは、メドハースト、モリソン、ブリッジマンが準備した新約聖書を改訂し、1855年にギュツラフ自身の翻訳聖書を出版した。この訳は、太平天国を始めた洪秀全（1814-1864）によって用いられた。この農民運動は英米連合軍によって鎮圧された。

ギュツラフは、中国語聖書翻訳だけでなく、シャム語や日本語などの他の言語にも聖書の一部を翻訳している。彼が翻訳した日本語によるヨハネの福音書やヨハネの手紙が、やがて日本におけるプロテスタントの聖書翻訳の幕開けとなった。

## 代表委員会訳とそれ以後の訳

アヘン戦争（1839-42）が終わった1942年、イギリスと中国は、南京条約を締結する。この結果、中国は西洋列強に五つの港を開港させられ、香港はイギリス領となった。宣教師はこの好機をつかみ、中国に続々と入っていく。欧米の宣教師たちは、中国人教会の公用聖書を出版することが重要だと考えた。各団体の代表が香港に集まり、聖書翻訳委員会が設立されたが、残念なことに、「神」「聖霊」「バプテスマ」などの主要語句をどう翻訳するかということですぐに論争が持ち上がった。このことで一致が得られなかったため、代表者たちはそれぞれの出版社が訳語を選べるように、これらの主要語句の部分を空白のままにすると決定した。米国聖書協会は、Godを「神」、Holy Spiritを「聖霊」と訳した。一方、英国聖書協会は、Godを「上帝」、Holy Spiritを「聖神」と訳し、1852年新約聖書を出版した[16]。

この委員会によって旧約聖書の改訂がされたが、再び翻訳の原則と文体のことで論争が起こり、結果として委員会は、二つのグループに分かれた。その一つは、イギリスのグループで、ウォルター・ヘンリー・メドハーストが中心になり、中国研究者のジェームズ・レッジ（1815-1897）の補佐を得、他の数人と友に旧約聖書を改訂し、聖書全巻を1855年に出版した。この訳は、代表委員会訳として知られ、中国語の質が高かった。

もう一つの米国のグループは、ブリッジマンとカルバートソンが中心になり、1864年に聖書全体の新しい訳が出版された。この訳は、Godに「神」を、Holy Spiritに「聖霊」を用い、米国聖書協会から発行された[17]。この聖書は、中国国内で用いられただけでなく、日本語の聖書翻訳にも少なからず影響を与えた。

この間、バプテスト派の代表者は、「バプテスマ」の訳語に賛成できなかった。彼らは、バプテスマを授けるという用語に、「洗う」という言葉ではなく、「浸す」という言葉を

---

[15] Latourette, *A History of The Expansion of Christianity*, 6:306.
[16] Loh, "Chinese Translations of the Bible," 57.
[17] 前掲書58。

使用したかったので、代表委員会から身を引き、マーシュマン/ラサール訳の中国語聖書を改訂した。聖書全巻は1868年に出版された。

宣教師たちは、主要語句を統一して、全教派に用いられる共通の聖書を出版したかったが、その目的は達成されなかった。主要語句の訳語や翻訳理論の論争は、グループの分裂を引き起こし、その結果いくつかの翻訳がなされたのである。

1850年から1900年の間、中国の様々な団体や宣教師によって、数十の聖書が翻訳出版された[18]。共通の聖書の出版は、結局夢物語でしかないということが判明した。その実現は、もう少し後の歴史を待たなければならなかった。

文理和合訳本の出版は、中国で働いている宣教師たちの協力の結果として画期的なことであった。この訳については、文理和合訳本の章で述べることとする。

**浅文理訳本**

浅文理は、中国語の書き言葉を、より単純で平易にしたものである。このスタイルは、昔の限られた教育しか受けていない中国人も理解でき、公文書に用いられていた。福音をより多くの人たちに伝えたいと願った宣教師たちは、浅文理を使って聖書翻訳を始めた。このような翻訳が複数なされたが、委員会による翻訳ではなく、むしろ個人訳であった。グリフィス・ジョン（1831-1912）は、新約聖書を1885年に出版した。ジョン・バードンとヘンリー・ブロジェットは、1889年に新約聖書を出版した[19]。ユダヤ人を両親に持ち、後に中国の聖公会の司教になったサムエル・アイザック・ジョセフ・シェルシェウスキー（1831-1906）は、体の麻痺におそわれたにもかかわらず、聖書全巻を翻訳した。彼は20年以上も椅子に座って一本の指で聖書の最後の2000ページをタイプした。他のすべての指は、全部動かなくなっていたのである[20]。新約聖書は1898年に出版され、聖書全巻は、1902年に出版された。浅文理の新約聖書和合訳は、翻訳委員会によるもので、1904年に出版された[21]。

**標準語（国語、北京官話）訳聖書**

文理や浅文理訳本は、中国社会の限られた必要にしか対応できなかった。一般大衆にとっては、言葉があまりにも難解であった。この問題を克服する一つの方法は、標準語

---

[18] これらの訳に関する詳細は、Zetzsche, *The Bible in* China, 401-405にある。
[19] Chiu Wai Boon, *Tracing Bible Translation*, 23.
[20] http://chi.gospelcom.net/DAILYF/2002/10/daily-10-15-2002.shtml 参照。他の人たちは彼が両手の一本の指でタイプしたと考えたため、「2本指の訳」と彼の仕事を呼んだ。
[21] 初期の浅文理訳の翻訳事業は1907年に中止された。翻訳委員会は浅文理訳と文理訳の翻訳があまりに似ているので一つの文理和合訳を準備することにしたのである。

（北京官話）に聖書を翻訳することであった。この標準語は、中国政府の役人によって用いられた公用語である。北京語を基本にした口語が、書き言葉として用いられるようになったものである。また、この言語は、共通語（common language）として知られている。

### 南京語訳聖書

代表委員会訳の出版に続き、委員会のメンバーのうち二人の翻訳者、メドハーストとストロウナクは、代表委員会訳に南京方言への修正を加えた訳を 1857 年に出版した[22]。

### 北京翻訳委員会訳

この訳は、南京中国語訳聖書を北京方言に移し変えたものと考えられる。新約聖書は 1872 年に最初の版が出された。ハドソン・テーラーの妻マリー・テイラーが、この変換作業に関わった。彼女は、中国における聖書翻訳に参加した最初の女性であった。また 1885 年に出版されたこの聖書は、英語欽定訳と中国語による最初の対照新約聖書でもあった[23]。

残念なことに、「神」と「聖霊」の言葉の翻訳における論争のゆえに、下記のような言葉を使った四種類の聖書が印刷されなければならなかった。

| God | Holy Spirit |
|---|---|
| 上帝 | 聖神 |
| 天主 | 聖神 |
| 天主 | 聖霊 |
| 神 | 聖霊 |

### シェルシェウスキー中国語訳聖書

サミュエル・I・J・シェルシェウスキーは中国語旧約聖書の個人訳を 1875 年に出版した。この訳はヘブライ語聖書を基本にしており、英語欽定訳聖書とデ・ヴィットドイツ

---

[22] Chiu Wai Boon, *Tracing Bible Translation*, 24.
[23] Loh, "Chinese Translations of the Bible" 61. 1855 年に日本で「ルカの福音書」の中国と日本語の二ヶ国語版が出版された。これは新約聖書を形づくったより大きなコレクションの一部であったが、この新約聖書がいつ出版されたかは明らかではない。

語訳聖書を参考にしている。この旧約聖書の翻訳は、後に北京官話訳新約聖書と 1878 年に統合された[24]。この訳は、1919 年中国語和合訳が出版されるまで国語訳聖書となった。

シェルシェウスキーは、聖書と祈祷書も浅文理体に翻訳している[25]。

## グリフィス・ジョン新約聖書

中国中部では北京語の標準語が容易に理解されないため、グリフィス・ジョンは、新しい聖書翻訳に取り掛かるように依頼を受けた。彼は浅文理訳の新約聖書をもとに翻訳して、新しい中国語訳聖書を 1889 年に出版した[26]。

## 中国語和合訳本

さて、中国のすべての教会が使える共通の聖書の必要性が長い間論じられてきた。初期の段階におけるこの試みは、成功しなかった。1890 年に米国ならびにヨーロッパの宣教師たちが上海に集まり、協議した。米国聖書協会、英国聖書協会、そしてスコットランド聖書協会は、聖書の和合訳を提案した。どのレベルの言葉が用いられるべきかということに関して意見の食い違いがあった。妥協案は、対象となる読者の異なった必要に応えるために、一つの聖書を三つの訳すなわち、文理訳、浅文理訳、標準語訳に分けて出版することであった。これは、かつての試みと失敗に焦点を当てて考えると、偉大なる業績であった。この訳は、改訂英訳（REV）をモデルにし、英語欽定訳聖書（KJV）を参考にしている。出版社は、その出版の最終段階で、神、聖霊、洗礼などの用語に、適当と思われる訳語をそれぞれに選択することができた[27]。また、聖書の原語にはないが、意味を明快にするために補足された言葉の下に点を打って記した。

この翻訳を容易にするために、三つ（文理訳、浅文理訳、標準語訳のため）の別々の翻訳委員会が結成された。何年にも渡る献身的な働きの後、浅文理訳の新約聖書が 1904 年に、文理訳、標準語訳の新約聖書が 1906 年に出版された。1919 年には文理訳と標準語訳、両者の和合訳本が出版された。

標準語（中国語、国語）和合訳本の出版後、この聖書が中国で最も一般的に用いられる聖書となった。G・W・シェパード（1874-1956）は、英国聖書協会の代表であったが、標準語（中国語、国語）和合訳本が出版されてから、新約聖書が 100 万部以上、旧新約聖書は、50 万部が売れたと 1929 年に記録している[28]。この時以来今日まで、中国で

---

[24] Chiu Wai Boon, *Tracing Bible Translation*, 25.
[25] Latourette, *A History of The Expansion of Christianity*, 6:320.
[26] Chiu Wai Boon, *Tracing Bible Translation*, 25.
[27] Zetzsche, *The Bible in China*, 195-196.
[28] 前掲書 331。

は、中国語和合訳本が標準の聖書として用いられている。こうして、中国の教会が共通の聖書を持つという願望がついに実現したのである。

この和合訳本の成功の裏には、幾つかの要因があった。異なる宣教団体などの支持により、翻訳プロジェクトがしっかりとした足場を固めることができたこと。学者による委員会が、非常に質の高い翻訳聖書を出版するために卓越した働きをしたこと。また、この翻訳が逐語訳であったということが、教会がこの聖書を受け入れるのに役立った。中国は様々な聖典を中国語に翻訳するという面で長い歴史を持っていた。仏教の聖典は、約 1000 年にも渡り翻訳され続けてきた（148-1037 年）。そのような聖典翻訳の歴史のために、聖書の忠実な翻訳に強調点が置かれ、そのことが翻訳聖書を卓越した水準に高める主要な要因になった[29]。こうして、中国語（標準語、国語）和合訳本は、注意深く準備された、読みやすい正式な訳がなされ、このような長い伝統を持つ中国社会に適したものとなった。

さらに、中国語（標準語、国語）和合訳本の出版は、「五・四」運動と時を同じくしてなされていた。この運動は、標準語（北京官話）を会話の言葉、また、書き言葉として使用することを強調していた。すなわち、中国語和合訳本が中国語の共通語を使用することで、中国におけるこの言語の移行にぴったり合致していたのである[30]。

このように、中国語和合訳本は、その卓越した成功を収め、社会に良く受け入れられていったのだが、それにも関わらず、宣教師たちはその限界を知っていた。確かに、中国における聖書翻訳の歴史において、中国語和合訳本は、疑うべきもなく、宣教師によってなされた最も偉大な業績であった。しかし宣教師によって行われた聖書翻訳には欠点もあった。やがて中国語と聖書の言語にも堪能な中国人の学者たちが、これを改訳するか、あるいは、新しい翻訳をする必要がある[31]。このビジョンは、まだ達成されていない。

## 和合訳本以降[32]

中国語和合訳本完成以後も、聖書翻訳の努力は続けられた。これらの翻訳は、ほとんど中国人によってなされた。アブシャロム・サイデンストリッカーは、**朱寶惠**の補助を受け、1929 年に新約聖書を出版した。アブシャロム・サイデンストリッカーの 1930 年

---

[29] Lin Kenan,"Translation as a Catalyst for Social Change in China,"Maria Tymoczko & Edwin Gentzler, eds., *Translation and Power* (Boston: University of Massachusetts Press, 2002), 173.
[30] 残念なことに、当時の中国人キリスト者の中には、偉大なマルティン・ルターやジャン・カルヴァンのように、キリスト教に対する肯定的な印象をこの言語改革運動に与える人物はいなかった。「五・四」運動の指導者の幾人かは、中国におけるキリスト教にかなり否定的であった。
[31] Zetzsche, *The Bible in China*, 335.
[32] このセクションの詳細は、Loh の"Chinese Translations of the Bible,"63-64 に基づいている。

の死後、**朱寶惠**は、新約聖書のギリシア語を勉強し、1936年に新約聖書の改訂訳を出版した。

**王元德**は、**王宣忱**としても知られているが、中国語和合訳本のスタイルに完全には満足せず、1930年新約聖書の翻訳を始める。この翻訳は、ラテン語聖書と、アメリカ標準訳（ASV）(1901) を底本にしている。彼の翻訳の強調点は中国語の明瞭さである。新約聖書が1933年に出版された。同年、H．F．レイによる外典が出版されている。

**朱寶惠**と**王元德**は和合訳本の委員会に属していたが、和合訳本のスタイルと明快さを改善することを願った代表的な人々である。

H・ラックと**鄭壽麟**は、1939年コンコルダンス形式の新約聖書を出版した。この訳は、ギリシア語本文を底本にしており、文脈の違いにも関わらず、ギリシア語本文で使われているそれぞれの言葉に対応する同じ中国語の言葉が一貫してあてられている。

1964年に、もう一つの新約聖書の翻訳が、セオドア・E・シャオとしても知られている**蕭鐵笛**によって出版された。これは後に**趙世光**によって改訳された。

**呂振中**は個人訳を出版した。呂の新約聖書は、A・シューターによって編集されたギリシア語本文を底本にしており、1946年に印刷された。聖書全巻が1970年に出版された。これは直訳の聖書で、参考資料として有用であった。また、呂は聖書全巻を標準語（北京官話）に単独で翻訳した最初の人である。

## 最近の翻訳

中国語の変化と、翻訳の動的機能的等価理論の認識が高まるにつれて、1970年代以降、幾つかの新しい聖書が出版された。これらすべての聖書は委員会による翻訳であり、中国人の学者によって翻訳された。リビング・バイブル・インターナショナルの後援を受けて、中国語リビング・バイブルが1974出版された。この翻訳は、ケネス・テイラーによって出版された英語版のリビング・バイブルを底本にしている。「現代訳聖書」(The Contemporary Bible) として知られる聖書全巻が1979年に出版された。この聖書は、聖書本文の不明瞭な部分を明瞭にする試みをし、読者の理解を助ける解釈を提供している。

同時期にアジアン・アウトリーチは1974年に新約聖書、聖書全巻を1979年に出版した。この聖書は意訳であり、もう一つの「現代訳聖書」として知られている。

『現代中文譯本』新約聖書 (Today's Chinese Version) が、1975年に出版され、1980年に聖書全巻が出版された。この翻訳プロジェクトは、英語の Good News Translation をモデルとして、聖書協会世界連盟 (UBS) の後援によってなされた。この聖書は、ユージン・ナイダによって提唱されている動的機能的等価理論に基づいて翻訳された。動的

機能的等価理論は、原語の意味するところを明瞭に翻訳に反映することを目的としている。主要語句の幾つかは、誤解を招かないように修正された[33]。またローマ・カトリックによる聖書が1986年に印刷され、その改訂版が1995年に出版された。この聖書は、新しい信者や求道者に特に分かりやすい。

1976年、ロックマン基金の支援によって『新譯本』新約聖書（New Chinese Version）が出版され、旧新約聖書が1992年に印刷された。最近になって、その聖書の出版社は「環球聖經公會」（WorldWide Bible Society）と改名している。この改名が読者にかなりの混乱を招いている。WorldWide Bible Society は、200年以上の聖書翻訳の歴史を持つ聖書協会運動と全く関係がないということを明記しておきたい。

その他に、1987年「リカバリー聖書」（Recovery Bible）の新約聖書が出版され、2003年には聖書全体が出版された。聖書の霊的な意味を補うために多くの説明が加えられている。

## 中国語和合訳本の改訂

中国語和合訳本の偉大な業績にも関わらず、多くの異なる聖書が出版されたということは、中国語和合訳本の改訂、あるいは全く新しい聖書の翻訳の必要性があることを示していた。それにも関わらず最近出版された聖書の中で中国語和合訳本にとって変わることのできるものはなかった。この中国語和合訳本は、現在も権威のある聖書として中国の教会で用いられている。

中国語和合訳本の改訂が何度か試みられた。1920年代に2回試みがなされたがどちらも成功しなかった。

1958年、米国聖書協会と英国聖書協会は、中国語和合訳本の改訂の必要があるということで一致した。ユージン・ナイダは、香港、台湾、そして中国の教会の指導者たちを訪れた。ナイダの提案は、二つの段階的な改訂だった。最初に部分的な改訂（あまり重要でない部分）をして、後に総合的な改訂をするというものである。1965年、台湾の教会の指導者や学者たちとの協議を経て中国語和合訳本の限定的な改訳に同意がとられた。その改訳は、文体に焦点をあてたものだった。主要語句は、できる限り今までのものを踏襲した。こうして改訂委員会と理事会が設立された[34]。

しかし、中国語和合訳本改訂の試みは失敗の痛みを負った。動的機能的等価の理論と、Good News Translation 中国版の出版を優先することで翻訳の焦点が変わってしまった。

---

[33] 例えば、以下の名前は中国語でより響きが良いように変えられた。流便 → 呂便、尼哥底母 → 尼哥德慕、友阿爹 → 友阿蝶。

[34] Zetzsche, *The Bible in China*, 348.

すなわちローマ・カトリック教会とプロテスタント教会の両方に受け入れられる中国語の聖書を出版するという目的にとって、プロテスタント教会が出版した中国語和合訳本をもとにして改訂することは妥当性がなかった。このため Good News Translation が、この改訂作業にふさわしいテキストとして使用された。新しい翻訳改訂作業が 1971 年に開始され、中国語の現代語訳聖書として完成する。

この変化の結果、現代語訳聖書の出版された。しかし、このことは、中国語和合訳本の改訂の機会を失うという犠牲の上になされたものであった。しばらくすると、中国語和合訳本は版権を失い、様々な団体が中国語和合訳本のテキストを使ってそれぞれの修正を加えて出版し始めた。

1979 年、中国キリスト者会議のティン司教が、中国語和合訳本の改訂を始めるために南京神学校に学者たちを集めた。1981 年に四福音書の改訂が完成した。使徒言行録、パウロ書簡、詩編も改訂された。しかし残念なことに、この翻訳は、今日に至るまで日の目を見ることがなく、改訂の試みも失敗に終わった[35]。

このような改訳の試みがすべて失敗したにも関わらず、和合訳本改訂の必要性は消えることはなかった。小規模の改訳が 1988 年になされ、新しい句読点を導入した中国語和合訳本『新標點和合本』が出版された。

1983 年、聖書協会の指導者たちが、香港、台湾、シンガポールで会合し、中国語和合訳本の改訂の必要性を探り、会議は和合訳本の小規模な改訂が必要だと結論した。数十年を経て中国語があまりに大きな変化を遂げたことが、改訂を必要としたもう一つの大きな要因であった。この改訂に際して、できる限りギリシア語、ヘブライ語の本文に忠実に翻訳することを目標とした。また、中国語和合訳本の性格やスタイルを保持することを願っている。新約聖書の底本は、1993 年に聖書協会世界連盟（UBS）によって出版されたギリシア語新約聖書第四版である。旧約聖書は、1984 年に出版されたビブリア・ヘブライカ・シュトゥットガルテンシアを底本にしている。マタイによる福音書(1986)、ローマの信徒への手紙（1991）、そして四福音書（2000）の試訳が出版された。中国語和合訳本改訂版『和合本修正版』の新約聖書の正式な出版記念会は、2006 年 4 月 26 日に香港で行われる。聖書全巻の出版は、2010 年頃に計画されている。

1920 年代の失敗に終わった中国語和合訳本改訂の数々の試みが、ついに実を結ぶときが来ている。中国語和合訳本の改訂版は、元訳の流れや性格を保持し、最近の聖書学者たちの業績と、中国語の変化を取り込んでなされている。この改訂版が、中国社会に祝福をもたらすものとして用いられ続けることが大いに望まれている。

---

[35] 前掲書 356-358。

## 現代の聖書翻訳への繋がり

　ここまで中国での聖書翻訳の長い歴史を短く概観した。多くの聖書翻訳は、長い時間をかけて中国語を学び、中国の人々のために人生を捧げてきた宣教師たちによってなされた。中国語和合訳本は、宣教師たちの業績の頂点を代表している。またこの聖書は、現代の中国の教会において最も権威のある聖書である。この和合訳本の出版がされてから、ようやく少しずつ中国人学者が聖書を翻訳する働きに加わるようになった。このような聖書翻訳の小史をまとめるにあたり、現代の聖書翻訳事業にどのように繋がって行くか考察しよう。

## 言語のレベル

　聖書翻訳者は、しばしば採用された言語のレベルで苦労する。1919年に和合訳本が出版される以前は、翻訳者たちは、文理、浅文理、標準語を用いて聖書を出版してきた。結果はまちまちであった。和合訳本の出版こそ、プロテスタント派の一世紀に渡る聖書翻訳の努力の頂点であった。中国語和合訳本は、一般大衆に容易に理解できる共通語を用いるという選択をした。この訳は口語体や専門用語を避けた。標準語の聖書翻訳への使用は、中国における「五・四」運動によって始められた著しい言語変化と時を同じくしていた。このことが、中国和合訳本が中国の教会の標準聖書となる助けとなった。一方で文理訳は、同じ聖書でありながら、文語的な翻訳だったために、教会にあまりインパクトを与えていない。この対象的な二つの翻訳を見ると、社会における言語変化の重要性と、言語レベルを翻訳のために適切に使うことの重要性が浮き彫りにされる。これらの要因は、どの聖書翻訳においても注意深く決定されるべきである。

## 主要語句（神の名前と肩書き、人、場所、重要な神学的用語）の翻訳

　主要語句の翻訳は、複雑な問題であり、時として論争に発展し、翻訳に関わっている人々の協力関係をさまたげる。この問題は、今日も聖書翻訳者たちを悩ませ続けている。理想的には、翻訳に関心を持つすべての団体や個人が、合意した主要語句のリストを持つことができればすばらしいのだが、実際は、いつもそのようなことが可能であるとは限らない。過去に合意が不可能だった場合、同じ中国語の聖書で、神版と上帝版の二種類を出版する決断は、独創的な解決法だった。このことは、団体や個人の間の衝突や敵対心を回避する助けとなった。この解決法は、中国の教会によって快く受け入れられ、互いの版をお互いが受け入れていた。同じような問題を抱えている聖書翻訳プロジェクトも、様々な、独創的な解決法を生み出していく必要があるだろう。

**聖書翻訳理論**

　翻訳理論には様々なものがある。インターリニアタイプの翻訳が選択される場合もある。これは、外国語を学ぶ者にとってはある種の助けになるかもしれない。逐語訳は、原文の内容だけでなく、形にも焦点をあてる。この種の翻訳は、神学校や聖書研究のために有用かもしれない。動的機能的等価理論は、本文の意味を翻訳される言語によって直接的に伝えようとする。また、その言語において分かりやすい自然な表現を目指す。

　これらの方法には、それぞれの価値と目的がある。動的機能的等価理論や意訳（パラフレーズ）は、伝道用に、若者用に、また、中国語を外国語として学んでいるあるいは使っている人に適しているかもしれない。しかし、聖書研究や、真剣な学びには向いていない。中国語和合訳本に用いられた逐語訳は、長く築き上げられた伝統に最適であった。逐語訳のゆえに、中国語和合訳本は広く普及した。それゆえ読者がどのようなタイプの聖書を望んでいるかということにも注意深い配慮が必要である。

**原語と翻訳される言語における聖書翻訳者の能力**

　宣教師たちは、ヘブライ語やギリシア語の原語に精通しているかもしれない。しかし、翻訳される言語能力の点では、劣るところがある。中国における宣教師たちは、この点に気づき、生まれつき中国語を使っている中国人を翻訳の働きに加えて来た。しかしこのとき中国人は補助的な役割しか果たさなかった。宣教師が行った翻訳は、文章が不自然になりがちで、優雅さがなかった。和合訳本を含め宣教師の行った翻訳を改良する試みが何度も行われた。もし中国人が、より主体的な役割を担うことができたならば、もっと文章に優雅さを与えることができたであろう。この難題を克服するために、たとえ宣教師たちが聖書翻訳の働きにおいて重要な役割を負っていたとしても、聖書協会は母語聖書翻訳者たちを用いていくことを優先している。

**読み手の心理的、神学的立場**

　中国の教会は神学的に保守的である。中国語和合訳本は、長い間権威ある、また標準的な聖書と見なされてきた。多くの中国人キリスト者は、あたかも神に与えられた原典を守るかのように、この聖書を守ろうという思いを本能的なまでに持っている。従って彼らにとって権威ある聖なるテキストとあからさまに異なる聖書を受け入れることは困難である。既に地位を得ている聖書の改訳をするにあたって、このような読み手の心理的、神学的立場を知る必要がある。さらに改訂の目的や焦点がどこにあるかが、明確に説明されなければならない。

**広範囲の支持を得る必要性**

　中国語和合訳本は、幾つかの聖書協会や広範囲にわたる宣教団体、また、翻訳に興味を持っている人々の支持を得た。このように広範囲の支持を得たことで、和合訳本は土台を堅固にし、広く受け入れられるようになった。聖書協会は諸教会に仕えるために存在している。それ故、聖書協会は、聖書翻訳事業が行われるために広範囲の支持を得ることを必要とする。それによって、孤立した聖書翻訳や、諸教会の必要に応えることができない聖書の出版、あるいは、一部の教会の必要にしか応えない聖書の出版といったものを避けることができるのである。

**マーケティングと関係作り**

　マーケティングは、出版された聖書の成功あるいは失敗を左右する重要な役割を担う。諸教会は翻訳された聖書の質の良さを知らされ、説得される必要がある。このことにおいて、出版社と教会の指導者たちの良好な関係は必要不可欠である。マーケティングは、出版された聖書の宣伝だけでなく、好ましい関係を諸教会と築き上げることも含んでいる。近年において、積極的なマーケティングと教会の指導者たちとの関係作りが主な理由となって、幾つかの聖書がある中国の教会への売り込みに成功している。

**版権**

　中国語和合訳本の歴史において、その聖書の版権を保持することの重要性が明らかになった。和合訳本は、数十年前にその版権を失ったため、様々な団体がそれぞれの編集をして、和合訳本のテキストを出版した。その結果、読者たちに混乱を引き起こした。版権を保持することは、極めて重要であり、それによって聖書の統一性を守り、読者の混乱を防ぐことができる。

　中国の教会は、中国におけるプロテスタントの宣教師による活動の 200 年記念を祝おうとしている。顧みて、私たちは、聖書を生み出すために捧げられた宣教師たち、また中国人たちの献身的な生き方を心から神に感謝したい。同時に、私たちは将来を見ている。中国の学者たちは、和合訳本を改訂し、改善し、より現代の読者たちに明確に語りかける聖書となるように懸命に努力している。改訂中国語和合訳本が、世界中の中国人社会にとって、絶えることのない祝福の源となるよう願っている。

　　　　　　　　　　　　　　　（シンガポール聖書協会翻訳コンサルタント）

# 初期の韓国語聖書翻訳における
# 中国語訳および日本語訳の影響

ミン・ヨンジン

## 序

　タイトルからわかるように、今回ここでお話するのは初期の韓国語訳聖書における中国語訳聖書の影響とその改訂プロセスにおける日本語聖書の影響についてである。初期の韓国語訳聖書は、中国および日本でそれぞれ訳され、朝鮮半島にもたらされた。この時期の訳は、公的に組織された翻訳委員会によるのではなく、個人による訳であったという点で、独特なものである。これら初期の個人訳においては、個々の翻訳者は聖書の中の特殊な用語、例えば、テオス／エロヒーム（神）、プネウマ／ルーアハ（霊）、バプテスマ（洗礼）、ペサハ（過ぎ越し）などの言葉にどのような訳語をあてるか、深く考えた。「神」をどう韓国語に訳すかについても、いろいろ試みられたが、ここでは「ハヌーニム」「ハナニム」という韓国語が「神」の訳語とされた過程を辿っていく。1911 年刊行の韓国語聖書が1912年から1937年にかけて改訂される過程において日本語訳聖書が参考にされていたことが最近の研究で明らかになっている。その範囲も示していくつもりである。

## 環境による影響

### 地理的環境

　韓国は地理的に中国から遠くない。北京・ソウル間は1184キロ、飛行機で2時間、ソウル・東京間は1449キロ、2時間10分の距離である。この3つの国の首都を飛行機で結ぶ距離は、ほんの2633キロである。このような地理的環境はこの3カ国の人々が頻繁

に行き来することを可能にし、そうした接触を通して互いに影響を与え合う環境が作り出されていた。特に韓国は日本と中国の間に位置しており、韓国が受けた影響は日本、中国よりも大きかった。

歴史的環境

1990年の統計によると、中国の全人口は11億3000万であり、そのうちの92%を漢民族が占め、残り8%の約9000万人が少数民族となっている。中国には約192万人の朝鮮族が住んでいるが、それは少数民族のうちの2%、中国全人口のうちでは0.16%にあたる。1982年の資料によれば、中国の朝鮮族の98%は東北地方の三省、すなわち遼寧省、吉林省、黒竜江省で暮らしている。そのうちの43%にあたる82万人が延辺朝鮮族自治区に住んでおり、自治区の全人口208万人の約40%を占める。ここに分布の集中という中国の朝鮮族の特徴を見ることができる。朝鮮族のほとんどが東北地方に暮らし、そのほぼ半分が延辺自治区に住んでいるのである。延辺自治区の朝鮮族の約半分は延吉、龍井、和竜の3つの町に住む[1]。日本には現在18万人の韓国人、朝鮮人が各地で暮らしている[2]。そのほとんどは植民地時代に日本に移住した人々の子孫である。一方、韓国には現在2万1806人の中国人が住んでいるが、ほとんどが山東省出身であり、90%以上が台湾国籍である[3]。また、韓国には韓国人男性と結婚した日本人女性も少数おり、中国人、日本人、韓国人の間での国際結婚も見られる。

言語的環境

韓国語と日本語は中国語とは異なる独特な言語である。中国語は「主語-動詞-目的語」という構造をもつが、韓国語と日本語は「主語-目的語-動詞」という構造をとる。しかし、韓国も日本も大きく見れば中国と同じ文化圏に属しており、コミュニケーションの道具として漢字を長く用いてきた。韓国と日本は中国語に強い影響を受けてきた。韓国語は語彙の50%以上が中国語からの外来語と言われており[4]、日本語にも同様のことが言える[5]。違いは、韓国が発音を通して中国語を受け入れたのに対して、日本が意味と

---

[1] Je-Chon Jang, *Research Study on the Settlement and Habitation of Korean-Chinese in Dongbei Region, China* (Ulsan: Ulsan University Press, 1995).
[2] http://www.haninhe.com/korean/sub_engaku.php
[3] http://www.inchinaday.com/2005/town/town_2.html
[4] 中国語からの外来語の比率は52.11% (Korean Language Research Society, ed., *The Big Dictionary* [Eulyumunhwasa, 1957]) と69.32% (Hee Seung Lee, *Unabridged Korean Dictionary*, Minjungseorim, 1961) という報告がそれぞれされている。1983年7月28日付の『中央日報』紙の一面に用いられた言葉では74.44%が中国語からの外来語であったと報告されている。
[5] 新聞の一面に使用されている単語のリサーチによれば、44.4%が中国語からの外来語と報告されている (田中章夫〔国立国語研究所〕による1988年の調査)。

ともに中国語を受け入れたことである。結果として、元々の日本語の単語は中国語の単語を受け入れつつ生き残ってきたが[6]、韓国語の場合、元々の韓国語の単語が中国語の単語と重複すると、中国語の単語が使われるようになり、韓国語の単語は用いられなくなることが多い。このような違いはあるが、両国の言葉が中国語から多くの重要な術語を受け入れたという点は同じである。つまり、この３つの言語においては、言葉を発することによって交流できない場合でも、漢字を目で見ることによって互いにおおまかな交流が持てるということである。たとえば、各国の聖書協会は台湾では「聖經公會」、韓国では「聖書公會」、日本では「聖書協会」であり、聖書は中国語では「聖經」、日本語では「聖書」と書かれ、韓国語では「聖經」と「聖書」の両方で書かれる。キリスト教が到来する以前の韓国では「聖經」という言葉は仏教の経典のことだったが、キリスト教が主要な宗教として確立された後にはキリスト教の聖書を意味するようになった[7]。

文化的環境

　中国文化の周辺にある韓国と日本は中国から多くの影響を受けてきた。地理的には中国から遠からず近からずという位置にあり、韓国、日本がもつ独特な言語、文化は独自性を保ちながら、中国文化圏内にとどまっていたといえる。韓国の学者は19世紀まで漢字で書かれた本から多くの情報と文化を身につけていた。
儒教は漢字の普及を促進し、仏教は漢字で書かれた経典を通して広まり、他の先進の情報も漢字によって伝えられた。中世ヨーロッパにおけるラテン語と同様、韓国における漢字は高度な文化をもたらす媒体であった。そうした現象は聖書翻訳史の中にも見出される。明治時代の日本語訳聖書では、聖書各書の書名は中国語聖書の書名に従っている。旧約聖書は中国語の委員会訳（文理訳）、新約聖書はブリッジマン・カルバートソン訳の書名が一切の変更なしに用いられた。韓国語訳では中国語訳聖書の書名に従うということはなかったが、創世記、出エジプト記（出埃及記）など、かなりの数の書名が中国語訳からとられた。
　中国文化圏に属すことで韓国語の聖書と日本語の聖書は、聖書の重要な言葉を中国語から受け入れるという独特の特徴をもつようになった。聖書の66書の書名だけでなく、聖書の多くの言葉が中国語から導入された。中国語から重要な術語の多くを受容したこ

---

[6] 中国語の単語の読み方は、「福音」の場合のように中国語の発音に従って決められることもあれば、「神」のように日本語での意味に従って決められることもある。

[7] これに関しては後でより詳しく検討するが、韓国語の「ハナニム」が辿った意味の変遷と同じ現象である。

とが韓国語訳と日本語訳の重要な特徴といえる。つまり、中国、日本、韓国はキリスト教の重要な術語を共有しているということである[8]。

## 中国、日本、韓国の主要な聖書翻訳

以下に見られる表では中国[9]、日本[10]、韓国[11]における主要な聖書翻訳を年代順に並べたものであり、聖書翻訳の歴史の一側面をそこに見ることができる。一覧表中の中国語訳は直接、間接に韓国語訳と日本語訳に影響を与えたと考えられるものが選ばれている。韓国語訳と日本語訳については、中国語聖書の影響下にあったものである。

この一覧表を見れば、初期における韓国語聖書の翻訳のうち、どれが中国語と日本語の聖書翻訳に影響されたと考えられるかがわかるだろう。

| 年代 | 中国語訳 | 日本語訳 | 韓国語訳 |
| --- | --- | --- | --- |
| 1810 | モリソン訳（新約1814） | | |
| 1820 | マーシュマン・ラサール訳（1822） | | |
| | モリソン・ミルン訳（1823） | | |
| 1830-40 | | 約翰福音之傳（ギュツラフ訳1837） | |
| | | 約翰上中下書（ギュツラフ訳1837） | |

---

[8] 例として、創世記、民数記、申命記、士師記、列王記、歴代誌、詩篇、箴言、コヘレトの言葉、雅歌、哀歌、マタイによる福音書、マルコによる福音書、使徒言行録、ヨハネの黙示録。

[9] 許牧世『經與譯經』（香港：基督教文藝出版社, 1983）; Hwan-Jin Yi, "The Chinese Translation of the Bible in the 19th and 20th centuries," Tai-il Wang ed., *Explain the Meaning of What We Read-Exegesis and Bible Translation* (Seoul: Christian Literature Society of Korea, 2002) (Korean); Jost Oliver Zetzsche, *The Bible in China: The History of the Union Version or The Culmination of Protestant Missionary Bible Translation in China* (Nettetal: Steyler Verl., 1999); Graham Ogden, "Translations of the Bible in Asia," Roger Omanson, ed., *Discover the Bible: A Manual for Biblical Studies* (Colombia: United Bible Societies, 2001).

[10] 門脇清／大柴恒『門脇文庫日本語聖書翻訳史』（新教出版社、1983年）、海老澤有道『日本の聖書——聖書和訳の歴史』（講談社、1989年）、『パノラマ・バイブル』日本聖書協会、2005年、東京大聖書展実行委員会編『死海写本と聖書の世界』（2000年）

[11] 大韓聖書公會史 I (서울: 大韓聖書公會, 1993).

|  |  |  |  |
|---|---|---|---|
|  | ギュツラフ訳旧約聖書（1838） |  |  |
|  | メドハースト・ギュツラフ訳（新約1839） |  |  |
| 1850 | 文理訳（新約1852 旧約1854） |  |  |
|  |  | 路加傳福音書<br>約翰傳福音書<br>聖差言行傳<br>(ベッテルハイム訳1855) |  |
|  | ブリッジマン・カルバートソン訳（新約1859） | 約翰之福音傳<br>馬太福音傳<br>創世記<br>(ウイリアムズ訳1859) |  |
| 1860 | ブリッジマン・カルバートソン訳（旧約1863） |  |  |
| 1870 | 北京翻訳委員会訳（新約1872） | 馬太傳福音書（ゴーブル訳1871） |  |
|  | シェルシェウスキー訳（1878） | 訓点新約全書（1879） |  |
| 1880-90 |  | 明治訳(新約1880) | ルカによる福音書<br>ヨハネによる福音書（ロス訳1882） |
|  |  |  | 使徒言行録（ロス訳1883） |
|  |  |  | 漢韓新約聖書（イ・スジョン訳1883） |

|  |  |  | マルコによる福音書（イ・スジョン訳 1885） |
|---|---|---|---|
|  |  | 明治訳(旧約 1888) | 新約聖書（ロス訳 1887） |
| 1900-20 | 文理和合訳（1919） | 大正訳(新約 1917) | 新約聖書（1900） |
|  |  |  | 旧約聖書（1911） |
| 1930 |  |  | 改訳聖書（1938） |

## 初期の韓国語の聖書翻訳に対する中国語、日本語の影響

　初期の韓国語聖書の翻訳は中国と日本で行われた。中国で翻訳されたロス訳（1887年）は中国語訳に影響を受け、日本で翻訳されたイ・スジョン訳（1883/1885年）は日本語訳に影響を受けた。二つの韓国語訳は本質的には文理訳（1852/1854年）とブリッジマン・カルバートソン訳に影響を受けている。

ロス訳の底本[12]

　ロスはW・ライトに1883年1月24日に送った手紙には、ロス訳の底本について記されている。中国古典の専門家である韓国の学者が古典中国語で書かれた文理訳の福音書と口語訳を参照して韓国語に翻訳し、その訳文をロスがギリシア語聖書[13]と改訂英訳聖書(Revised Version)[14] に一語一句照らし合わせて訂正していったとされる[15]。

　ロスの言葉を信じれば、中国古典の専門家である韓国の学者は、口語訳を使うこともできたが古典中国語を使ったようである[16]。参照された中国語の聖書は文理訳（1854年）かブリッジマン・カルバートソン訳であったはずである。文理訳とブリッジマン・

---

[12] "Corean New Testament"としてよく言及されるロス訳『イエス聖教全書』(Yesuseonggyojeonseo)は最初の韓国語訳新約聖書である。

[13] Edwin Palmer, H KAINH DIAQHKH. *The Greek Testament with the Readings Adopted by the Revisers of the Authorized Version* (Oxford: Clarendon Press, 1881).

[14] C. J. Ellicott, et al., *The New Testament of our Lord and Saviour Jesus Christ, Translated out of the Greek: Being the Version Set Forth A.D. 1611, Compared with the Most Ancient Authorities and Revised, A.D. 1881* (Oxford: Oxford University Press, 1881).

[15] *DOCUMENT OF THE HISTORY OF KOREAN BIBLE SOCIETY* (Seoul: the Korean Bible Society, 2004), 64-65.

[16] Cf. Soo Ryang Soh, "Study on the Chinese Text as the Source Text of Early Korean Versions," Th.M. Dissertation (Korean Bible University, 2002).

カルバートソン訳をロス訳の韓国語と並べて読んでみよう。韓国語の本文に括弧で挿入された漢字は韓国語本文にはないが、理解しやすいように筆者が付け加えたものである。

ルカによる福音書2章1-4節
〈文理訳〉
當時，該撒亞古士督，詔天下人登籍，居里扭爲叙利亞方伯，此籍始行焉，衆往登籍，各歸其邑，　約瑟乃大闢族系，　以故去加利利拿撒勒邑，　詣猶太，　至大闢之邑，名伯利恒[17]
〈ブリッジマン・カルバートソン訳〉
當時有詔由該撒亞古士督而出令天下人咸登籍居里扭爲叙利亞方伯此籍始行焉衆往登籍各歸己邑約瑟亦由加利利拿撒勒上猶太至大闢之邑名伯利恒蓋彼屬大闢宗族也[18]
〈ロス訳〉
맛참　그 찍에　긔살(該撒)　아구스토(亞古士督)가　텬하(天下)　사룸의게 죄셰(詔書)ᄒᆞ여 호젹(戶籍)을 올니ᄂᆞᆫ듸 쿠레뇨ᄂᆞᆫ 수리아 방빅(方伯)이 되여실 찍에 이 호젹(戶籍)이 처음으로ᄒᆡᆼ(行)ᄒᆞ미 뭇 사룸이 가셔 호젹(戶籍)을 올니고 각각 그 고을노 돌아가ᄂᆞᆫ듸 요셥(約瑟)은 다빗(大闢)의 족보(族譜)라 고(故)로 가니닉(加利利)의 나살잇(拿撒勒)노부터 유듸(猶太) 에 나아가 다빗(大闢)의 고을에 닐으니 일홈은 벳니염(伯利恒)이라

ロスの翻訳を二つの中国語訳と比較すれば、韓国語訳が内容という点では文理訳と同じであることは明白である。ブリッジマン・カルバートソン訳と文理訳は4節以降の訳が異なっており、ロス訳の4節後半の翻訳は文理訳と全く同じだからである。上記引用では中国語の翻字（transliteration）と韓国語の翻字を並べることにより理解の手助けとなるよう工夫してみたが、韓国語の翻字は中国語の発音ではなく、ギリシア語の発音を使用している。上記の引用では中国語の文字との翻字が韓国語の翻字に加えられているが、韓国語の翻字は中国語の文字の発音に従ってではなく、聖書の単語を直接用いた発音となっている[19]。

ロス訳における訳語の選択（1887）

最も議論を呼んだのは「ハナニム」（神）という単語であった。ロス訳の重要な貢献は元来の韓国語が重要な用語の訳語に選ばれたということであった。とりわけ、元来の韓

---

[17] 『文理貫珠 舊新約聖書』[Delegates' Version] (Shanghai: British and Foreign Bible Society, 1920).
[18] *Bridgman and Culbertson's Version* 『新約全書』[Classical New Testament] (American Bible Society, 福州美華書局活版, 1896).
[19] 1882年のロス訳では "Agosadok"（亞古士督＝アウグストゥス）のように中国語聖書での発音が用いられていることがある。だが、一般的には "Yoshop"（約瑟＝ヨセフ）のように原典での発音が反映されている。「約瑟」は韓国語では "Yaksul"、中国語では "yaose" と読まれる。

322

国語である「ハヌーニム」と「ハナニム」（ともに「神」を意味する）が聖書の神を示すために選ばれたことは非常に意味のあることであった。「上帝」(シャンティ)（超越者）という語も学者の間では知られていたが、一般の人には分からない言葉であった。一方、「神」という語は韓国では幽霊と同義語であり、その語のみで使われることはあまりなかった。「天主」(ティエンジュー)（天の主人、天の存在）という語も考慮されたが、一般の韓国人には親しみのない語であった。ロスの翻訳チームは最終的には朝鮮半島において広く用いられていた「ハナニム」という語を選んだ[20]。綴り方に変化はあったが、この単語は「ハナニム」「ハヌーニム」と書かれるようになり、今でも韓国の教会で使われている。

　中国の文理訳では「禁食」（＝断食）と訳されているギリシア語の「ネステイア」($νηστεία$ 使14:23) がロス訳では「斎戒」と訳されているのは非常に興味深い。百年ほど前の朝鮮の人々には断食に宗教的な意味があるとは考えられなかったのかもしれない。「斎戒」という語には心と体を清く保ち、宗教儀式のために汚れた行いを避けるという意味があり、ある程度「断食」の宗教的な意味を伝えることができたと思われる。

　ギリシア語の「バプティゾー」($βαπτίζω$）の訳にまつわる話も興味深い。中国の文理訳はこの語を「洗禮」としたが、ロス訳においては「バプティム禮」と翻字された。すでに中国語聖書の翻訳においてこの語を「洗禮」（洗礼）とすべきか「浸禮」（浸礼＝全身を水に浸す）とすべきかで議論があった。韓国語訳の時点でもまだ論争は収まっていなかったので、翻字が選ばれたようである。

## イ・スジョンの漢韓新約聖書（『懸吐漢韓新約』1883）の底本[21]

　イ・スジョン〔Lee Soo-Jeong〕は漢文の韓国語読みに基づいてブリッジマン・カルバートソン訳の中国語聖書（新約1859）の本文に助詞や接尾辞を付け加え、中国文学の知識をもった韓国人が簡単に聖書を読めるように翻訳した[22]。

---

[20]　「韓国人であればどこにいても、ハナニムという語は地上を支配する至上の支配者を意味すると考える。私はこの語をあらゆるやり方で韓国人に試してみたが、聞きなれない言葉を導入することが深刻な間違いとなるということは確信をもって言える」(*The China Recorder and Missionary Journal*, 14 [November, December, 1883], 491-497). Hwan-Jin Yi, Moo-Yong Jeon and Won-Suk Soh, "the Corean New Testament," *The KBS News* 33:1 (1987. 6), 8-18 (Korean).

[21]　ルーミスはこの聖書のことを英語では "Chinese-Corean New Testament" (Letter from Loomis to E. W. Gilman dated August 15, 1884, DOCUMENT OF THE HISTORY OF KOREAN BIBLE SOCIETY, 352-353) あるいは "Corean Kuntan New Testament" (Letter from Loomis to E. W. Gilman dated September 13, 1884, DOCUMENT OF THE HISTORY OF KOREAN BIBLE SOCIETY, 358-359) と呼んでいた。『訓点新約全書』（1879年）の「訓点」を日本語から借用して "Kuntan" という語を用いていたが、"the Chino-Corean Version" とも呼んでいた (DOCUMENT OF THE HISTORY OF KOREAN BIBLE SOCIETY, 304)。

[22]　ルーミスは1883年6月21日付の手紙に、イ・スジョンが "Chino-Corean New Testament" の翻訳を終えたと書いている。しかしながら、日本で1885年以降「訓点本」が刊行されなかったのと同じ

彼は韓国語の発音を示すために漢字を借用している。ルーミスがギルマンに送った手紙によれば、イ・スジョンは中国語の本文の間違いを見つけてしるしを付け、訂正していたとされる[23]。つまり、イ・スジョンはブリッジマン・カルバートソン訳を使って翻訳しながら、そこでの漢字の間違いを修正していたということである。マルコによる福音書2章4節の「臥」や3章27節の「刧」がそのような例として挙げられる。廣剛は本文上の細かな違いを指摘し、マルコによる福音書1章24節の「唉」は日本語の『訓点新約全書』での「噫」と異なることから、イ・スジョン訳の底本は『訓点新約全書』ではなかったことを明らかにしようとしている[24]。それではルカによる福音書2章1-4節を読んでみよう。

ルカによる福音書2章1-4節（イ・スジョン訳）
當時 ㄏ(에)有詔 ㇏(이)由該撒亞古士督而出ッㄱ(하야)令天下人乙ㄨ(으로)咸登籍ッㄴ(하니)居里扭ㄏ(에)爲叙利亞方伯ッㄱ(하야)此籍 ㇏(이)始行焉ッㅅ(이라)衆 ㇏(이)往登籍ッㅁ(하고)各歸己邑ッㄴ(하니)約瑟 ㇏(이)亦由加利利拿撒勒乙ㄨ(으로)上猶太ッㄱ(하야)至大闢之邑名伯利恒ッㄴ(하니)蓋彼屬大闢宗族也 ㇏ㅅ(이라)
(括弧内のハングル文字での「訓点」は筆者による付加)

上の文章から「懸吐（クンタン）」を取れば、そのままブリッジマン・カルバートソン訳になる。「㇏(이)」は「是」の最終画のはらいだけを書いたもので、「是」の音を意味する。「ㄏ(에)」は「厓」の垂れの部分で、「厓」の音を示す。「ッㅁ(하고)」は「爲」の最上部と「古」の下部で、意味は「爲」、音は「古」であることを示す。「ッㄱ(하야)」では意味が「爲」、音が「也」である。「乙ㄨ(으로)」は「乙」の音から読みが「을/를/으」であることを示し、「ㄨ」は「𡬼（奴）」の旁を借りて、読みが「로/노」であることを示している。「ㄴ」は「尼」の内側の部分を借りて、音が「니」であることを示す。「ㅅ」は「羅」の簡略体である「𱐔」の下半分を借りることにより「라」の音が示されている。このようにハングル文字が確立される前には、韓国語の音を示すために漢字の一部分を使うというやり方は古くから行われており、6世紀頃あるいはそれ以前の新羅王朝時代にも同じ方法がとられていたとされる。「㇏(이)」は主格助詞、「ㄏ(에)」は位置助詞、「乙

---

ような理由で、この訳は使徒言行録までしか刊行されなかった。言い換えれば、米国聖書協会が日本語と韓国語への翻訳が必要という認識を持っていたということであろう (DOCUMENT OF THE HISTORY OF KOREAN BIBLE SOCIETY, 314)。

[23] DOCUMENT OF THE HISTORY OF KOREAN BIBLE SOCIETY, 304-305.

[24] Hiro Takashi (廣剛), "A Study of Korean Bible's Words Translated in the Enlightenment Period," Ph.D. Dissertation (Korea University, 2005), 71-78. この論文では、初期の韓国語訳聖書とその翻訳に影響を与えた中国語聖書と日本語聖書が分析されており、初期の聖書翻訳における相互の影響について詳細に説明されている。

ㅅ(으로)」は助格/状態助詞、「ㄴ(니)」は原因と結果という意味を含む後置接続助詞、「ㅡ、ㅍ(이오)」は名詞形につく後置助詞、「ᆢㅁ(하고)」「ᆢㄱ(하야)」は動詞につく後置助詞、「ᆞㅅ(이라)」は連体形の後置助詞である。

## イ・スジョン訳（マルコによる福音書 1885）

イ・スジョンはブリッジマン・カルバートソン訳に基づいた翻訳を終え[25]、ルーミスの要請に応じてマルコによる福音書の翻訳を始める。ルーミスの1883年6月21日付の手紙にはルカによる福音書の翻訳を始めたと書かれている[26]。

## 底 本

イ・スジョンの漢韓新約聖書の底本はブリッジマン・カルバートソン訳であり、米国聖書協会が支持する中国の文理訳であったので、当時米国聖書協会の日本支部総主事であったルーミスがイ・スジョンに翻訳を依頼した時、ブリッジマン・カルバートソン訳を使うように頼んでいたかもしれない。また、イ・スジョンは日本語も流暢であったので、当時入手可能であった日本語の聖書（明治訳）を参照していた可能性もある。以下では、これら三つの訳の最初の1ページ目を比較したものである。イ・スジョン訳の最初の文章が明治訳（1880）とブリッジマン・カルバートソン訳（1859）と比較されている。比較しやすくするために、簡単に識別できる漢字の単語を選んだ。

| イ・スジョン訳（1885） | 明治訳（1880） | ブリッジマン訳（1859） |
|---|---|---|
| 神의子(Sinyeu ja) | 神の子 | 神之子 |
| 耶蘇基督(Yesuchrishudos) | イエスキリスト | 耶蘇基督 |
| 福音 | 福音 | 福音 |
| 처음(Chouhm) | 始 | 始 |
| 預言者 | 預言者 | 預言 |
| 記錄 | 錄 | 所錄 |

---

[25] H. Loomis to E. W. Gilman, June 21, 1883, *DOCUMENT OF THE HISTORY OF KOREAN BIBLE SOCIETY*, 314.

[26] ルーミスはギルマンに送った手紙で「キム・オクン（Kim Ok Kun）によるマルコ福音書の見直しに満足している」と記している (*DOCUMENT OF THE HISTORY OF KOREAN BIBLE SOCIETY*, 360-361)。これによれば、今日でも「イ・スジョン訳」とされている1885年刊の「マルコ福音書」は「イ・スジョン／キム・オクン訳」とすべきということになる。

|  |  | 視 | 視哉 |
|---|---|---|---|
| 네앞히(Nayaphae) |  | 面前 | 爾前 |
| 내使者 (Nesado) |  | 我使 | 我使者 |
|  |  | 遣 | 遣 |
|  |  | 彼 | 彼 |
|  |  | 前 | 前 |
| 네道 (Nedo) |  | 其道 | 爾道 |
|  |  | 設 |  |
|  |  | 野 | 野 |
|  |  | 呼 |  |
|  |  | 人の聲 | 人聲 |
|  |  | 云 | 云 |
| 主의道（Juyeudo） |  | 主の道 | 主道 |
|  |  | 備 | 備 |
|  |  | 其徑 | 其徑 |
|  |  | 直 | 直 |

　イ・スジョン訳では元来の韓国語が採用されている場合もあるため、空欄となっているところもある。「預言者」といった単語では明治訳に影響を受けて訳語が選択されたようにも思われ、明治訳を参照していたことの証拠と考えられるかもしれない。また、「記録」のように彼が自身で中国語の単語を選んでいる場合もあるが、ほとんどの場合、中国語聖書の中国語を受け入れている。文理訳とブリッジマン・カルバートソン訳で大きく訳が異なっているマルコによる福音書1章2節で比較すると、イ・スジョン訳がブリッジマン・カルバートソン訳を底本としていることがはっきりと分かる。

| 文理訳（1852） | 先知載曰 我遣我使 在爾前 備爾道 |
|---|---|
| ブリッジマン・カルバートソン訳（1859） | 如在預言所錄云 視哉我遣我使者於爾前以 備爾道 |
| イ・スジョン訳（1885） | 預言者(預言者)의 記錄(기록)한 바의 일너스되 보라 너 나의 使者를 네 압히 보너여 써 네 道(도)를 갓츄게 하리라 혼 말과 갓치 |

326

イ・スジョン訳の特徴

　明治訳に比べると、イ・スジョン訳はより多くの部分を元来の韓国語の言葉で訳している。イ・スジョンは中国語の単語を使わずに訳すという点では日本語の明治訳よりも努力しているが、全体的な翻訳としては中国古典文学が韓国語に訳される時に特有の様式を持っている。また、書名には「中国古典への韓国語注釈」と加えられており、儒教文学の韓国語訳を思わせる。中国古典への韓国語注釈に特徴的な様式はマルコによる福音書4章1節において見ることができる。

　　耶蘇(예수쓰)ㅣ다시海濱(해빈)의셔教誨(교회)ᄒ실ᄉᆡ群衆(군즁)이잇셔集(집)ᄒ야就(취)ᄒ니彼(피)비의올나海(해)의浮(부)ᄒ야坐(좌)ᄒ고衆(즁)은海(히)를沿(연)ᄒ야岸(안)에立(입)ᄒ니

その一方で、マルコによる福音書10章14節のように、ほとんどの全文が元来の韓国語に訳されている場合もある。

　　耶蘇(예수쓰)ㅣᄒ번보시더니깃거아니ᄒᆞ샤일너가로ᄉᆞ되어린아히나의게오게가만두고　禁(금)치말나딕긔神(신)의國(국)에잇는者(자)는正(졍)히이스람갓트니

イ・スジョン訳の代名詞音訳の特徴
　以下の表は三つの訳において音訳された単語の一覧である。

| イ・スジョン訳（1885年） | 明治訳（1880年） | ブリッジマン・カルバートソン訳（1859年） |
| --- | --- | --- |
| 예슈쓰크리슈도스(耶蘇基督) | イエスキリスト | 耶蘇基督 |
| 요한네쓰(約翰) | ヨハヱ | 約翰 |
| 밥테슈마(洗禮) | バプテスマ | 洗禮 |
| 유대아(猶大) | ユダヤ | 猶大 |
| 예루살넴(耶路撒冷) | エルサレマ | 耶路撒冷 |

　固有名詞の翻字からわかることは、漢字のことはとりあえず脇におき、中国語や日本語ではなく聖書原典での発音を特定していたということである[27]。

---

　[27]　ルーミスはイ・スジョンの訳の正確さについて、G・W・ノックスや安川亨といった牧師が手伝っているので心配する必要はないと言っている。DOCUMENT OF THE HISTORY OF KOREAN BIBLE

## 『韓国改訂訳聖書』に対する日本語聖書の影響

　上記のように、宣教師の委員会による翻訳は個人訳の後に行われたが、1895 年に韓国聖書協会が設立された後は委員会による翻訳が韓国聖書協会の正式な翻訳の基礎となり、それが韓国語訳の新約聖書 (1900 年) と旧約聖書 (1911 年) につながっていく。旧約・新約が一緒になった韓国語の聖書は 1911 年に初めて刊行されたが、この合本の聖書が完成するまでの間、韓国語訳は中国語の文理訳を底本とし、日本語の明治訳 (1880 年) からの影響を受けていた。この『韓国語聖書』が後に改訂され、『韓国改訂訳聖書』として 1938 年に刊行される。

## 『韓国改訂訳聖書』において日本語から受け入れた漢字

　『韓国語聖書』が 1911 年に完成した後、翻訳委員会はすぐに改訂委員会へと移行した。この委員会は 1938 年に『韓国改訂訳聖書』が刊行されるまで機能していた。私は様々な機会を通して『韓国語聖書』がどのように改訂されたかに興味を持つようになり、改訂作業の特徴について調べてみた。何点か気がついたことを挙げれば、まず第一に、『韓国語聖書』における文章の形式は韓国人にとってみれば『韓国改訂訳聖書』よりもずっと韓国語らしく、『韓国改訂訳聖書』の方がより強く逐語訳の性格を備えているという点であろう。第二に、『韓国語聖書』では韓国語元来の表現が多く用いられているのに対して、『韓国改訂訳聖書』では中国語から受け入れた言葉が急に増えている。中国語から受け入れた用語の中には韓国語の辞書に載っていないようなものがあり、さらには日本語を経由している中国語の言葉も多いことが指摘できる。

　「面帕」という単語を例に挙げて話を進めよう。『漢韓混合聖書』(*Korean-Chinese mixed-script Bible*, 1964) では「面帕」と記されているが、韓国語だけの版では "myeonbak" と記されている。ここにはいくつかの問題が含まれている。(1) 帕という漢字には「鉢巻」という意味があり、韓国語では "pa" と発音される。中国語での発音は "pa" あるいは "mo" である。(2) 「面帕」という語は韓国語の辞書には載っていない名詞である。(3) 韓国語訳の底本である中国語の文理訳では使われていない。(4) 中国語の辞書にも載っていない。(5) 日本語の明治訳に見える。

　「面帕」(myeonbak) は『韓国改訂訳聖書』では 6 回用いられている (創 24:65; 38:14, 19; イザ 3:19; 25:7; 47:2)。日本語の明治訳ではイザヤ書の 3 ヶ所で韓国語訳と一致している。これ一つ取っても『韓国改訂訳聖書』における日本語聖書からの影響を想定し

---

SOCIETY, 314. とりわけ、民族名や地名については安川牧師からの助力を得ていたとされる。*The History of Korean Bible Society*, I (Seoul: the Korean Bible Society, 1993), 147.

てもいいくらいのものだが、改訂作業が1912年から1938年という日本による植民地支配下にあった時代に行われていたということも日本語翻訳からの影響を推定する手がかりとなる。

　日本からソウルに勉強のためにやって来た韓国人の学生がおり、中国語、韓国語、日本語の聖書を理解する能力があったので、私はその学生に中国語の文理訳、日本語の明治訳、そして『韓国改訂訳聖書』を比較研究することを勧めた[28]。私が与えた研究課題から彼女が達した結論のいくつかを以下にお知らせしたいと思う。

　イザヤ書47章2節を見てみると、中国語の文理訳では「去爾帕」という表現が用いられているが、『韓国語聖書』では「（当時韓国の女性が被っていた）長いフードを脱ぎ」という表現が用いられ、『韓国改訂訳聖書』では「面帕（myeonbak）を脱ぎ」と言われている。明治訳では「面帕をとりさり」とある。ブリッジマン・カルバートソン訳は文理訳と同じ表現をとっている。これ以外にもかなりの量の表現が明治訳と『韓国改訂訳聖書』に共通しており、両者の間には関係があることを認めるに至った。

文理訳、『韓国改訂訳聖書』、明治訳の比較
　以下の表は金佐埀氏の論文から一部を引用したものである。(1)『韓国語聖書』においては中国語訳と同じ漢字が採用されているが、明治訳と同じ漢字である場合もある。(2)『韓国語聖書』では元来の韓国語に訳すことが原則とされていたが、『韓国改訂訳聖書』ではそうした原則は取られず、明治訳と同じになっている部分がある[29]。(3)『韓国語聖書』では中国語の文理訳とは異なる漢字が選ばれることもあったが、『韓国改訂訳聖書』への改訂において、明治訳で使われている漢字に変えられていった。(4)『韓国語聖書』においても中国語の聖書で使用されている用語が選択される場合もあったが、そのような語は明治訳と同じ翻字がされた。

　以下の表では創世記において『韓国改訂訳聖書』と明治訳が全く同じ言葉になっている59個所が比較のために選ばれた。日本語の聖書が『韓国改訂訳聖書』の底本であったとはいうわけではないが、『韓国改訂訳聖書』の訳者は日本語訳を参照することにより、影響を受けていたということはできるだろう。

---

[28] Sa-Yo Kim（金佐埀）, "Influence of Japanese Versions on the 韓国改訂訳聖書 Focused on the Book of Genesis," Th.M. thesis, (Methodist Theological Seminary, 2000).

[29] Cf. Sa-Yo Kim（金佐埀）, "Influence of Japanese Versions on the Korean Revised Version Focused on the Book of Genesis."

中国語文理訳、『韓国改訂訳聖書』、明治訳

| | 章/節 | 中国語文理訳(1854) | 欽定訳(1611) | 韓国語聖書(1911) | 韓国改訂訳聖書(1938) | 日本語明治訳(1880) |
|---|---|---|---|---|---|---|
| 1) | 創 4:23 | 傷 | wounding | 샹(傷) | 진상(創傷) | 創傷 |
| | 創 7:15 | 血氣 | The breath of life | 혈긔(血氣) | 기식(氣息) | 氣息 |
| | 創 42:4 | 害 | mischief | 해(害) | 재난(災難) | 災難 |
| | 創 43:27 | 問安 | be well | 문안(問安) | 안부(安否) | 安否 |
| 2) | 創 18:8 | 乳 | Milk | 소젓(소젖) | 우유(牛乳) | 牛乳 |
| | 創 19:16 | 矜恤 | being merciful unto | 불상히 녁이시는 | 인자(仁慈) | 仁慈 |
| | 創 29:15 | 何値 | wages | 삭 | 보수(報酬) | 報酬 |
| | 創 43:18 | 執 | be brought in | 잡아 | 억류(抑留) | 抑留 |
| 3) | 創 12:10 | 大饑 | famine | 흉년(凶年) | 기근(饑饉) | 饑饉 |
| | 創 20:8 | 僕衆 | servants | 신하(臣下) | 신복(臣僕) | 臣僕 |
| | 創 26:28 | 立誓 | covenant | 言約 | 계약(契約) | 契約 |
| | 創 34:24 | 出自 | went out of | 來往 | 출입(出入) | 出入 |
| | 創 39:21 | 司獄 | the keeper of the prison | 獄司長 | 전옥(典獄) | 典獄 |
| | 創 50:2 | 醫士 | the physicians | 의원(醫員) | 의사(醫師) | 醫師 |
| | 創 17:14 | 割 | circumcised | 할례(割禮)를 | 양피(陽皮) | 陽の皮 |
| 4) | 創 6:4 | 丈夫 | giants | 쟝부(丈夫) | 네피림 | ネピリム |

330

韓国、中国、日本の学者がともに検討すべき用語

　韓国、中国、日本において聖書が翻訳されてきた歴史の中で変化を遂げてきた重要な言葉のひとつが「神（シン/シャンティ）」であり、翻訳の過程で議論となっていたもうひとつの言葉が「聖神／聖霊（ソンシン/ソンリョン）」であった。ここではこの二つの言葉を中心に、次の世代のために新しい訳語が提案できないものか、見ていくことにしたい。

神、上帝、天主

　中国の聖書翻訳史の中で「神」という訳語をめぐる議論は、神という言葉の様々な側面を捲き込んだものであった。カトリックは「天主」という言葉を用い、英国聖書協会系の宣教師は「上帝」、米国聖書協会系の宣教師は「神」を使った[30]。
ある言葉の意味を理解するには、それと対立するもののことを考えるのがよい。天の「上帝」という言葉に対立する概念は、地上における最上の支配者、最高の権力を与えられた人間、すなわち「皇帝」である。天の「神」に対立するのは、地上の「人間」である。こうした対比によって、「上帝」と「神」の違いが強調される。「上帝」は「皇帝」と同様、実在するものを意味すると認識されるかもしれない。「皇帝」と対にされた「上帝」を「人間」と対にされる「神」と比較すると、「神」という言葉がより広い意味をもつことがわかるだろう。

　韓国語聖書の場合、「ハナニム」という韓国語が見出され、それを訳語として用い、漢字は「神」とした。日本では、その意味に従って、漢字の「神」を用い、「かみ」と読んだ。韓国でも日本でも中国でも、「神学大学」はあっても、「上帝学大学」はない。韓国では「神学」「神学大学」といった中国語から受容した熟語を用いるときには「神」という文字を使うが、神には「ハナニム」という韓国語を用いる。日本の場合は、「神」という漢字を用い、意味に従って「かみ」と読むが、状況に応じて適切な選択がされているようだ。

　聖書を中国語に翻訳したときには、他にも多くの言葉が可能性として考えられた。「天主」という言葉が神を意味するものとして用いられているが、それはカトリックによる聖書翻訳で採用されたものであった。「天主」という言葉は中国人が古くから使ってきた言葉ではなく、その時に新しく考案された造語である。「天国の主人」を意味する「天主」に意味上の問題はなく、むしろ都合のよいもののように思われるが、この言葉が中国文化圏で古くから用いられた言葉ではないという点で限界があった。こうした新語は意味を伝えるには適したものであったといえるかもしれない。しかし、実生活においてその

---

[30] http://www.biblesociety-tw.org/bmag/bmag17/God%20and%20god.htm　（台湾聖書協会のウェブサイト）

言葉が多く使われない限り、人々の間でその言葉についての理解の共通基盤が確立されることはない。なぜなら、実際の経験を伴わない言葉は何を意味しているのかがわかりにくいからである。

「天国の主人」を意味する「天主」は韓国では大した問題もなく理解される。ある意味、いい訳語と見なされるかもしれない。しかし、「天主」という言葉が人々の心にしみこむにはかなりの時間を要するだろう。それは古くから用いられている「ハナニム」に比べると、読む者の心から遠く離れた言葉なのである。

古くから使われている言葉を訳語として使うときに難しいのは、その既存の言葉にキリスト教の概念を新たに付け加えて用いなければならないという点である。新造語を使うときに難しいのは、全く新しい言葉を通して、全く新しい概念を心で学ばなければならないという点であり、その新しい概念には慣れたとしても、心情的にその言葉を実感するには長い時間がかかるという点である。新造語の方がより大きな問題を生じさせると考えられるのは、その概念を実感できない人や、最後まで心でそれを学べない人がいるかもしれないからである。

世界を創造し、支配する神という意味の「造物主」も、神を指す言葉としてよく用いられる。しかし、それは神がもつ多様な性格のほんの一面だけを強調したものであり、神の完全性を表現するには十分ではない。

韓国では「上帝」と「天主」、そして韓国語の「ハナニム」が競合しつつ用いられてきたが、後に「ハナニム」に収斂されていった。中国語から受容された「上帝」は一部の韓国人の間で用いられているが、広く使われてはいない。「皇帝」という言葉は理解できるが、日常生活には無関係と感じられている場合と同様、「上帝」という言葉は知っていても、日々の生活の中では遠い言葉なのである。言い換えれば、その言葉を概念的に理解できても、実際にそれを感じられないのである。

韓国人にとって、天にいる「ハナニム」(「ハナル」／天＋「ニム」＝主人、君主)は伝統的に、人の運命を司る、超越的な絶対主権者と認識されているが、ただ意味の上でそう理解されているのではなく、朝鮮民族の経験の領域に深く根ざしている言葉である。困難に直面したとき、朝鮮民族に属す者であれば、助けを求めて「ハナニムよ！」と叫ぶだろう。朝鮮の人々に彼らが非常に好む「ハナニム」こそキリスト教が広めようとしている創造主であると教えることは難しいことではない。

### 神風、聖神、聖霊

中国訳における神名の問題は「聖霊」の訳語の問題とも関連する。モリソン訳中国語聖書はマタイによる福音書4章1節ではバセ訳に従って「神風」と訳しているが、コロサイの信徒への手紙1章8節ではバセ訳の「風」とはせずに「聖神」としている。バセ

訳はルカによる福音書4章1-11節では「聖神」を用いているが、モリソン訳はマタイによる福音書3章11節、28章19節では「聖風」、3章16節では「神之神風」と訳している。モリソン訳はコロサイの信徒への手紙2章5節では「霊」、ルカによる福音書24章39節では「神」を用いている[31]。

ギリシア語の「プネウマ」(πνεῦμα) が「聖神」と訳されたので、「神のプネウマ」が「神之聖神」となった。この場合、「神」は聖霊を指す「聖神」の「神」とはあまり区別されていない。これに対する解決策は2つあった。ひとつは「神」を「上帝」として「上帝之聖神」とすることであり、もうひとつは「聖神」を「聖霊」と訳して「神之聖霊」とすることであった。

文理訳（ロマ8:9）　　　　　　　　　　　　浸假上帝之神在爾心
ブリッジマン・カルバートソン訳（マタ3:16）　神之靈

ルカによる福音書1章15節の「プネウマ」が韓国語で「聖神」と訳されるのは、翻訳当時にすでにあった中国語訳聖書からの直接の影響と思われる。神を「上帝」と訳すことは、中国語訳での「聖神」には何ら問題を生じさせないが、マタイによる福音書12章28節のような個所で、「プネウマ」を「神」と訳すことは問題である。なぜなら、「神の神」ということになり、どちらが「神」でどちらが「プネウマ」の訳語なのかがわからなくなるからである。こうして、中国語の聖書で神を「神」に訳す場合、「聖霊」という訳語が採用されることになる。ブリッジマン・カルバートソン訳がその例である。

ブリッジマン・カルバートソン訳を用いているイ・スジョンによる『中韓対訳新約聖書』では（プネウマには）「聖靈」があてられている。新約聖書では1900年まで、旧約を含めれば1911年まで、韓国語訳の聖書では「聖神」が用いられていた。1938年の改訳版では旧約での訳語は「神」のままであったが、新約では「聖霊」に変更された。これは日本語訳からの影響と考えられる[32]。

過ぎ越し（numnajol、踰越節）

エジプト記12章1-14節に過ぎ越しについて説明されている。13節には「あなたたちのいる家に塗った血は、あなたたちのしるしとなる。血を見たならば、わたしはあなたたちを過ぎ越す。わたしがエジプトの国を撃つとき、滅ぼす者の災いはあなたたちに

---

[31] Hwan Jin Yi, "The Chinese Translation of the Bible in the 19th and 20th centuries," Tai-il Wang ed., *Explain the Meaning of What We Read-Exegesis and Bible Translation* (Seoul: Christian Literature Society of Korea, 2002), 427-429 (Korean).
[32] 1917年に改訳された日本語訳新約聖書（いわゆる「大正改訳」）も「聖霊」を用いている。

及ばない」と書かれている。それは神がイスラエルの初子を打たずに「過ぎ越した」日を記念して祝う祝祭である。ヘブライ語の「ペサハ（פסח）」が英語で"Passover"、中国語で「踰越節」と訳されることに問題はない。日本語では「過越祭」「除酵祭」と訳される（マコ 14:1）。日本語訳の利点は意味に基づいた読みをつけることができる点である。つまり、日本は中国の文化を日本流に受け入れたのである。中国の文字を用いても、その意味するところは読み方によって理解される。

ロス訳の韓国語聖書では、意味が簡単に理解できる韓国語の言葉「ヌムナンジョル」に聖書での意味を付け加える形で訳された。「ヌムナンジョル」は韓国語で「過ぎ越す祝宴」という意味である。イ・スジョンは漢字の「踰越節」をそのまま用いて訳し、韓国語での読み方を添えたが、漢字に親しんでいれば理解することができる。しかし、イ・スジョンの訳は漢字をよく知らない韓国人には理解できない。彼の翻訳は知識人を主たる対象としており、彼自身も漢字に精通していたので、漢字を全く知らない人には理解できないものになっている。韓国人は発音を通して漢字を受け入れた。漢字は中国のある時点における発音を韓国語の音声体系にあわせて読まれてきた。つまり、漢字そのものがもつ意味は理解されないのである。発音が添えられていれば、（日本語のカタカナ言葉のように）読むことだけはできるかもしれないが。

バプテスマ、洗礼（Baptim 禮、洗禮）

ロス訳の韓国語聖書はギリシア語の「バプテスマ（βαπτίζω）」を「バプティム禮」、「シャバトン（σάββατον）」を「シャバトの日」と字訳している。イ・スジョンは中国語の訳「洗礼」をそのまま受け入れ、発音を附した。明治時代の日本語訳は「バプチスム」と字訳している。

餅、パン

1887 年刊のロス訳韓国語聖書では、ギリシア語の「アルトス（ἄρτος）」（パン）は「バブ」（炊いた米）と訳された。これは文化的に修正適応させたものといえるだろう。イ・スジョン訳はマルコによる福音書 3 章 20 節をやはり中国語の単語をそのまま用いて「人々はまた大勢で"集"をし、彼らは"餅"を"食"すこともできなかった」と訳している。1911 年刊の韓国語聖書では同じ箇所が「彼らは餅を食べることもできないほどであった」とされ、中国語の「餅」をそのまま韓国語に置き換えて訳された。この節は 1938 年の改訂訳で「彼らは食事をとることもできないほどであった」と訳され、その訳は 1961 年の改訂と 1998 年の新改訂訳でも継承されている。

韓国語で「(炊いた) 米を食べる」「餅を食べる」「食事をとる」と訳されてきたギリシア語「アルトン・ファゲイン（ἄρτον φαγεῖν）」は、英語の欽定訳では「パンを食べる」と

訳されている。当時、朝鮮半島にはパンに相応する食べ物がなかったので、主食であった米、あるいは米から作る餅と当初は訳され、後に最近になって使われ始めた「食事をとる」という表現に変えられたのである。「食事をとる」という表現は古くから韓国で用いられてきた表現ではない。この表現は日本からの影響で使われ始めた。日本流の中国語表現を韓国が受け入れた、ということもできるだろう。「米を食べる」というのは中立的で客観的な表現だが、地位が高いと見なされる人に直接この表現を用いることには文化的な窮屈さがあり、イエスにこの表現を使うことは気分のいいことではないだろう。中立的な表現として用いられ始めていた「食事をとる」はそうした不快感を避けるものであった。

現代韓国の新しい訳である新韓国標準訳聖書では「私は命のパンである」といった訳もされている。今回の新しい訳ではそのように訳すことが可能であったが、将来においては「（炊いた）米」と訳した方がいいという考え方もあるだろう。最近の中国語の聖書では、ここでの「餅」は「飲食」に変えられている。

日本語の場合は、1880年刊の明治時代の訳以来、「パン」と訳されており、そのような問題は起こらないだろう。中国語訳聖書はすべて「餅」という訳語を用いている。ギリシア語の「アルトン・ファゲイン」が「餅を食べる」と訳されたように、ある種の文化的な修正適応を示す翻訳と見なすこともできるだろう。韓国語訳の場合と同様、中国訳もある種の文化的な修正適応を示す翻訳と見なすこともできるだろう。


結　び

日本、中国、韓国で共通して用いられている中国語の単語がかなりの数、存在している。この3つの国の学者がともに適切な訳語の選択について議論をする場があってもいいのではないかと思われる。中国語の言葉に基礎をもつ重要な聖書の術語を新しく訳す方法について考えることは、日本、中国、韓国の学者が議論するのに特によい課題であろう。

韓国語と日本語は謙譲・尊敬表現に富んだ言語なので、謙譲・尊敬表現に乏しい聖書を訳すのは難しい[33]。イエスと弟子たちとの会話にどのレベルの謙譲・尊敬表現を用いるべきか、様々な状況を考慮しなければならないし、（ルツ記の）ボアズとルツの会話の場合には、対象とする読者の視点から、その会話に適切な謙譲・尊敬表現のレベルについ

---

[33] Min, Young-Jin, "Similarity and Dissimilarity in Bible Translation of Honorific Language: The Case of Honorifics in Three Korean Translations," ATCON paper (2001).

て様々な可能性が考えられるということもあるだろう。韓国と日本の学者は、こうした面についてともに探求していくことができるのではないだろうか。

(韓国聖書協会総主事)

# 委員会訳『新約全書』の国際的背景と中国語聖書

川島第二郎

## はじめに

　S・R・ブラウン（Samuel Robbins Brown 1810-80）、ヘボン（James Curtis Hepburn 1815-1906）の主導した委員会訳『新約全書』（1880年刊）がギリシア語原典による翻訳であることは、ブラウンの言葉を伝えた井深梶之助の証言によって周知の事実であるのに[1]、従来の研究は用字上の類似に基づく中国語聖書との関係において論じられるのが主なる傾向であった[2]。1985（昭和60）年にイエール博士（Z. Yelle）[3] によって、翻訳委員会の書記グリーン（Daniel Crosby Greene 1843-1913）の残した手書き草稿の「翻訳委員会記録」が解読され活字化された[4]。それにはギリシア語原典は「公認本文」（*Textus Receptus*）と明記され、1874年3月25日に開始された「ルカ福音書」の翻訳作業冒頭の記事に

---

[1] 井深梶之助「聖書翻訳者としてのブラウン博士」『植村正久とその時代第四巻』教文館、昭和41年、136－7頁。
[2] 森岡健二編著『改訂近代語の成立語集編』明治書院、平成3年、161－206頁。
[3] サン・スルピア大神学院（在福岡）教授。現在カナダに帰国中。
[4] *Records of the Committee for the Translation of the Bible into the Japanese language*『聖書翻訳研究』23号、1985年(以下、RECORDS と略記)。『聖書翻訳研究』には手書き草稿の RECORDS が書かれた大判ノートの頁（上欄）と掲載誌の頁（下欄）の番号が二つ付けられている。以下、RECORDS の頁を「Ms.P.」とし掲載誌の頁と対応させて併記する。例えば、「Ms.p.5＝p.9」。

は第 1 章 2 節の二つのギリシア語について論じられているにも拘らず[5]、ギリシア語原典からの訳出過程の究明は試みられてこなかった。それは、委員会において使用されたギリシア語（希英）辞典については何の記録もなされていなかったからである。従ってヘボンの編んだ『和英語林集成』（1867、1872 年）を用いた究明の場合でも、『欽定訳』（1611 年 Authorized Version）との関係を論ずるに止まり、ギリシア語原典に至ることができなかった。

今回、この国際聖書フォーラムにおいて、ゴーブル（Jonathan Goble 1827-96）及びN・ブラウン（Nathan Brown 1807-86）の「日本バプテスト聖書」の研究に従事する私がこの問題を取り上げるのは、ブラウンの『志無也久世無志與』（1879 年）の復刻版刊行の準備を進めるに当たって、この二書の翻訳を「公認本文」とパルマー助祭長（Archdeacon Palmer）の編んだ『改正訳』（1881 年）のギリシア語原典[6]とを用いて比較点検している結果による。辞書は、ゴーブルが『摩太福音書』の翻訳に用いたロビンソン（Edward Robinson 1794-1863）の『新約聖書希英辞典』であると確認できた[7]。この辞書については後に詳述するが、日本の新約聖書の原点というべき「委員会訳」の訳出過程をギリシア語原典から点検し直すことは、宣教師たちの苦心に正当な光を当てるとともに、中国語聖書の活用の仕方、つまり日本人助手の協力の実態を明らかにし、彼らの働きに正しい評価を与えることになるであろう。そして、何よりも宣教師、日本人助手の双方にある言語的障壁を乗り越えさせて、無から有を生み出すような「神の言」の良き実りをもたらしてくれたことに、神の恵みを深く覚えるよすがとなるであろう。私の試みは、従来よりほんの少し正鵠を射た方法であるにしろ、まだまだ管見の域を出ていない。新約聖書全体の翻訳過程を詳細に辿るならば、なお多くの興味深い事実と出会うことは必定である。それら多岐にわたる事実を解明し得て初めて、委員会訳への正しい理解と評価が確立されることである。それには集団による作業が是非必要である。この小論が、それを生み出す契機となるよう願って止まない。

---

[5] 1874 年 3 月 25 日の記事に、ルカによる福音書 1 章 2 節に出てくる autoptai-autoptes, pl.（目撃者）と huperetai-huperetes, pl.（奉仕者）の両者の同一性について議論がある（RECORDS, Ms.p.6＝p.10）。

[6] *The Parallel New Testament Greek and English*, Oxford Univ. Press, 1887.

[7] *A Greek and English Lexicon of the N.T., 1st ed.1836,* revised ed. 1850.

# 第一章　初期国内新約聖書翻訳における二つの流れ

　1859 年の開壇に際して他国に先駆けて来日した米国宣教師たちは、横浜と長崎の二手に分かれて居留するが、聖書翻訳を進めるのは横浜の神奈川成仏寺に住む長老派のヘボン、改革派のＳ・Ｒ・ブラウンと翌年到着したバプテスト派のゴーブルの三人であった。そして、彼らはそれぞれの関わった聖書翻訳の流れを背負っていた。

## 「翻訳委員会訳」における中国語聖書翻訳の流れ

　ブラウンとヘボンは中国宣教師の経験を持ち[8]、特に前者は後述する「代表訳委員会」の発足会議に参加していたから、当然のこととして 1807 年に入華して中国語聖書翻訳を進めた「ロンドン宣教会」のモリソン（Robert Morrison〔馬禮遜〕1782-1834）以来の半世紀にわたる成果の上に立って始めた。

　英国聖書協会の支援の下にあるモリソンは、当時英語圏に権威を持っていた『欽定訳』の翻訳方針に従い、新約聖書のギリシア語原典を「公認本文」として『耶蘇基利士督我主救者新遺詔書』（1813 年）を完成した[9]。これは 1823 年完成の旧遺詔書と合巻されて「神天聖書」の表題で呼ばれた。この方針は彼の息子ジョン（John Robert Morrison 1814-43〔ロンドン宣教会〕）、メドハウスト（Walter Henry Medhurst 1796-1857〔ロンドン宣教会〕）、ギュツラフ（Karl Friedrich August Gützlaff 1803-51〔ロンドン宣教会〕）、ブリッジマン（Elijah Coleman Bridgman 1801-61 アメリカン・ボード、ＡＢＣＦＭ）の余人からなる「馬禮遜改訳小委員会」に引き継がれて、『救世主耶蘇新遺詔書』（1837 初版、1839 改版）となった。更にそれに続く「代表訳」（新約 1852、旧約 1854）、ブリッジマンとカルバートソン（Michael Simpson Culbertson 1919-62 米国長老会〈ＡＰＭ〉）による「ブリッジマン・カルバートソン訳」（新約 1859、旧約 1863）、

---

[8]　Ｓ・Ｒ・ブラウンは 1839-46 年にマカオと香港で、ヘボンは 1841-45 年にシンガポールとアモイで。
[9]　Ｂ・Ｍ・メッガー『新約聖書の本文研究』橋本滋男訳、日本基督教団出版局、1999 年、115－123 頁。蛭沼寿雄『新約本文学史』山本書店、1987 年、17－24、27－34 頁。モリソン新約聖書のこの表題は、欽定訳の扉にあるタイトル *NEW TESTAMENT OF OUR LORD AND SAVIOUR JESUS CHRIST* の訳。

「北京官話訳」(新約 1872、旧約 1875) にも踏襲された[10]。この三つの翻訳は日本の「委員会訳」に参照され大きな影響を与えるので、簡単に説明を加える。

〈代表訳〉(Delegates' Version)
　1842 年阿片戦争後の南京条約によって開港した五港 (広州、厦門、福州、寧波、上海) の英米宣教師の代表者たちが、1843 年 8 月割譲された香港に集まり「聖書翻訳代表委員会」を組織し、前述の如く欽定訳翻訳に基づいた 11 箇条の方針を定め、「ヘブル語ギリシア語の原典による」「中国語慣用句、文体、語法を専重した」翻訳を、分担箇所を五港それぞれに持ち帰って進めたものである[11]。禁教下の様々な制約と乏しい語学的便宜の中で少人数で行なった先行訳と違って、新来の多くの宣教師たちが自由に中国人助手を雇い、画期的なロビンソンの『新約聖書希英辞典』やメドハウストが新たに編纂した『英華韻府』(English and Chinese Dictionary, 1847-8) を使用した本格的、組織的な聖書翻訳であった。1847 年上海メドハウスト宅で最終草稿校訂会議が発足した時、その席上でギリシア語 Theos (＝God)、Hagion Pneuma (＝Holy Spirit) の訳に「上帝、聖神」「神、聖霊」のどちらを用いるかで英米宣教師は対立したが、結局両方の版を作ることになって 1852 年に「新約全書」の名で刊行された。この時英国宣教師たちは旧約の翻訳を同じ方針で進めるために代表委員会を脱会したが、1854 年にそれを完成させると、新約と併せて「代表訳」の『旧新約全書』として出版した[12]。中国人学者王韜(おうとう)による訳文は洗練された古典文体であったので、70 年の長きにわたって国民に親しまれた。

〈ブリッジマン・カルバートソン訳〉
　委員会に残された米国宣教師たちは、逆に原典尊重の方針を立て新しく新約聖書の翻訳に取り掛かった。それは問題になった訳語だけでなく、代表訳が中国語の文章法を重視する余り原意から遠ざかることに不満を持っていたからである。

---

[10] A. J. Garnier, *Chinese Versions of the Bible*, Christian Literature Society: Shanghai, 1934, 15-36.〔以下 Chinese Versions〕
[11] *CHINESE REPOSITORY,* vol. 12, Oct. 1843, No. 10, 551-3.（代表者翻訳委員会発足会議記事）
[12] *Chinese Versions,* 26-9.

ブリッジマン・カルバートソン訳の例言（＝序文）には次のように原典忠実訳の方針が示されている。

> 書中の奥義並敢えて一字をも増減せず。悉く原本に照らす。亦敢えて稍の潤色も加えず。譯は易る也と曰うに非ざる無し。字畫を易るのみ。即ち語助〈註・前置詞、後置詞、結尾語、接続詞、感動詞の類〉も亦其の本文に循いて譯出す。浅陋を以て之を藐忽するを得ず〈註・浅薄だからといって軽視できない〉。（新仮名遣いによる――筆者）

中国文としては生硬で一般人には難しかったが、説教者や神学生など原意を正確に知ろうとする者には喜ばれた。1859 年『耶蘇基督救世主新約全書』の名で刊行されたが、1863 年完成された「旧約全書」と合巻された時に、表題は「新約聖書」と改められた。この旧約四冊新約一冊の完成訳は、米国聖書協会の指定聖書となった。その後この表題は旧約に合わせて「新約全書」に戻されるが、S・R・ブラウン、ヘボンは日本語聖書の翻訳に際して最初の合巻版を参照したため、彼らの訳した分冊本には、書名の上にこの「新約聖書」の表題が付けられた。公認本文に忠実な翻訳のこの聖書は委員会では最も重視され、宣教師と日本人助手との理解の媒介となり、日本人助手はこれを拠り所として訳語についての意見を述べた。ブリッジマン・カルバートソン訳は、種々の点で委員会訳に最も貢献した中国語聖書である。

〈北京官話訳〉
官話とは公用の口語のことで、上述の中国語聖書は全て知識層に向けられたため古典文体（文理体＝漢文体）で訳され、モリソンが意図したように漢字文化圏の日本にも大きな恩恵をもたらした[13]。しかし、半世紀経って代表訳の完成とともに口語体聖書を求める声が民衆の中に高くなり、代表訳の委員であったメドハウストとストロウナク（John Stronach 1810-88〔ロンドン宣教会〕）は、それに応えて 1856 年南京官話訳を刊行したものの成功しなかった。1860 年頃より北京官話訳の翻訳の動きが起こり、1864 年にはエドキンス（Joseph Edkins 1823-1905〔ロンドン宣教会〕）、マーチン（William Alexander Parsons Martin

---

[13] *Chinese Versions*, 47-49.

1827-1916〔米国長老会〕）など優れた 5 人の宣教師からなる委員会が作られ、1872 年に『新約全書』が完成した。この時もギリシア語の"Theos"（＝God）の訳語については最後まで一致を見ることができず、上帝本、神本、天主本の三種がそれぞれ刊行された。この白話（口語）文体の官話訳聖書は、今までの文章体（文理、浅文理〈易しい文語〉）の聖書に取って代わって広く全国的に流布された[14]。日本人助手たちは中国伝道経験者の宣教師たちのようにこの文体を読みこなせなかったが、単語の形は理解できたので、難しい用字の漢文体より平易な官話体の訳語を、表記のため選ぶことも少なくなかった。官話訳聖書の出版は翻訳開始の 2 年前であったので、日本の委員会は中国聖書翻訳の最新の成果をも手にすることができたのである。

『摩太福音書』『志無也久世無志與』における
米国バプテストの『欽定訳』改訳運動の流れ

　開国直後と開教直前の時期にそれぞれ来日したゴーブルとN・ブラウンは、ともに 1850 年より始まった米国バプテスト派の聖書団体「アメリカ・バイブル・ユニオン」（ＡＢＵ）による欽定訳改訳運動の流れの下にあった。
　1827 年インド・カルカッタの英国聖書協会代行機関はバプテストのベンガル語聖書に対して従来行ってきた援助を打ち切った。ギリシア語「バプチゾー」（baptize, immerse＝浸す）を原義通り「浸す、浸める」と訳して、欽定訳のように「BAPTIZE」（バプテスマを授ける）と原語の音訳にしないためであった。原義訳では入信儀式に滴礼や撒礼を用いている教派には不都合が生じるので、どのような礼式にも適応される音訳を求めたのである。承服できない英米バプテストはそれぞれの聖書協会を脱会して別組織を発足させたが、米国では 1837 年に「米国海外聖書協会」を作り、自派の主張による海外聖書を出版配布した。更に英語聖書の自派訳を目指した学識者たちは 1850 年再び分派してアメリカ・バイブル・ユニオンを組織し、17 世紀末から盛んになった本文批評学を踏まえ、また 2 世紀半も経った古い語法の欽定訳を読めない民衆の要望に応えて「精査されたギリシア語原典を用いた」「自国の現代語による正確な翻訳」という二つの方針の下に欽定訳改訳を始めた。彼らは 2 名の外国人を含めた 30 名を超える聖書学者を超教派的に集め、3000 冊を超す古いギリシア語写本及び種々の古代翻訳

---

[14] Thomas Armitage, *A History of Baptists,* New York, 1866, 893-918.

と教父の引用文献を初めとする根本資料を蒐集して、組織的、本格的に改訳作業を進めた。1863 年彼らの『ユニオンバイブル新約聖書』は完成するが、それが刺激の一つとなって、1870 年英本国においても欽定訳改訳事業を発足させることになった[15]。この完成が 1881 年刊行の『改正訳』(Revised Version) である。ゴーブルの『摩太福音書』の翻訳底本は「ユニオン・バイブル」のマタイ福音書を担当した首席委員コナント（Thomas Jefferson Conant 1802-91）が作成した試訳本にある公認本文を校訂したテキストである[16]。従って、アメリカ・バイブル・ユニオンの方針に基づいた『摩太福音書』は、「現代語訳」の方針を実践した彼の口語訳文に問題はあったとしても、ギリシア語原典では委員会訳より進んでいたのである。N・ブラウンは 26 歳の時ビルマ宣教師となり、2 年後にインド奥地のアッサムに移り、20 年間にアッサム語新約聖書の翻訳を初め多くの教書や讃美歌集を作成した上、啓蒙的月刊誌まで刊行して民衆の独立心を高めた。語学者の彼は英国東インド会社ベンガル政府行政事務官トレヴェリアン（Sir Charles Edward Trevelyan 1807-86）から要請を受けて、教育に使用するためインド諸地方の部族語をローマ字表記にする統一的綴り方の案出に努めた。この表記法は比較言語学の創設者であるオックスフォード大学教授のマックス・ミュラー（Friedrich Max Müller 1823-1900）の賞賛を受け、その諸部族語表記は彼の著作にも採用された。病のため帰国した後、「バプテスト自由伝道会」の機関紙編集者となり奴隷解放のために論陣を張る一方で、米国言語学協会を作り諸外国語の統一的ローマ字表記を行なうための一字一音、一音一字の 40 字よりなる「コズミック・アルファベット」を考案した[17]。また、アメリカ・バイブル・ユニオンの欽定訳改訳運動にも関心を持ち、アメリカ・バイブル・ユニオンの使用できなかったシナイ、バチカンの両ギリシア語大文字写本が公刊されると、アメリカ・バイブル・ユニオンに勝る本文批評を公認本文の上に自らの手で加えていた。

---

[15] T. J. Conant, *The Gospel by Matthew: The Common English Version and the Received Greek Text; with Revised Version, and Critical and Philological Notes* New York: American Bible Union, 1860.
[16] 川島第二郎「ネイサン・ブラウンのアッサム伝道について」『キリスト教史学会』第 57 集、キリスト教史学会、2003 年、121－2 頁。
[17] J. N. Murdock *Correspondence Secretary of American Missionary Union to J. Goble*, 24, 0ct. 1872.

奴隷制問題のため「自由伝道会」と「宣教師同盟」とに分裂していた米国北部バプテストは、1872年再合同してゴーブルとN・ブラウンをあらためて日本に派遣するに当たり、ゴーブルには熟達した日本語による宣教活動を、N・ブラウンにはゴーブルの『摩太福音書』を引き継いだ新約聖書全巻の翻訳完成を命じたのであった[18]。

## 第二章　「翻訳委員会」の活動開始に際してのブラウンの苦心

### （1）「翻訳委員会」に起こった翻訳底本の問題

1872（明治5）年9月20日横浜ヘボン宅会堂で開かれた在日伝道会合同の第一回宣教師会議において、諸教派各一名の委員による新約聖書の共同訳について議決されて、その日S・R・ブラウン、ヘボン、グリーンの三名が委員として推挙された。委員会の実際の活動は、翌年のキリスト教解禁によって来日した宣教師を加えて、1874（明治7）年3月25日より横浜山手211番のブラウン宅で始められたが、東京在住の宣教師は参加できずマクレイ（Robert Samuel Maclay 1824-1907〔メソジスト監督教会〈MEC〉〕）のみが加わった。

ブラウンとヘボンは既に『馬可伝』『約翰伝』『馬太伝』の三福音書を前年までに木版刷りで刊行していたが、それは開国期当初より続けてきた欽定訳の方針に倣うもので、「公認本文」を底本として日本人助手にブリッジマン・カルバートソン訳と代表訳を参照させて翻訳したものであった。ヘボンはその方法でルカ福音書以下の翻訳をも進めていた。しかし、1870年に英国で欽定訳の改訳が始まると、彼らの翻訳方針に不満を述べる英国人も出てきた。1874年に来日したスコットランド一致長老教会のワデル（Hugh Waddel 1840-1901）もそうであった[19]。在日諸教派宣教師による翻訳委員会の共同訳は、全体の合意に基づくことが望ましかった。

---

[18] ワデルは来日の際、コナントによるアメリカ・バイブル・ユニオンの試訳本を持参して、欽定訳改訳事業に関心あることを示している（註16参照）。この本は寄贈されて東神大図書館の所蔵となっている。

[19] *Chinese Versions*, p.31. バプテスト派のゴダード（Josiah Goddard〔高徳〕1813-54）は代表者翻訳委員会発足会議に出席したディーン（William Dean〔憐〕1807-95）とともに、インドのセランポールで訳した自派のマーシュマン・ラサール訳『聖経』（新約 1814、旧約 1822）を改訳するために発足間もなく脱会し、1853年『聖経新遺詔全書』を刊行した（Marshman & Lassar's version）。

しかし、ブラウンたち翻訳委員には現在の方針を変えて本文批評を施した新しいギリシア語原典を作る力はなく、たとえあっても時間の遅れは許されなかった。何よりも、底本を公認本文から代えることのできない理由があった。前述したように、日本語に不十分な宣教師たちと同じように外国語に通じない日本人助手たちにとって、中国語聖書は理解の仲立ちになっていて、後者には翻訳の時の拠り所であった。特に公認本文に忠実なブリッジマン・カルバートソン訳は彼らの逐語訳的対応のために不可欠であった。従って、原典の大幅な変更は翻訳委員会の存亡に係わる大事であった。ブラウンは底本としてきた「公認本文」を守るために窮余の策を取らざるを得なくなった。

（２）Ｎ・ブラウンの翻訳委員会への招致
　それは米国聖書協会と対立関係にあるバプテスト派のＮ・ブラウンを翻訳委員会に招くことであった。前述のようにカルカッタにおける「パブチゾー訳語問題」で諸教派と対立したこの教派は、中国でも代表訳委員会を脱会するなどして[20]、アジア各地で自派訳聖書を作ってきた。現にＮ・ブラウンも委員会とは別に独自の聖書翻訳をゴーブルの『摩太福音書』に次ぐマルコによる福音書から進めていた。しかし、Ｓ・Ｒ・ブラウンは、アメリカ・バイブル・ユニオンの欽定訳改訳運動に精通している聖書学者の彼を招くことは、委員会が「公認本文」を翻訳底本としながらも新しい本文批評学にも配慮している証しになると考えたのである。Ｎ・ブラウンの委員会招聘に関して、彼は自分の派遣母体である「改革派伝道会」のフェリス書記宛の1874年4月3日の手紙に、次のように書き送っている。

　　バプテストの同労者、Ｎ・ブラウン博士の協力は得られないと思っていましたが、わたしが同博士に事情を話しましたところ、わたしたちといっしょになって、できるかぎり助力することを承諾してくれました。しかし、委員会では、同博士が『パブチゾー』の問題では、委員たちと意見が一致することは期待していませんでした。ただ、他の点で、この国に存在する、

---

[20] RECORDSにある会期日数と時刻の変化、(1) 週4日午後2時−5時（25, March 1874, Ms.p.6＝p.10）；(2) 週5日（29, June 1874 Ms.p.11＝p.15）；(3) 週3日（6, July 1874, Ms.p.14＝p.18）；(4) 再び週4日（24, July 1874, Ms.p.18＝p.22）；(5) 時刻午前9時−12時に変更（9, Oct. 1874, Ms.p.28＝p.32）

すべての宣教師たちに受け入れられるような日本訳が得られるなら、そして、ここで、ただ一つの翻訳が実質的に得られるなら、そうした方が望ましい、とわたしたちも考えております（『Ｓ・Ｒ・ブラウン書簡集』高谷道男訳、日本基督教団出版局、304－5頁）。

　彼はＮ・ブラウンの聖書翻訳には触れていないが、バプテストの各国での聖書翻訳の方針はフェリスも当然承知しているので、「ただ一つの翻訳が実質的に得られるなら」と共同訳の優位性を強調して、無視したのであろう。

（３）Ｎ・ブラウンの招聘に対してＳ・Ｒ・ブラウンの事前に執った処置
　翻訳委員会は米国聖書協会の資金援助のもとにあったので、スムーズに事業を進めるためとはいえ、米国聖書協会の反対派であるＮ・ブラウンの招聘はＳ・Ｒ・ブラウンも前々から口にしながら委員会には正式に提案しかねていた。
　彼は委員会が翻訳活動を開始した1874年3月25日の冒頭において、（1）三名の定足数、（2）多数決原則に次いで、（3）「『公認本文』があらゆる翻訳の典拠となること。但し、原本の改竄(ざん)を近代批評学が明らかに証明した場合には、委員会メンバーの全員一致の承認によって（公認本文より）離れること」という規則をいち早く取り決めた。これによってＮ・ブラウンが他の写本よりの本文批評を経た異読（違った文）の採用を主張したとしても、1人の反対があれば却下できることになった。この前提を踏まえて、彼は翌26日にＮ・ブラウンの委員会招聘を議題に載せた。グリーンはその時の決議を次のように「翻訳委員会記録」に記している。

　　委員会は米国バプテスト宣教師同盟の神学博士Ｎ・ブラウン師が委員会の
　　一員となるため招待する願いを非公式に表明していたけれども、しかし、
　　公式に記載する事項となり得るために全会一致で可決した。

　この決議に次いで、Ｓ・Ｒ・ブラウンは「Ｎ・ブラウンを委員会に招くこと、翻訳、改訳の仕事において彼が委員会と結束すること」を伝える役目を委員会より要請された。彼の逡巡と他の委員たちの危惧が伝わるような記事である。

## 第三章 「翻訳委員会記録」に見られる翻訳作業の実態

### (1) 委員会の組織と運営

　委員会は、最初は月火木金の週4日午後2時より5時まで3時間、横浜山手211番のS・R・ブラウン宅の書斎で行われた。後に日数は5日、次いで3日に変えられたが、結局4日に落ち着いて午前9時より12時までの作業時間となった[21]。委員はS・R・ブラウン、ヘボン、グリーン、マクレーに3日目の27日からN・ブラウンが加わった。議長はS・R・ブラウン、書記はグリーンが勤め、日本人助手は奥野昌綱と松山高吉の2人で、奥野が日本人側の書記を命ぜられた[22]。マクレーの山手60番の家はS・R・ブラウンが1874年7月20日から年末まで旅行で欠席した期間、会場になった[23]。

　翻訳作業は主要委員の用意した翻訳文を全員で討議しつつ改訳する形で進められた。試訳文の作成は、S・R・ブラウンの使徒行伝、フィリピ、ピレモン、黙示録そしてグリーンのコロサイ、ヨハネ書簡を除いて、全てヘボンが行なった[24]。委員会において会期毎に改訳された文は、2人の書記によりローマ字と平仮名とに表記されてそれぞれの議事録に書き留められた。グリーンの議事録は次会の冒頭に朗読されて委員たちの確認を受けたが、翻訳が進んで改訳文が章毎にまとまると、日本人助手を含めた委員会全員がローマ字と平仮名とに表記された二つの改訳文を読み合わせて、厳密にその一致を確かめた[25]。また、必要が生じた場合は、その都度規則が定められ最初の方針に加えられた。

### (2) N・ブラウンの加わった翻訳作業の進行の様子

　N・ブラウンが参加した第一日の3月27日（金）は、ルカによる福音書1章18節から28節までの改訳が進められた。そして28節のところで議論が長引いたので決定は次会に持ち越された。この節は天使ガブリエルによるマリアへの受胎告知の箇所で、委員会訳では次のように訳されている。

---

[21] RECORDS (25, March 1874, Ms.p.6＝p.10).
[22] RECORDS (2, Nov. 1874, Ms.p.31＝p.35). この日マクレーに会期中の燃料費を支払う決議がなされた。
[23] RECORDS (24, Oct. 1878, Ms.p.61＝p.65).
[24] RECORDS (31, July 1874. Ms.p.61＝p.23; 14, Sept. 1874, Ms. p.24＝p.28). この後10月と11月に7回読み合わせの記事があり18章まで終了しているが、省略する。
[25] RECORDS (24, Oct. 1878. Ms.p.61＝p.65).

つかひ　このをとめにきたり　いひけるは　めでたし　めぐまるるもの
よ　主なんぢ　と偕にいます　なんぢは女どもの中にて　福なるものな
り

これは明治8年刊行の四六判本と翌9年の菊判本の表記であるが、旧仮名遣い
で読みにくいので字間を空けた。(ヘボン、S・R・ブラウンのそれまで刊行し
たものも、その後の分冊本も全て菊判なのに、N・ブラウンの関係したルカ福音
書とロマ書だけは最初に四六判と次いで菊判の2冊が出された)。宣教師のロー
マ字書きと読み合わせた日本人助手の平仮名書きに最小限の漢字を入れた文で
ある。これが明治11年10月24日に作られた「使用漢字検討小委員会」[26]の委
員ヘボン、マクレーに日本人助手が加わって13年末に作られた『引照新約全書』
では次の表記となる。後出の表記問題と関係するので参考のために示す。

天使この處女に來いひけるは慶たし惠るる者よ主なんぢと偕に在す
爾は女の中にて福なる者なり

この訳文は「公認本文」のギリシア語文に基づいている。しかし、4世紀のシ
ナイ、バチカン大文字写本には「つかひ」(anggelos)「なんぢは女どもの中にて
福なるものなり」(eulogemene su en gonaixin) の部分はなく、後代の書き込
みである。近代本文批評学による翻訳原典の検討のために招かれたN・ブラウン
は、当然この部分の削除を提案したのである。議論は長くなり過ぎたため不都合
を感じた委員たちは、閉会間際に次の運営規則を取り決めた。

規則V　解釈あるいは翻訳のどんな問題においても、議論が15分以上の
長きに亘るような場合は、それ以上の考慮は次会まで延期さるべきこと。
その時その間盤は議論なしに単純な投票によって決定さるべきである。ど
んな場合でも出席会員の三分の二の同意によって、一時中止が出来るとい
う条件で。

---

[26] N・ブラウンの『志無也久世無志輿』では、この箇所は「まつりごと」と訳されている。
また、4章43節も「かみの　みまつりごと」(he basileia tou thou) となっているが、
マタイによる福音書5章3節(八福の箇所)や並行記事のルカによる福音書6章20節で
は、「かみの　みくに」と使い分けられている。

そして、次会の 3 月 30 日（月）にこの二つの章句は残されるよう票決された。S・R・ブラウンの事前の処置が功を奏したのである。新しいテキストへの変更は全会員の一致が条件なので、この規則には公認本文の維持のために次会までに委員同士で打ち合わせる時間的余裕も設けられていた。この日はまた、次の 1 章 29 節と 33 節の文言が持ち越しになったが、前者は 28 節と同じく本文批評の問題なので次に触れる。

　　處女〈見し時〉そのことばを訝このあいさつはいかなるものやとおもへ
　　り

　これは公認本文に依る訳文であり、〈……〉の部分を除いて前出の四六刊本、菊判本の両方の表記である。〈見し時（idousa）〉に当たる語は上記の大文字写本の原文にはない。当然 N・ブラウンは削除を提案したわけだが、今度の場合は翌 4 月 1 日（火）の委員会において全員一致で票決され、近代的本文批評の成果が受け入れられた。天使の言葉を訝るのは「見し時」でなく「聞きし時」であるべきだという、この文言に対する彼の指摘が納得されたのであろう。
　因みに 33 節は、ギリシア語「バシレイア（basileia）」にある「王国」と「統治」の二つの意味のどちらを選ぶかの論議で、普通なら「国」とするのを N・ブラウンは後者を採り「まつりごと」とした[27]。これは当然欽定訳に倣う前者が採択された。

（3）「翻訳委員会記録」の宣教師によるローマ字表記訳文の示すもの
　グリーンの「翻訳委員会記録」（以下「記録」）は解読した編者イエール博士の言われるように、彼の手元にあった記録（恐らく膨大な）を後から整理して大判ノート 64 頁に纏めたものである。ルカによる福音書の場合、初めのうちは問題になったギリシア語も重複を含め 16 箇所、ローマ字表記の訳文は 8 箇所と細かく記載通りに書き写されているが、煩雑に感じてか前者は 1874 年 8 月 17 日の 5 章 27 節まで後者は 9 月 18 日の 6 章 31 節までで、以降は討論された箇所を示すだけになる。ロマ書はルカの完成を承けて 1875 年 1 月 25 日に始まるが 5 月

---

[27] S・R・ブラウンがこのような述懐をした文の掲載図書（山本秀燈の著書か？）を捜しあぐねたので、示すことが出来なかった。お許しを願う次第である。

7日の7章21節までで終わっている。記載内容も簡単になり、問題になったギリシア語は2月2日に一語示されるだけで後は少ない討論の箇所と日々の進行の記載に限られる。しかし、この「記録」はルカ福音書全編とロマ書半分だけの少ない量とはいえ、簡単ながら訳出の経緯が記されているので、委員たちが取り上げた問題を考察できる貴重な資料となっている。特にルカ福音書の初めの部分にしか見られないローマ字表記の訳文は、宣教師たちがギリシア語原典から柔らかい日本語で訳しており、中国語聖書への書き下し的依存ではない事実を示すものなので、二例ほど取り上げる。

(A) 2章14節

　いと　たかきに　おいては　ほまれ　かみに　ちに　おいては
　おだやか　めぐみ　にんげんに

これは1874年7月6日取り上げられ次会に持ち越された。先の取り決めでは持ち越し分は討議なしに票決することになっているのに、次会の8日にも長時間の討論の末にこのように一致を見た。この節にも本文批評の問題があり、名詞「めぐみ (eudokia)」は公認本文では主格であるのに、シナイ、アレキサンドリア大文字写本では現行訳と同じく所有格であるので、「にんげん」に掛かって「ちにおいては　おだやか　めぐみの　にんげんに」となる。当然N・ブラウンはこの異読の採用を提案した。しかし、彼と長時間の討論をしたのはS・R・ブラウンであった。彼はこの箇所について長時間掛けた苦心の翻訳だったと述懐しているからである[28]。彼は御使いの賛美が天の神と地と人の三つの上にあったと主張した。その意見は聖書学者で語学者のN・ブラウンを納得させる程立派だったのか、N・ブラウンも彼の『志無也久世無志與』にこの訳を採用している[29]。

---

[28] N・ブラウンの『志無也久世無志與』では、この唇所は次の通りである。「もつとも　たかき　ところには　かみに　ほまれ、ちには　おだやか、にんげんには　めぐみ　あれといへり。」そして、彼の「コズミック・アルファベット」によるローマ字行間註にはこのようにある。「3 (他のアレキサンドリア系の写本)、6 (ニテリアの写本)、7 (パリ皇帝写本)、〈以下大文字写本3種、小文字写本3種は略す〉kakuno gotoci：1 (シナイ写本)、2 (バチカン写本)、3　〈アレキサンドリアの写本〉、5 (ベザの写本)、〈tcini oitewa megumi aru htoni odayaka areto〉」

[29] 伊藤毅編著『新契約聖書物語―永井直治小伝』挺身社、昭和53年。

これが宣教師による一番元の訳文である。それが次のように変えられて行く。

〈四六判本（1875）〉
天上ところには栄光神にあれ地には平安人にはめぐみあれ
〈菊判本（1876）〉
天上ところにはえいくわう神にあれ地には平安ひとにはめぐみあれ
〈引照本（1880）〉
天上ところには栄光神にあれ地には平安人には恩澤あれ
〈借字〉
天上、栄光（官話）恩澤（代表訳、ブリッジマン・カルバートソン訳）
〈辞書〉
ロビンソン『新約聖書希英辞典』
平安：eirene＝peace
ヘボン『和英語林集成』（以下『語林』）
HEIAN、ヘイアン、平安、Peace（和英部）
PEACE、odayaka（英和部）

（B）5章2節

　みづうみの　いそに　にそうの　ふね　あるを　みる　すなどりの
　もの　ふねを　はなれて　あみを　あらい　おれり

この平凡な箇所が問題となって翌日に持ち越されたのは、やはり本文批評による語句の変更があったからである。「洗い落とす（apopluno）」を「洗う（pluno）」と変える動詞一語のごく些細なものだが、そのために招かれたN・ブラウンは問題にした。結果は全会一致で彼の意見が通ったのであるが、中国語聖書も「洗網」（網を洗ふ）とあるので日本人助手にも異論は出ずに済んだものと思われる。これとは別に「いそ」という訳語の可否が結論を遅らせていた理由かも知れない。原文は「湖のそばに（para ten limnen）」である。この語の提案者はヘボンであったと思われる。彼の『語林』には「〈ISO．イソ、磯・n. Sea-shore, sea coast. Syn. UMI-BATA〉〈UMIBATA，ウミバタ，UMIBE，ウミベ，UMIBETA，ウミベタ，＝海邊, n. The sea-shore, sea-coast〉」と二語の同義を示し、「〈HAMA，ハマ，濱,

委員会訳『新約全書』の国際的背景と中国語聖書（川島）　351

n, The sea-beach, or coast〉〈HAMABE, ハマベ、濱邊. n. The sea coast〉」とあって、磯、海邊、濱は全て"sea coast"の意味を持って同一視されているからである。

　ヘボンは、我が「岩のある海岸」、溝が「砂地の海岸」という区別を理解せず、湖の岸辺に「磯」の訳語を主張したようである。代表訳もブリッジマン・カルバートソン訳も、「見二舟在湖濱」（二舟の湖濱に在るを見る）なので、日本人助手は「湖濱」の語をもとに疑問を呈したとも考えられる。しかし、いずれにせよ、この承認されたローマ字表記訳文は、委員会がギリシア語原典をもとに宣教師たちが主体となって翻訳を進めていた事実を証ししている。

（4）委員会訳『新約聖書羅馬書』（明治9年・四六判）（明治10年・菊判）に見られる特殊ルビ表記の示す問題
　「記録」においてロマ書の翻訳に触れている1875年1月25日から5月7日までの40日のうち、内容に言及しているのは僅か12日で、それも1日を除いて「何節は合意を見た」或は「持ち越した」程度の簡単なものである。しかし、本文批評に関するものが5日（箇所）あり、二つは（全員一致で）採用されている。次に述べる言及されていない一箇所もあり、8章以下にも見られるので、ロマ書には「公認本文」のテキストが変えられている場合がもう少しあるように思われる。ギリシア語が出てくる唯一の箇所は2月2日の記事であるが、「1章29節にある"porneia（ブリッジマン・カルバートソン訳「姦淫」）"の削除を全員一致で採択した」とある。この部分は神から離れた人間たちの悪徳を列記するところで31節まで続いている。31節の"aspondous（ブリッジマン・カルバートソン訳「搆怨」＝怨みの持続）"も「記録」には記載がないが削除されている。この29節から31節までの四六判本と菊判本の表記は次のようである。真ん中の漢字の本文を挟んで右側に漢字の読みを平仮名ルビで付し、左側に宣教師の訳した日本語の意味を片仮名ルビにして付けている。従って、最初に左側の片仮名ルビを読み、次いで右側に付してある漢字の読みの平仮名ルビを読むべきである。その読み順に並び変えたのが下記の各文である。（A）は片仮名ルビ付き文、（B）は平仮名ルビ付き文である。

352

(A)
29すべての不義(タダシカラヌコト)。悪慝(アクヨイダク)。貪婪(ムサボリトル)。暴很(ムゴキシワザ)を充たすもの。また妬忌(ネタミ)。凶殺(ヒトコロスコト)。争闘(アラソヒタタカフ)。詭譎(イツハリ)。刻薄(ワルガシコキ)をみたすもの 30また讒害(カゲゴト)毀謗(ソシリ)をなし神をうらむるもの。狎侮(アナドリ)。傲慢(タカブリ)。矜誇(ホコルコト)。機詐(ワルダクミ)。父母に不孝(サカラヒモトル) 31頑梗(カタクナ)。背約(チカヒニソムク)。不情(ナサケナキ)不慈(ジヒナキ)。なるもの

(B)
29すべての不義(ふぎ)。悪慝(あくとく)。貪婪(たんらん)。暴很(ぼうこん)を充すもの。また妬忌(とき)。凶殺(きょうさつ)。争闘(さうとう)。詭譎(きけつ)。刻薄(こくはく)をみたすもの 30また讒害(ざんがい)。毀謗(きぼう)をなし神をうらむるもの。狎侮(かうぶ)。傲慢(がうまん)。矜誇(きょうか)。機詐(きさ)。父母に不孝(ふかう) 31頑梗(がんこう)。背約(はいやく)。不情(ふじゃう)。不慈(ふじ)。なるもの

そして、漢字は全て代表訳、ブリッジマン・カルバートソン訳、官話訳の三中国語聖書からの借用で日本人助手が選んだものである。それを次に分類する。

代表訳、ブリッジマン・カルバートソン訳両方にある11語——
　不義。悪慝。貪婪。暴很。凶殺。争闘。詭譎。狎侮。機詐。背約。不情。
代表訳だけにある1語——頑梗。
ブリッジマン・カルバートソン訳だけに奉る2語——矜誇。不慈。
官話訳だけにある6語——妬忌。刻薄。讒害。毀謗。傲慢。不孝

これらを見ただけで、宣教師たちは中国語聖書の漢字による言葉より平易な日本語に、ギリシア語原典の言葉を結びつけようとしていたことが知られる。彼らは直接的に文理体（漢文）であれ官話体であれ、中国語聖書に依存する気持ちはなかったのである。それは来日直後日本人教師たちに代表訳、ブリッジマン・カルバートソン訳の書き下し文を作らせながら、時を経ず日本語辞書の編纂を思い立ち『語林』を完成させたヘボンの歩みからも理解できよう。『語林』はゴーブルの『摩太福音書』の生みの親のような働きをしたが、委員会においても後述するロビンソンの『新約聖書希英辞典』とともに最も宣教師たちに用いられた辞書である。しかし、こうした宣教師の努力も掻き消されてしまうのが、明治13年末刊行の『引照新約全書』である。それには片仮名ルビが消されて、上記に加えて更に漢字がブリッジマン・カルバートソン訳より取り入れられて（話、盈、神を怨む者）、次のような表記になる。

[29]諸(すべて)の不義、悪慝、貪婪、暴很、を充す者また妬忌、凶殺、争闘、詭譎、刻薄を盈(みた)す者　[30]また讒害、毀謗をなし神を怨む者、狎侮、傲慢、矜誇、機詐、父母に不孝　[31]頑梗、背約、不情、不慈なる者（平仮名ルビ付き）

　この表記文が、明治18（1885）年に翻訳委員会訳の標準版に指定され、この翻訳は中国語聖書の強い影響（恩恵）の下に作られたかのような印象を与えてきた。しかし、井深梶之助によって伝えられているS・R・ブラウンの「新約聖書には『振り漢字』はあるが、『振り仮名』はない」という言は、この箇所によって納得されるとともに、「振り仮名が本文」という委員会の決定（同じ井深の言）をもとに、この本文とギリシア語原典との訳出関係を検討し直す必要を痛感せざるを得ないであろう。

## 第四章　エドワード・ロビンソンの『新約聖書希英辞典』について

### （1）　ロビンソンとその辞書について

　今までの聖書和訳史の研究に希英辞典について言及されたことはなかった。この分野の訳出過程の研究を深めたのは主に国語学の関係者であったからかもしれない。また、ギリシア語の知識が西洋古典学や神学の方面に限られていたためであろう。訳出の媒介になる辞書についてはヘボンの『語林』に止まっていた。しかし、新共同訳聖書の翻訳事業が着手されて以来、原典への関心とともにギリシア語の普及が信徒の段階まで広がった。そして漸く和訳史の研究にギリシア語原典との関係が重視されるようになって、媒介としての希英辞典が問題とされるようになった。私がゴーブルの『摩太福音書』の研究に際して上記ロビンソンの『新約聖書希英辞典』を知ったのは、彼の学んだニューヨーク州ハミルトンのマディソン大学の学校目録にある指定辞書の欄においてである。入手できて彼の翻訳における使用を確認したが、この辞書について深い知識を得たのは後のことである。

　ロビンソン（コネチカット出身）は当時のプロシアのハレ大学に留学し、現代学門的ヘブル語研究の基礎を据えたゲゼニウス（Heinlich Friedrich Williams Gesenius 1786-1842）に学び、彼の「聖書ヘブル語・アラム語辞典」（1833年）を英訳したが、それは改訳され現在でも用いられている。1825年ヴァール（Christ

Abraham Wahl)の『新約聖書希英辞典』(1822年)を英訳した後、36年上記の希英辞典を出版、50年改訳版を出した。

それまで希英辞典は、リー(Edward Leigh)によるラテン語からの *Critica Sacra* (1639)という小辞典と、パークハウスト(John Parkhurst 1728-97)の説明が煩雑な『新約聖書希英辞典』(1769年)の2冊しかなかった。ロビンソンの辞書は、これらに比べて極めて充実した内容でしかも良く整理されて使い易かった。このため聖書翻訳の上に画期的な成果をもたらして、英語圏全体に19世紀の終りまで権威を失うことなく使用された。従って刊行以後中国においては、初版はギュツラフ訳、代表訳に、更により充実整理された改訳版はブリッジマン・カルバートソン訳、官話訳とその後の諸訳に用いられた。日本においても前述のゴーブル訳を初めヘボン、S・R・ブラウン訳、委員会訳、N・ブラウン訳も全てこの恩恵を受けていた。この辞書には項目の各語の意味について、出典箇所が例示してあるので、それに従えば各聖書に共通した訳語が生ずる場合が少なくなかった。それ故委員会訳と中国語訳の訳語が同じだとしても、単なる借語ではなく、この辞書による原義の確認の場合も考慮に入れる必要がある。S・R・ブラウンが用いたロビンソンの辞書が井深梶之助に贈られ東神大図書館に所蔵されたと、『新契約聖書』(1928年)の訳者永井直治は語っているが、確認できなかったのは残念であった。

(2) ロビンソン『新約聖書希英辞典』が用いられた翻訳の例示

次にこの辞書によって日本語聖書が今日なお恩恵を受けている訳例を二つ、委員会訳がギリシア語原典よりのこの辞書を用いた訳と証明する箇所を一つ挙げる。

(A)「新遺詔書」から「新約書」へ

中国語聖書の表題は、最初のモリソン訳からモリソン改訳、ギュツラフ訳まで「新遺詔書」、「舊遺詔書」(遺詔は神の遺言の意)であり、代表訳以降「新約(全)書」「旧約(全)書」に代えられている。

これはロビンソンの辞書に原語の「デアセーケー(diatheke)の項にて」(1) "testament=遺書、遺言"(2) "covenant=契約、約束"の二つの意味が明示されて、後者には(a)アブラハムの契約(b)モーセの契約(c)キリストの血による新しい契約、の三つについて説明がなされていることに依る。

それまではモリソンやメドハウストの「英華辞書」によって、それぞれ「testament＝遺書、遺言」「covenant＝約、契約、盟約」と区別されていた意味が、このギリシア語辞書によって二つが包括され、そのなかから最も適切な言葉を選べるようになったのである。代表訳、ブリッジマン・カルバートソン訳の時代に聖書翻訳を始めた日本の国内訳は、この辞書の恩恵の下に「新約」「旧約」の表題を付け得たのである。

（B）「馬太福音書」6章12節の「主の祈り」にある「罪」の訳語についてこの箇所の三種の中国語聖書の訳は次の通りである。

〈代表訳〉
　我免人負、求免我負（我れ人の負を免ず、我が負を免ずるを求む）
〈ブリッジマン・カルバートソン訳〉
　免我儕請負、如我免負我者（我儕〔ら〕諸負を免ぜよ、我が我に負ふ者を免ずる如くに）
〈官話訳〉
　免我們的債、如同我們免人的債（我們〔ら〕の債を免ぜよ、我們が人の債を免ずると同じ如くに）

これに対し、ヘボン・ブラウン訳、委員会訳（1877年）、引照新約全書（1880年）は次のようである。

〈ヘボン・ブラウン訳〉
われらが　人のつみをゆるすごとく　われらのつみをも　ゆるしたまへ
〈委員会訳〉
われらに罪ををかすものを　わがゆるすごとく　われらのつみをも免(ゆるし)たまへ
〈引照新約全書〉
我儕に罪を犯す者を我がゆるす如く我儕の罪をも免たまへ

この日本語訳には引照新約全書の表記上の一部の借字を除いて中国語聖書よりの影響は全くない、と言えよう。中国語訳は代表訳を除きギリシア語原典を語

順通り神への嘆願を先に他人の負債への配慮を後にしているのに、日本語訳は逆である。何よりも中国語訳の「負」「債」を「罪」に代えている。これはロビンソンの辞書の指示に従った結果である。

この辞書は原語「オヘイレーマ（opheilema）」の項に本義の「負債（debt）」のほかに、アラム語の用法からの「犯罪、非行（delinquency）」「違反、過ち（fault）」「罪（sin）」の意味を挙げ、この「馬太」6章12節を例示している。S・R・ブラウンは最初からこれに従い「罪」の語を選んだのである。

しかし、当時欽定訳の権威の下でこの辞書の指示に従ったものはほかにない。バプテストのユニオン・バイブルも、従ってゴーブル、N・ブラウンも「ひきおい」「おひめ」であり、英国の改正訳と米国標準訳（ASV）も同様であり、後者の系列訳は今日に至るまで"debt"である。日本語訳も2、3を除き「債、負債、負い目、負」（読みは全て「おいめ」）で現代に至っている。委員会訳自体も明治37年版より「負債」と変えられた。多分1890年に発足した「中国語聖書・和合訳翻訳委員会」の成果である『新約聖書』（1904、1907年）の影響と思われる（「和合訳」とは既刊の良い翻訳の長所を総合する改訳のこと）。ただ、特筆したいのは、明治6年のヘボン・ブラウン訳に始まる委員会訳のこの主の祈りの箇所の訳文が、日本基督教会全体の「主の祈り」の祈祷文になっていることである。そして、日本人は「負債」よりはもっと深い神との本質的な関係を表す言葉によって、イエス・キリストの恵みを覚える日々の祈りを唱えているのである。これを思う時、ロビンソンの辞書の指示に従ったS・R・ブラウンの、そしてまたヘボンのこの翻訳は、明治初期の「聖書翻訳委員会」の記念となる遺産的名訳と讃えたい気持ちに駆られる。

（C）委員会訳がロビンソンの辞書によるギリシア語原典からの翻訳を証明する箇所——マルコによる福音書5章15節b

〈ヘボン・ブラウン訳〉（1872年）
悪鬼のレギヨンにとりつかれし人が　衣服(いふく)してたしか　なるこころにて坐し居(ある)をみて　おそれあへり（字間空け・筆者）

〈委員会訳〉（1877年）
悪鬼にとりつかれしもの　即ちレギヨンをもちたりし人の衣服(きもの)をつけたしかなるこころにて坐しゐけるをみて　おそれあへり

〈引照新約聖書〉（1880年）
悪鬼に憑かれたる者すなはちレギヨンを持ちたりし人の　衣服をつけ慥かなる心にて坐し居けるを見て　懼れあへり
〈ブリッジマン・カルバートソン訳〉（1859年）
見先患汚鬼、爲軍所憑者、坐而衣衣自若則懼。
（先に汚鬼を患ひ、軍の爲め〈或は、軍に〉憑かれし者、坐して衣を衣 自若たるを見て則ち懼る）（註・「軍」は中国古代兵制の軍団）

　この日中の双方の訳文は対応していない。例えば原語レギオーン（legion）は日本の借語訳に対して中国訳は普通の翻訳である。このような箇所は、中国語聖書の影響を受けないギリシア語原典から翻訳であることを証明するのに好適である。ここで「たしかなるこころもて」と「自若」との訳語の違いをもとに、宣教師たちの訳出過程を辿りながら、この問題を考察してみる。
　元であるギリシア語は「ソーフォロネオー」（sophroneo）である。これについてロビンソン『新約聖書希英辞典』には"to be of sound mind, i.e. (1) to be sane, in right mind, composmontis Mark 5:15, Luke 8:35, 2 Cor. 5:13, ..."（以下略）とあり、『語林』の英和部には"SANE a. Tashika"とある。「たしかなるこころもて」は、この二つの辞書によって導き出された。Ｓ・Ｒ・ブラウンたちは更に、同じ話のルカによる福音書8章35節は勿論のこと、コリントの信徒への手紙IIの5章13節も「心慥かならば」として、ロビンソンの辞書の指示に従っている。この訳語は大正改訳には引き継がれたが、口語訳から「正気となって」に代えられて今日に及んでいる。「自若」については、古典漢文にある「落ち着いて動じない」という意味ではなく「平常通りに」の後世的な意味なので、日本人助手も対応しかねたであろう。古典文体の文理文といっても、その時代の伝達手段に用いられている以上、語句の意味の変化は当然時代とともに生じてくる。この分野の研究で留意しなければならない点である。
　いずれにしろ、この箇所には中国語聖書の影響は漢字の借字程度でしかなく、ロビンソンの辞書とヘボンの辞書の巧みな連係によって、柔らかい流暢な日本文を生み出すのに成功している。漢字の多い引照新約聖書より前の分冊本の表記が似合う文章である。宣教師によるギリシア語原典よりの訳出の特長を示す好例である。

# 第五章　補　記

## （1）委員会訳に"idou = behold, lo"の訳が少ない理由

　委員会訳にはこの言葉が訳されている場合が極めて少ない。「馬太福音書」には62箇所に出てくるが、訳されているのは11箇所である。

　この語は本来動詞 horao（＝see）の非継続過去の命令形であるが、それが単独で間投詞的に用いられるようになった。ロビンソンの辞書では（A）「注意を喚起させる間投詞的用法の指示的不変化詞」と説明され、（B）主格名詞の前では「あり、おり」「行く」の意味を含むとされる。前述の馬太の箇所は（A）「みよ」（12:1、21:5、23:38）の3回、「それ」（11:10、28:10）の2回、「このとき」（8：24）の1回、（B）「あり」（7:4、12:41, 42、49、24:23 a, b）の5回で、計11回である。

　ブリッジマン・カルバートソン訳は例言に「語助も亦其の本文に循ひて譯出す。淺陋を以て貌忽せず」とあるが、不安定な発音の一文字の語は省略せざるを得なかったのであろう。訳出されたのは丁度半数の「視哉、視」13回、「有」18回、計31回である（出典箇所省略、以下同様）。代表訳は中国語法を重んじるので小辞は省かれがちだが、それでも、「視哉」4回、「有」18回、「夫」2回、計24回の訳出がある。

　これだけでは委員会訳の"idou"の省略は、中国語聖書の影響と言うことはできない。S・R・ブラウン、ヘボンたちに何か注解書による意見があったのだろうか。欽定訳、改正訳、『志無也久世無志與』は全て省略せずに訳出している。N・ブラウン聖書の場合、「みよ」であるが、訳文に溶け込んでいて違和感を感じさせていない。

　こうした点の究明には、当時の注解書を参照する必要があるのかもしれない。井深の談話では、委員会のテーブルの上には何種類かの注釈書が積まれていたとされている。しかし、和訳史研究において現在のところ、宣教師たちの注釈書にまで手が届いている場合はないようである。今後の問題とするほかはない。

## （2）中国語聖書の影響の強い翻訳箇所（Ⅰコリ 15：10a）

　「口語訳」時代に入信し、この箇所が授洗牧師の愛誦聖句であったせいもあって、「しかし、神の恵みによって、わたしは今日あるを得ているのである」という口語訳聖書（1954年）の訳文に、心に沁みる名訳のような印象を持った。しかし、聖書和訳史の研究に携わってギリシア語原典に接するようになって、最初

の印象は消えてしまった。原文と訳文の間に大きな隔たりを感じるとともに、パウロの感じている神の恵みによる自己の存在意識が、もっと強いものに思われたからである。英語聖書の訳文を読みながら原典の直訳のままで良いように感じている。以下、これについての拙ない和訳史的考察を述べる。最初に聖書協会系の他の聖書のこの部分の訳文を列記する。

委員会訳「引照新約全書」（1880年）
　然ど我かくの如くなるを得しは神の恵に由てなり
大正改訳（1917年）
　然るに我が今の如くなるは　神の恩恵に由るなり
新共同訳（1987年）
　神の恵みによって、今日のわたしはあるのです

ギリシア語原典は短い文なので、その逐語訳である欽定訳と並べて次に挙げる。

公認本文（ステフアヌス第三版・1550年）
　　Khariti de Thou eimi ho eimi
欽定訳（1611）
　　But the grace of God I am what I am

ギリシア語 khariti は"kharis＝grace"与格（第三格）で理由、手段を示す用法。de は逆接接続詞、ho は関係代名詞だから、欽定訳は原文と同じ意味の語が同じ語順で並んでいる。そして、原文と正確に対応し合っている訳文は動かしようがないのか今日に至るまで変更されていない。改正訳（RV 1881年）、米国標準訳（ASV. 1901年）とその改訳（RSV 1946年）と新改訳（NRSV 1990年）は此の訳文を踏襲しており、新英語聖書（NEB 1961年）とその改訳（REB 1989年）は前半を"However, by God's grace"と変えているが、後半はそのままである。日本語の変化の多い諸訳とは趣を異にしている。

次に中国語聖書の諸訳文をモリソン訳の元になったパリ宣教会宣教師バセー（Jean Basset 1662-1707）の手書き草稿から順次列記する。

〈巴設訳〉（1707年）＝〈馬禮遜訳〉（1813年）

然頼神之恩祐、余得今白之境、
　(然れど神の恩祐に頼りて、余は今日の境を得〔漢文の読点は馬禮遜訳のみ〕)
〈馬禮遜改訳〉(1836年) =〈敦實獵(ギュツラフ)訳〉(1840年)
但頼上帝之恩、余今所成者、即成也。
　(但し上帝の恩に頼りて、余は今成れる者に、即ち〈そのまま〉成る也。)
〈代表訳〉(1852年)
我頼上帝之恩、得有今日、
　(我上帝の恩に頼りて、今日有るを得。)
〈高徳(ゴダード)訳〉(1853年 Josiah Goddard 1813-54 バプテスト)
但由神之恩、我得爲所爲焉。
　(但し上帝の恩に由りて、我爲(な)る所に爲るを得。)
〈ブリッジマン・カルバートソン訳〉(1859年)
然我得如此、乃由神之恩、而得之。
　(然れど我此(かく)の如くを得るは、乃ち神の恩に由りて、之を得。)

　中国語訳の多くは、「今日、今」と「得る」という原文にない言葉が用いられている。ブリッジマン・カルバートソン訳は「今日、今」の代わりに「此〔かく〕の如く」としているが、原文にない言葉を使って現在性を示そうとしている点は同じである。委員会訳はこれに依存した訳文である。口語訳は代表訳そのままである。原文の後半を（"I am"以下）忠実に訳そうとしているのは高徳(ゴダード)訳だけである。

　日本語訳は英語訳より総じて中国語訳の影響を受けた翻訳である。従って訳文は中国語訳のように常に変化している。それは個人訳を含めた他の諸翻訳も同じで、最新の岩波書店版新約聖書でも「しかし、神の恵みに依って、私は現在の私であり」となっている。「岩隈希和対訳」の脚注には"ho eimi＝what I am"「わたしが、〈現在〉あるところのもの」つまり「現在の私」という意、と説明を加えている。しかし、英語聖書のようにギリシア語文に忠実な翻訳も二つある。

〈ニコライ訳〉(1901年)
　　然レドモ神ノ恩寵ニ依リテ、我ハ我クルヲ得タリ、(聖使徒経)
〈永井直治訳〉(1928年)

されど神の恵にて我は我なるものなり。（新契約聖書）

　ニコライ（Nikolai 1836-1912）はギリシア正教会宣教師、永井直治牧師（1855-1943）は日本で初めてギリシア語原典よりの新約聖書個人訳を直訳的な形で完成した人。従って二人とも「公認本文」を翻訳底本として、「我ハ我タル」「我は我なるもの」と、中心部分は変わらない訳文を作った。つまり、彼らは中国語訳の本質的な影響を受けなかったと言えるだろう（ニコライ訳に「得タリ」と影響の片鱗は見えるけれども）。

　このように、委員会訳には、中国語聖書の影響を強く受けた箇所が残されている。良いにつけ、悪いにつけ、これらについて根本から検討し直す必要を感じさせられている。日本語聖書翻訳の土台を据えた委員会訳には、恩恵を受くべきものと、除去すべきものとが混在している。それを見分けるべく、当時の状況に返り、宣教師初め日本人助手たち翻訳当事者の労苦を追体験する綿密な作業によって、正確な翻訳の実態を究明せねばならない。それについての組織的集団的な研究こそが、完成から126年経った委員会訳に敬意を持って起さるべき記念的事業であると、信じてやまない。

　　　（かわしま・だいじろう　関東学院大学キリスト教と文化研究所研究員）

# 聖句のある風景

鈴木範久

〈序景〉　明治維新と聖書

　私たちより一世代前の青年たちは、社会主義とキリスト教の洗礼を受けたといわれますが、私も若いときは、社会主義とキリスト教という二つの思想にひきつけられました。そのころ、たまたま「マルキシズムおけさほどにはひろまらず」というような言葉を目にしました。社会主義が歌の佐渡おけさほどには広まっていない実状を評した、いちまつの哀愁を帯びた言葉に、思わず共感を覚えました。
　その言葉は、同時に、残る他方の思想キリスト教にもあてはまり「キリスト教おけさほどにはひろまらず」と心の中でつぶやいたことがあります。
　そんなことが契機となり、日本におけるキリスト教の受容を探ろうとして、村ぐるみカトリックに改宗した和歌山の龍神村や福知山の報恩寺部落において、宗教社会学的な現地調査を手がけた時期がありました。
　一方、思想的な研究としては、内村鑑三をはじめとする個人の生活史を追求し、受容の課題に少しでも迫ろうとしてまいりました。その内村が、終始頼りにしたものが、聖書であります。その結果、キリスト教の受容を、日本における聖書の受容をとおして考えるようにもなりました。その成果の一端が、最近まとめた『聖書の日本語』（岩波書店）という書物であります。
　今回は、これを土台にしながら、聖書の言葉すなわち聖句を、佐渡おけさの浸透度とは及びもつかないかもしれませんが、日本の風景化という視点でとらえてみようと考えています。

日本人と聖書の関係というと、キリシタン時代はもちろんのこと、すでに海老澤有道氏が『南蛮学統の研究』で明らかにしたように、キリスト教の禁制下の江戸時代にも少なからぬ影響が残されています。
　これを、キリスト教の禁制が継続している明治維新前後に下がってみますと、当時、歴史的に活躍した人物にも、聖書との関係が決して小さくないことが判明いたします。
　明治維新の思想的イデオロギーの先駆者平田篤胤が、想像以上に中国のキリスト教書に親しみ「本教外編」を著していた事実は有名です。拙著でも指摘しましたように、そこでは今日の宗教界の用語となっている「霊性」とか「父母神」の言葉が、中国キリスト教書の影響を受けて早くも使われているのです。同じく、これも記したように、三河では、廃仏毀釈を強行する平田門下の行政者はキリスト信徒と間違えられました。キリスト教と平田神学と神道国教政策との三者の関係は、まだ残されている大きな研究課題でありましょう。
　高杉晋作が長崎でＣ・Ｍ・ウイリアムスに出会い、キリスト教を陽明学と似た危険な思想とみた話も有名であります。
　その長崎でウイリアムスときわめて親しかったフルベッキは、若き大隈重信、副島種臣らに聖書を教えたことを次のように明言しています。

　　「一年あまり前に副島と大隈の二人の有望な生徒を教えましたが、これ
　　ら二人は新約聖書の大部分と米国憲法の全部とをわたしと一緒に勉
　　強しました」（1868年5月4日フエリス宛書簡、英文手紙コピー）

　だが、今回は、まず西郷隆盛と聖書との関係について、新たな仮説を紹介し、これを含めて5つの「聖句のある風景」をお話しするつもりです。

〈風景1〉　西郷隆盛の「敬天愛人」

　今から10数年前、ＮＨＫテレビにおきまして、司馬遼太郎の「太郎の国の物語」と題する番組が連続放映されました。全部聞いたわけではありませんが、武士道に関する話が強く印象に残りました。
　司馬遼太郎は、このように語ったと思います。

明治維新によってサムライは消滅する。その最後のサムライが西郷隆盛である。その後、サムライの道、すなわち武士道は、精神として内村鑑三や新渡戸稲造には残った。しかし、それ以来は消えてしまい、日本は武士道を欠くエコノミック・アニマルに堕ちてしまった。

　この話は、書物の『明治という国家』上下（日本放送出版協会、1989年）にもなっています。それとは少し違うかもしれませんが、わたしの記憶には今述べたような話として焼きついています。ここに登場する西郷隆盛、内村鑑三、新渡戸稲造の3人との関係をみてみましょう。

　内村鑑三と新渡戸稲造は、いうまでもなく札幌農学校で共にキリスト教に入信した親友であります。名高いクラークは、二人の入学とはすれ違いで同校を去っています。ただ、その宗教的、倫理的な大きな影響は両者そろって受けています。

　内村は、英文で著した『代表的日本人』のなかで、登場する5人の最初に西郷隆盛を取り上げました。なかでも西郷の遺した遺訓にある次の言葉を高く評価しています。

　　「天は人も我も同一に愛し給ふゆゑ、我を愛する心を以て人を愛する
　　　也」（遺訓）

　すなわち、西郷の「敬天愛人（Revere Heaven: love people）」であります。新渡戸も同じく英文『武士道』のなかで、西郷のこの文章を、「名誉」のところで引用しています。（英文の方は内村のものとは少し違っている）

　　Heaven loveth all men alike; so we must love others with the love
　　　with which we love ourselves.（内村）
　　Heaven loves me and others with equal love; therefore with the love
　　　wherewith thou lovest thyself, love others.（新渡戸）

参考までに欽定訳も記しておきます。

　　Thou shalt love thy neighbour as thyself. (マタ 22:39 AV)

この「敬天愛人」の言葉は、西郷隆盛の故郷鹿児島では、今日、町に欠かせない風景になっています。西郷隆盛が最期を迎えた城山に近い岩崎谷トンネルの入り口をはじめ、市内の到るところで目を引く言葉であります（写真1）。

　そこで西郷隆盛における、この「敬天愛人」思想の形成をみることにします。単に「天」を敬したり、人を「愛」するだけの用例なら、論語をはじめとして少なくありません。しかし、ここでは、四字熟語か、それに近い用い方のばあいをみてみたいのです。

写真　1

　西郷隆盛の「敬天愛人」と題した書の類は、今日十幅知られていて、それらは、いずれも西郷にとっては晩年の1874、5（明治7、8）年以後のものとされています。（小田正治「敬天愛人の遺墨について」『敬天愛人』1号、1983年8月17日）

　西郷とは別に「敬天愛人」という言葉自体の起源をたどるならば、それは、井田好治が指摘したように、康熙帝治下の1660年代ころにさかのぼります。当時、中国におけるイエズス会宣教師湯若望（Jean Adam Schall von Bell）は天文台長の地位にありながら弾圧を受けました。これに対して彼を弁護した文章のなかに、かつて湯は「敬天愛人」を説き功績があったと述べられているのです（『正教奉褒』、井田好治「敬天愛人の系譜　南洲と敬宇と康熙帝」『明治村通信』155、1983年5月18日）。

　他方、日本では、中村敬宇が、1868年に駿府（静岡）で記した「敬天愛人説」（『敬宇文』収録）があり、さらに「敬天愛人」の言葉は、同人の名高い『西洋立志編』（1871年刊）にも見られます。そして中村敬宇と薩摩藩士との関係は、大久保利謙（「中村敬宇の初期洋学思想と『西国立志編』の訳述及び刊行について」、『史苑』26巻2・3号、1966年1月25日）や増村宏らによって追跡され、西郷が「敬天愛人」の書の揮毫に先立ち、中村敬宇のものから、その言葉を知りえた可能性は、かなり高いとされてきました。

　大久保氏らとは別に、筆者は、同時代に中国で刊行されたキリスト教書を見ていて気づいた表現があります。それは、それらのなかで出会う「敬天」「愛人」または、それに近い内容を意味する言葉であります。特に、いわゆる「モーセの

十誡」を説明したキリスト教書に顕著でありました。つまり十誡のうち、前の三誡は神、天、天主、上帝への崇敬を表し、後の七誡は人と人とのあり方を示したものという説明の言葉であります。

たとえば『聖教理証』、『天主聖教十誡』、『聖教明徴』などに、いずれも類似の説明がみられます。そのうちの『聖教理証』は、フランス人宣教師 Albrand こと中国名斯得範によって著され、1852（咸豊 2）年に上海で刊行されたキリスト教書であります。日本でも 1873 年以降翻訳が出され、いくつも版を重ねるほど読まれました。ただし、その初版の所蔵は、日本では静嘉堂文庫と神宮文庫にしか知られていません。

その静嘉堂文庫本をみると、十誡を述べたところに次の文が見出されます。

前三誡皆恭敬天主之事、後七誡皆愛人如己之道（写真 2）

まず、ここに、字だけで切り取ってみると明らかに「敬天」と「愛人」の文字が見られるのです。次に、本書で判明したことは、その表紙に捺された「中村敬宇蔵書之部」との印であります。ここで思い出されたのは、静嘉堂文庫が、中村敬宇の日記をはじめその自筆原稿類、旧蔵書でも知られた文庫であったという点であります。

おそらく、この『聖教理証』が、中村敬宇の「敬天愛人」説に影響を与えたのではないでしょうか。ほかにもヒントがあるかもしれませんが、とりあえず聖書の十誡の思想が、斯徳範の『聖教理証』で説かれ、さらに中村の「敬天愛人説」に入り、そして西郷隆盛の「敬天愛人」へと流れる系譜になるような気が致します。

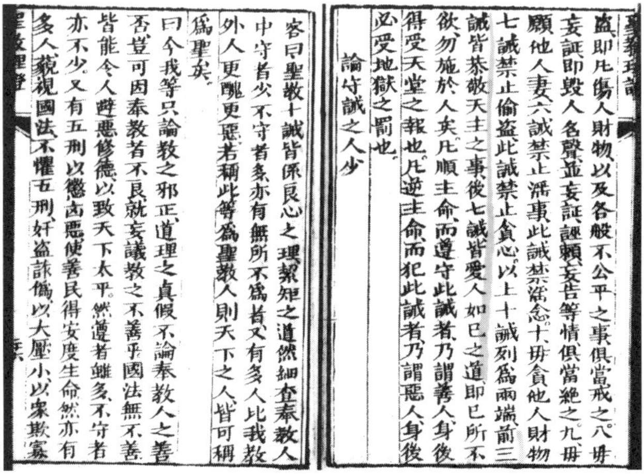
盜即凡傷人財物以及各般不公平之事俱當戒之八毋
妄証即毀人名聲並妄証誣賴妄告等情俱當絕之九毋
願他人妻六誡禁止淫事此誡禁淫念十毋貪他人財物
七誡禁止偷盜此誡禁止貪心以上十誡列為兩端前三
誡皆恭敬天主之事後七誡皆愛人如己之道即己所不
欲勿施於人矣凡順主命而遵守此誡者乃謂善人身後
得受天堂之報也凡逆主命而犯此誡者乃謂惡人身後
必受地獄之罰也
論守誡之人少
客曰聖教十誡皆係良心之理絜矩之道然細查奉教人
中守者少不守者多亦有無所不為者又有多人比我教
外人更醜更惡若稱此等為聖教人則天下之人皆可稱
為聖矣
曰今我等只論教之邪正道理之真假不論奉教人之善
否豈可因奉教者不良就妄議教之不善乎國法無不善
皆能令人避惡修德以致天下太平然遵者雖多不守者
亦不少又有五刑以懲凶惡使善民得安度生命然亦有
多人藐視國法不懼五刑奸盜詐偽以大壓小以衆欺寡

写真 2

次のもう一つの仮説は、永田方

正の『西洋教草』との関係であります。『西洋教草』は1873（明治6）年に刊行され、英訳聖書からではありますが旧新約聖書のきわめて早い時期における抄訳であります。翻訳委員社中による「明治元訳」よりも数年早い時期のものです。その「序」文において永田は記しています。

　　「エス」嘗て衆を教へて曰く天を敬せよ人を愛すること己を愛する如く
　　　せよ（写真3）

　前述しましたように西郷隆盛による「敬天愛人」の書のみられるのは1874-75（明治7-8）年以後になります。『西洋教草』は1873（明治6）年の刊行でありますから1年前になり、西郷に影響を与えた可能性はあります。
　それを可能にする背景として西郷と永田との関係をみなくてはなりません。それで、永田の経歴をみますと、永田は伊予西条藩の出身で、京都御所に設けられた国事係という役所に、1867（慶応3）年5月から、東京遷都のある翌1869（明治2）年まで勤めています。国事係は公家の三条実美らによって構成された、いわば朝廷の政治担当の窓口でありました。
　一方西郷は、永田に先立つ1ヶ月前の4月に薩摩の藩兵を率いて京都に入っています。当然、京都御所に設けられたその役所には出入りしたにちがいないでしょう。その間、両者の交渉は十分あったと推定されるのです。
　もっとも中村敬宇の蔵書であった『聖教理証』や、永田方正の『西洋教草』の序文にみられる、「敬天」と「愛人」の言葉は、さかのぼると、16、17世紀の中国のカトリック教書にもみられま

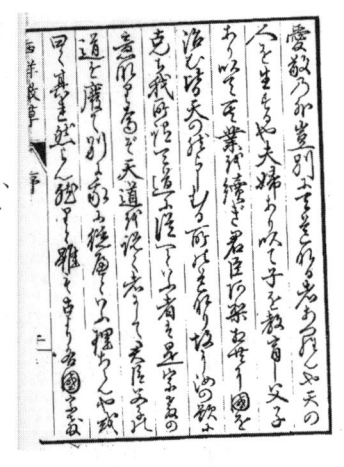

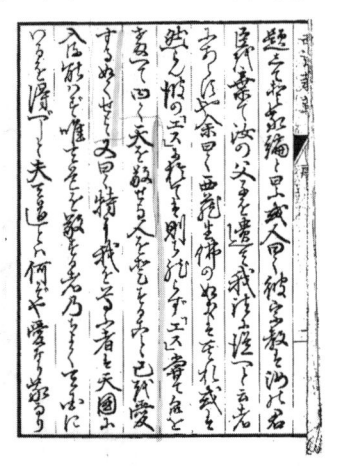

写真　3

す。当時のカトリックの宣教師たちは、キリスト教のポイントを伝えるのに十誡を用いて、その説明にあたり、それが「敬天」と「愛人」の二大要素から成っていると、ほぼ同様に述べているのです（柴田篤「明清天主教における十誡」、『中国哲学論集』22、1996 年 12 月 25 日）。

　さらに西郷自身が聖書を所持していた話も伝えられていますが、それは確かでありません。いずれにしても西郷の「敬天愛人」の思想には、陽明学的な儒教思想による「天」の概念が下敷きになっているものの、「愛人」を加えて 4 字熟語となると、聖書の思想の影響が限りなく濃いといってよいでありましょう。つまり、キリスト教の教えのエッセンスを「敬天」および「愛人」の二つの言葉をセットで言い表そうとする中国のキリスト教書に容易にアクセスできる環境があったといえるのです。

　なお、付言するならば、現在も人間形成の理念として「敬神愛人」や「敬天愛人」を建学の精神に掲げている教育機関が少なからず見受けらます。

〈風景 2〉　勝海舟と中国語訳聖書

　西郷隆盛と勝海舟との会談において、江戸の町を戦火にさらさずに江戸城明け渡しの実現された話はあまりにも有名であります。それには、西郷隆盛が、イギリス公使パークスから、戦意のない敵を攻撃するものではないとする『万国公法』（国際法）を教えられたためといわれます。

　実は、この『万国公法』も、『天道溯源』で知られるマーティン（アメリカ長老教会宣教師 William A. P. Martin）によって訳され、日本でもかなり出回っていた書物であります。『万国公法』にはその最初の提唱者とされるグロチウス以来、キリスト教思想が色濃くみられますが、そのことは、ここでは省略し勝海舟と聖書のことにふれましょう。

　勝海舟とキリスト教、聖書との関係は、すでに竹中正夫氏などにより公にされています。とくに、1871（明治 4）年、勝海舟の尽力で静岡学問所の教師として招いたクラーク（Edward W. Clarke）は静岡で聖書も教えました。また、商法講習所（のちの一橋大学）の教師となるホイットニー（William C. Whitney）は、1875（明治 8）年に来日、1876 年から勝の邸内に居住します。そこでは聖書集会が開かれていました。やがて勝の息子梅太郎とホイットニーの娘クララとが結婚する話はよく知られています。

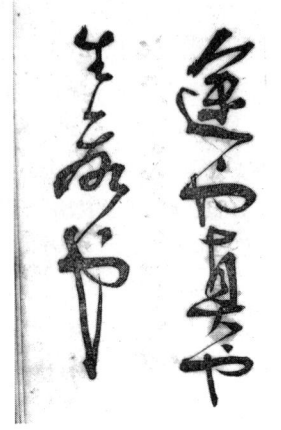

勝の記した聖句は、まず、1881年に刊行された、シーリー著小崎弘道訳『宗教要論』(1881、明治14)の扉にみられます。それには次のように書かれています。このシーリーは、のちに内村の恩師となるアマスト大学のシーリー (Julius H. Seelye) 総長であります。

途也真也生命也（ヨハ14:6）（写真4）

　これは、シーリーの原題すなわちヨハネ伝14章6節の言葉

写真　4

The Way, the Truth and the Life

によります。ブリッジマン (Elijha C. Bridgman) とカルバートソン (Michael S. Culbertson) による中国語訳聖書（1859年）から採られています。このほか存在する数点の勝海舟による聖句の書は、揮毫を求めた人が持参した聖書によるもの以外は、すべて同じ中国語訳聖書からであります。（竹中氏の指摘以外の書については『聖書と日本文化』　立教大学、1999年で紹介）

　すでに「明治元訳」の聖書が刊行されていたにもかかわらず、勝海舟のような知識層は中国語訳聖書を愛用していた一例であります。

〈風景3〉　滝乃川学園の石碑

　数年前になりますが、石井亮一によって創設された日本で最初の発達障碍児の教育施設である滝乃川学園を訪ねたことがあります。現在は、その名前に付されている滝野川ではなくて国立市の矢川にあります。構内の礼拝堂のそばに一基の石碑が建てられていまして、それには、次の文字が刻まれていました。

　容幼孩就我

いうまでもなく新約聖書のマタイ伝19章14節にある「幼児らを許せ、我に来るを止むな」であることは明らかであります。ところが、学園のチャプレンから、この文字がいずれの中国語訳聖書によるのか不明であり、ぜひ調査してほしいと依頼されました。

実は、簡単に引き受けたものの、見当をつけていた幾つかの聖書には、同じ文字が見当たらず、調査は意外に難航しました。そして、ようやくたどり着いた聖書は、シェルシェウスキー（Samuel I. J. Schereschewsky）という中国派遣の聖公会宣教師によって1898（明治31）年に刊行された新約全書であることがわかりました。

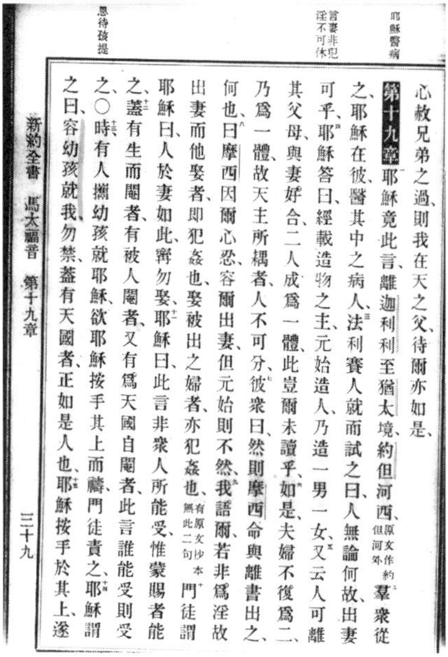
耶穌醫病
言妻非犯淫不可休
恩待孩提

心赦兄弟之過、則我在天之父、待爾亦如是、
第十九章 耶穌竟此言、離迦利利至猶太境、約但河西、（原文作約但河外）羣衆從
之、耶穌在彼、醫其中之病人、法利賽人就而試之曰、人無論何故、出妻
可乎、耶穌答曰、經載造物之主、元始造人、乃造一男一女、又云人可離
其父母、與妻好合、二人成爲一體、此豈爾未讀乎、如是、夫婦不復爲二、
乃爲一體、故天主所耦者、人不可分、彼衆曰、然則摩西命與離書出之、
何也、曰摩西因爾心恐、容爾出妻、但元始則不然、我語爾、若非爲淫故
出妻而他娶者、即犯姦也、娶被出之婦者、亦犯姦也、（原文抄本有無此二句）門徒謂
耶穌曰、人於妻如此、寧勿娶、耶穌曰、此言非衆人所能受、惟蒙賜者能
之、蓋有生而閹者、有被人閹者、又有爲天國自閹者、此言誰能受則受
之、○時、有人攜幼孩就耶穌、欲耶穌按手其上而禱、門徒責之、耶穌謂
之曰、容幼孩就我、勿禁、蓋有天國者、正如是人也、耶穌按手於其上、遂

新約全書　馬太福音　第十九章　三十九

写真　5

シェルシェウスキーは、C・M・ウイリアムスに代わって聖公会の中国の主教になり、この『新約全書』は東京で刊行されたものでありました。

たまたま立教大学には、シェルシェウスキー本人から同僚のウイリアムスに献呈された署名本が所蔵されていました。それをみると、

容幼孩就我、勿禁　（写真5）

となっているのです。滝乃川学園の創立者石井亮一は、ウイリアムスの創立した立教大学校の教え子であり、ほかにも石井が滝乃川学園に遺した聖句をみると、同じようにシェルシェウスキーの『新約全書』の言葉が用いられています。

石碑ではわずかに5文字で書かれている部分ですが、『新共同訳』でみるとしましょう。

子供たちを来させなさい。わたしのところに来るのを妨げてはならない
（マタ19:14）

となり、単純な比較は無理にしても、こちらは 31 字になります。ここに、日本語聖書が出来たにもかかわらず中国語訳聖書の愛好された一面が表れているのではないでしょうか。すなわち簡潔明瞭という点であり、これは翻訳にとり重要な要素であることを物語るとおもわれます。

聖書の口語訳が刊行されたとき、多くの非難を浴びましたが、とりわけ文学者たち、塚本邦雄、木下順二、丸谷才一氏らによる非難は強烈で、語彙、厳粛、簡潔、リズムなどのうえで、いずれも「明治元訳」、「大正改訳」に軍配をあげていたことを思い出します。

いずれにせよ、このように聖書の日本語訳ができても長く中国語訳聖書が愛用され、しかも、その日本語訳聖書が、訳語からみると中国語訳聖書の影響を強く受けている実態があります。そのことは、実は、「神」や「愛」をはじめ、キリスト教の受容をも訳語の枠内に限定を招きました。

中国語訳での「神」と「愛」にも問題あるうえ、それが、同じ文字を使っていても、中国語と日本語とでは、またニュアンスが違うにもかかわらず、そのまま日本のキリスト教に受け入れられた問題です。それは、日本のキリスト教の神観、隣人観に影響を及ぼさずにはいられなかったとみています。その意味で私は、キリスト教というと、ともすると西洋から来たもののように言われてきましたが、その言葉に盛られた思想をみる限り、キリスト教は中国から来たといいたいのです。

〈風景4〉　荻野吟子の記念碑

その石井亮一が、1891（明治 24）年に起こった濃尾大地震で被害にあった孤児を引き取り、最初に開設した場所が、日本最初の女性医師として知られる荻野吟子の下谷にあった家でありました。彼女は、これより 6 年前の 1885 年、医師国家試験に合格、本郷教会で海老名弾正牧師から受洗しました。

彼女の記念碑が、埼玉県俵瀬（現在の熊谷市）の生地に建てられています。利根川べりの田園風景豊かな場所で、同地には 5 月 1 日に荻野吟子記念館もオープンしたと同日の NHK テレビで報道されていました。そこに建つ石碑には、「女史愛唱の聖句」として次の言葉が刻まれています。

　　人その友のために己れの命を

捐つるは是より大なる愛はなし（写真6）

　ヨハネ伝15章13節の言葉であります。これを「愛唱の聖句」として選んだわけは、彼女の遺したメモノートに、その聖句が二箇所も見出されるからでありましょう。その一方には次のように記されています。

　人その友の為に己れの命すつるハ是より大なる愛ハなし（写真7）

　残る方は、

　　人其己の友のために命を捨るこれより大なる愛ハなし

　これを「明治元訳」とくらべるならば、

　　人その友の為に己の命を捐るハ此より大なる愛ハなし

　いずれも少々言葉の相違は認められるものの、「明治元訳」によっていることは明らかであります。彼女に洗礼を施した本郷教会牧師海老名弾正によりますと、彼女は目が悪いために自分用の聖書を大きな字で書き写して作っていたといわれます。若干の相違は写し違いもあったかもしれません。

　荻野吟子の時代、つまり、その受洗した1887（明治20）年は、委員会により新旧双方の聖書が完成した年であります。それ以来、彼女が世を去る1913（大正2）年ごろまで、彼女のみならず多くの信徒は、この「明治元訳」を用いました。

　ちなみに「大正改訳」の該当部分をみ

写真　6

ると、

　　人その友のために己の命を棄つる、之より大なる愛はなし

となり一見大差はありません。しかし「明治元訳」では、「スツルハ」と「ハ」が入って、なんとなく間延びしていてリズム感がよくありません。荻野吟子が一方の引用では、「ハ」を抜いて記しているのも当然であります。その点「大正改訳」は「棄つる」と連体形で切り、すっきりしました。

　また「スツル」にあたる漢字も「明治元訳」は「捐る」としています。これが「大正改訳」では「棄つる」の字になっています。語源的にみると単に「捐る」が、骨付きの余った肉をすてること、または死体をすてる意味であったのに対して、「棄つる」は子供をちりとりで棄てるようなひどい棄て方を表したらしいです。(白川静『字統』平凡社、1992年)。原語のニュアンスはもちろん大切だが、聖書の精神訳ということをいうならば、「棄つる」の方がすて方としては徹底しているように見受けられます。翻訳における文体と語感の大切さを語っています。

〈風景5〉　国会図書館

　最後に、聖句の風景として国立国会図書館の中央出納台正面の壁面に、大きく書かれた言葉について語りましょう。そこには左方に日本語で、

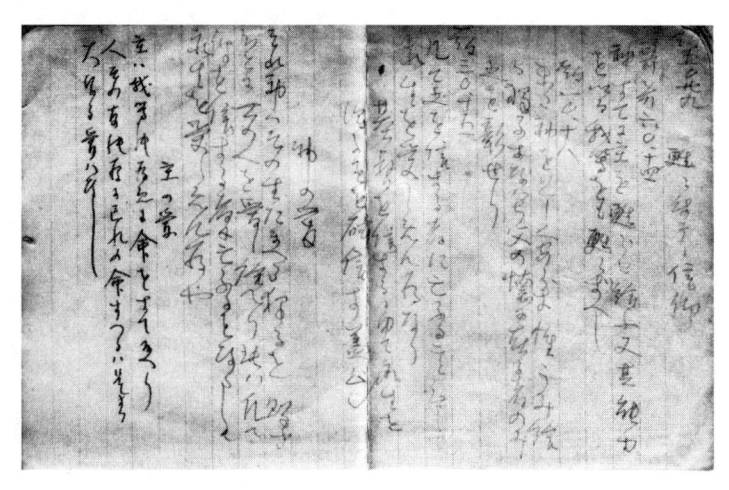

写真　7

真理がわれらを自由にする
　　（写真8『国立国会図書館三十年史』1980年）

とあり、右方にはギリシア語で、

　　Η　ΑΛΗΘΕΙΑ　ΕΛΕΥΘΕΡΩΣΕΙ　ΥΜΑΣ

と刻まれています。
　後者は明らかにギリシア語聖書のヨハネ伝8章32節から引用されています。ところが、前者は、聖書では「汝らに」となっているのに対して「われらを」であります。
　その由緒をたどると、国立国会図書館法の前文に、この文が記載されていることが根拠となっています。当時参議院議員として国立国会図書館運営委員会委員長の役職に就いていた羽仁五郎が、実際はアメリカ人によって作成された法案になんとかして加えさせた文章といわれています。
　羽仁自身は、これにつき、ドイツのフライブルク大学の図書館に Wahrheit wird man frei machen とあるによったと後に述べています。ルター訳の聖書でも man の部分が euch（なんじらを）になっています。情報の公開がいかに大切かをうたいたかったためと羽仁は述べています。法案の成立までの国会の会議録をみると、同法案の審議段階から羽仁は、繰り返しこの言葉を用いていることがわかります。

写真　8

　この言葉については、その後もさまざまな意見や批評が出ています。（稲村徹元・髙木浩子『「真理がわれらを自由にする」文献考』、『参考書誌研究』35、1989年2月）。ところが意外なことに、この言葉と自由学園との関係については、いまだ正面から論じられていないように思われるのです。

羽仁五郎は、1926年、自由学園の創設者羽仁吉一・もと子の娘説子と結婚しています。自由学園の「自由」が、聖書の「真理はなんじらに自由を得さすべし」によっていることは、現在では同学園の案内などで公然とうたわれています。
　ただし、1921年の創立時からはっきり意識してうたわれていたかとなると、その辺はまだ明らかでないようであります。管見によるかぎり、1936（昭和11）年に『婦人之友』に発表された羽仁吉一の文章のなかに、その「自由」が聖句に起因していることが明らかにされています。当然、その10年前に結婚していた羽仁五郎が、知らないはずはありません。
　したがって、羽仁五郎は、言葉の直接的示唆こそフライブルク大学から受けたかもしれませんが、その基盤は、十分自由学園によって形成されていたとみたいのです。そうなると、ここでの「真理」は、ただ知識が情報としてわれわれを自由にするだけにはとどまらなくなります。より深い次元での人間存在の根源的解放としてはたらく「真理」となるのです。

## まとめ

　少し駆け足で日本の風景と化した聖句の一部をみてきましたが、かつての俳人芭蕉の句碑が、今や日本の各地にみられ、その地の風景と化し、観光地にもなっているのをわたしたちは経験しています。俳句の句碑や短歌の歌碑は、オスカー・ワイルドの言葉のように「自然が芸術を模倣する」現象を生みます。それを読むことを通して、そこの風景の再解釈をうながし、人の心にも新たな情景を加えるようになります。
　長崎、神戸、横浜、函館に行ったとき、きまって感じる思いは、そこでは教会が実によく、その所の風景になじんでいるという点です。そして大浦天主堂は、キリシタンに対する過酷な弾圧と信教の自由の大切さを訴えてきます。
　そのように聖句が日本の風景に化するとするならば、聖句の方から見れば、聖句つまり聖書の言葉のそれなりの土着を物語るでしょう。他方、聖句の句碑からみれば、それを通して、そのある風景を聖書の世界化するともいえましょう。

　今回、特に御協力を下さった北海道せたな町の教育委員会、鹿児島の森越まやさん、自由学園の村上たみさんに心からの感謝を申し上げます。

（すずき・のりひさ　立教大学名誉教授）

# 日本ハリストス正教会の聖書翻訳
―― ニコライ大主教と中井木菟麻呂 ――

松平康博

## 東方正教会

　初代キリスト教の形態をそのまま継承しているキリスト教であります。いくつかの自治教会から成り立っており、普通的交わりにありながら、それぞれ独自の教会政治の形態を保っています。主なものは成立順にあげれば、シリア、ギリシャ、ルーマニア、ブルガリア、セルビア、アルバニア、ロシア等であります。また北米には以上の各民族教会の大主教区があります。ユーゴスラビアの大部分は正教会であります。

　特徴としては、神学と礼拝が神秘主義的性格を持っている点、および教会がそれぞれの置かれている国民文化と密接な関係を持っている点、〈土着化〉が西方教会と異なります。その典礼と聖書は各国語に翻訳され、その過程はその国の文学の勃興に大きな貢献をしました。

　東方教会の聖体礼儀は荘厳で大変美しい古代的なものであります。通常は5世紀頃に編纂されたイオアン・クリザストムの聖体礼儀を用いていますが、年10回はそれ以前に編纂されたカッパドキアの聖大ワシリイのものもありますし、その他グリゴリィ(ローマのパパーグレゴリウス1世)の先備聖体礼儀もあります。

## 東方正教会、日本への伝道とニコライ大主教

　989年キエフのウラジミール大公が受洗し、ギリシャ正教がロシアに伝道され、これがロシアの国教となりました。

　1858年、日露間に和親条約が結ばれ日本の北の玄関、函館にロシア領事館が設立されます。現在の函館ハリストス正教会はロシア領事館付属の教会として出発しました。最初この領事館付教会に長司祭マアホフが勤務いたしましたが、赴任後1年ならずして病のため辞職帰国いたしました。そこで領事ゴシヴィッチは露国聖務院に、神学大学の卒業生中より選抜して司祭となし派遣してくれるように要請しました。これに答えたのが、ちょうどその時ペテルブルグ神学大学卒業生だったイオアン・ディミトリヴィッチ・カサーツキン青年（後の大主教ニコライ）でありました。自ら日本伝道を志して1860年8月1日、万里遠征の途につきました。シベリアを横断し、日本への航路のあるニコライフスクに到着したのが10月でありました。時恰も冬期に入り日本への航路はすでに閉鎖されていました。やむなく翌年春までそこに滞在し翌1861年（文久元年）4月、諸港湾を廻航する軍艦アムールに乗船、同年6月2日（日本暦14日）函館に上陸しました。

　しばらく生活してみて気がついたことは、自分がロシアで聞かされていた事とは大分様子が違うということでした。日本人は「獰猛剽悍（すばやくあらあらしい）で外人を見れば殺戮してその肉を食う」というものでありました。ところが目にしたのは、風光明媚、気候温和、国民が温良で礼儀正しいことでありました。特に彼の心をひきつけたのは上流階級たる武士の精神でありました。「彼等が廉潔にして財利を疎んじ、節義を重んじ、然諾を苟しくもせざる態を見て、深く愛憐の情を発した」と述べ、この民の為に自分の一生をささげることを決意しました。もともと彼の志望は領事館付司祭でいようとは思っておらず、日本国民の教化にありました。従って前述の東方教会の伝道方法に則って、その国の言語、風習、風俗習慣、文化を取り入れて、土着化の伝道であります。

　しかしこの時、日本は切支丹禁教令がひかれていました。ニコライ師は寧ろこれを好機ととらえ、早速日本語の研究を始めました。秋田大館の人、木村謙斎を国語の師となし、次いで国史を研究、旧来の教育法を観察して儒教、仏教より、日本美術の精粋をも究めました。かかる事業はもとより一朝夕にして成し遂げるものではありません。将来の宣教の準備としてこれらの研究に費やした時日およそ7年におよびました。儒教は経書史伝を渉猟、国書は古事記、日本書紀、大日

本史より歴史小説に至るまで読破しました。仏教については学僧について大乗、小乗の諸説を学びました。芝増上寺へも出掛けて話を聞いたそうです。この他日本の美術についても深い趣味をもっておりまして、その着眼点が、他と異なっておりました。師はかつて言われたことがあります。「予は日本の美術品を見て実に驚いた。斯様な高尚優雅な美術は世界無比であろう世上の美術と称するものは大抵外観皮相の美に過ぎないのに、日本の美術になるとその美は内容に含蓄されてある。私が若し宣教師でなかったら、日本の美術を世界に紹介する事に任じて、之が為に一生を捧ぐるも尚充分の仕事を成し得ないであろう」。明治 25 年から 26 年頃、ロシアから観光団が初めて日本に来ました。その時その団長に、「まず上野公園の博物館を見なさい。その中に聖武天皇時代の作といわれる漆器と金描の蒔絵の器があります。その精巧堅牢高雅妍麗なる実に世界に冠たるものである。」と薦めた点などでも、ニコライ師の日本美術に対する思い入れは大きかったと思います。

　この様な日本研究が、後に明治に入り禁教令が解けて伝道を開始すると、一気に数万の信徒を得る教勢の発展を見るのであります。


## パウェル中井木菟麻呂

　次にニコライ師の片腕となって約 30 年もの間、聖書翻訳、祈祷書の翻訳に携わった中井木菟麻呂についてご紹介申し上げます。

　中井木菟麻呂は安政 2 年（1855）6 月 11 日、関西の名高い儒学者で、江戸時代の大阪の学塾、懐徳堂の創立者、中井甃庵の子孫に生まれました。

　中井甃庵の子、中井竹山（号は積善 1730－1804）とその弟、中井履軒（1732－1817）の二大儒家は、懐徳堂の全盛時代を招来しました。この名学塾は明治維新の学制により、おしくも同 2 年閉校となりました。明治政府の教育方針の変更で新学制がひかれ、従来の学塾が廃校となり教師は小学校教師に移されました。中井木菟麻呂は若年のため 1 年間、天王寺師範に預けられ、同校第 1 期生として教員に採用されました。中井甃庵から数えると木菟麻呂は 6 代目になります。

　中井木菟麻呂の正教受洗は 1878 年（明治 11）であります。大阪に正教が伝えられたのは 1874 年（明治 7）ペトル笹川定吉という人によってでありました。そのた諸々の伝道者が東京から来阪し活躍した結果、初実の果として聴教者 33 名が受洗しました。中井木菟麻呂はその中に入っています。入信の動機は懐徳堂

と正教会の伝道講義所が近かったこと（現在の中央区今橋4丁目のあたり）と、昔から懐徳堂に住居していた名医古林見宜の子孫、見蔵が早く正教に接していてその人から正教の教理を聞いたことと、いいます。古林と一緒に1878年（明治11）洗礼を受けました。

　古林はそれからまもなく自給伝教者となり、正教伝道に身を捧げます。中井もそれに追従し、即日学校を辞し1880年（明治13）、播州加古川に転居し、その付近小野町、三木町、姫路を伝道して歩きます。遠く和歌山にも出掛けたという記録も残っております。

## ニコライ師の聖書翻訳事業

### 中井木菟麻呂との二人三脚で完成させた「我がイイスス・ハリストスの新約」

　正教会が外国へ伝道する時の鉄則は、その国の言葉で、そしてその国の文化、風俗、習慣と融合させ土着させることであります。従いましてニコライ師はまず日本研究から始めました。これはロシア、スラブ民族にギリシャ正教を伝えたキリール、メフォディの場合もそうでありました。キリール、メフォディはスラブ民族が文字を持っていないことを知り、まず文字づくりから始めます。文字を持たないといっても民俗間に多少あった、象形文字風のものとギリシャ文字を組み合わせてキリール文字を考案します。これが現在のロシア文字の元になっています。これからスラブ語の聖書翻訳の出発となりました。

　ニコライ師は7年間の日本研究の後、いよいよ各書物の翻訳に取り掛かります。1871年（明治4）には日々家庭でとなええる祈祷書「日誦経文」が発行されました。これを手始めに「聖体礼儀祭文」等まず祈祷書類が次々と翻訳されてまいります。

　この時分からニコライ師は格調高い聖書翻訳を目指していたと思われます。1871年（明治4）布教初期に受洗した仙台藩士に「聖書翻訳の必要があるから漢字に造詣深き人を同伴するように」と命じました。この意を承けた小野、笹川等は相談して仙台藩の老儒、真山温治を伴って函館に来着しました。彼等はみなニコライ師の館内に寄宿して教理の研究を始めました。この際ニコライ師は真山、小野を顧問として露和辞典を編纂しました。この書は露和辞典の嚆矢で世に言うニコライ辞書と称するものでありました。このスタンスは変わることなく続き、

後の新約聖書の翻訳の際、大阪の伝教士であった中井木菟麻呂を東京へ呼び寄せるもとになりました。

初期に翻訳した書物は、まだ活版印刷術も進んでいなかったので、ロシアから持ちこんだ石版印刷器を用いて、ニコライ師自らロシアで見学した事とその機械に添付してあった使用書をたよりにして、製版の薬品、墨汁の製法、機械の操縦を諸生に教え、これを指揮してニコライ師自ら訳した日誦経文、教理問答、聖書入門、祭日記憶録、聖経実蹟録等の諸書を刊行しました。

ニコライ師はこのようにして1871年（明治4）から永眠する直前、1912年2月5日に「聖五旬祭主日晩祷」（聖神降臨祭）が完成するまで続けられました。こうやって見ますと「新約聖書」の翻訳はずっと後の方の1901年（明治34）ですが、これには訳があります。それは1864年、北京で発行された「新遺詔聖経」（天子が死に際して残した詔）、漢文の福音経で充分事足りたので、「新約聖書」は後回しにされ、奉神礼に必要なものが先になりました。残念ながら旧約聖書の翻訳はできませんでした。しかし、正教会の奉神礼の中では旧約聖書の読みや引用がたくさんあります。まず1885年（明治18）に発行した「聖詠経」（詩編）は奉神礼のほとんどはこの「聖詠経」で組み立てられています。そのほか祭日に使用する「祭日経」、大斎の期間に使用する「三歌斎経」ではパレミアと呼ばれる旧約聖書の読みが随所にあります。これは完全に訳されております。奉神礼を支障なく執り行うようにこちらの方が優先されました。このような事情から「新約聖書」の翻訳が後回しになり、「旧約聖書」にはついに手が届かないでおわりました。

ニコライ師と中井木菟麻呂の二人三脚で始まった「我が主イイスス・ハリストスの新約聖書」の翻訳は、兵庫県加古川地区で伝教活動をしていた中井に1881年（明治14）9月に上京を命じたその時から始まります。毎朝午前7時半から正午まで、夕方午後6時から9時までの一日7時間半の作業です。この間諸種の事務員、その他、公私の用向きのある者来訪してきても、わずかに中井の執筆を止めて要談をすませる程この翻訳の時間を大事にしました。翻訳のテキストはギリシャ語原書並びにスラブ語、ロシア語の聖書を採用し又参考書としては二種類の英訳聖書や聖師父達の聖書註解類を用いました。

日本語への翻訳を行うときに最も苦労したのは、日本の宗教語は仏教や神道の思想がベースになっておりますので、翻訳に言葉を選ぶのに特別な困難を生じます。時にはひとつの漢字を選ぶのに、ニコライ師と中井は長時間にわたって検討

を続けることもありました。ニコライ師が翻訳したものを中井が完璧な日本語に直し、それをさらに厳密な調査をし、当時知名の国語学者、大槻文彦氏、落合直文氏、林甕臣（みかおみ）氏につきて意見を聞き、これを参考にし、最も正確に、最も信憑するに足るべく文法上の規則をふまれした。またひとつの文章の翻訳をめぐって、正教にふさわしい表現の仕方はないか、信徒の考えを聞かせてもらいたい、という依頼が、主教書簡として全教会に送られることもしばしばでした。

　ニコライ師はその翻訳の仕事において他を模倣することが全くありませんでした。この点は極めて厳格でありまして、次のように語っていることでも伺えます。「自分の方針として、カトリック訳の聖書もプロテスタント訳の聖書も決して読みません。それらの訳の影響を受けたり、知らない間に何かを借りてきたりする恐れがあるからです。自分の正教理解を出発点として、自分で日本語のさまざまな難しさを克服し、正教のテキストに合致した言葉を探す。」この翻訳姿勢から、いわば全く独自な日本語の正教神学語彙集が作成されたのでありました。これは学問上大きな意義をもつ膨大な語彙収集の業績であります。ニコライ師の訳語は、正教会スラブ語ならびにギリシャ語の単語の正確な訳語なのであります。

　ニコライ師の使用した語彙の中でよく注目されるものに「聖神」（せいしん）というのがあります。これは他の日本語訳聖書では「聖霊」とか「御霊」と訳されている言葉でギリシャ語の「プネウマ」、ロシア語の「デゥフ」ですが、ニコライ師は「霊」という語の仏教的なニュアンスをきらい「聖神」を採用しました。これは古くから漢文聖書に用いられているものでした。さらにこれに読み違えのないようにと神の字の右肩に「○」をつけた「神°」という字を作りました。したがって三位一体をあらわす「父と子と聖霊」は正教会では「父と子と聖神」となります。それともうひとつユニークなものに「生神女」があります。「聖母」とはいいません。これはギリシャ語の「テオトコス」＝「神を生んだ女」の忠実な訳であります。

　このようにして出来上がったニコライ師の翻訳について「原文の意味を正確に伝えている」という定評の一方、日本の一般大衆にとってはかなり難しい漢字が使われているという指摘があります。特に日本の正教会では現在でも奉神礼に明治時代に訳されたそのものを使用しておりますので、時代錯誤ではないかとかなり厳しい批判を受けることもしばしばです。しかし、ニコライ師自身このような指摘に対しこうに述べております「私は、福音書や奉神礼用諸書の翻訳が大衆の教育程度まで降りてゆくべきではなく、逆に信者たちが福音書や聖体礼儀用諸書

のテキストを理解できるところまで昇ってゆくべきだと考えておるのです。福音書に卑俗な言葉を用いることは認め難いことです。全く同じ意味の漢字あるいは言い方があって、日本人がそれを読みまたは聞いたときに両方とも同じ品位を感じるという場合であれば、もちろん私は一般に広く用いられているほうを採ります。しかし、翻訳の正確さという点になると、たとい日本ではあまり知られていない漢字を使わねばならないとしても、いささかの妥協もする気はありません。私の翻訳を理解する日本人が時にはかなり神経を集中して読まなければならないということは私自身感じています。しかし、その理由の大半は、日本人にとって正教そのものが新しいことだというところにあるのです。そのような批判は最初の頃はもっと強かったのです。私たちの翻訳局の事業が発展してゆき、日本で正教神学の書物が出版されてゆくにつれて、日本人はおのずと正教、キリスト教の考え方に慣れてきて、それによって私の翻訳も前より理解されるようになってきているのです。」つまり、ニコライ師は世評を気にせず、元来聖典を学び会得するためには、それなりの訓練と学習を必要とするものだという考えが根底にあって、聖書のレベルを民衆の知的レベル合わせて下げるのではなくて、むしろ聖書のレベルに民衆を引き上げるのだという主張であります。

　最後にまとめといたしまして、2004年まで東大にロシアから留学生として日本に滞在しておりましたアレクセイ・ポタポフ氏の修士論文「明治期日本の文化における東方正教会の位置および影響」から引用させていただきますと、ニコライ師の聖書翻訳の特徴は次の7項目にまとめられます。

①人名・地名がロシア語の発音をもとに表記されている。
②儒学者、中井の影響か、かなりかたい漢文調の文章となっている一方、聖なる言葉にふさわしい格調高さをそなえている。
③直訳に近いところもあるが原文の意味を忠実に伝えようとしている。
④予備知識がないと、読みにくい。しかし、慣れれば非常に質の高い翻訳であることがわかる。
⑤正教会特有の用語を使用している。
⑥教会スラブ語、ロシア語、ギリシャ語原文を含め、複数のテキスト（ラテン語訳聖書や英語訳聖書も）を使用している。
⑦聖師父（教父）の註解書を参考にしている。

このような過程を経て翻訳された結果、新約聖書の珠玉として世に誕生しました。

（まつだいら・やすひろ
日本ハリストス正教会教団札幌ハリストス正教会長司祭）

# III

# 教会・社会・文化

# 聖書の読み方
―― 改めて問う ――

　　　　　　　　　　　　　　　　　　　　　　　　　加藤常昭

はじめに

　まず、お手元のパンフレットに私の言葉を書いておきました。「私は説教者です」ということから始まる文章であります。今日はそこに書いてあることを中心に、お話しすることにいたします。
　実はこういうお話をするときには、私はかなり丁寧に準備をいたしまして、皆様に資料を配ります。時には、いちいち聖書を開いていただくことを避けて、聖書の言葉まで印刷した何ページかのものをお渡しするのですが、健康上のことがあり、自分のための簡単なメモを作ってくるのが精一杯で、今回はそれをお手元に用意することができませんでした。もちろん説教のときには、そういうような資料は用意いたしません。そういう意味では、今日はちょっと説教と気分が似ているなと思っています。従いまして、皆さんにはただ耳で聴いていただくことになります。
　しかし、これはもしかすると神様の摂理であります。私がここでお話ししたいことのひとつは、言葉というものは、目で読むものあるいは目で見るものではなくて、耳で聴くものであり、特に聖書を理解するときに、そのことがとても大切なことだということです。
　これは今、私がひとりで言っていることではありません。多少皆様が気をつけて、外国の文献などを読んでご覧になっても気がつくことで、聖書をもう一度耳で聴く、聖書の言葉を耳で聴くということを学ぼうということを、主張する動き

はかなり強いと言うことができると思います。私の論点のひとつは、まず、そこから始まります。

今日も、皆様が目に見るものはお手元のパンフレットにある私の短い文章だけで、ほかにはないわけですから、聴くことに集中しなければいけません。皆様の中には聴くことが上手な方もあるかもしれませんけれども、これが案外、我々にはやさしいことではないのです。

## 聖書の言葉を〈聴く〉こと

例えば、こういうことがあります。私は牧師を引退いたしまして９年になりますが、その間、特に集中してやってまいりました仕事は、説教塾の勉強を手伝うということです。この説教塾は来年で結成20年の時を迎えます。現在は九州から北海道まで同志がおりまして、年間11回、12回というペースで合宿のセミナーをいたします。そこで短いときは３日、長いときは５日間かけまして聖書の言葉を読み始める。初日にまず黙想をするということから始めて、最終日にはとにかく説教を仕上げるということで、そこに集まっている者の前で選ばれた者が説教をして、批評を受けて終わるという作業をいたします。

この説教塾に参加して勉強をする方たちは、教派の枠をはみ出ておりまして、日本基督教団だけでなくて、10教派を超える教派の牧師の方たちが、とても熱心に勉強をしております。

説教塾で、私はいろいろな経験をします。私は教師が教えたいと思うことを、ひと言言えば通じるのかと思っていたのですけれども、どうもそうではなくて、何度言ってもわからない、なかなかやってくれないということもあります。特に身に付いていることを変えてほしいと言うときには、とても難しいのです。

例えばそのひとつは、とても簡単なことです。誰かが聖書を読みます。絶えず聖書を読んでいるわけですから、誰かが聖書を読もうとすると、必ず他の牧師たちは聖書を開く。例えば、朝に夕に祈りをいたします。話をする者が「聖書を読みます」というと、みんな、すかさず聖書を開く。私は「聖書を開かないで、耳で聴くということをしてくれたらどうか」ということを何度も言うのですが、聖書を読むと言われたらパッと開くということが身に付いているのです。開いてから、慌てて読まない振りをしているということも起こります。

聖書を耳で聴く。これは何でもないことのようですけれども、とても大切なことです。実は私もあまり偉そうなことを言うことはできません。私がこのことに気づいたのは、だいぶ経ってからです。

1965年、私は初めてドイツに行き、しばらく研究生活をしました。厳密に言うと、教会の伝統によってちょっと違うところはあるのですが、ドイツの教会の礼拝に出ますと、基本的には誰も聖書を持って来ません。日本のプロテスタントの者には考えられないことです。聖書を持って来ないなんていうことは、とんでもない不精ということになるわけです。しかし、ドイツの教会では誰も教会に聖書を持っては行きません。

アメリカの教会ですと、よく会衆席の前に聖書が立ててあって、それを開いて読むことができるわけですけれども、それもない、賛美歌しか置いてない。司式を行う牧師が聖書を読み、聖書の個所を申しますと、みんな起立します。これはほとんどの教会でそうなのですが、賛美歌を歌っているときは座っていますけれども、聖書が読まれるときには全員が起立するのです。

ただ、私のような外国人は、耳で聴くだけでは正確に聴き取れないと思ってしまうものですから、初めはそれでも聖書を持っていて開いて、聖書の朗読を立って読みながら聴いたのですが、あるとき、これは間違いだということに気がついたのです。それで、私も教会に聖書を持って行くけれども、礼拝の間は開かずに、耳で聴くようにしました。そのときに「あぁ、そうか、聖書の言葉というのは、まず耳で聴くものなのだ」ということを知ったのです。

## 聖書を開くという学びの姿勢が招く問題点

「聖書の言葉というのは、まず耳で聴くものなのだ」。このことを日本の仲間にもぜひ体験してもらおうと思ったのですけれども、いまだにうまくいっていません。私が長く牧師でありました鎌倉の教会の人たちも、いまだに聖書をパッと開く癖があって、これは改めることができないのです。

改めることができないというところに、いくつかの問題があると私は見ております。

まずひとつ、なぜ聖書の言葉というのは、目で読むのではなくて、耳で聴くものなのか。それがなぜなのかということが、よほどよくわからないと、この長年の習慣を超えることはできません。

聖書の読み方（加藤）　389

もっともドイツの友人たちが日本に参りますと、逆の感想を持つようです。あるドイツの友人が日本から帰国したあとで報告を書いたのですが、その報告を読んで、私は苦笑してしまいました。「日本のキリスト者というのは熱心である。教会の集会に来るときにも、必ず聖書を持ってくる。牧師は何かというと説教の中で聖書の言葉を引用したりする。そして、みんな必ず聖書を開いて読む」と感心しているのです。

　私は、なるほど、そういうとらえ方もあるかなと思いました。けれども、私のほうから言うと、今の説教の中での引用というのは、最初に、説教で説くべき御言葉として聖書を読んでいるのですが、実はそれ以外の聖書の個所を引用しなければならなくなると、説教者はつらいことになります。

　例えば、イザヤ書の第63章の何節以下などと言うと、そのことを聴いていた方たちは必ず探します。イザヤ書ぐらいならまだいいかもしれませんけれども、マラキ書とかハガイ書などというと大変です。やっと見つけたころには、私はもうさっさと先をいっているのです。

　引用するたびに、いちいちそこを開くのですから、どうしても開いて読んでいただこうと思うときには、旧約聖書の何ページにあるということを言わなければいけないし、それから全体をずっと見渡して、全員が開くのを待たないといけない。しかし、そうしていると説教の流れが止まります。

　もうひとつ、説教をしながら、牧師が「開いてください」と言うテキストと、それをしないでさっさと読むテキストとでは、重みが違うのかということもあります。このことを考えると、また話がおかしくなってくるのです。

　またもうひとつ、私はよくヨーロッパの説教者の説教を翻訳するのですが、訳すときに、おもしろいと思うことがあります。その説教の中では日本の説教者と同じようにほかの聖書の個所を引用いたしますけれども、どの引用であるのかその個所を明らかにしていない説教のほうが多いのです。ところが、私がそれに従って、これはどこの個所の引用だということを明らかにしないまま原稿を渡すと、日本の出版社の方は「それは困る。どこから引用したのかを全部明らかにしてもらいたい」と言います。ですから、こちらは英語やドイツ語など外国語のコンコーダンスを用意し、私がよく覚えていない言葉はコンコーダンスで調べて、どこからの引用かということを明らかにしなければいけないことになるのです。

　繰り返して言いますけれど、こういうまず聖書を開いて読むということを基本とした聖書の学び方が身に付いているということは悪くはないのです。確かにド

イツの友人が感心してくれるように、我々のよい習慣とも言えます。日本のプロテスタント教会は、あるいは、無教会の方たちが代表しているかもしれませんけれども、とにかく、そのようにして聖書を学ぶことによって育ってきた教会であり、キリスト者たちであると思います。しかし、まず聖書を開くことが、御言葉を目で読んで学ぶということに固執する姿勢を生むということは否めません。果たして、それだけでいいのだろうかと、私は思います。

## 聴く大切さを知るためのヒント ——先に読むことの一長一短——

　前述の疑問を解き明かすためには、こんなことを考えてくださってよいと思います。

　先ほど、私は説教のときはあまりレジュメを作らないと申しましたが、時には説教でもレジュメを作る場合があります。もっとも正しく言えば、レジュメを作るのではありません。例えば、ドイツ人の友人が、私が日本語で説教をする礼拝に出てくれることがあります。そうしたとき、場合によっては、用意した日本語の説教よりももっと丁寧に、その日に説教する文章をドイツ語で書いて渡すのです。

　そうすると、どういうことが起こるか。実際にドイツ人の友人が来て、私がそのようにしたときのことをお話ししましょう。友人とはいえ、お客さんですから、私の目の前に座っている。説教をしながらも、気になって見ていましたら、彼は日本語がわかりませんから、私が説教をしている間に、前もって渡しておいたドイツ語の説教の原稿をスーと読んでしまう。あっという間に読んでしまったのです。あとは何もやることがない。そのときに私は「あぁ、そうか」と思いました。

　また、例えば、私が講演や講義を行う場合には、その場で何を話すかということを丁寧に書いたレジュメを事前にお渡しします。話の進み具合に従ってそれを読んでいく方も少しはいますけれど、多くの方はほとんどそれをまずすっと読んでしまうのです。ですから、ほとんどの方はこの講演はどこまでいくか、先をちゃんと知っていますし、聴きながらも今はどのあたりの話かなどと思っているわけです。

　あらかじめ講演の内容をつかんでおくということも必要かもしれません。けれども、そうしたときに何が起こるかと言うと、「この先生の言うことは結局わかっている。どういうことなのかというのはもうわかった」ということで、その場で

講師が語るひと言ひと言に、本当には耳を傾けてくれないということが起こるのです。
　渡辺善太という、私が非常に尊敬している説教者がおられました。晩年は銀座教会で説教をなさいました。この先生の説教はたいへんおもしろくて笑わせるものなのですけれども、ひとつの特色があります。先生は若い時分にはきちんと原稿を書いておりましたが、晩年はあまりきちんと原稿を書かなくなりました。けれども変わらなかったのは、説教の最初に、今日、私が話をしたいことはこういう題の話であって、第1にこれこれ、第2にこれこれ、第3にこれこれと言ってしまうことです。話したいことをすべて言ってから話を始めるのです。
　私はそれを聴いていたときに、これは私には真似ができないと思いました。なぜかと言うと、最初に説教の内容をすべて言っておくと、聴いているほうは「もうわかった」と、先を聴いてくれない恐れがあるからです。しかし、渡辺先生の場合には、我々は「あぁそうか。では、この先生はそれをどう説き明かすのだろう」という関心が向きますから、大いに笑わせていただいたり、だんだん集中してお話を聴くことができます。けれども、これは渡辺先生でないとできないことであったと思います。

　今申しましたことを別の角度から考えると、次のように言えると思います。皆さんも小説をお読みになるでしょう。実は私は子どもの時分からの悪い癖で、特に推理小説を読み始めると先が気になってしょうがない。短編ならまだしも、長編だと1回では読み終えない。どうなるかと思って、どきどきはらはらしながら読んでいくうちに、我慢できなくなって先に終わりを読んでしまう。真犯人は誰かということを突き止めてしまう。そうして、やっと、安心して前から読むというわけですが、そのときに推理小説を読む楽しみの半分以上は消えるのです。はらはらや、どきどきはなくなるのです。
　推理小説はある出来事を語っていくわけです。作家によって書き方はいろいろでしょうけれども、犯罪事件が起きて、それにいろいろな人がかかわって、それを名探偵が解きほぐしていくというのは、それはそれなりのドラマティックな展開があるはずです。初めに真犯人と思われた人がそうでないなどというのは、よくあるパターンですけれども、読んでいる人間が、作家が一所懸命に犯人に仕立てている人を、「何、こいつは真犯人ではないのだ」と読むのか、一緒になって「この人本当に疑わしいのかどうか」と思いながら読むのとでは、まったく話の

進み方が違う、あるいは、読み方が違う。もっと別の言い方をしますと、そこでの小説経験が違うのです。

　ある意味で、筋を追って推理小説を読むのと同じように、耳で聴いているだけの言葉というのは、ここから先どうなるかわからない。思いがけない展開もあるかもしれない。また、話を聴きながら、たぶんこうなるだろうと思っていると「あぁ、私の思ったとおりだ」ということになるかもしれません。

　話をしている人間とそれを聴いている人間との間には、いろいろな対話が起こるのです。皆さんも、心の中でいろいろなリアクションをしていることでしょう。「何だ、こんな詰まらない話をいつまでもやっているのだ」と思ったり、「なるほど、これはこの先が楽しみだ」と思うことがあったり、「なるほど、言われるとおりだ。私にもそういう経験がある」と思って、しばらくそこから連想が飛んでいったりと、そういうことが起こるのです。

## 対話と独り言 ——言葉の行き交いの中での対話——

　ドイツで生活をしておりましたときに、こういう経験をしたことがあります。東ドイツに私はよく行きました。東ドイツの教会とは非常に厳しい戦いをして、いろいろなことで親しくなったものですから、6回も7回も客として東ドイツの教会に行きました。そのため、東ドイツ国家には私はだいぶにらまれておりまして、東ドイツがあと2年ぐらい続いていたら、あなたは確実に逮捕されていたであろうなどと言う人がいるくらいです。

　ある時、ある町の教会に行きました。私は客として、その教会の話し合いの会に出席したのです。その会は土曜日の午後6時半から始まりました。礼拝堂ではなくて、教会堂の前のところに大きなホールのようなところがありました。上に通じる階段もありまして、そこの階段にも皆が腰掛けて、もうびっしりでした。そこで夜11時まで話し合ったのです。

　私は絶えずドイツ語で議論しなければならなくて、もうろうとしてきたものですから、司会をしている長老に「もうよしましょう」と言いました。疲れたと言うと失礼だと思うので「明日は日曜日、礼拝に来なければいけないから、もうよしましょう」と言うと、その長老は「明日の礼拝には、俺は来ないから、まだやろう」と言うのです。「あなた、長老でしょうが、どうして明日礼拝に来ないの」と聞くと、「明日は、たった1人の男が1人でしゃべるだけで、今夜みたいに、

俺たちが言いたいことを言える集会ではない。だから、明日来る必要はない」と言う答えが返ってきました。私は隣にいた牧師に「あなたはあんなこと言われて黙っているの」と言ったのですけれど、その牧師は困ったような顔をして返事をしませんでした。

私はたまりかねて、そういうのと話は違うだろうと言ったのですけれど、長老も負けていません。「今日やっているのは〈対話〉だが、明日の話はモノローグだ。1人の男が〈独り言〉を言うだけで、我々は我慢して、それにつきあうだけだ」と言うのです。

こういうとらえ方というのは案外あるのです。当時、これは西ドイツでもそうだったのですが、説教というのは対話ではないのです。牧師が言いたいことを言っていると考えられているのです。そこで〈対話的な説教〉をしなければいけないということが課題として浮かび上がってきます。

毎年、カトリックとプロテスタントが交代で信徒大会というのをいたします。ある年の信徒大会で、私の友人である牧師が責任をもって作った礼拝のプログラムがありまして、「ぜひ聴きに来てくれ」と言われたので、それに基づく礼拝に行きました。

その礼拝では、説教者は1人ではなく、3人の信徒が別に立ちました。そして、いよいよ説教になりますと、まず3人の教会員が読まれた聖書の言葉について、いろいろ言うのです。そこに牧師が登場して、その3人とちょっとやりとりをして、最後にメッセージを語って終わるのです。

一所懸命によく準備をしたのだろうと思います。終わりましたら、その牧師が「どうでしたか、加藤さん」と聞いてきたので、「少しもおもしろくない。あれは対話ではない」と私は答えました。「なぜですか?」と問われたので「脚本はあなたが書いたでしょう」と返すと、「1人で書いたわけではないけれども、みんなで一緒にセリフを決めてやった」という返事が返ってきました。

そのことは聴いていて、すぐわかりました。ちゃんと牧師がオチをつけられるようになっているからです。本当の対話だったら、牧師がどう答えていいかわからずに立ち往生するということもあるだろう。また、延々と議論が続くということだってあるでしょう。

「ドイツの教会の説教というのは長くても25分、いや25分やったら叱られる。大体20分です」「20分で対話を終わらせるなんて、そんな芸当などできるわけないです」「その通りだ。しかし、あなたが言うとおりに信徒たちに自由に

しゃべらせてごらんなさい。いつ礼拝が終わるかわからない」と会話は続きました。そして、「あなたはどうしている？」と聞かれたので「私はそんな必要は感じない」と答えたのです。

　確かに日本の教会に帰ると、私は1人で説教をします。しかも45分も50分もやります。しかし、40分も45分も自分が独り言を言っているなどと考えたことは一度もありません。教会に集まってくる人たちは、みんな聞き耳を立てている。そして、私が説く聖書の言葉、あるいは、聖書を説く私の言葉に、いろいろな反応をします。

　鎌倉の教会に就任したころ、会衆の中にいつも和服を着て来られる大柄な女性がおられました。もうお年を召していて、白い髪を大きく古風な髷に結っておられる。当時、その教会では椅子の上に座布団を置いていて、そういう方たちがちゃんと正座して聴けるように用意していたのですが、その方もいつもそこに座っておられました。私が何か言いますと、その方の首が反応するのです。例えば、私が「こんなことがあっては困るのだ」と言うと、うんうんと頭を横に振る。楽しかったです、その方の髷の動きを見ながら話をするのは。

　これは珍しい例かもしれませんけれど、聴いている方たちはみんな同じように、首を縦に振ったり横に振ったり、あるいは、時に首をかしげる。今言われたことはよくわからない、あとで聞こうなどと思ったりしているはずです。

　実は、そのときに対話が起こっているのです。その対話の中で出来事が起こっているのです。聴きながら、あるいは語りながら、言葉が行き交う。その言葉の行き交いの中では、聴いているほうも絶えずしゃべっているわけですから、そういうところでひとつの出来事が起こる。

## 出来事の中に人々を引き込む　――御言葉・出来事・ナザレのイエス――

　この〈出来事〉という言葉はとても大事です。聖書の言葉をひとつ読みます。聴いていてくだされればよいのですが、使徒言行録の第10章を読みます。神の霊に促されて、使徒ペトロがカイサリアにいるコルネリウスという百人隊長を訪ねます。そして、コルネリウスとその家族とに説教をいたします。この説教が使徒言行録に記されておりますけれど、その中で、ペトロはこういうことを言うのです。

神がイエス・キリストによって——この方こそ、すべての人の主です
　　——平和を告げ知らせて、イスラエルの子らに送ってくださった御言葉を、
　　あなたがたはご存じでしょう。ヨハネが洗礼を宣べ伝えた後に、ガリラヤ
　　から始まってユダヤ全土に起きた出来事です。（使10:36, 37）

　聞き過ごせば聞き過ごすことのできる表現かもしれません。けれども、ここに興味のありますことは、あなたがたはたぶんもう聴いただろうという〈御言葉〉です。では、その御言葉とは何か。それは、ガリラヤから始まってユダヤ全土に起きた〈出来事〉です。そして、その出来事とは、ナザレのイエスのことです。
　「御言葉とはナザレのイエス」。ナザレのイエスが生まれて、ガリラヤで伝道し、殺されてよみがえるという出来事が起こった。我々が説教と呼ぶようになった、この時における言葉において語ることも、この出来事であり、あるいはまた、ナザレのイエスという方のことであると、ペトロはそう言うのです。
　このことをめぐって、私もこれまでいろいろな文章を書いてまいりましたけれども、それを簡潔に言い表すことができると思います。
　ちょっと個人的なことなのですけれども、私は母の信仰の感化によって導かれたところが大きいと思います。私の母は、教会に関係のない関東地方のある都市で育った者ですけれども、徳川御三家のひとつに、女中頭として仕えていました。そのとき、かつて旧日本キリスト教会の優れた指導者でありました植村正久先生に出会ったのです。この先生は華族伝道というものを志して、徳川御三家に伝道師を送って伝道していました。当家の主というのは昔でいうと殿様ですので、そういう人はなかなか洗礼を受けるわけにはいきませんでしたけれども、かなりの成果を上げています。
　この植村先生の伝道によって、徳川家に仕えていた母が導かれて洗礼を受けた。死ぬまで植村先生を母はたいへん尊敬しておりました。植村正久先生の説教によって、母は救われたと言ってよいと思います。植村先生はどんな説教をしたのでしょう。この先生については、いろいろなことがいわれています。『近代の雄弁』という本がありまして、その中では、とつ弁のひどい代表者として植村正久さんの名前が出てくるのです[1]。日本のプロテスタント教会というのはあまり雄弁家を生まなかった、その代表的なのが植村だなどというのです。あまり評価され

---

[1] 高橋安光著『近代の雄弁』法政大学出版局刊　1985年。

ていない。しかし、母はそう考えていませんでした。いわゆる世間の雄弁とは違うかもしれないけれども、人を救う力を持った説教をしたのです。

この植村正久先生が書いた文章があります。そこで述べておられることを、私はこれを、説教塾の方たちにも何度も言い聞かせています。植村先生は当時すでにこういうことを言っています。自分よりも若い牧師たちの説教を聴きながら、こう思う。近ごろの若い牧師というのは、病人が出た家に迎えられた医者が、病人の枕元で、この病人はどうしてこういう病気になったのかということをたいへん丁寧に説明はしてみせる。けれども、ちっともその病気を治せないのと同じである。

これは今日の説教者の間違いの急所を突く。説明はいくらでもできる。けれどもそこで癒しは起こらない。これはお医者さんの場合には、です。説教者の場合には、そこで救いは起こらない。植村先生はさらに「我々説教者の務めは何か。それは今生きておられるイエス・キリストを紹介することである」と言われています。これはペトロと同じです。

ペトロは、御言葉、すなわち、ナザレのイエスのことをコルネリウスたちに話します。もしそれができないでこう言っていただけならどうでしょう。「あなたがたに関係なかったかもしれないけれども、ガリラヤでこういう方がおられて、こういうことをなさって、こういう説教をなさった。立派なことでしょう」と。そう言っても、コルネリウスはイエスと命のかかわりは持てない。だから洗礼を受けるなどということもない。

洗礼を受けるということは、パウロの言い方によると、まさにイエス・キリストの名によって、イエス・キリストの中に入れられる洗礼なのです。キリストとともに私は死んでよみがえったということを、洗礼を受けた者が言えるような〈出来事〉の中に、人々を引き込むような説教でなければいけない。そのときには、牧師の説教を聴いていたら、キリストに会えるのです。

実際に私の母はずいぶん厳しい生活をした人ですけれども、言ってみれば、本当にイエス様大好きという生き方をしたと思います。あまり神学とか何とかという、難しいことは知らなかったかもしれませんが、本当に素朴に、キリストを信じ、キリストを愛し、キリストに従った。私が母から教えられたのは、そのキリストとのかかわりです。そこから生まれてくる信仰、生きている命そのものに触れることができた。そう言ってもよいと思います。

そこでもう1回元に戻って、考えてみたいと思うのです。今のようなことと、聖書を読むということと、どういう関係があるかということを、もう1回基本的なところから、考えてみたいと思います。

## 朗　読 ——声に出して聖書を読む——

　例えば、こういうことを心に留めていただけるといいと思います。
　古代の神学者アウグスティヌスが書いた『告白』あるいは『告白録』というのがあります。教文館で出したアウグスティヌス著作集では『告白録』という題名になっております[2]。
　この『告白録』の中でアウグスティヌスがどのように自分が信仰に導かれたか、いわゆる回心の経験を語っております。アウグスティヌスにとても大きな影響を与えたのは、アンブロシウスという1人の教師、神学者です。このアンブロシウスの書斎をアウグスティヌスが初めて訪ねたときの光景が『告白録』の中に書かれています。それを読んで、私はなるほどと思いました。書斎に入りましたら、アンブロシウス先生が「声に出して書物を読んでいた」とはっきり書いてあります。音読していた。これはある人の説明によると、当時一般的なことだったようです。
　あるいはもっとさかのぼって申しますと、使徒言行録の第8章に、フィリポと呼ばれる使徒とエチオピアの宦官の物語があります。これは私のとても大好きな物語です。フィリポは、御霊に馬車の中でイザヤ書を読んでいるエチオピアの宦官のところに行けと言われ、促されたとおりに、その馬車のところに行って、初めは馬車と一緒に走っている。馬車と一緒に走りながら、エチオピアの宦官と話をして、やがて馬車に乗り込み、そして、とうとう洗礼にまで導く（使 8:26-38 参照）。
　馬車と一緒に走っていたとき、フィリポは「あなたが読んでいるのは何ですか」と言うのです。ここもやはりよく説明されることですけれども、エチオピアの宦官が読んでいるものを、フィリポが覗き込んでいるのではなくて、耳で聴いているのです。エチオピアの宦官は馬車の中で声に出して読んでいる。そこで用いら

---

[2] 『アウグスティヌス著作集』（責任編集＝赤木善光・泉 治典・金子晴勇・茂泉昭男）　教文館刊　全30巻、第5巻Ⅰ『告白録（上）』宮谷宣史訳、1993年。

れているギリシア語は明らかにそういう意味のものであります。この聖書を音読するという慣習はずっと後にまで続いています。

## 黙　想 ──聖書の言葉と格闘する──

　改革者マルティーン・ルターが黙想について書いた文章があります。この黙想とは「メディターツィオ」また「メディテーション」と呼ばれるもので、ルターは、神学というものはこの黙想から始まるということを言っております。あとでもう少しきちんとご説明いたしますけれども、実はもう少し丁寧なのです。

　先ほど申しましたように、私はドイツで生活をしていたことがあります。初めてドイツに渡ったのは 1965 年です。最初に住んだのはヴッパータールという町で、その町にあります神学大学に住んでいました。この大学は、当時かなり厳格な全寮制でありまして、学生は例外を除いて全員寮に入らなければならない。朝昼晩の食事も定刻に摂らないといけない。朝ごはんは 7 時半からであったかと思いますが、それに間に合わない学生は朝食抜きというたいへん厳格な大学でした。お昼の食事の時も全員が集まり、教授たちが交替でテーブルマスターをやります。

　その教授たちの中に、改革派の先生で、ルター研究者としてたいへんよく知られている方がいました。その方がテーブルマスターになられたとき、私はゲストで大抵テーブルマスターの隣に座らされていたのですが、ある日、その先生が私の顔を見ながら「ちょっと今日はおもしろいことがあるから」と言うのです。何がおもしろいのかと私は思っていたのですが、その先生がいよいよカンカンとコップを鳴らし立ち上がって、テーブルマスターとしての務めであるスピーチを始めようとしたとき、いきなり学生たちが叫び出しました。「オラーツィオ、メディターツィオ、テンターツィオ」とラテン語で何度も繰り返すのです。しかし、先生はにこにこしています。その叫びは一部から始まり、そのうち、全員が合唱するように叫び出すという大騒ぎになりました。

　あとで聞きますと「学期が新しくなって新入生が入ってくると、自分がテーブルマスターの担当になったときに必ず同じ話をするものだから、何学期かそこで生活をしている学生たちはもう覚えていて、先取りして叫んでくれるのだ」とうれしそうに答えてくれました。先生もそれを期待しているのです。

「オラーツィオ」というのは「祈る」こと、「メディタツィオ」というのは「黙想する」ことです。そして、「テンタツィオ」というのは英語では「テンプテーション」というので「試み」のこと、つまり、神からの「試練」です。
　ルターは「神学するということは、ここから始まる」と言っています。祈ること、黙想すること、そしてそれにつけ加えたのは「神からの試練に気づいて、それに勝つこと」です。ドイツの教会はほとんどルター派の教会ですから、神学をやる者は常識的に知っていることなのですけれども、日本の神学者たちはよく知らないと思います。
　この「メディタツィオ」ということについてだけ考えてもいいのです。そこではとても大事なことが語られている、その大事さに気づかなければいけないのです。
　「メディタツィオ」ということで、ルターはこういう主旨のことを言っています。我々神学者というものは、聖書のことはよく知っていると思う。そのためにどうするかというと、聖書の言葉は1度しか読まない。たくさん聖書を勉強していますから、すっと読んで、ここにはこういうことが書いてあるということを確認するだけで、聖書の言葉に驚きもしないのです。では、ルターは何をするのか。彼は黙想をする。その黙想のときに大事なことは、聖書の言葉を何度でも読む。
　何度でも読むと何が起こるかというと、知っていたつもりの聖書が知らない異質の言葉になってくる。知らない言葉になって、立ち上がってくるのです。そして、その言葉と対話をするのです。ルターが教えた「黙想」というのは、そういう聖書の言葉との、ほとんど格闘ともいっていいような交わりです。
　説教塾で牧師たちに勉強してもらおうというとき、まず1時間半ほど「第一の黙想」をしていただきます。「第二の黙想」という別の作業があるので、最初には「第一の黙想」というのをしていただくのです。こういう黙想ができるために便利なのはカトリックの施設ですから、大抵、カトリックの修道院に附属している黙想の家を借ります。個室を持っているので、ひとりで聖書の言葉と向かい合うことができます。
　最初に集まった所では、「このセミナーで皆さんに説いていただきたいのは」ということで、これこれの聖書の個所をと大体教えて、まずそれを読みます。それから、何の解説も付けないで、「どうぞ、個室で黙想をしてきてください。そ

の黙想によって与えられた言葉をここで語ってもらいたい」と言います。説教塾での勉強はそこから始まるのです。

スピリチャル・エクササイズ ——霊操としての黙想——

　今申しましたようなことについては、自著の中でも触れております。自分の本の宣伝になりますけれども、『黙想と祈りの手引き』[3]という書物を書きまして、今年（2006年）、キリスト新聞社から出しました。実はある方が、この書評をお書きになりまして、そこでこういう主旨のことを言われたのです。そこでその方が、私も引用しているものですから、何を思い出されたかというと、イエズス会の創設者イグナチウス・デ・ロヨラの『霊操』です。イエズス会の伝統を作ってきた黙想のための指導書です。今でも大切にされております。プロテスタントの者も一度は読むとよいと思います。イグナチウスの言うところの〈霊操〉とは、霊を鍛えるということです。体操とは体を鍛えることですが、霊操とは霊を鍛える、スピリットのエクササイズという意味です。私はそういう意味でのスピリチャル・エクササイズを教えたいと思っています。

　霊操はカトリックの方が非常に大事にするものです。書評を書かれた方は、そのイグナチウス・デ・ロヨラの霊操を引用しながら、私が書いているプロテスタントの霊操はまだ始まったばかりだけれどもということを書いておられます。しかし、私は別にプロテスタントの黙想は始まったばかりだと思っていません。少なくとも、私の経験してきた黙想は既に長い歴史を持つ「プロテスタントの黙想の歩み」の現代的な姿です。

　私がドイツにおいて最も恩恵をこうむっているルドルフ・ボーレンという先生がいらっしゃいます。このボーレン先生の授業を私もよく手伝いましたけれど、そこで徹底的に教えられたのは、黙想を教えるということはどういうことかということでした。基本的には非常に単純なことです。〈聖書の言葉を聴く〉というだけなのです。もっと別の言葉で言うと〈聖書の言葉と対話する〉ということになります。だがこれはそんなに簡単ではないのです。実際にやってご覧になるといいと思います。そこでルターが教えているのは「ただ目で黙読するな」ということです。「口に出して読みなさい」と教えているのです。

---

[3] 加藤常昭著『黙想と祈りの手引き』キリスト新聞社、2006年。

読むと何が起こるか。私の体験を言い表すと、聖書の言葉が起きてくるのです。立ち上がってくるのです。ですから、一所懸命に聖書の言葉を読んでいると、その聖書の言葉が私に語りかけ始める。揺さぶるのです。問い掛けるのです。時には叱りつけてくる。そしてまた深く慰める。こういう御言葉体験が基礎になります。

　繰り返して言いますけれども、私の体験から申しますと、こういうことは、ただ目で文字を追っているだけでは、なかなか味わえるものではありません。もしかしたら、ただ目で文字を追っているだけでもそれを味わえるという方もあるかもしれません。そういう方があれば幸せだと思います。いずれにしましても、私は、言葉というものは、立ってくるもの、耳に聴こえてくるもの、これが基本だと思っています。

## 神と自分とのドラマの中に立つための黙想

　戦後、口語訳というのが出ましたときに、私がずいぶん困ったことがありました。日本聖書協会は易しい日本語にしたつもりかもしれませんけれども、文語訳から口語訳に移って、わかりにくくなってしまったのです。特に牧師になってからはたびたび困ることがありました。

　細かいことは言いませんが、ひとつだけ、エペソ人への手紙、今の言葉で言うと、エフェソの信徒への手紙についての例を挙げておきます。口語訳では、その中に「わたしたちはキリストのからだの肢体なのである」（エフェ5:30）という言葉があるのです。特に結婚式で読む言葉の中に、これがあるので困るのです。聖書の言葉を初めて聴く人は、キリストの肢体と言われたときどう思うでしょう。「したい」という言葉を聴いたら日本人は誰だって死んだ体と考えます。もちろん、聖書の中の元の言葉は手足を示す肉付きに支えるという「肢」という字と「体」です。だから、今の新共同訳では「一部」になっています。

　こういうことは、聴いていたら、わからない。その点、文語訳というのは、聴いてわかる、耳に快い言葉でした。口語訳は文語訳よりも、ずっと原文に近くなったかもしれないですけれども、聴いている人のことを考えないのです。新共同訳は、やはりカトリック教会の方たちと一緒にやったお陰で、朗読を聴くだけでたいへんわかりやすくなりました。その点ははっきりと申し上げておきます。

カトリックの方はまだ、ミサで〈耳で聴く御言葉〉の経験を持っていますから、耳で聴くだけでわかるかということを丁寧に問うのです。ところが、私の親しくしているカトリックの実践神学者は、それでも新共同訳に不満だということを言われました。

　ある集会のとき、その先生がカトリックの聖書学者に「これではミサはできない」とかみついたのをよく覚えています。この先生の挙げられた例でなるほどと思うのは、例えば、「キリストは、何々と言われたという訳はおかしい。『キリストは言われた、「何、何、何…」。弟子たちは答えた、「何、何、何…」。そうでないと、ドラマにならない』と言われたことです。そのとおりです。芝居のせりふというのは、そういうものでしょう。そうすることで、ドラマティックになる。

　黙想でもとても大事なことは、そういうような小さいドラマかもしれないけれども、深い魂の中で起こってくる神と私のドラマの中に立つことです。

　先月の説教塾の例会に私は参りました。この例会はキリスト品川教会というところで開きます。今やっておりますのは、午後に有志の牧師が提出した説教を、私が批評するのです。説教分析をし、批評をするのです。4月に取り上げました説教は『主イエスの背中を見つめて』という題でした。これは、マタイによる福音書の第16章に出てまいりますが、主イエスがご自分の受難の予告をなさって、そして、弟子たちに、「あなたがたも自分の十字架を負って、私についてきなさい」（マタ 16:24）と言われたところです。この説教を提出した牧師は、それを伝道集会の説教としてやっているのです。偉いものだと思います。初めて教会に来た人に、自分の十字架を負って私についてきなさいということ、信仰に入るということはこういうことだと説くのは、大変なことだと思います。しかし、あえてやっているのです。そして、実に見事に失敗している。なぜ、失敗したか。

　細かい話を抜きにしますと、『主イエスの背中を見つめて』というのは、これは実は完全に私の真似なのです。教文館から私の説教全集が出ております。これは 32 巻で終わるはずですが、その中でごく最近出たものに『主イエスの背を見つめて』というのがあります[4]。これは鎌倉の教会に行って間もなくやった説教を集めたものです。その中に「自分の十字架を負って私についてきなさい」という同じテキストについて、『主イエスの背を見つめて』という題の説教があるのです。

---

[4] 加藤常昭著『加藤常昭全集 26 主イエスの背中を見つめて──福音の神髄──』教文館、2006 年。

これをその牧師がとてもよく読んで、自分の説教の中で生かしている。実はしかし、生かしているけれども、殺したところがあります。
　私は、主イエスの〈背〉を見つめて、と書いたのですが、その人は〈背中〉と書いた。「これは小さな違いではないですよ」と私は言ったのですけれども、そんなことよりも、主イエスの背を見つめたときに、その主イエスの背は、見つめる者にとって何を意味するのかが大事です。
　その牧師の説教では最初にこういう例が出てきます。その先生の教会のある集会室に、一方にその教会で長く仕えた牧師たちの写真が掛かっている。他方に主イエスの背中だけを描いた、教会員が描いた絵が掛かっている。これはなかなか象徴的です。では、その主イエスの背中はどのような背中なのかと言うと、鞭打たれて傷だらけだということを言っている。そして、もう一方の壁に掛かっている絵の中の牧師たちは何をしたのかと言うと、必死になって、この傷だらけの背中をした主イエスのあとをついていった者だという。なるほど、そうかもしれませんが、私は、それはしかし、正しく聖書を読んだことになるだろうかと思っているのです。
　大体、マタイによる福音書第16章には、主イエスの〈背中〉など出てこない。ただこういうふうに言っているだけです。ペトロが主イエスの受難予告を聴いて慌ててしまい、そんなことになったらとんでもないとんでもないと言う。そういうふうに言ったペトロに、主イエスが言われたのは「サタンよ、退け」です。(マタ16:21-23)
　このイエスの言葉は、文語訳では「我が後方（しりえ）に退け」になっています。前にいた者を「退け」と言って、どこかに突き放すのではなく、「私の後ろに回れ」と言う。これのほうが正確なところがあります。
　主イエスが十字架を負ってついて来いと言われたとき、そこでペトロはもう除外されていたとは、どこにも書いてないのです。明らかに主イエスの後ろに回っている弟子たちの中にペトロは入ったに違いない、こそこそと。これは私のイマジネーションであって、聖書に書いてないことですけれども、ここに起こっているドラマをドラマとして受け取ったとき、しかもそのドラマの中で、私自身がペトロの位置に立ったときに、私も、主イエスについて、主イエスが救い主であるということについて、とんでもない誤解をしているかもしれない。そういうようなことを思いながら読んだときに、後ろへ行けと言われたとき、自分がどこか遠

くに突き飛ばされたのではなくて、弟子の中にもう1度入った。そういうイメージが私の中に湧き立ってくるのです。

　「前にいると困るのだ、後ろに立て」と言われた。「前にいたら悪魔だ、しかし、後ろについて来たら私の弟子だ」と言われた、そのときに、主イエスは背中を見せられた。このときの背中はただ汗水たらして、ふうふういいながら後をついていかなければいけないというような主イエスの背中ではない。この私のために傷ついたイエス。だから、ただ必死になってついていくというよりも、主イエスの背中が呼んでいるのです。ついていかざるをえない。こちらが必死になる前に、主イエスのほうが必死になって、私たちを連れていってくださるのです。

　こういうかかわりというのは、聖書が語っていることから絶対に逸れてはいませんけれども、この聖書の言葉を読み説いていくときに、ただ註解書を読んだり、ギリシア語の意味を調べたりということではなくて、プラスアルファと言うか、もっと根源的なことが、そこで起こっている。そういうということがあるはずだと思います。このようなイメージによって、救いのドラマの中に立たせていただくこと、これも黙想のひとつの働きです。

## 説教は神の言葉　——聖書を神の言葉として説く説教——

　最後に、今申しましたようなことを別の言葉で言うとこういうことだと心に留めていただきたいと思います。

　お手元のプログラムにある私の文章の最初に「私は説教者です」と書いています。「またそれに先立ってキリスト者です。」とも書きましたが、私は説教を聴いて、そこに神の言葉を聴いたのです。中学生のときに、すでにある教会の牧師の説教を聴きました。戦争中です。また、矢内原忠雄先生の礼拝説教を聴きました。その言葉が、まだ13歳であった私の魂を揺さぶりました。そして、キリスト教は敵の宗教だといわれているさなかに、喜んで洗礼を受けました。説教を聴いたのです。その説教はいずれも聖書の言葉を説き起こすものでした。

　当時説教をいつも聴いていた牧師は戦争の終りに近づいたころ、「ずいぶん祈ったけれども、これからは預言者の言葉を説くことにしたい」と言いました。そして、イザヤ書の言葉を敗戦の日まで、ずっと説き続けられた。表に出す説教題は『偽りの平和』『過てる政治』といったようなずいぶん激しいものです。ですから、特高警察の警察官が必ず説教を聴きに来ていました。そういうところで、

我々はしかし、「この聖書の説き明かしは警官にわかるかな」などと、かえって警察官に同情するぐらいでした。それはイザヤ書の言葉の丁寧な説き明かしでした。けれども、その言葉は立ち上がって我々の心に届きました。
　後に、竹森満佐一という説教者に出会いました。竹森先生もただひたむきに聖書の言葉を説いた方であります。しかし、そこで私は「あぁ、説教が神の言葉だということはこういうことだ」ということを学びました。
　やがて、説教者として立つようになってから、私が忘れることができない、死ぬまでこのことに立たなければいけないと思って学んだ言葉があります。それは、『第２スイス信条』の言葉です。これも先ほど申しましたように、プログラムの中に述べた私の文章に書いてある言葉です。これは、改革派教会の中で重んじられている信条のひとつでありますが、その最初のほうに聖書についての私どもの信仰を言い表しているところがあります。その言葉は本文ではなくて、その本文に書いてあることの趣旨を言い表すような小見出しのようなものとしてそこに記されております。

　　　神の言葉の説教〈聖書を神の言葉として説く説教〉は、神の言葉である。

　この場合の「神の言葉」というのは、聖書に記されたすべてのことを神の言葉としてとらえているわけです。聖書を神の言葉として説く説教は神の言葉である。それが私の聖書の読み方を規定します。
　このことは何を意味するかと申しますと、こういうふうに言ってもいいと思います。今我々は、教会に生きておりますと、聖書があって、それを説教が説く。つまり、聖書のあとから説教がついてくると思っているところがあります。けれども、この聖書はもともと説教の言葉だったのです。聖書が書物としてまとまるのは、ご承知のようにずっと後のことなのです。
　先ほどのペトロの言葉なども典型的ですけれど、聖書の言葉の中核をなしているものは、使徒たちの言葉であったのです。この言葉は、生きて語られた言葉、聴かれた言葉、人を救った言葉です。そういう力を持った言葉です。パウロははっきりと「私たちが語った言葉は、人の言葉ではなく、神の言葉として聴かれるべきものだった」と言っています。これが説教です。
　「人間は神の言葉を語り得る」。これはとても大きな主題、別の神学的な主題になりますけれども、教会はその信仰に立ったと言ってよいと思います。

その説教が基本になって、言ってみれば、教会の説教の言葉が凝縮して、聖書の言葉になったのだ。我々説教者がそれを説教するときには、一種の解凍作業をやっているようなものです。冷凍室に入っている神の言葉を温めて、解きほぐすのです。
　ここから先はずいぶん大胆な議論になりますけれども、私は聖書の本当の読み方というのは、説教を聴かないとわからないと思っています。無教会の方たちでも、日曜日の集会でやっているのは、ただの聖書講義とは違うと思います。説教です。神の言葉として聖書の言葉を聴いているはずです。説いているはずです。そうでないと日曜日に何のために集まっているのかわからない。だから私は説教者たちによく言います。「寺子屋みたいな話をするな」と。寺子屋の師匠が、子どもたちによく勉強した上で訓詁注釈をして四書五経を説く。それに似て、言葉の意味を説いて見せて、それで真理を説いたと思うような説教をするなということです。しかし、ここでも、説教者の方たちは「それでは訓詁注釈ではない、大学の講義とは違う」、神の言葉が立ち上がってくるような説教をするというのは、どういうことかということをなかなか会得しません。
　これが日本の今日の教会のとても大きな問題だと、私は思っております。ですから説教塾では、私は本当に命がけと、私は命がけという言葉をやたらに使ってはいけないと思っておりますが、やはり、そう言わざるをえないほど、一所懸命になっています。

　今日は、ここに集まりました皆さんに一種の問題提起をしただけですけれども、最後にこのことをよく理解していただきたいと思います。
　パウロはコリントの使徒への手紙一の第14章24－25節に「コリントの教会はコリントの教会なりに『預言』の集会をした」と書いています。『預言』というのは要するに「神の言葉として聴かれるべき言葉」ということです。何人もの人が預言をしたようですけれども、預言の言葉が集会で語られたとき、まだ信仰を持っていない人、初心者がそこに入ってきて、その言葉がわかったときに何が起こったかと言うと、その良心によって深く恥じて、自分の罪を認めて、悔い改めて、ひれ伏して、神を礼拝しながら、こう言います。「本当に神はあなたがたの中におられる」と。
　礼拝する信徒の集団の中に、一所懸命に説いている牧師が神がかりになって、神様に見えてくるというのではなく、集まっている皆さんの中にも神のご臨在が

わかる。その意味では、聖書は説教を聴かないとわからないというだけでなくて、教会の礼拝に出ないとわからない。そういうふうに言ってもいいと思います。

　ここからたくさんの問題が出てきますけれども、司会者に約束した時間を超えていますので、ここまでにしたいと思います。

(かとう・つねあき　説教塾主宰)

# 聖書は、宣言する
――解説ではなく宣言する教会――

　　　　　　　　　　　　　　　　　　　　　　　　晴佐久昌英

　父と子と聖霊の御名によって、アーメン。天の父よ、今日私たちをここに集めてくださったことを感謝いたします。私を含め、ここに集まった人たちは、あなたの言葉を聴きたいと心からそう願って、ここに集まりました。聖書という恵みを通して、あなたの愛に触れることができるように、どうか私たちの心を開いてください。この集まりがここに集う１人１人にとって、神様に直接触れる恵みの時でありますように、私たちの主イエス・キリストによって。アーメン。

## 御言葉の鮮度　――神様が今ここで――

　この集まりに招かれたときに、私は主催者に「どうなってもしりませんよ」と申し上げました。そうしたら「けっこうです」と、おっしゃいました。ですから、どうなってもしりません（笑）。なぜなら、私はこのような専門的な集まりに、まったくふさわしくないのです。知識もないし、経験も浅い。たぶん何かの勘違いで、ここに招かれたのだと思います。
　けれども、私は、神様は勘違いもご利用なさると、そう信じて今まで生きてまいりました。勘違いであれ何であれ、ともかくご自分の言葉をどうしても１人１人に伝えたいのだと、その神様の思いに招かれて導かれて、今日も、ここに立っているのだと、そういう思いでお話させていただきます。

私のとりえは、実はそれだけなのです。いつでも、どこでも、どんな現場でも、そこで神の宣言を現実のものとする。今までも、そればかりやってきたし、これからもそれしかやる気がないし、だから、今、ここでもそういうことをしたい。
　聖書フォーラムというのは、専門家の集まりでしょうけれど、私には何の知識もありません。不案内で資格もなくてふさわしくない。けれども、そんな者を通して、[神様が今ここで]という私のとりえを使っていただければ、この部屋が今日は本当に教会になる。「聖霊が働くというのは、正に今ここでのことなのだ」と感じてもらえれば、これは私にとって、この上ない喜びです。そのために、ここに神様に招かれたのだから、それだけはきちんとしようと思っています。ほかのことを背伸びしても、どうせうまくいかないのですから。
　実は昨日の夜になって、聖書学の本など、いろいろな専門書を久しぶりに引っ張り出して読み始めて、やはりこういうことはやめようと、またそれを閉じました。堂々と今ここでこのままの自分を通して、神が働くということをすればいいのだと、改めてそう信じて、ここに来て、ここに立った。そんな「今、ここ」が、私のとりえです。
　たとえば、特上すしのすし桶には、トロとかウニとか、いろいろと立派なおすしが並んでいるように、この聖書フォーラムには、聖書学の権威の先生がたが並んでおられますが、私などはそのすし桶の端っこに添えられている笹の葉っぱのようなものです。けれども、ご存知のとおり、笹の葉は、おすしを腐らせない、鮮度を保つ役割を持っている。
　私は聖書を愛しています。聖書で絶望から救われたし、聖書を通して神の愛に触れたことで、今こうして生きていられる。だから、聖書を通して出会ったイエス・キリストのことを今、ここのこととして生き生きと話したい。まるでつい昨日、イエスに会って話を聴いてきたかのように、聖書の話をしたい。まるで今朝、復活のイエスから神の愛を宣言されたかのように、今ここで話したい。いや、もっと言えば、今、ここで、復活の主が真ん中に立って「あなたがたに平和」と、そう言っておられるのを、私自身がイエス・キリストの口になって語りたい。
　どんなにおいしいマグロでもウニでも、その味を味わえなかったら、まして腐ってしまったら、何の意味もない。味のないマグロや香りもないウニのように聖書が読まれてしまうのであれば、こんなもったいないことはありません。
　聖書はおいしいのです。そして皆さん、本当においしいおすしを食べたら「いいから、あなたもこれを食べてごらん」とか「あの店おいしいわよ」とか言うじゃ

ないですか。私はそのおいしさを伝えるため、今、正に、イエスがここで語っているというような鮮度を大切に保って、神の御言葉を共にするために、神父になったのだと思っています。

　すし桶に添えられた笹の葉のような、おまけのような神父、知識も経験も浅くて半端な神父だけれども、ちょいと加えていただいて「あぁ、良かった」と心からそう思っています。こうして聖書を愛する皆さんが集まっているところで、今ここで神があなたに宣言するという聖書のいちばんおいしい恵みを共にすることができるのは、私にとって大きな喜びです。皆さんに会って、昨日までの恐れは吹き飛びました。やはり、恐れていたのです。自分は役に立つだろうか、受け入れられるだろうかと。でも、こうして仲間が集まると、そうした恐れがすべて吹き飛びます。

## みんなのうなずく顔に励まされて

　『聖書は宣言する』というタイトルを選んだのは、神が１人のキリスト者を通して、ご自分の愛を宣言するという、その宣言の現場、それが聖書そのものだということを強調したかったからです。解説して、研究して、何がなんだかわからなくなるというような聖書ではなくて、今、この聖書で私が生かされていると本当にうれしく思って、夜には抱きしめて床につくような、そんな聖書の恵みについて、こうしてご一緒に分かち合えるその喜び。これが『聖書は宣言する』というタイトルにした理由です。

　この「宣言」ということについて、自分なりの宣言の体験をいくつかお話しいたします。まずは自分の説教の話です。

　私は神父になる前に、助祭という役職を一年務めていました。そのとき、初めて人前で説教というものをするようになりました。一生懸命に準備をして、練習して、初の説教をしたのです。細かい字で原稿を書いて、「棒読み説教はだめだ」と言われていたから、あたかも読んでいないかのように、それをちらちら見ながら喋る練習というのも、した。でも、結果はさんざん。優しい信者たちは「良かったですよ！」なんて言ってくださったけど、自分的には結果はさんざん。自分の中に喜びがなかったから。苦しかったし、疲れたし、こんなことを一生するのかと思ったら、本当に絶望的な気持ちになった。

助祭説教を何度かするうちに、僕は、そのような準備して勉強して聖書の内容について解説するというような説教を放棄しました。「これはもう、だめだ」と本当に心からそう思った。そしてただただ目の前にいる、そこにいて神の言葉を必要としている人に、今、自分が語れることを精一杯語る。そういう説教に切り替えました。そうすると、みるみる自分の喜びがわいてくるのがわかりましたし、前の日から準備していっても、あまり意味がないということに気づいたのです。
　今、こうしてお話をしていても、皆さんの顔、「うんうん」とうなずいてくださっているその顔を見ると、ああ、自分は受け入れられている。神が私を通して、その人に何か働こうとしているという、喜び、安心、希望が生まれる。「うんうん」というそのうなずきが、私からたくさんいろいろ良いものを引っ張り出してくれる。そうしてしだいに説教が喜びに変わっていったのです。もちろん、いまでも人前で話すのは、本当に苦手です。人前に出るのは気おくれする。けれども、こうして勇気をもって、恐れを乗り越えて出てきて、そこでみなさんの顔を見る。すると恐らくさまざまな悩みとか、痛みとか、孤独とかを抱えているであろう、そのみなさんが顔をほころばせて、「うんうん」と、うなずいてくれる。それに私は励まされて、いっそう神の言葉を宣言する勇気が出てくるのです。
　何かをまるで人ごとのように解説するのではなくて、自分がいちばん信じていること、「あなたは神に愛されている。絶対大丈夫。もう救われている。安心しなさい」という福音を、その場で宣言する勇気が生まれてくる。そして、その場で宣言すると、大勢の人が、時に涙を流して「本当に救われた」と言ってくださる。何のことはない、自分のことにとらわれて他人の評価を恐れて喋っていたから、ろくな話ができなかったのです。私はどうでもいい、神に喋ってもらえばいいのだ、そんな当たり前のことに気づかされました。
　神は宣言したい。しかし、天から叫ぶわけにいかないから、救い主をつかわして１人のこの世を生きた人として語った。そして、今でもその救い主と一致している１人のキリスト者を通して、神は語っております。そういう自信、そういう希望がなければ、とても、これだけの人の前で、話をすることなどできません。中には「晴佐久？どんなもんか見てやろうじゃないか」と、虎視眈々みたいな人もいるかもしれない。でも私は、自分を通して神が語ってくださることを精一杯やるしか、ほかに何もない。
　今日も皆さんに福音を語りたい。神はあなたを愛しています。愛しているから皆さんをここに連れてきたし、ここに私を立たせている。今、ここに救いがある

のです。聖書の現場ってそういう現場でしょう。それ以外、どこにも聖書の現場というものはありえない。私はそう信じます。だから、宣言をするのです。

## みんな、宣言を求めている ──体験エピソードから──

　今の「うんうんとうなずく顔」で思い出しました。現在、私はＦＥＢＣ（キリスト教放送局）というラジオ局[1]の番組でお話をしています。人前で話す仕事をしているわけですから、ラジオも同じだろうと思って引き受けたのだけれども、これが助祭説教のときのように結果はさんざんでした。と言うのは、どこにも「うんうん」とうなずいてくれる人がいないのです。これは本当に初体験でつらかったです。スタジオにたったひとりで、目の前にマイク１つ、だれも前にいない。担当の方は「前に人がいると思って」と言うのです。でも、それをいくら想像してお話しても、想像の中のその方は、私のおそれが想像したのですから、「うーんつまんないな」という顔をするのです。
　独りぼっちだと、私の中の恐れが、もろに出てきてしまう。ラジオでも一生懸命お話しいたしますけれども、どうしても自分の中の力が出てこない。
　そんな中、この前の番組では、私が福音を宣言しているその現場についてのお話をいたしましたが、いちばんわかりやすい例なので、ちょっとここでもお話しいたします。

## 永遠の命を生きる

　それは、もう自分が末期の癌だとわかっている１人の母親の話です。そのお母様は、３人の娘を残して死んでいかなければならなかった。絶望して、真っ暗な気持ちで、うつむいて、病院で心を閉ざしていた。見かねたお友達が私に「どうか行ってあげて」と、そう言うので、私はその病室を尋ねることにしました。けれども、その病室をお尋ねしたとき、病室の前で、私は立ちすくんだのです。３人の娘を残してあとひと月で死んでいかなければならないまだ若い母親の病室。そこに行って、一体何を語れるのか。しかもキリスト教信者ではないのです。そ

---

[1] FEBC『あなたに話したい』パーソナリティ：晴佐久昌英師。毎週月曜放送。バックナンバーはインターネットラジオで聴くことが可能。FEBC 所在地：〒180-0001 東京都武蔵野市吉祥寺北町 4-13-2　Tel.0422-52-1566　URL. http://www.febcjp.com/index.html

んなときにいつもそうするように、私はそこで十字を切りました。この十字を切ったら、もう自分はイエス・キリストとひとつになると信じて切りました。そして、病室の戸を開けた。そこから先はもう「自分を通してキリストが働く」とそう信じて病室に入ったのです。

そのお母様は、私に「神は何でこんなことをなさるのか。わたしが死んだらこの子たちはどうなるのか。数年前に主人も亡くしているのに、なぜこの私までも…」。と、涙さえもこぼさずに、うつむいて、ずうっとつぶやいていました。私はその話をひとしきり聴いたあと、そこでイエス・キリストとひとつになって、そのかたの手を握って「聴いてください」と言って話し始めました。

「私はイエス・キリストを信じて、イエス・キリストとひとつになっているキリスト者です。イエス・キリストは神とひとつになって、あなたに神の愛を伝えるために生きて、すべてを捧げた方です。今、わたしの内に宿っているキリストが、あなたに宣言します。神はあなたを愛している。神はあなたに命を与えたし、それは永遠の命だ。あなたは決して死なない。あなたは永遠の命に生まれ出て、永遠の命の世界で娘たちを守ることができる。すべてを神はご存知で、あなたを救う。信じてほしい。安心してほしい。」とそのようなことを誠心誠意宣言した。

その宣言は、そのお母様を救いました。目の前でみるみる顔がまったく変わった。パーッと光って、「神父様、信じます。今すぐにでも洗礼を授けてください」とそうおっしゃられたのです。その場ですぐにでもよかったのですけれど、「娘さんたちと一緒に」ということで、ちょうどその次の週、一時帰宅でご自宅に帰ったとき、そのご自宅で洗礼式を行いました。

お母様は顔をピカピカ輝かせて、洗礼を受けた。そして、そのすぐそのあとで娘たちに「こんなにうれしいことはない。もうお母さんは大丈夫よ、安心して。あなたたちのためにわたしは生き続ける。あなたたちも洗礼を受けなさい」と、そう言ったのです。私は「洗礼を受けてから福音宣言をするまでの最短記録」と呼んでいるのですけど、まさに洗礼を受けて1分と経たないうちにそのような宣言をし始めたのです。

ほどなく、そのお母様は亡くなりました。そのお母様のご葬儀のとき、長女は立派な挨拶をしました。「私たちは、母が洗礼を受けてから、亡くなるまでの短い間だったけれど、あんなに輝く母の顔を見たことがない。母は洗礼で救われた。どれほど感謝したらいいか……」。そう語ってくれたのです。

## みんな、神様に愛されている

　私が、いつもいちばん大事にしていること、それはいつでもどこでも、その場で神の愛を宣言すること、キリストの愛を宣言すること。そして、その宣言が実現する、それを信じること。私はそれをやり続けたい。みんながその宣言を求めているから。

　この話をラジオでお話ししたところ、ちょうど、昨日１本の電話がきました。その方は「亡くなったお母さんの話をラジオで聴きました。実は私も今すごくつらい思いをしているのですが」と話をされるので、私は「ああ、そうですか」と、ずっとただ聴いていた。しばらく聴いていたら、その人がおずおずと「あのう、私にも宣言してください」と言ったんですね。

　私は「そうなんだ、本当にみんな、その宣言を求めているんだ。その宣言でこそ人は生きていけるのだ」、改めてそう思った。「はいはい」と話を聴くだけでも役にたちますけど、キリスト者はただ聴くだけではなくて、宣言します。それで、ぼくはその方にもはっきりと「あなたが今日私に電話してきたこと。私がその電話を取って、今、聴いていること。これは神の業です。神はあなたの痛みをすべて知っておられる。あなたは救われている。あなたは神様に愛されています。」そう宣言した。そうすると、ほっとした声で「ありがとうございました」と言って、電話を切りました。つい昨日の出来事です。

　私がしていることの一端をご紹介しました。キーワードは、そろそろおわかりだと思います。『宣言』です。

## 宣言するということ ──宣言は実現する──

　『宣言』という言葉自体は一般の用語で、別に珍しい言葉ではありません。キリスト教の用語としても時々は使うけれど、それほど重要な用語として扱われているわけではない。用語としては、「宣教」、「宣べ伝える」、「告げ知らせる」、そういう用語や訳語の方がよく使われます。けれども、私は『宣言』という言葉に改めて光をあてて大切にしています。そうすると、いろいろなキリスト教の現場や考え方において、神様のことが一層よくわかるし、何よりも、すごく新鮮で現実的に感じられるからです。

宣言という言葉の意味は、普通には、「外部に広く表明する」ということです。お茶でも飲みながら軽い話をするときの言葉ではない。もっと力を持った現実を造っていく言葉です。
　これは自分なりの定義ですけれど、宣言とは、「絶対的な権威が、権威の元にあるすべての人に、決して撤回できないものとして、その宣言内容を現実にする」こと。そのようなものとして、私は宣言という言葉を用います。
　例えば、リンカーンが奴隷解放宣言をしました。それは、大統領という権威が、すべてのアメリカ国民に、奴隷を解放すると宣言したのであって、もはやだれも逆らえません。権威の元にあるすべての人にそれが通用する。「うちの村は、ちょっとそれは当てはまらない」とは言えない。宣言された以上は、もはや撤回できず、それは現実となって、すべての奴隷が解放される。
　神が福音を宣言する。これは究極の宣言です。神の言葉であるイエス・キリストがしたことは、言うなれば『神の国の開始宣言』だった。神の国を神が始めると言った。絶対の権威がそう言ったのだから、だれも取り消せない。そして、それは、神の元にあるすべての人に、この世で造られたすべてのものに通用して、必ず実現する。それはもはや撤回不能ですし、事実、もう現実になっているのです。オリンピックの開会宣言みたいに、神様が「これより神の国を始めます」と宣言したのですから、こんな安心なことはない。そして、それはすべての人が知らなければならない。たとえば大統領が奴隷解放宣言をしたのに、まだその宣言を知らない村があったとしましょう。そこで奴隷がまだ苦しんでいたとしましょう。心ある人なら、そんな村に一刻も早く「もう、奴隷は解放されたんですよ！」と福音を告げ回るんじゃないですか。同じことです。私たちは、あまねくこの神の国の開会宣言をすべての人に伝えていかなければならない。もう私たちは罪と死から解放されたのです！と。それを私は『福音宣言』という言葉を用いて表現しております。
　福音宣言、ちょっと聞きなれない言葉ですけれど、福音宣教と言ってしまうと、何だか教えを広めるような、ある特定の宗教を押し付けるような臭いがちょっとこう漂ってしまうように思うのです（笑）。もっとおいしいんですよ、福音は。だれにでもよろこばれる。だから『福音宣言』。「福音宣教はもう古い。わかりにくい。これからは福音化だ」と、そういう言い方もあるけれど、「福音化」というと余計あいまいでわからない用語になってしまっているように思う。私は真っ直ぐに「福音宣言」をしたい。

## イエス・キリストこそ神の宣言 ──原・福音宣言──

　もう少しこの「宣言」のニュアンスについてお話します。そもそも、この世界は「神様の宣言」で成り立っているのです。創世記を開けば、神が「光あれ」とそう宣言しています。すると光があった。そうして、星も地球もすべての命も、そして、この私も「晴佐久あれ」と神が宣言したから、私はある。神の宣言が、この世界の根本を造っている。これはもう神の宣言だから取り消しようもない。それで、私は今も生きているし、皆さんに会えている。

　この全世界の全宇宙の根本に流れている神の宣言、言うなれば『原・福音宣言』。これは説明するも畏れ多い神の本質です。神が全宇宙のすべてをお定めになった。神が「光あれ」と言ったから、今日もこんなに光がずっとあふれている。ノアに「決して滅ぼさない」とか、アブラハムに「あなたを子々孫々まで祝福する」とか、神は宣言してこの世界を造り続けておられる。すべては何のためかと言ったら、造ったものを愛するためです。そのために、究極の愛のしるしとしてイエス・キリストをこの世にお遣わしになりました。神様がこの世界で、ご自分の宣言を実現させるために、イエスは生きた宣言としてこの世に生まれてきたのです。私たちが信じているイエス・キリストとはそういうことなのです。言い換えるならば、私たち1人1人がちゃんと目覚めて、神の原・福音宣言を信じて真に生きる者となるために、この世を生きる歩く宣言として、神が現れて宣言しているのです。

　「イエス・キリスト」と私たちが呼んで、愛して、私たちのつらい人生の支えとしている方は、神の宣言そのものです。宣言が人としてこの世に生まれて、苦しむ1人1人に直接触れてくださった。そして、その口から直接神の宣言があふれ出てくる。「イエス・キリストとは神の宣言そのものだ」。そう言うことができると思います。

　そのようなことから、私はイエス・キリストを宿している「聖書」というものを、正に、私に神が語りかけてくれている宣言そのものとして、胸に抱きしめて生きております。

## 聖書にあふれる神の宣言 ——真実であるしるしを伴う福音宣言——

　イエス・キリストの、その生と死、それが神の福音宣言そのものですし、イエスそのものである教会も、神の宣言そのものです。その教会という宣言から生まれた聖書もまた、神の宣言そのものであって、これはもう神の宣言から目の前の聖書までひとつながりなのです。もちろんイエスがなさったように一輪の野の花を見て、神の宣言を聞きとることもできます。でも、教会と聖書を通して、イエス自身に触れること、すなわち神の宣言に直接触れるという恵み以上の恵みはありえない。

　例えば、マタイの福音書、5章の3節の宣言がそうです。1節から読みます。

　　　イエスはこの群衆を見て、山に登られた。腰を下ろされると、弟子た
　　　ちが近くに寄って来た。そこで、イエスは口を開き、教えられた。
　　　「心の貧しい人々は、幸いである。天の国はその人たちのものである。
　　　悲しむ人々は、幸いである。その人たちは慰められる。（マタ5:1－3）

　かつての文語訳では3節の始まりは「幸いなるかな」でした。原文の語順もそうなっています。マタイ福音書において、いちばん最初にイエスが人々に向かって語り始めたそのひと言。マタイ福音書によれば、イエスが人々の前で公に語った説教集である5、6、7章、そのいちばん最初の一言は、「幸い！」なのです。「幸いだ！」「幸いなるかな！」と、これは祝福の言葉です。これを「心の貧しい人は、幸いである」と翻訳すると、AはBであるという説明になってしまって、祝福の宣言だということがわかりにくくなってしまってもったいない。ぜひ、この原文の語順通りの「幸い！」という圧倒的祝福を受け止めてほしい。

　みんな、そのひと言を待っていたのです。こうして集まっているみなさんの前で、イエスが口を開くと、神の宣言があふれ出す。「幸い！あなたたちは幸いだ！」。当然です。すべての人は神が愛して生んで、神が今も愛していて、その神のもとへいつの日か生まれていくのです。死を超えて。こんな幸いなことはない。イエスはこの世の相対的な幸不幸を越えた絶対の幸い、福音を宣言しています。

　『原・福音宣言』を、キリストはその口からあふれさせる。もはやその時、イエス・キリストは福音宣言そのものになっている。『福音宣言』という私なりの用語の使い方としては、そのような使い方をするわけです。

マルコ福音書なんかは、もう『福音宣言書』と呼んでいい文書です。実際、『宣言書』というタイトルを付けていることもある。福音書とは、宣言書、宣言の本なのです。もう最初から最後まで、宣言に満ち満ちている。

　マルコの1章15節、イエスがガリラヤでついに口を開いて宣言します。「時は満ち、神の国は近づいた。悔い改めて福音を信じなさい」。イエスは神の国の開始宣言をしているのです。完全なる救いの時代がもう始まった。私たちは救われたのです。これは千年経とうが万年経とうが誰にも取り消すことのできない宣言です。その福音を知らない人がもし1人でもここにいるのであるならば、私は今日、ここでも言いたい。「神の国はもう始まりました」と。

　1章17節にいくと「あなたを人間をとる漁師にしよう。」と宣言する。これはいわば召命宣言です。人をとる漁師、すなわち、人に宣言する者となった。それがイエスの宣言命令、召命宣言。人の側の条件を超えて、神が召し、神が命じる。そのような一方的で絶対的な宣言に、人々は驚くわけです。22節を読みます。「なぜならイエスが、律法学者のようにではなく、権威ある者としてお教えになったからである。」（マコ1:22b）

　「律法学者のよう」とは解説する者のようであるということです。AはBである。これをこう守ってこうすればこうなるという説明。そうではなくて、イエスはもう自分自身が宣言そのものとなって「神の国は始まった」と宣言し、「今、ここで、すべてを神に委ねて、この福音宣言を信じるならば救われる」と、そう呼びかけているわけです。すべての人に向かっての福音宣言。弟子たちが祈っているイエスのあとを追って「みんなが待っています」と言うと、イエスは答えました。38節の言葉です。

　　　イエスは言われた。「近くのほかの町や村へ行こう。そこでも、わた
　　　しは宣教する。そのためにわたしは出て来たのである。」そして、ガ
　　　リラヤ中の会堂に行き、宣教し、悪魔を追い出された。（マコ1:38-
　　　39）

　この「宣教する」という言葉は、ギリシア語では「エウヴァンゲリゾー」とか「ケリュウゾー」です。「エウヴァンゲリゾー」は「宣べ伝える」とか、「ケリュウゾー」は「宣教」するとか、大体そういうふうに翻訳されています。ラゲ訳という私の大好きな文語訳聖書もそうなのですが、「宣べ伝える」、「告げ知らせる」、

聖書は、宣言する（晴佐久）　419

「宣教する」。伝統的にそう訳する。でも、こうした言葉では、何だか少し弱い。神の圧倒的な福音宣言を表す言葉として、少し弱いのです。だから、私はいつも頭の中で「宣言する」と補いながら読みます。

「エウヴァンゲリゾー」は福音を語る、「ケリュウゾー」はその福音の真理を語るわけですけど、絶対的な福音を鮮度よく、「今、ここ」にちゃんと伝えるという、そういう宣言なんですけど、その感じが、なかなかこの聖書の翻訳では伝わらない。そもそも「宣べ伝える」などという言葉は辞書引いても出ていませんし。宣教の「宣」に「べ」と送って「宣べ伝える」という言葉、つまり宣伝ですね。これでは少しあいまいです。ただの「宣伝」じゃない。「福音宣言」なのであり、それがキリストそのものであり、それが弟子たちに与えられた使命でもあると、そこを強調したいと思っているのです。

マルコの最後、16章15節には「全世界に行って、すべての造られたものに福音を宣言しなさい」とあります。そして続けて、「信じて洗礼を受ける者は救われる。信じない者は滅びの宣告を受ける」と。信じる者、信じて洗礼を受ける者は、それは次のようなしるしが伴う。「わたしの名によって悪霊を追い出し、新しい言葉を語る」。(マコ 16:15-17 参照)

私は、その新しい言葉を語りたい。洗礼を受けた者として。この宣言を信じて、受け入れて、神の福音宣言を生きる者となったのですから、洗礼を受けた者として、新しい言葉を語りたい。福音宣言はいつの時代でも新しい言葉です。ぼくは、その何よりのしるしは、まさにその宣言を受けた人が洗礼を受ける姿だと思っています。

16章20節、弟子はいたるところで『宣言』し、そして、「主は彼らと共に働き、彼らの語る言葉が真実であることを、それに伴うしるしによってはっきりとお示しになった」。

今、こうして私の手に聖書がありますけれど、私はこの聖書という福音宣言を、そのまま現実にしたいのです。ただの本で、どこかの棚に置いてあるのではなくて、聖書は神の福音宣言そのものだからです。「神は福音を宣言した」と言っても、天から叫ぶわけにいかない。だから、イエス・キリストという神であり人である神の子として、人々に福音を宣言した。ちゃんと人々は、自分の耳で神の声を聴いたのです。「私はあなたを愛している」と。それを聴いた人は、救われたし、洗礼を受けたし、弟子になった。そして、復活のイエスが正に宣言の実現として弟子の内に宿って、弟子はみんな復活のイエスの宿るミニ・キリスト、プチ・

キリストになって、全世界に福音宣言をしに出かけて行ったのです。そして今もなお、教会は福音宣言の現場として、この現実世界のまん中でさん然と輝いております。

## 歩く聖書、語る聖書になる

　そんな福音宣言の現場である教会から、聖書が生まれたわけです。恐らく、私はこの聖書というものが、福音宣言の現場で、どうしても必要とされて生まれてきたのだというふうに想像します。

　福音宣言の現場で語られていたことをまとめ、福音宣言の現場で用いやすいように編集され、そしてその聖書が届いた先で、また福音宣言の現場が生まれる。そういうものとして、この聖書が誕生してきた。当然そうであったはずだし、そうでなければ意味がないと思うのです。

　ですから、聖書は、1人で読むのも、それなりに意味のあることですけれども、やはり1人の生きたキリスト者が、救いを求める現場に行って、福音宣言をするときにこそ真価を発揮する。しかも、できるなら、「ほら、ここにこう書いてありますよ」と説明するのではなくて、まるで自分が歩く聖書のようになって福音宣言をする。そんなときにはじめて聖書が何であるかが実感できる。ひとりの神父として、キリスト者として、私がいちばん心がけていることです。

　聖書という福音宣言を現実のものとして、その現場で実現させる。それは、時に勇気のいること、時にすごく難しいことです。けれども、大きな喜びがあります。福音宣言が本当に目の前で実現していく喜び。神が福音を宣言し、それをこの世に生まれたイエス・キリストが宣言し、教会がそのキリストそのものとして宣言し、その宣言そのものとして聖書が生まれ、そして、私はこの聖書に基づき、歩く聖書になって、語る聖書になって、福音宣言をする。私にとって聖書とは何かと言うのであれば、そのような福音宣言のための、神からの最高のプレゼントなのです。

## キリスト者の喜び　——神の原福音宣言を新しい言葉で語る——

　この福音宣言を、今、ここで、実現させるということのために、私はキリスト者として、ずっといろいろな仕事をしてきましたし、こうして講演会をしたり、

いろいろなところで教えたりもしていますけれども、この宣言を今ここで実現させて、本当に人類を聖なるものとしていく最も美しい現場は、やはり礼拝の現場だとそう信じております。ミサという天地を結ぶ現場、これをなくしては私もありえないし、キリストの教会もありえない。

ルカの福音書4章21節に、聖書の中でも特に好きな個所があります。皆さんよくご存じの個所ですけれど、4章21節は、イエスがイザヤの巻物を読まれるところです。16節から読みます。

> イエスはお育ちになったナザレに来て、いつものとおり安息日に会堂に入り、聖書を朗読しようとしてお立ちになった。預言者イザヤの巻物が渡され、お開きになると、次のように書いてある個所が目に留まった。『主の霊が、わたしの上におられる。貧しい人に福音を告げ知らせるために、主がわたしに油を注がれたからである。主がわたしを遣わされたのは、捕らわれている人に解放を、目の見えない人に視力の回復を告げ、圧迫されている人を自由にし、主の恵みの年を告げるためである。』イエスは巻物を巻き、係の者に返して席に座られた。会堂にいるすべての人の目がイエスに注がれていた。そこでイエスは、「この聖書の言葉は、今日、あなたがたが耳にしたとき、実現した」と話し始められた。（ルカ4:16−21）

こうして聖書フォーラムに呼ばれて、「聖書について、話してくれ」と言われるのであれば、「私の中にあるモチベーションはこのような実現への奉仕だけです」と言うしかありません。

聖書を開いて、聖書を読む。あるいは、聖書とひとつになって、聖書の言葉を語る。するとその言葉が、聴いた人が耳にしたそのときに実現する。そのことだけを信じて、私は聖書を読み、聖書を語りたい。イエスがそうであったように。初代の教会がそうであったように。今日も、このホテルの部屋であっても、「その言葉は、今、あなたがたが耳にしたとき実現した。」耳にしましたよね、皆さん。囚われている人に解放、目の見えない人に視力の回復、主の恵みの年。すべてが許されて、神様がすべてを受け入れてくださる救いの恵み。それが、今耳にしたとき実現したと。こういう鮮度、イエスが今ここで語っているかのような「鮮

度のある言葉」として、聖書を語る。あるいは、歩く聖書となっていつでもどこでも、そのことを宣言する。

　聖書は、その宣言をするための何と美しく尊い本でしょう。しかし、その宣言をしないのであれば、何と難解で人を惑わす本でしょう。神の福音が、それを聴きたいと思っている人の耳に届く瞬間、この世界にこんな美しい瞬間はありません。

　諸宗教がどうとか、ほかの宗教との対話とか、学問的な論議がありますけれども、私には知識も経験もなくてよくわからない。そもそもよその宗教が何をいっているのか何をしているのかなんて、実際にそれを、生きてみないことにはわからないはずです。いくら調べて、勉強したところで。しかし、もしも出会って対話するならば、まごころこめて福音宣言をしたい。他宗教、無宗教の人に出会ったなら、その人の話を聴き、その人のつらい現実とささやかな希望を聴くけれども、私は、「ともかく私の話を聴いてくれ」といいたい。そして、私はその人に、真っ直ぐにこの神の福音宣言をしたい。どう受けとめられるかはともかく、まず、まっすぐに。

　その場で自分がイエス・キリストになって、まずは神の『原・福音宣言』をその場でする。相手が、そのような1人の福音宣言者に興味を持ったならば、それはもうイエスと出会っているのです。そうして、その宣言に宿っているイエス・キリストが働いてくれるはず。そんな出会いのすべてのいちばん最初は、イエス・キリストが口を開いて、福音宣言をした、そこから出発しております。

　いつでも、どこでも、どんな現場でも、神の原福音宣言はすべてに対応できる。私はそう信じる。あらゆる現場、どんな難解で困難な事情であっても、そこに神の福音宣言は対応します。すべてに対応する新しい言葉をその現場でどうやって語るか。それこそわくわくするようなキリスト者のチャレンジであり、喜びです。

## 福音宣言は時空を超えて ——喜びに満ちて生きる——

　ミサのときこそそのような神の原福音宣言が語られる美しい現場でしょう。カトリック教会では、いつも信徒が聖書を朗読しますけれど、ミサのときは福音書だけは司祭、助祭に限るという決め事があります。それはどこまでも「この福音宣言を教会はものすごく大切にしております」ということの1つの象徴です。しかも、「福音朗読」ではないのです。単なる[朗読]ではない。あれは[福音宣言]で

す。ミサで恭しく、司祭が聖書を掲げ、そして、人々の前で、イエス・キリストになり代わって、いや、イエス・キリストそのものとして福音を口にしたとき、その場でその福音が現実のものとなる。だから、ある意味ではミサできちんと福音朗読をするならば、もはや説教もいらないと言っていいほど。

　もし説教するなら、これが本当に福音宣言なのだということを語り、この聖書の福音宣言が本当につらい思いをしているあなたの心に届くようにと語る。そしてそのあとで、聖体拝領のないミサはありえませんから、食べる宣言として、聖体を拝領する。イエス・キリストが「私を食べる者は永遠に生きる」と宣言した、その宣言そのものとして、私たちはキリストという宣言を食べます。

　「言葉としるし」です。イエスは福音を宣言し、つらい人の手を握って、福音の喜びをきちんと直接触れるという恵みで伝えた。宣言はまずは言葉ですけれども、イエスの存在そのものが「宣言」になっている。これがイエス・キリストおよびその弟子、すべてのキリスト者の秘密。そこにキリスト者が信じて存在すれば、そこから福音宣言が鳴り響く。ミサは、とりわけその美しい極みです。

## 永遠に喜びの涙は受け継がれて

　ですから、つらい思いをしている求道者には、「まず、ともかくミサに来てほしい」と、私は頼みます。すると、はじめてミサにあずかって福音宣言を聴いた者が「私も洗礼を受けたい」とそう言い出す。

　カトリック高円寺教会で、今年の復活祭には 92 名、洗礼を受けました。復活徹夜祭の洗礼式に並んだのは、86 名ですけれども、同時に 86 人の人に洗礼を授けました。毎年、それくらい洗礼を受けます。今年も、「私は父と子と聖霊の御名によって、あなたに洗礼を授けます」という、聖書の福音宣言そのままに宣言をしました。その宣言を受けた者は、永遠に生きる。決して死ぬことがない。それを目の当たりにする信者たちは、感動して、さらにみんなに宣言をする。自分の愛する者からはじめ、本当に宣言を聴きたいと思っている人に「いいから私の話を聴いてくれ」と、「いいから、1 度ミサに来てくれ」と、そうお誘いする。そしてその福音宣言は、また次の年に大勢の洗礼の宣言を受けた者の喜びの涙に変わっていく。

　今、高円寺教会で、現実に起こっていることです。日本で信者が増えないとか、司祭の数が減っていくとか、そんなことを心配するのは、福音宣言をはじめた神

様に対してたいへん失礼なこと。何の心配もない。神が宣言していることは、必ず現実になるのです。「わたしはすでに世に勝った」という宣言を、私たちは信じて、恐れを超えて、もう１人のだれかに聖書の福音を宣言するとき、そのとき聖書がそこで実現するのです。

聖書という最も美しい福音宣言の現場が、そこで生きた現場になる。私は「カトリック高円寺教会のこの聖霊の働きに満ちた洗礼式、みんなに見せてあげたい」と、今回、プロに頼んでビデオに撮ってもらいました。見たらやはりちょっと驚くと思いますよ。これだけの人が福音宣言を求めて、信じて、次々と「しるし」になっていること。私たちの宣言が真実であることを、神はそれに伴うしるしによってはっきりと示してくださっているのです。

福音宣言を受けた者。ミサで聖書を通して、御言葉を通して、ご聖体を通して、福音に触れた者。洗礼を受けた者とは、そういう者ではないでしょうか。ある意味で、ミサというのは再洗礼ですから、ミサを生きる者は、福音宣言を生きる者です。この福音宣言に身を沈めて、「もう自分は宣言そのものとして生きる」と信じた者は、もはや歩く宣言、歩く聖書です。

使徒言行録２章に、ペトロの福音宣言が載っております。ペトロは「神はイエスを復活させたのだ」と、「この福音宣言がもうこの世界で実現している。わたしたちは皆その証人なのだ」と宣言する。福音宣言を受けた者は、もちろん、イエスが生きているときからすでにそれは聴いていました。でもまだ半端だったのです。イエスがすべて命を捧げて、自分のすべてを神に捧げて、弟子たちの真ん中に現れて、「あなたがたに平和」と宣言する。それがどのような体験だったにせよ、ともかく弟子たちは、本当にイエスに出会った。イエスの福音宣言のすべては本物なのだということを、圧倒的な現実の体験として知ったわけです。

今日も、もし、私のこんなつたない福音宣言でも、みなさんが自分のこととして聞くリアリティを感じられたら、それはもう弟子たちの復活体験とそのまま一本につながっている体験です。全然別のことではありません。私もキリストの教会で受けた福音宣言を、こうして自分の恐れや弱さを抱えながらも、神の宣言と信じて宣言できているなら、私も復活体験をしているわけです。今この部屋でも主は復活なさっているのです。

使徒言行録では、ペトロはその宣言をもう早速、大勢の前で一生懸命に話します。口下手だったのではないかと思うのですが、必死に宣言します。ユダヤ人のみなさん、エルサレムのすべての人たち、どうか聞いてくれと叫ぶ。「神は、こ

のイエスを復活させてくださったのだ。私たちは出会ったのだ。みんな、全部、神にゆだねて、このイエス・キリストとひとつになって、イエス・キリストの福音宣言に身を沈めて、洗礼を受けて、聖霊を受けてほしい」とそのようなことを一生懸命に喋る。そうすると、「ペトロの福音宣言を受け入れた人々は、洗礼を受け、その日に三千人ほどが仲間に加わった」とあります。(使 2:32－41 参照)

正に、福音宣言の現場です。これは二千年経ったカトリック高円寺教会でも、同じことがずっと続いている。今、目の前に現れて、神が出会わせてくださった人に、それがどこの国の人であれ、何教であれ、どんな境遇の人であれ、私は福音宣言をするしかない。「私にはほかにすることがないのです」と、パウロは言いました。もし本当に自分の命が助かった薬を持っていたら、同じ病気の人に分けてあげるという、これは当然のことでしょう。「いいから、これ飲んでみなよ」というわけです。

ペトロの必死な思いは、使徒言行録の3章にもあります。足の不自由な人に「私を見なさい」と言い、「私は金も銀も持っていない。しかし、私が持っているもの、それをあげよう。イエス・キリストの御名によって、あなたに命ずる。立って歩きなさい」と言う。すると立つ。この福音宣言の力。これは初代教会の特殊な出来事だと思わないでください。今だってまだ初代教会でしょう。たかが二千年ですから。神の目には千年も一日のよう、教会は始まったばかりです。まだまだ熱い聖霊、未来永劫消えることのない聖霊の火が、私たちの内に燃えていて、この福音宣言への熱い思いに駆り立ててくれる。教会の現場というものは、そのような現場であると私は信じます。

パウロの言葉、ローマ書の10章の14節と15節、これもまたまた有名な個所です。13節から読みます。

「主の名を呼び求める者はだれでも救われる」。「信じたことのない方を、どうして呼び求められよう。聞いたことのない方を、どうして信じられよう。また、宣べ伝える人がなければ、どうして聞くことができよう。」「良い知らせを伝える者の足は、なんと美しいことか」と書いてあるとおりです[2]。

---

[2] ローマの信徒への手紙 10 章 13－17 節
「主の名を呼び求める者はだれでも救われる」のです。ところで、信じたことのない方を、どうして呼び求められよう。聞いたことのない方を、どうして信じられよう。また、宣べ伝える人がなければ、どうして聞くことができよう。遣わされないで、どうして宣べ伝えることができよう。「良い知らせを伝える者の足は、なんと美しいことか」と書いてあるとおりです。しかし、すべての人が福音に従ったのではありません。イザヤは、「主よ、

福音宣言する人がいなければ、どれほどすばらしい福音でも役に立たない。今なお、心の闇に閉ざされて、その宣言を求めている大勢の人たちに、この聖書の福音宣言をきちんとお伝えしようではありませんか。福音宣言を受けた者は、「私も宣言しよう」と当然思うようになります。高円寺教会でも、今年洗礼を受けた人の中には、去年洗礼を受けた人から連れて来られたという人がおります。今年受けた人は、来年連れてくるでしょう。

　私のこの話、あまり学問的な話ではありませんでした。結局、福音宣言そのままですね。でも、それしかできない。「どうなろうと知りません」と、私は言ったわけですし、私は、福音宣言をする喜び、その喜びだけで生きているようなものです。だから、そういう現場があるならどこにでも出て行きたい。

## 心の暗闇に響いた福音宣言

　昨日の夜10時ごろ電話がありました。20年近く前の教会の青年から、それこそ20年ぶりに電話があったのです。その青年が私の書いた本を読んで「本当に救われたのでお礼を言いたくて」と。福音宣言として本を書いてきたものとしてほんとにうれしかったですけれども、久し振りだったので、「どうしていたの」と聞くと、その後の人生を話してくれました。「結婚したけれど、息子が9歳のとき白血病で死んだ。そのあと荒れて、信仰も失い、ある事件にまきこまれて警察のご厄介になり、10か月服役もした。」息子を失ってもう神は信じられないと信仰も失い、服役して仕事も失ったというのです。でも、「その服役中に奇跡的な体験をして改心した」そうです。

　刑務所の中であるとき、自分はなぜ、こんなに苦しい十字架を背負わされたのかと思っていたときに、あのルカ福音書の、イエスの十字架の隣で、十字架にかかっていた犯罪人のビジョンが訪れて「その犯罪人の言葉が聴こえた」と言うのです。あのイエスを信じた良い犯罪人です。

　「あのとき、あの十字架の上で、わたしは救い主に会った。それまでは、生きていても死んでいたが、十字架上での数時間、わたしは本当に生きた。主に巡り会えて良かった」。そう犯罪人が言ったというのです。

---

　だれがわたしたちから聞いたことを信じましたか」と言っています。実に、信仰は聞くことにより、しかも、キリストの言葉を聞くことによって始まるのです。

わたしはあの十字架の上で主に会った。それまでは生きていても死んでいた。なのに、十字架上ではじめて、本当に生きた。主に巡り会えて良かった…。

9歳の子どもを白血病で亡くして、刑務所に放り込まれて、「何で、おれはこんな苦しい思いをしているのか」。正に十字架です。しかし、そんなときにも、かつてイエスが十字架の上で福音宣言したその宣言が、それを聴いた人から聴いた人へちゃんと伝えられ、それがちゃんと聖書にも伝えられ、聖書のひと言として、二千年経っても伝えられ、それがある人の心に宿っていて、いちばんつらいときに、ちゃんと神が福音宣言してくださる。

皆さんご存じですよね。この十字架上でのイエス様の福音宣言。ルカの福音書、23章の43節。42節から読みます。この犯罪人はこう言う。

> そして、「イエスよ、あなたの御国においでになるときには、わたしを思い出してください」と言った。するとイエスは、「はっきり言っておくが、あなたは今日わたしと一緒に楽園にいる」と言われた。（ルカ 23:42－43）

これは福音宣言でしょう。つらい思いをしたことがあるのなら、「十字架ではじめて本当に生きた」というこの人から、正に福音宣言を聴くべきです。これはイエスの口からこの人までひとつながりなのです。そしてこの人が私に電話をして来てくれた。そのとき、「あぁ、福音宣言を聴いた！」と私は思いました。私はそれまで、イエスのこの言葉をほんとうに自分への福音宣言として聴いたことがなかった。でも、そのあとで、聖書を開いて、もう1回この個所を読んで、本当にリアルに「あなたは、今日わたしと一緒に楽園にいる」と、その福音宣言が聴こえた気がした。それは、電話をしてきた彼が宣言してくれなければ、伝わらなかったことなのです。でも、伝わればこうして皆さんにも伝えられる。実はその電話をもらったとき、明日の聖書フォーラムの準備がうまく進まず、ひどくあせって、そして恐れて、すごく苦しい状態でした。そのことを正直にその彼に言うと、彼は自分がどれほどぼくの本で救われたかも話してくれて、「おそれずに語ってください、神父さんのことばでどれ程たくさんの人が救われると思いますか」と言ってくれた。それはまさにイエスの「おそれるな」という宣言でした。ぼくはその宣言に涙しましたし、その宣言を信じて、今日ここに立ちました。

イエス・キリストが闇に支配されたこの世界の真ん中で、神の国の開始宣言をして、神の福音を宣言し始めた。それでこの世界はまったく変わったのです。聖書は、ただただ、そのことを、いつの世までもちゃんと伝えるために、私たちの真ん中にきちんとこうして存在しております。

　聖書を書いたのは、神です。神が福音宣言をし、その生きた福音宣言であるイエスが、そのままここで生きております。今日の現実を生きる1人の人に、もしも、ちゃんと福音宣言をすることができたなら、私は「この世に自分が生まれてきた意味があった」とそう思えるし、「後悔はいたしません」と言って死んでいける。しかし、もしも福音宣言をせずに生きていたのであるならば、これは本当に後悔をすることになるであろうとそう思っております。

　さて、話したいことはみんな話したかな。柄にもなく、少し準備したのでかえって訳がわからなくなってしまいましたけど。…（笑）…　でも、いいのです。つらい思いをしている人が、ここにも必ずいるでしょう。その人に福音をきちんとひと言宣言できたなら、ここに来て良かったと私は思います。ありがとうございました。

　　　　　（はれさく・まさひで　カトリック東京教区高円寺教会主任司祭）

# 聖書と私
—— 良きしらせ ——

渡辺和子

## 大丈夫の福音 —— イエス様のグッドニュース ——

　ただいまご紹介をしていただきました渡辺でございます。私は修道院に入りましてから今まで、ほとんどすべての年月、40 年以上を管理職、それも教育の場においてのお仕事をしてまいりました。従って、このような国際聖書フォーラムでお話をする、その研修研究などのない者でございます。
　ただ 40 年以上教育の場におりまして、イエス様の〈良きしらせ〉── グッドニュース（Good News）福音をどのようにして今の学生たちや卒業生たち、また、私がお目にかかる方々にお伝えすることができるだろうかということについて、いつも考えさせられてきたものでございます。
　イエス様が私どもにもたらしてくださった良きしらせ、そして、マタイ福音書のいちばん最後のところで「行って、すべての国の人々を弟子にしなさい。そして、私がこの世にもたらす良きしらせを告げしらせなさい」とおっしゃっている、その良きしらせというのは何だろう、特に、21 世紀の 99％がノンクリスチャンであるこの日本の国で、イエス様が告げしらせたい、そして、私たちに告げしらせなさいとおっしゃってくださった良きしらせ、それは何だろうということを常日ごろから考えておりますし、今日ここにお集まりの皆さまがたもお考えになっていることかと思います。
　それは、もし、ひと言に言ってしまえば、父なる神は私たち 1 人 1 人を、そのままで、ありのままでこよなく愛してくださっている、空の鳥、野に咲く花より

も心に掛けていてくださる、だから安心していていいのだよ、安心して生きなさいという〈大丈夫の福音〉ではないかと、私は思っております。

この〈大丈夫の福音〉というのは、私が勝手に付けております名前です。特に私の場合は、旧約も時に読ませていただいておりますけれども、主に新約聖書を読ませていただいていて、始めから終わりまで、そこに見られる神様の本当に温かな人々への配慮を強く感じます。そして、「私を見た者は、父を見た、私は父の言葉、ロゴスである」というイエス様。イエス様は、神の御言葉としてこの世においでになって、私たちのわかる言葉で、人と同じ言葉をお使いになって、父なる神はどういう方かということを教えてくださいました。

その教えてくださった内容は先ほど申し上げましたように、私たちの父なる神は、本当に私たち1人1人をそのままで、ありのままで愛してくださる、ご大切に思ってくださる、そして、心にかけていてくださるということです。そのことをキリストご自身がご自分の御教えの中で、または人々に話してくださったたとえの中で、また、ご自分の人々への関わりにおいて、そして、その集大成として死んで、復活してくださったことによって、私たちに良きしらせとして伝えてくださったと思います。

## 神様のカイロス ── 御言葉に導かれて ──

私は根っからのクリスチャンではございません。私が生まれました家は浄土真宗をその宗旨としている家でございました。12歳の時に、この同じ四谷にございます雙葉というミッションスクールに母に入れられたのをきっかけに、初めてキリスト教に触れました。そこにおります間、私はキリスト教は嫌いで、ほとんど背中を向けて卒業いたしました。その私がイエス様の御教えを受け入れ、洗礼を授かったのは、こんなことがきっかけでございました。

確か17歳ぐらいでしたでしょうか、そのころの私は、非常にごう慢(高慢)で冷たい人間でした。戦争のさなかを、それこそ一生懸命に髪を振り乱して働いていてくれる母に対しても、温かい気持ちがもてませんでした。

私は父が53歳、母が44歳の時に、たまたま父が旭川の師団長をしておりますその3、4年の間に生まれたものでございますから、17歳ぐらいの時にもう母は60を越しておりました。もっともっと大事にしてあげなければいけないのに、

冷たい、母のすることなすこと気に入らない生意気な自分自身に愛想をつかしました。
　その当時、東京は夜も昼も、のべつまくなしに空襲がございました。私どもは荻窪というところに住んでおりましたけれども、毎晩のように防空壕に入ります。そういう毎日の中で、こんなままで死んでいいのだろうか、優しい気持ちをもたないで、感謝する気持ちももたないで死んでいいのだろうかと、私なりに悩みまして、雙葉におられる1人の日本人のシスターのところに伺いました。「シスター、私はこんな気持ちをもっております。もっと母に優しくしたいのですけれども、それができません。お友だちにも優しくしたいのですけれども、つい、高ぶった気持ちをもっております。」そのときに、そのシスターが私に「和子さん、新しい人になるために、洗礼を受けたらどうですか」とおっしゃいました。
　私はその時まで、キリスト教に対して何だかんだといろいろな疑問を持っておりましたし、いろいろなことがわからないままで背を向けておりましたけれども、やはり、〈神様のカイロス〉、神様から見ていちばんふさわしい〈時〉というものがあったのかもしれません。とても素直な気持ちになりまして「シスター、勉強いたします」と申しました。そのころはシスターではなくマダムとお呼びしていましたけれども、私がそう申し上げましたら、マダムも待ってましたとばかりに、毎日、毎晩15分読むようにとおっしゃられて、聖書を1冊貸してくださいました。
　それを忠実にしておりましたときに、たまたまマタイの11章のあのキリストの御言葉に出会ったのです。

　　疲れた者、重荷を負う者は、だれでもわたしのもとに来なさい。休ませてあげよう。わたしは柔和で謙遜な者だから、わたしの軛を負い、わたしに学びなさい。そうすれば、あなたがたは安らぎを得られる。わたしの軛は負いやすく、わたしの荷は軽いからである。（マタ11:28－30参照）

　この御言葉に出会いまして「これが私の求めていたものだ」と直感いたしました。自分なりに、重荷を負って、労苦をしていたように思っていたのだと思います。この御言葉が、私に欠けていた柔和と謙遜、それを教えてくださる方の御元に行って私の荷を降ろして休ませていただいたらいいのだ。そしたら、今までより

ももっと負いやすい軽い荷物と、軛を負うことになるのだという素直な気持ちに導いてくださったのです。それから、私は特訓をしていただいて、1945 年の 4 月、まだ戦争中で交通網もずたずたに断たれておりましたときに、荻窪から四谷まで、間で何度も防空壕に飛び込みながら 1 日がかりで歩いて、その翌朝、洗礼を授けていただきました。

　たぶん初めて、私の心を揺り動かしたこの御言葉、それがある種の引き金になりまして、それからあと聖書を読みますときに、いつも「あっ、大丈夫なのだ。こんなに困ったことがあっても、これはいつかどこかで解決できるのだ」ということをイエス様が教えてくださる書として、福音として、良きしらせとして、聖書の中身を味わわせていただくことになったのだと思います。

　母は私が洗礼を授かることに大反対をいたしました。その家の宗教とも異なるばかりか、父が軍人でございましたものですから、戦争中、特に敵性国家の宗教と考えられてもしようがないようなクリスチャンになるということが許しがたかったのだと思います。結局は、致し方なく許してくれましたけれども、それからあと、私の負う荷が軽くなったか、軛が負いやすくなったかと言えば、必ずしもそうではございませんでした。つまり、洗礼はマジックではなかったのです。私の母は大反対をしたのに洗礼を受けた私に対して「それでもあなたはクリスチャンなの？」と、ことあるごとに私をなじって叱ってくれました。前とちっとも変わらない、意地悪、冷たさ。本当に自分で申し上げるのも恥ずかしいような、本当に意地悪で冷たくて、そして高慢ちきな人間でした。

　あるとき、私が母に「お母様、○○さんはとっても意地が悪い。あのとき、あんなことをおっしゃったけれども、あれはおっしゃっていることと違って、こんなことを考えていらっしゃるに違いない。こういうことをなさろうとしているのだ」。そんなことを申しました。私の話をずっと聞いてくれていた母は「そこまで人の意地悪がわかるあなたは相当の意地悪だ。もっと人が良ければ、人様の意地悪がわかるはずがない」と、このようなことを私に言ってくれました。

　洗礼を受けましても、マジックで人が変わるわけではありませんでした。私はむしろ「それでもあなたはクリスチャン」と言ってくれた母の言葉に励まされ、矯められて、そして、自分自身というものを少し柔和で謙遜なイエス様の御あとに従っていく者になるようにと、日々の努力を費やしていったと思います。

　「神様は私たちの力にあまる試練をお与えにならない」というパウロの言葉がございますけれども、それとともに、イエス様が「これからいろいろな国に行っ

て、人々に福音を告げしらせなさい」とおっしゃったあとで、「私はいつもあなたと一緒にいる、世の終わりまであなたたちと一緒にいる」と、そうおっしゃった御言葉、そういうものに支えられて、私の一生の中の、こんなはずではなかったと思うようながっかりすること、自分の思惑どおりに物事が運んでいかないこと、それを1つ1つ乗り越えて、そして、次に続けてつないでいったような気がしております。

## 神様のオンリーワン

　私は今もまだ学生たちに講義をしております。とてもすばらしい私の大好きな学生たちですけれども、40年前の学生たちと較べまして、今の学生たちはやはり少し変わってきております。では、何が変わっているか。それをひと言で言うのは難しいですけれども、生きるということの自信が前よりも薄くなっている、少なくなっている。自信のない寂しい人たちが増えてきている。そして、条件付きで愛されているために、その条件を満たすことによって愛されることに一生懸命になっている。だから、その条件を満たさないときがあると、すぐ落ち込んで、不安になってしまう。

　かつて「ナンバーワンよりオンリーワン」という言葉が流行したことがございました。SMAPというグループが歌っている楽曲の歌詞ということを私も教えてもらいました。私ども教育の場で、入学式や卒業式で、よく使ったものでございます。今から2年ほど前、学生たちに講義をしておりました際、この「ナンバーワンよりオンリーワン」それから「世界でただ一つの花」、その話をいたしました。そうしましたらあとで、1人の学生がメモを書いてくれました。それは「今日、シスターは、私たちは神様のオンリーワンだということを話してくださったけれども、私はびっくりした。私は今まで私のボーイフレンドのオンリーワンでありたいと思っていた」というような内容でした。私は、その授業の中で、ボーイフレンドから見捨てられても、あなた方は神様のオンリーワンなのですよ、ご大切なのですよ、だから安心していらっしゃい。そういう話をしていたのです。

　このメモを書いてくれたような学生たち、その人たちを見ておりますと、自分のボーイフレンドのオンリーワンでありたい、だからその人に送ったメールの返事がきていないと授業中でも気になってしようがない。いつも誰かとつながっていないと気になってしようがない。ほかの女の子にメールを送っているのかと思

うと、いてもたってもいられない。そういう気持ちになりがちなようです。実際、ある日の授業で、1人の学生が私に目礼をして出て行きました。私はお手洗いに行くのだったら止められない、人権の問題だからなどと思ってそのまま出してやりましたが、けっこう外でメールを打っているようです。その学生がなかなか戻ってこないので、「長いわね」と誰に言うでもなく言いますと、その学生の友だちが私に「シスター、あれメールを打っているのですよ」と教えてくれました。

そういう生きることに不安を持っている。自分に自信を持ってない。いつも誰かのオンリーワンでなければ、自分が生きている価値が見いだせない。そういう人たちに「あなたがたは神様のオンリーワンなのですよ。ボーイフレンドがあなたを捨てて、ほかの女の子に走ったとしても、あなたはちっとも変わらない。神様の御目の前にかけがえのない、たったひとりの人間なのですよ。勉強ができる・できない、容姿容貌が良い・悪い、財産がある・ない、そういうことと無関係にオンリーワンなのですよ」と伝えること。それは、イエス様がもし今この21世紀にいらしたとしたら、伝えたいとお思いになる『良きしらせ』の内容になるのではないかと、学生たちと一緒にいて思います。その時代その時代に合った良きしらせの伝え方があるのではと、私は思っているのです。

「1人1人がどんなになっても、人から見捨てられても、自分が病気になっても、でも、神様のかけがえのないオンリーワンなのだ」という良きしらせ。しかしながら、そのことは言葉で伝えるものではないでしょう。私たちの笑顔、明るさ、優しさ、ぬくもり。そういうもの。ロボットでは伝えることができない、コンピューターで検索しても出すことができない、その人間の人間にしか伝えられない、お互い同士の共に生きる心、ぬくもり、微笑み、優しさ、明るさ、そういうものに託されるものなのではないでしょうか。

もしかしたら、イエス様は、今この21世紀に、キリスト信者をつくるというよりも、愛を『良きしらせ』として私たちが伝えることを、もっともっと必要としていらっしゃる。私たちに「すべての人々に告げしらせよ」とおっしゃっていることは、「生きていていいのですよ。生きていてくださいね」という、そういう良きしらせ。あるいはまた、「大丈夫ですよ。私はいつもあなたと一緒にいる。見捨てはしない。独りぼっちにはしない」という、そういう良きしらせではないかしらと思うのです。

想定外の人生 ── 人の思いを超えた、神の思い ──

　考えてみると、イエス様のご生涯そのものが、私たちからみれば想定外の、こんなはずでなかったというものだったような気がするのです。
　今から5か月ほど前に、私たちはクリスマスを祝いました。それこそいわゆるどんちゃん騒ぎで、お祝いをしたと思います。でも2千年前のあの夜、ベツレヘムにいらしたヨゼフ様とマリア様、あの方たちにとって、宿屋に部屋がなかったというのは「こんなはずではなかった」、想定外のことだったと思います。私たちが「神様、どうしてこんなことをなさるのですか、ご自分の御ひとり子でしょう。その御ひとり子がマリアの胎内であの長い道を歩いていく。そのあげくの果てに、宿屋に部屋がない。こんなことで良いのですか」と申し上げたくなるような、それくらい想定外のことだったと思うのです。
　しかし、そしてもしかすると、これは私のいらない憶測かもしれませんけれども、部屋はあったのかもしれない。でも、宿屋の主人は勘定高い人で「この貧しげな夫婦に部屋を貸すよりはもっと羽振りのいい客を待とう。いつ生まれるかわからないような臨月の人を泊めて、夜大騒ぎをするのはまっぴらだ」。そんな気持ちで断ったのかもしれません。そして、その人の思いと異なる神の思いのお陰で、あのクリスマスの夜、馬小屋の中で、宿屋の喧騒の中でなく、騒がしさの中でない、サイレント・ナイト、ホーリー・ナイトというものが可能になったのだと思います。
　神の思いは、人の思いと違う。私も80年近く生きてきて、こんなはずではなかったと思うことを、本当に数知れないほど味わいました。9歳の時に、二・二六事件で、私の父を目の前で30数人の兵士たちに殺される。そんなはずではなかったはずです。自分が必ずしも好意をもっていなかったキリスト教の洗礼を受けた。これもそんなはずではありませんでした。
　そしてそのあと、軍人の家族であったために、7年間働いて、家族のためにキャリアをいたしました。気がついたときにはもう30歳近くなっていて、慌てて修道会に入れていただこうとした。ところが、お願いした修道会からは断られました。これもこんなはずではなかったのですけれども、でも、そのお陰で今日の私があるのかもしれません。
　もう70歳を過ぎた年老いた母親を残して、アメリカに5年派遣されて、そこで学位を取って戻って、岡山という私が行ったこともない西の方へ派遣された。それもこんなはずではなかったのです。翌年、まだ36歳で4年制の大学の学長

に任命されて、27年そのお仕事をさせていただきましたけれども、これは私にとってまったく考えてもいなかったことでございました。

　私たち1人1人がいま自分の生活を振り返ってみると、こんなはずでなかった。人の思いと異なる神の思い、それに気づくのだと思います。

　イエス様のご生涯に戻ってみますと、クリスマスの夜も、本当に人の思いと異なる神の思いのおかげで、サイレント・ナイト、ホーリー・ナイトを私たちが祝うことができるようになった。そして、ご生涯の最後、これもまた私たちのまったく想定外の、お亡くなりになり方でございます。それは、私たちというよりも、その当時の人々、特に弟子たちにとってはもっと強く「こんなはずではなかった」と思ったことでしたでしょう。

　イスラエルの救い主、あれだけたくさんの人たちをよみがえらせたり、病気を治したり、癒しておやりになった。そして、その日も「十字架から降りてみろ、そしたら信じてやる」と言われたのに、お降りにならなかった。お降りになれるはずなのに、お降りにならなかった。こんなはずではなかった。エマオへ行く二人の弟子たちがキリストと知らずに話している内容をまったくそのまま。こんなはずではなかった。私たちの予想を裏切った。

　そのイエス様の最後の十字架上でのご死去、それが私たちのために大きな大きな復活の喜びをもたらしてくださった。人の思いを超えた、神の思い、〈大丈夫の福音〉。「あなたは心配しているけれども、大丈夫だよ。待っていてごらん、きっと良くなる」。そういうイエス様の福音が、そのご生涯の初めにおいても、中途においても、ご最後においてもあったように思います。

　大正時代に、九条武子という歌人がおいでになりました。この方は仏教徒で、歌をお詠みになる方でしたけれども、同時に非常におきれいな方で、その意味でも、佳人でいらしたのです。…そんなでありたいと思いますけれども（笑）…。この方がお詠みになったお歌の1つに、このような歌がございます。

　　抱かれて　いるとも知らず　愚かにも
　　われ反抗す大いなるみ手に

　私にもそういう時代がたくさんございました。そしてこれからも、あるかもしれません。反抗する。「どうしてこんなことをなさるのですか、なぜですか。」しかしながら、気がついてみると、大きな御手に私たちは抱かれている。その安心

感。神様のなさることには間違いがないという〈大丈夫の福音〉。それを私は学生たちに伝えていきたいと思います。私が会うお１人お１人の方に、私の笑顔と明るさと優しさと、そして「大丈夫」という言葉で伝えていきたいと思います。

## 大丈夫の小石 ── 御心のままに ──

　病院に出入りをなさる１人の男性がおいでになりました。その方は、ご自分の手のひらに握れるほどの小さな角のとれた丸い小石を持っていらして、その小石にはひらがなで「だいじょうぶ」と書いてあったのだそうです。

　その方は病院に出入りをなさるので、たまたまこれから手術を受けなければいけないという方に、大丈夫の小石を握らせておやりになる。すると、とても喜んで「あぁ、大丈夫なのですね。私の手術は大丈夫なのですね」と言う。または、長く病床についていらっしゃる末期がんかしらと思われているような方に握らせておやりになる。すると、その方もとてもお喜びになって「私は治るのでしょうか。大丈夫なのですね」と言う。すると、その小石を返しておもらいになりながら、その男性の方がおっしゃるのだそうです。「この大丈夫の小石は、あなたが考えている大丈夫の小石ではありません。どっちに転んでも大丈夫、の小石なのですよ」と。

　私はこのお話を伺って、いいお話だなと思いました。私たちは祈ります。手術が成功しますように。私の手術、あなたの手術、あの方の手術。または、病気が治りますように。私もお話のために祈りました。「声がもっとよくなりますように、風邪がよくなりますように。」祈るのは、かまわないのです。でも、祈るときに「私の思うままになりますように」ではなくて、ちょうどイエス様がゲッセマネの園で「私はこの杯をとってほしい。でも、私の思うとおりではなくて、父なる神様、あなたの御心のままに」（マタ26:39 参照）とお祈りになったように、神様の思いのままにと祈りたいと、私はいつも思います。それは言葉を代えて言えば、「どちらに転んでも、あなたの御手の中に私はいるのです。だから大丈夫なのです」ということなのです。決して、無責任な、どちらに転んでも大丈夫というものではないのです。男性が病人の方に握らせてあげた「大丈夫の小石」というのもきっと、そういうことなのだろうと思います。

　たとえ、病気になっても、手術を受けなければならなくなっても、しっかりと祈りながら、しっかりと自分が神様にお願いをしておきながら「でもお任せしま

す。どちらに転んでも、あなたはすべてをご存知です。大丈夫なのですよね」という、そういう気持ちで手術に臨んでください。そういう気持ちで毎日の病気を受け止めてください。そういうことではないかしらと思います。私たちが倒れても失敗しても、「大丈夫だよ」とイエス様は言ってくださっていると思うのです。

## 文明がもたらした功罪

　今、21世紀に入りましたが、20世紀の後半から、私たちは本当に便利で快適でスピーディな文明の恩沢を受けております。私どものような修道院でさえも、自動洗濯機、自動炊飯器、電子レンジ、そして、ほとんど皆様のご家庭にあるような一応のものもそろえております。それは本当にありがたいことでございますけれども、ある方がおっしゃいましたように、文明というのは、人がひとりで生活できるようにする物を作るのだ。本当にそうかもしれません。

　今どき、単身赴任はそんなに苦労でなくなった。デパートの地下に行けば、コンビニに行けば、ほとんどの物がそろっている。そういう人が1人で生活ができるようになっているのです。車いすの方も自動ドアの前においでになると、人の助けを借りないでもドアが開いてくれる。そして閉めなくても閉まってくれる。ほんのひと昔前は、私たちは学生たちに教えたものです。「お体のお悪い方がおいでになったら、走って行ってドアをお開けするのですよ、そして、待っていて、お通りになって、あとからおいでになる方がなければ閉めてもいい。荷物をお持ちだったらば、それをお持ちするのですよ」と。それが今どき言えなくなりました。不必要になったのです。そんなことをしてもらわなくても、車いすでもけっこう通れます。杖をついていても、通れます。体が悪くても行けます。

　これはある意味で、文明の恩沢でございますけれども、考えようによると、非常に寂しい。人間関係が希薄になっている、人が人を必要としない。人手を、助けを必要としない。また人様を助けようともしない。それが当たり前だと思っている今の若い人たち、女子大生たちを見ておりまして、この人たちには、前よりも、人々と共に生きることを教えないといけないのだなと思います。それを教えてくださったのは、やはり〈イエス様の良きしらせ〉だと思います。

　また、この便利な世の中で、人を助けることを不必要とし、1人で生きることを可能にしている世の中に住んでいる学生たちは、同時に少子化の中で、親や教師に甘やかされて育っている人たちが多うございます。倒れないように、失敗し

ないように、傷つかないように育てられている人たちが多うございます。私が学生を叱りますと「生まれて初めて叱られた」と言う。私もあとで自殺しないかしらなんて思って、心配することがあるのですけれども、叱られても、後でケラケラ笑っていて、あっけらかんとしているような学生たちが多うございます。叱られたことがないからなのです。

ただ、これが恐ろしいのは、ちょっとした挫折で、挫けてしまう、落ち込んでしまう。もう私はだめだ、生きている甲斐がないと、自分で自分自身をどんどん追い込んでしまうことです。今、自殺者が、交通事故者よりも日本で増えております。日本だけで、過去５年間、１日に90人以上の自死＝自殺をなさる方がございます。それはやはり寂しい世の中であり、人々が羽振りの良いときはそばにいてくれるけれども、羽振りが悪くなったら、さっさとおさらばする。そういう自己中心的な世の中になりつつあるということが言えるのかもしれません。

## 傷つくことは大切なこと ── 傷があるゆえに優しくなれる ──

ついこの間の４月16日に、私たちは、イエス様のご復活を祝いましたけれども、ご復活を祝うたびに、とても感動することが１つあります。それは何かと言うと、イエス様が、傷を残したままで、ご復活になったということです。ご復活体なのですから、本当に光り輝く、傷も染みもない、そのお姿で３日目に復活してくださってかまわなかった。それなのにです。

弟子たちが集まっている所に、戸が閉めてあったのに、イエス様が入っていらして「安かれ」と「安心しなさい、大丈夫だよ」とおっしゃった。弟子たちがびっくりしていると、何とご自分の手足とわき腹をお見せになって、ご自分だということをお示しになった。傷を残してご復活になっただけでもありがたいのに、それをご自分のアイデンティティになさった。自己証明になさった。その場に居合わせなかったトーマに向かって、お現われになって「あなたの指をわたしの手の傷あとに入れなさい、あなたの手をわたしのわき腹の傷あとに入れなさい。信じない者でなくて、信じる者になりなさい」とおっしゃった。そして、あのすばらしい「わが主、わが神よ」という信仰告白を引き出していらっしゃいます。（ヨハ20:27－29参照）

私たちが、主と呼び、神と呼ぶ方は傷ついた方なのです。そしてそれは、私たちに「傷ついてもいいのだよ」「挫折ということは、人間にとって大切なことな

のだ」と教えてくださっているのではないかと思います。言葉を換えて言えば、毎日のように傷つき、また人を傷つけている私たちに、傷というものは100％悪いものではないということを、ある意味で、傷を残したままで復活してくださったキリストが教えていてくださると考えてもいいのかもしれません。私はそういう勉強をしておりませんので、神学的には間違っているかもしれません。けれども、私なりに傷つくことの多い学生たちと今一緒に生活をしておりまして、「傷ついてもいいのよ。傷を受けるということは決して恥ずかしいことではない。傷を受けることによって、人はとても大切なことを習うのですよ」と「大丈夫の福音」を伝えてゆきたいと思っています。群馬県の東村というところに、星野富弘さんという方がいらっしゃいます。体育の教師で、模範演技をしていて頭から落ち、首から下が不随におなりになって、9年間お苦しみになった後、クリスチャンになられた。この方はすばらしい詩と絵を書いてらっしゃいます。

　　わたしは傷をもっている
　　でも　その傷のところから
　　あなたのやさしさがしみてくる

　この詩は、この方がお苦しみになったあとに、お書きになった詩の1つです。はっきりとご自分を認識していらっしゃる。わたしは傷を持っている、でも、その傷のところから、あなたの優しさがしみてくる。それは、お母様、奥様、または、神様、周りの方々の優しさ、どれなのかわかりませんけれども、傷がなければ、ただ表面をなでていっただけのものが、傷があるがゆえにそこからしみてくるのだという思いが、この詩の中には込められています。

　確かに、傷というものは優しさだけでなくて、つらさもしみ込ませることが多くございます。辱めも、つらさも、悲しさも、いろいろなものが、傷があるがゆえにしみてまいりますけれども、「傷がなければ知らなかった人の優しさ、それが傷を負ったがゆえにしみてきた。ありがたい」。これは傷を賜物として受けた人の言葉と言えるかと思います。

　イエス様の御言葉の中に「医者を必要とするのは、健康な人でなくて、病んだ人である。わたしは正しい人を招くためでなくて、罪人を招くために来た」（マタ 9:13 参照）というお言葉があって、たぶんこれも、私を救ってくれた御言葉の1つだと思います。

罪人にもかかわらずでなくて、罪人であるがゆえに愛してくださっている。
　"in spite of"でなくて"because of"でございます。私はこれは本当にすばらしい、イエス様の〈大丈夫の福音〉だと思うのです。「傷があるけれども、愛してあげる」ではなくて「傷があるがゆえに、わたしのそばにいらっしゃい。わたしも傷を持ったままで復活したのだよ」と。生まれる時から、宿がありませんと言う拒絶にあった。それからというもの、大工の息子ではないかとさげすまれ、そして、良いことをしたのに人々から追われ、ののしられ、あげくの果てに、名実共に傷を受けてお亡くなりになった。ある意味で、満身創痍の方だったといってもよいのかもしれません。今日、今この場にいる私たちに、イエス様は「傷があるにもかかわらずでなくて、傷があるがゆえに、明るく笑顔で人に優しく生きていく、それがわたしの良きしらせなのですよ」と、教えてくださっていると思います。
　傷があると、私たちはとかくその傷口を隠したがるものです。自分でもよう見ない、見たくない。そして、人には知られたくない。ところが、イエス様は「その傷を見せてごらん。わたしも傷を負った人間なのだ。洗ってあげよう、薬をつけてあげよう、消毒してあげよう、包帯を巻いてあげよう。そして、これからはこんなばかな傷を２度と負わないように気をつけなさい。でも、傷をしたら、また戻ってきていいのだよ、大丈夫だよ」とおっしゃる。
　そうおっしゃってくださる方によって、私たちは傷を受けることが怖くなくなります。人が私たちの傷をどう思うかということに心配をしないで、自由に生きることができる。そしてそのうちに、自分で自分の傷を見つめ、洗い、包帯を巻くことができるようになる。やがて人様の傷口を見て、それを嫌がらずに、見せてごらんなさい。わたしが洗ってあげましょう。消毒してあげましょう。お薬を塗って包帯を巻いてあげましょうという優しい人に、私たちがなることができるのだろうと思います。そして、それまで恨んでいた傷をつけた人を許すことができるような人に、私たちがなることができる。それは本当に良きしらせだと思います。


不幸は感謝に変わる ── 心の風邪をひいて ──

　私は50歳の時心に風邪をひきました。はっきり言うと、うつ病になりました。7月の初めだったと思います。忙しくしていて、本当に疲れきっていた私が授業

で学生たちに話をしておりまして、途中でどうしても、授業ができなくなりました。学生に謝って、学長室に戻りました。そうしたら、そのドアの下から、学生のメモが入ってきて「今日の授業はシスター、今まででいちばん良かった」と書いてくれました。

　そんな優しい学生たちがいるのに、心に風邪をひいた私は神様をお恨みしました。50歳、大学の学長になって14年、仕事も少しわかってきて、面白くなってきた。働き盛り、その私が一生を棒に振ってお仕えした神様から、こんな目にあうとは。……振ったところで大したものでなかったのですけれども（笑）、「こんなはずではなかった」。思ってもおりませんでした。でも、なりました。

　うつ病におなりになった方しかわからない辛さ、それを私は2年間味わいました。微笑むことができなかった。人さまとお話をしていて、いつか眠っている自分。笑うことができない。胸のところが本当に重くて、私は何もできない、私はもう生きていてもしようがないという思いが強くなっていくばかりなのです。

　神戸のある病院に入れていただきました。その病院は高い崖の上に建っておりまして、その6階の病棟に入れていただいていた私は、ここから飛び降りたら死ねると思いました。鴨居に紐を架ければ死ねると思いました。

　私はシスターだったのです。シスターになって20年。その私に、1人の精神科のお医者様が「これは信仰とは関係ありません。きっと良くなります」とおっしゃってくださいました。その方はプロテスタントの方でした。また、もう1人の内科のお医者様はカトリックでしたが、「シスター、運命は冷たいけれども、摂理、プロビデンス（providence）は温かいのですよ。今、あなたが病気になったということは、運命ではない。神様のお計らいなのです」とおっしゃってくださいました。今にして私が思いますと、きっとこの病気の中に〈大丈夫の福音〉がある。だから大丈夫ということをおっしゃりたかったのだと思います。

　そのお二人の方のお言葉に励まされまして、2年間、本当につらい日々でございましたけれども、大学を休むことなく私はお仕事を続けました。そして今になって、本当に摂理だったと思うのは、今、心に風邪をひいている学生たち、卒業生たち、または周囲の方々、その方々に私は「私もなったのですよ。きっと良くなります」と言うことができるということです。もちろん、その方のご病気と私の心の風邪とは同じではございません。しかしながら、1度もかかったことのない方が「大丈夫ですよ」とおっしゃるのと異なっていると思うのです。

「私も神様からいただいのですよ、なったのですよ。でも、時間はかかるかもしれないけれど、きっと良くなります。いつの日か、あなたは吸い込んだ不幸の息を感謝に代えて吐き出すことができますよ。なぜなら、すべては恵みの呼吸ですから。それがたとえ、心の風邪であったとしても、体の風邪であったとしても、またはそれ以外のさまざまな病、苦しみ、悩み、不幸であったとしても、しっかりとお吸いなさい。そして、自分の中でいつの日かそれを感謝に代えて吐き出してごらんなさい。必ず、不幸は感謝に変わりますよ。なぜなら、すべては恵みの呼吸だから。神様のなさることに間違いはないのですから」ということが言えるからです。

　この世の中に起きるすべてのことは、無意味のことのように見えてそうでないのです。時には本当に何にもならないこと、マイナスにしか思えない、十字架としか思えない。しかし、その十字架が復活に導くという、これが〈大丈夫の福音〉、〈良きしらせ〉だと私は思って生きています。それがなかったら生きていけません。

## いつも一緒に ── 苦しみも共に分かち合う ──

　〈大丈夫の福音＝良きしらせ〉を言葉でなくて、体で伝えること。私たちの笑顔で、明るさと信頼で伝えていくことが、この99％ノンクリスチャンの日本において、今、聖書を問うというこのフォーラムの1つの部分ではないかと思います。

　研究も大事だと思います。しかしながら、私たちは『良きしらせ』を告げないといけない。そして、その良きしらせというのは、私たちが辻に立って説法をするわけでもなく、教会に来た人に説教をするだけでなく、聖書の研究会を開く、そうした場面だけでなくて、毎日朝から晩まで、本当に「どうしてこんなことが、許されるのだろうか、あるのだろうか」としか思えないようなときにさえも、そこに信頼がある、つまり「これは大丈夫、良きしらせ、すべては恵みの呼吸」と思うところにあるのだと思います。

遠藤周作が書いた『聖書の中の女性たち』という本の中に、11 歳で白血病のために死ななければならなかったマチルドという少女の物語がございまして、その中にこのような 1 編の詩が記されています[1]。

　　わたしの咽喉が痛い時
　　あの子の咽喉も痛み
　　わたしが夜咳をする時あの子も目を覚まして咳をする
　　わたしがママから叱られて泣く時あの子もわたしと一緒に泣いている
　　夕陽にうつるわたしの影法師のようにあの子はいつもわたしと一緒だ

　この詩の中で、マチルドがあの子といっているのは、イエス様のことです。咽喉が痛い時に、咽喉を治してくださるのではない。夜、咳をする時に、咳を止めてくださるのでもない。ママに叱られて泣く時に、慰めてくださるのでもない。でも、一緒に痛む咽喉を持ち、一緒に目を覚まして咳をし、一緒に叱られて泣いている。夕陽にうつるわたしの影法師のように、あの子、つまりイエス様は、いつもわたしと一緒だ。マチルドのこの詩にあるように、イエス様はいつも私たちと一緒にいて、私たちの身に降りかかってくるすべてのことを共に分かち合ってくださるのです。

　「世の終わりまで、わたしはあなたがたと共にいる。わたしは決してあなたがたをみなしごにはしない」（マタ 28:20 b 参照）と、イエス様はお約束になりました。だから、心に風邪をひいたとしても、その心の風邪を治してくださるのではなくて、一緒に心の風邪をイエス様はひいてくださったのです。

## 病んだからこそ聞こえる御言葉 ── 愛されている者としてできること ──

　岡山県の玉島に、河野進先生という牧師様がおいでになりました。もうお亡くなりになって 10 数年になりますけれども、その方が、私が病気のときに下さった詩がございます。

　　　病まなければ　ささげ得ない祈りがある

---

[1] 遠藤周作著『聖書のなかの女性たち』講談社文庫、1972 年。

病まなければ　信じ得ない奇跡がある
　　　病まなければ　聞き得ない御言(みことば)がある
　　　病まなければ　近づき得ない聖所がある
　　　病まなければ　仰ぎ得ない聖顔(みかお)がある
　　　おお　病まなければ　私は人間でさえもあり得ない

　病んだからこそ聞き得た御言葉です。そうした御言葉は私にもございます。
　シスターたちが私を病院に１人で置いておくことを心配して、修道院に戻してくれました。ある朝、ミサにあずかりましたときに、読まれたイエス様の御言葉に、ある百人隊長が、しもべが中風で苦しんでいると訴えた個所がございました。そのとき、イエス様がなんとおっしゃったかというと「わたしが行ってなおしてあげよう」(マタ 8:7 参照) という御言葉だったのです。
　それまで私は何十回となくその御言葉を読みました、聞きました。しかし、その朝初めて、私は、イエス様が「わたしが行ってなおしてあげよう」と私におっしゃったと聞きました。だから「病まなければ、聞き得ない御言葉がある。病まなければ、捧げ得ない祈りがある。病まなければ、信じ得ない奇跡がある。病まなければ、近づき得ない聖所がある。そして、病まなければ、仰ぎ得ないイエス様のお優しい聖顔(みかお)がある。おお、病まなければ、私はひとりの人間でさえあり得ない」のです。
　ご自分自身が傷を負ったままで復活してくださった。傷を負うことは、ちっとも恥ずかしいことでない。普通、人は、病気になることも、うつ病になることも、恥ずかしいというけれども、ちっとも恥ずかしいことでない。病んだからこそ「わたしが行ってなおしてあげよう」というあの優しいお言葉を、今日、私に言われたものとして聞くことができたのだ。そして、イエス様はきっとこうもおっしゃってくださったでしょう。「病んだからこそ、あなたは『イエス様、来てください』という祈りを捧げることができたのですよ」と。
　そのイエス様の優しさ、それを私たちはやはりイエス様から頂いた『良きしらせ』として、人々に伝えていきたいと思います。病むことの多い今の人々、リストラにあい生きる勇気を失いがちな、そして、人が利用価値、商品価値で査定されがちな競争社会の中で生きていかなればいけない、その人たちに向かっての優しさとして伝えていきたい。また、挫折に弱い、すぐに自信を失って落ち込んでしまう、条件付きでなければ愛されないと思い込んでいる学生たちに「大丈

夫。どんなにひどい病気にかかっても、つらい立場に置かれても、それもすべて神様の御心なのですよ。だから、ありのままで、そのままの自分で大丈夫。あなたは、神様のかけがえのない1人なのですよ」ということを伝えていきたいと思います。

　私たちの周囲には、こういう御言葉を聞きたい、そして、それに飢えている人たちがたくさんいらっしゃいます。その方たちにいわゆる聖書を説くのではなくて、むしろ、私たちが自分自身の姿でもって、すでに愛されている1人として、笑顔で、ぬくもりをもって、温かく生きていることが大切なのではないかと思います。

　先ほど、私の母が「それでもあなたはクリスチャン」と言ったということをお話しました。聖書を手にとったことのない母でございましたけれども、この言葉は今でも私の耳に響いております。パウロがテサロニケの信徒に送った手紙の中に記したこと。「いつも喜んでいなさい。絶えず祈りなさい。どんなことにも感謝しなさい。これこそ、イエス・キリストにおいて、神があなたがたに望んでおられることです」。(1テサ 5:16－18 参照) それが私には欠けていたのだと思います。喜びのない私の姿を見た母親、祈りのかけらもないような生活を送っている姿しか見ていない母親。そして、感謝がなくて、不平、愚痴、そういうものの多かった私を見ていて、私の母は「それでもあなたはクリスチャン」といみじくも言ってくれました。そして今も私に母が「それでもあなたは修道者」と言ってくれる時があります。

　「やっぱりあなたはクリスチャンね、やっぱりあなたは修道者ね」と言う母のささやきを私が聞くことができたらば、どんなにか幸せだろうと思います。

　「こんなはずでなかった」と、自分の思惑に違っているようなときにも、イエス様がそばにいてくださる。傷ついて、病に倒れていても、人から見捨てられていても、イエス様だけはいつもそばにいてくださる。「わたしは世の終りまで、あなたがたと共にいる」という、その「大丈夫の福音」を生きていくために、お祈りいただきたいと思います。

　　　　　　　　　　（わたなべ・かずこ　ノートルダム清心学園理事長）

# アメリカ・シネマの聖書の世界

栗林輝夫

## はじめに

皆さん、こんにちは。これから1時間半ほど、お付き合いをお願いいたします。

冒頭でご紹介いただきましたが、私は東京下町の育ちで、子供の時分は本所、深川、門前仲町、木場あたりがプレイグラウンドでした。それが20歳代後半から東京を離れ、いろいろな所を巡って、今は神戸に近いメソジスト系のミッションスクールで教鞭をとっています。関西はなかなかに東京と違った文化のあるところで、たまに東京に出て来るととても懐かしい気分です。昨日も浅草あたりをぶらぶらしておりましたら、蕎麦屋で「あすこで100円(しゃくえん)玉、拾(しろ)っちゃった」という会話を耳にして、「ああ、東京だ」としみじみしました。中国の故事に「田舎から都へ上った人」という話があります。唐の都、長安で人の歩き方が非常に早い。そこでその人は見よう見まねで一所懸命、長安の歩き方を試みましたが、いつまで経ってもうまくいかない。右足と右手が一緒に出てしまったりする。そのうち、自分の生まれ故郷の歩き方も忘れてしまった。都会風の歩き方もできない、今まで慣れ親しんだ田舎の歩き方も忘れたというわけで、とうとう身動きができなくなり、友達に背負われて故郷に帰った、というお話です。

実は私も今、そんな感じです。関西と東京ではずいぶんと笑いが違っていまして、ここは笑うだろうと、前もってジョークを準備して授業中にやっても、みんなポカンとしている。そして「なぜ、こんなところで?」と思うようなときにドッ

と爆笑が起こる。「ここで学生が笑った」と急いで手帳にメモするのですが、いまいち関西風の笑いの取り方がわかりません。そして東京風のジョークの仕方もすっかり忘れてしまったということで、今日は気の利いた笑いも提供できないかもしれません。そこは今お話したような事情ですので、ご容赦いただきたいと思います。

つまらない前置きが長くなりました。それではこれから皆さんとご一緒に『アメリカン・シネマと聖書の世界』に入っていくことにいたしましょう。

## 聖書の物語性と映像の活用

まずは『カサブランカ』の「アズ・タイム・ゴーズ・バイ」の歌に乗せて、スクリプトでご覧に入れました。皆さんの中には「なぜ聖書に映画？」「どうして聖書を読むのにシネマの世界なの？」と思っている方がいらっしゃるでしょう。それにお答えするためにも、映像の力ということから話を始めてみましょう。

私は聖書学ではなく神学が専門です。「三位一体の神とは何か」とか「啓示とは」というようなことを勉強していますが、最近、神学でも聖書の「物語」がたいへん注目を集めるようになりました。聖書を切り刻んで、その中から何かの抽象的概念や教義、教訓を引き出すというのではなく、むしろ聖書は聖書をして語らしめる。聖書そのものを受け入れて、そこから聖書独自の世界へ入っていく。特に聖書は「物語」（narrative）だという認識から、神学領域で聖書の物語性に注目が集まっています。

さて映画は、というと、これは物語そのものです。ドキュメンタリーも含めて、最初から最後まで一つの大きなストーリーが軸になっていて、メディア・リテラシーがとても高い媒体です。かつて通産省、今の経済産業省ですが、「1分当たりの情報量の違い」という調査結果を公表したことがあります。それによると、「書く」という作業は1分間に30字の情報を伝えることができ、「話す」は300字、そして「見る」は「話す」より、さらに6倍の2000字分の情報を提供することができるといいます（出典：『産業教育システム便覧』）。

大体、私共がしている大学の講義というのは話すことが中心なのですが、百聞は一見に如かず、非常に大きな力を発揮するのが視聴覚教材です。実際、人の知覚機能の中では、「見る」という視覚が情報の伝達に圧倒的役割を果たします（「日常生活上での知覚機能別情報量」、視覚＝83％　聴覚＝11％　嗅覚＝3.5％　触覚

＝1.5％、出典：前出）。また時間の経過と記憶の関係でも、「見る」と「聞く」では大違い。言葉だけを聞いていると、20分を経るころからどんどん聴衆の集中力が下がります。言葉だけよりは多少ましではあるものの、図だけの説明も同様のラインを描いて下がっていきます。

　ところが言葉と図とを併用して説明すると、例えば、こういうふうに私が皆さんにお話をしているときに、何かの図や映像を使っていると、記憶が後々まで残る効果があります。そんなわけで私は講義で「見る」ことを使わない手はないと思ってきました。

　私は今、法学部で教えていますが、映像を使いながら法学するという試みもなされるようになりました。サスペンスやドラマ、刑事ものの映画には、法廷のやりとりがあったり、弁護士や検事の訴訟手順があったりと、法律の勉強に役立つ場面がいろいろ出てきます。いや実際、映画で弁護士がかっこよく活躍をするのを観て、「私も弁護士になりたい」と法学部を選んだ学生さんを数人知っています。映画の登場人物に触発されて法律の勉強をする、そのことは決して悪いことではありません。いずれにしても視覚のインパクトは強く、法学だけでなく、他の学問分野でも映像を用いて学習が試みられています。

## 映画には旧約聖書がいっぱい──『屋根の上のバイオリン弾き』『エデンの東』──

　さて欧米の映画には聖書に題材をとったものが実に数多くあります。アメリカやヨーロッパはキリスト教文化を背景にしていますから、映画作品のなかにも、実際観ているといろいろな聖書物語が隠されていることに気づきます。それはいわゆる宗教映画だけにかぎりません。ポップカルチャーをベースにしたハリウッド映画にも、聖書の内容を含むものが実にさまざまあります。そこでまずは旧約聖書に結ぶ映画をいくつかご紹介してみましょう。

　観ていただいたのは『屋根の上のバイオリン弾き』という映画の冒頭で、これは日本でも森繁久弥主演の舞台でヒットしましたからご存じの方も多いでしょう[1]。もともとブロードウェイ・ミュージカルだったものを映画化した作品です。

---

[1] 『屋根の上のバイオリン弾き』1971年　アメリカ　監督・製作：ノーマン・ジュイソン

話はロシア革命前の、ウクライナの小さな村のトポルという牛乳売り一家にかかわって、娘たちの縁談話を軸にしていますが、まず映画の始めに出てくるのがユダヤ教のいろいろな象徴で、ユダヤ教の小伝統や大伝統にかかわってイントロが行われる、といった次第です。「律法の書」（トーラー）、ユダヤ人の象徴の「ダビデの星」、七枝の燭台、ヘブル文字といったものが次々に登場し、律法がいかにユダヤ教にとって大切な伝統であるか、ユダヤ人の家族の基本が家父長制であり、家長がすべてを取り仕切る、というような情報がわずかな時間内にふんだんに盛り込まれています。

　旧約聖書はもちろん、創世記の天地創造から始まりますが、そのあとに綴られるのが、アダムとエバの楽園喪失、そして二人が自分の汗と労働によって大地を切り開いていくという物語です。神からエデンの園を追放されたアダムとエバは、カインとアベルという二人の子供をもうけました。そしてこのカインとアベルにからんで人類最初の殺人事件が起こってしまいます。

　あるとき、農耕に従事していた兄カインと、牧畜をなりわいにした弟アベルが、神に献げ物をしました。すると神はカインの献げ物をしりぞけ、アベルの献げ物を喜びました。これに腹を立てたカインは、アベルを自分の野原に連れ出して殺してしまいます。

　この物語は、後に心理学で、精神分析概念の一つ「カイン・コンプレックス」を生んだことでも有名ですが、この物語を比ゆ的に取り入れたのが、ジョン・スタインベック原作の小説の映画化、エリア・カザン監督の『エデンの東』です[2]。言うまでもなく『エデンの東』というタイトルは、アベルを殺害したカインが、「エデンの東、ノド（さすらい）の地」に追放された」という創世記4章に基づいています。

　映画の舞台は第一次世界大戦さ中のカリフォルニアで、ジェームス・ディーンがカインをモデルにした主人公キャルを、リチャード・タバロスがアベルのモデル化したアーロンを演じます。神に献げ物をする創世記の記述は、父親アダムの誕生日にキャルとアーロンがそれぞれ用意したプレゼントを贈るシーンとなりました。

　さて創世記では、神は兄弟のうちカインの献げ物を嫌い、そして、弟アベルの献げ物を受け取りましたが、映画では、二人の息子にプレゼントを差し出された

---

[2] 『エデンの東』1955年・アメリカ　監督：エリア・カザン（原作：ジョン・スタインベック　原作発表：1952年)

父親のアダムは、アーロンのプレゼント（婚約の発表）をとても喜びました。ところが、キャルのプレゼント（農作物で儲けたお金）は頑なに受け取ろうとはいたしません。兄カインは弟キャル、弟アベルは兄アーロンということで、兄と弟が逆転してはいるのですが、せっかく喜んでもらおうとプレゼントを用意したのに、キャルの贈り物はきびしく拒否されてしまいます。傷ついたキャルは兄を誘い出し、遠い港町で酒場を経営している母親、ケイトのところへ連れていきました。母親を見てすっかり幻滅したアーロンは、その足で軍隊に志願し、それが原因で欧州戦線で死んでしまうというストーリー運びです。

直接、手を下さないまでも、間接的に死に追いやった筋書きは、カインがアベルを野原に誘いこんで殺害してしまうという創世記の殺人事件をしっかりフォローしています。そんなわけで『エデンの東』の映画全体は聖書物語をそのままプロットに採用している、もっともわかりやすい例と申せます。

## バベルの塔とモーセのシナイ山──『メトロポリス』『未知との遭遇』

創世記で「カインとアベル」の次に描かれるのは「バベルの塔」の物語です。これをモチーフに取り込んだもののひとつに『メトロポリス』という映画があります[3]。1929年にドイツで製作された前衛的な作品で、未来都市の暗い運命を描きます。ナチスの宣伝省大臣ゲッペルスが絶賛したことから、ナチス革命のモチーフを描いたと誤解されるむきがありますが、監督のフリッツ・ラングはナチスを逃れてアメリカに亡命していますから、これは誤解といえましょう。

時は2026年の未来都市メトロポリス、そこでは一握りのエリートが地上高くそびえる巨大なビルに住んで享楽的な暮らしをしています。その一方、地下には労苦を強いられている多くの労働者たちがいて、地上のエリートに奉仕するため、地下に造られた巨大工場で毎日働かされています。こうした過酷な境遇の人々に、マリアが語るバベルの塔の物語、それは人々に解放の夢を紡ぎます。やがて、人々は反乱を起こして地上に出、バベルの塔ならぬ巨大建造物が崩壊していく。ストーリー全編にバベルの塔の神話が取り入れられているというわけではありませんが、重要なモチーフになっているのは確かです。

---

[3] 『メトロポリス』（サイレント）　1929年、ドイツ　監督：フリッツ・ラング（＊新版『メトロポリス』1984年、アメリカ）

出エジプト記のハイライトは、モーセ、エジプト脱出、そして十戒の授受といったことにありますが、これを取り入れた作品、特に十戒に焦点をあてた映画は数多くあります。そうした中で、異彩を放っているのが、スティーヴン・スピルバーグ監督の『未知との遭遇』という作品です[4]。

　主人公の電気技師ロイは、あるとき空からの不思議な光に当たって以来、まだ見たこともない山のイメージに憑りつかれてしまいました。そして同じような山のイメージを持つジリアンという女性に出会い、自分たちの捜し求める山がワイオミングのモンタナにある「デビルズ・マウンテン」（悪魔の山）だということを突き止めました。二人が山のふもとにたどり着きますと、はたして周辺一帯は立ち入り禁止になっていたのですが、実はそこが宇宙船と地球の科学者たちとの交信予定地であることを知りました。

　種を明かせば、この『未知との遭遇』は、シナイ山に登って神の声を聞いたモーセを下敷きにした映画です。出エジプト記によると、シナイ山に着いたモーセは神から十戒を受けようとします。しかし山は「登ることが禁止されて」いて「ある人々は山に登ることができるけれども」、ほかの人、とりわけ「女は近づいてはならない」という禁忌の場所でした（出 19:12－13 参照）。

　はたしてモーセがシナイ山に着いてから三日目、突如として「雷鳴と稲妻が厚い雲が山に臨み、角笛の音が鋭く鳴り響いたので、宿営にいた民は皆、震え」ました（出 19:16）。「シナイ山は全山煙に包まれた。主が火の中を山の上に降られたからである。煙は炉の煙のように立ち上り、山全体が激しく震えた」（出 19:18）。そしてついに「角笛の音」がさらに鋭く鳴り響いたとき、主はモーセに語り始めたのです。

　スピルバーグ監督はこの記述をとても注意深くシーンの中に再現しました。まずスクリーンに映し出される山の形が、いわゆる伝説の「モーセの山」によく似ています。そしてそこで繰り広げられるシーンには、天からの稲妻のような光、山全体を覆い尽くす雲、炉から立つ煙、轟く神の声という聖書にあるシンボルが、宇宙船の放射する光やガス、巨大な発信音になって出てきます。

　『未知との遭遇』は、地球人と宇宙人のコンタクトを描いたＳＦ映画といわれるのが普通です。けれども監督のスティーヴン・スピルバーグはユダヤ人でヘブル聖典に小さい頃から親しんで、ごく自然に聖書的物語を意識的にも、無意識的

---

[4] 『未知との遭遇』1977 年・アメリカ　監督：スティーヴン・スピルバーグ

アメリカン・シネマの聖書の世界（栗林）　453

にも映像のなかに表わしてきました。ですからこれはたんなる SF の娯楽映画ではないのです。

さて山頂に陣を構えた科学者たちの頭上で、ゴーという雷鳴のような音が鳴り響き、いよいよ宇宙船が現れました。一緒に山頂に登ったロイとジリアンは、これから宇宙船とのコンタクトということになったとき、ロイだけがその場所へと行き、ジリアンはせっかく今まで苦労していながら、行こうとしません。「女は近づいてはならない」という聖書の記述を脚本が取り入れているからです。やがて科学者たちが器械をつかって五音階の信号を空にむかって送りますと、宇宙船はそれに応じてヴォーヴォーと「角笛の音」のような」五音階で応え、ここに人間と宇宙人との最初のコンタクトが成立しました。「角笛の音がますます鋭く鳴り響いたとき、モーセが語りかけると、神は雷鳴をもって答えられた」(出 19:19) というわけです。

まだ半信半疑、「ちょっと読みすぎじゃないの」という感想をもつ方もいらっしゃるでしょうが、映画の中の聖書ということで、まずは旧約聖書にちなんだ作品をご紹介しました。旧約聖書は創世記にかぎらず、いろいろと面白い話がありますから、それこそ多くの映画が旧約をヒントや下敷きにして作られてきました。出エジプト記から士師記、ルツ記、サムエル記、民数記、ヨシュア記、そして詩編と、探してみると、旧約聖書の物語を全部または一部を活用する映画は数え切れません。

## 『E.T.』はイエス・キリストの物語

新約聖書の物語に筋をとった映画もまた数々あるのは言うまでもありません。イエス・キリストを主人公にした映画だけでも無数です。

ずいぶん話題をとった『マトリックス』は、イエスのメタファーである「救世主ネオ」を登場させ、その周りにイエスの弟子たちを思わせる人物をそれぞれ配置しました[5]。裏切り者のユダもいれば、主人公を愛するマグダラのマリアもいるといった仕掛けです。

---

[5] 『マトリックス』1999 年、アメリカ　監督・脚本：アンディ・ウォシャウススキー、ラリー・ウォシャウススキー　＊『マトリックス・リローデッド』『マトリックス・レボリューション』2003 年

また『ハルマゲドン』は題名からしてヨハネ黙示録的ですが[6]、世の終焉を描いた数々の映画にも、新約聖書からのヒントで満載です。たとえば『ターミネーター』の三部作は、イエス・キリストとそれを守る天使をモチーフにした映画です。未来世界で人類の救世主となるべき少年ジョン・コナーがイエス・キリスト、そしてアーノルド・シュワルツネッガー演ずるＴ型サイボーグは、コナーを殺そうと企てるコンピューター、スカイネット（聖書でいえばヘロデ王）に抗して、未来から遣わされた天使といった役どころです[7]。少年ジョン・コナーがイエス・キリストであることは、名前の頭文字がイエス・キリストと同じＪ・Ｃであることからもわかります。よく使われるアナグラムで、これも新約聖書なしには成立しえない映画ですが、こんなふうに一つ一つを取り上げているときりがありません。

　さて、人の集中力がどれほどのものか、それを時間の経過によって測った研究結果があります。私が話を始めてからもう 40 分、きっと皆さんの集中力もかなり低くなっていることでしょう。集中力が落ちたときには工夫が必要で、このあたりで何か目新しいことをしないといけません。

　お手元のレジュメには空欄が数々設けてありますが、これは皆さんの関心をもう一度引き付けるための工夫です。学生にレジュメを配布してから授業をすすめますと、もう半時間も過ぎた頃にはうわのそら。どうせレジュメがあるからいいや、とすっかり安心して居眠りするのもいますので、用心しなければいけないよと、レジュメにも所々を空欄にして授業に引き戻します。皆さんの場合は試験がありませんから、どうしても書かなければいけないというわけではありません。でもペンを手にして動かしながらお聞き願おうかと思います。では残りの 50 分ほどは『E.T.』に絞ってお話することにしましょう[8]。

## ロゴス・キリスト論で読む『E.T.』

　ヨハネ福音書記者の神学に有名なロゴス・キリスト論というものがあります。「はじめに言葉（ロゴス）があった。言葉は神と共にあった。言葉は神であった」

---

[6] 『アルマゲドン』1998 年、アメリカ　監督：マイケル・ベイ
[7] 『ターミネーター』1984 年・アメリカ　監督：ジェームズ・キャメロン；『ターミネーター 2』1991 年　監督：監督：ジェームズ・キャメロン；『ターミネーター 3』2003 年　監督：ジョナサン・モストウ
[8] 『E.T.』1982 年・アメリカ　監督：スティーヴン・スピルバーグ

（ヨハ 1:1）。ヨハネの神学が福音書の中でも特異なことは、私が申すまでもありません。神とともに天にあったロゴスは「暗闇の中で輝いている」存在でした。しかし「肉となって、わたしたちの間に宿られた」（ヨハ 1:11）。ところが地上に来たのに、それを多くの「民は受け入れ」ず、ただその名を信じた人々には「神の子となる資格を与えられた」（ヨハ 1:12）。この地上にやってきた神のロゴスこそイエス・キリストでした。

　天から遣わされたイエス・キリストは、地上の生活をしばし過ごし、幾多の人々と交り、愛の業を行い、奇跡をなし、神の国の近いことを告げ知らせました。そして最後に十字架に架かって贖罪の死をとげられる。人類のすべてを贖うために自らの命を惜しまず、復活された後は天の父の御許に帰っていく。しかしそれだけではありません。やがて再び地上にやって来る時まで、人々の間には愛の聖霊が降り注がれるというのが、ヨハネ神学の構図です。

　『E.T.』の映画は、このロゴス・キリスト論を説明するのに格好な教材になる、と私は密やかに思ってきました。もともと宇宙の彼方にいた E.T. が、あるとき地球に降り立って、そこで少年や少女たちと愛の交わりをして、やがて天の「ホーム」に帰っていく。その後には、愛の記憶が人々の間に残り、また再び E.T. が戻ってくることが期待される。これはそのまま、神のロゴス、イエス・キリストの生涯を描いた映画と言っても過言ではありません。

## 信じれば奇跡が起こる

　福音書記者によると、イエスが誕生されたのは、星のきれいな夜だったようです。あるとき、天に星が飛んで、それに導かれた三人の博士たちが救い主を訪ねて東方からやって来る。野原の羊飼いたちも流星を見て、それがとどまった馬小屋へとやってきます。『E.T.』の映画の始まりでは、ある星の美しい夜、天空に光が流れて、宇宙船から一匹の E.T.（「地球外生物」の略）が地上に降り立ちました。

　キリストの誕生を天文博士から告げられたヘロデ王は、「これは大変だ」と脅威を感じて、大勢の兵士を遣わして、何とかイエスを捕まえようとしました。が、イエスとその家族は天使の導きによってエジプトへと避難しました。天から下った E.T. も、宇宙船の到来を知った連邦宇宙局の係官たちが捕えにやってきたので

すが、すんでのところで難を逃れました。避難先はエジプトではなく、アメリカの中西部の小さな町ではあったのですが。

　E.T.がその身を隠したのはエリオット少年の家、子どもたちの間でした。そしてE.T.は子どもたちと一緒に愛の交わりをかわしだすのですが、特にエリオット少年とは一心同体、互いの行動に影響を与えあうほど深く通じ合い、E.T.が誤ってビールを飲んだときには、学校にいたエリオットが酔っぱらうといった次第です。

　「子供たちをわたしのところに来させなさい。妨げてはならない。神の国はこのようなものたちのものである」（マタ10:14）。子供というのは、ほんのひと昔前まで、その存在を認められることのなかった社会的弱者です。イエスが子どもを大切に思われたというのは単なるエピソードではなく、イエスが、当時の社会的な弱者に高い関心を払われたということの証しとして理解できるだろうと思います。

　イエスは貧しい人々、社会から放逐された人々に奇跡を行い、多くの病を治しました。例えば、目の見えないバルティマイという人がいましたが、「あなたの信仰があなたを救った」とイエスが宣言すると、バルティマイは「すぐ見えるように」なったと福音書記者は報告しています（マコ10:46以下参照）。そんなわけでイエスはガリラヤの各地で、大勢の人々を治癒しましたが、しかし故郷では人々が信じなかったために奇跡を行うことができなかったとも述べられています（マコ6:1-6）。それは人々が不信仰で、奇跡の力を信じなかったからに他なりません。イエスの奇跡はそれを信じない人々には表れないのです。

　ある晩、エリオット少年の家で、母親のメアリーが小さな娘ガーティを相手にピーターパンの童話を読み聞かせていました。ピーターパンは妖精をつかって、子供たちを空に飛ばしたり、人々を助けたりと不思議な力を発揮します。それもピーターパンの力を子供たちが信じたから。「信じていれば奇跡は起こるのよ、さあ、信じるなら手をたたきましょう」、そうメアリーは娘に促しました。そんな光景を物陰からじっと見つめていたE.T.のところへやってきたのが、指先に小さな怪我をして血を流したエリオット少年でした。

　福音書に「長血の女の癒し」という物語があります（マタ9:18-22）が、あるとき、「十二年間も患って出血が続いている」女がいて、イエスの衣にそっと触れたところ、血がとまって一瞬のうちに治癒されました。イエスは、その女に向かって「あなたが信じたから治ったのだ」と言われましたが、このときにも「奇

アメリカン・シネマの聖書の世界（栗林）　457

跡」が起こりました。なんと、E.T.がエリオットの指先に触れると、血が止まってしまったのです！

映画はこのあと、E.T.と子どもたちとのいろいろな冒険やエピソードを綴ります。そして雨に打たれ、無理がたたったのでしょう、すっかり衰弱した E.T.は、連邦宇宙局の役人や科学者にとうとう捕らえられてしまいました。十字架上のイエスのように緊急医療室のベッド上にくくり付けられていた E.T.のすぐ隣にはエリオット少年が、同じく肺炎を起こして瀕死の状態で横たわっています。と、二人の心拍数がしばらく一緒にシンクロして響いていたのですが、E.T.はどんどん衰弱していく。それなのに不思議なことに、E.T.に死が近づくほどにエリオットは元気を回復していきます。そして E.T.の脈拍が止んで死んだその瞬間、少年は癒されて、まったくの健康人になりました。

聖書の信仰は、私たち人間すべてが罪という死に至る病を負っていると教えます。罪によって死が私たちの体に入り込み、パウロは「わたしはなんと惨めな人間なのでしょう」と嘆き、「死に定められたこの体から、だれがわたしを救ってくれるでしょうか」と問いました（ロマ 7:24）。その死の体から私たちを救ってくれる方こそ、救い主イエス・キリストです。もはや私たちを誰も罪に定めることはできない。なぜならキリストご自身が死なれることで、わたしたちの罪があがなわれたからです。神学者のパウル・ティリッヒによると、「救済」というギリシャ語には「健康になる」「病が癒される」といった意味が含まれているそうですが、E.T.は文字通り、自分が死ぬことで、エリオット少年の健康を回復したのです。

## E.T.における死と復活、そして希望の虹

とうとう E.T.の心肺は完全に停止し、医師団は死を宣告しました。その時刻は午後3時36分。福音書のなかで一番古いとされるマルコ福音書によると、イエスの死は次のようでした。

> 昼の十二時になると、全地は暗くなり、それが三時まで続いた。三時にイエスは大声で叫ばれた。「エロイ、エロイ、レマ、サバクタニ。」これは、「わが神、わが神、なぜわたしをお見捨てになったのですか」という意味である。そばに居合わせた人々のうちには、これを聞いて、「そら、

エリヤを呼んでいる」と言う者がいた。ある者が走り寄り、海綿に酸いぶどう酒を含ませて葦の棒に付け、「待て、エリヤが彼を降ろしに来るかどうか、見ていよう」と言いながら、イエスに飲ませようとした。しかし、イエスは大声を出して息を引き取られた。すると、神殿の垂れ幕が上から下まで真っ二つに裂けた。（マコ 15:33-38）

　E.T.が死んだのは午前でも昼でも真夜中でもない、イエスと同じく午後の三時すぎです。よほど、そのことにこだわっているのでしょうか、映画は E.T.の死亡時刻をわざわざ二回も繰り返しています。イエスは死ぬ直前、「酸いぶどう酒」を施されようとしました。酸いぶどう酒というのは、ものの本によると、鎮痛効果があったそうです。つまりイエスの苦しみをやわらげるための一種の薬剤でもあったのですが、イエスはそれを拒まれたものの、臨終間近い E.T.のほうには、酸いぶどう酒ではなく、現代風に、塩化ナトリウムやアドレナリンが注射されました。イエスが亡くなった瞬間、エルサレム神殿では中央の幕が真っ二つに裂けましたが、E.T.の場合には、花瓶の花が見る間に萎んで枯れました。治療室のカーテンが真っ二つに裂けてもよかったでしょうが、花が萎むというほうが、いっそうやさしい感じがします。

　もちろん皆さんもご存知のように、イエスは亡くなられたあと、十字架から降ろされて葬られ、そして三日後に復活されました。当然ながら死亡宣告を受けた E.T.も葬られることになるわけですが、すぐにその必要はなくなります。イエスが復活に三日間も費やされたというのに、なんと E.T.のほうはスピーディで、たった数分でそれが起こりました。エリオット少年が狂喜したのは言うまでもありません。

　さていよいよ映画の大団円です。復活をとげた E.T.は、「天のホーム」と電話がつながって、迎えに来た宇宙船に乗り込んで天高く昇っていきました。それを見守るのは、子どもたちと母親のメアリーで、ラテン語圏の読みで言えば、イエスの母のマリアと同じ名前です。映画は、見守るメアリーと子どもたちに、いつか E.T.が帰ってくることを期待させて終わります。「なぜ天を見上げて立っているのか。あなたがたから離れて天に上げられたイエスは、天に行かれるのをあなたがたが見たのと同じ有様で、またおいでになる」（使 1:11）。復活のイエスは、マタイ記者によると、「わたしは世の終わりまで、いつもあなたがたと共にいる」

と宣言されましたが（マタ 28:20）、E.T.は「僕は君と一緒にここにいる」とエリオット少年の心を指して言い残し、天の故国へと昇っていきました。

　映画はこれで終わりです。宇宙の彼方からやってきたE.T.は、地球でしばらくのときを過ごし、子供たちと交わり、エリオット少年を死から癒そうと、身代わりになって死にました。そしてよみがえり、人々の心に希望の灯をともして宇宙に帰っていきました。E.T.はまた来るにちがいないという予感に心をときめかせ、仰ぎ見る少年たちの頭上には、ノアと神とが契約をかわしたときの「雲のなかの虹」（創 9:13 参照）のような、宇宙船の軌跡が美しく輝いていました。

　ちなみに『E.T.』の有名な宣伝ポスターは、レオナルド・ダ・ヴィンチが描いた《天地創造》の中のアダムと神の図柄がベースです。神の指先がアダムに触れることで、神の愛が地上に知られていくわけですが、E.T.の指がエリオット少年の指に触ろうとするのはこれを下敷きにしています。いずれにしても、こうした旧約聖書、新約聖書の物語がなかったなら、『E.T.』の物語は決して綴られることはなかったでしょう。

## 「文化無意識」で解くキリストの物語

　でも本当にそうなのか。E.T.とイエスとの類似を指摘する人は少なくないのですが、スティーヴン・スピルバーグ監督は本当にそれを自覚していたのでしょうか。

　心理学者のフロイトと、そのお弟子のユングは、人間の「心」を解き明かして「深層意識」の存在を唱えました。二人によれば、私たちの心の表層には、意識をつかさどる「自我」（エゴ）の領域があって、さかんに活動をしています。つまり日常のレベルでものを考えたり、意見を交換して判断したりといった意識ある世界なのですが、実にその下には「無意識」のいっそう深い領域が広がっている、というのです。そうした無意識の一番上にあるのが、本人だけが持っている個人的無意識、その下の層にあるのは家族的無意識、そのまた下には文化的な集合無意識が存在する。文化的無意識というのは、日本人ならば日本人に共通した無意識世界のことで、さらに奥底に下りていくと「普遍的無意識」、つまり人間であれば誰もが持つ無意識の領域が眠っている、というわけです。

　今日、ご覧にいれた数々の映画はほとんどがアメリカの作品ですが、私はつねづね、このアメリカという国はたいへんキリスト教的な国だと思ってきました。

これは2000年に実施された、アメリカの宗教事情に関するギャラップ調査の表ですが、これを見ると、アメリカ人の神への信仰は、この半世紀、少しも揺るぐことがなかったという結果が出ています。実にアメリカ人の64％は「超越的な神の存在」を信じて疑いません。ときに迷うことがあるが、基本的には神を信じるという人も20％いて、神ではないものの「超越的な力」の実在を信じる人は10％。神も超越者も信じないというのはたったの5％です。

もちろん「神」（ゴット）という言葉が意味するものは、私たち日本人とはずいぶん違っているでしょうが、いずれにしても、この調査結果からすれば、アメリカでは実に9割以上の人々が、何らかの意味で「神」とか「超越者」の存在を信じている、ということになります。世俗化の進行だの、多元主義だのと言われていますが、アメリカ（それからヨーロッパ）の文化的集合無意識には、聖書とキリスト教の伝統が深く刻印されていると言っても過言ではありません。

映画というのは、そうした文化の無意識に深く根ざしたときにヒットする。スピルバーグ監督は、記者団から「『E.T.』は、イエス・キリストを想定して創られたという声がたくさんあるけれども、本当ですか？」と質問されました。そのとき彼は「忙しくて真剣に考えたことがなかったけれども、ヒットしたのは、何か人々の心の琴線に触れたからだろう」と答えたそうです。

つい最近亡くなられましたが、作曲家で東京音楽大学の学長を務められた伊福部昭（いふくべあきら）という方がいらっしゃいました。非常に日本的な音楽を作られた方で、土俗的音階を織り込んで国際的な評価を受け、映画音楽分野でも非常にユニークな作品を次々と発表されました。『ビルマの竪琴』の主題曲もそうなのですが、最も有名なのが『ゴジラ』で、あの「ドシラ、ドシラ、ドシラソラシドシラ」という音階です。

伊福部さんは「音楽というのは人間の集合的無意識に達して、初めて人を感動させる。（自分は）個性的であろうと思ったことはない」と言っています。『ゴジラ』のテーマ音楽が大ヒットした理由についても、「日本人の持っている音楽的な文化の無意識に触れたから。それが『ゴジラ』のテーマソングになって忘れられなくなったのでは」と語っています。

同じことが、きっとスピルバーグの『E.T.』にも言えるでしょう。アメリカ人のキリスト教的文化の無意識に『E.T.』がぴったり当てはまった。誰もが小さい頃から聞いてきたイエスの物語を思い起こし、懐かしさでいっぱいになり、しみじみと温かい思いを取り戻した。今、教会に行っていない人も、映画の中に登場

する子供たちに、自分の子供の頃を重ね合わせ、教会学校で幾度も聞いたキリストの物語を心の奥底から引き出した。それが、本人も気づいていないかもしれませんが、E.T.に大勢の人の心が響いた理由ではないでしょうか。

## おわりに

　というわけで、今日は『アメリカン・シネマの聖書の世界』というテーマの、ほんのイントロ的なお話をいたしました。もちろん今回ご紹介した映画のほかにも、実にさまざまな聖書のメタファーや象徴、アレゴリー、いや物語そのものが下敷きになっている作品がそれこそ無数にあります。皆さんの中には、「ポップなアメリカ映画は観たくない」という人がいらっしゃるかもしれません。しかし、これまでお話したような意味からすれば、ポップカルチャーな映画も、キリスト教の福音を伝えるためには、非常におもしろいメディアになるのではないかと思います。いずれにしても、これからもどんどん映画の世界に聖書物語を求めて、そして謎解きをされたらとお勧めする次第です。

　長い時間、お付き合いくださってありがとうございました。それではこれで終わらせていただきます。

（くりばやし・てるお　関西学院大学教授）

# 聖書と美術
―― 信と美の回復をめざして ――

町田俊之

## 序

　今回このような国際聖書フォーラムにおいて美術に関しての講演が許され、その機会が与えられましたことを心から喜び、また感謝する者です。なぜなら多くの美術をするクリスチャンたちが「クリスチャンとして美術をどう考え、どう表現していったらよいか」ということではっきりとした指針が示されず、また議論されてこなかったからです。教会にとって美術というものを考えていくとき、それは正教会のイコン画であったり、中世のゴシック時代やルネサンス時代および、その後のバロック時代の教会が世界を導いていた時代の遺産（過去のもの）であって、教会の権威が失われた現代に生きる私たちにはそれは、個人的な趣味として、また教会の集会のチラシやポスターとして美術の存在を認めてはいるものの、決してそれ以上のものではないというのが一般的な受け止め方ではないでしょうか。いわば、あっても無くてもそれほど教会にとっては無害か、あるいは伝道のためには少しは役にたちそうなもの程度なのかもしれません。

## 問題提起（歴史的）

　教会にとって美術が失われた契機としては、歴史的に様々な場面があったと言えます。初代教会時代には、旧約聖書の教えの中で神に代わるものを造ってはな

らないという戒めのゆえに、図像や彫刻として積極的に造ることができなかった時代がありました。また8世紀から9世紀にかけて、ビザンチン帝国時代においてはイコン画を描くことが偶像に当たるとして100年以上議論がなされておりました。また16世紀の宗教改革時代においてはその運動の急進派はカトリック教会の会堂の祭壇画、彫刻などを破壊した時期もありました。これらの問題は、偶像との関わりにおいて美術が否定されてきた歴史的事実であると言えます。また特にプロテスタント教会の中の福音派教会においては、20世紀初頭における自由主義神学の影響を受けた「社会的福音」に対抗して、「福音の告知」による「直接伝道」を優先することによって福音派の一種独特な霊性が出来上がり、それ以外の分野、および領域を軽視してきた結果ではないかと思われます。このような問題は、美術を世俗的なものとして否定されてきた歴史的事実ではないかと言えます。

　教会における美術について考えるとき、この偶像性と世俗性の問題をどのように乗り越えていくかにかかっていると思います。

　教会にとって美術そのものの評価が低いのは日本だけではなく、キリスト教の盛んな隣の国、韓国でも、またアメリカでも、そしてキリスト教の伝統のあるイギリスでも、そして日本からはるかに遠い南アフリカでも残念ながらみな同じです。

　それゆえ美術に関心のある者がクリスチャンになっても、その多くの者は教会の芸術性の乏しさ、また芸術に対する無関心さのゆえに現在もつまずいているのです。

　韓国では2万人も入る大会堂でも、人がいなくなると「まるで体育館のようだ」と言われます。私も美術大学2年生のときに福音を信じクリスチャンになった者ですが、その時、自分が置かれている会堂を見渡して「神様と美術は関係がないんだ」、「神様は美術に関心を持っておられないんだ」と、衝撃を受けた経験があります。

　またある高名な陶芸家が教会を訪問したとき、出されたお茶の器がプラスチックの粗末なものであったので、がっかりして帰って来たというお話も聞いたことがあります。キリスト教は確かに本物の宗教かも知れませんが、実際人々に提供しているものは偽物が案外多いのではないでしょうか。

## 広義の神学を目ざして

　一見、遠く引き離されているように感じる神と美術との関係、教会と美術との関わり、また信仰と美術との在り方を聖書を土台として見ていくためには、どうしたらよいのでしょうか。

　稲垣久和氏は、その著書『生きる意味を求めて』の中で、「これまでの神学と呼ばれる分野は、教会に奉仕する学問という色彩の強いものでした。しかし、これから議論を進めていこうとする分野は、教会のみならず、この世界に奉仕するための基礎的学びを与えるものです。この引き裂かれた世界と文化のいやしのための学問、失われた世界の回復のための学問です」と語ります。

　これまでの神学校において（私の知る限り）、聖書とこの世界（世俗的なこと）のさまざまな分野の学問との関係を学ぶことは、ほとんどありませんでした。信仰と学問が遊離して、二元論的にしかとらえることができませんでした。「献身」とは、世俗的な世界から牧師や宣教師の働きにつくことであるとの認識が強く、美術をやることは世俗の働きでありまた個人的な趣味であって、献身とは関わりのないことのように見られていたと思います。

　ですから教会の中での牧師の美術に対する考え方も、まったく個人的な見解があるにとどまり、否定派、肯定派、無関心派とそれぞれが存在しているようです。そしてこのような状況の中で一般の信徒が美術に関心をもち、それを探究しようとしても、その手段がまったく閉ざされているのが現状です。

　しかしキリスト教世界観の考え方は「神によって創造された実在全体の体系的研究であり、神が創造されたがゆえに、実在の全体は意味をもつとの確信があります。この視点に立つと、私たちの周囲の日常的ないかなる出来事も、必ず実在の世界の全体にわたって意味をもっていることがわかります」と同氏は述べています。

　コロサイ書1章14－18節によれば、イエス・キリストは「罪からの救い主」なるお方であるだけでなく、また「教会のかしら」だけでもなく、実に「目に見えることにおいても、目に見えないことにおいても、この被造世界の『主権者』であられるのです。

## 聖書の中の美術

　聖書は、決して美術の教科書として書かれたものではありません。しかし、この天地を創造され、目に見えるものにおいても、目に見えないものにおいても、絶対的な主権者であられる神は、視覚芸術である美術に対しても、私たちに多くの事柄を教えています。

### （1）天地創造において

> 初めに、神は天地を創造された。…神はお造りになったすべてのものを御覧になった。見よ、それは極めて良かった（創 1:1, 31）。

　聖書の冒頭に、神の創造のみわざについて記されています。神は創造者であられ、ご自分の意図とご計画に基づいて、計り知れない空間の中に、数え切れない種類の動植物を造られました。神の創造された世界は、秩序と調和があり、多様性がありながらなお統一性が保たれている世界であり、神ご自身が「よい」とされる世界でありました。この「よい」という意味のヘブル語には、「美しい」という意味があり、あるべき状態に置かれていることが「よい」とみなされ、また「美しい」とみなされるものでした。

神ご自身は目に見えない霊なるお方ですが、目に見ることのできる形あるものを造られ、それらの被造物を通して、神ご自身の栄光を証しされています。神はこのように、「美の創造者」「美の主権者」であられ、神がご自分で造られた世界を御覧になった後で、「天地万物は完成された」（創 2:1）とあります。神は、「鑑賞者」であられ、その結果「完成された」のでした。造った時に完成したのではなく、鑑賞されてこそ「完成した世界」となったのです。『作品は見る人がいて、はじめて完成する』（イサム・ノグチ）。私たち人間も美術作品を創作し、公に展示され鑑賞されますが、神こそが「創造者」であられるとともに「鑑賞者」でもあられるのです。作品とは、見る人との関係の中で、成立するものである。私のお話も聞く人がおられて成立するものであり、音楽の演奏も聞く人がおられて成り立つものでしょう。

## （2）人間の創造において

> 神は御自分にかたどって人を創造された。神にかたどって創造された。
> 男と女に創造された。（創 1:27）

　神はまた御自分のかたちに人間を造られ、この世界に置かれました。人間は、他の被造物とは違って、神に似た存在として、それゆえ神に最も近く歩む存在として特別に造られました。また人間は神との主体的な交わりが許され、自由意志をもって神のみこころに従うことのできる人格的な存在として造られました。アメリカの学者リーランド・ライケン氏は、彼の著書『聖書の視座から人間の経験を読む』の中で、人の神に似ているところはどこかと言われたときに、まず挙げられることは、神がこの世界を創造されたように、人間にも「創造性」が与えられていることだと語りました。

　神が人間にこのような人格と能力を与えられたのは、神が造られたこの世界を人間が神のみこころに沿って治めていくためでした（創 1:26、2:15）。

　この命令は「文化命令」とも呼ばれるものですが、人間に罪が入る（3章）前に、神はすでに人間がこの世界において創造性をもって使命と目的に生きるための条件を満たしておられました。人間存在の本質的な意味がここにあります。人間に罪が入り「バベルの塔」のごとく自分自身の栄光を求める文化に対して、私たちは本来の人間の使命と目的をこの世界に表わすことが求められているのです。

## （3）幕屋建設において

> 見よ、わたしはユダ族のフルの孫、ウリの子ベツァルエルを名指しで呼び、彼に神の霊を満たし、どのような工芸にも知恵と英知と知識をもたせ、金、銀、青銅による細工に意匠をこらし、宝石をはめ込み、木に彫刻するなど、すべての工芸をさせる（出 31:2-5）。

　神はイスラエルの民が神を信じ、神に従って歩むために幕屋建設を命じられました。またその建設に携わる人々を選ばれました。先程も登場しましたリーランド・ライケンは、その著書の中で、幕屋建設に関して以下のように語っています。

第一に、芸術的能力は神から与えられた才能であること。神は技術者を神の霊で満たし（聖書の中で最初に登場する神の霊に満たされた人）、技術者たちがその仕事に励むように奮起させられました。芸術は、神の賜物であること。
　第二に、芸術は聖別された仕事である。技術者の仕事も、召命とか天職といった思想と関連づけられており、神と他者への奉仕という基準にかけられている。芸術的仕事は、神からの人への聖なる依託であった。
　神は大切な幕屋建設において、美的な感覚や技術的な才能を決しておろそかにせず、美術に携わる者を大いに用いられたのである。

（４）イエスの説教から

　　空の鳥をよく見なさい。種も蒔かず、刈り入れもせず、倉に納めもしない。だが、あなたがたの天の父は鳥を養ってくださる。あなたがたは、鳥よりも価値あるものではないか（マタ 6:26）。

　イエス・キリストは「ことばの画家」とある人は語りました。キリストはご自分の説教の中で、民衆にわかるように多くのたとえ話を用いて神の真理を話されました。そのたとえの材料は、鳥、ゆりの花、草、水、パン、ぶどうの木、羊、金貨など、数え切れません。これらは説教を当時の民衆の心に届けるための、いわば視覚教材に当たるものであり、キリストご自身が人間の視覚に訴えることがいかに有効なものであるかを示しています。それは、神からのメッセージは耳からだけではなく、目からも理解していくことが大切であることを教えてくれます。箴言20章12節には「聞く耳、見る目、主がこの両方を造られた。」とあります。
　このように、聖書のメッセージを伝えるということが、単なる音としての言葉を伝えることではなく、その意味を伝えるために聴覚だけでなく、視覚も必要であることを知るとき、視覚芸術である美術の持っている役割の大きさを知ることができます。

（５）キリスト教の礼典、象徴（シンボル）として

　　一同が食事をしているとき、イエスはパンを取り、賛美の祈りを唱えて、それを裂き、弟子たちに与えながら言われた。『取って食べなさい。こ

れはわたしの体である』(マタ 26:26)。

　キリストが命じられ、今も教会で行なわれている洗礼式や聖餐式のような礼典では、水やパン、杯を用いて象徴的に霊的現実を示すものです。私たち人間が、神からの霊的な深い意味を体験的に知るために、またその記憶を継続するために、神は目に見える象徴を用いられているのです。

　これまで見てきたように、神の創造された世界の中に、また神の救いが示されている聖書の中に、これほどまでも美的要素、また視覚的要素が関わっているのです。神ご自身が美の源泉であられるともに、ご自分の救いのご計画を進めるために、美術の賜物を人間に備えられると同時に、その賜物を十分に用いられるのです。

## 福音と文化美術の特性

　ところで私たちが唯一の権威であると認めている『神のことば』も、文化的な背景の中でこそ語られたものです。聖書学者のアンダーソン・クマール師は「神は文化的な真空地帯に啓示されたのではなく、文化の中にご自身を啓示されたのである」。また、「神はその偉大なあわれみのゆえに、人間の文化という伝達手段に限定して、ご自身を啓示された」と語っています。

　私たちの罪からの救いの根拠である「イエス・キリストの十字架」の歴史的事実も、実は古代ローマ時代の異教文化の表現の一つであり、神は当時の文化を用いて救いの業を明らかにしてくださいました。

　教会が文化を価値の低いものとして、遠ざけたりまた見下げたりしていくならば、結局は価値ある福音を人々の前に提示することに失敗することになるのだと思います。かつての教会はこの世の文化が堕落し、世俗化しているために、文化そのものを拒否し、それに触れることも近づくこともいけないと言われていたようですが、反論によれば、教会が文化にあまりにも無関心であったために、この世の文化が教会から離れてますます世俗化していったと言われます。

　ある日本の神学者は「福音を純粋に保とうとする熱心さの中で、いつしか福音は単純なものになり、簡単になり、遂には文化的なものまでも削ぎ落とされてしまった」と語ります。

「福音」は、「文化」という媒体を重んずることによってこそ、前進していくものであり、また「文化」も「福音」という価値を内在していくことによって、真の「方向性」を見出していくことができるものです。ですから「福音」と「文化」は決して切り離されるべきものではありません。また、そこに優劣をつけるべきものでもありません。

　私はこの「福音と文化」の関係を、「骨と肉」の関係に例えてみたいと思います。「福音」は「骨」で、「文化」はそれをおおっている「肉」です。骨は確かに大切なものですが、骨のままだと気味が悪くて人は近づきませんし、骨どうしでは交わりが困難です。骨にその時代を感じさせる肉が付いてこそ、人々に魅力を与え、交わりも可能になるのです。また肉だけでも、ふにゃふにゃして方向性が定まりません。肉にも骨がなければ、その使命を果たすことはできないのです。

　ところで、美術とは一般的に何かの素材を用いて造られたものを言います。例えば、石、木、鉄、絵の具、顔料等々。しかし表面的には物質でしかないものが、その内に込められた作者の思いによって芸術としての命を持ち、人の心に共感を呼び起こし得る、いわば精神的な存在となるのです。

　このことは、地のちりで形造られたもの（物質を持つもの）が、創造主の息を吹き込まれたときに（霊的なもの）、人間としての命を得たという、アダムの創造の記事を連想させるものです。神による人間の創造と、人間による作品の創作にはとても深いつながりがあると言えないでしょうか。

　あるクリスチャン作家が「クリスチャン芸術家とは、彼の作品にキリストの息吹を吹き込む人のことである」と語りました。美術作品には、物質性と精神性との深い関わりを見ることができます。

　これまでのお話から神は美の創造者であり、同時に主権者であることを確認してきましたが、もしも神を抜きにする時、美はある時は救いをもたらすほどの絶対的なものとして崇められ、またある時は不必要なものとしてさげすまれる可能性があります。しかし美はその主権者が神ですので、美が神のごとく崇められる必要はなく、また美は神からの賜物ですので、悪魔のようにさげすまれる必要もありません。私たちが美の主権者が神であることを認めていく時に、美を神からの正当なものとして受け止めることができ、また美を正しく位置づけていくことができるのです。

　また、オランダの美術史家のロークマーカー氏が語るように、クリスチャンによる美術作品が、キリスト教の正当性を示すためのものとするのではなく、実は

美術のもっている正当性が聖書によってこそ明示されていることを知るのです。言いかえるならば、この世に美術なるものが存在している本来の理由や役割が聖書全体の思想によって示されているのであり、美術がキリスト教の正当性を示すために存在しているということではないのです。美術そのものが聖書的なものであるのです。

　美術に関心を持ち、またその賜物を神から与えられているクリスチャンが、聖書に対する正統的な信仰を保ちつつ、なお、教会の内外に向かってその信仰を形あるものとして表現していくことは可能であるばかりでなく、むしろその責任と役割を神から委託されているのです。

## レンブラントの絵画から

　ここでクリスチャンの美術を考えていくために、一人の画家とその作品を紹介させていただこうと思います。それは17世紀オランダで活躍したレンブラントです。

　1世紀前の16世紀にドイツで起こった宗教改革は、カトリックの牙城スペインの支配するネーデルラントにも押し寄せ、ここに初のプロテスタントによる市民国家、オランダ共和国が成立しました。オランダは海運業で栄え、17世紀には未曾有の経済発展を遂げました。

　経済の繁栄で芸術も栄え絵画は黄金時代を迎えますが、プロテスタントの市民社会になると教会や王侯貴族からの注文が期待できなくなり、絵画の王道といわれた宗教画や神話画が衰退していきました。そこで裕福な市民は自分たちの肖像を家に飾るだけでなく、身近でわかりやすい題材を求めた。こうして風景画・静物画・風俗画などの新しいジャンルが生み出されていった。その中でレンブラントだけは、宗教画・神話画から肖像画・風景画・静物画まで手掛けていきます。

1）《自画像》（1629年＝23歳）（図版1）
　レンブラントは、生涯に90点以上の自画像を描いたと言われます。これは若きレンブラント。
　将来への期待と不安を感じさせるものです。光と陰による描写は、当時のバロック美術の影響を受けてい

図版　1

ることがわかります。彼は、20代から晩年の60代までの自分の姿を描いています。

2)《預言者アンナに扮する母》(1631年=25歳)
　レンブラントの母は、非常に信仰の篤い人であったようです。レンブラントはこの母から信仰を学び、成長していったと思われますし、このように聖書の人物を、母をモデルとして何枚も描いています。

3)《テュルプ博士の解剖学講座》(1632年=26歳)(図版2)
　若きレンブラントの出世作となるこの集団肖像画。これまでの記録としての肖像画から、絵の中に物語を描いた点で、とても優れた作品となりました。これが人々の評判を呼び多くの人々から肖像画の注文を受けるようになり、人気画家となっていきます。

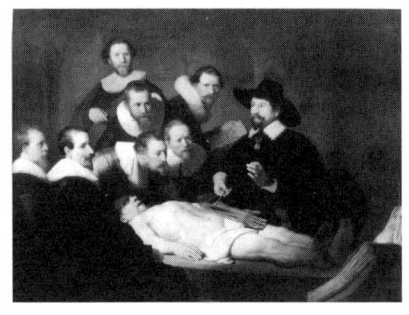

図版　2

4)《サスキアの肖像》(1634年=28歳)
　レンブラントはその評判の中で名家出身のサスキアと結婚し、さらに上流社会に顧客を広げていくことになります。

5)《キリストの昇架》(1633-39年=27-33歳)
　こんな時、有力者であるオラニエ公から《キリストの受難》のシリーズを注文されます。この中の一つ《キリスト昇架》には、自分の姿を大胆に描いているものもあります。

6)《放蕩息子としての自画像》(1635年=29歳)(図版3)
　また自分が裕福な画家、成功した画家として自画像としての《放蕩息子》を描いています。酒場でたわむれる自分の姿。膝の上に抱いているのは妻のサスキアです。

7)《放蕩息子の帰郷》(1635年=29歳)
　同じ年にはエッチングでも《放蕩息子》を描いていますが、彼の心の中にあったテーマだったのでしょうか。

図版　3

8)《イサクの犠牲》(1635年＝29歳)(図版4)

こんな恵まれた画家としてのスタートでありましたが、レンブラントに悲劇が襲います。サスキアの間に生まれた長男が生まれて2ヶ月足らずで亡くなります。この年に描いたのが《イサクの犠牲》。アブラハムの悲しみをレンブラントも感じたのかも知れません。

9)《自画像》(1640年＝34歳)

これを描いた前の年にはアムステルダムの街中に大邸宅を購入し、たくさんの骨董品を集めて大画家の名をほしいままにします。このポーズのヒントはラファエロの肖像画からのものであり、自分はラファエロを超えた、超えようとしている誇りを感じさせます。

図版　4

10)《バテ・シェバ》(1654年＝48歳)

その後、長女、次女が次々と亡くなり、レンブラントが36歳のときには、病床の妻のサスキアが29歳の若さで亡くなります。また画家としての人気も陰りが出て来て、肖像画の注文も激減し、収入も減少し亡くなったサスキアの代わりに雇った家政婦との間にも問題が生じます。成功したレンブラントとは対照的な、試煉の中に沈んでいきます。

そんな時に出会ったのが、次ぎに雇った家政婦であったヘンドリッキエです。後半の人生を慰めてくれた女性でした。このヘンドリッキエをモデルに描いた《バテ・シェバ》。ダビデ王に呼び出されたこの女性の憂いという内面を見事に描いています。

11)《自画像》(1652＝46歳)

この頃の「自画像」は、かつての成功していた「自画像」ではなく、自分の存在そのものに目を向けているレンブラントの姿があります。

12)《ヤコブと天使の格闘》(1659年＝53歳)(図版5)

図版　5

聖書と美術（町田）　473

これを描く少し前にレンブラントは遂に経済的に破産して、あの大邸宅を手放さなくてはならなくなり、財産も名誉も失ってしましました。このようなことを経験した後半の人生からは、不思議なように、多くの聖書のテーマを描いています。それも自分自身を聖書の中の人物に置き換えて描いているのです。

　神（天使）と格闘するヤコブ。実は、このヤコブは自分ではないでしょうか。レンブラントは、信仰的に神と対峙して、自分自身の内面に神との交わりを経験していたのでしょう。

図版　6

13)《パレットを持つ自画像》(1661年＝55歳)（図版6)

　神との交わりが深まっていっても、尚、レンブラントは画家としての天性、使命を受け止めていたことでしょう。数少ないベレー帽をかぶり、パレットを持つ自画像です。

　　　　　　14)《使徒パウロに扮する自画像》(1661年＝55歳)（図版7)

　また同時に獄中の中で貧しく、不自由で危険な環境に置かれているパウロに自分を置き換えて、尚、神への信仰を持つ姿を描いています。そしてそんな悪条件の中にも、上からの光りが射し込んでいることは印象的です。

15)《最晩年の自画像》(1669年＝63歳)（図版8)

　これが最晩年の「自画像」です。若き時の野心、成功していた時の自惚れ、それらのものは失われて、ただ「レンブラント」という人間の存在だけが、ここにある。そして真上からの光りだけが自分を照らし、その光りの存在が今の自分を生かしていることをこの「自画像」は私たちに語りかけているようであります。

図版　7

16)《放蕩息子の帰郷》(1669？年＝63？歳)
　（図版9)

図版　8

474

そして最後にお見せするのが最晩年に描いた《放蕩息子の帰郷》です。これは、レンブラントの人生そのものを語っているようです。若き成功した画家が、神のもとから離れて華やかな生活をしてきましたが、人生の様々な悩みを経験し、もう一度、神の元に帰ってきた自分。正に、ここに描かれている「息子」とは「自分」のことであり、この「自分」を神は優しい手をもって迎え入れている。この息子は、決して罪の中に溺れ、みじめになった息子ではなく、それでも神に受け入れられている「高貴な息子」として描かれているのです。

図版　9

## 証しとしての美術

### 世界観の表現としての証しの美術

　絵画および美術の持つ力とは、単に正確に描写することにあるだけではなく、作者が何に感動しているのか、何に心動かしているのか、何が大切と思っているのか、などの作者の価値観が表れてくることであると思います。文化的な表現とは、木に例えることができます。木には見える世界と見えない世界が存在します。見える世界とは、幹、枝、葉っぱ、花、実であり、見えない世界とは、根の部分です。木は、実は、この目に見えない部分によって栄養を吸収し、木全体が支えられています。

　文化も同じように、目に見えない部分＝それは思想や世界観にあたるものによって、目に見える文化＝音楽や文学や美術など、が表現されていくものであると思います。ですから、クリスチャンとしてどのような世界観を持っているかが、クリスチャンの表現になっていくわけです。それがたとえ聖書の物語りや聖書の人物を描かなくても、クリスチャンとしての表現となり、キリストを信じる者の証しとなっていくのです。

　レンブラントは教会の必要から聖書のテーマを描いたのではなく、自分からの信仰として描きました。そこにも彼の信仰が表れていますが、そこに登場する人間は決して美化された人間、理想的な人間ではなく、罪人として、また弱さや失意を感ずる人間、神の恩寵でしか生きていけないような人間を描いたのも、やは

り彼の人間をどう見るかの世界観の表れではなかったでしょうか。そのように考えていくならば、信仰と表現の間には深いつながりがあり、美的創作が特別なものとして崇められるためではなく、信仰の証しとして人々の前に表されていくものであると言えます。

今回、この会場のアート・ギャラリーでは、私の働きのメンバー4人が出品しておりますが、それぞれの方には、その表現にはそれぞれの物語りがあります。

安藤さん：大きな病が癒された後で自然の草花を眺めたときの、その感動から生まれた作品。

高橋さん：みことばと向き合い、みことばとの交わりの中から、生まれた作品。

西村さん：現代的な感覚の中で、自分とこの社会との関わりをテーマに生まれた作品。

安富さん：牧師の説教をテープで聞きながら、みことばの情景を思い浮かべて描いた作品。

これらの作品の共通点は、どれも作った作品ではなく生まれて来た作品であると言えるでしょう。神との交わりによって命が与えられ、その命が働いてその人の感覚、技術が用いられたのであると思います。現代においては、個人個人の信仰から生まれてくる作品が、教会の中で、また社会の中で主を証していく使命が与えられているのではないでしょうか。

## 美術におけるこれからの日本の教会の課題

最後になりましたが、これからの教会の美術、キリスト教の美術における幾つかの課題を述べさせていただきます。

- 教会、神学校で聖書と美術との関係を学んでいく必要があること
    ——共通の学び、土台のない中で議論しても発展しない
    ——必要最低限の学びをしていく必要があるのではないか
- 教会の有志による展覧会を開くことも可能であること
    ——教会の中にも、美術の賜物をいただいている者がたくさんいると思われる。独りで悩まないで、いっしょに教会で展覧会を開くことができないだろうか
- クリスチャンの仲間による美術展の開催
    ——この世界に発信していくために

――世の人々にも証ししてくために、クリスチャンが協力し合って展
　　覧会を開く
・クリスチャン美術館の建設
　　――この時代にキリストを証ししていくために
　　――神から離れた美術作品が氾濫している中に、キリストにある価値
　　観を秘めた作品を常時展示していくことで、この社会、この時代に対
　　して大胆に証ししていく


まとめ

　これまで述べてきましたように、聖書と美術、また信仰と美術の世界は、決して切り離されるものではなく、そこには調和のある素晴らしい関係があるのです。その関係を築いていくことによって信仰と美術の世界は、この世界が造られた初めの姿のように真に回復されていくのではないでしょうか。

　　（まちだ・としゆき　バイブル・アンド・アート　ミニストリーズ代表）

## シンポジウム報告

日本聖書協会翻訳部編

「今、聖書を問う。原典から現代翻訳へ——聖書を現代にどう伝えるか」というフォーラムの主題の締めくくりとして、それぞれの専門分野の視点から聖書翻訳の様々な課題を提出していただいた。一人6分という限られた時間の中での発言のため、言い足りない部分もあったであろう。また意見交換の時間は割愛しなければならなかった。シンポジウムは、大きく分けて旧約聖書、新約聖書、聖書本文と翻訳という3部構成になっている。各セッションでは、基調講演における死海文書との関連性を軸に意見を述べていただいた。パネリストには7人の講師の他（エマニュエル・トーヴ氏、アドリアン・シェンカー氏、ジェイムズ・M・ロビンソン氏、ジョン・ドミニク・クロッサン氏、クラウス・ヴァハテル氏、ローレンス・ド・フリス氏、山内眞氏）、トーヴ氏の講義（2回目）の司会を務めた手島勲矢氏に参加していただいた。

### 1. 旧約聖書と死海文書

ユダヤ教とキリスト教が共有する旧約聖書（ヘブライ語聖書）は新約聖書の生成過程に、どのような役割を担ったか。一例として、死海写本と旧約聖書の関係を明確にすることなど。

## エマニュエル・トーヴ氏

　近代の聖書翻訳は最新の学術情報にあふれている。その一つが死海文書であることは間違いない。死海文書発見後の60年にわたる研究の結果、マソラ本文よりも早い段階にあった死海文書は、断片的にヘブライ語聖書のオリジナル性を示していると言えるであろう。よりオリジナルに近い聖書本文を死海文書が提示していることは否定できない。死海文書研究の成果として、英語や仏語などの近代語の聖書翻訳では、例えばサムエル記上11章にマソラにはない4節分が付加された。私見ではあるが、現段階で近代語への翻訳に死海文書による研究成果を適用すべきではない。死海文書研究の60年の過程は、非常に複雑で主観的であったからである。死海文書の研究において得られたテキストに関する知識というのは、聖書翻訳に持ち込めるものではない。神の言葉が、日々に変わり続ける死海文書研究の成果に影響されてはならない。学術的翻訳と信仰告白を含んだ翻訳とは区別されるべきである。

## アドリアン・シェンカー氏

　旧約聖書の本文批判ヘブライ語校訂本の編集責任者として、聖書解釈の基盤となる本文の確定という重責がゆだねられていることを謙虚に受け止めたい。ここでは聖書テキストの多元性（プルーラリティ）について述べよう。例えば、聖書は一つの物語を四福音書のような形で提示している。同じユダヤの歴史がサムエル記上下、列王記上下、歴代誌上下に記されている。詩編18編とサムエル記下22章には同じ詩がある。このように聖書の伝統にとって複数のテキストを持つことは脅威ではなかった。多元性は聖書にとって脅威でない。一例として、3世紀にオリゲネスが、キリスト教はユダヤ教に起源を持つがゆえにヘブライ語聖書を重んじるべきだともせず、キリスト教の独自性を保つがゆえにギリシア語聖書を重んじるべきだともせず、ヘブライ語聖書もギリシア語聖書も排除しなかったということも指摘しておきたい。聖書の言葉はシンフォニックであって、一枚岩のようなものではない。

## 手島勲矢氏

　聖書解釈の歴史という視点から死海文書の意義について話をしてみよう。このフォーラム3日間のキーワードの一つは、「オリジナル対二次的テキスト」「初期のテキスト対後期のテキスト」であった。クムランでの発見は、聖書解釈の歴史

におけるテキストに対する読者の存在と二次的テキストの大切さを教えた。クムランの聖書解釈は現代の聖書解釈学者にとっては意味をなさないものであるが、当時の聖書解釈の文脈と状況とを反映しているという事実である。クムランの存在は、ラビ的解釈とキリスト教的解釈という二つの大きな伝統以外にも偉大な（聖書解釈のための）文脈があることを示した。詩編 62 編 12 節「ひとつのことを神は語り ／ ふたつのことをわたしは聞いた」という言葉を借りるなら、神は一つのこと（オリジナル）を語ったが、状況に応じた異なる解釈が許されていることである。更に言えば、両者は区別できないものでもある。

## 2. 新約聖書の形成における旧約聖書や死海文書の役割

　死海文書あるいは初期ユダヤ教が新約聖書に与えた影響を評価し、初期キリスト教の形成とテキストの成立の意義を捉え直す。旧約聖書を新しく再解釈するという作業過程において生み出されてきたとも言える新約聖書は、どのような点で新しい聖なるテキストと言えるのか。

**ジェイムズ・M・ロビンソン氏**
　新約聖書の初期の歴史において、キリスト教はユダヤ教を出発点とし、ユダヤ教がユダヤ人に影響を与えた過程の中から生まれてきた。初代のキリスト教徒と死海文書集団との大きな違いは、初代キリスト教徒は読み書きを知らないガリラヤの漁師であり、死海文書を生み出した人々は学者であり写本家であったことである。初代キリスト者は口伝によってイエスの言葉を伝えたのであって、今日の神学者のように辞書を引いてイエスの言葉を検索したのではない。イエスの口から出たソロモンと野のゆりのたとえも、シェバの女王の話も、ニネベの人々の話も生き生きとした口伝伝承として、読み書きのできない人々が村々で伝えたものであったろう。
　しかし、初代キリスト教徒と死海文書集団は、ユダヤ的解釈方法を守っていたという類似点を持つ。例えば、神に感謝をささげるホダヨートの形式がクムラン文書にも新約聖書にも残っている。また、神の言葉を啓示としてとらえるペシャリームの解釈様式、すなわち旧約聖書は「我々」という特定のグループに啓示された物語として再解釈され得るという点で、両者は共通の理解を示している。福音書記者は、最初から新約聖書を書こうとしたわけではない。2 世紀になって、

マルキオンがユダヤ教とは区別されたキリスト教の聖書を持とうとしたのが、新約聖書の歴史的な端緒であった。現代の新約聖書学者はオリジナルなテキストにもどるという試みを放棄した。パウロ書簡でさえ、パウロの死後50年の時を経たパウロ学派によって編集されたところまでしか遡れない。

　最後に、欽定訳聖書などはエラスムスが中世写本を下に編集したギリシア語本文からの翻訳であるが、しかしその後、多くのパピルス写本が発見されたことにより、新約聖書のギリシア語本文も翻訳も変わった。例えば有名な所では、マルコによる福音書のより長い結末や、ヨハネによる福音書の姦淫の女性の物語が現代語訳聖書には付加され、括弧にくくられた。このような未決の部分が新約聖書のテキストには存在するのである。

## ジョン・ドミニク・クロッサン氏

　死海文書から初期キリスト教への直接の影響はない。しかし間接的な影響というなら大いにある。かつて私は、簡略化した言い方をすれば1世紀のサドカイ派は保守、ファリサイ派はリベラル、ユダヤ人キリスト者はラディカルという枠組みで考えていた。しかし死海文書の発見により、エッセネ派はユダヤ人キリスト者よりはるかにラディカルであったことが分かった。エッセネ派は聖なる空間としてのエルサレム神殿を否定し、荒れ野で独自の暦による生活をしていたのである。エッセネ派に比べれば、ユダヤ人キリスト者はメインストリーム（主流派）とさえ見なしうる。すなわち、初代キリスト教にとって死海文書との関係は基本的な土台を与えるものであった。例えば「神の国」や「人の子」の概念は当時のユダヤ教を理解することなしには理解不可能である。

　過去を再解釈することで将来を見据えることは1世紀のユダヤ教にもローマ帝国においても普通に行われていた。例えばウェルギリウスの『アエネイス』はホメロスの『イリアス』の再解釈である。フラウィウス・ヨセフスは、神がローマ帝国に権力を与えたと（旧約聖書の歴史から）再解釈した。ヨセフスによれば、ウェスパシアヌス帝はメシアの来臨であった。クムラン教団は二人のメシアが現れると理解したが、二人のメシアが一人の人に現れたことになる。このように1世紀の地中海世界では伝統を再解釈することが盛んに行われていた。さて、もしも丁度200年頃にモーセが再び現れ、ファリサイ派ユダヤ教徒と初期キリスト教徒に出会ったとしよう。両者はどちらもモーセの正統な後継者だとモーセの前で主張したとしよう。恐らくモーセは、どちらが正統な後継者であるか判断しかね

たであろう。両者は共通の伝統から同等に切り離された者たちである、というのが私の意見である。

## 山内眞氏

　最初期のキリスト教共同体は、旧約聖書を聖なる書物とした。旧約聖書を援用し、固有の信仰を言語化した。宣教のロゴス化である。このことは、エルサレム教会のアラム語の伝承につながる1コリ15章3節以下の定型化された信仰告白において「聖書に書いてある通り」（カタ　タス　グラファス）に、という言葉に見いだされる。最初の使徒たちが体験した復活体験と言う特別な啓示体験なしに旧約聖書を新しい視点から再解釈することはできなかったであろう。解釈学的営みとして、ユダヤ人のアイデンティティの根拠であるトーラーと預言が再解釈されるためには、弟子たちの反省を促す新しい異なる視点が必要であった。新約聖書は新しい独自の出来事を語った。それは既知の言語で未聞のことを語ることであり、この営みは宣教の最前線において常に起こっていることである。

　旧約に根拠を置くのがユダヤ人であるが、イエスのアイデンティティの根拠も旧約聖書にあった。イエスは旧約聖書によって受難したとさえ言える。イエスは自らの生と死を、神的必然として受け入れたのである。

　後代、ヤムニア以降、正典性の方向が定まる。使徒の権威や逐語霊感説に根拠を見いだすことができない現代であるが、キリスト証言における信仰告白に、新約聖書27巻の正典性の根拠を見ることができるであろう。このとき旧約聖書もその解釈原理を特殊啓示の下に置いた点で、旧約聖書から新約聖書に至る非連続の連続性を強調したい。


## 3．聖書本文から翻訳へ

　現代世界における聖書翻訳の意義、課題、特に今後どのような日本語聖書が求められているか。

## クラウス・ヴァハテル氏

　新約聖書ギリシア語テキストは翻訳されなければならない。翻訳の困難さについてはこのフォーラムで繰り返し論じられてきたと思うが、新約聖書本文批判の視点から異読という課題を指摘しよう。異読には3つの伝承がある、すなわち写

本、初代教父の引用、古代語訳による初期伝承である。異読を無視し、本文から異読という邪魔者を排除しようとした近代の方向性とは違い、現代では異読は意味があると見なされるようになった。ちょうどオリゲネスが異読を伝承の一部分として、また「摂理、経綸」（オイコノミア）として積極的に評価したことに似ている。聖書協会ギリシア語新約聖書本文には、欄外脚注にも翻訳者のために異読が掲載されているが、翻訳者は、読者が必要としている場合を熟慮して異読を翻訳しなければならない。現代の新約聖書本文批判にできることはオリジナルテキストを確定することではなく、オリジナルテキストの再構築である。再構築されたテキストは原文により近いものであり、オリジナルテキストの伝承の過程を明らかにするものに過ぎない。

　過小評価されているきらいがあるので、最後に強調したいことは、死海文書発見に匹敵する発見としてのパピルス写本の発見である。パピルス写本の例証から、ギリシア語新約聖書本文ネストレ-アーラント第25版から第26版においては、700箇所における改訂がなされた。

### ローレンス・ド・フリス氏

　日本の聖書翻訳の将来について語れる立場ではないが、少なくとも現代における聖書翻訳の世界的な傾向について述べることはできる。聖書翻訳にはおおまかに二種類の読者が考えられる。教会の聴衆と一般読者である。現代の聖書翻訳では、一種類の聖書翻訳で両方の要求をまかなえることがわかってきた。聖書は信仰の書であり、同時に格調高い文学書であり得る。このために、聖書を文学として分析し翻訳するための理論的構築と実践がエルンスト・ウェンドランドらによってなされている。それは、文学的翻訳と呼ばれてよいものである。このため聖書翻訳チームには、聖書学者や釈義家だけではなく、文章のスタイリストが必要である。オランダ聖書協会の近年の翻訳では、有名な著作家たちを翻訳チームに迎えた。著作家、文芸作家たちの中には、キリスト者ではない人たちもいた。聖書翻訳チームの中では聖書学者たちと作家たちとが同等の権限を持ち、時には熾烈な戦いもあった。しかしそれゆえにこそ、この翻訳は成功し、聖書は教会でも受け入れられ、一般的な意味でもベストセラーとなった。ナイダ理論が聖書翻訳者の間でさかんに取り上げられた当初から、聖書協会の翻訳事業において言語学者が優勢であることに反発もあった。聖書翻訳に一般的な作家たちを巻き込む

ことに批判も出るであろうが、無意味なことではない。しかし、このことは日本の状況をよく考慮すべきことでもある。

## 山内眞氏

　聖書は人類の古典である。しかし、聖書はまた教会の正典として、教会の中で生かされた固有な書物である。聖書が願っているように聖書を訳すということが重要である。聖書は歴史的な地平と、啓示の地平との両方を持っている。このために総合的な解釈が必要である。16世紀半ばに初めて日本において聖書が翻訳されたように、日本の聖書翻訳の歴史は長い。現在の新共同訳も決して悪い翻訳ではない。新共同訳は1987年に新旧あわせて出版されたが、その9年前の1978年に、新約聖書の共同訳が、ユージン・ナイダの動的等価理論（ダイナミック・イクィヴァレンス）に従った聖書翻訳として出版された。動的等価理論に基づいた共同訳が日本では受け入れられなかったために、9年の歳月をかけて出版された新共同訳は、逐語訳（フォーマル・コレスポンダンス）であった。今でも忘れていないが、新共同訳の出版前に、私は当時の実行委員会の岸千年氏に、動的等価理論で翻訳された共同訳の新約聖書を旧約聖書にあわせて、逐語訳に一年で編集し直すよう迫られた。逐語訳を動的等価理論訳に変換することは出来ないわけではないが、動的等価理論によって訳されたものを逐語訳に修正することは不可能であり、翻訳し直す以上の労力がかかることから、私は断った。将来、聖書協会が聖書翻訳を手がけることがあるときには、どのような翻訳理論に立っているかをよく考え、同じ轍を踏まないよう努めてもらいたい。

あ と が き

　「国際聖書フォーラム」ほどコンパクトな形で、学者や説教者、それも各分野の一流といってよい方々の聖書に対する思いや立場を知ることができる機会は、最近なかったのではないだろうか。その講義内容が記されている原稿を改めて読んでいくなかで、いくつか面白い発見にたどりついた。ソシロー氏の原稿に、ヘブライ語で神を意味する言葉「エロヒーム」が後7世紀中国のネストリウス派の石碑で「アラカー」と翻字されているという言及がある。ソシロー氏による原文はもちろん英語だが、碑文に翻字されているのは漢字にである。「エロヒーム」は漢字でどう書かれたのか——興味をそそられる疑問ではないか。調べていくうちに、それがシリア語の音を基にした「阿羅訶（アラカー）」という漢字であること、日本の高野山にその石碑の復刻版があることまで突き止めた。ソシロー氏の論文ではほんのわずか触れられただけのことだったので、これ以上の検証はしていないが、日本の聖書翻訳の歴史を紐解く上で、非常に興味深い発見であった。他にも多岐にわたる編集作業の中で、普段であれば見逃してしまうようなことにも多く出会うことができた。フォーラムが開催されていた三日間にもまして多くのことを学んだといえる。
　「聖書翻訳コンサルタント」という肩書きをもつ方が講師の中に何人かいる。聞き慣れない肩書きだが、聖書協会世界連盟に属し、ヨーロッパ、アフリカ、南米、北米、アジア環太平洋地域において、聖書がまだ訳されていない少数部族のための聖書翻訳プロジェクトを指導する人々である。基本的にはどこかの国の聖書協会に属すということはないが、例外もある。例えば、現在では聖書協会世界連盟の翻訳コンサルタントであるド・フリス氏もかつてはオランダ聖書協会に属し、驚異的ベストセラーとなったオランダ語現代語訳聖書のコンサルタントを務めていた。また、彼はアムステルダム・フリー大学における聖書翻訳学の教授で

もあるが、今でも夏季休暇の間はインドネシアで少数民族のための聖書翻訳プロジェクトを指導し、大学のフィールドワークとして現地調査を行い、学期中には調査データを基に学生たちと議論するのだそうである。また、韓国聖書協会の総主事ミン・ヨンジン氏も聖書翻訳コンサルタントの経歴をもち、総主事となった今でも、モンゴルでの聖書翻訳プロジェクトを積極的に支援している。現役の聖書翻訳コンサルタントであるユー・スイヤン氏はインド、マレーシア、中国、ミャンマー、シンガポールを飛び回っている。そして、アジア環太平洋地域にいる数十名の翻訳コンサルタントをまとめるのがダウッド・ソシロー氏である。オーストラリアのブリスベンに本拠地を置く彼は文字通り世界各地を飛び回っている。

聖書翻訳プロジェクトには、翻訳チーム、翻訳実行委員会、関連教会などで起こる議論、問題紛糾、軋轢がつきものである。これらの難題に対処し、学問的かつ信仰的な水準を保ちつつ、プロジェクトを最初の翻訳方針から逸脱することなく導いていくのが翻訳コンサルタントの仕事である。プロジェクトの中では黒子のような存在だが、彼らが実践の中から学び取った翻訳理論や方針は、二年に一度開かれる聖書翻訳コンサルタントの世界会議で議論され、毎年どこかで開かれている研修会で報告され、分かち合われている。言語学や文化人類学の背景を持つコンサルタントが多いため、翻訳学の基盤がないに等しい日本では、その存在が紹介されることはほとんどなかった。聖書協会世界連盟のレベルで聖書学と翻訳学が密接に連携しているように、日本においても聖書翻訳学の分野が確立されることが望まれる。

5月の連休に開催された「国際聖書フォーラム」であったが、それに先立つ一か月の間には、当日配布するレジュメのために、守屋彰夫、清水宏、津村春英、中野実、松村隆の各氏に海外講師の原稿を短期間のうちに訳していただくという無理をお願いした。ここに記して改めて各氏の協力に感謝の意を表したい。ただし、講義録出版にあたっては、日本聖書協会翻訳部の責任の下に編集させていただいた。編集作業はフォーラム直後すぐに始められたわけではなく、本格的にとりかかれるようになったのは、ここ数年来の大型企画『スタディバイブル』の入稿をようやくのことで終わらせた後であった。もちろん原稿の整理や大まかなレイアウトを決めるなどの作業は進められていたが、本格的な作業に入ってからは翻訳された原稿の調整作業が終わりのないストーリーのように最後まで繰り返

された。死海文書や本文批判に関する学術用語をはじめとして、まだ定訳のない用語や表記の統一が最も神経を使う部分であった。訳文は幾度も見直されたが、あまりにも学術的で理解が難しい言葉は避け、かといって易きに流れれば正確さを欠くことになりかねない。「これならだれもが満足するだろう」という線をなかなか引けないのが翻訳であることを改めて思い知らされる日々であった。

　編集作業が佳境に入ろうとしていたある日、夏休みで休館の多い大学図書館をあきらめて近隣の公立図書館に出かけるということがあった。すでに邦訳がある書籍からのほんの短い引用を確認するためであった。なんということはない編集作業の一コマでしかないのだが、その短い引用文は多くの未知のものと繋がっていた。それは時間を惜しんで図書館に出かけていかなければ出会うことのなかった繋がりである。一人でも多くの人がこの本を開き、未知のものに出会っていただければ幸いである。

日本聖書協会　翻訳部